Institut für Arbeitsmarkt–
und Berufsforschung

Die Forschungseinrichtung der
Bundesagentur für Arbeit

IAB·Bibliothek

334

Die Buchreihe des Instituts für Arbeitsmarkt- und Berufsforschung

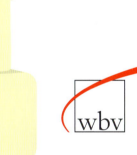

Herbert Brücker, Sabine Klinger, Joachim Möller, Ulrich Walwei (Hg.)

Handbuch Arbeitsmarkt

Analysen, Daten, Fakten

2013

Bibliografische Information der Deutschen Nationalbibliothek

Die Deutsche Nationalbibliothek verzeichnet diese Publikation in der Deutschen Nationalbibliografie;
detaillierte bibliografische Daten sind im Internet über http://dnb.d-nb.de abrufbar.

Herausgeber der Reihe IAB-Bibliothek: Institut für Arbeitsmarkt- und Berufsforschung der Bundesagentur für Arbeit
(IAB), Regensburger Straße 104, 90478 Nürnberg, Telefon (09 11) 179-0 ■ Redaktion: Martina Dorsch, Martin Schludi,
Institut für Arbeitsmarkt- und Berufsforschung der Bundesagentur für Arbeit, 90327 Nürnberg, Telefon (09 11)
179-32 06, E-Mail: martina.dorsch@iab.de ■ Umschlaggestaltung: Christine Weidmann, IAB ■ Gesamtherstellung:
W. Bertelsmann Verlag, Bielefeld (www.wbv.de) ■ Rechte: Kein Teil dieses Werkes darf ohne vorherige Genehmi-
gung des IAB in irgendeiner Form (unter Verwendung elektronischer Systeme oder als Ausdruck, Fotokopie oder
Nutzung eines anderen Vervielfältigungsverfahrens) über den persönlichen Gebrauch hinaus verarbeitet oder verbreitet werden.

2012 Institut für Arbeitsmarkt- und Berufsforschung, Nürnberg/W. Bertelsmann Verlag GmbH & Co. KG, Bielefeld

In der „IAB-Bibliothek" werden umfangreiche Einzelarbeiten aus dem IAB oder im Auftrag des IAB oder der BA
durchgeführte Untersuchungen veröffentlicht. Beiträge, die mit dem Namen des Verfassers gekennzeichnet sind,
geben nicht unbedingt die Meinung des IAB bzw. der Bundesagentur für Arbeit wieder.

ISBN 978-7639-4055-4 (Print)
ISBN 978-7639-4056-1 (E-Book)
ISBN-A: 10.978.37639/40554 (ISBN-A)
ISSN 1865-4096
Best.-Nr. 300776   www.iab.de/hb2013   www.iab.de

Inhalt

Teil I
Der deutsche Arbeitsmarkt im Überblick

Kapitel A
Entwicklung und Perspektiven des deutschen Arbeitsmarktes 13

Lutz Bellmann, Uwe Blien, Andreas Crimmann, Iris Dieterich, Martin Dietz, Peter Ellguth, Michael Feil, Johann Fuchs, Michaela Fuchs, Stefan Fuchs, Hans-Dieter Gerner, Veronika Hecht, Markus Hummel, Sabine Klinger, Susanne Kohaut, Regina Konle-Seidl, Thomas Kruppe, Oliver Ludewig, Thomas Rhein, Thomas Rothe, Theresa Scholz, Barbara Schwengler, Eugen Spitznagel, Michael Stops, Ulrich Walwei, Susanne Wanger, Antje Weyh, Ines Zapf, Gerd Zika

Kapitel B
Chronik der Arbeitsmarktpolitik
2009–2011 93

Judith Bendel-Claus und Ulrike Kress

Teil II
Schwerpunktthemen

Kapitel C
Übergänge am Arbeitsmarkt und Qualität von Beschäftigung 141

Juliane Achatz, Kerstin Bruckmeier, Tanja Buch, Carola Burkert, Hans Dietrich, Martin Dietz, Alfred Garloff, Stefanie Gundert, Stefan Hell, Christian Hohendanner, Elke J. Jahn, Corinna Kleinert, Lena Koller, Florian Lehmer, Britta Matthes, Annekatrin Niebuhr, Brigitte Schels, Mark Trappmann, Ulrich Walwei, Rüdiger Wapler, Kerstin Ziegler

Kapitel D
Fachkräftebedarf: Analyse und

Herbert Brücker, Bernhard Christoph, Martin Dietz,
Johann Fuchs, Stefan Fuchs, Anette Haas, Markus Hummel,
Daniel Jahn, Corinna Kleinert, Thomas Kruppe,
Alexander Kubis, Ute Leber, Anne Müller, Christoph Osiander,
Hans-Jörg Schmerer, Jochen Stabler, Doris Söhnlein,
Jens Stegmaier, Eugen Spitznagel, Ulrich Walwei,
Susanne Wanger, Rüdiger Wapler, Brigitte Weber, Enzo Weber,
Gerd Zika

Teil III
Datenanhang
(CD-ROM und www.iab.de/hb2013)

Kapitel E
Zentrale Indikatoren des
deutschen Arbeitsmarktes

Zusammenstellung: Klara Kaufmann, Markus Hummel und
Helmut Rudolph

1   Wachstum, Beschäftigung, Produktivität
2   Arbeitszeitrechnung
3   Arbeitsmarktbilanz
4   Regionaldaten
5   Bildung und Ausbildung
6   Soziale Grundsicherung

Kapitel F
Deutschland im
internationalen Vergleich

Zusammenstellung: Cornelia Sproß und Parvati Trübswetter

1   Methodische Anmerkungen zum
    internationalen Datenanhang
2   Erwerbsbeteiligung
3   Erwerbstätigkeit
4   Arbeitslosigkeit, Langzeitarbeitslosigkeit

Vorwort der Herausgeber

„Prognosen sind schwierig – insbesondere wenn sie die Zukunft betreffen", lautet ein beliebter Ökonomen-Kalauer. Als die Herausgeber im November des Jahres 2008 das Vorwort für die letzte Ausgabe des Handbuchs Arbeitsmarkt schrieben, hatten bereits dunkle Gewitterwolken den weltwirtschaftlichen Konjunkturhimmel verdüstert. Der Abgrund indes, der sich danach auftat, überstieg dann doch jede Vorstellungskraft. Der weltweite Nachfrageeinbruch im Gefolge der Finanzmarktkrise traf die exportorientierte deutsche Volkswirtschaft mit voller Wucht, das Bruttoinlandsprodukt brach im Jahr 2009 um mehr als 5 Prozent ein. In nachgerade atemberaubendem Tempo musste die ökonomische Zunft ihre früheren Prognosen und Einschätzungen revidieren – auch das IAB. Dies galt für die weltwirtschaftlichen Entwicklungen im Allgemeinen wie für die Entwicklung des deutschen Arbeitsmarktes im Besonderen. Ebenso wie die wenigsten Ökonomen die schwerste Rezession seit Ende der 1920er Jahre vorhergesehen hatten, wagte auf dem Höhepunkt der Krise auch der kühnste Optimist nicht die Prognose, dass Deutschland im Jahresverlauf 2010 wieder die Zahl von drei Millionen Arbeitslosen unterschreiten würde – ein Anstieg auf über fünf Millionen lag seinerzeit im Bereich des Möglichen. Der deutsche Arbeitsmarkt, noch vor wenigen Jahren als verkrustet und unflexibel gescholten, hat die Folgen der im Jahr 2008 eskalierten Finanzmarktkrise bisher ebenso gemeistert wie die Schockwellen der Eurokrise und deren Bremsspuren auf den für Deutschland wichtigen Exportmärkten. Ob diese Einschätzung auch noch in drei Jahren gilt, vermag heute indes niemand mit Sicherheit zu sagen.

Den Ursachen des auch im Ausland als solchem wahrgenommenen „Deutschen Beschäftigungswunders" gehen die Autorinnen und Autoren von **Kapitel A („Entwicklung und Perspektiven des deutschen Arbeitsmarktes")** auf den Grund. Sie analysieren detailliert die Strategien und Instrumente, die den Arbeitsmarkt während der Krise stabilisieren sollten und – wie sich im Rückblick

zeigt – in ihrer Gesamtheit auch stabilisiert haben. Zu den wichtigsten staatlichen Kriseninstrumenten gehörten insbesondere die vom Bund aufgelegten Konjunkturprogramme zur Förderung öffentlicher Bauinvestitionen und zur Stabilisierung der Automobilkonjunktur über die „Umweltprämie" sowie die massive Subventionierung der Kurzarbeit. Während die Bewertung der Konjunkturprogramme unterm Strich ambivalent ausfällt, ist festzuhalten, dass die Förderung der Kurzarbeit ein probates Instrument war, um die Betriebe in ihrem Bemühen zu unterstützen, ihre Stammbelegschaften auch in der Krise zu halten. Allerdings – und dies wird häufig übersehen – konnte dieses Instrument seine positiven Wirkungen nur deswegen entfalten, weil eine Reihe von Bedingungen gegeben war, die in anderen Krisenkonstellationen keineswegs zwangsläufig vorliegen müssen. Zum Einen war die Krise aus deutscher Sicht vor allem dem drastischen Einbruch der globalen Investitionsgüternachfrage geschuldet – und nicht etwa einem Verlust deutscher Unternehmen an internationaler Wettbewerbsfähigkeit. Letzteres wäre durch eine massive staatliche Förderung der Kurzarbeit kaum zu heilen gewesen. Zum Anderen war der wirtschaftliche Einbruch zwar heftig, aber doch von vergleichsweise kurzer Dauer, sodass die Kalkulation der Unternehmen, den Auftragseinbruch mit Kurzarbeit zu überbrücken, insgesamt aufging, zumal sie dank ihrer hohen Wettbewerbsfähigkeit über beträchtliche finanzielle Reserven verfügten und die Arbeitnehmer bereit waren, in der Krise Gehaltsverzicht zu üben. Die Befürchtung der Unternehmen, nicht mehr genügend Fachkräfte zu finden, wenn die Konjunktur wieder anspringt und das Arbeitsangebot aus demografischen Gründen knapper wird, bot ihnen einen starken Anreiz, Personal im Betrieb zu halten. Denn schon vor der Krise hatten Unternehmen vermehrt über Probleme bei der Besetzung offener Stellen geklagt. Als Puffer in der Krise dienten nicht nur der massive Abbau der Leiharbeit, die infolge der Hartz-Reformen erheblich an Bedeutung gewonnen hatte, sondern auch die Arbeitszeitkonten der Beschäftigten, die zu Beginn der Krise gut gefüllt waren und nun dank hochflexibler Arbeitszeitregelungen wieder abgebaut oder gar ins Minus gefahren werden konnten. Begünstigt wurde der Einsatz der Kurzarbeit auch dadurch, dass sich der Bundeshaushalt vor Ausbruch der Krise in vergleichsweise guter Verfassung befand und die Bundesagentur für Arbeit bis dato ein erkleckliches Finanzpolster aufgebaut hatte.

Teil I des Handbuchs („Der deutsche Arbeitsmarkt im Überblick") enthält zudem wieder eine aktuelle **arbeitsmarktpolitische Chronik**, die einschlägige Gesetzesvorhaben der jüngeren Vergangenheit rekapituliert und über die entsprechenden Positionen des IAB informiert **(Kapitel B).**

Kapitel C im zweiten Teil dieses Handbuchs befasst sich mit **„Übergängen am Arbeitsmarkt und Qualität von Beschäftigung"** und greift damit eines der beiden aktuellen Fokusthemen des IAB auf. Mit der positiven Entwicklung am Arbeitsmarkt haben Politik und Öffentlichkeit ihren Blick von der lange vorherrschenden Debatte um die Bekämpfung der Massenarbeitslosigkeit zusehends auf die Qualität der Arbeit gerichtet. Denn parallel zur günstigeren Arbeitsmarktentwicklung hat sich die Polarisierung des deutschen Arbeitsmarktes verschärft: Die Spreizung des Lohngefüges hat sich deutlich verstärkt, „atypische" Beschäftigungsverhältnisse wie Leiharbeit, befristete Beschäftigung, Teilzeit- und Mini-Jobs haben stark an Bedeutung gewonnen. Auch wenn diese Beschäftigungsformen nicht unerheblich zum Abbau der Arbeitslosigkeit beigetragen haben, entsprechen sie in puncto Bezahlung, Arbeitszeit, Kündigungsschutz und Sozialversicherungspflicht nur bedingt den üblichen Standards einer unbefristeten Vollzeitbeschäftigung. Die Autorinnen und Autoren dieses Kapitels analysieren die Entwicklung atypischer Beschäftigungsverhältnisse in den vergangenen Jahren und gehen der Frage nach, inwieweit diese Erwerbsformen eine Brücke in stabile und existenzsichernde Beschäftigung bilden.

Um Arbeitslosigkeit frühzeitig und möglichst nachhaltig zu vermeiden, so ein zentrales Ergebnis dieses Kapitels, ist die Qualität der Beschäftigung zu Beginn der Erwerbskarriere von entscheidender Bedeutung. Denn der Einstieg in den Arbeitsmarkt bestimmt maßgeblich die Chancen und Risiken im weiteren Erwerbsverlauf. Generell scheint, dass ein Ausbildungsabschluss immer mehr zur Mindestvoraussetzung für ein Normalarbeitsverhältnis wird. Beim Vergleich atypischer Erwerbsformen zeigt sich, dass die Aussichten, in reguläre Beschäftigung einzumünden, für befristete Arbeitnehmer deutlich besser stehen als für Leiharbeitnehmer. Gerade für Personen, die ALG II beziehen oder bezogen haben, so ein weiterer Befund aus diesem Kapitel, kann atypische Beschäftigung zur sozialen Integration und zum Erhalt beruflicher Kompetenzen beitragen. Sie führt allerdings nicht notwendigerweise dazu, dass Betroffene auch ihren gesamten Lebensunterhalt dauerhaft aus Erwerbsarbeit bestreiten können. Vielmehr prägen heterogene Erwerbsformen und häufige Statuswechsel die Erwerbsverläufe dieser Teilgruppe.

Mit der verbesserten Lage am Arbeitsmarkt und dem aus demografischen Gründen zu erwartenden Rückgang des Erwerbspersonenpotenzials gewinnt auch das Thema Fachkräftesicherung immer mehr an Bedeutung. Dieses zweite aktuelle Fokusthema des IAB wird in **Kapitel D („Fachkräftebedarf: Analyse und Handlungsstrategien")** eingehend behandelt. Dabei wird deutlich: Die Folgen des demografischen Wandels für den Arbeitsmarkt sind erheblich und es muss an vielen Stellschrauben gedreht werden, um diese abzumildern. Sowohl die Mobilisierung inländischer Potenziale als auch die verstärkte Zuwanderung von Fachkräften ist notwendig, um den Rückgang des Erwerbspotenzials spürbar abzufedern. Dabei könnte eine hohe Zuwanderung längerfristig einen größeren Beitrag leisten als die Mobilisierung inländischer Potenziale. Eine Nettozuwanderung in der Größenordnung von etwa 200.000 Personen p.a. ist nach Ansicht der Autorinnen und Autoren durchaus möglich. Diese Größenordnung entspricht dem historischen Durchschnitt in Deutschland – setzt jedoch eine grundlegende Reform der Einwanderungspolitik gegenüber Angehörigen von Drittstaaten voraus.

Unter den inländischen Potenzialen ist die Steigerung der Erwerbstätigkeit von Frauen, vor allem eine Ausweitung der Wochenarbeitszeiten, quantitativ am bedeutendsten. Auch eine Verlängerung der Lebensarbeitszeiten und der Abbau der Arbeitslosigkeit kann die Zahl der Erwerbstätigen erheblich steigern. Vermehrte Investitionen in Bildung, Ausbildung und Weiterbildung spielen in all diesen Bereichen eine zentrale Rolle, da die Erwerbsbeteiligung in allen Gruppen mit dem Bildungsniveau zunimmt. Zudem sind flächendeckende Kinder- und Altenbetreuungsangebote unerlässlich, um Eltern im Allgemeinen und Frauen im Besonderen dabei zu unterstützen, nach Erwerbsunterbrechungen wieder am Arbeitsmarkt Fuß zu fassen.

Wie schon die ersten Bände des Handbuchs bietet auch die Neuauflage einen umfassenden **Datenanhang** mit einer breiten Palette an zentralen, zum Teil auch international vergleichenden Arbeitsmarktindikatoren. Erstmals wurden hier auch Kennziffern zur sozialen Grundsicherung aufgenommen. Um den Seitenumfang des Werks nicht überborden zu lassen und den Nutzerinnen und Nutzern des Handbuchs dennoch einen großen Pool an Daten zur Verfügung stellen zu können, haben wir uns entschieden, diesen nicht mehr in gedruckter Form, sondern in Form einer beigefügten **CD-ROM beziehungsweise im Internet** zum kostenlosen Download anzubieten.

Neben dem Datenanhang stellen wir auch die arbeitsmarktpolitische Chronik allen Interessierten kostenlos zur Verfügung. Ebenso besteht die Möglichkeit, die anderen Kapitel des Handbuchs beziehungsweise das gesamte Handbuch kostenpflichtig herunterzuladen. Diese und weitere Angebote rund um das Handbuch Arbeitsmarkt finden Sie im Internet unter **www.iab.de/hb2013**. Auf dieser **Handbuch-Website** haben Sie auch die Möglichkeit, Lob, Kritik und Anregungen zu äußern. Dazu möchten wir Sie ausdrücklich ermuntern!

Mit dem Handbuch wollen wir nicht nur Arbeitsmarktexperten aus Wissenschaft und Praxis, sondern all denjenigen, die an Fragen der Arbeitsmarktpolitik interessiert sind, zentrale und politikrelevante Befunde aus dem breiten Forschungsspektrum des IAB in möglichst verständlicher Form nahebringen. Darin sehen wir uns durch die positive Resonanz auf die letzte Ausgabe des Handbuchs bestärkt.

Wir sind zuversichtlich, dass wir auch mit diesem Band an die früheren Erfolge anknüpfen können. Er ist das Ergebnis einer großen Teamleistung im IAB, zu der zahlreiche Mitarbeiterinnen und Mitarbeiter aus unterschiedlichen Forschungs- und Geschäftsbereichen und aus verschiedenen Disziplinen beigetragen haben. Ihnen gilt unser Dank. Sie haben sich in hohem Maße für dieses Buchprojekt engagiert – trotz enger zeitlicher Vorgaben und vielfältiger sonstiger Aktivitäten und Verpflichtungen, sei es bei der Publikation wissenschaftlicher Ergebnisse, sei es bei der Beratung arbeitsmarktpolitischer Akteure aus Politik und Praxis. Auch dem Geschäftsbereich „Wissenschaftliche Medien und Kommunikationsstrategie", namentlich Martina Dorsch und Martin Schludi, möchten wir unseren Dank zollen für die professionelle redaktionelle Betreuung des Bandes.

Herbert Brücker, Sabine Klinger, Joachim Möller und Ulrich Walwei
Nürnberg, im Oktober 2012

Addendum

Nachtrag zur Entwicklung bis zum Frühjahr 2012: Konjunkturelle Abkühlung durch die Eurokrise dämpft die positive Dynamik am Arbeitsmarkt

Die Entwicklung von Wirtschaft und Arbeitsmarkt bis zum Jahr 2011 wird in Kapitel A erläutert. Als dieses Kapitel verfasst wurde, war die Entwicklung im vierten Quartal 2011 noch unsicher, zum ersten Quartal 2012 lagen seinerzeit noch kaum Informationen vor. Frühindikatoren vom Sommer 2011, darunter besonders die ifo-Geschäftserwartungen, ließen ein schweres Winterhalbjahr für die deutsche Wirtschaft erwarten. In der Tat lag das reale Bruttoinlandsprodukt im vierten Quartal 2011 saisonbereinigt um 0,2 Prozent niedriger als im dritten Quartal. Deutschland konnte sich der Abwärtsbewegung, die Teile der Eurozone infolge der Staatsschuldenkrise erfasst hatte, nicht entziehen. Die konjunkturellen Impulse aus den USA waren schwach, obgleich sich die Tendenz zum Frühjahr besserte. Einmal mehr bekamen die exportnahen Branchen das ungünstige außenwirtschaftliche Umfeld zu spüren: Im Verarbeitenden Gewerbe sank die saisonbereinigte reale Wertschöpfung um 2,2 Prozent.

Allerdings hellten sich die Stimmungsindikatoren zum Jahresende wieder auf, ersten Angaben des Statistischen Bundesamts zufolge wuchs die deutsche Wirtschaft im ersten Quartal 2012 um 0,5 Prozent – und damit sogar etwas kräftiger als im langjährigen Mittel. Eine Rezession blieb Deutschland in diesem Winter erspart.

Da der Konjunkturknick lediglich von kurzer Dauer war, kam der Arbeitsmarkt stabil über den Winter. Dennoch schwächte sich die positive Entwicklung etwas ab, weil die Krisenhilfen der Jahre 2009 und 2010 ausliefen, die beschäftigungsfördernde Wirkung der Hartz-Reformen allmählich abflacht und weil Deutschland mehrfach von der Staatsschuldenkrise in einigen Euroländern betroffen ist. So befinden sich wichtige Handelspartner innerhalb der Eurozone in der Rezession. Gleichzeitig ist der Staatshaushalt aufgrund der deutschen Beteiligung an den Rettungspaketen für schwächelnde Eurostaaten hohen Risiken ausgesetzt.

Am deutlichsten trat die Abschwächung der positiven Dynamik bei der Zahl der offenen Stellen zutage. Das gesamtwirtschaftliche Stellenangebot sank im ersten Quartal 2012, die Neumeldungen offener Stellen bei der Bundesagentur für Arbeit nahmen leicht ab.

Die Arbeitslosigkeit verringerte sich zwischen April 2011 und April 2012 Monat für Monat saisonbereinigt um durchschnittlich 9.000 Personen, im April 2012 stieg sie um 20.000 Personen. Die Zunahme ist auch auf den Abbau arbeitsmarktpolitischer Maßnahmen zurückzuführen. Im Winter 2011/2012 zeigte sich derselbe Effekt noch nicht so deutlich, denn per Saldo nahmen so viele Menschen eine Beschäftigung auf, dass die rückläufige Zahl von Personen in arbeitsmarktpolitischen Massnahmen sich nicht in höheren Arbeitslosenzahlen niederschlug. Diese Kompensationswirkung schwächte sich im Frühjahr 2012 konjunkturbedingt ab.

Die Zahl der sozialversicherungspflichtig Beschäftigten stieg zwischen Februar 2011 und Februar 2012 – neuere Zahlen lagen zu Redaktionsschluss nicht vor – um durchschnittlich 60.000 Personen pro Monat. Dabei hat sich der Zuwachs schwerpunktmäßig von der Leiharbeit hin zum Verarbeitenden Gewerbe und zu den wirtschaftlichen Dienstleistungen (ohne Leiharbeit) verschoben. Angesichts der Eintrübung bei den offenen Stellen ist damit zu rechnen, dass der Beschäftigungszuwachs im Jahresverlauf 2012 abflacht.

Teil I

Der deutsche Arbeitsmarkt im Überblick

Kapitel A:
Entwicklung und Pespektiven des deutschen Arbeitsmarktes

Kapitel B:
Chronik der Arbeitsmarkt-politik 2009–2011

Teil I

Kapitel A

Entwicklung und Perspektiven des deutschen Arbeitsmarktes

Lutz Bellmann

Uwe Blien

Andreas Crimmann

Iris Dieterich

Martin Dietz

Peter Ellguth

Michael Feil

Johann Fuchs

Michaela Fuchs

Stefan Fuchs

Hans-Dieter Gerner

Veronika Hecht

Markus Hummel

Sabine Klinger

Susanne Kohaut

Regina Konle-Seidl

Thomas Kruppe

Oliver Ludewig

Thomas Rhein

Thomas Rothe

Theresa Scholz

Barbara Schwengler

Eugen Spitznagel

Michael Stops

Ulrich Walwei

Susanne Wanger

Antje Weyh

Ines Zapf

Gerd Zika

Inhaltsübersicht Kapitel A
Entwicklung und Perspektiven des deutschen Arbeitsmarktes

Lutz Bellmann, Uwe Blien, Andreas Crimmann, Iris Dieterich, Martin Dietz, Peter Ellguth, Michael Feil, Johann Fuchs, Michaela Fuchs, Stefan Fuchs, Hans-Dieter Gerner, Veronika Hecht, Markus Hummel, Sabine Klinger, Susanne Kohaut, Regina Konle-Seidl, Thomas Kruppe, Oliver Ludewig, Thomas Rhein, Thomas Rothe, Theresa Scholz, Barbara Schwengler, Eugen Spitznagel, Michael Stops, Ulrich Walwei, Susanne Wanger, Antje Weyh, Ines Zapf, Gerd Zika

Das Wichtigste in Kürze

Anknüpfend an das Kapitel „Der deutsche Arbeitsmarkt – Entwicklungen und Perspektiven" in der letzten Ausgabe des „Handbuch Arbeitsmarkt" widmet sich dieses Kapitel der Entwicklung des deutschen Arbeitsmarktes in den Jahren 2006 bis Mitte 2011 – Jahren, in denen die wirtschaftliche Entwicklung durch außergewöhnliche Schwankungen geprägt war. Zunächst führte ein kräftiger Wirtschaftsaufschwung in Verbindung mit den positiven Wirkungen der Hartz-Reformen zu einem deutlichen Beschäftigungsplus: Es entstand mehr sozialversicherungspflichtige Beschäftigung als in früheren Aufschwungphasen, häufiger auch in Vollzeit. Dem Aufschwung folgte die schärfste Rezession seit Bestehen der Bundesrepublik – die aber auf dem Arbeitsmarkt bemerkenswert wenig Spuren hinterließ, wie der Vergleich mit früheren Abschwungphasen, aber auch mit anderen Volkswirtschaften zeigt. Nach der Krise 2008/09 erholte sich die deutsche Wirtschaft rasch und im Jahr 2011 war die Lage auf dem Arbeitsmarkt sogar besser als vor der Krise.

Der zweite Abschnitt dieses Kapitels beleuchtet die Entwicklung des Arbeitsmarktes jeweils für die drei konjunkturellen Phasen, in denen sich die wirtschaftliche Entwicklung von 2006 bis 2011 vollzogen hat: der Aufschwung von 2006 bis zum ersten Quartal 2008, die scharfe, aber kurze Rezession zwischen dem zweiten Quartal 2008 und dem ersten Quartal 2009 sowie die Erholung und der erneute Aufschwung zwischen dem zweiten Quartal 2009 und dem dritten Quartal 2011. Dabei wird die Entwicklung des Arbeitsangebots, der Arbeitsnachfrage und der Unterbeschäftigung skizziert. Besonderes Augenmerk wird auf die Entwicklung der Arbeitszeit und auf regionale Unterschiede gelegt. Eingehender analysiert werden auch die hohe Dynamik, mit der Beschäftigungsverhältnisse im Allgemeinen entstehen und verschwinden und mit der Personen in Arbeitslosigkeit wechseln bzw. diese verlassen, sowie die zunehmende Bedeutung atypischer Erwerbsformen.

Den Auswirkungen der internationalen Wirtschafts- und Finanzkrise 2008/09 auf den deutschen Arbeitsmarkt kommt in diesem Kapitel besondere Aufmerksamkeit zu. Das Zusammentreffen kurz- und langfristig wirksamer Effekte macht sie zu einem singulären Ereignis, aus dem sich dennoch einige Schlussfolgerungen für die Zukunft ziehen lassen. Deshalb werden im Abschnitt 3 die Instrumente und Strategien analysiert, die den Arbeitsmarkt während der Krise stützen sollten bzw. gestützt haben. Dazu gehören die Konjunkturprogramme ebenso wie die unternehmerische Entscheidung, Arbeitskräfte zu halten, flexible Modelle der Arbeitszeitgestaltung und das im internationalen Maßstab gut funktionierende System der Sozialpartnerschaft.

Die wichtigsten Befunde des Kapitels lassen sich wie folgt zusammenfassen:

Der Aufschwung von 2006 bis 2008 und die Krise in den Jahren 2008 und 2009 waren vor allem in den exportnahen Branchen, deren Zulieferern und der Logistik spürbar. Der Exportboom zeugte von der hohen Wettbewerbsfähigkeit der deutschen Produkte. Aufgrund seiner starken Exportorientierung war Deutschland aber auch von der Weltwirtschaftskrise überdurchschnittlich betroffen, über die wegbrechende Auslandsnachfrage wurde die Krise hierher importiert. Sie war für Deutschland aber keine Struktur- oder Kostenkrise. Zudem hatten die vorangegangene Lohnzurückhaltung und die Hartz-Reformen die Arbeitsnachfrage erhöht und den Ausgleich von Angebot und Nachfrage am Arbeitsmarkt verbessert. Auch infolgedessen folgte dem kräftigen Aufbau der Beschäftigung in den Boomjahren ein nur moderater Anstieg der Arbeitslosigkeit während der Rezession. In der Binnenwirtschaft, insbesondere im Gesundheits- und

Bildungsbereich, wuchs die Beschäftigung auch in der Krise weiter.

Da sich die Krise auf die exportnahen Branchen konzentrierte, hat sie – anders als frühere Rezessionen – den Abstand zwischen Regionen mit „guter" und „schlechter" Arbeitsmarktlage zumindest vorübergehend verringert.

Der aus der Erfahrung mit früheren Rezessionen zu erwartende kräftige Anstieg der Arbeitslosigkeit blieb 2008 und 2009 aus. Die Bemühungen der Betriebe, ihre Mitarbeiter zu halten, führten kaum zu Entlassungen und damit zu einer geringeren Arbeitskräftefluktuation. Unabhängig von Konjunkturzyklen ist die Dynamik am Arbeitsmarkt jedoch erheblich: Kontinuierlich werden Stellen im großen Umfang geschaffen und zugleich abgebaut. Ein Großteil der branchen- und regionenspezifischen Unterschiede in der Arbeitsplatzdynamik kann auf Unterschiede in der Betriebsgröße zurückgeführt werden: In Kleinbetrieben ist die Arbeitsplatzdynamik deutlich höher als in Großbetrieben. Die Nettoentwicklung verhält sich aber umgekehrt, denn in der Regel werden in den Kleinbetrieben per Saldo weniger Stellen geschaffen als in den größeren Betrieben. Letztere sind in bestimmten Branchen, etwa der Automobil- und Metallindustrie, und in bestimmten Regionen, etwa in Bayern und Baden-Württemberg, stärker vertreten.

Die interne Anpassung an den krisenbedingten Produktionsausfall durch eine Reduzierung der Arbeitszeit und der Stundenproduktivität war klar die dominante Strategie der Unternehmen. Dennoch spielte auch externe Flexibilität – die Anpassung des Personalbestands – eine nicht zu vernachlässigende Rolle. So kam es auch zu Einstellungsstopps und Entlassungen aus flexiblen Erwerbsformen (Zeitarbeit, befristete Beschäftigung etc.). Die Krise hat damit den langfristigen Trend zu einem höheren Anteil atypischer Beschäftigung kurzzeitig unterbrochen.

Atypische Beschäftigungsverhältnisse sind heterogen hinsichtlich ihrer Arbeitsbedingungen, der Unsicherheit, aber auch Flexibilität. Sie werden von unterschiedlichen Personengruppen ausgeführt, beispielsweise sind Personen ohne Ausbildung oder mit Studienabschluss häufiger befristet als Personen mit beruflichem Abschluss. Da atypische Beschäftigung oft mit relativ kurzen Arbeitszeiten verbunden ist, liegt ihr Anteil am gesamtwirtschaftlichen Arbeitsvolumen deutlich niedriger als ihr Anteil an allen Beschäftigten.

Welche Faktoren haben zur erfolgreichen Bewältigung der Wirtschaftskrise beigetragen und welche Schlussfolgerungen lassen sich daraus für die Zukunft ziehen? Als die Krise Deutschland traf, wurden zwei Konjunkturpakete aufgelegt. Die darin enthaltenen fiskalischen Stimuli im engeren Sinne – etwa die Abwrackprämie, die Bauinvestitionen, die Erleichterungen bei den Sozialabgaben – führten vor allem zu einer Stabilisierung der Erwartungen, die direkten Effekte auf Wirtschaft und Arbeitsmarkt waren gering. Das konzertierte Vorgehen im europäischen Verbund war aber insbesondere als politisches Signal nützlich. Allerdings hat es den Handlungsspielraum der nun hoch verschuldeten Staaten stark eingeschränkt – insbesondere in jenen Ländern, die sich bereits in den Jahren zuvor vonseiten der Privaten und der öffentlichen Hand vor allem im Ausland verschuldet hatten und in der Finanzkrise dann in akute Zahlungsschwierigkeiten geraten sind.

Mit dem zweiten Konjunkturpaket wurden die Zugangsvoraussetzungen und die finanziellen Anreize für die „Kurzarbeit aus konjunkturellen Gründen" verbessert. Damit unterstützte der Staat die Bemühungen der Arbeitgeber, ihre Arbeitskräfte zu halten – die Zahl der Kurzarbeiter stieg rasant. Insgesamt hat sich das Instrument Kurzarbeit in der Nachfragekrise gut bewährt. Die Ausfallzeiten könnten aber dann noch effektiver für Weiterbildung genutzt werden, wenn sich die organisatorische Abstimmung in den Unternehmen sowie zwischen Unternehmen und Weiterbildungsträgern verbessert.

Dass die Kurzarbeit zusammen mit anderen Formen der flexiblen Arbeitszeitgestaltung dazu beigetragen hat, umfangreiche Entlassungen zu verhindern, lag nicht zuletzt am grundsätzlichen Interesse der Arbeitgeber, ihr Personal trotz des Produktionsrückgangs an das Unternehmen zu binden. Dafür waren mehrere Faktoren maßgeblich: Nach den Hartz-Reformen und nach jahrelanger Lohnmoderation war die Arbeitsnachfrage im Trend gestiegen. Als dieser steigende Trend durch den von Investitionen und Exporten getragenen Konjunkturaufschwung von 2006 bis 2008 noch verstärkt wurde, wuchs die Beschäftigung deutlich. Zusätzlich füllten sich auch die Arbeitszeitkonten der Beschäftigten und die Arbeitsdichte lag sehr hoch. Während der Krise wurde der steigende Trend der Arbeitsnachfrage dann von einer schlechten Konjunkturentwicklung überlagert. Da aber die Krise durch den Ausfall von Güternachfrage bedingt und nicht einer mangelnden Wettbewerbsfähigkeit deutscher Produkte geschuldet war, erwarteten die Unternehmen eine zwar heftige, doch kurzfristig überwindbare Rezession. 2008 und 2009 war es eine optimale Strategie, das Personal über die überschaubare Durststrecke hinweg zu halten, indem Arbeitszeitguthaben abgebaut wurden, Kurzarbeit genutzt wurde, aber auch pro Stunde im Betrieb weniger gearbeitet wurde.

Dennoch hat das Halten der Arbeitskräfte nicht nur die betroffenen Unternehmen finanziell belastet, sondern auch den Belegschaften erhebliche Zugeständnisse abverlangt. Um diese Kosten im Rahmen betrieblicher Bündnisse gemeinsam zu schultern, bedurfte es eines vertrauensvollen Verhältnisses zwischen Arbeitgebern und Arbeitnehmern. Aufgrund einer funktionierenden Sozialpartnerschaft waren und sind die Voraussetzungen dafür in Deutschland besser als in den meisten anderen europäischen Ländern.

1 Einleitung

Jahrzehntelang galt der deutsche Arbeitsmarkt vielen Beobachtern als unflexibel und überreguliert. Die Arbeitslosigkeit hatte sich auf hohem Niveau verfestigt. Zunehmender Wettbewerbsdruck durch die Globalisierung und schwaches Wirtschaftswachstum haben vor zehn Jahren jedoch zu einem Umsteuern geführt: Zum einen wurde mit den vier Hartz-Gesetzen das arbeitsmarktpolitische Regelwerk – z. B. zur Arbeitslosenversicherung, zu den Instrumenten der Arbeitsvermittlung, zu Befristungen, Leiharbeit und Mini-Jobs – grundlegend reformiert. Zum anderen betrieben die Tarifparteien über Jahre eine moderate Lohnpolitik.

Das folgende Kapitel beschreibt die Entwicklung am Arbeitsmarkt im Nachgang dieser Reformen. In den betrachteten Jahren, 2006 bis 2011, hat sich auf dem deutschen Arbeitsmarkt viel getan. Im Boom von 2006 bis 2008 war das Wirtschaftswachstum beschäftigungsintensiver als in früheren Aufschwungphasen: Es entstanden mehr sozialversicherungspflichtige Beschäftigungsverhältnisse, davon viele Vollzeitjobs. Die Arbeitslosigkeit schrumpfte um ein Drittel. Die globale Finanz- und Wirtschaftskrise 2008 und 2009 bereitete diesem Aufschwung ein jähes Ende, das reale Bruttoinlandsprodukt brach um 5 Prozent ein, stärker als jemals zuvor in der Geschichte der Bundesrepublik. Anders als die Erfahrungen mit vergangenen Rezessionen hätten erwarten lassen, verkraftete der Arbeitsmarkt den Schock gut. Mehr noch, kaum zog die Wirtschaftskraft wieder an, erholte sich auch der Arbeitsmarkt rasch – die Beschäftigung und die Arbeitslosigkeit erreichten bereits 2011 sogar bessere Werte als vor der Krise. Der Abschnitt 2 setzt sich ausführlich mit diesen Entwicklungen im Konjunkturverlauf auseinander. Darüber hinaus ordnet er die Entwicklung der atypischen Beschäftigung ins Gesamtgeschehen ein. Damit bietet er auch einen Anknüpfungspunkt an Kapitel C, das die Qualität von Übergängen am Arbeitsmarkt zum Gegenstand hat.

Die Ursachen für die Krisenresistenz des deutschen Arbeitsmarktes werden in Abschnitt 3 ausführlich behandelt. Die Analysen beziehen sich auf viele Aspekte – von den Konjunkturpaketen der Bundesregierung über die betrieblichen Strategien des Arbeitskräftehortens durch Kurzarbeit oder Arbeitszeitkonten bis zur Rolle der deutschen Sozialpartnerschaft in der Krise. Dabei wird deutlich: Dass der Arbeitsmarkt die Krise nahezu unbeschadet überstanden hat, ist dem Zusammenspiel verschiedener Faktoren geschuldet, das sich in dieser Form wohl nicht wiederholen dürfte. Dennoch lassen sich aus der Krise auch einige Schlussfolgerungen für die Zukunft ziehen.

Innerhalb dieses Rahmens widmet sich dieses Kapitel insbesondere den folgenden Fragen:

- Wie haben sich Arbeitsnachfrage, Arbeitsangebot und Unterbeschäftigung entwickelt?
- Welche sektoralen und regionalen Unterschiede lassen sich feststellen?
- Wie viele Beschäftigungsverhältnisse entstehen in einem Aufschwung oder einem Abschwung?
- Wie hat sich die atypische Beschäftigung entwickelt und wie ist dies zu beurteilen?
- Inwieweit haben die Konjunkturpakete geholfen, die Krise einzudämmen?
- Warum haben die Unternehmen mehr Arbeitskräfte gehalten als in früheren Rezessionen?
- Welche Rolle spielten die Ausweitung der Kurzarbeit und die Flexibilisierung der Arbeitszeit?
- Welchen Verlauf nahm der deutsche Arbeitsmarkt im internationalen Vergleich?

2 Die jüngere Entwicklung auf dem deutschen Arbeitsmarkt

2.1 Überblick über das Arbeitsmarktgeschehen zwischen 2006 und 2011

2.1.1 Entwicklung der Wirtschaftsleistung und der Erwerbstätigkeit

In den Jahren 2006 bis 2008, in denen auch die Wirkungen der in den Jahren davor verabschiedeten Arbeitsmarktreformen einsetzte, wuchs die deutsche Wirtschaftsleistung mit insgesamt über 8 Prozent sehr kräftig. Der Aufschwung war, obgleich von der Exportwirtschaft angestoßen, breit angelegt und erfasste die meisten Sektoren (vgl. Abbildung A1). Eine unstete Entwicklung gab es allerdings im Bausektor, und auch die öffentlichen und privaten Dienstleistungen wuchsen eher schwach.

Die Zahl der Erwerbstätigen nahm um 1,37 Mio. Personen zu (+3,5 %). Im Jahr 2006 wurde der Beschäftigungsaufbau noch allein von den Dienstleistungssektoren getragen – insbesondere von den Unternehmensdienstleistern, zu denen auch die

Zeitarbeitsfirmen gehören. Ab 2007 erfasste der Beschäftigungsboom – abgesehen von Beschäftigungsverlusten im Finanz- und Versicherungssektor – dann alle Wirtschaftsbereiche (vgl. Abbildung A2).

Im Jahr 2008 beendete die internationale Finanzkrise den relativ langen und kräftigen Wirtschaftsaufschwung abrupt, es kam zu einer scharfen Rezession. Der Einbruch war weit stärker als bei früheren Rezessionen in den Jahren 1966/67, 1974/75, 1993 und 2003. Im Jahr 2009 schrumpfte das reale Bruttoinlandsprodukt (BIP) um 5,1 Prozent. Da die Wirtschaftskrise über die umfangreichen internationalen Finanz- und Handelsverflechtungen Deutschlands gleichsam „importiert" wurde, waren nicht alle Wirtschaftsbereiche gleichermaßen betroffen (vgl. Abbildung A1). Vor allem das sehr exportorientierte Produzierende Gewerbe (ohne Bau) wurde stark in Mitleidenschaft gezogen. Am zweitstärksten waren Handel, Gastgewerbe und Verkehr von der Krise getroffen. Hingegen verzeichneten die öffentlichen und privaten Dienstleister selbst in der Krise noch Zuwächse.

Abbildung A1

Reale Bruttowertschöpfung in ausgewählten Wirtschaftszweigen, 2006 bis 2011

Anmerkung: Preisbereinigte Jahreswerte.

Quelle: Statistisches Bundesamt.

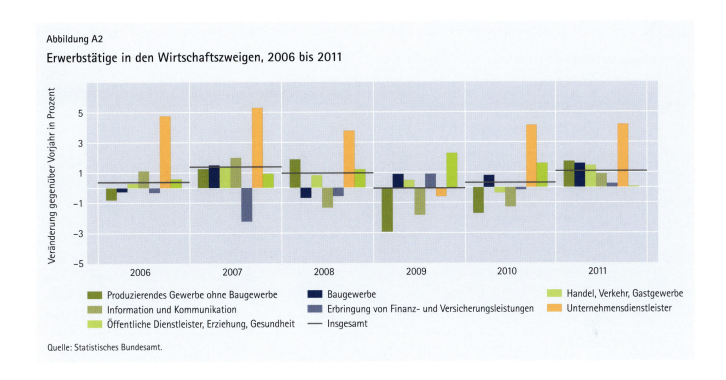

Abbildung A2

Erwerbstätige in den Wirtschaftszweigen, 2006 bis 2011

Quelle: Statistisches Bundesamt.

Die unterschiedliche wirtschaftliche Entwicklung in diesen Sektoren spiegelte sich auch auf dem Arbeitsmarkt wider. Infolge des Einbruchs der internationalen Nachfrage musste das Produzierende Gewerbe (ohne Bau) die stärksten Beschäftigungsverluste hinnehmen, gefolgt vom Wirtschaftssektor „Information/Kommunikation" und „Unternehmensdienstleister (inklusive Zeitarbeitsbranche)". Diese Beschäftigungsverluste wurden jedoch durch die positive Entwicklung bei den öffentlichen und privaten Dienstleistern kompensiert. Ohne diesen Beschäftigungsaufbau wären die Folgen der Krise für den Arbeitsmarkt dramatischer gewesen. So stieg die Zahl der Erwerbstätigen per Saldo sogar leicht um 17.000 Personen an. Dies war angesichts der Schärfe der Rezession beachtlich. Die Ursachen für die bemerkenswerte Krisenresistenz des deutschen Arbeitsmarktes werden in Abschnitt 3 ausführlich behandelt.

Seit Anfang 2010 schwenkte die deutsche Wirtschaft nicht zuletzt aufgrund der stark anziehenden Auslandsnachfrage wieder auf Wachstumskurs. Nach einem Anstieg des realen BIP um 3,7 Prozent im Jahr 2010 überschritt die gesamte saisonberei-

nigte Wirtschaftsleistung bereits im ersten Quartal 2011 wieder das Vorkrisenniveau. Die Erholung kam zunächst vor allem den zuvor krisengeschüttelten Sektoren, wie dem Produzierenden Gewerbe (ohne Bau), zugute. Nach und nach profitierten auch die binnenwirtschaftlichen Sektoren immer stärker vom erneuten Aufschwung.

Anders als in früheren Aufschwungphasen kam es diesmal nicht zu einem „Jobless Growth", also einem Wirtschaftswachstum ohne Beschäftigungsanstieg. Wider Erwarten erholte sich die Arbeitsnachfrage zügig: Der durch die Krise unterbrochene Anstieg der Erwerbstätigkeit setzte sich im Jahr 2010 mit einem Plus von 191.000 (+0,5 %) auf 40,55 Mio. Personen fort. Am kräftigsten legte der Bereich der Unternehmensdienstleister zu, dem auch die Zeitarbeitsbranche angehört, während die Erwerbstätigkeit im Produzierenden Gewerbe (ohne Bau) noch schrumpfte. Im Jahr 2011 entstand in allen Sektoren zusätzliche Beschäftigung.

Der Arbeitsmarktaufschwung der Jahre 2006 bis 2008 wurde hauptsächlich von den sozialversicherungspflichtigen Beschäftigten getragen. Deren

Tabelle A1

Entwicklung der Arbeitsmarktkomponenten, 2000 bis 2010

		2000	2001	2002	2003	2004	2005	2006	2007	2008	2009	2010
A. Die Nachfrage nach Arbeitskräften												
Bruttoinlandsprodukt preisbereinigt	Veränderung gegenüber Vorjahr in %	+3,1	+1,5	+0,0	-0,4	+1,2	+0,7	+3,7	+3,3	+1,1	-5,1	+3,7
Stundenproduktivität	Veränderung gegenüber Vorjahr in %	+2,7	+2,5	+1,4	+0,9	+0,8	+1,2	+3,6	+1,7	-0,1	-2,5	+1,4
Arbeitsvolumen	Veränderung gegenüber Vorjahr in %	+0,3	-0,9	-1,4	-1,2	+0,3	-0,5	+0,1	+1,6	+1,2	-2,7	+2,3
Durchschnittliche Jahresarbeitszeit	Veränderung gegenüber Vorjahr in %	-1,4	-1,2	-0,8	-0,4	+0,0	-0,4	-0,5	-0,1	-0,0	-2,7	+1,8
Erwerbstätige	Veränderung gegenüber Vorjahr in %	+1,7	+0,3	-0,6	-0,9	+0,3	-0,1	+0,6	+1,7	+1,2	+0,0	+0,5
	Veränderung gegenüber Vorjahr in 1.000	+661	+103	-228	-339	+116	-58	+216	+665	+488	+17	+191
	Jahresdurchschnitte in 1.000	39.382	39.485	39.257	38.918	39.034	38.976	39.192	39.857	40.345	40.362	40.553
	Sozialversicherungspfl. Besch.	27.882	27.901	27.629	27.007	26.561	26.236	26.366	26.943	27.510	27.493	27.756
	(Vorjahresveränderung in 1.000)	+387	+19	-272	-622	-446	-325	+130	+577	+567	-17	+263
	(Vorjahresveränderung in %)	+1,4	+0,1	-1,0	-2,3	-1,7	-1,2	+0,5	+2,2	+2,1	-0,1	+1,0
Nachrichtlich: Kurzarbeiter[1] (in 1.000)		86	123	207	195	151	126	67	68	101	1.143	503
B. Das Angebot an Arbeitskräften												
Erwerbspersonenpotenzial[2]	Jahresdurchschnitte in 1.000	44.134	44.241	44.323	44.443	44.738	44.840	44.988	44.839	44.811	44.842	44.806
	Veränderung gegenüber Vorjahr in 1.000	+5	+106	+82	+120	+296	+101	+148	-149	-27	+31	-36
C. Die Arbeitsmarktbilanz												
Arbeitslose	Jahresdurchschnitte in 1.000	3.890	3.853	4.061	4.377	4.381	4.861	4.487	3.760	3.258	3.415	3.238
	Veränderung gegenüber Vorjahr in 1.000	-210	-37	+208	+316	+4	+480	-374	-727	-502	+157	-177
	Arbeitslosenquoten (in % alle ziviler Erwerbspersonen)	9,6	9,4	9,8	10,5	10,5	11,7	10,8	9,0	7,8	8,2	7,7
Stille Reserve	Jahresdurchschnitte in 1.000	1.615	1.563	1.543	1.607	1.544	1.293	1.551	1.381	1.330	1.252	1.307
	Veränderung gegenüber Vorjahr in 1.000	-390	-53	-20	+64	-62	-252	+258	-170	-50	-78	+55
	davon: Stille Reserve im engeren Sinn	1.022	939	864	923	808	687	891	717	451	369	437
	Veränderung gegenüber Vorjahr in 1.000	-368	-84	-75	+59	-114	-122	+204	-174	-265	-82	+68
	Stille Reserve in Maßnahmen[3]	593	624	679	684	736	606	660	664	879	883	870
	Veränderung gegenüber Vorjahr in 1.000	-22	+31	+55	+5	+52	-130	+54	+4	+215	+4	-13

Abweichungen zu den Summen kommen durch Rundung zustande.

[1] Enthält seit der Neuregelung der Kurzarbeit 2007 Konjunktur-Kug, Saison-Kug und Transfer-Kug.
[2] Das Erwerbspersonenpotenzial setzt sich zusammen aus Erwerbstätigen, Erwerbslosen nach ILO und Stiller Reserve.
[3] Aufgrund von Änderungen des Maßnahmeprogramms im Zeitverlauf nicht miteinander vergleichbar.

Quelle: Statistisches Bundesamt; Bundesagentur für Arbeit; Berechnungen des IAB.

Zahl legte um insgesamt über 1,27 Mio. (+4,9 %) zu (vgl. Tabelle A1). Wie bei den Erwerbstätigen insgesamt waren auch hier die Folgen der Krise – trotz eines Rückgangs um 17.000 – sehr moderat. Nach der Krise stieg die Zahl wieder an, sodass im Jahresdurchschnitt 2010 27,76 Mio. Personen sozialversicherungspflichtig beschäftigt waren, obwohl das Auslaufen der Arbeitsbeschaffungsmaßnahmen (ABM) zu einer Reduzierung der geförderten, aber gleichwohl sozialversicherungspflichtigen Beschäftigung am zweiten Arbeitsmarkt um 30.000 geführt hatte.

Eine zunehmend wichtige Rolle auf dem deutschen Arbeitsmarkt spielt die Zeitarbeit, auch unter dem Begriff „Arbeitnehmerüberlassung" bekannt. Im Jahr 2006 lag die Zahl der Leiharbeitnehmer bei 580.000 Personen und stieg bis 2008 auf über

750.000 an. Hier schlug die Krise deutlicher durch: Im Durchschnitt des Jahres 2009 war die Zahl der Leiharbeiter um mehr als 100.000 auf 620.000 Personen gesunken. Doch gerade in diesem Segment erholte sich der Arbeitsmarkt besonders schnell. Zum Jahresende 2010 waren weit über 800.000 Personen in Zeitarbeitsfirmen beschäftigt, mit weiterhin steigender Tendenz.

Die Zahl der Selbständigen lag im Jahresdurchschnitt 2010 bei 4,49 Mio. und damit um 32.000 höher als im Jahr 2006. Zwar reduzierte sich einerseits die geförderte Selbständigkeit durch das Auslaufen der Förderung der sogenannten Ich-AGs. Der neu geschaffene Gründungszuschuss setzt andere Rahmenbedingungen an die Förderung und konnte den Wegfall der Ich-AG nicht vollständig kompensieren. Andererseits stieg die ungeförderte Selbständigkeit zwischen 2006 und 2010 um 178.000 Personen an.

Relativ konstant blieb die Zahl der geringfügig Beschäftigten. Sie lag 2010 auf einem Niveau von 5,89 Mio. Personen (2006: 5,88 Mio.). Innerhalb dieser Gruppe reduzierte sich die Zahl der Personen in sogenannten Ein-Euro-Jobs (Arbeitsgelegenheiten in der Mehraufwandsvariante) von 310.000 im Jahr 2006 auf 260.000 im Jahr 2010. Diese vom Staat geförderten Arbeitsgelegenheiten wurden auch 2011 erheblich zurückgefahren.

2.1.2 Entwicklung der Arbeitszeit und ihrer Komponenten

Im Folgenden wird die Entwicklung der Arbeitszeit und des Arbeitsvolumens für die Jahre 2006 bis 2011 skizziert (siehe auch Teil III Datenanhang, Kapitel E, Tabellen in Abschnitt 1 und 2). Dabei ist zu berücksichtigen, dass die durchschnittliche Arbeitszeit der Beschäftigten von institutionellen (z. B. tarifliche Arbeitszeit), konjunkturellen (z. B. Kurzarbeit, Überstunden) und sonstigen Faktoren (z. B. Krankenstand, Nebenbeschäftigungen) beeinflusst wird. Schließlich spielt der Wandel der Beschäftigungsformen eine Rolle, etwa die Verschiebung von der Vollzeit- zur Teilzeitarbeit.

Arbeitszeitentwicklung 2006 bis 2008

Anders als im Aufschwung 1999 bis 2001 wurden während der guten konjunkturellen Entwicklung von 2006 bis 2008 nach jahrelangem Rückgang wieder Vollzeitjobs in beachtlicher Zahl geschaffen (+0,5 Mio. versus +0,05 Mio.). Die Teilzeitbeschäftigung legte weit weniger zu als damals (+0,8 Mio. versus +1,2 Mio.), und diese Zunahmen betrafen im Wesentlichen die herkömmliche, sozialversicherungpflichtige Teilzeit, während die Zahl der geringfügigen Beschäftigungsverhältnisse nur wenig gestiegen ist (+0,1 Mio. versus +0,8 Mio.). Die tariflichen Wochenarbeitszeiten der Vollzeitbeschäftigten verlängerten sich von durchschnittlich 38,05 auf 38,09 Wochenstunden. Der tarifliche Urlaub hat sich mit rund 29 Tagen über die Jahre wenig geändert.

Überstunden sind ein klassisches Element betrieblicher Flexibilität. Im Aufschwung von 2006 bis 2008 wurden erheblich weniger bezahlte Überstunden geleistet als früher. Mit durchschnittlich 52 Stunden je Arbeitnehmer waren es im Jahr 2007 deutlich weniger als im Jahr 2001 mit 59 Stunden. Der Anteil der bezahlten Überstunden am gesamtwirtschaftlichen Arbeitsvolumen der Arbeitnehmer war mit 3 Prozent zuletzt deutlich geringer als damals (3,5 %). Die bezahlten Überstunden nehmen schon seit längerer Zeit ab. Zu diesem Trend haben Arbeitszeitkonten erheblich beigetragen (siehe auch Abschnitt 3.4). Inzwischen haben rund 50 Prozent aller Beschäftigten flexible Arbeitszeitkonten. Die Salden auf den Arbeitszeitkonten sind im letzten Aufschwung bis zum vierten Quartal 2008 um 5,3 Stunden je Arbeitnehmer angewachsen, in den Jahren 1999 bis 2001 nur um 3,4 Stunden. Sogenannte Langzeitkonten, auf denen Überstunden z. B. für längere Bildungszeiten, Pflegezeiten oder einen früheren Eintritt in den Ruhestand angespart werden können, nehmen zwar an Bedeutung zu, spielen aber bislang eine geringe Rolle (Böker 2007). In der Summe können die Betriebe dadurch Kosten senken und ihre Wettbewerbsfähigkeit steigern.

Auch die Kurzarbeit zählt zu den klassischen Elementen der Arbeitszeitflexibilität. In den Jahren mit guter Konjunktur spielen Arbeitsausfälle wegen Kurzarbeit nur eine geringe Rolle. Sie konzentrieren sich auf Betriebe, die saisonabhängig sind oder mit Strukturproblemen zu kämpfen haben. So belief sich die Zahl der Kurzarbeiter im Schnitt der Jahre 2006 bis 2008 auf 80.000 Personen. Im Jahr 2008 entfielen knapp 60 Prozent auf das Saison- und das Transferkurzarbeitergeld, das Konjunkturkurzarbeitergeld war damals nur von geringer Bedeutung.

Der Krankenstand der Arbeitnehmer ist über die Jahre kräftig gesunken und erreichte im Jahr 2007 einen historischen Tiefstand. Er lag mit 3,2 Prozent um fast zwei Prozentpunkte unter dem Stand am Anfang der 1990er Jahre. Der langfristig fallende Trend wird indes von prozyklischen Schwankungen überlagert, denn die krankheitsbedingten Ausfallzeiten steigen im Aufschwung und fallen im Abschwung.

Immer mehr Beschäftigte üben auch einen Nebenjob aus. Von 2006 bis 2008 nahm ihre Zahl um 0,4 Mio. auf knapp 2,5 Mio. Personen zu. Auf alle Beschäftigten bezogen, machen Nebentätigkeiten jedoch nur rund 20 Arbeitsstunden pro Jahr bzw. 1,6 Prozent der Jahresarbeitszeit aus.

Die Jahresarbeitszeit der Beschäftigten ging zur selben Zeit um 0,1 Prozent auf 1.339 Stunden zurück. Wegen der steigenden Beschäftigung nahm das gesamtwirtschaftliche Arbeitsvolumen – die Zahl aller in der Gesamtwirtschaft geleisteten und bezahlten Arbeitsstunden – um 3,7 Prozent zu, erheblich stärker als im Aufschwung von 1999 bis 2001 (+0,6 %). Am Arbeitsvolumen gemessen, war die Beschäftigungsintensität des wirtschaftlichen Wachstums in den Jahren 2006 bis 2008 somit weitaus höher als im Aufschwung davor. Denn zum einen dürften die betrieblichen Rationalisierungsprogramme früherer Jahre die Belegschaften ausgedünnt haben. Zum anderen steht zu vermuten, dass das Vertrauen der Wirtschaft in einen nachhaltigen Aufschwung größer war als im Aufschwung um die Jahrtausendwende. Dazu dürften auch die moderate Tarifpolitik, die stärkere Flexibilisierung der Arbeitszeit und die Arbeitsmarktreformen der vorangegangenen Jahre beigetragen haben. So ergaben Betriebsbefragungen, dass offene Stellen nach den Arbeitsmarktreformen leichter zu besetzen waren als früher (Kettner/Rebien 2007). Denn eine Folge der Reformen war, dass von den Arbeitslosen gefordert wurde, sich intensiver um einen Job zu bemühen als zuvor.

Arbeitszeitentwicklung im Krisenjahr 2009

Im Rezessionsjahr 2009 waren es vor allem die flexiblen Arbeitszeiten, die die Wucht der Krise abgefangen haben. Viele Betriebe führten Kurzarbeit ein, bauten Überstunden und Arbeitszeitguthaben ab, verkürzten temporär die tarifliche Arbeitszeit und bauten die Teilzeitarbeit aus. Im Durchschnitt nahm die Jahresarbeitszeit der Arbeitnehmer um 3,3 Prozent ab. Die Beiträge der einzelnen Komponenten veranschaulicht Abbildung A3. Die wichtigen Instrumente Kurzarbeit und Arbeitszeitkonten werden ausführlich in den Abschnitten 3.3 und 3.4 behandelt.

Über arbeitszeitliche Regelungen hinaus haben die Betriebe den Arbeitseinsatz nur partiell der wirtschaftlichen Entwicklung angepasst (die Bedeutung der betrieblichen Arbeitszeitanpassung in der Wirtschaftskrise wird in Abschnitt 3 ausführlich behandelt). So hat das gesamtwirtschaftliche Arbeitsvolumen im Jahr 2009 um 2,7 Prozent abgenommen, die Wirtschaftsleistung dagegen mit 5,1 Prozent weitaus stärker. Damit ging die Produktivität je Arbeitsstunde im gesamtwirtschaftlichen Durchschnitt um 2,5 Prozent zurück. Die Betriebe haben in der Krise also mehr Arbeitsstunden eingesetzt als eigentlich erforderlich gewesen wäre. Die Gründe für das betriebliche „Horten" von Arbeitskräften werden in Abschnitt 3.2 diskutiert.

Arbeitszeitentwicklung von 2010 bis 2011

Flexible Arbeitszeiten haben in erheblichem Maße dazu beigetragen, dass die Wirtschaft nach der Krise wieder so schnell Fahrt aufnehmen konnte (sie-

Abbildung A3

Beitrag der einzelnen Komponenten zur Entwicklung der Arbeitszeit von Beschäftigten im Jahr 2009, Veränderung im Vergleich zum Vorjahr in Stunden

Gesamtveränderung der Jahresarbeitszeit 2009: −43,6 Stunden (−3,3 %)

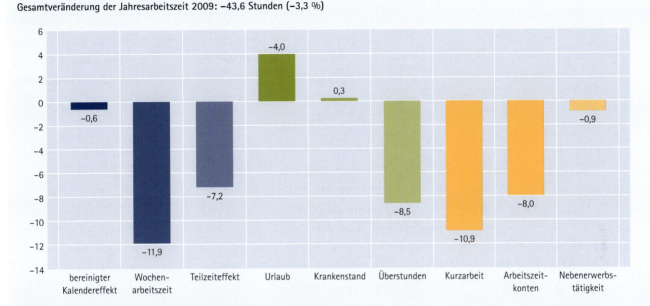

Bereinigter Kalendereffekt = Arbeitstageeffekt plus Ausgleich für Kalendereinflüsse
Teilzeiteffekt = Wirkung einer Veränderung der Beschäftigtenstruktur auf die Arbeitszeit

Quelle: IAB-Arbeitszeitrechnung, Stand August 2011 nach WZ08.

he Teil III Datenanhang, Kapitel E). So nahm die durchschnittliche Jahresarbeitszeit der Erwerbstätigen von 2009 auf 2010 um 1,8 Prozent zu, etwa durch das Herunterfahren der Kurzarbeit, die Rückkehr zu betriebsüblichen Arbeitszeiten, den Aufbau von Arbeitszeitguthaben und durch mehr bezahlte Überstunden. Die Zahl der Erwerbstätigen stieg um 0,5 Prozent, das gesamtwirtschaftliche Arbeitsvolumen um 2,3 Prozent. Der wirtschaftliche Aufschwung hat sich im Jahr 2011 fortgesetzt und weitere Arbeitszeitreserven mobilisiert. So nahm die Zahl der Kurzarbeiter weiter ab, Arbeitszeitkonten wurden weiter aufgefüllt und etwas mehr (bezahlte) Überstunden geleistet.

2.1.3 Entwicklung der Unterbeschäftigung und der Arbeitslosigkeit

Spiegelbildlich zur positiven Beschäftigungsentwicklung ging die Zahl der Arbeitslosen in den Jahren 2006 bis 2008 um mehr als 1,60 Mio. zurück. Der Anstieg im Krisenjahr 2009 um knapp 160.000

war unter den gegebenen Umständen sehr moderat, zumal dieser im Folgejahr mit einem Abbau der Arbeitslosigkeit um 180.000 mehr als wettgemacht wurde. Im Jahresdurchschnitt 2010 lag die Zahl der Arbeitslosen bei 3,24 Mio. Personen (2006: 4,49 Mio.). Die Arbeitslosenquote sank zwischen 2006 und 2010 von 10,8 auf 7,7 Prozent. Im ersten Halbjahr 2011 setzte sich dieser positive Trend fort, die Arbeitslosenzahl fiel erstmals seit 1992 unter die Drei-Millionen-Marke.

Allerdings entwickelte sich die Arbeitslosigkeit in den beiden Rechtskreisen des SGB III und SGB II gerade in der Krise unterschiedlich (vgl. Tabelle A2). Die Personen im Rechtskreis SGB III, dem Bereich der Arbeitslosenversicherung, stehen dem Arbeitsmarkt in der Regel näher, sind meist erst seit kurzer Zeit arbeitslos und beziehen großenteils Arbeitslosengeld; jene im Rechtskreis SGB II, der Grundsicherung für erwerbsfähige Hilfebedürftige, sind meist schon länger arbeitslos und beziehen Arbeitslosen-

Tabelle A2

Arbeitslose nach Rechtskreisen, 2005 bis 2010

			2005	2006	2007	2008	2009	2010
Insgesamt		West	3.247	3.007	2.475	2.138	2.314	2.227
	Jahresdurchschnitte in 1.000	Ost	1.614	1.480	1.285	1.120	1.101	1.011
		Insg.	4.861	4.487	3.760	3.258	3.415	3.238
		West	+466	-240	-532	-337	+176	-87
	Veränderung gegenüber dem Vorjahr in 1.000	Ost	+14	-134	-195	-165	-19	-90
		Insg.	+480	-374	-727	-502	+157	-177
		West	9,9	9,1	7,5	6,4	6,9	6,6
	Arbeitslosenquoten (in % aller zivilen Erwerbspersonen)	Ost	18,7	17,3	15,1	13,1	13,0	12,0
		Insg.	11,7	10,8	9,0	7,8	8,2	7,7
davon — SGB III		West	1.442	1.159	856	681	867	789
	Jahresdurchschnitte in 1.000	Ost	649	505	389	325	323	286
		Insg.	2.091	1.664	1.245	1.006	1.190	1.075
		West		-283	-303	-175	+186	-78
	Veränderung gegenüber dem Vorjahr in 1.000	Ost		-144	-116	-64	-2	-37
		Insg.		-427	-419	-239	+184	-115
davon — SGB II		West	1.805	1.848	1.619	1.457	1.447	1.438
	Jahresdurchschnitte in 1.000	Ost	965	975	896	795	778	725
		Insg.	2.770	2.823	2.515	2.252	2.225	2.163
		West		+43	-229	-162	-10	-9
	Veränderung gegenüber dem Vorjahr in 1.000	Ost		+10	-79	-101	-17	-53
		Insg.		+53	-308	-263	-27	-62
		West	55,6	61,5	65,4	68,1	62,5	64,6
	Anteil SGB II in %	Ost	59,8	65,9	69,7	71,0	70,7	71,7
		Insg.	57,0	62,9	66,9	69,1	65,2	66,8

Anmerkung: Abweichungen zu den Summen sind rundungsbedingt.

Quelle: Statistik der Bundesagentur für Arbeit, Berechnungen des IAB.

geld II. In den Jahren 2006 bis 2008 ging die Arbeitslosigkeit um 52 Prozent im SGB III und 19 Prozent im SGB II kräftig zurück – dies entspricht 1,09 Mio. beziehungsweise 520.000 Personen. Im Krisenjahr 2009 fiel die Zahl der Arbeitslosen im SGB-II-Bereich sogar weiter um 30.000, während sie im SGB-III-Bereich um über 180.000 zunahm. Allerdings war im folgenden Jahr in diesem Rechtskreis wieder ein Rückgang um 120.000 Personen zu verzeichnen, während die Arbeitslosenzahl im SGB-II-Bereich „nur" um weitere 60.000 sank. Im Jahresdurchschnitt 2010 waren 1,08 Mio. Arbeitslose im SGB-III-Bereich gemeldet. Dem standen 2,16 Mio. Arbeitslose im SGB-II-Bereich gegenüber. Im ersten Halbjahr 2011 sank die Zahl der SGB-III-Arbeitslosen auf 800.000, die der SGB-II-Arbeitslosen auf 2,09 Mio.

In beiden Rechtskreisen werden Langzeitarbeitslose betreut, also Personen, die länger als ein Jahr arbeitslos sind. Wegen des gesetzlich im Regelfall nach einem Jahr vorgesehenen Wechsels von der Arbeitslosenversicherung in die Grundsicherung, spielt Langzeitarbeitslosigkeit im Bereich des SGB II eine größere Rolle als im SGB III, wo es sich im Jahr 2010 „nur" um 155.000 ältere Arbeitslose handelt, für die eine längere Bezugsdauer für das Arbeitslosengeld I gilt. Bemerkenswert ist, dass auch die Langzeitarbeitslosigkeit im Betrachtungszeitraum deutlich abnahm. Waren im Jahr 2006 durchschnittlich noch 1,68 Mio. Personen langzeitarbeitslos, so sank dieser Wert bis 2010 auf 940.000, im ersten Halbjahr 2011 auf unter 900.000. Dabei gehen zwar Langzeitarbeitslose häufiger in Maßnahmen oder in Nichterwerbstätigkeit über als in früheren Jahren, sie haben aber auch überproportional von den Reformen am Arbeitsmarkt profitiert und finden leichter als zuvor eine Beschäftigung (Klinger/Rothe 2012).

Personen in arbeitsmarktpolitischen Maßnahmen, wie Qualifizierungsmaßnahmen oder Maßnahmen zur Aktivierung und beruflichen Eingliederung nach § 46 SGB III werden zur „Stillen Reserve in Maßnahmen" gezählt. Menschen, die ihre Arbeitsmarktchancen als schlecht einschätzen und erst bei höherem Beschäftigungsstand aktiv nach einer Stelle suchen, werden der „Stillen Reserve im engeren Sinn" zugerechnet. Die Stille Reserve insgesamt ist in den Jahren 2006 bis 2010 um 240.000 Personen auf einen Wert von ca. 1,31 Mio. gesunken, davon sind 870.000 in Maßnahmen. Rechnet man die Personen in Stiller Reserve und in registrierter Arbeitslosigkeit zusammen, so lag die Unterbeschäftigung im Jahresdurchschnitt 2010 bei gut 4,5 Mio. Personen.

2.1.4 Ost- und westdeutscher Arbeitsmarkt im Vergleich

Noch immer klaffen die Arbeitslosenquoten zwischen den alten und den neuen Ländern (einschließlich Berlin) auseinander (für Details zur regionalen Entwicklung siehe Abschnitt 2.2.) Während die Arbeitslosenquote im Jahr 2010 im Westen gerade noch 6,6 Prozent betrug, war sie im Osten mit 12,0 Prozent beinahe doppelt so hoch. Dennoch schrumpft die Kluft zusehends. Im Jahr 2006 betrug der Abstand der Arbeitslosenquoten 8,2 Prozentpunkte. Gerade im Krisenjahr 2009 zeigte sich der Arbeitsmarkt in den neuen Ländern und Berlin robuster als im Westen. Während dort die Arbeitslosenzahl um 180.000 anstieg, sank sie im Osten um 20.000. Denn von der Wirtschaftskrise war hauptsächlich das Produzierende Gewerbe betroffen (siehe oben), das im Osten deutlich schwächer vertreten ist. Insgesamt sank die Arbeitslosigkeit im Osten in den Jahren 2006 bis 2010 um 600.000 Personen auf 1,01 Mio., im Westen um 1,02 Mio. auf 2,23 Mio. Personen.

Dabei stieg die Zahl der sozialversicherungspflichtig Beschäftigten im Osten seit 2006 um 290.000 Personen. Im gleichen Zeitraum legte sie im Westen um 1,10 Mio. Personen zu. Somit war der relative Beschäftigungsaufbau in beiden Landesteilen in etwa gleich stark. Allerdings entlastete das deutlich rückläufige Erwerbspersonenpotenzial den ostdeutschen Arbeitsmarkt, während dies im Westen noch keine nennenswerte Rolle spielt.

2.1.5 Entwicklung des Erwerbspersonenpotenzials

Das Arbeitskräfteangebot (Erwerbspersonenpotenzial) – es wird von der Demografie, der Erwerbsbeteiligung und vom Wanderungssaldo bestimmt – hat sich seit 2006 quantitativ kaum geändert und liegt bei knapp 45 Mio. Personen (vgl. Tabelle A1).

Der Einfluss der demografischen Entwicklung, der für sich genommen zu einem Rückgang des Arbeitskräfteangebots geführt hätte, wurde im Betrachtungszeitraum vor allem durch eine steigende Erwerbsbeteiligung von Frauen und Älteren weitgehend kompensiert. Dies gelingt künftig aber immer weniger, da der demografische Effekt stärker wird und die Erwerbsquote von Frauen mittleren Alters mit über 86 Prozent bereits einen sehr hohen, kaum noch steigerbaren Wert erreicht hat.

Zu- und Abwanderung haben das Erwerbspersonenpotenzial in den letzten Jahren – insgesamt gesehen – wenig beeinflusst. In den Jahren 2008 und 2009 war der Wanderungssaldo sogar negativ. Nach dem positiven Wanderungssaldo von 130.000 Personen im Jahr 2010 und der seit dem 1. Mai 2011 geltenden vollen Arbeitnehmerfreizügigkeit für acht EU-Länder Mittel- und Osteuropas ist für die kommenden Jahre wieder mit einer dauerhaft positiven Nettozuwanderung zu rechnen.

Das Erwerbspersonenpotenzial in West- und Ostdeutschland entwickelt sich weiterhin unterschiedlich. In den neuen Ländern nimmt es seit Jahren ab. Seit 2006 schrumpft das Erwerbspersonenpotenzial in Ostdeutschland, einschließlich Berlins, jährlich um 100.000 Personen. Es wurde für 2010 auf nur noch 9,19 Mio. Erwerbspersonen geschätzt (2006: 9,59 Mio.). Dies liegt an der demografischen Entwicklung, einer leicht sinkenden Erwerbsbeteiligung der Frauen und den Bevölkerungsverlusten durch Abwanderung. Im Westen entwickelten sich diese drei Komponenten hingegen unterschiedlich. Der negative demografische Effekt wurde von einer steigenden Erwerbsbeteiligung und einer positiven Nettozuwanderung – nicht zuletzt aus den neuen Ländern – mehr als ausgeglichen. Alles in allem erhöhte sich im Westen das Erwerbspersonenpotenzial von 35,32 Mio. im Jahr 2006 auf 35,60 Mio. im Jahr 2010.

Gemeinsam ist dem Westen und dem Osten ein stark alterndes Arbeitskräfteangebot. Waren im Jahr 2006 noch knapp 11 Mio. Erwerbspersonen zwischen 50 und 64 Jahre, so waren es vier Jahre später gut eine Million mehr. Damit stieg auch deren Anteil am gesamten Erwerbspersonenpotenzial von 24 auf fast 27 Prozent (zum Vergleich 1991: 23 %). Bei der Altersgruppe der unter 30-Jährigen erfolgte die größte Veränderung dagegen bereits vor 2006. Nachdem die „Baby-Boomer" (Geburtsjahrgänge von Mitte der 50er bis Ende der 60er Jahre) inzwischen ein mittleres Alter erreicht haben, ist das Erwerbspersonenpotenzial der Jüngeren in den letzten Jahren von nur noch 9,9 Mio. im Jahr 2006 auf knapp 9,7 Mio. im Jahr 2010 gesunken (zum Vergleich 1991: 13,22 Mio.).

Zusammenfassend lässt sich sagen: Nachdem sich die Wirtschaft von 2006 bis Mitte 2008 sehr positiv entwickelt hatte, kam es im Herbst 2008 aufgrund der weltweiten Finanz- und Wirtschaftskrise zu einem dramatischen wirtschaftlichen Einbruch. Bereits zur Jahresmitte 2009 schwenkte die deutsche Wirtschaft aber wieder auf einen kräftigen Erholungskurs, der jedenfalls bis zum vierten Quartal 2011 anhielt. Der Arbeitsmarkt entwickelte sich indes nur teilweise spiegelbildlich zur Konjunktur: Zwar gab es in den Aufschwüngen deutliche Beschäftigungszuwächse, davon zum Großteil sozialversicherungspflichtige Vollzeitbeschäftigung. In der Krise dazwischen konnte jedoch von einem Absturz des Arbeitsmarktes keine Rede sein. Die Betriebe haben sich an den temporären Nachfrage-

---

Kasten A1

Auswirkungen der Umstellung auf die achtjährige Gymnasialausbildung (G8) und des Aussetzens der Wehrpflicht auf das Arbeitsangebot

Seit 2007 stellten einige Bundesländer auf das sogenannte G8 um: In Sachsen-Anhalt (2007), Mecklenburg-Vorpommern (2008), Saarland (2009) und Hamburg (2010) beenden Gymnasiasten die Schule nun ein Jahr früher. In Anlehnung an Angaben von Scharfe (2010) dürfte die Größenordnung der davon betroffenen Schüler über den gesamten Zeitraum bei insgesamt etwa 23.000 liegen. Der Effekt auf das Erwerbspersonenpotenzial ist demnach bislang zu vernachlässigen.

Ab 2011 erhalten doppelte Abiturientenjahrgänge aus bevölkerungsstärkeren Bundesländern (u. a. aus Baden-Württemberg, Bayern, Niedersachsen, Nordrhein-Westfalen) ihre Hochschulreife. Auch daraus dürften zunächst keine stärkeren arbeitsmarktrelevanten Effekte resultieren. Zwar treten diese Schüler eher ins Erwerbsleben ein. Allerdings zählen nur diejenigen, die eine berufliche Ausbildung durchlaufen, sofort zum Erwerbspersonenpotenzial. Die anderen werden erst nach dem Studium dazu gerechnet, also Jahre später. Der Effekt des G8 auf das Erwerbspersonenpotenzial dürfte auch künftig eher gering sein, weil a) der Erwerbseintritt nur vorgezogen wird, b) auch „jobbende" Studenten und Schüler als Erwerbstätige zum Erwerbspersonenpotenzial zählen und c) rund 30 Prozent der Abiturienten eine betriebliche Ausbildung durchlaufen.

Ebenso wenig sind vom Aussetzen der Wehrpflicht (ab 2011) größere Effekte zu erwarten. Wehr- und Zivildienstleistende (im Jahr 2009 rund 130.000 Personen) werden in der Statistik bereits als Erwerbstätige geführt und zählen damit ohnehin schon zum Erwerbspersonenpotenzial.

rückgang vor allem dadurch angepasst, dass sie die Arbeitszeit ihrer Beschäftigten reduziert und einen Rückgang der Stundenproduktivität in Kauf genommen haben. Hingegen haben sie die Zahl ihrer Beschäftigten nur moderat verringert.

2.2 Regionale Besonderheiten

Die Wirtschaftskrise hat die regionalen Arbeitsmärkte der Republik unterschiedlich stark getroffen (siehe dazu u. a. Schwengler/Hecht 2011; Schwengler/Loibl 2010 sowie Blien/Fuchs 2009). Diese Unterschiede stellen sich völlig anders dar als in früheren Rezessionen. Nachfolgend soll die Entwicklung der regionalen Arbeitsmärkte zwischen 2006 und 2011 auf der Ebene der Landkreise und kreisfreien Städte skizziert werden (davon abweichende regionale Gliederungen werden gesondert angegeben).

2.2.1 Regionale Arbeitsmarktentwicklung im Aufschwung von 2006 bis 2008

Vor der Krise entwickelte sich die Beschäftigung in allen Kreisen Deutschlands positiv, die Höhe der Zuwachsrate schwankte zwischen den einzelnen Regionen jedoch sehr deutlich. Am stärksten stieg die Zahl der sozialversicherungspflichtig Beschäftigten (am Wohnort) in etlichen strukturschwachen Regionen. Dies überrascht zunächst, da diese Regionen eher mit ökonomischen Problemen assoziiert werden. „Rekordhalter" mit Zuwachsraten von bis zu 7,9 Prozent waren Kreise in Brandenburg und Berlin, im Westen Niedersachsens und im Norden Nordrhein-Westfalens. Demgegenüber wuchs die Beschäftigung in weiten Teilen von Hessen, Rheinland-Pfalz, Sachsen-Anhalt sowie im Süden von Niedersachsen und im Saarland um weniger als 3 Prozent.

Abbildung A4

Beschäftigungsgrad am Wohnort, 2006 und 2008

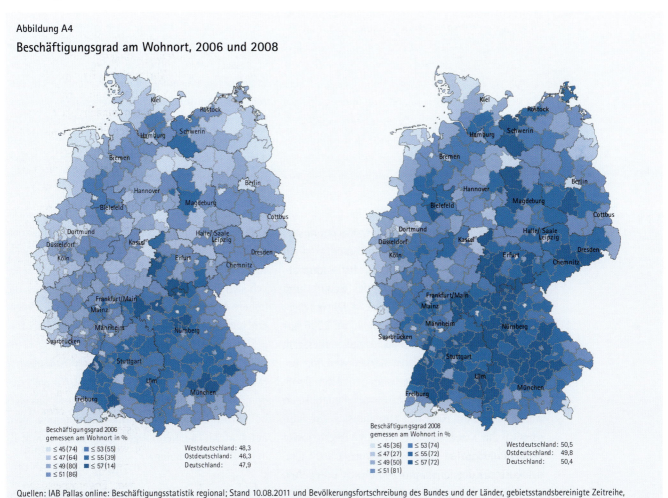

Beschäftigungsgrad 2006
gemessen am Wohnort in %

- ≤ 45 (74)
- ≤ 47 (64)
- ≤ 49 (80)
- ≤ 51 (86)
- ≤ 53 (55)
- ≤ 55 (39)
- ≤ 57 (14)

Westdeutschland: 48,3
Ostdeutschland: 46,3
Deutschland: 47,9

Beschäftigungsgrad 2008
gemessen am Wohnort in %

- ≤ 45 (36)
- ≤ 47 (27)
- ≤ 49 (50)
- ≤ 51 (81)
- ≤ 53 (74)
- ≤ 55 (72)
- ≤ 57 (72)

Westdeutschland: 50,5
Ostdeutschland: 49,8
Deutschland: 50,4

Quellen: IAB Pallas online: Beschäftigungsstatistik regional; Stand 10.08.2011 und Bevölkerungsfortschreibung des Bundes und der Länder, gebietsstandsbereinigte Zeitreihe, Bundesamt für Bauwesen und Raumordnung, 2010, eigene Berechnung und Darstellung.

Abbildung A5
Arbeitslosenquote 2008

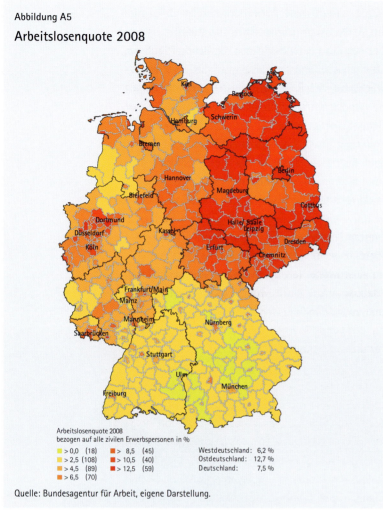

Arbeitslosenquote 2008
bezogen auf alle zivilen Erwerbspersonen in %

▢ > 0,0 (18)	▢ > 8,5 (45)		Westdeutschland:	6,2 %
▢ > 2,5 (108)	▢ > 10,5 (40)		Ostdeutschland:	12,7 %
▢ > 4,5 (89)	▢ > 12,5 (59)		Deutschland:	7,5 %
▢ > 6,5 (70)				

Quelle: Bundesagentur für Arbeit, eigene Darstellung.

erkennen, so zeichnete sich nur zwei Jahre später ein Gegensatz zwischen den neuen Bundesländern, Bayern und Baden-Württemberg auf der einen und den restlichen alten Bundesländern auf der anderen Seite ab (vgl. Abbildung A4).

Spiegelbildlich zur Zahl der Beschäftigten sank die Arbeitslosigkeit während des Aufschwungs. Dabei fiel der prozentuale Rückgang im Westen mit 30,1 stärker aus als im Osten mit 24,2 Prozent. Besonders stark sank die Zahl der Arbeitslosen in Baden-Württemberg und Bayern, in einigen Landkreisen Bayerns sogar um mehr als 45 Prozent. Rückgänge um weniger als 25 Prozent finden sich dagegen vorwiegend in Sachsen-Anhalt, Brandenburg und Nordrhein-Westfalen, aber auch in Schleswig-Holstein und Niedersachsen. Betrachtet man allerdings die Entwicklung der Arbeitslosenquoten, dann zeigt sich, dass es insbesondere viele ostdeutsche Kreise waren, die sich im Aufschwung bis 2008 deutlich verbessert haben und einen Rückgang der Arbeitslosenquoten um mehr als vier Prozentpunkte verzeichnen konnten. Die ostdeutschen Regionen profitierten insgesamt mehr als die westdeutschen. Die niedrigere prozentuale Abnahme im Osten ist vor allem ein Basiseffekt, der auf die im Osten hohen Arbeitslosenquoten zurückzuführen ist.

Der Beschäftigungszuwachs wirkte sich jedoch ganz unterschiedlich auf die Arbeitsplatzversorgung der Wohnbevölkerung aus. Der Beschäftigungsgrad am Wohnort (gemessen als Anteil der sozialversicherungspflichtig Beschäftigten an der Bevölkerung im erwerbsfähigen Alter von 15 bis 64 Jahren) stieg in Deutschland von 47,9 Prozent im Juni 2006 auf 50,4 Prozent im Juni 2008. Allerdings verbesserte sich dieser Indikator im Osten stärker, weil dort die Wohnbevölkerung im erwerbsfähigen Alter deutlicher zurückging als im Westen der Republik. So waren es im Jahr 2008 fast ausnahmslos süd- und ostdeutsche Kreise, die die höchsten Werte beim Beschäftigungsgrad erzielten – darunter auch jene ostdeutschen Regionen, die 2006 noch unter dem Durchschnitt lagen. War im Juni 2006 noch ein klares Nord-Süd-Gefälle beim Beschäftigungsgrad zu

Trotz dieser deutlich besseren absoluten Entwicklung in den ostdeutschen Kreisen bestand bei den regionalen Arbeitslosenquoten im Juni 2008 weiterhin ein klares Ost-West-Gefälle, das aber deutlich kleiner war als zu Beginn des Aufschwungs. Die höhere Arbeitslosigkeit im Osten resultiert zu einem erheblichen Teil aus der geringeren Arbeitsnachfrage. Das relativ höhere Arbeitskräfteangebot, z. B. infolge der höheren Erwerbsbeteiligung ostdeutscher Frauen (Fuchs/Hummel/Zika 2009) ist für sich genommen nicht maßgeblich. So führt auch das weit höhere Arbeitsangebot in Metropolregionen nicht automatisch zu einer höheren Arbeitslosenquote als in ländlichen Gebieten.

Das ausgeprägte Arbeitsmarktungleichgewicht in den meisten Regionen Ostdeutschlands spiegelt sich in den regionalen Arbeitslosenquoten wider, die auch im Juni 2008 noch über 11 Prozent lagen. Neben diesem Gegensatz zwischen dem Osten und dem Westen der Republik zeigte sich ein Nord-Süd-Gefälle innerhalb der alten Bundesländer. Trotz der vor Ort moderaten absoluten Rückgänge verzeichneten insbesondere die Kreise im süddeutschen Raum im Juni 2008 die mit Abstand niedrigsten Arbeitslosenquoten in Deutschland (vgl. Abbildung A5). Vielerorts lagen sie dort unter 4 Prozent. Daher wurde und wird gerade in diesen Regionen der wachsende Bedarf an Fachkräften im Verarbeitenden Gewerbe thematisiert. So waren in Baden-Württemberg und Bayern Arbeitskräfte aus technischen, natur- und ingenieurwissenschaftlichen Berufen stark gefragt. Die höchsten Arbeitslosenquoten wiesen im Westen – wie schon im Juni 2006 – die Kreise im Ruhrgebiet sowie im östlichen Niedersachsen auf.

2.2.2 Regionale Arbeitsmarktentwicklung während der Krise 2008 und 2009

Trotz des starken Wirtschaftseinbruchs ab Herbst 2008 sank die Zahl der sozialversicherungspflichtig Beschäftigten von Juni 2008 bis Juni 2009 bundesweit nur um 78.000 Personen bzw. 0,3 Prozent. Dabei beschränkte sich der Rückgang fast ausschließlich auf Westdeutschland (97 %), in Ostdeutschland blieb die Zahl der Beschäftigten im Durchschnitt hingegen nahezu stabil. Betroffen waren vor allem die Regionen mit einer starken Exportindustrie. Wie in Abschnitt 2.1 beschrieben, traf der Einbruch der weltweiten Nachfrage vor allem das Verarbeitende Gewerbe, die Arbeitnehmerüberlassung sowie die Verkehrs-, Informations- und Kommunikationsbranche. Das führte zu starken absoluten Beschäftigungsverlusten in Baden-Württemberg, Nordrhein-Westfalen und Bayern, aber auch in den ostdeutschen Bundesländern Thüringen und Sachsen. Demgegenüber bauten Branchen wie das Gesundheits- und Sozialwesen, das Gastgewerbe und der Bereich Erziehung und Unterricht auch im Abschwung Beschäftigung auf. Deshalb verzeichneten Schleswig-Holstein, Hamburg, Niedersachsen, Mecklenburg-Vorpommern, Berlin und Brandenburg selbst in der Krise Beschäftigungsgewinne.

Die Arbeitslosenzahl stieg rezessionsbedingt um 7,9 Prozent auf 3,4 Mio. Dieser Anstieg betraf nahezu ausschließlich Westdeutschland (+11,8 %), Ostdeutschland verzeichnete lediglich einen Zuwachs von 0,5 Prozent. Insbesondere in Regionen mit vergleichsweise hoher Arbeitslosenquote vor Beginn der Krise (Juni 2008) sank die Arbeitslosigkeit bis Mitte 2009 sogar (vgl. Abbildung A5 und Abbildung A6). Dies gilt vor allem für weite Teile Mecklenburg-Vorpommerns, Brandenburgs und Sachsen-Anhalts, während die Arbeitslosigkeit in vielen Kreisen Baden-Württembergs, Bayerns, Thüringens und Nordrhein-Westfalens relativ stark zulegte, teilweise um mehr als 25 Prozent. Anders als im Abschwung von 2001 bis 2005 verringerte die letzte Krise die Kluft zwischen Kreisen mit „guter" und „schlechter" Arbeitsmarktlage. Dies gilt nicht nur für den Bestand an Arbeitslosen, sondern auch für die Arbeitslosenquote.

In der Krise 2008/09 stieg die Arbeitslosenquote deutlich vor allem in westdeutschen Kreisen mit guter Ausgangslage, aber hoher Exportabhängigkeit der regionalen Wirtschaft. Besonders betroffen waren Kreise mit einem überdurchschnittlich hohen Anteil der Beschäftigung in der Automobil- und Maschinenbaubranche, der Metallerzeugung und -bearbeitung sowie der Gummi- und Kunststoffindustrie. Die Beschäftigung in diesen Branchen wird traditionell von Männern dominiert. Deswegen waren Frauen in der Krise von steigender Arbeitslosigkeit weniger stark betroffen als Männer.

Die Bereitschaft der betroffenen Firmen, ihre Arbeitskräfte zu horten, trug dazu bei, dass die Rezession nicht stärker auf den Arbeitsmarkt durchschlug (Möller 2009). Da die Krise nicht kosten-, sondern nachfragebedingt war, lohnte sich das Halten der Arbeitskräfte. Zudem wurde es durch institutionelle Regelungen unterstützt, z. B. durch die Möglichkeit der verstärkten Nutzung konjunktureller Kurzarbeit (vgl. Abschnitt 3.3). Viele der vom zeitweiligen Ausfall der Nachfrage betroffenen Betriebe, insbesondere im Verarbeitenden Gewerbe in Westdeutschland, und hier speziell in Nordrhein-Westfalen,

Abbildung A6

Entwicklung der Zahl der Arbeitslosen gegenüber dem Vorjahresstand in den Jahren 2009 bis 2011 (jeweils Juni) in Prozent

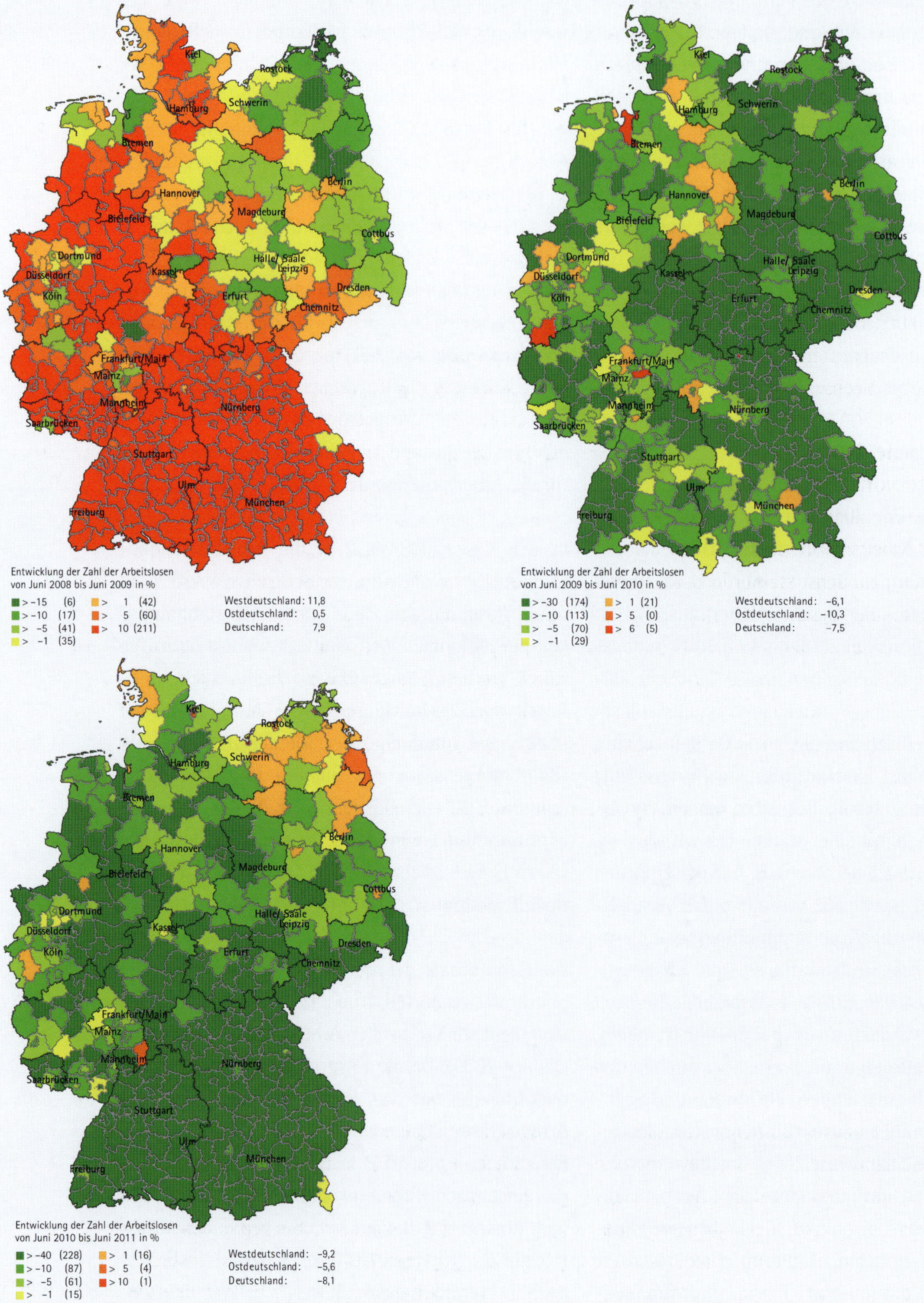

Entwicklung der Zahl der Arbeitslosen
von Juni 2008 bis Juni 2009 in %

■	> −15	(6)	■ > 1	(42)
■	> −10	(17)	■ > 5	(60)
■	> −5	(41)	■ > 10	(211)
■	> −1	(35)		

Westdeutschland: 11,8
Ostdeutschland: 0,5
Deutschland: 7,9

Entwicklung der Zahl der Arbeitslosen
von Juni 2009 bis Juni 2010 in %

■	> −30	(174)	■ > 1	(21)
■	> −10	(113)	■ > 5	(0)
■	> −5	(70)	■ > 6	(5)
■	> −1	(29)		

Westdeutschland: −6,1
Ostdeutschland: −10,3
Deutschland: −7,5

Entwicklung der Zahl der Arbeitslosen
von Juni 2010 bis Juni 2011 in %

■	> −40	(228)	■ > 1	(16)
■	> −10	(87)	■ > 5	(4)
■	> −5	(61)	■ > 10	(1)
■	> −1	(15)		

Westdeutschland: −9,2
Ostdeutschland: −5,6
Deutschland: −8,1

Quelle: Bundesagentur für Arbeit (Datawarehouse), gebietsstandsbereinigte Zeitreihe, Stand: 12.07.2011, eigene Darstellung.

Baden-Württemberg und Bayern, nutzten dieses arbeitsmarktpolitische Instrument, um Entlassungen zu vermeiden. Aufgrund der dominanten Stellung des Verarbeitenden Gewerbes bei der Inanspruchnahme von Kurzarbeit wiesen auch das Saarland und Thüringen überdurchschnittlich hohe Anteile von Kurzarbeitern auf. Darüber hinaus wurde die Kurzarbeit aber auch in anderen Bundesländern und in anderen Branchen eingesetzt. In Bremen war knapp jeder fünfte Kurzarbeiter im Wirtschaftszweig sonstige wirtschaftliche Dienstleistungen tätig und jeweils 9 Prozent aller Kurzarbeiter im Handel bzw. Baugewerbe. Ebenso hoch war der Anteil der kurzarbeitenden Beschäftigten im Baugewerbe in Mecklenburg-Vorpommern (15 %), Schleswig-Holstein (11 %) und Sachsen-Anhalt (8 %).

2.2.3 Regionale Arbeitsmarktentwicklung nach der Krise von 2009 bis 2011

Hatte die Krise vor allem Auswirkungen auf den westdeutschen Arbeitsmarkt, so kam auch der erneute Aufschwung zunächst stärker in Ostdeutschland zum Tragen. Der Beschäftigungszuwachs im Juni 2010 gegenüber dem Vorjahresmonat fiel in Ostdeutschland mit 1,5 Prozent höher aus als in Westdeutschland mit 1,1 Prozent. Als Ursache kann auch hier wieder auf die sektorale Verteilung verwiesen werden: Deutlichen Beschäftigungsaufbau gab es während wie nach der Krise im Dienstleistungssektor, insbesondere im Gesundheits- und Sozialwesen. Hingegen war die Beschäftigungsentwicklung im Verarbeitenden Gewerbe bis Mitte 2010 noch rückläufig. Nur langsam stieg auch hier wieder der Bedarf an Fachkräften. Der flexible Bereich der Arbeitnehmerüberlassung, der während der Krise starke Beschäftigungsverluste zu verbuchen hatte, erholte sich rasch.

Die Arbeitslosigkeit sank bis Juni 2010 am stärksten in Ostdeutschland und im Osten Bayerns. Anschließend konnte der gesamte süddeutsche Raum bis Juni 2011 vom Aufschwung profitieren; hingegen stieg die Zahl der Arbeitslosen in einigen Kreisen Mecklenburg-Vorpommerns und Brandenburgs sogar wieder an (vgl. Abbildung A6).

Zusammenfassend gilt: Gegenwärtig scheint die positive Entwicklung des Arbeitsmarktes recht stabil zu sein. Offen ist jedoch, ob diejenigen regionalen Arbeitsmärkte, die von der Krise zwar besonders hart, aber eben nur kurzfristig betroffen waren, auf mittlere Sicht weiterhin zu den Wachstumsträgern zählen werden. Einerseits profitieren diese Regionen im Boom sehr stark von ihrer Exportorientierung, andererseits bietet genau diese Exportabhängigkeit der Beschäftigung auch künftig ein Einfallstor für konjunkturell bedingte Beschäftigungsverluste.

2.3 Dynamik auf dem deutschen Arbeitsmarkt

Veränderungen von Beschäftigung und Arbeitslosigkeit im Konjunkturverlauf sind – bildlich gesprochen – nur die sichtbare Spitze des Eisbergs. Dahinter stehen Bewegungen von deutlich größerer Dimension, die für das Verständnis des Arbeitsmarktgeschehens von zentraler Bedeutung sind. Bestandsänderungen bei der Zahl der Arbeitslosen oder der Beschäftigten spiegeln die tatsächliche Dynamik, die auf dem Arbeitsmarkt herrscht, nur zu einem kleinen Teil wider. Denn diese Veränderungen zeigen nur die Nettoeffekte, die sich aus der Addition und Subtraktion verschiedener Stromgrößen ergeben. Bei diesen Stromgrößen handelt es sich um Zugänge in und Abgänge aus Beschäftigung, Arbeitslosigkeit, arbeitsmarktpolitische Maßnahmen sowie um Übergänge in den Ruhestand. Dabei sind es nicht nur Personen, die ihren Arbeitsmarktstatus wechseln. Auch Arbeitsplätze entstehen und verschwinden täglich in großem Umfang. Von dieser Dynamik auf dem Arbeitsmarkt handelt der folgende Abschnitt.

2.3.1 Arbeitsplatzdynamik

Von 2001 bis 2009 sank die Zahl der sozialversicherungspflichtig Beschäftigten, gemessen in Vollzeitäquivalenten, um durchschnittlich 0,5 Prozent pro Jahr. Hinter dieser relativ geringen Nettoveränderung der Beschäftigung verbergen sich wesentlich größere Bruttoströme auf der betrieblichen Ebene, die aus dem permanenten Anpassungsprozess der Betriebe an ihr wirtschaftliches Umfeld resultieren.

So schufen die neu in den Markt eingetreten Betriebe zusammen mit den schon bestehenden wachsenden Betrieben zwischen 2001 und 2009 jährlich etwa 2,50 Mio. Arbeitsplätze. Gleichzeitig bauten die schrumpfenden und aus dem Markt ausgetretenen Betriebe 2,62 Mio. Stellen ab. Der sogenannte Stellenumschlag als Summe von Beschäftigungsgewinnen und -verlusten betrug demnach 5,12 Mio. Stellen, während unter dem Strich pro Jahr lediglich rund 120.000 Stellen verloren gingen.[1]

Setzt man diese Zahlen in Relation zum Beschäftigtenbestand, so erhält man die Raten der Stellengewinne und der -verluste. Abbildung A7 zeigt die Beiträge von neu gegründeten, wachsenden sowie von schrumpfenden und schließenden Betrieben zur Arbeitsplatzdynamik. Im Zeitverlauf zeigt sich der enge Zusammenhang zwischen der Nettoentwicklung der Stellen und dem Konjunkturverlauf. So ist die Rate der Stellengewinne bei hohem BIP-Wachstum hoch, während erwartungsgemäß die Stellenverluste mit zurückgehender Wirtschaftsdynamik steigen. Die letzte Wirtschaftskrise stellt jedoch, zumindest bis Mitte 2009, eine Ausnahme dar, da weitaus weniger Stellen wegfielen, als nach der Stärke des konjunkturellen Einbruchs zu erwarten gewesen wäre. Dies zeigt sich insbesondere darin, dass erstmals, wie aus Abbildung A7 ersichtlich, die Nettoentwicklung der Stellen über der prozentualen Veränderung des Bruttoinlandsproduktes liegt. Gleichwohl waren die Schwankungen im Konjunkturverlauf auch im Jahr 2009 vor allem auf die Veränderungen bei den wachsenden und schrumpfenden Betrieben zurückzuführen, während die Beiträge von Gründungen und Schließungen zum Stellenumschlag relativ konstant blieben.

Das Entstehen und Verschwinden von Arbeitsplätzen schwankt aber nicht nur mit der Konjunktur, es verteilt sich auch sehr ungleich über Regionen, Bran-

chen und Betriebe (vgl. Fuchs/Weyh 2010). So hat die Arbeitsplatzdynamik in Ostdeutschland im Zuge des Transformationsprozesses seit Anfang der 1990er Jahre zwar deutlich abgenommen, liegt aber immer noch höher als in Westdeutschland. Während der Stellenumschlag von 2001 bis 2009 in den alten Bundesländern durchschnittlich knapp 20 Prozent erreichte, betrug dieser Wert im neuen Bundesgebiet 24 Prozent (vgl. Tabelle A3). Die höhere Rate der Stellenentstehung zeigt, dass die ostdeutschen Betriebe relativ betrachtet sogar mehr neue Arbeitsplätze geschaffen haben als die westdeutschen. Das reichte aber nicht aus, um die Arbeitsplatzverluste zu kompensieren. In Westdeutschland hingegen waren die Gewinne und Verluste annähernd gleich groß.

Grundsätzlich zeigt sich sowohl innerhalb Deutschlands (vgl. Ludewig/Weyh 2011) als auch im Ländervergleich (vgl. OECD 2010) ein negativer Zusammenhang zwischen Nettostellenentwicklung und Stellenumschlag. Je höher also der Stellenumschlag, desto mehr Arbeitsplätze gehen per Saldo verloren – und vice versa.

Eine Ursache für die großen Differenzen beim Stellenumschlag zwischen West- und Ostdeutschland liegt in den unterschiedlichen Branchenstrukturen. Insbesondere zwischen dem Verarbeitenden Gewerbe und dem Dienstleistungssektor gibt es im Stellenumschlag erhebliche Unterschiede. Die Arbeitsplatzdynamik ist im Dienstleistungssektor etwa 1,5-mal höher als im Verarbeitenden Gewerbe. Eine sehr niedrige Dynamik weisen z. B. der Fahrzeugbau (Stellenumschlagsrate: 8,1) oder der Maschinenbau (13,1) auf, die beide, wie das gesamte Verarbeitende Gewerbe, in Ostdeutschland unterdurchschnittlich vertreten sind. Demgegenüber haben die Nachrichtenübermittlung (34,0) oder die unternehmensorientierten Dienstleistungen (31,7) einen sehr hohen Stellenumschlag und weisen zugleich in Ostdeutschland einen leicht überdurchschnittlichen Beschäftigungsanteil auf. Auch das Baugewerbe ist in Ostdeutschland von überproportionaler Bedeutung und gehört mit einem Umschlag von 28,2 zu den Wirtschaftszweigen mit hoher Arbeitsplatzdynamik.

---

1 Diese Stellen sind ebenfalls in Vollzeitäquivalenten gemessen. Dabei gehen Teilzeitstellen mit dem Faktor 0,5 und geringfügige Beschäftigungsverhältnisse mit dem Faktor 0,2 in die Berechnungen ein.

Abbildung A7

Stellengewinne, Stellenverluste und Nettostellenentwicklung sowie Veränderung des realen Bruttoinlandsprodukts, 2001 bis 2009

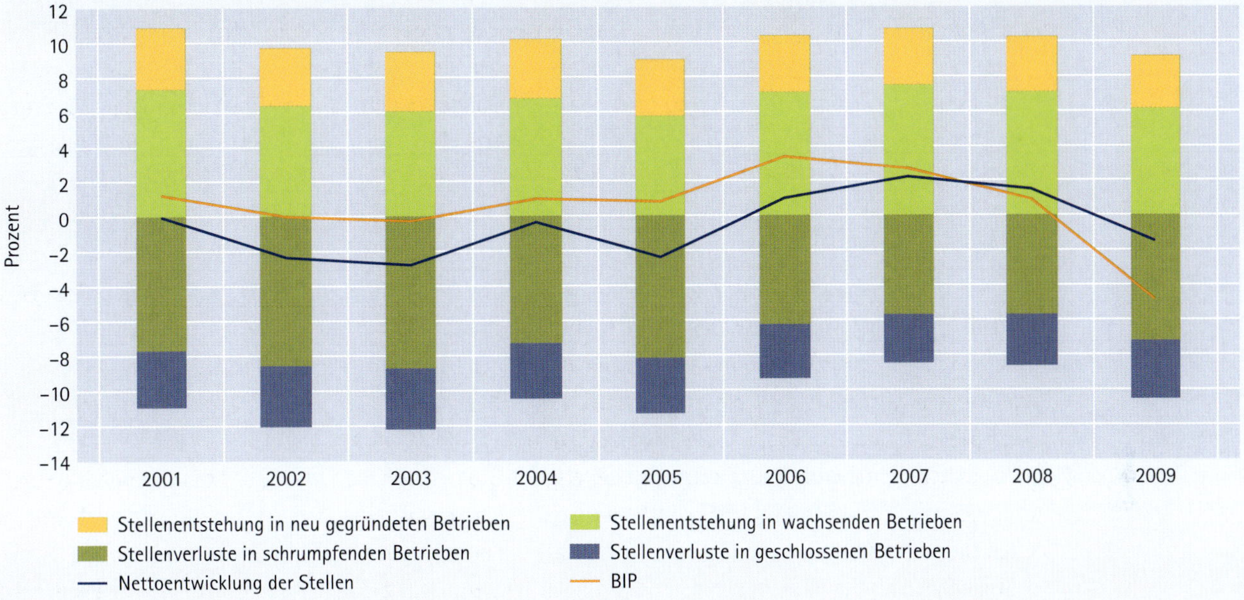

- Stellenentstehung in neu gegründeten Betrieben
- Stellenentstehung in wachsenden Betrieben
- Stellenverluste in schrumpfenden Betrieben
- Stellenverluste in geschlossenen Betrieben
- Nettoentwicklung der Stellen
- BIP

Quelle: Statistisches Bundesamt, Beschäftigungsstatistik der Bundesagentur für Arbeit, eigene Berechnungen.

In engem Zusammenhang mit der Branchenstruktur steht die Betriebsgrößenstruktur (vgl. Fuchs/Weyh 2010). Die Verteilung der Betriebsgröße variiert stark zwischen den einzelnen Branchen. Dieser Sachverhalt trägt wesentlich zur Erklärung der branchen- und regionenspezifischen Unterschiede in der Arbeitsplatzdynamik bei. Denn typischerweise ist der Stellenumschlag in kleinen Betrieben deutlich höher als in Großbetrieben (vgl. Tabelle A4). Letztere dominieren beispielsweise im Fahrzeugbau und der Metallbranche. Umgekehrt verhält sich die Nettostellenentwicklung, denn in den großen und mittleren Betrieben entstehen unterm Strich mehr Stellen als in den kleinen. Da in Ostdeutschland der Anteil der kleinen Betriebe höher ist, erklären die Betriebsgrößen- und Branchenstruktur einen Großteil des höheren Stellenumschlags und der schlechteren Entwicklung der Nettobeschäftigung in den neuen Bundesländern. Zudem fallen in den neuen Bundesländern sowohl die Gewinne als auch die Verluste innerhalb jeder Betriebsgrößenklasse größer aus als im alten Bundesgebiet.

Tabelle A3

Komponenten der Arbeitsplatzdynamik in West- und Ostdeutschland, 2001 bis 2009

	Gesamt	West	Ost
Stellengewinne	9,96	9,64	11,31
in neu gegründeten Betrieben	3,30	3,18	3,78
in wachsenden Betrieben	6,67	6,46	7,53
Stellenverluste	10,43	9,90	12,67
in geschlossenen Betrieben	3,20	3,02	3,96
in schrumpfenden Betrieben	7,23	6,88	8,73
Stellenumschlag	20,39	19,54	24,00
Nettoentwicklung	-0,47	-0,25	-1,38

Anmerkung: Jährliche Veränderung in Prozent des Beschäftigtenbestandes; Durchschnitt der Jahre 2001–2009.

Quelle: Beschäftigungsstatistik der Bundesagentur für Arbeit, eigene Berechnungen.

Gründe für die Unterschiede zwischen den Größenklassen können sein, dass größere Betriebe eine breitere Produktpalette und mehr Absatzgebiete besitzen, was sie gegen sektorale Schocks besser absichert. Sie können aber auch betriebsintern zwischen den einzelnen Abteilungen Personal umschichten, so-

Tabelle A4

Stellengewinne und Stellenverluste nach Betriebsgrößenklassen in West- und Ostdeutschland

	West			Ost		
	Stellengewinne	Stellenverluste	Anteil an der Gesamtbeschäftigung	Stellengewinne	Stellenverluste	Anteil an der Gesamtbeschäftigung
< 5 Beschäftigte	11,18	21,54	10,53	11,54	24,76	11,36
5–9 Beschäftigte	9,87	9,23	8,37	10,47	11,11	8,90
10–19 Beschäftigte	8,30	7,69	9,11	8,94	9,21	10,18
20–49 Beschäftigte	7,05	6,35	13,33	7,71	7,57	15,52
50–99 Beschäftigte	6,28	5,31	11,09	7,38	6,47	12,60
100–249 Beschäftigte	5,65	4,60	14,40	7,00	5,53	15,00
250–499 Beschäftigte	4,84	3,77	9,77	6,11	4,87	8,77
500 bis 999 Beschäftigte	4,33	3,38	7,55	5,33	4,96	6,08
> 999 Beschäftigte	3,33	2,53	12,67	4,05	3,97	7,78
Insgesamt	9,64	9,90	100,00	11,31	12,67	100,00

Anmerkung: Jährliche Veränderung in Prozent des Beschäftigtenbestandes; Durchschnitt der Jahre 2001–2009.

Quelle: Beschäftigungsstatistik der Bundesagentur für Arbeit, eigene Berechnungen.

dass sich die gesamtbetriebliche Beschäftigung nicht oder kaum ändert. Kleinere Betriebe, die in vielen Dienstleistungsbereichen vorherrschen, haben weniger Spielräume. Zudem sind viele noch jung und besitzen auch deshalb ein höheres Risiko zu scheitern als ältere und größere Betriebe (siehe z. B. Aldrich/ Auster 1986). Dies äußert sich in einer sehr hohen Rate der Stellenverluste bei Kleinbetrieben.

2.3.2 Begonnene und beendete Beschäftigungsverhältnisse

Die Anzahl der begonnenen und beendeten Beschäftigungsverhältnisse ist noch bedeutend höher als die der geschaffenen und verloren gegangenen Arbeitsplätze. Denn häufig werden innerhalb eines Jahres in einem Betrieb sowohl neue Mitarbeiterinnen und Mitarbeiter eingestellt als auch Beschäftigungsverhältnisse beendet. Dabei kann es sich um Entlassungen, arbeitnehmerseitige Kündigungen, das Auslaufen befristeter Arbeitsverträge oder Übergänge in den Ruhestand handeln.

Die begonnenen und beendeten Beschäftigungsverhältnisse zwischen 2001 und 2010 sind in Abbildung A8 dargestellt. Im Durchschnitt wurden in diesem Zeitraum pro Jahr etwa 7,22 Mio. sozialversicherungspflichtig Beschäftigte neu eingestellt und fast ebenso viele Beschäftigungsverhältnisse wurden beendet. Wie bei der Arbeitsplatzdynamik zeigt sich auch hier eine höhere Fluktuation der Beschäftigten in Ostdeutschland. Im Durchschnitt ist die Einstellungsrate in Ostdeutschland um 13 Prozent höher als in Westdeutschland. Der Anteil der beendeten Beschäftigungen liegt um 17 Prozent höher.

Während der wirtschaftlichen Schwächephase der Jahre 2001 bis 2005 wurden mehr Beschäftigungsverhältnisse beendet als neu begonnen, folglich sank die Beschäftigung. Daneben war in diesen Jahren auch insgesamt ein Rückgang der Fluktuation auf dem Arbeitsmarkt festzustellen, d. h. es wurden nicht nur von Jahr zu Jahr weniger Mitarbeiter eingestellt, sondern es wurden auch weniger Beschäftigungsverhältnisse beendet.

Die Arbeitskräftefluktuation stieg zwar im Wirtschaftsaufschwung von 2005 bis Mitte 2008 leicht an, blieb aber insgesamt auf relativ niedrigem Niveau. Bemerkenswert ist die Tatsache, dass es wäh-

Abbildung A8

Begonnene und beendete sozialversicherungspflichtige Beschäftigungsverhältnisse in Prozent des Bestands sowie Entwicklung des realen Bruttoinlandsprodukts, 2001 bis 2010

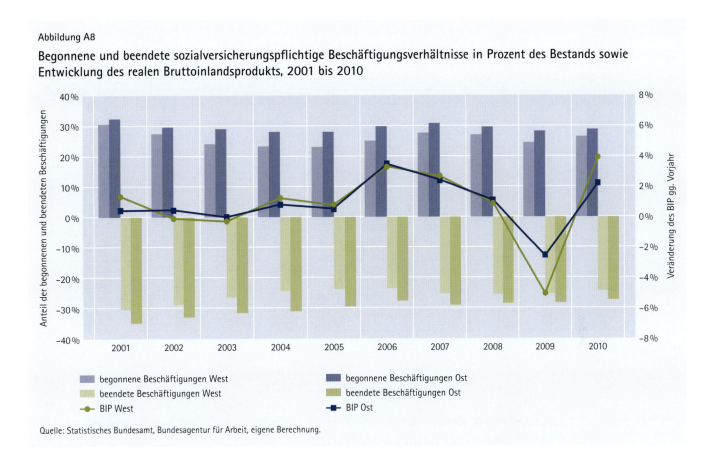

Quelle: Statistisches Bundesamt, Bundesagentur für Arbeit, eigene Berechnung.

rend der globalen Wirtschaftskrise im Jahr 2009 zu keinem Anstieg der beendeten Beschäftigungsverhältnisse und nur zu einem leichten Rückgang der Einstellungen kam. Die Gründe für die verhältnismäßig geringe Reaktion könnten einerseits darin liegen, dass Unternehmen versucht haben, qualifizierte und gut eingearbeitete Mitarbeiter im Betrieb zu halten, auch um einem möglicherweise drohenden Fachkräftemangel entgegenzuwirken. Andererseits dürften sich Beschäftigte vermehrt gegen einen freiwilligen Arbeitsplatzwechsel entschieden haben, weil damit auch Unsicherheit verbunden ist und durch die Arbeitsmarktreformen mit der Einführung der bedarfsabhängigen Grundsicherung im Jahr 2005 (Hartz IV) das Risiko finanzieller Einbußen im Falle lang anhaltender Arbeitslosigkeit gestiegen ist.

2.3.3 Dynamik der Arbeitslosigkeit

Die Arbeitslosigkeit nimmt ab, wenn entweder weniger Beschäftigte arbeitslos werden oder mehr

Personen die Arbeitslosigkeit verlassen. Idealerweise kommt beides zusammen. Es zeigt sich auch hier, dass die Fluktuation unter den Arbeitslosen von der wirtschaftlichen Entwicklung beeinflusst wird (Rothe 2009). Während eines Aufschwungs gibt es weniger Übergänge aus Beschäftigung in Arbeitslosigkeit und vermehrt Abgänge aus Arbeitslosigkeit in Beschäftigung. In einer Rezession baut sich Arbeitslosigkeit auf, weil es mehr Zugänge als Abgänge gibt. Dabei ist das Ausmaß der Fluktuation unter den Arbeitslosen generell sehr hoch: Im Jahr 2010 gab es insgesamt 9,19 Mio. Zugänge in Arbeitslosigkeit (0,6 % weniger als im Vorjahr) und 9,40 Mio. Menschen konnten die Arbeitslosigkeit verlassen (4,2 % mehr als 2009) (Bundesagentur für Arbeit 2010). Dabei ist das monatliche Arbeitslosigkeitsrisiko, gemessen als Anteil der Zugänge in Arbeitslosigkeit am Bestand der sozialversicherungspflichtig Beschäftigten, in Ostdeutschland mit rund 4 Prozent etwa doppelt so hoch wie in Westdeutschland.

Abbildung A9

Durchschnittliche monatliche Abgangsraten aus Arbeitslosigkeit nach Rechtskreisen, 2005 bis 2010

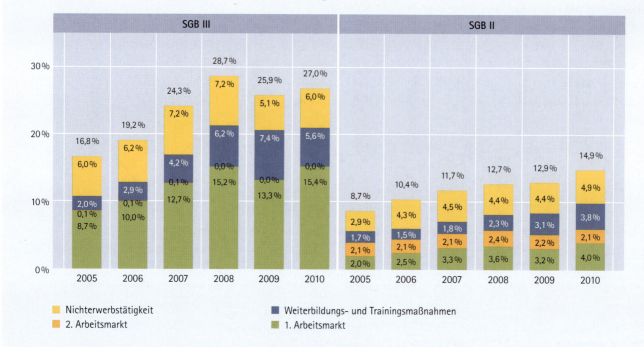

Anmerkung: Ohne zugelassene kommunale Träger und ohne Abgänge wegen Arbeitsunfähigkeit.

Quelle: Bundesagentur für Arbeit (Abgänge aus der Arbeitslosenstatistik, Übergänge in Weiterbildungs- und Trainingsmaßnahmen sowie den 2. Arbeitsmarkt aus der Förderstatistik), Berechnungen des IAB.

Mit Abgangsraten von etwa 20 Prozent in Westdeutschland und 19 Prozent in Ostdeutschland ist die Wahrscheinlichkeit, die Arbeitslosigkeit innerhalb eines Monats zu beenden, in beiden Landesteilen etwa gleich. Abbildung A9 zeigt die Abgänge aus Arbeitslosigkeit als Anteile am Bestand des Vormonats für die Jahre 2005 bis 2010 getrennt nach den Rechtskreisen des Sozialgesetzbuchs II und III. Die Abgangsraten lassen sich auch als Übergangswahrscheinlichkeiten interpretieren.

Die Wahrscheinlichkeit, eine Beschäftigung auf dem ersten Arbeitsmarkt zu finden, lag für Arbeitslose im Rechtskreis des SGB III im Jahr 2010 bei durchschnittlich 15,4 Prozent pro Monat. Für Arbeitslose im Rechtskreis des SGB II, die meist schon länger arbeitslos sind, war die Übergangswahrscheinlichkeit in Beschäftigung mit 4,0 Prozent deutlich geringer. Beide Werte waren jedoch wesentlich höher als 2005 oder 2006 und sogar et-

was höher als in den Boomjahren 2007 und 2008. Dies deutet darauf hin, dass es in den letzten Jahren leichter geworden ist, die Arbeitslosigkeit über eine Beschäftigung auf dem ersten Arbeitsmarkt zu verlassen. Maßnahmen der aktiven Arbeitsmarktpolitik wurden 2008 und 2009 vermehrt eingesetzt. Im Rechtskreis des SGB II setzte sich dieser Trend auch im Jahr 2010 fort, im Bereich des SGB III hingegen kamen Weiterbildungs- und Trainingsmaßnahmen im Jahr 2010 seltener zum Einsatz als in den beiden Vorjahren.

2.3.4 Bestimmungsfaktoren der Arbeitsmarktdynamik

Insgesamt lässt sich festhalten, dass in der deutschen Wirtschaft kontinuierlich Stellen im großen Umfang entstehen und zugleich verschwinden. Die Nettoveränderung der Beschäftigung fällt im Vergleich dazu relativ gering aus. Sie ist in der Regel umso höher, je geringer der Stellenumschlag ausfällt. Dabei kann ein Teil der beobachteten Unterschiede in der Arbeitsplatzdynamik zwischen Regionen oder Branchen auch auf Unterschiede in der Betriebsgrößenverteilung zurückgeführt werden.

Der zunächst erwartete kräftige Anstieg der Arbeitslosigkeit während der globalen Finanz- und Wirtschaftskrise 2008 und 2009 blieb aus. Er wurde sowohl von der Zugangs- als auch von der Abgangsseite her begrenzt. Die Bemühungen der Betriebe, ihre Mitarbeiter zu halten (vgl. Abschnitt 3.2), führten zu relativ wenigen Entlassungen und zu einer sehr geringen Arbeitskräftefluktuation. Außerdem dürften auch die Reformen am Arbeitsmarkt dazu beigetragen haben, dass die Übergänge aus Arbeitslosigkeit in Beschäftigung weiterhin auf hohem Niveau blieben, nicht zuletzt dank der gestiegenen Konzessionsbereitschaft arbeitsloser Bewerber (Rebien/Kettner 2011). Empirische Studien bestätigen einen positiven Einfluss der Hartz-Reformen, insbesondere der ersten beiden Reformwellen in den Jahren 2003 und 2004 auf die Beschäftigungswahrscheinlichkeit Arbeitsloser (Fahr/Sunde 2009; Klinger/Rothe 2012). Der Anstieg der Fluktuationsraten bei Arbeitslosen in den letzten Jahren deutet auf eine erhebliche Dynamik und auf sinkende Arbeitslosigkeitsdauern hin.

Im Jahr 2011 stellten die Betriebe wieder verstärkt ein, um neue Aufträge bearbeiten zu können und ihre Produktionskapazitäten auszuweiten. Darüber hinaus nutzten auch wieder mehr Beschäftigte die gute Arbeitsmarktlage, um auf eine attraktivere Arbeitsstelle wechseln zu können. Dadurch entstanden erneut Vakanzen, die zu besetzen waren, was insgesamt zu einer höheren Dynamik auf dem Arbeitsmarkt führte.

2.4 Die Erwerbsarbeit im Wandel

Mit dem sich bessernden Arbeitsmarkttrend gewinnt das Thema „Qualität der Beschäftigung" an Bedeutung. Neben der wachsenden Lohnungleichheit ist die Zunahme atypischer Beschäftigungsformen ein zentrales Element der öffentlichen Debatte.

Dass sich die Erwerbsarbeit wandelt, ist nicht neu. Strittig ist indes, ob sich der Wandel der Erwerbsformen in den vergangenen Jahren beschleunigt hat oder eher im langfristigen Trend liegt. In diesem Abschnitt soll zudem der Frage nachgegangen werden, welche Personengruppen und welche Branchen von der Zunahme atypischer Beschäftigung besonders betroffen sind. Schließlich soll diskutiert werden, welche Triebkräfte hinter diesen Veränderungen stehen und wie die zunehmende Heterogenität der Erwerbsformen zu bewerten ist.

2.4.1 Vielfalt der Erwerbsformen

Erwerbsarbeit kann vielfältige Formen annehmen. So unterscheiden sich Erwerbsformen etwa in der Länge der Arbeitszeit (Vollzeitbeschäftigung, Teilzeitbeschäftigung, geringfügige Beschäftigung), der Dauer des Beschäftigungsverhältnisses (unbefristete/befristete Beschäftigung), der Weisungsgebundenheit des Arbeitgebers (Leiharbeit/Beschäftigung außerhalb der Zeitarbeitsbranche), der Lage der Arbeitszeit (Schicht-, Nacht-, Wochenendarbeit, flexible Arbeitszeitregelungen) und im Erwerbsstatus (abhängige oder selbständige Tätigkeit). Verschiedenartigkeit resultiert aber auch aus unterschiedlichen qualitativen Ausprägungen ein und derselben Erwerbsform. Wichtige Aspekte für die Qualität sind etwa Beschäftigungssicherheit, Einkommenssicherheit und sozialer Schutz. Dabei ist die Qualität einzelner Erwerbsformen nicht immer eindeutig zu bestimmen. So kann Teilzeitarbeit sowohl erwünscht als auch unfreiwillig sein. Ein unbefristetes Beschäftigungsverhältnis kann durch die Kündigungsmöglichkeit in bestimmten Konstellationen unsicherer sein als befristete Beschäftigung, die teilweise als verlängerte Probezeit fungiert. Schließlich muss eine unbefristete Beschäftigung nicht zwangsläufig die materielle Existenz sichern, da sie schlecht bezahlt sein kann.[2]

---

2 Wingerter (2009) sowie das Statistische Bundesamt (2009) geben einen Überblick über die Verdienststrukturen nach Erwerbsformen.

Tabelle A5

Abgrenzung der Erwerbsformen

Personenkonzept (siehe Abschnitt 2.4.2)	Arbeitsvolumenkonzept (siehe Abschnitt 2.4.3)
Basis: Erwerbstätige	Basis: Beschäftigte Arbeitnehmer
Standarderwerbsformen ■ Selbständige Arbeitgeber ■ Unbefristete Beschäftigungsverhältnisse in Vollzeit außerhalb der Zeitarbeitsbranche	Normalarbeitsverhältnisse ■ Unbefristete Beschäftigungsverhältnisse in Vollzeit außerhalb der Zeitarbeitsbranche
Atypische Erwerbsformen ■ Teilzeitbeschäftigte < 31 Stunden (ohne geringfügige Beschäftigung, mit Leiharbeitnehmern und befristeten Teilzeitkräften) ■ Geringfügig Beschäftigte ■ Befristet Beschäftigte ■ Leiharbeitnehmer ■ Ein-Personen-Selbständige	Atypische Erwerbsformen ■ Teilzeitbeschäftigte < 20 Stunden (ohne geringfügige Beschäftigung, mit Leiharbeitnehmern und befristeten Teilzeitkräften) ■ Geringfügig Beschäftigte ■ Befristet Beschäftigte ■ Leiharbeitnehmer ■ Personen mit Nebentätigkeit
Sonderformen der Erwerbsarbeit* ■ Auszubildende ■ Mithelfende Familienangehörige ■ Zeit- und Berufssoldaten, Wehr- und Zivildienstleistende, Personen ohne Angaben zur Fristigkeit des Arbeitsvertrags	

* Weitere Sonderformen wie Praktika oder geförderte Beschäftigungsverhältnisse wie Arbeitsgelegenheiten werden hier nicht betrachtet.
Quelle: Eigene Zusammenstellung.

Die gesamte Heterogenität der Erwerbsarbeit lässt sich also nicht ohne Weiteres in eine einheitliche Systematik bringen. Um die quantitative Bedeutung verschiedener Erwerbsformen zu ermitteln, kommen im Folgenden zwei unterschiedliche Konzepte zur Anwendung. Das Personenkonzept stellt darauf ab, wie viele Personen eine bestimmte Erwerbsform ausüben. Dabei kann man zwischen den Kategorien der Standarderwerbsformen, der atypischen Erwerbsformen und der Sonderformen der Erwerbsarbeit unterscheiden, wobei letztere aufgrund ihres Zwecks (z. B. Ausbildung, Wehr- oder Zivildienst) einen sehr spezifischen Charakter haben. Alternativ kann untersucht werden, welchen Anteil am gesamtwirtschaftlichen Arbeitsvolumen eine bestimmte Erwerbsform hat (Volumenkonzept). Einen Überblick zu den entsprechenden Kategorien bietet Tabelle A5.

Die Abgrenzung der Erwerbskategorien kann je nach Untersuchungsgegenstand unterschiedlich vorgenommen werden. Möchte man den Wandel der Erwerbslandschaft möglichst breit analysieren, ist es zweckmäßig, auch Selbständige einzubeziehen.

Dies geschieht in Abschnitt 2.4.2, indem Arbeitgeber bei den Standarderwerbsformen und Ein-Personen-Selbständige zu den atypischen Erwerbsformen gezählt werden. Da man sich bei der Darstellung auf der Personenebene bewegt, werden Nebenbeschäftigungen nicht berücksichtigt – denn diese Personen werden bereits mit ihrer Hauptbeschäftigung erfasst. Analysiert man dagegen die Entwicklung der Erwerbsformen mit Blick auf das Arbeitsvolumen, ist die abhängige Beschäftigung die relevante Bezugsgröße und Nebenjobs fließen in die Berechnungen ein (vgl. Abschnitt 2.4.3). Bei der Betrachtung des Arbeitsvolumens werden außerdem die Sonderformen der Beschäftigung (Auszubildende, Zeit- und Berufssoldaten sowie Wehr- und Zivildienstleistende) den beiden Hauptkategorien Normalarbeitsverhältnisse bzw. den atypischen Erwerbsformen[3] zugeordnet.

---

3 Das Begriffspaar Normalarbeitsverhältnis und atypische Beschäftigung hat sich in der politischen und wissenschaftlichen Diskussion durchgesetzt. Es wird daher auch hier benutzt, ohne dass hiermit eine normative Wertung verbunden ist.

Es gibt zudem keinen einheitlichen Standard, um die auch in sich heterogenen Kategorien abzugrenzen. Stattdessen liegen unterschiedliche Konzepte vor, auf welcher Datenbasis geringfügige Beschäftigung gezählt wird oder wie man Teilzeit- von Vollzeitbeschäftigung abgrenzt. So verwendet der Sachverständigenrat (2009) eine wöchentliche Arbeitszeit von 31 Stunden als Grenze zwischen Voll- und Teilzeit, während das Statistische Bundesamt (Wingerter 2009) das Normalarbeitsverhältnis weiter definiert und abhängige Beschäftigung ab 21 Stunden nicht mehr als atypisch ansieht. Die Analyse der Kategorien im Personenkonzept folgt der breiteren Definition von Teilzeitbeschäftigung, die Analyse des Arbeitsvolumens der engeren Abgrenzung.

Unabhängig davon, wie man die Erwerbsformen abgrenzt, die Tendenz ist eindeutig: Vollzeitbeschäftigung hat in den vergangenen zwanzig Jahren abgenommen. Die Teilzeitbeschäftigung breitete sich dagegen immer mehr aus. Zudem veränderten sich auch die Binnenstrukturen von Vollzeit- und Teilzeitbeschäftigung. So nahm der Anteil der Leiharbeiter an den Vollzeitbeschäftigten zu und unter den Teilzeitbeschäftigten übten immer mehr eine geringfügige Tätigkeit mit wenigen Wochenstunden aus. Des Weiteren ist eine sprunghafte Zunahme von Beschäftigten mit Nebentätigkeiten zu beobachten. Auch sind immer mehr Arbeitsverhältnisse befristet. In Kopfzahlen gemessen sind diese Phänomene inzwischen beträchtlich. Sie deuten auf eine veränderte Qualität der Beschäftigung hin. Nachfolgend wird die quantitative Entwicklung der Erwerbsformen im Zeitverlauf sowohl nach dem Personenkonzept (Abschnitt 2.4.2) als auch nach dem Volumenkonzept (Abschnitt 2.4.3) skizziert.

2.4.2 Personenkonzept: Entwicklung der Erwerbsformen

Im Folgenden wird die Entwicklung der Erwerbsformen für die Jahre 1991 bis 2009 nach dem Personenkonzept aus Tabelle A5 nachgezeichnet.[4] Wir beziehen uns dabei auf die Grundgesamtheit der Erwerbstätigen und analysieren auch die Veränderungen für unterschiedliche Strukturmerkmale.

Zur Entwicklung der Erwerbsformen über die Zeit

Die Zahl der Beschäftigten in Standarderwerbsformen, die in der Tendenz ein relativ hohes Maß an Einkommens- und Beschäftigungssicherheit sowie an sozialer Absicherung bieten, ist zwischen 1991 und 2009 um gut 16 Prozent oder knapp 4,4 Mio. zurückgegangen (vgl. Tabelle A6). Davon entfielen fast 13 Prozentpunkte auf den Zeitraum von 1991 bis 1999. Seit 1999 verlangsamte sich also der Rückgang – zwischen 2005 und 2009 war sogar wieder ein absoluter Anstieg der Standarderwerbsformen um etwa eine Million auf rund 22,6 Mio. zu verzeichnen. Anders stellt sich die Situation bei den atypischen Erwerbsformen dar, die im Gesamtzeitraum um 78 Prozent von 7,8 auf 13,9 Mio. zulegten. Der größere Teil des Zuwachses bei den atypischen Erwerbsformen vollzog sich nach 1999. Atypische Erwerbsformen gewannen also besonders im zweiten Teil des Betrachtungszeitraums an Bedeutung. In der hier gewählten Abgrenzung entfallen gut zwei Drittel der atypischen Erwerbsformen auf Teilzeitbeschäftigung – knapp ein' Viertel sind geringfügig beschäftigt, 42 Prozent arbeiten in Teilzeit unter 32 Wochenstunden. In diesen Segmenten sind von 1991 bis 2009 auch die höchsten Zuwächse zu

---

4   Datenbasis ist der Mikrozensus des Statistischen Bundesamtes. Ein Nachteil des Mikrozensus besteht in der starken Untererfassung der geringfügigen Beschäftigung, wodurch die in Tabelle A5 enthaltene Gesamtzahl der Erwerbstätigen sowie der hier dargestellte Wandel der Erwerbsformen noch unterschätzt werden. Um die Zeitarbeit in die Betrachtung einzubeziehen, werden zudem Daten aus der Arbeitnehmerüberlassungsstatistik der Bundesagentur für Arbeit (ANÜSTAT) herangezogen.

Tabelle A6

Erwerbsformen nach Kategorien in den Jahren 1991, 1999 und 2009

	Personen (in Tausend)			Anteil an den Erwerbstätigen (in %)		
	1991	1999	2009	1991	1999	2009
Standarderwerbsformen[1]	26.957	23.367	22.577	72,0	64,2	58,4
Atypische Erwerbsformen[2]	7.767	10.491	13.884	20,7	28,8	35,9
Sonderformen der Erwerbsarbeit[3]	2.721	2.544	2.201	7,3	7,0	5,7
Erwerbstätige insgesamt	37.445	36.402	38.662	100	100	100

[1] Standarderwerbsformen schließen selbständige Arbeitgeber (ohne Ein-Personen-Selbständige und mithelfende Familienangehörige) sowie unbefristete Beschäftigung mit einer Arbeitszeit von mehr als 31 Stunden in der Woche ein.

[2] Atypische Erwerbsformen schließen ein: Teilzeit (31 Stunden und weniger), geringfügige Beschäftigung, befristete Beschäftigung, Leiharbeitnehmer (mehr als 31 Stunden) und Ein-Personen-Selbständige. Der Anteil der teilzeitbeschäftigten Leiharbeitnehmer musste für 1991 bis 1996 geschätzt werden. Als Wert wurden 2 Prozent unterstellt. Der Anteil der befristet beschäftigten Leiharbeitnehmer wurde ebenfalls geschätzt. Nach Branchenangaben wurde für den Zeitraum von 1991 bis 2003 ein Anteil von 25 Prozent und ab 2004 ein Anteil von 33,3 Prozent unterstellt.

[3] Sonderformen der Erwerbsarbeit schließen ein: Auszubildende, mithelfende Familienangehörige, Soldaten, Wehr- und Zivildienstleistende sowie Sonstige (ohne Angabe zur Fristigkeit ihres Beschäftigungsverhältnisses).

Quelle: Statistisches Bundesamt (Sonderauswertungen aus dem Mikrozensus 2011), Bundesagentur für Arbeit, eigene Berechnungen.

Abbildung A10

Entwicklung der Erwerbsformen in Deutschland für Frauen und Männer, in Tausend, 1991 bis 2009

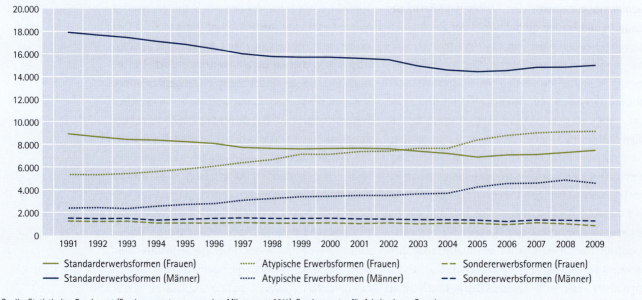

Quelle: Statistisches Bundesamt (Sonderauswertungen aus dem Mikrozensus 2011), Bundesagentur für Arbeit, eigene Berechnungen.

beobachten. Knapp drei Viertel des Anstiegs in diesem Zeitraum entfallen auf Teilzeitbeschäftigung (31 %) und Mini-Jobs (43 %).

Bezogen auf die Erwerbstätigen insgesamt sank der Anteil der Standarderwerbsformen von 72 Prozent im Jahr 1991 über 64,2 Prozent im Jahr 1999 auf 58,4 Prozent im Jahr 2009, wohingegen der Anteil der atypisch Beschäftigten kontinuierlich von gut einem Fünftel auf mehr als ein Drittel zulegte.

Die Zahl der in Sondererwerbsformen Beschäftigten lag über den gesamten Zeitraum im Bereich zwischen 2 und 3 Mio. Personen. Insgesamt ist eher eine Abnahme zu beobachten, die vor allem durch die rückläufigen Zahlen bei mithelfenden Familienangehörigen sowie beim Zivildienst und der Bundeswehr zu erklären ist. Dagegen lag die Zahl der Auszubildenden im Jahr 2009 mit 1,64 Mio. um rund 400.000 über dem Wert von 1991.

Frauen sind vom Wandel der Erwerbsformen wesentlich stärker betroffen als Männer. Zwar waren Frauen in der Kategorie der atypischen Erwerbsformen schon immer stärker vertreten, inzwischen ist eine atypische Beschäftigung für Frauen der Normalfall. Dabei spielt neben der gestiegenen Erwerbsbeteiligung von Frauen ihr hoher Anteil in der Teilzeit sowie in Mini-Jobs eine große Rolle.[5] Der Anteil der erwerbstätigen Frauen in Standarderwerbsformen ging von 57,6 Prozent im Jahr 1991 auf 42,6 Prozent im Jahr 2009 zurück. Bei den Männern war der Rückgang von 82,2 Prozent auf 71,7 Prozent schwächer und die Standardbeschäftigung befindet sich noch immer auf einem deutlich höheren Niveau. Bei Männern und Frauen ging die Zahl der Personen in Standarderwerbsformen jeweils um etwa 16 Prozent zurück. Dagegen fiel der Anstieg der atypischen Erwerbsformen bei den Männern mit 95 Prozent stärker aus als bei den Frauen mit 71 Prozent – allerdings ausgehend von einem deutlich niedrigeren Niveau (vgl. Abbildung A10).

Verteilung der Erwerbsformen nach Alter, Qualifikation und Sektoren[6]

Im Jahr 2009 unterschieden sich die Anteile der Personen in den atypischen Erwerbsformen nicht wesentlich zwischen den Altersgruppen (vgl. Abbildung A11). Differenziert man jedoch zwischen verschiedenen Formen atypischer Beschäftigung, zeigen sich sehr wohl markante Unterschiede: Während Selbständige in der Gruppe der älteren Erwerbstätigen (50 bis 64 Jahre) überproportional

vertreten sind, sind die Jüngeren (15 bis 24 Jahre) bei der befristeten Beschäftigung und der Zeitarbeit überrepräsentiert. Bei der geringfügigen Beschäftigung sind sowohl Jüngere als auch Ältere überdurchschnittlich vertreten, was mit der besonderen Rolle dieser Erwerbsform für Schüler/Studenten und Rentner zusammenhängt (siehe Fertig/ Kluve 2006). Die atypischen Erwerbsformen haben bei keiner anderen Altersgruppe so stark zugelegt wie bei den Jüngeren. Hier hat sich der Anteil der atypischen Erwerbsformen verdreifacht. Im Jahr 2009 war jeder dritte Erwerbstätige zwischen 15 und 24 Jahren atypisch beschäftigt.[7]

Personen mit beruflichem und akademischem Abschluss sind mehr als doppelt so häufig in Standarderwerbsformen tätig wie Personen ohne Ausbildung (vgl. Abbildung A11). Dagegen waren im Jahr 2009 32,4 Prozent der Akademiker atypisch beschäftigt, von den Erwerbstätigen ohne Ausbildung 44,8 Prozent. Die letztgenannte Gruppe weist auch den mit Abstand stärksten Anstieg bei atypischen Erwerbsformen seit 1991 auf. Mit Blick auf einzelne Sparten zeigt sich wiederum ein differenziertes Bild: Akademiker sind bei den Selbständigen überrepräsentiert. Personen ohne Ausbildung, aber auch Akademiker sind in stärkerem Maße befristet beschäftigt als Personen mit einem beruflichen Abschluss. Bei der geringfügigen Beschäftigung und den mithelfenden Familienangehörigen sind Personen ohne Ausbildung stärker vertreten.

Schließlich finden sich auch sektorale Unterschiede bei der Verteilung der Erwerbsformen (vgl. Abbildung A11). Der Anteil der Standarderwerbsformen ist im stärker tarifgebundenen sekundären Sektor (Produzierender Sektor) der Wirtschaft am höchsten. Atypische Erwerbsformen finden sich am häufigsten im tertiären Sektor (Dienstleistungssektor) – und zwar insbesondere geringfügige Beschäftigung, Teil-

---

5   Allerdings sind Männer bei den Ein-Personen-Selbständigen und der Leiharbeit überrepräsentiert.

6   Die Analyse beschränkt sich auf die Hauptkategorien der Standarderwerbsformen und der atypischen Beschäftigung.

7   Bei den Jüngeren spielen die hier nicht betrachteten Sonderformen der Erwerbsarbeit, vor allem Ausbildungsverhältnisse, eine besonders große Rolle.

Abbildung A11

Standarderwerbsformen und atypische Erwerbsformen nach Strukturmerkmalen, 2009

Standarderwerbsformen[1] und atypische Erwerbsformen[2] nach Alter, 2009
– jeweils in Prozent –

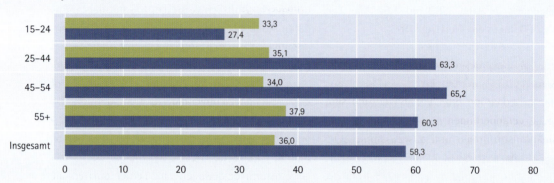

Standarderwerbsformen[1] und atypische Erwerbsformen[2] nach Qualifikation, 2009
– jeweils in Prozent –

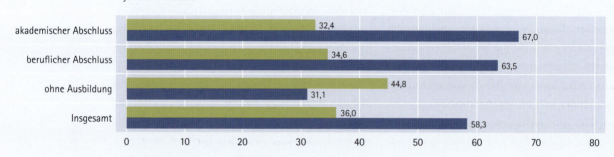

Standarderwerbsformen[3] und atypische Erwerbsformen[4] nach Wirtschaftssektoren, 2009
– jeweils in Prozent –

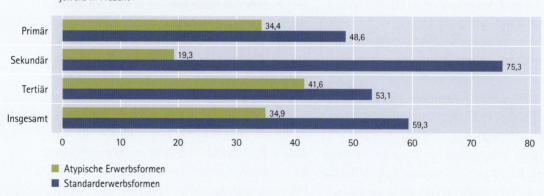

■ Atypische Erwerbsformen
■ Standarderwerbsformen

Anmerkung: Die zu 100 fehlenden Prozentwerte entfallen auf die hier nicht betrachteten Sonderformen der Erwerbsarbeit (siehe Tabelle A5).

[1] Standarderwerbsformen schließen Selbständige Arbeitgeber (ohne Ein-Personen-Selbständige und mithelfende Familienangehörige) sowie unbefristete Beschäftigungsverhältnisse mit einer Arbeitszeit von mehr als 31 Stunden in der Woche ein.

[2] Atypische Erwerbsformen schließen ein: Teilzeit (31 Stunden und weniger), geringfügige Beschäftigung, befristete Beschäftigung, Leiharbeitnehmer (mehr als 31 Stunden) und Ein-Personen-Selbständige.

[3] Standarderwerbsformen schließen Selbständige Arbeitgeber (ohne Ein-Personen-Selbständige und mithelfende Familienangehörige) sowie unbefristete Beschäftigungsverhältnisse mit einer Arbeitszeit von mehr als 31 Stunden in der Woche (außerhalb der Zeitarbeit) ein. Die Beschäftigung in der Zeitarbeitsbranche lässt sich sektoral nicht zuordnen, weil Informationen zu den Entleihbetrieben im Mikrozensus fehlen.

[4] Atypische Erwerbsformen schließen ein: Teilzeit (31 Stunden und weniger), geringfügige Beschäftigung, befristete Beschäftigung und Ein-Personen-Selbständige.

Quelle: Statistisches Bundesamt (Sonderauswertungen aus dem Mikrozensus 2011), eigene Berechnungen.

zeitbeschäftigung und befristete Beschäftigung. Im primären Sektor (Land-, Forstwirtschaft und Fischerei) sind Sonderformen der Erwerbsarbeit stark vertreten. Dies betrifft in erster Linie Selbständige und mithelfende Familienangehörige.

Mögliche Ursachen des Wandels

Analysen auf Basis des Personenkonzepts zeigen, dass es für den Wandel der Erwerbsformen keine monokausale Erklärung gibt. Von Bedeutung sind strukturelle Veränderungen der Erwerbsarbeit, der Arbeitsmarktinstitutionen und das Zusammenspiel von Arbeitsangebot und Arbeitsnachfrage. Die Zunahme atypischer Erwerbsformen könnte zunächst damit zusammenhängen, dass sowohl die Erwerbsneigung der Frauen als auch der tertiäre Sektor wachsen. Untersuchungen zum Erklärungsgehalt des sektoralen Wandels oder der zunehmenden Frauenerwerbstätigkeit für die Entwicklung der Erwerbsformen zeigen jedoch, dass Veränderungen innerhalb von Sektoren bzw. Beschäftigtengruppen weit bedeutender sind als Veränderungen zwischen Sektoren und Beschäftigtengruppen (Arlt/Dietz/Walwei 2009; Klinger/Wolf 2011).[8] Die Dominanz dieses Effekts gilt auch für fast alle spezifischen Erwerbsformen. Lediglich beim Zuwachs der Teilzeitbeschäftigung zeigt sich ein Einfluss der hier stärker ausgeprägten Frauenerwerbstätigkeit (ein gutes Fünftel) und des sektoralen Strukturwandels (ein knappes Drittel).[9]

---

8 Die Ergebnisse basieren auf sogenannten Shift-share-Analysen. Dabei werden die Anteilsveränderungen (hier mit Blick auf die Erwerbsformen) in unterschiedliche Komponenten zerlegt. Der Struktureffekt gibt den Anteil an, der der Veränderung der Beschäftigungsstruktur (z. B. nach Sektoren oder Geschlecht) zuzurechnen ist. Der Diffusions- oder Verhaltenseffekt zeigt den Anteil, der über alle Subgruppen hinweg wirksam ist, und kann mit veränderten Präferenzen, Marktbedingungen oder auch institutionellen Anpassungen zusammenhängen.

9 Analysen zu den Veränderungen nach Qualifikation und nach Alter bestätigen ebenfalls, dass Verhaltensänderungen über die Qualifikations- und Altersgruppen hinweg den Erwerbsformenwandel getrieben haben.

Das Verhalten der Wirtschaftssubjekte und ihre Wahl der einen oder anderen Erwerbsform werden nicht zuletzt durch die Ausgestaltung von *Institutionen* beeinflusst. So begünstigen hohe Sozialversicherungsbeiträge Erwerbsformen wie die geringfügige Beschäftigung oder die Selbständigkeit, die solchen Abgaben nicht (voll) unterliegen. Mit Blick auf die temporären Erwerbsformen spielt das in den letzten beiden Dekaden liberalisierte Befristungsrecht bei einem nahezu unveränderten Kündigungsschutz eine wichtige Rolle. Gleiches gilt für die kontinuierliche Erleichterung der Zeitarbeit, deren große Reform im Jahr 2004 zur starken Expansion dieser Erwerbsform beigetragen hat. Ferner dürften die aktive Arbeitsmarktpolitik beispielsweise in Form von befristet gewährten Arbeitsgelegenheiten, die Mini-Jobs begünstigenden Hinzuverdienstregelungen bei Vorruhestand und Grundsicherungsbezug, das Ehegattensplitting, die Begünstigung geringfügiger Beschäftigung bei den Sozialabgaben sowie die Verfügbarkeit von Kinder- und Altenbetreuung eine besondere Rolle für die Entwicklung der Erwerbsformen spielen. Zudem ist anzunehmen, dass die anhaltend hohe Arbeitslosigkeit zu einer steigenden Konzessionsbereitschaft der Arbeitslosen geführt hat, auch über atypische Erwerbsformen zurück in den Arbeitsmarkt zu finden. Die jüngsten Arbeitsmarktreformen mit einer weniger großzügigen Arbeitslosenunterstützung und verschärften Zumutbarkeitsregeln mit Blick auf Qualifikation und frühere Tätigkeiten dürften diesen Effekt noch verstärkt haben (Kettner/Rebien 2007).

Schließlich ist das *Zusammenspiel von Arbeitsnachfrage und Arbeitsangebot* ein weiterer möglicher Treiber des Erwerbsformenwandels. Dabei kommt der Globalisierung auf der Seite der Arbeitsnachfrage eine wohl eher geringe Bedeutung zu, weil die exportorientierte Wirtschaft abgesehen von der Zeitarbeit eher auf Standarderwerbsformen setzt und – wie zuletzt in der Wirtschaftskrise – auf unterschiedliche Formen der Arbeitszeitflexibilisierung als funktionale Äquivalente zu atypischen Erwerbsformen. Atypische Erwerbsformen sind also eher in den weniger exportorientierten Branchen von Be-

deutung und damit vorwiegend in Dienstleistungs-
betrieben mit spezifischem Personal- und Flexibili-
tätsbedarf. Auf der Seite des Arbeitsangebots spielt
außerdem eine Rolle, dass mit der wachsenden Erwerbsneigung von Frauen auch die Erwerbswünsche (z. B. hinsichtlich der Arbeitszeiten) heteroge-
ner werden.

2.4.3 Volumenkonzept:
Umfang der atypischen Beschäftigung

Im folgenden Abschnitt wird dargestellt, welchen
Anteil die atypische Beschäftigung am gesamtwirtschaftlichen Arbeitsvolumen einnimmt.[10] Als Formen der atypischen Beschäftigung werden hier
ausschließlich geringfügige Beschäftigung, traditionelle Teilzeitbeschäftigung[11] unter 20 Stunden, Nebenbeschäftigungen, Befristungen und Leiharbeit
betrachtet. Dabei werden jeweils auch die Überschneidungen zwischen den einzelnen Erwerbsformen berücksichtigt.

Abbildung A12 weist die Entwicklung der atypischen
Beschäftigung einmal als Anteil an allen beschäftigten Arbeitnehmern, einmal als Anteil am gesamtwirtschaftlichen Arbeitsvolumen aus. Die zahlenmäßig größte Gruppe unter den atypisch Beschäftigten
bilden die geringfügig Beschäftigten. Deren Zahl

hat zwischen 1996 und 2008 um 73 Prozent zugenommen, insbesondere nach 2003 im Gefolge der
Hartz-II-Reformen (Wanger 2011). So stieg ihr Anteil an allen Beschäftigten von 10 Prozent (1996)
auf 16 Prozent im Jahr 2008 (vgl. Abbildung A12).
Ebenfalls in dieser Größenordnung bewegt sich die
Zahl der befristet Beschäftigten. Ihr Anteil lag 2008
bei 15 Prozent[12] – das sind drei Prozentpunkte mehr
als noch 1996. Bei den Neueinstellungen beträgt der
Befristungsanteil inzwischen rund 50 Prozent (Hohendanner 2010). Die Zahl der Personen mit Nebenbeschäftigungen hat sich im Beobachtungszeitraum
nahezu verdoppelt, ihr Anteil an der Gesamtbeschäftigung betrug zuletzt 7 Prozent. Auch dazu haben
die Neuregelungen im zweiten Hartz-Gesetz aus
dem Jahr 2003, mit der Möglichkeit einen Mini-Job
als Nebentätigkeit auszuüben, maßgeblich beigetragen. Zwar hat die reguläre Teilzeitbeschäftigung im
Bereich bis 20 Wochenstunden ebenfalls zugenommen – ihr Anteil an allen beschäftigten Arbeitnehmern liegt jedoch nur bei 4 Prozent. Dagegen ist die
Zahl der Beschäftigten mit einer Teilzeitbeschäftigung über 20 Wochenstunden dreimal so groß. Auch
die Beschäftigtenzahlen in der Zeitarbeitsbranche
sind kräftig gestiegen, sie haben sich zwischen 1996
und 2008 mehr als verdreifacht; allerdings liegt ihr
Anteil dennoch nur bei 2 Prozent.

Die einzelnen Anteile der atypischen Erwerbsformen dürfen jedoch nicht zu einem „Gesamtanteil
atypisch Beschäftigter" aufaddiert werden, da sich
verschiedene Formen überschneiden. So sind geringfügig Beschäftigte und Leiharbeiter oft auch
befristet, und neben einer Teilzeittätigkeit mit wenig Stunden oder auch einer befristeten Stelle wird
häufig eine Nebenbeschäftigung ausgeübt. Berück-

---

10 Hierzu werden neben dem Mikrozensus und der
ANÜSTAT auch Eckdaten aus der Volkswirtschaftlichen Gesamtrechnung (VGR) hinzugezogen, da sich
auf dieser Basis das gesamtwirtschaftliche Ausmaß
der atypischen Beschäftigung besser abschätzen
lässt. Denn neben den Personenzahlen kann zusätzlich die Arbeitszeit der Beschäftigtengruppen in den
jeweiligen Erwerbsformen einbezogen und ihr geleis-
tetes Arbeitsvolumen zu dem der anderen Beschäftigtengruppen ins Verhältnis gesetzt werden. Diese
Eckgrößen sind zum einen die beschäftigten Arbeitnehmer aus der Erwerbstätigenrechnung, die u. a.
auch die geringfügig Beschäftigten in ihrem vollen
Ausmaß erfassen. Zum anderen gehen die Arbeitsvo-
lumendaten aus der IAB-Arbeitszeitrechnung in die
Berechnungen ein, die in die VGR integriert ist.

11 Die traditionelle bzw. reguläre Teilzeitbeschäftigung
setzt sich zusammen aus der sozialversicherungspflichtigen Teilzeit sowie Beamten in Teilzeitarbeit.

12 Das Statistische Bundesamt gibt auf Basis des Mikrozensus nur einen Anteil befristet Beschäftigter an allen abhängig Beschäftigten von 7,9 Prozent für das
Jahr 2008 an. Das liegt insbesondere an den geringfügig Beschäftigten, die einen hohen Befristungsanteil aufweisen (2008: 17,4 %), im Mikrozensus allerdings deutlich untererfasst sind (Anteil an abhängig
Beschäftigten für 2008: Mikrozensus 7,4 %; VGR
16,4 %).

Abbildung A12

Anteile atypischer Beschäftigungsformen an allen beschäftigten Arbeitnehmern und am gesamtwirtschaftlichen Arbeitsvolume, 1996 bis 2008

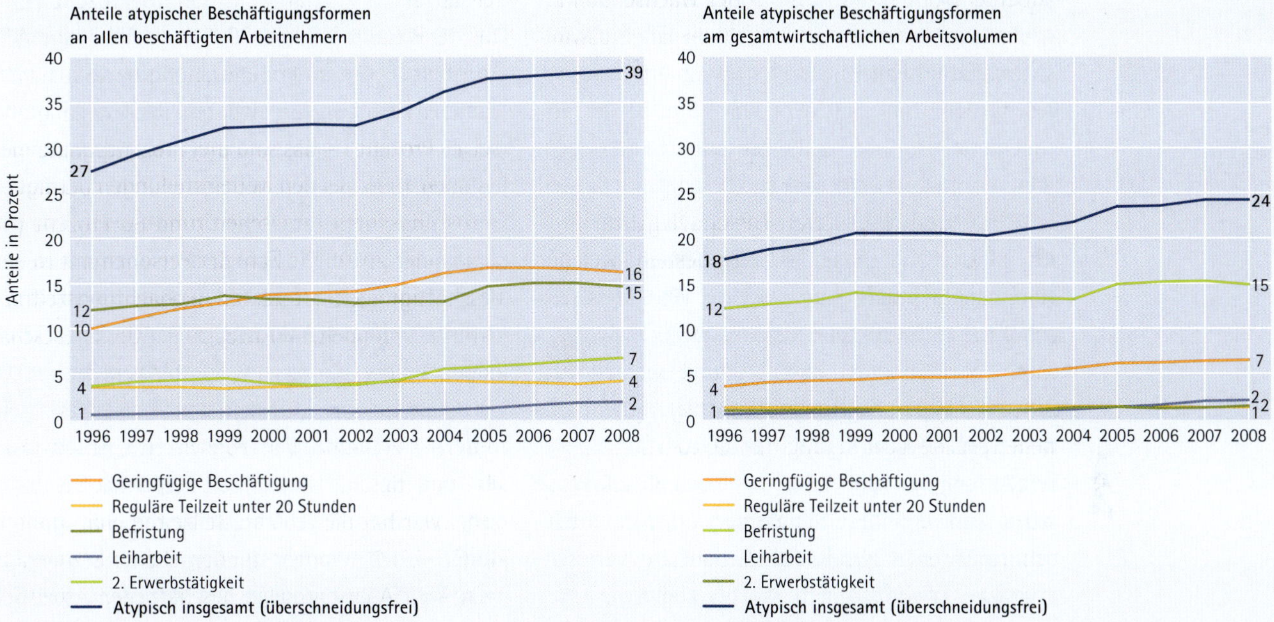

Anmerkungen: Die verschiedenen Formen der atypischen Beschäftigung überschneiden sich, deshalb dürfen die einzelnen Anteile nicht zu einem „Gesamtanteil" aufaddiert werden.

Quelle: Mikrozensus Scientific Use File 1996–2008, IAB-Arbeitszeitrechnung, ANÜSTAT.

sichtigt man solche Überschneidungen, dann zeigt sich, dass der Anteil der atypischen Beschäftigten an allen beschäftigten Arbeitnehmern seit Mitte der 1990er Jahre von 27 auf 39 Prozent angestiegen ist. Anders ausgedrückt: Im Jahr 2008 standen 61 Prozent der Beschäftigten in einem sogenannten Normalarbeitsverhältnis, 1996 waren es noch 73 Prozent.

Da ein Großteil der atypischen Erwerbsformen Beschäftigungsverhältnisse mit kurzen Arbeitszeiten betrifft, ist ihr Anteil am Arbeitsvolumen deutlich geringer als ihr Beschäftigtenanteil. Erst die Arbeitsvolumina machen die tatsächliche Bedeutung der atypischen Beschäftigung für die volkswirtschaftliche Produktion von Gütern und Diensten sichtbar (vgl. Abbildung A12).

So liegt trotz der hohen und kräftig zunehmenden Zahl von geringfügig Beschäftigten der Arbeitsvolumenanteil dieser Erwerbsform weit niedriger und stieg im Untersuchungszeitraum nur um vier Prozentpunkte auf 7 Prozent an. Ursächlich hierfür ist die geringe Arbeitszeit in Mini-Jobs, die sich im Schnitt auf etwa ein Drittel einer Vollzeittätigkeit beläuft. Auch bei der regulären Teilzeitbeschäftigung unter 20 Stunden sowie bei den Nebenbeschäftigungen entwickelten sich die Arbeitsvolumenanteile aufgrund der niedrigen Arbeitszeit in beiden Erwerbsformen schwächer als die Beschäftigtenanteile. So liegt die durchschnittliche Arbeitszeit bei den Teilzeitbeschäftigten mit weniger als 20 Wochenstunden bei einem Viertel von Vollzeit, bei den Nebenbeschäftigungen bei einem Sechstel. Entsprechend niedrig sind die jeweiligen Anteile am Arbeitsvolumen (1 bzw. 2 %). Bei den Befristungen ebenso wie bei der Leiharbeit entspricht der Anteil an der Beschäftigung nahezu den Anteilen am Arbeitsvolumen, da die durchschnittlichen Arbeitszeiten hier fast mit den Arbeitszeiten aller Beschäftigten übereinstimmen.

Insgesamt beträgt die Arbeitszeit im Schnitt der hier betrachteten atypischen Beschäftigungsformen nur zwei Drittel der Arbeitszeit aller abhängig Beschäftigten. Ihr Anteil am gesamtwirtschaftlichen Arbeitsvolumen lag deshalb im Jahr 2008 mit 24 Prozent erheblich niedriger als ihr Anteil an der Beschäftigtenzahl. Seit dem Jahr 1996 ist der Volumenanteil um sechs Prozentpunkte gestiegen, aber nur halb so stark wie der Beschäftigtenanteil (+12 Prozentpunkte). Damit hat sich die Lücke zwischen Beschäftigten- und Arbeitsvolumenanteil der atypischen Beschäftigung zwischen 1996 und 2008 von 9 auf 15 Prozentpunkte vergrößert.

2.4.4 Atypische Beschäftigung: nicht per se von schlechter „Qualität"

Seit Anfang der 1990er Jahre hat sich die Erwerbsarbeit stark verändert. Standarderwerbsformen haben relativ und absolut an Bedeutung verloren, atypische Erwerbsformen kräftig zugelegt. Letztere konzentrieren sich vor allem wegen der hohen Teilzeitbeschäftigung auf Frauen und sind im tertiären Sektor besonders stark verbreitet. Personen ohne Ausbildung finden sich relativ häufiger in atypischer Beschäftigung als Personen mit einem Abschluss.

Auf Basis von Arbeitszeitvolumina fallen der Anteil und der Zuwachs der atypischen Erwerbsformen erheblich geringer aus als es Betrachtungen auf Basis der Beschäftigtenzahlen vermuten lassen. Die Hauptursachen für diese Entwicklung sind die Zunahmen bei geringfügigen Beschäftigungen und Nebenjobs.

Eine Bewertung des Wandels der Erwerbsformen wird erschwert durch deren Heterogenität. So bietet die Zugehörigkeit von Beschäftigungsverhältnissen zu einer der hier gewählten Erwerbskategorien nicht genügend Informationen, um deren „Qualität" abschließend bewerten zu können. Atypische Beschäftigungsverhältnisse sind nicht automatisch prekär, also mit niedrigen Löhnen, einer hohen Arbeitsplatzunsicherheit, geringen Entwicklungsperspektiven und unerfüllten Arbeitszeitwünschen

verbunden. Andererseits können auch Normalarbeitsverhältnisse solche unerwünschten Eigenschaften aufweisen.

Die dargestellten Trends werfen daher zahlreiche Fragen auf, die auch für die Wissenschaft nicht leicht zu beantworten sind: In welchem Maße hat die Zunahme atypischer Erwerbsformen den Arbeitsmarkt insgesamt aufnahmefähiger gemacht? Gibt es Hinweise auf Substitution oder Komplementarität zwischen Standarderwerbsformen und atypischen Erwerbsformen? Hat der Wandel der Erwerbsformen den Zugang zum Arbeitsmarkt erleichtert oder gar erschwert? Sind atypische Erwerbsformen eine Brücke in den Arbeitsmarkt oder fördern sie Drehtüreffekte zwischen Arbeitslosigkeit und Beschäftigung? Ist atypische Beschäftigung in jedem Fall Arbeitslosigkeit vorzuziehen? Fördern oder hemmen die atypischen Erwerbsformen die Statusmobilität am Arbeitsmarkt? Solchen Fragen geht das Kapitel C in diesem Handbuch nach.

Die weitere Entwicklung der Erwerbslandschaft hängt unter anderem davon ab, wie die relevanten Arbeitsmarktinstitutionen künftig ausgestaltet werden und ob es gelingt, Übergänge zwischen atypischen Erwerbsformen und Standarderwerbsformen zu schaffen. Zudem bleibt abzuwarten, wie sich das schrumpfende Erwerbspersonenpotenzial und die weiter steigenden Qualifikationsanforderungen der Betriebe auf die Entwicklung der Erwerbsformen auswirken. So könnte die Rekrutierung von qualifizierten Arbeitskräften über Befristungen oder Zeitarbeit künftig schwieriger werden. Auch sind vermehrt Übergänge aus Teilzeit in Vollzeitbeschäftigung denkbar, um Arbeitszeitreserven zu mobilisieren. Da sich die Arbeitsmarktsituation für Personen mit geringer formaler Qualifikation auch künftig nicht substanziell verbessern dürfte, könnten atypische Erwerbsformen gerade in diesem Segment noch stärker als bisher zur Normalität werden. Was die zukünftige Entwicklung der Erwerbsformen angeht, sollte man sich daher nicht auf Prognosen auf Basis von einfachen Trendfortschreibungen verlassen.

3 Die Reaktion des Arbeitsmarktes auf die Wirtschaftskrise 2008/09: Ursachen und Schlussfolgerungen

Als die internationale Finanz- und Wirtschaftskrise Deutschland traf, befürchtete man zunächst einen starken Beschäftigungseinbruch. Nach den Erfahrungen mit früheren Konjunkturzyklen wäre bei einem Einbruch des Bruttoinlandsprodukts um 5 Prozent ein Rückgang der Beschäftigung um 1,5 Mio. Personen zu erwarten gewesen (Möller 2009). Nichts dergleichen geschah. Die typischen zyklischen Muster des Arbeitsmarktes wurden erstmals durchbrochen. Die Palette möglicher Ursachen ist vielfältig. Sie reicht von der Entscheidung der Bundesregierung, Konjunkturprogramme aufzulegen oder die Kurzarbeit zu erleichtern, über die Entfaltung der Wirkung der Hartz-Gesetze und der Lohnzurückhaltung bis hin zu betrieblichen Strategien, Arbeitszeiten und Löhne flexibel den jeweiligen Anforderungen anzupassen. Im Ergebnis wurde Beschäftigung in großem Maßstab gesichert. Dieser Abschnitt analysiert, wie stark die genannten Faktoren zu der guten Entwicklung am Arbeitsmarkt beigetragen haben. Abschließend werden die Ursachen des deutschen Beschäftigungswunders auch im internationalen Vergleich herausgearbeitet.

3.1 Zur Rolle der Konjunkturprogramme und der automatischen Stabilisatoren

Die Wirksamkeit der beiden Konjunkturpakete, die die Bundesregierung im November 2008 bzw. Januar 2009 als Reaktion auf die Finanz- und Wirtschaftskrise beschlossen hatte (zu den Einzelmaßnahmen und ihrem Umfang siehe Tabelle A7), wurde ex ante als eher gering eingeschätzt (Feil/Gartner 2009: 37). Mehr als drei Jahre nach Ausbruch der Rezession lässt sich anhand empirischer Daten zumindest ansatzweise überprüfen, ob diese zurückhaltende Einschätzung berechtigt war oder revidiert werden muss. Im Fokus dieses Abschnitts steht dabei die Fiskalpolitik im engeren Sinne. Die Wirkungen des Kurzarbeitergelds werden in Abschnitt 3.3 behandelt, obgleich die

Tabelle A7

Ausgaben und Mindereinnahmen durch die Konjunkturpakete I und II, in Mrd. Euro, 2009 und 2010

	2009	2010
Öffentliche Ausgaben		
Investitionen in die Bildungsinfrastruktur	3,25	3,25
Investitionen in die kommunale Infrastruktur	1,75	1,75
Aufstockung der Verkehrsinvestitionen	1	1
Energetische Sanierung von Bundesliegenschaften	0,4	0,4
Beteiligung der Länder (insgesamt)	1,65	1,65
Summe „Bauinvestitionen"	8,05	8,05
Aufstockung von KfW-Programmen	0,3	0,5
Förderung der Mobilitätsforschung	0,7	0,7
Erhöhung des SGB-II-Regelsatzes für Kinder	0,2	0,3
Umweltprämie	5	
Mindereinnahmen		
Verbesserte Abschreibungsbedingungen, Aussetzung/Neuregelung Kfz-Steuer	2,7	5,9
Einkommensteuersenkung und Kinderbonus	4,9	5,6
Senkung des Beitragssatzes zur GKV	3	6
Gesamte Belastung der öffentlichen Haushalte	24,85	27,05

Anmerkungen: Ohne Veränderungen beim Kurzarbeitergeld und bei der Bundesagentur für Arbeit. Nach dem Zukunftsinvestitionsgesetz sollten die Mittel für Bildungs- und kommunale Infrastruktur zur Hälfte bis zum 31.12.2009 abgerufen werden.
Quelle: Gemeinschaftsdiagnose, Frühjahrsgutachten 2009; Bundesregierung.

Regeln zur erleichterten Inanspruchnahme und deren Finanzierung Teil des Konjunkturpakets II waren.

Zunächst gilt: Die international als deutsches Beschäftigungswunder bezeichnete Arbeitsmarktentwicklung ist auf andere Ursachen als die Fiskalpolitik in der Krise zurückzuführen. Das sogenannte Beschäftigungswunder bezeichnet den Sachverhalt, dass bei dem gegebenen scharfen Produktionseinbruch die Beschäftigung nur geringfügig zurückging. Die Fiskalpolitik hingegen zielte mit dem Einsatz der Konjunkturprogramme darauf ab, den Produktionseinbruch möglichst gering zu halten. Nach Berechnungen von Barabas et al. (2009) und Scheufele (2009) waren die Konjunkturprogramme so dimensioniert, dass sie höchstens ein Fünftel des Rückgangs der Wirtschaftskraft ausgleichen konnten.

Dadurch, dass sie den Produktionseinbruch abdämpften, haben die Konjunkturpakete zumindest in gewissem Umfang Beschäftigung gesichert.[13] Wie stark war diese Entlastungswirkung? Um dieser Frage auf den Grund zu gehen, werden im Folgenden zwei zentrale Elemente der Konjunkturpakete näher beleuchtet: die öffentlichen Bauinvestitionen und die Umweltprämie. Anschließend wird auf die Bedeutung der automatischen Stabilisatoren eingegangen, die unabhängig von den Konjunkturprogrammen wirken.

3.1.1 Öffentliche Bauinvestitionen

Im Konjunkturpaket II waren für die Jahre 2009 und 2010 gut 16 Mrd. Euro für zusätzliche Bauinvestitionen eingeplant (vgl. Tabelle A7). Damit sollten in der Krisenzeit die öffentlichen Bauinvestitionen über das normale Niveau hinaus angekurbelt werden, um so die geringere Nachfrage nach Exportgütern durch zusätzliche Nachfrage im Inland partiell zu kompensieren. Ein solcher Anstieg der Bauinvestitionen hätte in den Datenreihen der amtlichen Statistik deutlich sichtbar sein müssen, er ist jedoch nicht erkennbar.

In der Volkswirtschaftlichen Gesamtrechnung (VGR) werden die Bruttoanlageinvestitionen des Staates getrennt ausgewiesen; die öffentlichen Bauinvestitionen bilden dabei eine eigenständige Unterkategorie. Abbildung A13 stellt die zeitliche Entwicklung dieser Position seit 2005 dar. Die ebenfalls eingezeichneten Abweichungen von einem linearen Trend zeigen ab Mitte 2007 keine besonderen Auffälligkeiten. Bemerkenswert erscheint allenfalls die negative Abweichung im ersten Quartal 2010. Außerdem zeichnet sich im ersten Quartal 2011 eine Trendabweichung nach oben ab.

Die Quartale ab Mitte 2009 weisen dagegen nicht die Abweichungen nach oben auf, die man in Folge einer fiskalischen Expansion eigentlich hätte erwarten müssen.[14] Das dürfte vor allem daran liegen, dass die gesetzlich vorgesehene Bedingung der Zusätzlichkeit in der Praxis häufig nicht eingehalten wurde (vgl. auch IfW 2011: 20). Darauf deuten auch Untersuchungen des Bundesrechnungshofs hin (Deutscher Bundestag 2010). Die Zunahme der öffentlichen Bautätigkeit im Jahr 2011 bestätigt eine weitere Beobachtung des Bundesrechnungshofes, wonach die Mittel vielfach erst mit erheblicher zeitlicher Verzögerung nachfragewirksam wurden.

Über den sogenannten Investitions- und Tilgungsfonds (ITF) wurden Mittel für „zusätzliche Maßnahmen zur schnellen Konjunkturbelebung", darunter Bauinvestitionen, KfW-Programm, Mobilitätsforschung, in Höhe von 15,4 Mrd. Euro (ohne Umweltprämie) bereitgestellt.[15] Bis Ende 2010 wurden davon lediglich 7,8 Mrd. Euro ausgegeben (BMF 2011: 9 f.). Im eigentlichen Krisenjahr 2009 waren aus diesem Fonds (ohne Umweltprämie) nur 2,4 Mrd. Euro abgeflossen. Umgekehrt bedeutet dies, dass im Jahr 2011 vermutlich noch ein Betrag von 7,6 Mrd. Euro oder 49 Prozent des für die Verbesserung der öffentlichen Infrastruktur vorgesehenen Teils der Konjunkturpakete ausgegeben wird (vgl. auch Deutsche Bundesbank 2011), obwohl sich die Wirtschaft längst wieder im Aufwind befand.

Ein beträchtlicher Teil der Verzögerung dürfte allein darauf zurückzuführen sein, dass die Mittel aus dem Zukunftsinvestitionsgesetz von den Ländern pauschal auf die Gemeinden verteilt wurden (vgl. z. B. Justizministerium Baden-Württemberg 2009). Dieser Verteilungsschlüssel wird vermutlich auch

---

13 Auf die Diskussion von Simulationsstudien wird verzichtet, da es sich bei den meisten Studien um Ex-ante Simulationen handelt. Die so ermittelten Beschäftigungswirkungen staatlicher Konjunkturimpulse hängen entscheidend von den geschätzten Fiskalmultiplikatoren und von der geschätzten Relation zwischen Output und Beschäftigung ab. Im vorliegenden Beitrag stehen die konkreten Erfahrungen in der Finanz- und Wirtschaftskrise im Mittelpunkt.

14 Das Bild ändert sich nicht, wenn man anstelle der öffentlichen Bauinvestitionen alle Bruttoinvestitionen in Nichtwohnbauten betrachtet, um mögliche Abgrenzungsprobleme zwischen öffentlichen und privaten Trägern zu vermeiden.

15 Von den 15,4 Mrd. Euro entfallen 12 Mrd. auf öffentliche Bauvorhaben.

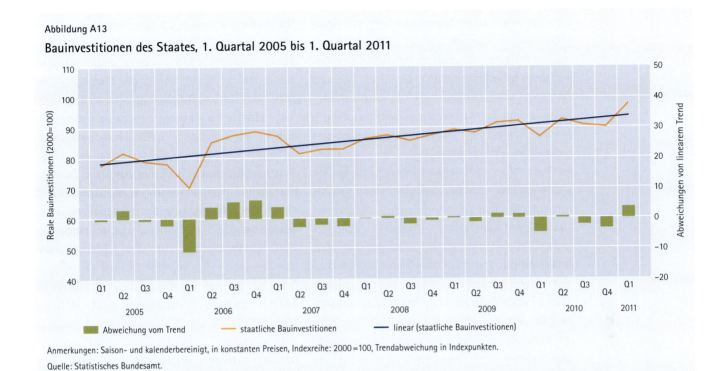

Abbildung A13

Bauinvestitionen des Staates, 1. Quartal 2005 bis 1. Quartal 2011

Legende: Abweichung vom Trend — staatliche Bauinvestitionen — linear (staatliche Bauinvestitionen)

Anmerkungen: Saison- und kalenderbereinigt, in konstanten Preisen, Indexreihe: 2000=100, Trendabweichung in Indexpunkten.

Quelle: Statistisches Bundesamt.

stark dazu beigetragen haben, dass die Mittel oft nicht zusätzlich, sondern auch substitutiv verwendet wurden.

Die notwendige Bedingung für eine Zunahme der Beschäftigung im Baugewerbe in der Logik der Konjunktursteuerung, nämlich eine tatsächliche Zunahme der Produktion, war im Jahr 2009 nicht erfüllt. Die Zahl der Erwerbstätigen stagnierte entsprechend. Im Jahr 2010 nahm sie mit 1,3 Prozent im Branchenvergleich etwas überdurchschnittlich zu. In diesem Zeitraum wuchs die Bruttowertschöpfung real im selben Umfang (vgl. Abschnitt 2.1). Dieser Schlussfolgerung kann man entgegnen, dass sie die kontrafaktische Entwicklung ohne Konjunkturpakete vernachlässigt. Auf diesen möglichen Einwand wird in Abschnitt 3.1.3 eingegangen.

3.1.2 Umweltprämie

Im Unterschied zu den öffentlichen Bauinvestitionen sind die Ausgaben für die Umweltprämie, umgangssprachlich auch Abwrackprämie genannt, in den einschlägigen Statistiken deutlich sichtbar. Während die Produktion von Personenkraftwagen

im Inland im Jahr 2009 um 10 Prozent gegenüber dem Vorjahr zurückging, legte der Absatz im Inland um 10 Prozent zu. Noch deutlicher tritt die Wirkung der Prämie bei der Zahl der auf Privatpersonen neu zugelassenen PKW zutage. Deren Zahl verdoppelte sich nahezu von 1,24 auf 2,39 Mio., darunter sehr wahrscheinlich viele vorgezogene Neuanschaffungen. Auch der deutlich gesunkene Absatz von PKW im Jahr 2010 (–15 % gegenüber Vorjahr; –6 % gegenüber 2008) belegt den Vorzieheffekt (vgl. auch BMWi 2010: 35–36).

Während die Effektivität der Maßnahme unstrittig ist, erscheint ihre Effizienz klärungsbedürftig. Der schwerwiegendste Einwand gegen staatliche Kaufanreize für private Güter sind die sogenannten Mitnahmeeffekte. Kritisiert wird, dass die Anschaffungen auch ohne Prämie erfolgt wären. Für diesen Einwand findet man deutliche Hinweise. Den zusätzlichen 1,15 Mio. privaten Neuzulassungen stehen 2 Mio. durch die Umweltprämie geförderte Neuanschaffungen gegenüber. Wären die geförderten Neuanschaffungen ohne die Prämie alle ausgeblieben, hätte es zwischen 2008 und 2009 einen

Einbruch von 850.000 Neuanschaffungen (–69 %) geben müssen – angesichts der insgesamt relativ stabilen Situation der privaten Haushalte eine unrealistisch hohe Zahl.

Hinzu kommt, dass Kaufentscheidungen vorgezogen worden sind und es in den Folgejahren zu entsprechenden Nachfrageausfällen kam. Solche Vorzieheffekte staatlicher Kaufanreize können problematisch sein, wenn dadurch eine Branchensonderkonjunktur entsteht, die notwendige Anpassungen an eine veränderte Nachfragesituation verzögert. Der Staat hätte dann die Kosten der Prämie zu tragen, ohne dass es über einen längeren Zeitraum hinweg zur Produktions- und Beschäftigungsstabilisierung gekommen wäre. Im Nachhinein ist dieses Problem zu vernachlässigen, da die deutsche Automobilindustrie nicht unter einer strukturellen Absatzschwäche litt, wie der stark anziehende Export im Jahr 2010 belegte. In der Rückschau hat der Vorzieheffekt also die Konjunktur geglättet und ist somit durchaus positiv zu bewerten.

Für eine ineffiziente und mithin teure Umweltprämie spricht, dass als deutsche Fabrikate firmierende Autos nur teilweise auch in Deutschland hergestellt werden. Die Automobilwirtschaft ist international sehr verflochten. Der Anteil der inländischen Wertschöpfung lag im Kraftfahrzeugbau vor der Krise schon unter 35 Prozent, bei der Herstellung von Autoteilen bei etwa 55 Prozent (Diekmann 2010). Folglich hat die Umweltprämie nur zum kleineren Teil im Inland die Produktion stabilisiert, zumal viele in Deutschland verkaufte Kleinwagen ohnehin aus ausländischer Produktion stammen. Diese auch als Sickerverluste bezeichnete internationale Streuung ist freilich in einer offenen Volkswirtschaft nicht zu vermeiden. Zum Teil wurden die Abflüsse ins Ausland durch die Konjunkturprogramme in anderen Ländern kompensiert, wie dies auch im Rahmen des *European Economic Recovery Plan* zwischen den EU-Mitgliedsländern vereinbart war.

Wenn Wirtschaft zu 50 Prozent Psychologie ist, wie einst Ludwig Erhard formulierte, dann dürften von der Umweltprämie positive Signale an die Automobilwirtschaft ausgegangen sein. Aufgrund der gesamtwirtschaftlichen Bedeutung der Branche hat dies wahrscheinlich auch zur Verbesserung der Stimmung und zur Stabilisierung der Erwartungen in der Gesamtwirtschaft beigetragen. Im weiteren Sinne gilt das für die Konjunkturpakete insgesamt, und zwar für alle Stabilisierungsmaßnahmen weltweit.

3.1.3 Automatische Stabilisatoren

Unabhängig von etwaigen Konjunkturprogrammen leisten die sogenannten „automatischen Stabilisatoren" – d. h. die Stabilisierung der verfügbaren Einkommen in einer Rezession durch steigende Sozialausgaben und sinkende Steuern – gerade in Deutschland einen wichtigen Beitrag zur Verstetigung der privaten Konsumnachfrage (Dolls/Fuest/Peichl 2010).

Dennoch erscheint zunächst verwunderlich, dass das Masseneinkommen (Nettolöhne und -gehälter plus empfangene Sozialleistungen) im Krisenjahr 2009 nicht gesunken ist, sondern ähnlich stark wie im Vorjahr zugenommen hat. Diese gute Entwicklung erklärt sich großenteils durch die Steuer- und Abgabensenkungen im Rahmen des Konjunkturpakets, die einen Umfang von über 10 Mrd. Euro hatten. Hinzu kommt, dass die nominalen Bruttoeinkommen der Arbeitnehmer im Jahr 2009 lediglich um 0,15 Prozent sanken. Dazu trugen neben dem Kurzarbeitergeld und der stabilen Beschäftigung auch die zum Teil kräftigen Tariferhöhungen in der Krise bei, die vielfach bereits vor Ausbruch der Krise beschlossen worden waren.[16] Von den automatischen Stabilisatoren wirkten in erster Linie die Arbeitslosenversicherung und die Einkommensteuer auf Gewinneinkünfte.

Die Steuereinnahmen schrumpften 2009 um insgesamt 6,6 Prozent oder 37 Mrd. Euro. Besonders starke Rückgänge zeigten sich bei der veranlagten Einkommensteuer (–19 %), der Körperschaftsteuer

---

16 In den Verhandlungen während der Krise wurde hingegen mitunter auf Lohnzuwächse verzichtet und der Vorrang der Beschäftigungsstabilität gegeben.

(–25 %) und der Gewerbesteuer (–21 %). Die monetären Sozialleistungen des Staates nahmen 2009 um 22 Mrd. Euro zu. Davon entfielen ca. 8,7 Mrd. auf zusätzliche Ausgaben der Bundesagentur für Arbeit und 4,5 Mrd. auf die Anhebung der Renten zur Jahresmitte. Insgesamt fiel der automatische Beitrag des Steuer-Transfer-Systems zur Stabilisierung der privaten Einkommen damit geringer aus, als zu Beginn der Krise erwartet wurde, was vor allem auf die sehr gute Arbeitsmarktentwicklung zurückzuführen ist.

Das gesamte verfügbare Einkommen sank im Jahr 2009 durch den Rückgang des Betriebsüberschusses (–8 % gegenüber 2008) um 1 Prozent. Die Konsumausgaben der privaten Haushalte gingen dagegen nur um 0,15 Prozent zurück – nicht zuletzt dank der Umweltprämie. Die Nachfrage war somit stabiler als das verfügbare Einkommen, auch weil private Haushalte ihren Konsum über die Zeit glätten.

Der private und der staatliche Verbrauch stagnierten in der Krise und trugen somit nicht zum Einbruch der Gesamtnachfrage bei, konnten diesen aber auch nicht wesentlich kompensieren. Wichtiger als die automatischen Stabilisatoren waren die kombinierten Wirkungen der Steuer- und Abgabensenkungen und der höheren Kinderzuschläge sowie die Stabilisierung der Bruttoeinkommen, die sich aus dem Verzicht auf Entlassungen, der Ausweitung des Kurzarbeitergelds und den ohnehin anstehenden Lohnerhöhungen ergaben.

Konjunkturell bedingte Steuermindereinnahmen bergen das Risiko eines prozyklischen Ausgabeverhaltens der Gebietskörperschaften: Es wird gespart, wenn wenig Geld in den öffentlichen Kassen ist. Das gilt insbesondere dann, wenn öffentliche Gemeinwesen sich überhaupt nicht verschulden dürfen, wie z. B. Gemeinden in einigen amerikanischen Bundestaaten. Durch öffentliche Sparanstrengungen zur falschen Zeit könnte aber die Wirksamkeit der geringeren Steuern und vermehrten Ausgaben als automatische Stabilisatoren konterkariert werden. Die Forderung, man solle die automatischen

Stabilisatoren wirken lassen, enthält daher implizit immer auch eine zweite Forderung: Der Staat soll die öffentlichen Ausgaben verstetigen. Bei der Bewertung der Konjunkturpakete wurde hier daher unterstellt, dass die Programme zusätzliche Ausgaben relativ zu einem konjunkturunabhängigen Ausgabenniveau induzieren sollten.

In Deutschland besteht per se keine rechtliche Beschränkung der Verschuldungsmöglichkeit von Kommunen zum Zwecke der Finanzierung öffentlicher Investitionen. Für Bund und Länder gibt es praktisch gar keine rechtliche Grenze für die Nettokreditaufnahme in Notsituationen (Art. 109, Abs. 3 GG). Insofern gibt es keinen Automatismus, der die Verstetigung der öffentlichen Ausgaben verhindert hätte, mit anderen Worten: der die Ausgaben, insbesondere jene für öffentliche Bauvorhaben, in der Krise vermindert hätte. Das in Abschnitt 3.1.2 vermutete Verhalten vieler Kommunen – sie hätten die von Bund und Ländern bereitgestellten Mittel anstelle und nicht ergänzend zu eigenen Mitteln verwendet – ist mit der Rechtslage kompatibel. Und wenn die Vermutung zutrifft, dann haben die Gemeinden im Zuge des Konjunkturprogramms ihre eigenen Finanzen geschont, was aber die rechnerische Effektivität der Konjunkturpakete beeinträchtigt hat.

3.1.4 War dieses Mal alles anders?

Die deutsche Volkswirtschaft wurde in erster Linie außenwirtschaftlich und somit überwiegend indirekt von der Großen Rezession getroffen. Die spezifischen Probleme einer Finanzkrise, von denen z. B. die USA oder Spanien betroffen sind, blieben ihr erspart. Mithilfe von Konjunkturprogrammen bezweckte die Bundesregierung, die Produktion zu glätten und damit auch den Arbeitsmarkt vor womöglich scharfen Auswirkungen zu bewahren.

Eine effektive und effiziente Stabilisierung der Produktion hätte bedeutet, dass der Staat die Nachfrageausfälle der *betroffenen* Unternehmen hätte kompensieren müssen – eine angesichts der besonderen Betroffenheit der auf Investitions- und hochwertige Konsumgüter spezialisierten deutschen Industrie letztlich unmögliche Aufgabe. Die alternative Form der direkten Stabilisierung der *gesamtwirtschaftlichen* Nachfrage hätte eine massive Erhöhung der Ausgaben für die vom Staat typischerweise bezogenen Waren und Dienstleistungen bedeutet. Eine solche Strategie läuft Gefahr, die kurzfristig vorhandenen Kapazitäten überauszulasten und Fehlanreize für Investitionen zu schaffen. Als dritte Variante bleibt der Fiskalpolitik die indirekte Stabilisierung durch Steuersenkungen oder höhere Transfers, um auf diesem Wege die verfügbaren Einkommen der Privaten zu erhöhen. Eine solche Stabilisierung der Nachfrage setzt voraus, dass die zusätzlichen Einkommen auch konsumiert werden.

Die tatsächliche Politik der Bundesregierung war pragmatisch und eher vorsichtig. Den Ratschlägen des Internationalen Währungsfonds (IWF) (Spilimbergo et al. 2008) ist sie zum Teil gefolgt, indem sie ihr Konjunkturprogramm diversifizierte. Elemente der direkten und indirekten Nachfragesteuerung wurden kombiniert. Der überwiegend im Ausland erhobenen Forderung nach einem größeren fiskalischen Stimulus hat sie nicht nachgegeben – eine wirtschaftspolitische Entscheidung, die sich im Nachhinein als richtig erwies.

Ein anderer Aspekt ist, ob und wenn ja wie in großen Krisen eine Abwärtsspirale negativer Erwartungen durch wirtschaftspolitisches Handeln verhindert werden sollte. In diesem wirtschaftspsychologischen Sinne dürfte das Agieren der Bundesregierung – unterstützt durch die robuste Arbeitsmarktlage – erfolgreich gewesen sein.

Als hilfreich hat sich zudem herausgestellt, wenn sich der Staat – seiner ordnungspolitischen Aufgabe folgend – um die Funktionsfähigkeit von Märkten gekümmert hat, wie das in Abstimmung mit den Notenbanken im Finanzsektor geschah. Eine andere Dimension von Stabilisierung wird immer noch in den USA praktisch erprobt, wo Fiskus und Zentralbank weiterhin den privaten Konsum stützen. Ob sich hieraus neue Erkenntnisse für die Konjunktursteuerung ableiten lassen, bleibt abzuwarten.

Bei aller Kritik sollte man nicht unterschätzen, dass die Alternative einer weitgehend neutralen Finanzpolitik in der konkreten Lage 2008/09 weder aus Sicht von Politikern noch aus betrieblicher Perspektive akzeptabel erschien. Angesichts der massiven weltweiten Unterstützung des Finanzsektors war eine Politik der ruhigen Hand für die Realwirtschaft nicht durchzuhalten. Die wirtschaftlichen Akteure erwarteten von der Bundesregierung einen Beitrag zur Stabilisierung, mindestens der Erwartungen. Darauf lassen viele veröffentlichte Meinungen und Ratschläge führender Wirtschaftsvertreter schließen. Aus politökonomischer Sicht lässt sich das Handeln der Bundesregierung somit gut nachvollziehen.

3.2 Arbeitskräftehorten als betriebliche Handlungsoption bei wirtschaftlichen Schocks

Der sehr moderate Beschäftigungsrückgang in der Wirtschaftskrise 2008/09 deutet daraufhin, dass Betriebe trotz des starken Einbruchs des Bruttoinlandsproduktes (BIP) – und anders als in früheren Krisen – in beträchtlichem Umfang Arbeitskräfte hielten.

Grundsätzlich können Betriebe auf wirtschaftliche Schocks mit ganz unterschiedlichen personalpolitischen Strategien reagieren. Während Instrumente der externen Flexibilität auf eine Anpassung der Zahl der Beschäftigten setzen, zielen betriebsinterne Instrumente auf das insgesamt geleistete Arbeitsvolumen bei Weiterbeschäftigung der Arbeitnehmer. Interne Flexibilität zielt also auf das Halten von Arbeitskräften. Dabei spricht man von Arbeitskräftehorten, wenn die Betriebe bei einem temporären Rückgang ihrer Produktion die Zahl ihrer Beschäftigten nicht oder nur unterproportional reduzieren. Im Folgenden wird gezeigt, dass die Betriebe in der Krise 2008/09 mehr Arbeitskräfte gehortet haben, als dies in vergangenen Rezessionen üblich war.

3.2.1 Arbeitskräftehorten: Definitionen und betriebliches Entscheidungskalkül

Betriebe horten Arbeitskräfte, wenn sie mehr Personen beschäftigen, als sie zur Realisierung ihrer Produktionspläne benötigen (Blankart 1973). Aus empirischer Sicht ist diese Definition allerdings problematisch, da der benötigte Beschäftigungsstand nur schwer zu beobachten oder abzuschätzen ist. Dies gilt für Außenstehende und abgeschwächt auch für die Betriebe selbst, denn Märkte sind nicht perfekt und Produktions- und Marktprozesse nur mit einem gewissen Maß an Unsicherheit planbar.

Ein hilfreicher Indikator für die empirische Untersuchung des Hortens von Arbeitskräften ist die Variation des Arbeitskräfteeinsatzes mit Blick auf die Arbeitsdichte bzw. die geleisteten Arbeitsstunden (Taylor 1982; Hamermesh 1993). Dabei meint Arbeitskräftehorten zum einen, dass bei einer fallenden Güternachfrage die Zahl der gearbeiteten Stunden weniger sinkt als die Produktion. Damit fällt die Arbeitsproduktivität pro Stunde, also das Verhältnis der betrieblichen Produktion zum geleisteten Arbeitsvolumen. Zum anderen kann man Arbeitskräftehorten aus beschäftigungspolitischer Sicht definieren, indem man auf die Veränderung der Zahl der abhängig Erwerbstätigen fokussiert und die Entwicklung der Arbeitsproduktivität pro Kopf betrachtet (Felices 2003). In diesem Sinne können Betriebe Arbeitskräfte auch horten, wenn sie das Arbeitsvolumen vollständig anpassen und damit die Arbeitsproduktivität pro Stunde unverändert bleibt. Die Anpassung des Arbeitsvolumens erfolgt dann unter Verzicht auf Entlassungen durch eine Reduzierung der Arbeitszeit.

Warum aber sollten Betriebe „überschüssige" Arbeitskräfte horten? Entscheidend ist, dass sowohl Entlassungen als auch Einstellungen für die Betriebe mit Kosten verbunden sind – sogenannte Transaktionskosten – und unter Unsicherheit beschlossen werden (z. B. Oi 1962; Horning 1994).

Transaktionskosten entstehen z. B. durch formalrechtliche Regelungen wie Kündigungsschutzgeset-

ze, Abfindungsregelungen oder Sozialpläne. Diese Arbeitsmarktinstitutionen erschweren oder verteuern Entlassungen. Deshalb lohnt es sich für Betriebe, abzuwarten und mehr Informationen über die Dauer und Intensität eines Abschwungs zu gewinnen und dann zu entscheiden, ob sie die Entlassungskosten in Kauf nehmen. In der Zeit des Abwartens horten sie Arbeitskräfte. So erklären die institutionellen Rahmenbedingungen zu einem großen Teil, weshalb der Arbeitsmarkt sich nur zeitlich verzögert an die Veränderungen auf den Gütermärkten anpasst.

Auch die Rekrutierung und die Einarbeitung von Mitarbeitern verursachen Transaktionskosten. Diese gehen ebenfalls in das Entscheidungskalkül der Betriebe ein, wenn es um das Halten oder Entlassen von Arbeitskräften geht. Denn die Betriebe berücksichtigen auch, dass sie bei anziehender Wirtschaft wieder mehr Beschäftigte benötigen.

Die Höhe der Transaktionskosten hängt wiederum von verschiedenen Faktoren ab. Hierzu gehört die Lage auf den jeweiligen beruflichen oder regionalen Teilarbeitsmärkten. Sind Stellen aufgrund eines knappen Angebotes an Arbeitskräften nur schwer wiederzubesetzen, müssen die Betriebe mit langen Vakanzzeiten und entsprechend hohen Einstellungskosten rechnen. In einer solchen Situation ist der Nutzen des Arbeitskräftehortens höher als bei einem Überangebot potenzieller Bewerber. Insbesondere ein relativ hohes Qualifikationsniveau der Beschäftigten dürfte den Anreiz zum Horten von Arbeitskräften verstärken, denn bei Höherqualifizierten treten eher Rekrutierungsengpässe auf und fallen mehr Einarbeitungskosten an. Zudem werden sie während des folgenden Aufschwungs häufig dringender benötigt (James/Thomas 1998).

Neben diesen marktbezogenen Faktoren spielen auch Merkmale der Arbeitsverhältnisse selbst eine wichtige Rolle. Die Betriebe werden vor allem jene Arbeitskräfte halten, bei denen ein hohes Maß an betriebsspezifischem Humankapital aufgebaut wurde. Dieses ginge bei einer Kündigung verloren und müsste bei einer Neueinstellung wieder aufgebaut werden (Becker 1975; Williamson/Wachter/Harris 1975). Dies dürfte für Arbeitnehmer mit komplexen Tätigkeitsfeldern eher zutreffen als für Arbeitnehmer, die Routinetätigkeiten ausführen (Mosley/Kruppe 1996a).

Schließlich ist zu bedenken, dass die gegenseitigen Erwartungen von Beschäftigten und Arbeitgebern nicht vollständig in Arbeitsverträgen festgehalten und Arbeitsanstrengungen nur begrenzt durch finanzielle Anreize oder Sanktionen gesteuert werden können. Daher sind soziale Normen und ein an Gerechtigkeitsnormen orientiertes reziprokes Verhalten sowie das Vertrauen zwischen den Vertragsparteien zentrale Faktoren (Akerlof 1982; Fehr/Gächter 2000). Die Vertrauensbeziehung zwischen Arbeitgeber und Arbeitnehmer hat einen Wert (Macneil 1974), der in das Entscheidungskalkül der Betriebe einfließt. Die Entlassungskosten steigen dann nicht allein durch die Beendigung des betreffenden Arbeitsverhältnisses; die Entscheidung kann sich auch negativ auf die Arbeitsmotivation anderer Arbeitnehmer sowie die Reputation des Betriebs als ein vertrauenswürdiger und fairer Arbeitgeber auswirken (Okun 1981).

Die Unternehmen müssen also entscheiden, ob sie die oben genannten durch Entlassen und Wiedereinstellen entstehenden Kosten tragen oder ob die durch das Horten der Arbeitskräfte entstehenden Kosten – der Anstieg der Lohnstückkosten während des Produktionsrückgangs – insgesamt geringer sind. Diese Entscheidung ist nicht trivial, weil im Vorhinein die Dauer des Produktionsrückgangs unbekannt ist. Je kürzer und schwächer er erwartet wird, desto lohnender erscheint das Horten von Arbeitskräften, wohingegen ein länger andauernder Rückgang der Güternachfrage und damit der Produktion aus betrieblicher Perspektive eher für Entlassungen spricht. Das Horten der Arbeitskräfte wird mit der Zeit immer teurer, sodass die Ersparnis der Transaktionskosten irgendwann aufgewogen wird.

Der Staat kann das Horten von Arbeitskräften durch arbeitsmarktpolitische Instrumente fördern, indem er den Betrieben einen Teil des finanziellen Risikos

abnimmt. Diese Funktion hat in der zurückliegenden Krise das Instrument der konjunkturellen Kurzarbeit übernommen, das temporär großzügiger gestaltet wurde und dessen Bezugsbedingungen gelockert wurden. Die Betriebe hatten damit einen höheren Anreiz, Arbeitskräfte zu horten, da sich die Arbeitskosten für das gehaltene Personal reduzierten. Auf den Beitrag der Kurzarbeit zum Halten von Arbeitskräften wird in Abschnitt 3.3 näher eingegangen.

3.2.2 Arbeitskräftehorten aus der makroökonomischen Perspektive

Um Anhaltspunkte für das Ausmaß des Arbeitskräftehortens in der Wirtschaftskrise 2008/09 zu erhalten, wird im Folgenden auf das Bruttoinlandsprodukt, die geleistete Arbeitszeit und die Zahl der Beschäftigten zurückgegriffen (zu deren Entwicklung vgl. Abschnitt 2.1). Analog zu den Definitionen des Arbeitskräftehortens kann die Auslastung des Faktors Arbeit entweder als Stunden- oder als Pro-Kopf-Produktivität gemessen werden, also dem Verhältnis von Bruttoinlandsprodukt zu den geleisteten Stunden bzw. zum Beschäftigungsniveau.[17]

Sowohl die Stunden- als auch die Pro-Kopf-Produktivität entwickeln sich prozyklisch, also gleichläufig mit dem Konjunkturzyklus (siehe Abbildung A14). Dies ist darauf zurückzuführen, dass die Beschäftigung im Allgemeinen langsamer an eine geänderte Nachfrage angepasst wird als der Output. Damit wird mit einer gegebenen Zahl von Arbeitnehmern in Rezessionen weniger und in Boomphasen mehr Output erzeugt. Das Wachstum der Arbeitsproduktivität

---

17 Aufgrund des Einflusses anderer Komponenten auf die Arbeitsproduktivität sowie der Messverfahren für das BIP und die Arbeitszeit treten Unschärfen bezüglich der Verwendung der Arbeitsproduktivität als Indikator für die Auslastung des Faktors Arbeit auf (vgl. hierzu ausführlicher Dietz et al. 2011). Da im Folgenden der Ausschlag kurzfristiger Veränderungen der Arbeitsproduktivität im Zeitvergleich betrachtet und dabei nicht das Ziel verfolgt wird, den quantitativen Umfang des Arbeitskräftehortens exakt zu bestimmen, können diese Unschärfen bei der Interpretation der Ergebnisse vernachlässigt werden.

Abbildung A14

Entwicklung des Bruttoinlandsprodukts und der Arbeitsproduktivität, 1. Quartal 2000 bis 2. Quartal 2011

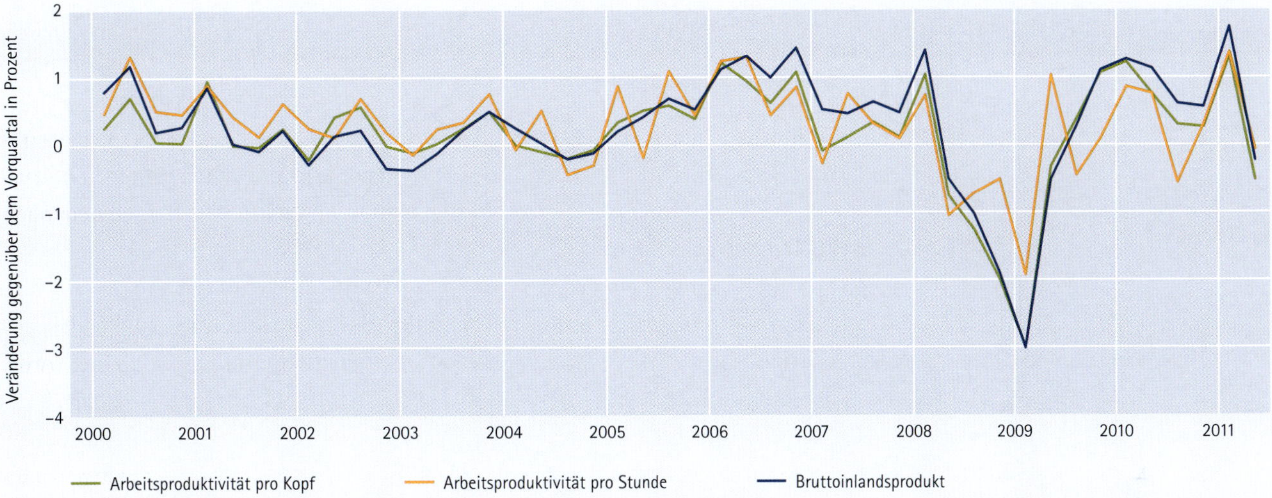

Anmerkung: Saisonbereinigt/preisbereinigt.

Quelle: Statistisches Bundesamt, IAB, eigene Berechnungen.

je Stunde und pro Kopf war unmittelbar vor der Finanzkrise, zwischen 2006 und 2008, in etwa gleich hoch. Zwischen 1999 und 2005 sowie während der Finanzkrise wuchs die Stundenproduktivität stärker bzw. schrumpfte schwächer als die Arbeitsproduktivität pro Kopf, da in diesen Zeiträumen die Arbeitszeit je Beschäftigten sank. Nach der Krise nahm die geleistete Arbeitszeit dann zu, sodass sich die Stundenproduktivität langsamer erholte. Trotz der unterschiedlich starken Entwicklung gilt für beide Produktivitätskennziffern, dass sie während der Finanzkrise in einem Ausmaß zurückgingen, wie man es in Deutschland bislang noch nicht gekannt hatte.

Das Ausmaß des Arbeitskräftehortens lässt sich anhand der kurzfristigen Veränderungen der Arbeitsproduktivitäten pro Kopf und pro Stunde näher bestimmen. Um diese von längerfristig angelegten Entwicklungen abgrenzen zu können, wurde der sogenannte *Hodrick-Prescott*-Filter (Hodrick/Prescott 1997) eingesetzt, der die Arbeitsproduktivität in eine langfristige Trendkomponente und eine kurzfristige Komponente zerlegt. Letztere wird als zyklische Abweichung vom Trend interpretiert. Sie ist in Abbil-

dung A15 als Abstand zwischen der tatsächlichen Arbeitsproduktivität pro Kopf bzw. pro Stunde und dem ermittelten langfristigen Trend abzulesen.[18]

Eine tatsächliche Arbeitsproduktivität unterhalb des Trends – also eine negative Trendabweichung – wird als temporäre Unterauslastung des Faktors Arbeit interpretiert und ist somit ein Indiz für Arbeitskräftehorten. Umgekehrt repräsentieren Werte oberhalb des Trends – also eine positive Trendabweichung – eine temporäre Überauslastung. Nach diesem Schema haben Betriebe bereits einige Male seit der deutschen Wiedervereinigung

---

18 Bei der Interpretation der Befunde ist Folgendes zu berücksichtigen: Bei Redaktionsschluss reichen die Daten noch nicht aus, um valide beurteilen zu können, ob und wie stark die Produktivität über die bloße Erholung von der Krise hinaus steigen wird. Dies hat Konsequenzen für die Berechnung des Trends in zurückliegenden Perioden – und damit auch für die Einschätzung zur Auslastung des Personals vor und während der Krise. Sensitivitätstests mit sehr hohen Glättungsparametern im HP-Filter deuten aber darauf hin, dass sich die qualitativen Aussagen nicht ändern.

Abbildung A15

Arbeitsproduktivitäten pro Kopf und pro Stunde: Tatsächliche Werte und Trend*, 2. Quartal 1991 bis 1. Quartal 2011

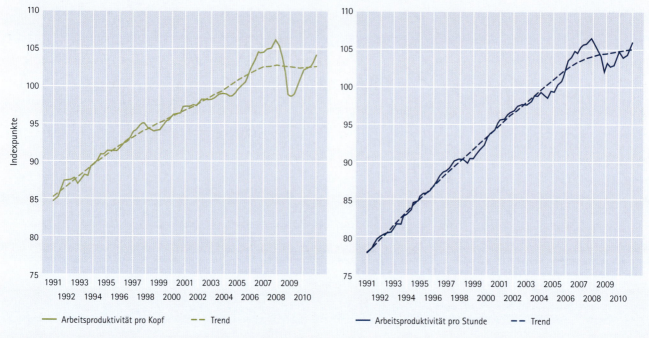

Anmerkung: Index der Originalreihen 2005=100, saisonbereinigt/preisbereinigt.

* Der Trend wurde mit dem Hodrick-Prescott-Filter (Glättungsparameter λ=1.600) berechnet, siehe auch Fußnote 19.

Quelle: Statistisches Bundesamt, IAB, eigene Berechnungen.

Arbeitskräfte gehortet, etwa zwischen dem ersten und vierten Quartal 1993, dem zweiten und dritten Quartal 2003 und ebenso zwischen dem ersten und vierten Quartal 2005, jedoch nicht in dem Ausmaß, wie es in der zurückliegenden Krise der Fall war.[19] Auffällig ist aber auch, dass der Krisenphase mit Arbeitskräftehorten ein Aufschwung mit deutlich positiver Trendabweichung vorausgegangen war. Folglich war die Arbeitsdichte in den Betrieben außerordentlich hoch, als die Krise in Deutschland begann. Während des Aufschwungs war die Zahl der Neueinstellungen vergleichsweise niedrig, vielleicht wegen mangelnden Vertrauens in die wirtschaftliche Prosperität, sodass die Krise am Arbeitsmarkt faktisch vorweggenommen wor-

den war (Burda/Hunt 2011).[20] So führte der Rückgang des Outputs teils sogar zu einer Normalisierung der Arbeitsdichte.

Die Arbeitsproduktivität variiert nicht nur über die Zeit, sondern auch über die Sektoren. Eine Komponentenzerlegung auf sektoraler Ebene zeigt ein unterschiedlich starkes Arbeitskräftehorten in den verschiedenen Branchen, hier zusammengefasst in den primären, sekundären und tertiären Sektor (siehe Abbildung A16). So gab es im tertiären Sektor

---

19 Zu ähnlichen Befunden kommen auch Herzog-Stein/ Seifert (2010). Schaz/Spitznagel (2010) vergleichen die Anpassungsmuster in den USA und in Deutschland.

20 Dennoch beklagten die besonders von der Krise betroffenen Branchen wie das Verarbeitende Gewerbe bereits im Aufschwung einen Mangel an hochqualifizierten Arbeitskräften und es gibt Indizien dafür, dass diese Unternehmen an mehr Neueinstellungen interessiert waren (Möller 2009). Gleichwohl kann hiermit nur für bestimmte Wirtschaftszweige das Arbeitskräftehorten in der Krise erklärt werden (Klinger et al. 2011).

Abbildung A16

Zyklische Komponente* der Arbeitsproduktivität pro Erwerbstätigen nach Sektoren, 1. Quartal 2005 bis 4. Quartal 2010

* Abweichung zwischen tatsächlichem Wert und langfristigem Trend, berechnet mit dem Hodrick-Prescott-Filter (Glättungsparameter λ=1600).

Quelle: Statistisches Bundesamt, IAB, eigene Berechnungen.

und insbesondere im sekundären Sektor starke negative Abweichungen vom Trend im ersten Quartal 2009. Bei genauerer Betrachtung zeigt sich, dass zu diesem Zeitpunkt in den Branchen Verarbeitendes Gewerbe sowie Handel/Gastgewerbe/Verkehr die Abweichungen vom Trend am stärksten waren. Betriebe in diesen Branchen haben also während des Nachfrageeinbruchs in besonders starkem Maße Arbeitskräfte gehalten.

Möglicherweise haben die Betriebe mit Blick auf das tendenziell sinkende Erwerbspersonenpotenzial für die Zeit nach der Krise Rekrutierungsprobleme und steigende Einstellungskosten antizipiert, was die Neigung zum Halten der Arbeitskräfte tendenziell erhöht haben dürfte. Dieser Zusammenhang ist auch deswegen bedeutsam, weil die Wirtschaftskrise eben jene Regionen und Sektoren besonders stark traf, die in der Vergangenheit eine gute Arbeitsmarktentwicklung aufwiesen: wettbewerbsstarke und exportorientierte Betriebe im Produzierenden Gewerbe, die häufig im Südwesten Deutschlands zu finden sind (Möller 2009). Zudem war gerade im se-

kundären Sektor das Personal im zurückliegenden Aufschwung deutlich überausgelastet (siehe Abbildung A16). Die verbesserte Wettbewerbsfähigkeit angesichts moderater Lohnanstiege und nachgefragter Produkte hatte die Unternehmen der Exportwirtschaft im vergangenen Aufschwung hochprofitabel gemacht. Sie waren damit besser in der Lage, die Kosten des Arbeitskräftehortens in der Krise zu tragen.

Zusammenfassend belegen verschiedene Indizien, dass stärkere negative Effekte der Wirtschaftskrise 2008/09 auf den deutschen Arbeitsmarkt durch das Horten von Arbeitskräften vermieden wurden. Die im Vergleich zu anderen Rezessionen besonders positive wirtschaftliche Ausgangslage vor der Krise 2008/09 hat das starke Arbeitskräftehorten begünstigt. Die Betriebe waren wettbewerbsfähiger, sie hatten im Aufschwung eine solide finanzielle Basis erwirtschaftet und die Einkommen aus Unternehmertätigkeit und Vermögen waren weit überdurchschnittlich gewachsen, letzteres auch aufgrund der jahrelangen Lohnzurückhaltung. Die Krise war nicht strukturell bedingt; vielmehr handelte es sich um eine nach Deutschland importierte Nachfragekrise. Im Vorfeld trugen zudem die Lohnmoderation und die institutionellen Änderungen durch die Hartz-Reformen dazu bei, dass sich die Arbeitsnachfrage erhöht hatte. Dies wirkte positiv nach.

Zum Horten der Arbeitskräfte trug auch die Reduzierung der Arbeitszeit maßgeblich bei. Die folgenden Abschnitte 3.3 und 3.4 analysieren deshalb detailliert, wie sich die Betriebe über Kurzarbeit und über Arbeitszeitkonten der verschlechterten Auftragslage angepasst haben. Damit staatliche Unterstützungen greifen können, müssen sie von Betrieben und insbesondere deren Belegschaften mitgetragen werden. Der in Deutschland ausgeprägten, wenn auch in ihrer Bedeutung abnehmenden Sozialpartnerschaft kam deshalb in der Krise eine besondere Rolle zu, die in Abschnitt 3.5 erörtert wird.

3.3 Die Rolle der Kurzarbeit während der Wirtschaftskrise

3.3.1 Rückgang des betrieblichen Beschäftigungsbedarfs und Kurzarbeit

Das Instrument der Kurzarbeit kann in Deutschland bereits auf eine über 100-jährige Geschichte zurückblicken.[21] Derzeit werden drei Formen der Kurzarbeit unterschieden:[22] Konjunkturelle Kurz-

arbeit im Falle eines vorübergehenden, unvermeidbaren Arbeitsausfalls, der durch ökonomische Ursachen bedingt ist; Transfer-Kurzarbeit im Falle eines dauerhaften Beschäftigungsverlustes mit dem Ziel von Restrukturierungsmaßnahmen auf betrieblicher Ebene sowie Saison-Kurzarbeit, die durch witterungsbedingte Schwankungen der Produktion ausgelöst wird. Dabei ist in wirtschaftlichen Abschwüngen die konjunkturelle Kurzarbeit besonders bedeutsam. Sie ermöglicht Arbeitgebern die Regelarbeitszeit ihrer Beschäftigten zu reduzieren und flexibel auf vorübergehende Nachfrageeinbrüche zu reagieren, ohne dabei Mitarbeiter entlassen zu müssen. Die Arbeitnehmer, die von Kurzarbeit – also einer unfreiwilligen Arbeitszeitverkürzung – betroffen sind, müssen dementsprechende Lohnkürzungen hinnehmen. Über die Bundesagentur für Arbeit kann jedoch für die ausgefallenen Arbeitsstunden Kurzarbeitergeld als Entgeltersatzleistung bezogen werden, die die Lohnkürzungen zum Teil kompensiert. Die Höhe des Kurzarbeitergelds beträgt, analog zum Arbeitslosengeld I, für Arbeitnehmer ohne Kinder 60 Prozent bzw. für Arbeitnehmer mit mindestens einem Kind 67 Prozent des pauschalierten Nettoentgeltausfalls.

Ab Anfang 2009, als die Finanzkrise ihren Höhepunkt erreichte, wurden die Konditionen zur Nutzung der konjunkturellen Kurzarbeit deutlich attraktiver gestaltet: Die maximale Laufzeit wurde verlängert, die finanzielle Unterstützung beruflicher Qualifizierungsmaßnahmen während Kurzarbeit verbessert und die von den Arbeitgebern zu entrichtenden Sozialversicherungsbeiträge reduziert (siehe Infokasten).

---

21 Mit dem sogenannte Kali-Gesetz, das am 25. Mai 1910 in Kraft trat, wurde erstmals ein der heutigen Kurzarbeit sehr ähnliches Instrument eingeführt, das die Kompensation des Arbeits- und Verdienstausfalls im Kalibergbau und der Düngemittelindustrie regelte. Eine erste allgemeine Form wurde mit dem Gesetz über Arbeitsvermittlung und Arbeitslosenversicherung (AVAVG) am 16.07.1927 eingeführt.

22 Vgl. § 169 ff. SGB III. Für den Bezug dieser Leistung – im Folgenden als Konjunktur-Kurzarbeitergeld bezeichnet – muss nach § 170 SGB III ein erheblicher Arbeitsausfall mit Entgeltausfall aus wirtschaftlich bedingten Gründen vorliegen und nach §§ 171 und 172 SGB III betriebliche und persönliche Voraussetzungen erfüllt sein. Daneben regeln § 175 SGB III das Saison-Kurzarbeitergeld und § 216b SGB III das Transfer-Kurzarbeitergeld.

Kasten A2

Maßnahmen zur Förderung der Inanspruchnahme von Kurzarbeitergeld

Der Gesetzgeber hatte in den 1990er Jahren die Hürden zur Einführung konjunktureller Kurzarbeit schrittweise höher gelegt. Seit 1994 müssen die Betriebe die Sozialversicherungsbeiträge für die Zeit der Kurzarbeit voll übernehmen. Zudem sind sie seit der Einführung des SGB III im Jahr 1997 verstärkt gehalten, möglichst alle Arbeitszeitpolster abzubauen, bevor sie Kurzarbeit in Anspruch nehmen.

Im Rahmen des Konjunkturpakets II hat die Bundesregierung die Inanspruchnahme von Kurzarbeit (einschließlich Saison-Kurzarbeit) – zeitlich befristet zwischen Februar 2009 und März 2012 – wieder erleichtert:

■ Gelockerte Anspruchsvoraussetzungen:
Die Bedingung, dass ein Drittel der Beschäftigten vom Arbeitszeitausfall betroffen sein muss, wurde ausgesetzt. Anspruchsberechtigt sind aber nur die Kurzarbeiter, deren Entgeltausfall jeweils mehr als 10 Prozent ihres monatlichen Bruttoentgelts beträgt. Auch wurde die Voraussetzung gestrichen, dass zunächst Arbeitszeitguthaben abgebaut werden müssen. Zudem müssen Betriebe, die zur Beschäftigungssicherung temporäre Arbeitszeitverkürzungen tariflich vereinbart hatten, diese nicht zuerst einlösen.

■ Ausweitung des Nutzerkreises:
Die Regelungen des Konjunktur-Kurzarbeitergelds gelten im Wesentlichen auch für das Saison-Kurzarbeitergeld und auch Leiharbeitnehmer dürfen nun in Kurzarbeit gehen.

■ Finanzielle Anreize:
Die Arbeitgeberbeiträge zur Sozialversicherung werden hälftig, ab dem siebten Monat des Bezugs von Kurzarbeitergeld vollständig erstattet. Der maximale Anspruchszeitraum wurde von 6 auf 24 Monate erhöht.

■ Qualifizierungsanreize:
Wenn die Kurzarbeiter während der arbeitsfreien Zeit qualifiziert werden, übernimmt die BA die vollen Sozialversicherungsbeiträge.

Spricht der Arbeitgeber die Kündigung gegen einen seiner Beschäftigten aus, erlischt gleichzeitig der Anspruch auf Kurzarbeitergeld für diesen Mitarbeiter.

Für einen Überblick über alle Neuerungen siehe Dietz/Stops/Walwei (2011).

Kurzarbeit hat einen spürbaren Beitrag dazu geleistet, dass die Betriebe in der Wirtschafts- und Finanzkrise ihre Arbeitskräfte gehalten haben. Sie kann deshalb als subventionierte Form des Arbeitskräftehortens interpretiert werden (vgl. auch Abschnitt 3.2). So nutzten die Betriebe im Jahr 2009 die konjunkturelle Kurzarbeit im Durchschnitt für etwa 1,1 Mio. Menschen (vgl. Abbildung A17), der vorläufige Höchstwert seit Beginn der 1990er Jahre. Damals wurde Kurzarbeit vor allem eingesetzt, um den wirtschaftlichen Strukturwandel in Ostdeutschland nach der Wiedervereinigung zu stützen. Insbesondere Transfer-, aber auch konjunkturelle Kurzarbeit waren damals mit zeitlich begrenzten Sonderregeln für Ostdeutschland versehen und erfüllten eine „Fallschirmfunktion", die eher auf konfliktmildernde Wirkungen beim Abbau von Arbeitsplätzen ausgerichtet war als auf die Sicherung von Beschäftigung (Linke 1993). Dagegen wurde Kurzarbeit in der Krise 2008/09 vor allem genutzt, um konjunkturbedingte Nachfrageausfälle zu überbrücken, insbesondere im Verarbeitenden Gewerbe und in den alten Bundesländern. Durch das Halten der Beschäftigten können Fluktuationskosten eingespart werden, die bei Kündigungen und entsprechenden Wiedereinstellungen entstehen würden. Hierunter fallen, neben den Kosten für die Kündigung selbst, Such-, Einstellungs- und Einarbeitungskosten sowie eventuelle Abfindungszahlungen (vgl. auch Abschnitt 3.2). Im Gegenzug verbleiben Kosten einer geringeren Kapitalauslas-

Abbildung A17

Kurzarbeit aus konjunkturellen Gründen: Personen und Vollzeitäquivalente, 2009 bis 2010

Quelle: Bundesagentur für Arbeit (Anzeigen zum Kurzarbeitergeld), eigene Berechnungen.

tung, niedrigere Renditen und sogenannte Remanenzkosten. Damit sind die Kosten gemeint, die die Arbeitgeber auch bei Kurzarbeit zu tragen haben, z. B. Lohnfortzahlungen im Falle von Urlaub oder Krankheit des Beschäftigten bzw. ein Teil der Sozialversicherungsbeiträge (Bach/Spitznagel 2009). Neben den direkten Kosten des Kurzarbeitergelds für die Arbeitslosenversicherung reduzieren sich aufgrund der geringeren Lohnsumme auch die Einnahmen des Staates und der Sozialversicherungsträger (Crimmann et al. 2009). Für die Beschäftigten führt die Arbeitszeitverkürzung – wie bereits zuvor beschrieben – trotz des gewährten Kurzarbeitergelds zu niedrigeren Nettoeinkommen.

Konjunkturelle Kurzarbeit kann Beschäftigung dann sichern, wenn der Produktionsrückgang tatsächlich temporärer Natur ist und Beschäftigte in Kurzarbeit das Unternehmen nicht ohnehin früher oder später verlassen. Außerdem wird der Beschäftigungsbeitrag der Kurzarbeit kleiner, wenn (ohne Kurzarbeit) freigesetzte Arbeitskräfte bei einer verbesserten Auftragslage wieder von allein ins Unternehmen zurückkehren. Dies ist häufig in angelsächsischen Ländern in Form der sogenannten „Recalls"

der Fall (Mosley/Kruppe 1996b). Im deutschen System müsste die Bundesagentur für Arbeit darüber hinaus während der zwischenzeitlichen Arbeitslosigkeit Versicherungsleistungen (in Form von Arbeitslosengeld etc.) erbringen.

3.3.2 Nutzung der Kurzarbeit während der Wirtschafts- und Finanzkrise

Im Krisenjahr 2009 und einige Monate danach wurde vor allem die konjunkturelle Kurzarbeit intensiv genutzt. Obwohl auch die saisonale und die Transferkurzarbeit Zuwächse verzeichneten, hatten sie demgegenüber nur geringe Bedeutung. So entwickelte sich die Inanspruchnahme der saisonalen Kurzarbeit in den Wintermonaten bei nur leichtem Anstieg gegenüber 2009 zu einem Höchststand von gut 21.000 Betrieben im Februar 2010. Auch die Zahl der Transferkurzarbeit nutzenden Betriebe stieg zwischen Februar 2009 und April 2010 von 500 auf knapp 1.200 Betriebe an. Während vor der Krise nur ca. 5.000 Betriebe konjunkturelle Kurzarbeit in Anspruch nahmen, waren es bis Juli 2009 60.000. Die Anzahl der Beschäftigten in konjunktureller Kurzarbeit erreichte ihren Höchststand im Mai 2009 mit über 1,4 Mio. Im Gegensatz zur Anzahl der

Abbildung A18

Arbeitszeitausfall durch Kurzarbeit, 2009 bis 2010

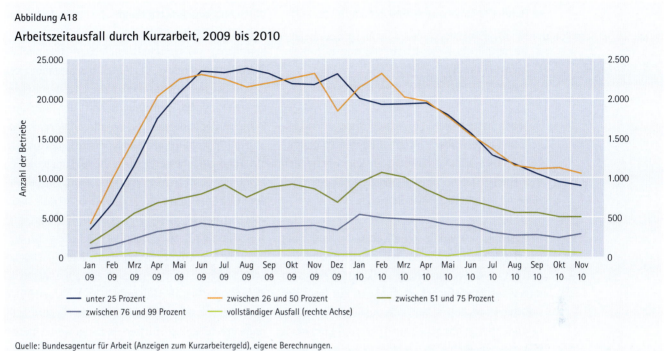

Quelle: Bundesagentur für Arbeit (Anzeigen zum Kurzarbeitergeld), eigene Berechnungen.

Betriebe geht diese Zahl bereits seit Erreichen dieses Höchststandes fast kontinuierlich zurück.

Der durchschnittliche Arbeitszeitausfall je Kurzarbeiter lag im Jahr 2009 bei 36 Prozent. Abbildung A18 zeigt zudem, dass der Arbeitszeitausfall durch Kurzarbeit in der Mehrzahl der Betriebe unter 50 Prozent betrug. Die Zahl der Betriebe, die einen vollständigen Ausfall zu verzeichnen hatten, ist demgegenüber äußerst gering. Ein geeignetes Maß zur Nutzung der Kurzarbeit erhält man durch eine Umrechnung in Vollzeitäquivalente.[23]

Von Juni 2008 bis Juni 2009 schnellte der Umfang der Kurzarbeit von 14.000 auf 430.000 Vollzeitäquivalente hoch (vgl. Abbildung A17). Rein rechnerisch hätten also ohne Kurzarbeit entsprechend

viele Beschäftigte ihren Arbeitsplatz zumindest vorübergehend verloren. Dies ist jedoch nur ein grober Anhaltspunkt dafür, wie viele Arbeitsplätze tatsächlich durch Kurzarbeit gerettet wurden. Hierzu wäre zu analysieren, wie viele Arbeitnehmer ohne das Instrument ihren Arbeitsplatz verloren hätten. Dies ist keineswegs einfach zu klären, da das Kündigungsverhalten der Betriebe auf komplizierte Weise von einer Reihe von Faktoren wie der erwarteten Dauer des Nachfrageeinbruchs oder der Höhe der Entlassungs- und Wiedereinstellungskosten abhängt. Kurzarbeit könnte also unter Umständen Entlassungen nicht verhindern, sondern lediglich hinauszögern. Allerdings ist nach der Krise sowohl die Zahl der Kurzarbeiter als auch die der Arbeitslosen gefallen. Dies ist ein Indiz dafür, dass die Kurzarbeit in diesem Fall tatsächlich Entlassungen verhindert – und nicht nur verzögert – hat.

Im Juni 2009 wurde in folgenden fünf Wirtschaftsabschnitten – gemessen an der Zahl der Betriebe – Kurzarbeit besonders stark genutzt (vgl. Abbildung A19):

- Verarbeitendes Gewerbe
- Baugewerbe

---

23 So wurden hier z. B. zwei Arbeitnehmer mit einem jeweiligen Arbeitszeitausfall von 50 Prozent als ein Vollzeitäquivalent ausgewiesen. Allerdings handelt es sich hier tatsächlich eher um eine Obergrenze der Nutzung, da Personen in Teilzeitbeschäftigung beispielsweise bei einem vollständigen Arbeitsausfall ebenfalls mit 100 Prozent in die Berechnung eingehen.

- Handel, Instandhaltung und Reparatur von Kraftfahrzeugen
- freiberufliche, wissenschaftliche und technische Dienstleistungen
- sonstige wirtschaftliche Dienstleistungen.

Daneben hatten auch die Wirtschaftssektoren Verkehr und Lagerei sowie Information und Kommunikation einen starken Zuwachs an kurzarbeitenden Betrieben zu verzeichnen – obgleich mit einer geringeren absoluten Zahl an Betrieben.

In Abschnitt 2.1 wurde betont, dass die Krise über die Handelsverflechtungen nach Deutschland importiert wurde; entsprechend stark betroffen waren die exportnahen Branchen. Analysen auf Basis des IAB-Betriebspanels zeigen, dass die Betriebe aus exportorientierten Branchen auch verstärkt Kurzarbeit genutzt haben. Das Verarbeitende Gewerbe weist mit einem Anteil des Auslandsgeschäfts am gesamten Geschäftsvolumen von 18 Prozent die stärkste Exportorientierung auf. Für die kurzarbeitenden Betriebe aus diesem Wirtschaftszweig liegt dieser Wert mit knapp 27 Prozent noch deutlich höher. In den

Wirtschaftsabschnitten Handel, Instandhaltung und Reparatur von Kraftfahrzeugen sowie bei den freiberuflichen, wissenschaftlichen und technischen Dienstleistungen liegt der Anteil des ausländischen Geschäftsvolumens für die kurzarbeitenden Betriebe ebenfalls über dem Durchschnitt der jeweiligen Branche. Die anderen oben genannten Wirtschaftsabschnitte weisen dagegen niedrigere Exportquoten auf. Für das Baugewerbe sowie die sonstigen Dienstleistungen zeigt sich im Vergleich zum Verarbeitenden Gewerbe, dass die konjunkturelle Kurzarbeit von den Betrieben erst mit zeitlicher Verzögerung verstärkt eingesetzt wurde. Dort schienen also weniger die Exportausrichtung als vielmehr nachgelagerte Effekte eine Rolle gespielt zu haben. Während also der Anstieg der Kurzarbeit im Verarbeitenden Gewerbe vor allem dem Einbruch der Exportnachfrage geschuldet ist, dürften im Baugewerbe (neben den saisonalen Effekten) eine in der Krise allgemein geringere Investitionstätigkeit und bei den sonstigen wirtschaftlichen Dienstleistungen eine geringere Nachfrage durch das Verarbeitende Gewerbe und die verschlechterten Möglichkeiten zur eigenen Kreditaufnahme eine Rolle gespielt haben.

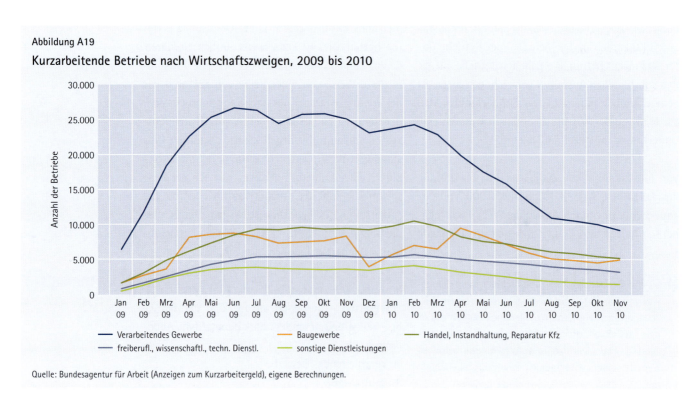

Abbildung A19

Kurzarbeitende Betriebe nach Wirtschaftszweigen, 2009 bis 2010

Quelle: Bundesagentur für Arbeit (Anzeigen zum Kurzarbeitergeld), eigene Berechnungen.

Die deutsche Wirtschaft weist einen hohen Anteil von Klein- und Kleinstbetrieben auf. In den internationalen Handel sind aber die Großunternehmen relativ stärker involviert. Mussten Großunternehmen deshalb häufiger Kurzarbeit in Anspruch nehmen als kleine? Wie Daten des Betriebshistorik-Panels zeigen, hat der Anteil an Klein- und Kleinstbetrieben keinen Einfluss darauf, wie stark Kurzarbeit in einem Wirtschaftszweig genutzt wurde. Stellt man Betriebe mit und ohne Kurzarbeit für die oben genannten Wirtschaftssektoren gegenüber, zeigen sich keine systematischen Unterschiede hinsichtlich der Betriebsgröße.

Ein wichtiges Ziel des Instrumentes Kurzarbeit bestand darin, negative Effekte der Wirtschafts- und Finanzkrise auf die Beschäftigung durch das Halten von Arbeitskräften soweit wie möglich abzudämpfen. Nutzen also ausschließlich Firmen, die von der schweren Wirtschafts- und Finanzkrise betroffen waren, Kurzarbeit? Oder nahmen möglicherweise auch Firmen das Instrument in Anspruch, die eine positive Geschäftserwartung bzw. einen positiven Geschäftsverlauf aufwiesen? Crimmann/Wießner (2009) fanden für die Abschwungphase 2002/03 eine positive Korrelation zwischen den negativen Geschäftserwartungen für 2003 und der Wahrscheinlichkeit, Kurzarbeit zu nutzen. Nun wird die Perspektive erweitert, indem untersucht wird, wie sich bei den von der jüngsten Krise betroffenen Betrieben die Beschäftigung und der Einsatz der Kurzarbeit entwickelten.

Mit Daten aus dem IAB-Betriebspanel lässt sich ermitteln, in welchem Ausmaß Firmen mit unterschiedlichen Geschäftserwartungen das Instrument genutzt haben (vgl. Tabelle A8 sowie Dietz/Stops/Walwei 2010; Dietz et al. 2011). Einerseits hatten gut zwei Drittel (68 %) der kurzarbeitenden Betriebe negative Geschäftserwartungen. Bei der Hälfte dieser Betriebe könnte man auf den ersten Blick vermuten, dass Kurzarbeit keine Wirkung hatte, da diese gleichzeitig Beschäftigung abbauten. Jedoch kann nicht ausgeschlossen werden, dass sie ohne Kurzarbeit möglicherweise noch mehr Beschäftig-

Tabelle A8

Kurzarbeitende Betriebe im ersten Halbjahr 2009 nach Geschäftserwartung

Betriebe mit negativen Erwartungen bezüglich des Geschäftsvolumens 2009 gegenüber 2008	Horten von Arbeitskräften	34 % (± 6,0)
	Rückgang der Beschäftigung	34 % (± 6,0)
Betriebe mit der Erwartung, dass das Geschäftsvolumen 2009 im Vergleich zu 2008 gleicht bleibt oder steigt	Gleichbleibende oder erhöhte Beschäftigung	20 % (± 5,5)
	Rückgang der Beschäftigung	12 % (± 4,5)

Anmerkung: Jeweils gewichteter Anteil der Betriebe an allen kurzarbeitenden Betrieben. In Klammern: 95 %-Konfidenzintervalle nach Fischer et al. (2008) in Prozentpunkten. Quelle: Eigene Berechnungen, Darstellung auf Basis von Frick/Wirz (2005).

te entlassen hätten. Auf der anderen Seite hatten 20 Prozent der kurzarbeitenden Betriebe weder negative Geschäftserwartungen für 2009 noch eine (zwischen Juni 2008 und Juni 2009) rückläufige Beschäftigung. Zwar ist nicht auszuschließen, dass es für diese Betriebe triftige ökonomische Gründe für die Nutzung von Kurzarbeit gab, z. B. weil einzelne Geschäftszweige durch die Krise in Mitleidenschaft gezogen worden sind. Gleichwohl stellt sich die Frage, ob bei einer gleichbleibenden oder positiven tatsächlichen Geschäftsentwicklung solche Unterstützungsleistungen für diese Unternehmen zu rechtfertigen sind.

3.3.3 Beschäftigungseffekte: Hat Kurzarbeit Arbeitsplätze gesichert?

Obwohl sich die Beschäftigung insgesamt auch in der Krise als erstaunlich stabil erwies, gab es deutliche Beschäftigungsverluste in den Betrieben, die von der globalen Finanz- und Wirtschaftskrise unmittelbar betroffen waren. Dies galt vor allem für die Automobilindustrie, die Chemische Industrie und den Maschinenbau sowie für ungelernte und angelernte Beschäftigte. Laut Bellmann/Gerner (2011) ging die Beschäftigung in den Jahren 2008 und 2009 in den von der Krise betroffenen Bereichen um 6 Prozent zurück. Kaum Beschäftigungsverluste gab es in Betrieben mit relativ großen Anteilen von Fachkräften. Dies stützt die These von Möller (2009), dass es gerade die Betriebe in den besonders krisengeschüttelten Branchen waren, die einen Fachkräftemangel erwarteten und deswegen ihre Fachkräfte auch in der Krise gehalten haben.

Zudem vergleichen Bellmann/Gerner (2011) in der Gruppe der von der Krise betroffenen Betriebe solche, die von der Kurzarbeiterregelung Gebrauch machten, mit denen, die das nicht getan haben. In den Betrieben mit Kurzarbeit war der Beschäftigungsverlust gering und insignifikant, während in den anderen Betrieben ein hochsignifikanter Rückgang der Beschäftigung um knapp 6 Prozent zu verzeichnen war. Darüber hinaus wurde auch für Betriebe mit Kurzarbeit festgestellt, dass sie im Jahr 2009 die Beschäftigung abgebaut haben, unabhängig davon, ob sie von der Krise betroffen waren oder nicht.

Unter Verwendung desselben Datensatzes schätzen Boeri/Brücker (2011) den Umfang des Beschäftigungseffekts der Kurzarbeit in den Betrieben: Er entsprach etwa der Zahl der Vollzeitäquivalente von Kurzarbeit. Auf der Basis von makroökonomischen Berechnungen schließen sie jedoch geringe Mitnahmeeffekte nicht aus, d. h., einige der betroffenen Arbeitsplätze wären auch ohne Kurzarbeitergeld erhalten worden. Scholz/Sprenger/Bender (2011) haben Auswertungen von Abrechnungslisten der Kurzarbeiter im Stadtgebiet Nürnberg vorgenommen. Sie kommen zum Ergebnis, dass durch die Regelung zur Kurzarbeit rein rechnerisch eine Erhöhung der lokalen Arbeitslosenquote um mindestens 0,4 bis 0,5 Prozentpunkte vermieden wurde.

3.3.4 Kurzarbeit: Was gibt es zu verbessern?

Die staatliche Förderung der Kurzarbeit hat – neben der flexiblen Nutzung von Arbeitszeitkonten (vgl. Abschnitt 3.4) – erheblich zum Erhalt der Beschäftigung während der Finanz- und Wirtschaftskrise 2008/09 beigetragen. Dabei erwies es sich als besonders günstig, dass die Krise in Deutschland zwar mit einem drastischen Rückgang des Bruttoinlandsprodukts verbunden war, aber wesentlich schneller als erwartet überwunden werden konnte. Damit konnten unerwünschte Effekte des Kurzarbeiter-

gelds weitgehend vermieden werden. Insbesondere hat sich die Befürchtung nicht bewahrheitet, dass Beschäftigte wegen des Kurzarbeitergelds in unproduktiveren Betrieben verbleiben und damit im Aufschwung den produktiveren Betrieben nicht mehr zur Verfügung zu stehen.

Allerdings zeigen Analysen, dass auch solche Firmen Kurzarbeit genutzt haben, die keine besonders ausgeprägte Unterauslastung ihrer Produktionskapazitäten zu beklagen hatten (präziser ausgedrückt: Betriebe, die keinen Rückgang ihres Geschäftsvolumens erwarteten). Unternehmen entscheiden auf der Basis von Kosten-Nutzen-Überlegungen, ob sie ihre Arbeitskräfte halten und Kurzarbeit nutzen. Aus Sicht des Staates verfehlt der Einsatz von konjunktureller Kurzarbeit sein Ziel, wenn die betroffenen Arbeitskräfte ohnehin und möglicherweise erst später entlassen würden oder wenn der Betrieb die betroffenen Arbeitskräfte auch ohne Kurzarbeit gehalten hätte. Großzügigere Kurzarbeitergeldregelungen sind mit dem Risiko behaftet, dass nicht mehr überlebensfähige Wirtschaftsstrukturen zunächst erhalten werden und nachfolgende Anpassungen dann ggf. noch schmerzlicher ausfallen. Deshalb sollte für den Einsatz von Kurzarbeit ein Instrumentarium entwickelt werden, das es dem Staat erlaubt, Betriebe in einer vorübergehenden Schieflage unbürokratisch, aber zielgerichtet zu unterstützen.

Eine Option bestünde darin, den Zugang zu Kurzarbeit auf die „richtigen" Unternehmen zu beschränken. Dabei wären zwei Aspekte zu berücksichtigen: Einerseits wären bessere Zugangsbedingungen für Firmen in einer schwierigen wirtschaftlichen Situation zu schaffen, andererseits müsste der Zugang für Firmen, die sich in einer insgesamt stabilen wirtschaftlichen Lage befinden, verschlossen werden. In der zurückliegenden Finanz- und Wirtschaftskrise wurde besonders dem ersten Aspekt Rechnung getragen. Die Bedingungen für den Einsatz der Kurzarbeit wurden gelockert und unter bestimmten Voraussetzungen eine volle Übernahme von Sozialversicherungsbeiträgen bei Kurzarbeit gewährt.

Dabei wurden jedoch Firmen in einer relativ stabilen wirtschaftlichen Lage nicht ausgeschlossen. Zur Vermeidung von Mitnahmeeffekten könnten die Regeln, die sich auf die wirtschaftliche Situation der Unternehmen beziehen, restriktiver gestaltet werden. Dabei ist jedoch zu beachten, dass gerade die zügige Bearbeitung von Anträgen und das unkomplizierte Verfahren die Inanspruchnahme von Kurzarbeit erleichtert haben.

Wie Crimmann et al. (2010) gezeigt haben, nutzen vor allem diejenigen Betriebe Phasen der Kurzarbeit dazu, ihre Beschäftigten weiterzubilden, die dies auch generell häufiger tun als andere Betriebe. Daran hat sich durch die neu geschaffenen Anreize zur Weiterbildung in Kurzarbeit nichts Grundlegendes geändert. Das bedeutet entweder, dass für nicht weiterbildungsaffine Betriebe die entsprechenden finanziellen Anreize nicht ausreichend waren oder dass es ihnen nicht möglich war, geeignete Weiterbildungsträger zu finden, mit denen sie gemeinsam adressaten- und zielgerechte Weiterbildungsmaßnahmen anbieten konnten. Ein Ansatzpunkt zur besseren Nutzung der Ausfallzeiten könnte die unbürokratische Anerkennung von internen Weiterbildungsmaßnahmen sein. So kann das Weiterbildungsangebot optimal an den betrieblichen Bedürfnissen ausgerichtet werden.

3.4 Arbeitszeitkonten als anderes Flexibilitätsmodell

Arbeitszeitkonten sind als Instrument der Arbeitszeitflexibilisierung in Deutschland mittlerweile weit verbreitet. Für Betriebe bieten sie den Vorteil, dass sie damit den Arbeitseinsatz an die Auftragslage anpassen können, ohne dabei auf den externen Arbeitsmarkt zurückgreifen zu müssen (Carstensen 2000; Gerner 2009). Dadurch sparen sich die Betriebe z. B. Such- und Einarbeitungs- bzw. Entlassungskosten. Aus Sicht der Beschäftigten ergeben sich zumindest potenziell zwei zentrale Vorteile: Zum einen können sie souveräner über ihre Zeit verfügen, was die Vereinbarkeit von Familie und Beruf verbessern kann (Bellmann/Gewiese 2004). Zum anderen können Beschäftigungsverhältnisse stabi-

ler werden. Tatsächlich haben allerdings die betrieblichen Belange in der Regel Vorrang vor den Belangen der Beschäftigten, d. h. die Mitarbeiter können üblicherweise nur dann von einer erhöhten Arbeitszeitsouveränität profitieren, wenn dies mit den betrieblichen Erfordernissen vereinbar ist (Lindecke 2008; Hamm 2008).

Empirische Analysen stützen die Vermutung, dass Arbeitszeitkonten vor allem in der Anfangsphase der Krise 2008/09 zu einer Stabilisierung der Beschäftigung beigetragen haben. So zeigen Auswertungen des IAB-Betriebspanels eine weite Verbreitung von Arbeitszeitkonten, und anhand der Daten der Betriebsrätebefragung des Wirtschafts- und Sozialwissenschaftlichen Instituts (WSI) der Hans-Böckler-Stiftung kann festgestellt werden, dass in den Betrieben in hohem Maße Arbeitszeitguthaben von den Beschäftigten während der Krise abgebaut wurden. Die bisherige Evidenz bezüglich der Beschäftigungseffekte auf der Mikroebene ist allerdings unklar und bedarf einer näheren Betrachtung. Auf diese Aspekte wird im Folgenden näher eingegangen.

3.4.1 Die Verbreitung von Arbeitszeitkonten

In diesem Abschnitt beruhen die Auswertungen auf den Daten des IAB-Betriebspanels (1999–2010). Hierbei handelt es sich um eine seit 1993 (in Westdeutschland) bzw. 1996 (in Ostdeutschland) durchgeführte Erhebung auf Basis persönlicher Interviews mit Führungskräften der mittlerweile jährlich ca. 16.000 teilnehmenden Betriebe. Die Daten des IAB-Betriebspanels können dabei als repräsentativ für Betriebe der deutschen Volkswirtschaft mit mindestens einem sozialversicherungspflichtig Beschäftigten betrachtet werden (für weitere Ausführungen siehe Fischer et al. 2009).

Abbildung A20 zeigt die Entwicklung des Anteils der Betriebe mit Arbeitszeitkonten. Während dieser vor der Krise immer zwischen 20 und 25 Prozent lag, ist er von 2008 auf 2009 sprunghaft auf mehr als 30 Prozent gestiegen. Nach der Krise ging er wie-

Abbildung A20

Betriebe mit Arbeitszeitkonten, 1999 bis 2010

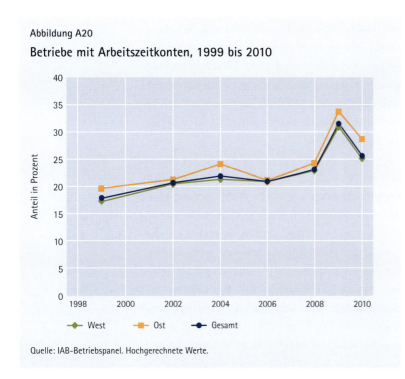

Quelle: IAB-Betriebspanel. Hochgerechnete Werte.

Abbildung A21

Beschäftigte mit Arbeitszeitkonten, 1999 bis 2010

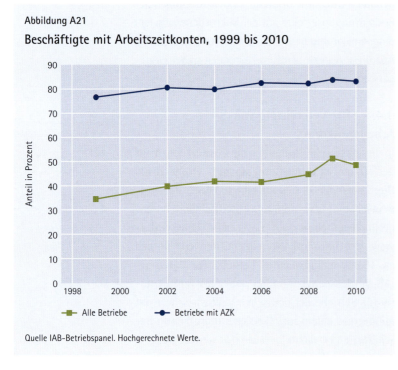

Quelle IAB-Betriebspanel. Hochgerechnete Werte.

etwa weil sie als wichtiges Instrument der Krisenbewältigung in aller Munde waren, kann an dieser Stelle nicht geklärt werden. In jedem Fall gewannen Arbeitszeitkonten während der Krise an Bedeutung.

Der Anteil der Beschäftigten mit Arbeitszeitkonten ist seit Ende der 1990er von etwa 35 Prozent auf mehr als 50 Prozent während der Krise gestiegen (vgl. Abbildung A21). Der Anteil der Beschäftigten mit Arbeitszeitkonten ist höher als der Anteil der Betriebe mit Arbeitszeitkonten, da Arbeitszeitkonten in größeren Betrieben wesentlich häufiger sind. Auch dieser Indikator zeigt, dass dieses Instrument mit der Zeit wichtiger geworden ist.

3.4.2 Die Nutzung der Arbeitszeitkonten während der Krise

Aufgrund der unzureichenden Datenlage können viele Analysen zur Wirtschaftskrise bisher kaum berücksichtigen, in welchem Umfang und in welcher Intensität Arbeitszeitkonten genutzt wurden, um Schwankungen der Auftragslage auszugleichen. Anhand der IAB-Arbeitszeitrechnung lässt sich jedoch zeigen, in welchem Umfang die Guthaben auf den Arbeitszeitkonten während der Krise abgeschmolzen sind. Danach wurden im Durchschnitt aller beschäftigten Arbeitnehmer im Jahr 2009 die Guthaben um neun Stunden gegenüber dem Vorjahr abgebaut. Somit hat der Abbau der Plusstunden auf den Arbeitszeitkonten ähnlich stark zur Reduktion der Arbeitszeit beigetragen wie der Abbau bezahlter Überstunden (vgl. Abschnitt 2.1).

Die Betriebsrätebefragung des WSI im dritten Quartal 2009 hat überdies ergeben, dass der Abbau von Guthaben beziehungsweise der Aufbau von Zeitschulden auf Arbeitszeitkonten die häufigste Maßnahme zur Beschäftigungssicherung bei Betrieben mit mindestens 20 Beschäftigten und Betriebsrat war. Insgesamt hatte jeder dritte Betrieb einen Abbau von Guthaben bzw. Aufbau von Zeitschulden bereits durchgeführt, geplant oder diese Maßnahme durchgeführt und weiter geplant. Daneben wurden zum Teil auch Kurzarbeit, Urlaubsregelungen oder personelle bzw. organisatorische Umstrukturierun-

der etwas zurück. Inwieweit es sich bei diesem Spitzenwert im Jahr 2009 tatsächlich um einen kriseninduzierten Anstieg des Anteils von Betrieben mit Arbeitszeitkonten handelt oder inwieweit bereits bestehende innerbetriebliche Regelungen im Zuge der Krise als Arbeitszeitkonten deklariert wurden, gen zur Beschäftigungssicherung eingesetzt. Betriebe, die sich von der Wirtschaftskrise betroffen fühlten, haben den Abbau von Zeitguthaben weit häufiger genutzt als Betriebe, die sich nach eigener Einschätzung nicht davon betroffen fühlten. In den meisten Fällen war die Krise auch Ursache für den Guthabenabbau. So war der Einsatz von Arbeitszeitkonten weit verbreitet und auch der Umfang, in dem Guthaben abgebaut wurden, war beträchtlich.

In den Betrieben, die von der Wirtschaftskrise betroffen waren und deswegen Zeitguthaben abgebaut haben, waren die Arbeitszeitkonten vor Beginn der Wirtschaftskrise gut gefüllt, im Durchschnitt mit 72 Stunden je Beschäftigtem. Nach dem Abbau waren hingegen die durchschnittlichen Guthaben auf 27 Stunden geschrumpft, d. h. zwischen dem dritten Quartal 2008 und dem dritten Quartal 2009 sind rund 45 Stunden pro beschäftigten Arbeitnehmer abgebaut worden. Offensichtlich hat ein beträchtlicher Abbau der Guthaben stattgefunden. In 26 Prozent der Betriebe waren die Guthaben sogar vollständig aufgebraucht.

Aufgrund der starken Exportorientierung war die Industrie auch stärker von der Krise betroffen und baute die Arbeitszeitkonten mit durchschnittlich 50 Stunden je Beschäftigtem kräftiger ab als der Dienstleistungssektor mit „nur" 38 Stunden. Die ausgeprägte Flexibilität durch Arbeitszeitkonten beschränkte sich dabei nicht auf einzelne Arbeitnehmergruppen, sondern umfasste den großen Teil der Belegschaft, denn in sechs von zehn Betrieben war die deutliche Mehrheit der Beschäftigten vom Einsatz dieses Instruments betroffen. So haben in den Betrieben mit Arbeitszeitkonten im Schnitt jeweils mehr als 60 Prozent der Beschäftigten Plusstunden auf den Arbeitszeitkonten verringert.

Insgesamt betrachtet wurden in vielen Betrieben Guthaben abgebaut, jedoch gab es nur in wenigen Betrieben auch einen Aufbau von Zeitschulden infolge der Wirtschaftskrise. Zum Zeitpunkt der Befragung waren nur in 5 Prozent der von der Krise betroffenen Betriebe die Arbeitszeitkonten im Mi-

nus. Sofern jedoch Minusstunden gemacht wurden, war der Umfang beträchtlich. Im Durchschnitt wurden in den Betrieben, die Zeitschulden aufgebaut hatten, rund 46 Minusstunden pro Beschäftigten gemacht und über die Hälfte der Arbeitnehmer war davon betroffen.

Zusammenfassend hat die Betriebsrätebefragung gezeigt, dass die hohe Flexibilität der Unternehmen in der Krise 2008/09 zu einem beachtlichen Teil durch die angesammelten Guthaben während der vorangegangenen wirtschaftlichen Boomphase erklärt werden kann (vgl. auch Abschnitt 3.2). Arbeitszeitkonten wurden im Zuge der Krise intensiv genutzt, allerdings in der Regel nur bis zu dem Punkt, an dem die Zeitguthaben aufgebraucht waren. Insofern ist es eine offene Frage, was passiert, wenn eine Rezession die Betriebe nicht im Anschluss an eine Phase so deutlicher Überauslastung des Faktors Arbeit trifft. Arbeitszeitkonten können also zur Bewältigung von Krisen und damit zur Erhöhung der Arbeitsplatzsicherheit beitragen. Als sich die Wirtschaft wieder erholte, ermöglichten die Arbeitszeitkonten zudem eine schnelle Steigerung des Auslastungsgrades und der Produktivität (Zapf/Brehmer 2010). Darauf weisen die im Jahr 2010 um 3,8 Stunden je Arbeitnehmer gestiegenen Zeitguthaben hin (Fuchs et al. 2011).

3.4.3 Mikroökonometrische Evidenz zu den Beschäftigungseffekten von Arbeitszeitkonten während der Krise

Bislang liegen zu den Beschäftigungseffekten von Arbeitszeitkonten während der Krise kaum Erkenntnisse auf mikroökonometrischer Basis vor. Erste Ergebnisse liefern Untersuchungen mit dem IAB-Betriebspanel. So vergleichen Bellmann/Gerner (2011) die Beschäftigungsentwicklung von 2008 auf 2009 zwischen Betrieben, die von der Krise betroffen waren, und Betrieben, die nicht von der Krise betroffen waren. Es zeigt sich, dass die betroffenen Betriebe ihre Beschäftigtenzahl stark reduzierten (–6 %), wobei es keinen Unterschied zwischen Betrieben mit und Betrieben ohne Arbeitszeitkonten gibt. Betriebe mit Arbeitszeitkonten weisen zum Teil sogar einen etwas höheren Beschäftigungsverlust auf, wenngleich der Unterschied zu den Betrieben ohne Arbeitszeitkonten statistisch nicht signifikant ist.

Ein Grund für dieses überraschende Ergebnis kann darin liegen, dass Betriebe mit Arbeitszeitkonten systematisch stärker von der Krise betroffen waren als Betriebe ohne Arbeitszeitkonten. So beeinträchtigte die Krise insbesondere die exportorientierten Betriebe des sekundären Sektors, in denen Arbeitszeitkonten weiter verbreitet sind als anderswo. Aufgrund des drastischen Einbruchs der Aufträge und Umsätze mussten diese Betriebe verschiedene Formen der Anpassung nutzen, also sowohl Arbeitskräfte durch Arbeitszeitverkürzung horten als auch Arbeitskräfte entlassen, um die Krise zu bewältigen.

Wie in Gerner (2012) gezeigt werden kann, ist der Umsatz in den Krisenbetrieben mit Arbeitszeitkonten tatsächlich etwas stärker eingebrochen als in den Krisenbetrieben ohne Arbeitszeitkonten. Dieser stärkere Umsatzrückgang wiegt allerdings den stärkeren Beschäftigungsrückgang nicht auf, sodass die Arbeitsproduktivität (pro Kopf) in den von der Krise betroffenen Betrieben mit Arbeitszeitkonten sogar etwas weniger eingebrochen ist (wenngleich der Unterschied nicht signifikant ist) als in den von der Krise betroffenen Betrieben ohne Arbeitszeitkonten (Gerner 2012).

Zusammenfassend lässt sich sagen: Die Daten des IAB-Betriebspanels zeigen eine weite Verbreitung von Arbeitszeitkonten. Auch belegen die Auswertungen auf der Grundlage der Betriebsrätebefragung des WSI, dass die Arbeitszeitkonten in der Krise intensiv genutzt wurden, um Zeitguthaben abzubauen. Der Aufbau von Arbeitszeitschulden war indes eher die Ausnahme. Jedoch liefern Studien auf der Grundlage des IAB-Betriebspanels, die die Beschäftigungseffekte von Arbeitszeitkonten während der Krise untersuchen, keine empirischen Belege dafür, dass der Einsatz dieses Instruments beschäftigungsstabilisierend gewirkt hat. Wie passen diese Ergebnisse zusammen? Betriebswirtschaftlich kann ein Grund darin liegen, dass Betriebe Arbeitszeitkonten weniger deswegen einführen, um die Beschäftigung

zu stabilisieren (oder allgemein um Arbeitskräfte zu halten), sondern um Überstundenzuschläge zu sparen. Zudem könnte das beschäftigungsstabilisierende Potenzial von Arbeitszeitkonten begrenzt sein. So konnten Beschäftigte vor Ausbruch der Krise zwar 100 oder auch 200 Plusstunden auf ihrem Konto angesammelt haben, angesichts der Schwere der Krise dürfte dieser Puffer allerdings schnell aufgebraucht gewesen sein. Ein weiterer Grund könnte der jährliche Erhebungsrhythmus des IAB-Betriebspanels sein, wonach eine stabilisierende Wirkung von Arbeitszeitkonten während der ersten Krisenmonate im Jahresvergleich nicht mehr nachweisbar ist. Ein Problem des IAB-Betriebspanels kann schließlich darin liegen, dass keine Angaben zur Veränderung der Arbeitszeitkontensalden vorliegen und damit der Umfang und die Intensität der Nutzung von Arbeitszeitkonten nicht hinreichend abgebildet werden kann.

3.5 Sozialpartnerschaft während der Wirtschaftskrise: Tarifbindung, Betriebsrat und betriebliche Bündnisse

Grundsätzlich tragen zwei Säulen das deutsche System der Arbeitsbeziehungen: die Tarifautonomie und die betriebliche Mitarbeitervertretung durch Betriebsräte. Überbetriebliche Verbands- oder Flächentarifverträge spielen eine wesentliche Rolle bei der Regelung von Arbeitsbedingungen und bei der Lohnfindung. Sie werden meist für Regionen und Branchen ausgehandelt und sorgen dort für einheitliche Wettbewerbsbedingungen bei den Arbeitskosten. Für den einzelnen Betrieb ergibt sich daraus eine gesicherte Planungs- und Kalkulationsgrundlage. Zudem herrscht Betriebsfrieden während der Laufzeit der Verträge. Der Verhandlungs- und Koordinationsaufwand bei Tarifverhandlungen liegt bei den Verbänden, was die Betriebe zusätzlich entlastet.

Löhne und Arbeitsbedingungen können jedoch nicht nur auf Branchenebene über (Flächen-)Tarifverträge, sondern auch auf Betriebs- oder Unternehmensebene (Firmentarifverträge) oder in individuellen Arbeitsverträgen geregelt werden. Individuelle Arbeitsverträge werden vor allem in kleineren Betrieben geschlossen. Für größere Firmen wird der Verwaltungsaufwand schnell zu groß, wenn mit jedem Beschäftigten einzeln ein Arbeitsvertrag verhandelt werden muss.

Im Arbeitsrecht haben Tarifverträge Vorrang gegenüber Betriebsvereinbarungen und Einzelarbeitsverträgen und können deshalb auch als Mindestarbeitsbedingungen interpretiert werden. Allerdings gelten Branchentarifverträge ihren Kritikern häufig als zu starr, da sie branchenweit zwischen Gewerkschaften und Arbeitgeberverbänden ausgehandelt werden und somit nicht die Situation jedes einzelnen Betriebs berücksichtigen können. Mittlerweile sind jedoch Öffnungsklauseln in Branchentarifverträgen weit verbreitet, die explizit betriebliche Gestaltungsmöglichkeiten bieten. Insbesondere betriebliche Bündnisse, die im Rahmen solcher Öffnungsklauseln abgeschlossen werden, gelten als wichtiges Flexibilisierungsinstrument. Dadurch haben betriebsbezogene Regelungen und die betrieblichen Interessenvertretungen in den vergangenen Jahren an Bedeutung gewonnen. Das gesamte System der Lohnfindung und der Aushandlung von Arbeitsbedingungen ist vielschichtiger geworden.

Auf betrieblicher Ebene regelt das Betriebsverfassungsgesetz die institutionalisierte Interessenvertretung der Beschäftigten. Formal herrscht eine klare funktionale Trennung zwischen der Mitbestimmung auf Branchenebene und auf betrieblicher Ebene. Die Praxis ist jedoch geprägt von einem vielfältigen Ineinandergreifen beider Ebenen mit wechselseitigen Abhängigkeiten. So obliegt den Betriebsräten die Umsetzung und Überwachung geltender Tarifverträge.

Beide Ebenen prägen die deutsche Wirtschaft und bildeten auch den Rahmen, in dem sich viele Betriebe während der globalen Wirtschaftskrise bewegen konnten. Inwieweit die beiden Institutionen Branchentarifvertrag und Betriebsrat zur Stabilisierung der Wirtschaft und der Beschäftigung beigetragen haben, ist bislang weitgehend unerforscht. Eine Reduzierung des Deckungsgrads von Branchentarifverträgen durch Arbeitgeberaustritte ist insgesamt eher

unwahrscheinlich, da aufgrund der Nachwirkungsfristen von Tarifverträgen eine kurzfristige Entlastung bei den Personalkosten nicht zu erwarten ist. Auch mit Blick auf die Verbreitung von Betriebsräten spricht wenig dafür, dass die Krise zu einem geringeren Deckungsgrad führen sollte. Eher im Gegenteil: Die Gründung eines Betriebsrats erfolgt häufig, wenn der Betrieb wirtschaftlich in Bedrängnis gerät (Schlömer/Kay 2010).

Eine offene Frage ist darüber hinaus, ob das Schließen betrieblicher Bündnisse in der Krise von den Betrieben als eine probate Anpassungsstrategie betrachtet wurde, die verstärkt angewendet wurde (Heckmann et al. 2009). Unter dem Aspekt der Krisenbewältigung sind die konkreten Auswirkungen betrieblicher Bündnisse auf die Beschäftigungsentwicklung von besonderem Interesse. In Abschnitt 3.5.3 soll daher der Frage nachgegangen werden, ob betriebliche Bündnisse in der Krise zur Stabilisierung von Beschäftigung beigetragen haben.

3.5.1 Entwicklung der Tarifbindung

Unabhängig von der globalen Finanz- und Wirtschaftskrise hat sich das bundesdeutsche System industrieller Beziehungen seit den 1990er Jahren stark verändert. Die Erosion der Branchentarifbindung spielt hierbei eine wesentliche Rolle. Damit ist nicht nur die deutlich abnehmende formale Geltung, d. h. die quantitative Reichweite, von branchenweiten Verbandstarifverträgen angesprochen (Ellguth/Kohaut 2010). Im Zuge der Flexibilisierung des Tarifsystems schwindet auch die Normsetzungskraft tariflicher Standards – Stichworte: kontrollierte Dezentralisierung, Differenzierung von Tarifnormen (Haipeter 2010; Bispinck 2004). Darunter fällt auch die „unkontrollierte oder wilde Dezentralisierung", also die Unterschreitung tariflicher Normen in tarifgebundenen Betrieben (Schroeder/Weinert 1999; Artus 2003).

Wie immer man diese ‚qualitativen' Entwicklungen einschätzt, zentral für die Diskussion ist und bleibt, wie sich der Deckungsgrad der Flächentarifbindung entwickelt – und damit die Frage, warum Manager bzw. Eigentümer den Arbeitgeberverband und damit den Branchentarif verlassen. Die in der Öffentlichkeit diskutierten Argumente zur Erklärung dieser vermeintlichen Fluchttendenzen stellen vor allem auf die mit den Tarifabschlüssen verbundenen (zu hohen) Kosten und die mangelnde Flexibilität tariflicher Regelungen ab. Die Betriebe würden dadurch „aus den Verbänden getrieben" und versuchten nur, sich dem engen Korsett betriebsfremder, an wenigen Großbetrieben orientierter Normen zu entziehen.

Seit Anfang der 1990er Jahre haben die Tarifparteien als Reaktion auf diese Kritik sogenannte Öffnungs- und Härtefallklauseln in die Tarifverträge eingebaut. Damit kann unter bestimmten Voraussetzungen von den tariflich vereinbarten Normen abgewichen werden. Durch diese Reform innerhalb des Systems sollte auch dessen äußerer Erosion Einhalt geboten werden (Bispinck 2004; Kohaut/Schnabel 2007). Mittlerweile sind Öffnungsklauseln Bestandteil der meisten Tarifverträge.

Im IAB-Betriebspanel werden die Daten zur Tarifbindung seit 1996 für Ost- und Westdeutschland erhoben. Auch wenn die Entwicklung der Tarifbindung uneinheitlich verläuft, so ist in der langen Sicht die rückläufige Tendenz eindeutig (Ellguth/Kohaut 2011). In Abbildung A22 ist die Entwicklung der Branchentarifbindung sowohl in der Gesamtwirtschaft als auch in der Privatwirtschaft dargestellt. Betrachtet man zunächst die Gesamtwirtschaft in Westdeutschland, so ging die dortige Flächentarifbindung von 70 Prozent der Beschäftigten im Jahr 1996 auf 56 Prozent im Jahr 2010 zurück. In Ostdeutschland war der Rückgang um 19 Prozentpunkte auf 37 Prozent noch stärker. Diese Entwicklung wird durch die Betriebe der Privatwirtschaft getrieben. Im öffentlichen Sektor bleibt die Flächentarifbindung im betrachteten Zeitraum weitgehend stabil. Die Finanz- und Wirtschaftskrise scheint für die Betriebe kein Grund für einen massenhaften Austritt gewesen zu sein. Dies verwundert nicht, da – wie oben erwähnt – ein Austritt

Abbildung A22

Flächentarifbindung der Beschäftigten, 1996 bis 2010

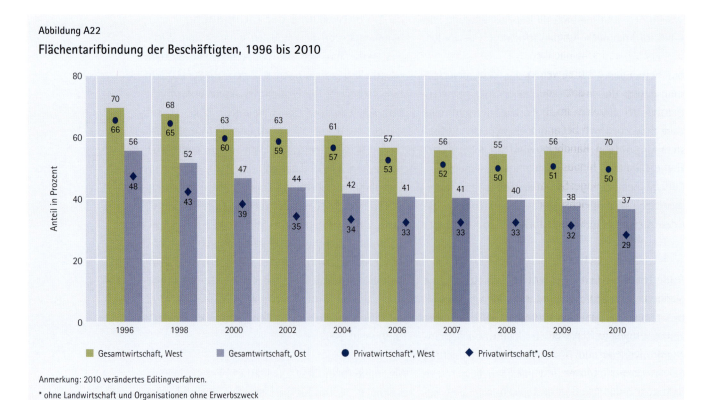

Anmerkung: 2010 verändertes Editingverfahren.

* ohne Landwirtschaft und Organisationen ohne Erwerbszweck

Quelle: IAB-Betriebspanel.

aus dem Branchentarif keine kurzfristige Entlastung bei den Personalkosten bringt.

Die Daten zeigen zudem, dass in den letzten Jahren von einer Flucht aus dem Branchentarif keine Rede mehr sein kann. Inzwischen handelt es sich eher um einen Austausch von Betrieben, die den Branchentarif verlassen und solchen, die eintreten. Der starke Rückgang der Tarifbindung in den 1990er Jahren geht zu einem nicht unerheblichen Teil auf einen Wandel in der Betriebslandschaft zurück. So sind in größerem Umfang ältere Bestandsbetriebe aus dem Branchentarif ausgetreten, während die überwiegend kleinen Neugründungen auf eine Branchentarifbindung verzichtet haben.

Betrachtet man mögliche Gründe, warum Betriebe ihre Tarifbindung aufgeben, so lässt sich kein klares Bild des typischen Austrittsbetriebs zeichnen (Ellguth/Kohaut 2010). Immerhin zeigen die Daten, dass ein solcher Betrieb vor dem Austritt eher klein ist, über keinen Betriebsrat verfügt und im Rahmen des tariflich vereinbarten Lohnniveaus bleibt (keine übertarifliche Bezahlung). Umgekehrt reduziert es die Austrittswahrscheinlichkeit, wenn im Betrieb Arbeitszeitkonten genutzt werden. Dies ist ein Hinweis darauf, dass der Einsatz von Flexibilisierungsinstrumenten den Verbleib im Branchentarif begünstigt. Allerdings zeigt sich bei anderen Instrumenten (z. B. dem Einsatz von Randbelegschaften) kein solcher Einfluss. Darüber hinaus ergeben sich eher unerwartete Zusammenhänge: So hat der typische Austrittsbetrieb einen vergleichsweise niedrigen Lohnkostenanteil sowie positive Beschäftigungserwartungen.

Möglicherweise haben die in der Öffentlichkeit diskutierten Argumente inzwischen ihre Gültigkeit verloren. Nachdem seit einiger Zeit nicht mehr von einer massenhaften Absetzbewegung aus dem Flächentarif gesprochen werden kann, handelt es sich vermutlich eher um individuelle Entscheidungen oder spezifische Motive und Anlässe, die dem Austritt zugrunde liegen. Dazu passt, dass die Zahl der Betriebe, die sich neu an einen Tarif binden, auf einem vergleichbaren Niveau liegt.

3.5.2 Entwicklung der Verbreitung von Betriebsräten

Wie schon erwähnt, ist das bundesdeutsche duale System der Interessenvertretung durch eine fortschreitende Verlagerung von Regelungskompetenzen von der überbetrieblichen auf die betriebliche Ebene gekennzeichnet. In der Öffentlichkeit wird diese Bedeutungsverschiebung in erster Linie unter dem Aspekt der Flexibilisierung des Tarifsystems diskutiert. Die in diesem Zusammenhang nach wie vor geforderte Erweiterung betrieblicher Handlungsspielräume tarifgebundener Betriebe setzt (mehr oder weniger stillschweigend) die Existenz eines kompetenten betrieblichen Verhandlungspartners voraus, der die Interessen der Arbeitnehmer bündelt und vertritt. Aber auch und gerade für die Betriebe ohne Tarifbindung stellt sich die Frage nach einer (gesetzlich legitimierten) Vertretung der Beschäftigten auf betrieblicher Ebene.

Vor diesem Hintergrund soll analog zur Tarifbindung ein Eindruck der quantitativen Reichweite der betrieblichen Mitbestimmung, d. h. der Verbreitung von Betriebsräten vermittelt werden. Tabelle A9 stellt die Verbreitung von Betriebsräten in der Privatwirtschaft (Betriebe ab fünf Beschäftigte) für Westdeutschland seit 1993 und für den Osten seit 1996 dar. Für den Anteil der Betriebe mit gesetzlich legitimierter Interessenvertretung lässt sich weder in den alten noch den neuen Bundesländern ein eindeutiger Trend ausmachen. Die Anteilswerte bewegen sich seit einigen Jahren in beiden Landesteilen um die Zehn-Prozent-Marke. In Westdeutschland liegt dies zwar um zwei Prozentpunkte unterhalb des Wertes von 1996, entspricht aber z. B. dem von 1993. In Ostdeutschland ist eine ähnlich geringe Schwankungsbreite zu beobachten. Eine nennenswerte krisenbedingte Gründung von Betriebsräten hat offensichtlich nicht stattgefunden.

Mehr Bewegung zeigt sich beim Anteil der Beschäftigten in Betrieben mit Betriebsrat. Hier zeigt sich seit Mitte der 1990er Jahre deutlich ein allmählicher Abwärtstrend. Ob die in den letzten Jahren

Tabelle A9

Anteil der Betriebe bzw. Beschäftigten mit Betriebsrat, 1993 bis 2010

	Anteil der Betriebe mit Betriebsrat		Anteil der Beschäftigten in Betrieben mit Betriebsrat	
	West-deutschland	Ost-deutschland	West-deutschland	Ost-deutschland
1993	10		51	
1996	12	11	51	43
1998	10	9	50	40
2000	12	12	50	41
2001	12	12	50	41
2002	11	11	50	42
2003*	11	11	48	40
2004	10	9	47	40
2005	11	10	47	40
2006	10	10	46	39
2007	10	10	46	39
2008	10	9	45	37
2009	10	10	45	38
2010	10	10	45	37

Anmerkung: Basis: privatwirtschaftliche Betriebe ab fünf Beschäftigte (ohne Landwirtschaft und Organisationen ohne Erwerbszweck).

* Im Vergleich zum Vorjahr veränderte Fragestellung.

Quelle: IAB-Betriebspanel.

kaum veränderten Anteilswerte Zeichen einer Stabilisierung sind, kann nur in der längeren Frist beantwortet werden.

3.5.3 Die Rolle betrieblicher Bündnisse in der Krise

Dass in der jüngsten Krise Massenentlassungen verhindert werden konnten, ist auch dem gemeinsamen Engagement der Sozialpartner und der Bundesregierung zu verdanken. Dabei gelang es den Unternehmen, Nutzen aus den institutionellen Reformen im deutschen System der industriellen Beziehungen zu ziehen. Dies gilt insbesondere für die tariflichen Öffnungsklauseln (Ellguth/Kohaut 2010). Diese erlauben es, von tarifvertraglichen Regelungen abzuweichen, wenn die Tarifvertragsparteien zustimmen. Auf dieser Basis können Unternehmen und Betriebsräte betriebliche Bündnisse für Beschäftigung und Standortsicherung abschließen. Dabei macht die Arbeitnehmerseite meistens Konzessionen im Arbeitszeit- und Entgeltbereich, für die die Arbeitgeber im Gegenzug Beschäftigungsgarantien und Investitionszusagen geben.

Betriebliche Bündnisse für Beschäftigung und Standortsicherung sind kein auf breiter Front eingesetztes Instrument. Der Anteil der Betriebe mit entsprechenden Vereinbarungen erreicht gesamtwirtschaftlich nur 2 Prozent, der Anteil der betroffenen Beschäftigten immerhin 14 Prozent, da es sich überwiegend um Großunternehmen handelt. Am häufigsten werden diese im Bereich der Investitions- und Produktionsgüterindustrie (6 %) genutzt (Ellguth/Kohaut 2008). Bellmann/Gerner (2011) untersuchen die Verbreitung und die Wirkung von betrieblichen Bündnissen für Beschäftigung und Standortsicherung auf das betriebliche Beschäftigungsniveau für den Zeitraum 2006 bis 2009 mit Daten des IAB-Betriebspanels. Demnach setzen die Betriebe in zunehmendem Maße auf betriebliche Bündnisse für Beschäftigung und Standortsicherung – aber nicht nur solche, die von der Krise betroffen sind. Die von der Krise betroffenen Betriebe haben dank dieser Bündnisse signifikant weniger Personal abgebaut als vergleichbare Betriebe ohne diese Bündnisse. Dieses Ergebnis widerspricht Studien von Hübler (2005) und Bellmann et al. (2008), die negative und insignifikante Beschäftigungseffekte betrieblicher Bündnisse für Beschäftigung und Standortsicherung ermittelt haben. Unklar ist aber weiterhin, ob eher eine generelle Kompromissbereitschaft und -fähigkeit von Unternehmen und Betriebsräten durch den Abschluss von betrieblichen Bündnissen dokumentiert wird, oder spezifische, auf die Bedürfnisse des einzelnen Betriebs zugeschnittene Vereinbarungen den geringeren Personalabbau in den Bündnisbetrieben in der Krise erklären.

3.6 Stabilitätsanker in der Krise – der deutsche Arbeitsmarkt im internationalen Vergleich

In den vorangegangenen Abschnitten wurde ausführlich dargestellt, wie sich der deutsche Arbeitsmarkt an die globale Finanz- und Wirtschaftskrise angepasst hat. Doch Deutschland steht nicht für sich allein. Eingebunden in das internationale politische System und den internationalen Handelsverbund, beeinflusst die deutsche Reaktion auf die Krise die Situation in anderen Ländern, umgekehrt ist der deutsche Arbeitsmarkt nicht völlig losgelöst von den Maßnahmen, die anderswo ergriffen werden. Schließlich lohnt ein Blick über die Grenzen immer, um erfolgreiche und weniger erfolgreiche Praktiken zu identifizieren und entsprechende Schlussfolgerungen zu ziehen.

Im Folgenden werden zunächst die Zusammenhänge zwischen Wirtschaftskrise und Arbeitsmarktentwicklung im internationalen Vergleich anhand aggregierter Kennzahlen für ausgewählte Länder erörtert. Einbezogen werden die USA und folgende EU-Länder: die fünf bevölkerungsreichsten und wirtschaftsstärksten Länder, nämlich Deutschland, Frankreich, Großbritannien, Italien und Spanien; ferner die Niederlande und Dänemark, die in der Vergangenheit häufig als beschäftigungspolitische Vorbilder galten; Irland als von der Krise besonders stark betroffenes westliches EU-Land und schließlich Polen und Estland als Vertreter der neuen EU-Länder.

3.6.1 Entwicklung ausgewählter Arbeitsmärkte in Krise und Aufschwung

Unterschiedliche Betroffenheit der Länder von der Krise

Als umfassendster Indikator für die Krise selbst kann die Entwicklung des realen Bruttoinlandsprodukts (BIP) gelten, die in Abbildung A23 im Jahresvergleich wiedergegeben ist. Der Einbruch im Jahr 2009 war in Estland (–13,9 %) und Irland (–7,6 %) besonders drastisch. Dänemark, Deutschland, Italien und Großbritannien hatten Rückgänge von rund 5 Prozent zu verzeichnen. Geringer war der Rückgang in den USA (–2,6 %), den Niederlanden und Spanien. Im Jahr 2010 wuchsen die meisten Volkswirtschaften wieder, mit Ausnahme von Irland und Spanien. Polen stellt einen Sonderfall dar, weil es als einziges Land eine positive Wachstumsdynamik über die Krise hinweg behaupten konnte.

Entwicklung von Erwerbstätigkeit, Arbeitszeit und Arbeitsproduktivität

Im Ländervergleich fällt auf, dass nicht nur der Einbruch des realen BIP sehr unterschiedlich ausfiel, sondern auch die Reaktionen auf den jeweiligen Arbeitsmärkten. In den meisten Ländern setzte der Abbau der (saisonbereinigten) Erwerbstätigkeit im vierten Quartal 2008 bzw. im ersten Quartal 2009 ein[24] und hielt etwa ein Jahr lang an. Vom Jahr 2008 aufs Jahr 2009 war der Einbruch in Estland, Irland und Spanien besonders drastisch, aber auch die USA verzeichneten einen Rückgang von rund 4 Prozent (vgl. Abbildung A23). Bemerkenswert ist, dass mit dem im Jahr 2010 einsetzenden Aufschwung anders als nach vorangegangen Rezessionen in Ländern wie den USA oder Dänemark nicht mehr Beschäftigung aufgebaut wurde. Erst im Jahr 2011 konnten in den USA wieder Beschäftigungszuwächse verzeichnet werden. Unter den großen EU-Ländern konnte Deutschland den Stand der Erwerbstätigkeit von 2008 annähernd halten. Nach den Daten der Europäischen Arbeitskräfteerhebung war diese in den Jahren 2009 und 2010 mit jeweils –0,2 Prozent allerdings leicht rückläufig.[25] Aber auch in Frankreich und Großbritannien war der Rückgang der Erwerbstätigkeit im Jahr 2009 gemäßigt ausgefallen (–0,9 % bzw. –1,7 %). Zudem setzte in beiden Ländern im Jahr 2010 wieder ein leichter Beschäftigungsaufbau ein. Polen stellt wiederum eine Ausnahme dar, da es das einzige Land war, in dem die Erwerbstätigkeit sowohl 2009 als auch 2010 leicht zunahm.

---

24 In den USA, dem Ausgangspunkt der Finanzkrise, setzte der Rückgang zwar schon etwa ein halbes Jahr früher ein, beschleunigte sich aber erst gegen Ende des Jahres 2008.

25 Die Zahlen zur Erwerbstätigkeit in diesem Abschnitt beruhen auf der Europäischen Arbeitskräfteerhebung, die in Deutschland als Teilstichprobe des Mikrozensus erhoben wird. Damit stellen sich die Entwicklungstrends in Deutschland geringfügig anders dar als in der Erwerbstätigenrechnung auf Grundlage der Volkswirtschaftlichen Gesamtrechnung, die von 2009 auf 2010 ein leichtes Plus von 0,5 Prozent ausweist.

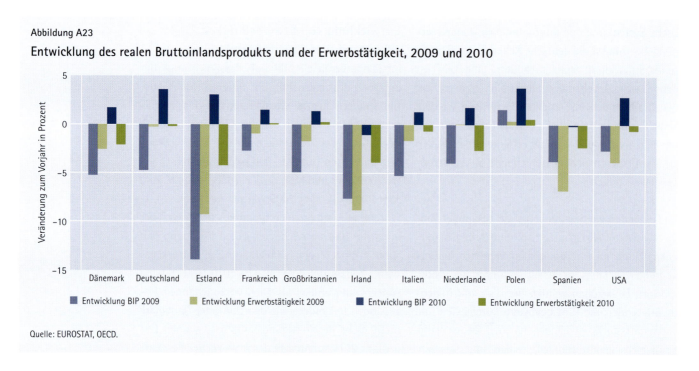

Abbildung A23

Entwicklung des realen Bruttoinlandsprodukts und der Erwerbstätigkeit, 2009 und 2010

Quelle: EUROSTAT, OECD.

Die Krise wirkte sich auf einzelne Gruppen von Erwerbstätigen sehr unterschiedlich aus (ausführlicher dazu: OECD 2010). Anders als in früheren Rezessionen ist die Beschäftigung älterer Arbeitnehmer sogar leicht gestiegen. Dagegen waren Jugendliche und junge Erwachsene überdurchschnittlich vom Personalabbau betroffen. Besonders ausgeprägt war diese Entwicklung in Irland, Estland, Spanien und den USA. Länderübergreifend waren Leiharbeitnehmer und befristet Beschäftigte besonders stark vom Personalabbau betroffen, ebenso Beschäftigte im Verarbeitenden Gewerbe, und damit zugleich auch Männer stärker als Frauen. Eine Besonderheit stellt der Bausektor dar. In den USA, Spanien, Irland und Estland kam es im Vorfeld der Krise zu einer spekulativ bedingten Expansion im Baugewerbe. In diesen Ländern war die Wirtschaftskrise zugleich eine Strukturanpassungskrise des Bausektors. Der Rückgang der Erwerbstätigkeit in der Baubranche machte in diesen Ländern zwischen 30 Prozent (USA) und 46 Prozent (Spanien) des gesamten Rückgangs der Erwerbstätigkeit aus.

Die beträchtlichen Länderdivergenzen im Hinblick auf die Beschäftigungsentwicklung in Krise und Aufschwung sind aber auch Ausdruck der unterschied-lichen Anpassungsreaktionen der Unternehmen auf den Nachfragerückgang. Wie in den vorangegangenen Abschnitten bereits ausgeführt, können die Unternehmen die Beschäftigung grundsätzlich *extern* anpassen, d. h. durch Entlassungen oder im Extremfall auch durch Betriebsschließungen reduzieren. Sie können die Beschäftigung aber auch *intern* anpassen und trotz Auftragsrückgangs Mitarbeiter im Betrieb halten (Arbeitskräftehorten, vgl. Abschnitt 3.2), indem sie die Arbeitszeit pro Beschäftigten reduzieren und/oder pro Arbeitsstunde weniger Arbeitsleistung abrufen. Ob die externe oder die interne Anpassung dominiert, hängt in starkem Maße von institutionellen Gegebenheiten im jeweiligen Land ab, auf die weiter unten eingegangen wird.

Ein Rückgang der Arbeitszeit pro Erwerbstätigen und/oder der Arbeitsproduktivität je Arbeitsstunde kann als Indiz für eine überwiegend interne Anpassung herangezogen werden.[26] Der kumulierte Effekt beider Indikatoren war in Deutschland im Jahr

---

26 Allerdings kann die durchschnittlich geleistete Arbeitszeit auch infolge von Entlassungen sinken, nämlich dann, wenn Vollzeitbeschäftigte stärker vom Personalabbau betroffen sind als Teilzeitkräfte.

Abbildung A24

Veränderung von Arbeitszeit*, Arbeitsproduktivität** und Erwerbstätigkeit, 2009 gegenüber 2008

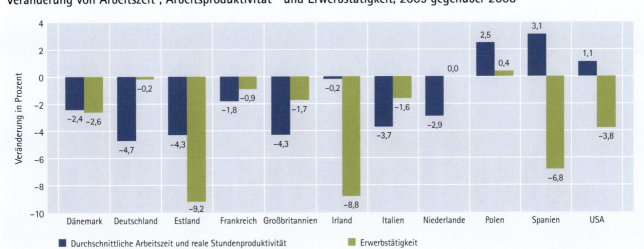

* tatsächlich geleistete durchschnittliche Jahresarbeitszeit ** reale Arbeitsproduktivität pro Arbeitsstunde

Quelle: EUROSTAT.

2009 mit −4,9 Prozent[27] am höchsten (siehe Abbildung A24), während die Erwerbstätigkeit (externe Anpassung) mit −0,2 Prozent hierzulande nur leicht gesunken ist. Auch in den Niederlanden, Frankreich, Italien und selbst in Großbritannien war der Rückgang der Arbeitszeit und Arbeitsproduktivität zusammengenommen stärker als der Rückgang der Erwerbstätigkeit. In Estland, Irland und Dänemark verhielt es sich umgekehrt: Der Effekt des Beschäftigungsabbaus war stärker im Vergleich zum kumulierten Effekt der internen Anpassung. In Spanien und den USA nahmen die Stundenproduktivität und die Arbeitszeit zusammengenommen sogar zu, während die Erwerbstätigkeit überproportional abnahm (vgl. Abbildung A24).

Für die Veränderung dieser Indikatoren im Aufschwung liegen die Daten noch nicht für alle Länder vor. Es ist aber bereits erkennbar, dass in den Ländern, in denen in der Rezession die interne Anpassung dominierte, diese im Aufschwung zum Tragen kommt – wenn auch in umgekehrter Richtung.

So stiegen in Deutschland im Aufschwungjahr 2010 Arbeitszeit und Stundenproduktivität um insgesamt 3,1 Prozent. Davon entfielen allein 2,1 Prozent auf den Wiederanstieg der durchschnittlichen Arbeitszeit. Wie in den Niederlanden und Italien war der Beschäftigungszuwachs in Deutschland dagegen deutlich geringer (nach der internationalen Statistik, vgl. Fußnote 20). Allerdings kann – im Gegensatz zur Einschätzung der OECD (2010) – in Deutschland nicht von einem „Jobless Growth", einem Wachstum ohne Beschäftigungszuwachs, gesprochen werden. Gegen diese These spricht auch die Tatsache, dass nach amtlichen Daten die sozialversicherungspflichtige Beschäftigung (+1 %) im Jahresdurchschnitt 2010 stärker gestiegen ist als die Erwerbstätigkeit insgesamt (+0,5 %) (Fuchs et al. 2011).

Im Gegensatz zu früheren Rezessionen ist allerdings in Ländern mit einer überwiegend externen Anpassung (USA, Dänemark, Irland, Spanien) die Beschäftigung nach der Krise im Jahr 2010 nicht angestiegen. In den USA waren vor allem zu Beginn der Krise – und im Unterschied zu früheren Rezessionsphasen – die Zugänge in Beschäftigung (Einstellungen) zurückgegangen. Erst im späteren Verlauf (4/2008 und 1/2009) stieg die Zahl der Ent-

---

27 Davon entfielen 2,7 Prozent auf die Reduktion der durchschnittlichen Arbeitszeit und 2,2 Prozent auf die gesunkene Stundenproduktivität.

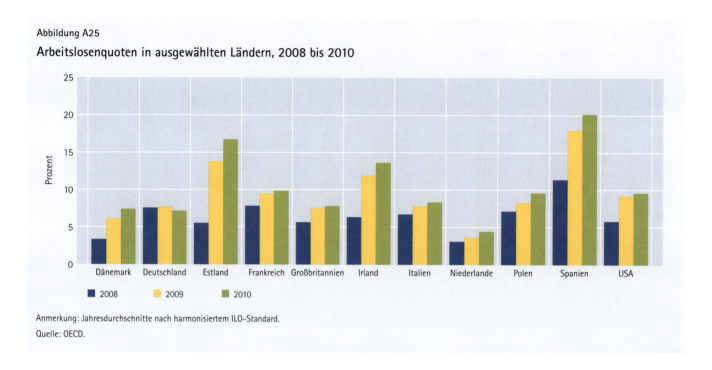

Abbildung A25

Arbeitslosenquoten in ausgewählten Ländern, 2008 bis 2010

Anmerkung: Jahresdurchschnitte nach harmonisiertem ILO-Standard.

Quelle: OECD.

lassungen stark an. Der Beschäftigungsaufbau seit Anfang 2010 wurde zunächst durch weniger Entlassungen und nicht durch mehr Einstellungen getrieben. Mit der Zunahme der Zahl offener Stellen steigen seit 2011 sowohl die Zugänge in Beschäftigung (Einstellungen) wieder stärker an. Der Jobaufbau hat den Vorkrisenstand noch nicht erreicht, nimmt erst zusehends an Fahrt auf. Die Tatsache, dass 2011 netto wieder 2 Mio. neue Arbeitsplätze entstanden sind, deutet nicht – wie lange Zeit befürchtet – auf ein länger anhaltendes Wirtschaftswachstum ohne entsprechendes Beschäftigungswachstum („Jobless Recovery") hin.

Die Entwicklung der Arbeitslosigkeit im Ländervergleich

Vor Einsetzen der Krise war unter den Vergleichsländern die Arbeitslosigkeit in den Niederlanden und Dänemark besonders niedrig, und auch in Großbritannien und den USA lagen die Arbeitslosenquoten bei rund 6 Prozent (vgl. Abbildung A25). Deutschland hingegen verzeichnete im dritten Quartal 2008 mit 7,4 Prozent noch eine vergleichsweise hohe Arbeitslosenquote. Seitdem kehrte sich die Rangfolge teilweise um: Die deutsche Quote war

im ersten Quartal 2011 die zweitniedrigste[28] nach den Niederlanden. Spiegelbildlich zum Beschäftigungsrückgang war der Anstieg in Estland, Irland und Spanien besonders drastisch. Bemerkenswert ist der Anstieg der Arbeitslosigkeit in Polen, der bei der relativ günstigen Beschäftigungsentwicklung eigentlich nicht zu erwarten wäre und möglicherweise auf einen Anstieg der Erwerbsbeteiligung zurückzuführen ist.

Die Rezession führte zudem in fast allen Ländern zu einem Anstieg der Unterbeschäftigung, der nicht in den offiziellen Arbeitslosenzahlen sichtbar wird, weil er Personen betrifft, die nicht (mehr) aktiv nach Arbeit suchen, weil sie an Maßnahmen der aktiven Arbeitsmarktpolitik teilnehmen, eine Arbeitsaufnahme für aussichtslos halten oder deren tatsächliche Arbeitszeit geringer als die gewünschte Arbeitszeit ist (unfreiwillige Teilzeitarbeit oder

---

28 Deutschland ist unter den Vergleichsländern zudem das einzige Land, in dem die Arbeitslosenquote der Altersgruppe 15–24 im Jahr 2010 (9,9 %) niedriger war als im Jahr 2008 (10,6 %). In der EU-27 stieg die Arbeitslosenquote dieser Gruppe im selben Zeitraum von 15,8 auf 21,1 Prozent, in den USA von 12,8 auf 18,4 Prozent.

Abbildung A26

Anteil der Langzeitarbeitslosen an allen Arbeitslosen, 2008 bis 2010

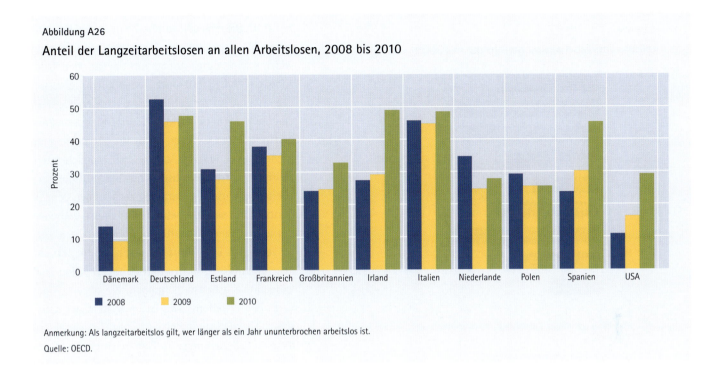

Anmerkung: Als langzeitarbeitslos gilt, wer länger als ein Jahr ununterbrochen arbeitslos ist.

Quelle: OECD.

Kurzarbeit). Nach Schätzungen der OECD war Ende 2009 die so erfasste „Unterbeschäftigung im weiteren Sinne" mehr als doppelt so hoch wie die Arbeitslosenquoten nach ILO-Definition (OECD 2010).

Zudem stieg in den Ländern mit überwiegend externer Anpassung über Entlassungen (USA, Dänemark, Irland, Spanien) die Arbeitslosigkeit im Jahr 2010 weiter an. Insbesondere erhöhte sich die Langzeitarbeitslosigkeit in diesen Ländern seit 2008 erheblich (siehe Abbildung A26). In den USA ist die Arbeitslosigkeit seit Beginn des Aufschwungs Ende 2009 in Relation zum BIP-Wachstum tendenziell zu hoch. Ob sich in den USA konjunkturelle Arbeitslosigkeit aber zu struktureller Arbeitslosigkeit verfestigt (hat), ist umstritten. Schätzungen gehen davon aus, dass die „natürliche" Arbeitslosenrate (NAIRU=quasi-gleichgewichtige inflationsneutrale Arbeitslosenquote) im Zeitraum 2008 bis 2011 zwischen 0,5 und 1,5 Prozentpunkten gestiegen ist (Elsby et al. 2011). Ob gerade die flexiblen Arbeitsmärkte der USA und Dänemarks tatsächlich mittelfristig mit persistenter Arbeitslosigkeit zu kämpfen haben, bleibt aber abzuwarten.

3.6.2 Institutionen und Politiken im Ländervergleich

Institutionelle Rahmenbedingungen und arbeitsmarktpolitische Reaktionen

Ein Ländervergleich von Maßnahmen zur Beschäftigungssicherung als Reaktion auf den drastischen Einbruch des BIP Ende 2008/Anfang 2009 zeigt, dass die eingeschlagenen Wege stark von den institutionellen Rahmenbedingungen der jeweiligen Arbeitsmärkte, insbesondere der Arbeitsgesetzgebung (Kündigungsschutz), dem Tarifverhandlungssystem und dem etablierten System der aktiven und passiven Arbeitsmarktpolitik abhängig waren (Konle-Seidl/Rhein 2009).

Wie in Abbildung A24 gezeigt, erfolgte die Anpassung der Beschäftigung über einen Mix aus Veränderungen der Arbeitszeit, Stundenproduktivität und Entlassungen. In Ländern mit stark regulierten Arbeitsmärkten wie Deutschland, Italien, den Niederlanden und Frankreich dominierte die „interne Anpassung", während in Ländern mit einem liberalen Kündigungsschutz wie den USA und Dänemark oder

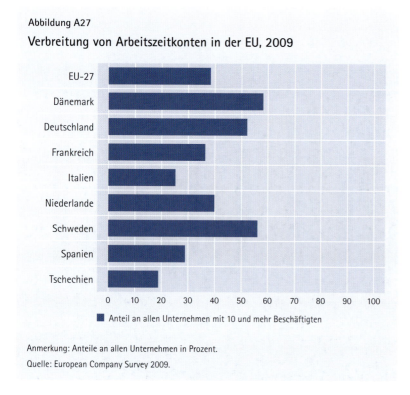

Abbildung A27

Verbreitung von Arbeitszeitkonten in der EU, 2009

■ Anteil an allen Unternehmen mit 10 und mehr Beschäftigten

Anmerkung: Anteile an allen Unternehmen in Prozent.

Quelle: European Company Survey 2009.

zeit statt. Dies spiegelt Unterschiede in den betrieblichen Möglichkeiten der Arbeitszeitflexibilisierung wider – sei es durch Abbau von Überstunden, Nutzung von Arbeitszeitkonten oder Kurzarbeit. Zum einen wurde Kurzarbeit in Frankreich weniger stark eingesetzt als in Deutschland. Zum anderen sind Arbeitszeitkonten weniger verbreitet als hierzulande (siehe Abbildung A27). Auch sind die Möglichkeiten, tarifliche Öffnungsklauseln zur Beschäftigungssicherung einzusetzen, dort weitaus geringer. Denn in Deutschland sind betriebliche Bündnisse zwischen Betriebsrat/Gewerkschaften und Arbeitgebern weiter verbreitet. Eine Grundvoraussetzung für betriebliche Bündnisse zur Beschäftigungssicherung sind kooperative Arbeitsbeziehungen, die gegenseitiges Vertrauen erfordern. Dies ist im System der deutschen Sozialpartnerschaft gegeben. Dagegen sind die Arbeitsbeziehungen in Frankreich eher von gegenseitigem Misstrauen bestimmt, was mehr staatliche Regulierung erfordert und die betriebsinternen Anpassungsmöglichkeiten in Krisenzeiten einschränkt (siehe auch Aghion/Algan/Cahuc 2008).

Aktive und passive Arbeitsmarktpolitik in der Krise

Arbeitsmarktpolitik in Krisenzeiten verfolgt nicht nur das Ziel, Menschen wieder in Beschäftigung zu bringen, sondern auch, das Vertrauen der Bevölkerung in die künftige wirtschaftliche Entwicklung zu stärken. Neben der Kurzarbeit sind auch „klassische" Maßnahmen aktiver Arbeitsmarktpolitik geeignet, diese Funktion zu erfüllen. Diese Maßnahmen sollen vor allem einer Verfestigung der Langzeitarbeitslosigkeit entgegenwirken, Problemgruppen fördern und in der Krise vertrauensbildend wirken (Konle-Seidl/Stephan 2009).

Maßnahmen der aktiven Arbeitsmarktpolitik sollten aber – trotz ihrer Entlastungsfunktion in Krisenzeiten – das Ziel der Wirksamkeit und Wirtschaftlichkeit nicht aus den Augen verlieren. In der Vergangenheit stiegen die Mittel für aktive Arbeitsmarktpolitik im OECD-Länderdurchschnitt – mit Ausnahme von Dänemark – allerdings nicht proportional zur Arbeitslosenquote an. Das ist auch sinn-

mit einem hohen Anteil befristeter Beschäftigungsverhältnisse wie in Spanien die Anpassung überwiegend über Entlassungen erfolgte.

Die Verkürzung der Arbeitszeit und die Verringerung der Arbeitsdichte – und damit der Stundenproduktivität – sind die zwei zentralen Komponenten des Arbeitskräftehortens. Kurzarbeit hat in der Krise insbesondere in Ländern mit überwiegend interner Anpassung an Bedeutung gewonnen. Zwischen 2007 und 2009 (jeweils 2. Quartal) stieg der Beitrag der Kurzarbeiter – gemessen in Vollzeitäquivalenten – zum gesamtwirtschaftlichen Arbeitsvolumen in Italien um 1,6 Prozent, in Deutschland und Finnland um jeweils 1,1 Prozent, in Belgien um 1,0 Prozent, in Japan um 0,7 Prozent und in Frankreich und Österreich um jeweils 0,2 Prozent (Boeri/Brücker 2011).

Es gibt aber auch innerhalb der Ländergruppe mit überwiegend interner Anpassung erhebliche Differenzen. So fand in Frankreich die Anpassung an den Nachfragerückgang in weit geringerem Umfang als in Deutschland über die Reduzierung der Arbeits-

Abbildung A28

Veränderung der Ausgaben für Arbeitsmarktpolitik*, 2009 gegenüber 2008

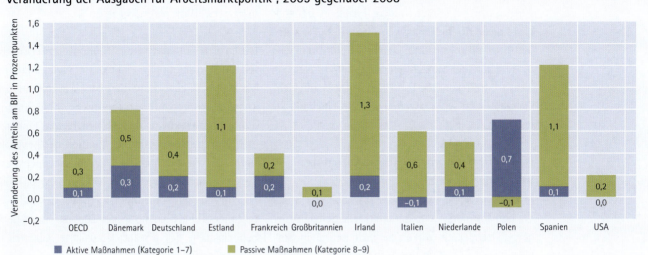

* Änderung der Ausgaben in Prozentpunkten (Ausgaben werden in Prozent des BIP gemessen).
Quelle: LMP Datenbank von EUROSTAT/OECD.

voll, denn insbesondere ein Ausbau subventionierter und öffentlich geförderter Beschäftigung kann längerfristig unerwünschte Nebenwirkungen haben und die Integrationschancen in den regulären Arbeitsmarkt sogar verschlechtern. Prinzipiell dürften in der Krise die Opportunitätskosten von Maßnahmen dadurch sinken, dass Einbindungseffekte sowie zeitweilig auch Stigmatisierungs- und Verdrängungseffekte an Bedeutung verlieren.

In Ländern mit einem niedrigen Absicherungsniveau wurde das Niveau beziehungsweise die Bezugsdauer des Arbeitslosengelds erhöht (z. B. USA) oder der Bezug von Arbeitslosengeld auch für atypisch Beschäftigte wie Leiharbeiter und befristet Beschäftigte erleichtert (z. B. in Schweden und Japan). Im Jahr 2009 sind die Ausgaben für passive Leistungen (Arbeitslosengeld, Arbeitslosenhilfe) – gemessen am BIP – erwartungsgemäß in den Ländern besonders stark gestiegen, in denen die Arbeitslosigkeit stark zugenommen hat, nämlich in Spanien, Irland, Estland, und Dänemark (vgl. Abbildung A28). In 15 OECD-Ländern mit niedrigen Lohnersatzraten und einer kurzen Bezugsdauer von Arbeitslosengeld wie z. B. in den USA wurde das Arbeitslosengeld

– vorübergehend bis zum Jahr 2011 – erhöht und die Bezugsdauer insgesamt von 26 auf 99 Wochen ausgedehnt (Grubb 2011). Trotz eines nur geringfügigen Anstiegs der Arbeitslosigkeit stiegen auch in Deutschland die passiven Leistungen mehr als im OECD-Durchschnitt, was vor allem auf die starke Zunahme der Bezieher von Kurzarbeitergeld zurückzuführen ist.

Bei der Ausgabenentwicklung für aktive Maßnahmen fällt auf, dass Polen neben Dänemark den stärksten Ausgabenzuwachs verzeichnete. Im Unterschied zu vorangegangenen Krisenperioden wurden in allen hier analysierten Ländern vor allem die Ausgaben für „Arbeitsmarktdienstleistungen" (Kategorie 1 der LMP-Datenbank von EUROSTAT und OECD[29]) erhöht, was größtenteils auf die Einstellung zusätzlicher Vermittler und Berater zurückzuführen ist. Zusätzliche Ressourcen wurden auch für Qualifizierungsmaßnahmen (Kategorie 2 der LMP-Datenbank) aufgewendet, wobei die Ausgabensteigerung in Polen mit 0,55 Prozent des BIP au-

29 http://epp.eurostat.ec.europa.eu/portal/page/portal/
statistics/search_database

ßergewöhnlich hoch ausfiel. Des Weiteren wurden vermehrt Eingliederungszuschüsse für bestimmte Zielgruppen eingesetzt. Dagegen kam es generell nicht mehr zu einer massiven Ausweitung von Arbeitsbeschaffungsmaßnahmen im öffentlichen Sektor und zu einer Subventionierung der Frühverrentung – Strategien, die in früheren Krisen mit dem Ziel eingesetzt worden waren, den Arbeitsmarkt zu entlasten.

Bedeutung automatischer Stabilisatoren im Ländervergleich

In einem ausgebauten Sozialstaat kann das Steuer- und Transfersystem konjunkturelle Schwankungen glätten. Dabei wirken die automatischen Stabilisatoren sowohl auf der Ausgabenseite, z. B. über das Arbeitslosengeld und die Grundsicherung für erwerbsfähige Hilfebedürftige, als auch auf der Einnahmeseite, z. B. über die (progressiven) Einkommensteuern und die Sozialversicherungsbeiträge. Auch Ausgaben für aktive arbeitsmarktpolitische Maßnahmen haben eine stabilisierende Wirkung.

Je stärker ausgebaut ein Sozialsystem ist, desto größer ist seine Stabilisierungswirkung. Denn der Sozialstaat stabilisiert Einkommen und Güternachfrage besonders jener Gruppen, die am härtesten von der Krise getroffen werden. Zudem ist die Wirkung unmittelbar: Wer arbeitslos wird und damit Lohneinkommen verliert, zahlt keine Lohnsteuer, erhält aber Arbeitslosengeld. Darüber hinaus entfaltet ein gut ausgebauter Sozialstaat auch dadurch antizyklische Wirkung, dass er die Einkommenserwartungen privater Haushalte stabilisiert und übermäßiges Vorratssparen verhindert. Diese Wirkung ist allerdings schwierig zu quantifizieren.

Innerhalb der EU unterscheiden sich die automatischen Stabilisierungseffekte des Sozialstaates je nach dessen Umfang erheblich: Einschlägige Analysen zeigen, dass die durch einen Anstieg der Arbeitslosigkeit ausgelöste Stabilisierungswirkung des Sozialstaates in Dänemark am höchsten ist, gefolgt von Belgien, Deutschland, Schweden und Österreich. In Süd- und Osteuropa sind sie dagegen relativ gering. Zudem ist die stabilisierende Wirkung des Sozialstaates in der EU insgesamt deutlich höher als in den USA (Dolls/Fuest/Peichl 2010).

Neben den automatischen Stabilisatoren entfalteten auch diskretionär eingesetzte sozialpolitische Maßnahmen eine stabilisierende Wirkung in der Krise. Diskretionäre sozialpolitische Maßnahmen umfassen alle aktiven Maßnahmen, die das Einkommen und die Beschäftigungssituation der Bevölkerung bzw. bestimmter Bevölkerungsgruppen verbessern sollen; sie erreichten 2009 und 2010 in der EU ein Volumen von rund 1,1 Prozent des BIP und bestanden überwiegend in der Senkung der Abgabenbelastung der privaten Haushalte. Dänemark, Schweden, Belgien, Portugal und Spanien setzten ausgabenseitige Impulse, deren Volumen größer als 0,5 Prozent des BIP war. Zwei Drittel der gesamten sozialpolitischen Impulse in der EU entfielen allerdings auf Maßnahmen in Deutschland und Spanien. Das WIFO-Institut schätzt den Anstieg des BIP aufgrund dieser Maßnahmen im Euro-Raum auf 0,9 Prozent. Frankreich und Italien, aber auch Ungarn oder Irland setzten dagegen kaum diskretionäre Maßnahmen ein, profitierten aber von den expansiven Maßnahmen ihrer Handelspartner. Die aus dem Anstieg des BIP abgeleiteten Beschäftigungseffekte werden EU-weit auf etwa 330.000 Arbeitsplätze geschätzt – was in Relation zu den eingesetzten Mitteln eher wenig erscheint (Leoni/Martenbauer/Trockner 2011). Deutlich höher waren die Beschäftigungswirkungen direkter öffentlicher Beschäftigung und zielgerichteter Subventionen an Betriebe, etwa für Kurzarbeit. Während die skandinavischen Länder die öffentliche Beschäftigung in staatlichen Dienstleistungssektoren ausweiteten, spielte Kurzarbeit insbesondere in kontinental- und südeuropäischen Ländern eine wichtige Rolle.

3.6.3   Lehren aus dem Ländervergleich

Finanzmarktkrisen hatten in der Vergangenheit meist starke und lange nachwirkende negative Effekte auf Aktienkurse, Produktion und Beschäftigung (Reinhart/Rogoff 2009). Die globale Krise 2008/09 hatte bzw. hat aber im Hinblick auf Dauer und Tiefe im Ländervergleich sehr unterschiedliche Auswirkungen auf die Arbeitsmärkte.

Während die Beschäftigungsentwicklung in der Krise in Ländern wie Deutschland, Polen oder den Niederlanden unerwartet positiv ausfiel, war sie in den USA, Spanien, Irland, aber auch im „Flexicurity-Land" Dänemark selbst im Aufschwung noch unbefriedigend. Deutschland konnte den importierten Nachfrageschock auf dem Arbeitsmarkt besser abfedern als in vorangegangenen Rezessionen.

Nach Auffassung der OECD gibt es bislang keine schlüssige Evidenz darüber, warum manche Länder die jüngste Krise besser gemeistert haben als andere. Wichtig ist sicherlich, ob sich die Krise vorrangig als Nachfragekrise niederschlug wie in Deutschland oder zu einer Strukturkrise ausdehnte wie im spanischen Fall. Im Hinblick auf die Abfederung des massiven Nachfrageschocks in den Jahren 2008/2009 war das deutsche Modell der Beschäftigungssicherung, gekennzeichnet durch betriebsinterne Anpassungen mittels flexibel gestaltbarer Kollektivverträge, offensichtlich erfolgreicher als das auf numerische Flexibilität (Hire & Fire) und hohe Einkommenssicherheit bei Beschäftigungslosigkeit setzende dänische Flexicurity-Modell, aber auch erfolgreicher als die USA mit ihrem weitgehend deregulierten Arbeitsmarkt. Die spezifische Kombination aus Sozialpartnerschaft, Kündigungsschutz, hoher interner betrieblicher Flexibilität, arbeitsmarktpolitischen Instrumenten (Kurzarbeit) und strukturellen Reformen in der Vorkrisenzeit hat sich in der Krise 2008/09 offensichtlich besser bewährt als das institutionelle Gefüge in Ländern, die bislang als Vorbilder angesehen wurden.

Unklar ist allerdings der Zusammenhang zwischen Sozialstaat und Arbeitsmarkt. Einerseits ist das Sozialsystem ein wichtiger automatischer Stabilisator in der Krise, andererseits können hohe Sozialleistungen negative Anreizwirkungen entfalten. In der Vergangenheit hatte Dänemark gute Erfahrungen mit der stabilisierenden Wirkung der aktiven Arbeitsmarktpolitik gemacht, deren Mittel bei einem An-

stieg der Arbeitslosenquote automatisch ausgeweitet wurden. Inwieweit diese Ausgaben auch in der Krise 2008/09 effizient eingesetzt wurden und einer Verfestigung der Arbeitslosigkeit weiterhin erfolgreich entgegenwirken werden, ist bislang noch nicht abzusehen.

Lehrreich in diesem Zusammenhang sind die Erfahrungen, die die USA mit der „bedingungslosen" Ausweitung des Arbeitslosengelds gemacht haben. Zwischen 2008 und 2011 wurde sowohl der berechtigte Personenkreis als auch die Höhe und Bezugsdauer des Arbeitslosengelds erheblich ausgeweitet. Die Ausgaben für aktive Maßnahmen wurden dagegen gesenkt und die Aktivierung von Arbeitslosen zurückgefahren. Zudem wurde die Finanzierung vollständig auf die Bundesebene verlagert, während Leistungsverwaltung und Arbeitsvermittlung auf der Ebene der Bundesstaaten verblieben. Das amerikanische „Experience Rating", bei dem der Arbeitgeberbeitrag zur Arbeitslosenversicherung an das Entlassungsverhalten der Betriebe gekoppelt ist, verlor faktisch seine Bedeutung. Hinweise darauf, dass eine aktivierende Arbeitsmarktpolitik mit etablierten Beratungs- und Vermittlungsstandards auch in der Krise von Bedeutung ist, geben Schätzungen, nach denen die „temporäre Ausdehnung des Arbeitslosengelds ohne Aktivierung" die US-Arbeitslosenrate um einen Prozentpunkt erhöht hat (Elsby et al. 2011). In dieser Hinsicht hat Deutschland mit der Ausdehnung von Vermittlungs-, Qualifizierungs- und beschäftigungssichernden Maßnahmen – zu nennen sind hier insbesondere die erleichterte Kurzarbeit und die Einstellung zusätzlicher Arbeitsvermittler – sicher nicht die falschen Entscheidungen getroffen.

4 Zusammenfassung und Fazit

In den Jahren 2008/09 durchlief die deutsche Wirtschaft die schlimmste Rezession der Nachkriegszeit. Über vier Quartale in Folge schrumpfte die wirtschaftliche Aktivität, und im ersten Quartal 2009 lag das preis- und saisonbereinigte Bruttoinlandsprodukt um 6,6 Prozent niedriger als im ersten Quartal 2008. Eine Rezession dieser Schärfe hätte nach den Erfahrungen der Vergangenheit zu einer extremen Belastung für den Arbeitsmarkt führen müssen. Die Beschäftigung hätte demnach um 1,5 Mio. abnehmen können (Möller 2009); auch war es plausibel zu erwarten, dass die Arbeitslosigkeit in Wintermonaten die Fünf-Millionen-Marke wieder überschreitet.

Angesichts solcher Prognosen mussten Strategien gefunden werden, die Wucht der Krise abzufedern: Die Politik legte ein diversifiziertes Konjunkturprogramm auf; das Konjunkturpaket II senkte unter anderem die bürokratischen Hürden und erhöhte die finanziellen Anreize, um die Inanspruchnahme von Kurzarbeit in den Betrieben attraktiver zu machen. Überdies waren in den zurückliegenden Jahren weitere Potenziale geschaffen worden, um die Arbeitszeit flexibel den wirtschaftlichen Notwendigkeiten anpassen zu können. Als die Krise über die umfangreichen Handels- und Finanzverflechtungen nach Deutschland importiert wurde, hatte sich die Wirtschaft in einem Aufschwung befunden, die finanzielle Situation der Betriebe war im Schnitt sehr gut und die Arbeitsauslastung sehr hoch. Zudem hatten jahrelange Lohnzurückhaltung und die im Zuge der Hartz-Reformen erreichten strukturellen Verbesserungen die Betriebe in die Lage versetzt, die Arbeitsnachfrage zu steigern und weitaus mehr Personal als üblich trotz des Einbruchs der Güternachfrage im Betrieb zu halten. Die Arbeitnehmervertreter hatten im Vorfeld und während der Krise eine hohe Bereitschaft zu Zugeständnissen unter Beweis gestellt.

Der Kraftakt gelang und der deutsche Arbeitsmarkt überwand die Krise bemerkenswert gut. Die saisonbereinigte Arbeitslosenquote stieg zwischen November 2008 und Juli 2009 nur um 0,7 Punkte. Die Erwerbstätigkeit blieb nahezu stabil, auch weil Personen, die zuvor nicht am Arbeitsmarkt tätig waren, eine Beschäftigung suchten und – dank der geringen Betroffenheit des Dienstleistungssektors – auch fanden. Nicht nur fiel die unmittelbare Reaktion des Arbeitsmarktes auf die Krise außerordentlich moderat aus – auch die darauffolgende wirtschaftliche Erholung schlug ungewohnt rasch auf den Arbeitsmarkt durch. Bereits zur Jahresmitte 2009 wuchs die Beschäftigung erneut, die Arbeitslosigkeit ging wieder zurück. Dem Einstellungsstopp folgte eine stark steigende Arbeitsnachfrage, auch sichtbar in einem kräftigen Anstieg der Übergänge aus Arbeitslosigkeit in reguläre Beschäftigung. Auch wenn die Qualität eines Teils der entstandenen Beschäftigungsverhältnisse kritisch hinterfragt werden kann – als Ganzes betrachtet war die Krise für den Arbeitsmarkt kaum mehr als eine Unterbrechung einer sehr positiven Entwicklung.

Angesichts dieses Erfolgs ist der Gedanke greifbar, der deutsche Arbeitsmarkt sei nun krisenresistent. Ist mit der hohen betriebsinternen Flexibilität, die der Schlüssel zum deutschen Beschäftigungswunder war, der Stein der Weisen gefunden? Gegenüber einem solchen generellen Optimismus ist Skepsis angebracht. Es ist auch glücklichen Umständen zu verdanken, dass der scharfe konjunkturelle Einbruch der globalen Nachfrage nach deutschen Exportgütern zeitlich mit verschiedenen kurz- und langfristigen Faktoren zusammenfiel, die in ihrer Kombination die Folgen der Krise für den deutschen Arbeitsmarkt sehr stark abfederten. Dies dürfte sich in dieser Form so schnell nicht wiederholen. Zudem ist danach zu differenzieren, um welche Art Krise es sich handelt. Wie der Arbeitsmarkt kommende Rezessionen bewältigt, hängt entscheidend von deren Natur ab: Gibt es wieder einen konjunkturellen Nachfrageschock oder entsteht eine Krise, weil die Angebotsstruktur bzw. der Kapitalstock oder die Kostensituation der deutschen Wirtschaft nicht mehr zu den globalen Gegebenheiten passt? Nachfragekrisen lassen sich kurzfristig überwinden, Strukturkrisen nur längerfristig. Zudem ist die Frage, von welcher Ausgangsposition die Volkswirtschaft in eine Krise startet: Wie viel Puffer haben die Unternehmen bei der Auslastung ihrer Arbeitskräfte? Verfügen die öffentlichen Haushalte über Spielräume für eine antizyklische Politik?

Welche Folgen hätte eine Wiederholung der jüngsten Krise, bei der die Güternachfrage in den Exportindustrien abrupt einbricht, für den deutschen Arbeitsmarkt? Aufgrund seiner hohen Exportabhängigkeit ist Deutschland im Zuge der Globalisierung verwundbarer gegen Nachfrageschocks aus dem Ausland geworden. Für Krisen solcher Art spielt die betriebsinterne Flexibilität, etwa durch Öffnungsklauseln in Tarifverträgen oder Arbeitszeitkonten, ebenso wie die allgemeine Flexibilität und Dynamik am Arbeitsmarkt, die zuletzt durch die Hartz-Reformen erhöht wurde, eine große Rolle. Betriebe haben grundsätzlich einen Anreiz und auch die Möglichkeit, auf einen Nachfragerückgang mit der Reduzierung der Arbeitszeit und der Produktivität zu reagieren. Entlassungen dürften deshalb in einem solchen Szenario auch in Zukunft primär die Randbelegschaft betreffen. Demgegenüber dürften die Stammbelegschaften in konjunkturellen Schwächephasen auch künftig weitgehend gehalten werden. Dies gilt umso mehr, als die Unternehmen das tendenziell schrumpfende Arbeitskräfteangebot vor Augen haben.

Wichtig wäre aber auch, dass die Arbeitsmarktpolitik auch in Zukunft die Mittel hat, um das Halten von Arbeitskräften in den Unternehmen zu unterstützen – z. B. mit großzügigen Regelungen zum Konjunktur-Kurzarbeitergeld. Nach der Krise verfügte beispielsweise die Bundesagentur für Arbeit keineswegs mehr über so hohe Reserven wie 2008, mit denen sie einen Beschäftigungseinbruch abfedern könnte. Es braucht Zeit, eine gute Konjunktur und eine solide Finanzpolitik, um die Reserven für ein wirkungsvolles Gegensteuern wieder zu generieren. Die im Grundgesetz verankerte Schuldenbremse beugt einer zu expansiven Verschuldungspolitik vor, indem sie die konjunkturunabhängige Nettokreditaufnahme des Bundes auf 0,35 Prozent des BIP begrenzt und sie den Ländern verbietet. Letztendlich

stärkt sie damit die Handlungsfähigkeit des Staates in künftigen Krisen, in denen er dann als kreditwürdiger Akteur gegensteuern kann.

Für die Unternehmen ist es in den letzten Jahren insgesamt leichter und kostengünstiger geworden, sich an wirtschaftliche Veränderungen für die Unternehmen bei konstanter Stammbelegschaft anzupassen. Angesichts der ausführlich beschriebenen Möglichkeiten der Arbeitszeitflexibilisierung und -reduzierung und des flexiblen Einsatzes der Randbelegschaften – etwa Zeitarbeitskräften – reduzierten sich die existenziellen Risiken für die Unternehmen und deren Stammkräfte. Möglich wurde dies durch eine in Deutschland insgesamt gut funktionierende Sozialpartnerschaft. Doch die Flexibilität, die nun vermehrt den Arbeitnehmern abgefordert wird, bedeutet keineswegs nur Chancen, sondern auch größere Unsicherheit. So ist eine Vielzahl neu entstandener Beschäftigungsverhältnisse befristet, in unfreiwilliger Teilzeit oder Leiharbeit – Beschäftigungsformen, die oft als prekär bezeichnet werden, weil sie mit höherer Arbeitsplatzunsicherheit und größeren Einkommensrisiken verbunden sind. Was die Übergänge am Arbeitsmarkt für die Qualität der Beschäftigung bedeuten, behandelt das Kapitel C in diesem Handbuch ausführlich.

Die Zunahme atypischer, mitunter prekärer Beschäftigung ist eine Kehrseite der höheren Flexibilitätspotenziale und geringeren strukturellen Arbeitslosigkeit. Weil nun die Randbelegschaften größer sind, ist es aber auch wahrscheinlich, dass die Arbeitslosigkeit in künftigen Rezessionen wieder stärker steigt als in den Jahren 2008 und 2009, jedenfalls gemessen an der Veränderung des BIP. Doch die Jahrzehnte währende Tendenz einer von Abschwung zu Abschwung wachsenden Sockelarbeitslosigkeit ist durchbrochen.

Etwas anders sieht das Bild aus, wenn ein Krisenszenario unterstellt wird, in dem strukturelle Faktoren die Wirtschaftskrise auslösen. Davon spricht man, wenn die Angebotsstruktur der Volkswirtschaft nicht (mehr) der Nachfragestruktur entspricht. Dies ist dann der Fall, wenn der Kapitalstock veraltet oder obsolet geworden ist, sich also die Produkte, die damit hergestellt werden können, zunehmend schlechter verkaufen. Strukturelle Krisen können aber auch Kostenkrisen sein, etwa wenn eine Wirtschaft an Wettbewerbsfähigkeit einbüßt, weil die Inputfaktoren – Arbeit, Rohstoffe, Kapital – wesentlich teurer sind und ineffizienter eingesetzt werden als anderswo. Grundsätzlich wurzeln Strukturkrisen also auf der Angebotsseite der Wirtschaft – und müssen auch dort behoben werden, was schmerzhafter und langwieriger ist als das Überbrücken eines nachfrageseitigen Konjunktureinbruchs. So dauerte es im historischen Schnitt zwei Jahre, bis Finanzkrisen (dort, wo sie als Strukturkrisen wirken) wirtschaftlich überwunden sind, mit Blick auf den Arbeitsmarkt sogar fast fünf Jahre (Reinhart/Rogoff 2009).

In solch einem Fall dürfte die betriebsinterne Strategie, sich über kürzere Arbeitszeiten und Produktivitätseinbußen an die Krise anzupassen, ins Leere gehen. Natürlich würden die Betriebe Guthaben auf Arbeitszeitkonten und Überstunden aufzehren, auch weil die Arbeitnehmer damit Ansprüche erworben haben. Doch als tragfähige Strategie genügt das nicht. Weil Strukturkrisen länger dauern, ist das Halten von Personal finanziell kaum zu stemmen. Zudem ist es ökonomisch nicht ratsam, denn auch auf lange Sicht kann das Personal in der alten Form nicht wieder produktiv eingesetzt werden. Anreize zur Nutzung von Kurzarbeit können in diesem Fall kontraproduktiv sein, weil sie die Kalkulationsbasis der Betriebe so verzerren können, dass die Wirkungen für die Volkswirtschaft insgesamt negativ sind. Denn dann werden obsolete Strukturen konserviert, was den notwendigen Anpassungsprozess nur hinauszögert und verteuert.

Im Zuge von Strukturkrisen verfestigt sich die Arbeitslosigkeit eher, weil eine Rückkehr zum Status quo vor der Krise nicht möglich ist. Es werden auch zunächst nicht betroffene Marktsegmente angesteckt. Doch auch solche Herausforderungen kann ein dynamischer Arbeitsmarkt besser meistern als

ein unflexibler. Die Hartz-Reformen waren auch in dieser Hinsicht hilfreich, obgleich sie nicht grundsätzlich verhindern können, dass eine Wirtschaftskrise auf den Arbeitsmarkt übergreift. Begleitende Strukturpolitik wird in diesem Zusammenhang noch bedeutsamer – nicht im Sinne von Konjunkturstimuli, konjunktureller Kurzarbeit oder Subventionen, sondern beispielsweise durch die Förderung der räumlichen und beruflichen Mobilität der Betroffenen oder durch die persönliche Betreuung beim Wechsel auf eine neue Stelle. Besonders wichtig sind Maßnahmen zur Umschulung bzw. Qualifizierung. Lebenslanges Lernen und die Stärkung der *soft skills* bzw. tätigkeitsbezogener Fähigkeiten müssen für Beschäftigte und Arbeitgeber gleichermaßen höhere Priorität bekommen.

Schließlich ist auf zwei Sondereffekte hinzuweisen, die es erschweren, aus der Vergangenheit Schlüsse für die Zukunft zu ziehen. Zum einen haben die Hartz-Reformen und die Lohnzurückhaltung ein neues Gleichgewicht am Arbeitsmarkt bewirkt, das mit einer niedrigeren strukturellen Arbeitslosigkeit verbunden ist. Die Anpassung an ein neues Gleichgewicht vollzieht sich über mehrere Jahre. Man kann davon ausgehen, dass sich der Arbeitsmarkt zur Zeit der Krise und der Erholung (also in den Jahren 2008 bis 2011) noch in der Übergangsphase zu einem neuen Gleichgewicht befand. Diese positive Grundtendenz hin zu mehr Beschäftigung und weniger struktureller Arbeitslosigkeit kann nicht dauerhaft unterstellt werden.

Zum anderen ändert sich in Deutschland wie in vielen anderen entwickelten Volkswirtschaften gerade die Grundkonstellation am Arbeitsmarkt: Als Folge des demografischen Wandels wird das Arbeitsangebot zunehmend knapper. Über Erfahrungen mit schrumpfenden Bevölkerungen beziehungsweise Volkswirtschaften verfügt die Wirtschaftswissenschaft allerdings noch nicht. Kapitel D in diesem Handbuch behandelt diese Herausforderung ausführlich. Für die Frage, ob der Arbeitsmarkt nun für Krisen gut gerüstet ist, ergeben sich aus dem demografischen Wandel neue Überlegungen. So ist es denkbar, dass Betriebe in Konjunkturkrisen einen noch höheren Anreiz haben, vor allem qualifiziertes und eingearbeitetes Personal zu halten, weil die Suche nach neuen Mitarbeitern schwieriger und teurer wird. Zudem dürften die Arbeitgeber eher zu Zugeständnissen hinsichtlich der Einkommenshöhe und -stabilität bereit sein. Aus volkswirtschaftlicher Perspektive ist aber zu erwarten, dass der massive Rückgang des Erwerbspersonenpotenzials in den kommenden Jahrzehnten langfristig ohnehin zu einer Anpassung des Kapitalstocks führen wird – selbst wenn alle Reserven hinsichtlich der Zahl der Bevölkerung, ihrer Erwerbsbeteiligung und Arbeitszeit ausgeschöpft werden. Dies stellt jedenfalls für die langfristige Perspektive infrage, ob die Reaktion des Arbeitsmarktes auf eine Wirtschaftskrise wesentlich vom demografischen Wandel abhängt.

Trotz dieser Einschränkungen lassen sich aus der Wirtschaftskrise 2008/09 einige Schlussfolgerungen ableiten:

- Eine solide Fiskalpolitik ist die Voraussetzung dafür, dass der Staat mit der Bundesagentur für Arbeit Reserven aufbauen kann, um im Fall einer Wirtschaftskrise und darüber hinaus handlungsfähig zu sein.
- Modelle der betriebsinternen Flexibilität sollten weiter ausgebaut werden.
- Staatlich geförderte Kurzarbeit ist in der Nachfragekrise ein bewährtes Instrument, um Arbeitskräfte zu halten. Verbesserungswürdig ist aber die Abstimmung innerhalb der Unternehmen sowie zwischen Unternehmen und Weiterbildungsträgern, um die Ausfallzeit gezielt für die Qualifizierung der Beschäftigten zu nutzen. Hier kann deutlich mehr Potenzial gehoben werden.
- Das deutsche Modell der Sozialpartnerschaft hat sich in der Krise bewährt und sollte so beibehalten werden. Dabei ist allerdings auch zu berücksichtigen, dass die externe Flexibilität auch auf der Vergrößerung der Randbelegschaften beruht, die weniger an der Sozialpartnerschaft teilhaben.
- Hilfreich – auch für die Bewältigung zukünftiger Krisen – erscheint der Abschluss betrieblicher Bündnisse, in deren Rahmen auch die Einfüh-

rung, Ausweitung und Neuregelung von Arbeitszeitkonten vorgenommen wird.
- Unter den Prämissen von Wirksamkeit und Wirtschaftlichkeit ist aktive Arbeitsmarktpolitik ein probates Instrument, um der Verfestigung von Arbeitslosigkeit entgegenzuwirken. Bei einer rezessionsbedingt niedrigen Arbeitsnachfrage sind die Möglichkeiten der kurzfristigen Aktivierung jedoch begrenzt. In diesem Fall sollte verstärkt auf langfristige Weiterbildungsmaßnahmen gesetzt werden, denn diese haben sich in Evaluationsstudien als relativ erfolgreich erwiesen.

Literatur

Aghion, Philippe; Algan, Yann; Cahuc, Pierre (2008): Civil Society and the State? The interplay between Cooperation and Minimum Wage Regulation. In: Journal of the European Economic Association, NBER, Heft 9, Nr. 1, S. 3–42.

Akerlof, George A. (1982): Labour Contracts as Partial Gift Exchange. In: Quarterly Journal of Economics, Heft 97, Nr. 4, S. 543–569.

Aldrich, Howard; Auster, Ellen R. (1986): Even dwarfs started small: Liabilities of age and size and their strategic implications. In: Research in Organizational Behavior. Jg. 8, S. 165–198.

Arlt, Andrea; Dietz, Martin; Walwei, Ulrich (2009): Winds of change: Work arrangements in Germany. Bericht präsentiert bei SASE Annual Conference, 2009, Paris.

Artus, Ingrid (2003): Die Kooperation zwischen Betriebsräten und Gewerkschaften als neuralgischer Punkt des Tarifsystems. Eine exemplarische Analyse am Beispiel Ostdeutschlands. In: Industrielle Beziehungen, 10. Jg., Heft 2, S. 250–272.

Bach, Hans U.; Spitznagel, Eugen (2009): Kurzarbeit: Betriebe zahlen – und haben etwas davon, IAB-Kurzbericht Nr. 17.

Barabas, György; Döhrn, Roland; Gebhardt, Heinz; Schmidt, Torsten (2009): Was bringt das Konjunkturpaket II? In: Wirtschaftsdienst, Nr. 2, S. 128–132.

Becker, Gary S. (1975): Human Capital: A Theoretical and Empirical Analysis, with Special Reference to Education. New York: Columbia University Press, NBER.

Bellmann, Lutz; Gerlach, Knut; Meyer, Wolfgang (2008): Company-level Pacts for Employment. In: Jahrbücher für Nationalökonomie und Statistik, 228. Jg., Heft 5 + 6, S. 533–551.

Bellmann, Lutz; Gerner, Hans D. (2011): Company-level Pacts for Employment in the Global Crisis 2008/09: First Evidence form Representative German Establishment Panel Data. Manuskript.

Bellmann, Lutz; Gerner, Hans D. (2011): Reversed Roles? Wage and Employment Effects of the Current Crisis. In: Research in Labor Economics, Heft 32, S. 181–206.

Bellmann, Lutz; Gewiese, Tilo (2004): Die Dynamik der Nutzung von Arbeitszeitkonten: Theoretische Ansätze und Längsschnittanalysen mit dem IAB-Betriebspanel. In: Betriebliche Arbeitszeitpolitik im Wandel, Beiträge zur Arbeitsmarkt- und Berufsforschung, 288, S. 139–184.

Bentolila, Samuel; Bertola, Giuseppe (1990): Firing Costs and Labour Demand: How Bad Is Eurosclerosis? In: Review of Economic Studies, Heft 57, S. 381–402.

Bispinck, Reinhard (2004): Kontrollierte Dezentralisierung der Tarifpolitik – Eine schwierige Balance. In: WSI-Mitteilungen, 57. Jg., Heft 5, S. 237–245.

Blankart, Beat (1973): Arbeitskräftenachfrage im Konjunkturablauf – das Problem des temporären Hortens von Arbeitskräften. In: Zeitschrift für Volkswirtschaft und Statistik, Heft 109, Nr. 2, S. 171–185.

Blien, Uwe; Fuchs, Stefan (2009): Arbeitsmarkt- und Wirtschaftspolitik vor Ort. Regionale Eigenarten. In: IAB-Forum Spezial, S. 64–69.

Blien, Uwe; Sanner, Helge (2006): Structural change and regional employment dynamics, IAB-Discussion Paper Nr. 6.

Böker, Karl H. (2007): Flexible Arbeitszeit – Langzeitkonten. Frankfurt am Main: Bund Verlag.

Boeri, Tito; Brücker, Herbert (2011): Short-time work Benefits Revisited: Some Lessons from the Great Recession. In: Economic Policy, Vol. 26, No. 68, S. 697–765.

Bundesagentur für Arbeit (2010): Der Arbeits- und Ausbildungsmarkt in Deutschland, Monatsbericht Januar 2010, Nürnberg.

Bundesagentur für Arbeit (2011): Der Arbeits- und Ausbildungsmarkt in Deutschland, Monatsbericht: Dezember und das Jahr 2010, Nürnberg.

Bundesministerium der Finanzen (BMF) (2011): Monatsbericht des BMF.

Bundesministerium für Wirtschaft und Technologie (BMWi) (2010): Schlaglichter der Wirtschaftspolitik, Monatsbericht April 2010.

Bundesregierung (2009): REGIERUNGonline – Wirtschaftskrise bekämpfen – Wachstum stärken, http://www.bundesregierung.de/Content/DE/Magazine/MagazinWirtschaftFinanzen/072/t2-bundeshaushalt.html.

Burda, Michael C.; Hunt, Jennifer (2011): What Explains the German Labor Market Miracle in the Great Recession?. In: Brookings Papers on Economic Activity, Vol. 42, Heft 1, S. 273–335.

Carstensen, Vivian (2000): Arbeitsplatzsicherheit durch Arbeitszeitkonten?. In: Backes-Gellner, Uschi; Kräkel, Matthias; Schauenberg, Bernd (Hrsg.): Flexibilisierungstendenzen in der betrieblichen Personalpolitik – Anreize, Arbeitszeiten und Qualifikation, München und Mering, S. 307–332.

Crimmann, Andreas; Möller, Joachim; Stops, Michael; Walwei, Ulrich (2009): Kurzarbeit: Wann und wie lange lohnt sie sich? In: IAB-Forum Nr. 2, S. 104–111.

Crimmann, Andreas; Wießner, Frank (2009): Wirtschafts- und Finanzkrise: Verschnaufpause dank Kurzarbeit, IAB-Kurzbericht Nr. 14.

Crimmann, Andreas; Wießner, Frank; Bellmann, Lutz (2010): The German work-sharing scheme: An instrument for the crisis. In: Conditions of Work and Employment Series No. 25. International Labour Office.

Deeke, Axel (2009): Konjunkturelle Kurzarbeit – Was kann bei vorübergehendem Arbeitsausfall bewirkt werden? In: WSI-Mitteilungen, 62. Jg., Heft 8, S. 446–452.

Deutsche Bundesbank (2011): Monatsbericht Februar 2011.

Deutscher Bundestag (2010): Unterrichtung durch den Bundesrechnungshof: Bemerkungen des Bundesrechnungshofes 2010 zur Haushalts- und Wirtschaftsführung des Bundes, Bundestagsdrucksache 17/5350.

Diekmann, Achim (2010): Der Entwicklungspfad der deutschen Automobilindustrie – betrachtet aus der Input-Output-Perspektive, Vortrag beim 5. Halleschen Input-Output-Workshop 2010: http://www.iwh-halle.de/d/start/News/workshops/20100318/PPT/BEITR%C3%84GE/Beitrag-Diekmann.ppt

Dietz, Martin; Dittrich, Laura; Stops, Michael; Walwei, Ulrich (2011): Beschäftigungssicherung durch Arbeitskräftehorten. In: Sozialer Fortschritt, 60. Jg., Heft 10, S. 221–231.

Dietz, Martin; Stops, Michael; Walwei, Ulrich (2010): Safeguarding jobs through labor hoarding in Germany. In: K. F. Zimmermann & C. Wey (Hrsg.): The economy, crises, and the labor market. Can institutions serve as a protective shield for employment? In: Applied Economics Quarterly Supplement, Heft 61, S. 125–149.

Dietz, Martin; Stops, Michael; Walwei, Ulrich (2011): Safeguarding jobs in times of crisis – lessons from the German experience. In: International Institute for Labour Studies. Discussion paper, Heft 207.

Dolls, Matthias; Fuest, Clemens; Peichl, Andreas (2010): Wie wirken die automatischen Stabilisatoren in der Wirtschaftskrise? Deutschland im Vergleich mit der EU und den USA. In: Perspektiven der Wirtschaftspolitik, Heft 11, Nr. 2, S. 132–145.

Dunn, Edgar S. (1960): A statistical and analytical technique for regional analysis. In: Papers of the Regional Science Association, Heft 6, S. 97–112.

Ellguth, Peter; Kohaut, Susanne (2008): Ein Bund fürs Überleben? Betriebliche Vereinbarungen zur Beschäftigungs- und Standortsicherung. In: Industrielle Beziehungen, 15. Jg., Heft 3, S. 209–232.

Ellguth, Peter; Kohaut, Susanne (2010): Auf der Flucht? – Tarifaustritte und die Rolle von Öffnungsklauseln. In: Industrielle Beziehungen, 17. Jg., Heft 4, S. 345–371.

Ellguth, Peter; Kohaut, Susanne (2011): Tarifbindung und betriebliche Interessenvertretung. Aktuelle Ergebnisse aus dem IAB-Betriebspanel 2010. In: WSI-Mitteilungen, 64. Jg., Heft 5, S. 242–247.

Elsby, M., Hobijn, B.; Sahin, A. und R. Valletta (2011): The Labor Market in the Great Recession: An Update, Federal Reserve Bank Working Paper 2011-29.

Fahr, René; Sunde, Uwe (2009): Did the Hartz Reforms Speed-Up the Matching Process? A Macro-Evaluation Using Empirical Matching Functions. In: German Economic Review, Jg. 10, Heft 3, S. 284–316.

Feil, Michael; Gartner, Hermann (2009): Konjunkturprogramme gegen die Krise – Auf zum TÜV. In: IAB-Forum Spezial, S. 32–37.

Fehr, Ernst; Gächter, Simon (2000): Fairness and Retaliation: The Economics of Reciprocity. In: Journal of Economic Perspectives, Heft 14, Nr. 3, S. 159–181.

Felices, Guillermo (2003): Assessing the Extent of Labour Hoarding. In: Bank of England Quarterly Bulletin.

Fertig, Michael; Kluve, Jochen (2006): Alternative Beschäftigungsformen in Deutschland: Effekte der Neuregelung von Zeitarbeit, Minijobs und Midijobs. In: Vierteljahrshefte zur Wirtschaftsforschung, Heft 75, Nr. 3, S. 97–117.

Fischer, Gabriele; Janik, Florian; Müller, Dana; Schmucker, Alexandra (2008): The IAB establishment panel – from sample to survey to projection, FDZ-Methodenreport Nr. 1.

Fischer, Gabriele; Janik, Florian; Müller, Dana; Schmucker, Alexandra (2009): The IAB Establishment Panel, things users should know. In: Schmollers Jahrbuch, Zeitschrift für Wirtschafts- und Sozialwissenschaften, Heft 129, S. 133–148.

Frick, Andres; Wirz, Aniela (2005): Wirksamkeit der Kurzarbeitsregelung in der Rezession 2001–2003, seco Publikation – Arbeitsmarktpolitik, Nr. 13.

Fuchs, Johann; Hummel, Markus; Klinger, Sabine; Spitznagel, Eugen; Wanger, Susanne; Weber, Enzo; Zika, Gerd (2011): Neue Arbeitsmarktprognose 2011. Rekorde und Risiken, IAB-Kurzbericht Nr. 7.

Fuchs, Johann; Hummel, Markus; Zika, Gerd (2009): Beschäftigung und Erwerbspersonenpotenzial in der langen Frist: Demografie prägt den ostdeutschen Arbeitsmarkt, IAB-Kurzbericht Nr. 11.

Fuchs, Michaela; Weyh, Antje (2010): The determinants of job creation and destruction: Plant-level evidence for Eastern and Western Germany. In: Empirica. Journal of European Economics, Jg. 37, Heft 4, S. 425–444.

Gerner, Hans D. (2009): Arbeitszeitverlängerung, Arbeitszeitkonten und Teilzeitbeschäftigung: Ökonometrische Analysen, IAB-Bibliothek 322.

Gerner, Hans D. (2012): Die Produktivitätsentwicklung und die Rolle von Arbeitszeitkonten während der Großen Rezession 2008/2009: Erste Ergebnisse auf der Grundlage des IAB-Betriebspanels. In: Zeitschrift für Personalforschung, Jg. 26, Heft 1, S. 30–47.

Grubb, David (2011): Assessing the Impact of Recent Unemployment Insurance Extensions in the United States. In: OECD Draft Paper, 25. Mai 2011.

Haipeter, Thomas (2010): Betriebsräte als neue Tarifakteure. Zum Wandel der Mitbestimmung bei Tarifabweichungen. Berlin.

Hamermesh, Daniel (1993): Labour Demand. Princeton: Princeton University Press.

Hamm, Ingo (2008): Flexible Arbeitszeit - Kontenmodelle. Frankfurt am Main: Bund Verlag.

Heckmann, Markus; Kettner, Anja; Pausch, Stephanie; Szameitat, Jörg; Vogler-Ludwig, Kurt (2009): Wie Betriebe in der Krise Beschäftigung stützen, IAB-Kurzbericht Nr. 18.

Herzog-Stein, Alexander; Seifert, Hartmut (2010): Stabile Beschäftigung durch flexible Arbeitszeiten. In: Arbeit. Zeitschrift für Arbeitsforschung, Arbeitsgestaltung und Arbeitspolitik, Jg. 19, Heft 2/3, S. 147–163.

Hild, Reinhard (2010): Kräftiges Plus der Pkw-Produktion in Deutschland zu erwarten. In: ifo Schnelldienst, Heft 63, Nr. 5, S. 44–49.

Hodrick, Robert J.; Prescott, Edward (1997): Postwar US business cycles: An empirical investigation. In: Journal of Money, Credit and Banking, Heft 29, Nr. 1, S. 1–16.

Hohendanner, Christian (2010): Befristete Arbeitsverträge zwischen Auf- und Abschwung: Unsichere Zeiten, unsichere Verträge?, IAB-Kurzbericht Nr. 14.

Horning, Bruce (1994): Labour Hoarding and the Business Cycle. In: International Economic Review, Heft 35, S. 87–100.

Hübler, Olaf (2005): Sind betriebliche Bündnisse für Arbeit erfolgreich? In: Jahrbücher für Nationalökonomie und Statistik, 225. Jg., Heft 6, S. 630–652.

Institut für Weltwirtschaft (IfW) (2011): Deutsche Konjunktur im Frühjahr 2011. http://www.ifw-kiel.de/wirtschaftspolitik/konjunkturprognosen/konjunkt/2011/konjunkturprognosen_deutschland_1-11.pdf.

James, John A.; Thomas, Mark (1998): Labour Hoarding and Selective Retention of Skilled Workers in U.S. Industry in the Late Nineteenth-Century: The Workers' Perspective (with M. Thomas). In: The Microeconomic Analysis of the Household and the Labour Market, Proceedings of the Twelfth International Economic History Congress. Madrid: Fundacion Fomento de la Historia Economica.

Justizministerium Baden-Württemberg (2009): Ministerrat beschließt Umsetzung des Zukunftsinvestitionsprogramms des Bundes und des Infrastrukturprogramms des Landes. http://www.olg-karlsruhe.de/servlet/PB/menu/1240502/index.html?ROOT=1153239&ARCHIV=1153564.

Kettner, Anja; Rebien, Martina (2007): Hartz-IV-Reform: Impulse für den Arbeitsmarkt, IAB-Kurzbericht Nr. 19.

Klinger, Sabine; Rebien, Martina; Heckmann, Markus; Szameitat, Jörg (2011): Did recruitment problems account for the German job miracle? In: International Review of Business Research Papers, Heft 7, Nr. 1, S. 265–281.

Klinger, Sabine; Rothe, Thomas (2012): The impact of labour market reforms and economic performance on the matching of the short-term and the long-term unemployed. In: Scottish Journal of Political Economy, Vol. 59, Heft 1, S. 90–114.

Klinger, Sabine; Wolf, Katja (2011): Disentangling sector and status effects in German employment growth. In: The Service Industries Journal, Heft 31, Nr. 8, S. 1257–1278.

Kohaut, Susanne; Schnabel, Claus (2007): Tarifliche Öffnungsklauseln – Verbreitung, Inanspruchnahme und Bedeutung. In: Sozialer Fortschritt, 56. Jg., Heft 2, S. 33–40.

Konle-Seidl, Regina; Rhein, Thomas (2009): Maßnahmen der Beschäftigungssicherung im Ländervergleich. In: Internationale Sozialpolitische Nachrichten, herausgegeben vom Arbeitgeberverband Gesamtmetall, 3. August 2009, S. 7–28.

Konle-Seidl, Regina; Stephan, Gesine (2009): Arbeitsmarktpolitische Maßnahmen für Beschäftigte und Arbeitslose: Möglichkeiten und Grenzen in der Krise. In: Sozialer Fortschritt, Nr. 11, S. 235–241.

Leoni, Thomas; Martenbauer, Markus; Tockner, Lukas (2011): Die stabilisierende Wirkung der Sozialpolitik in der Finanzmarktkrise. In: WIFO-Monatsberichte, Nr. 3, S. 187–198.

Lindecke, Christiane (2008): Flexible Arbeitszeiten im Betrieb. Frankfurt am Main: Bund Verlag.

Linke, Lothar (1993): Kurzarbeit im Strukturwandel. Eine Analyse in der Bundesrepublik der achziger Jahre unter Einbeziehung erster Erfahrungen in den neuen Bundesländern. In: Discussion Paper FSI, Wissenschaftszentrum Berlin für Sozialforschung, S. 93–206.

Ludewig, Oliver; Weyh, Antje (2011): Die regionale Arbeitsplatzdynamik in Deutschland: Mehr Bewegung im Osten. In: Jahrbuch für Regionalwissenschaft, Jg. 31, Heft 1, S. 27–56.

Macneil, Ian R. (1974): The Many Futures of Contracts. In: Southern California Law Review, Heft 47, S. 691–816.

Möller, Joachim (2009): The German labor market response in the world recession – de-mystifying a miracle. In: Zeitschrift für ArbeitsmarktForschung,. Jg. 42, Nr. 4, S. 325–336.

Mosley, Hugh; Kruppe, Thomas (1996a): Employment Stabilisation through Short-time Work. In: International Handbook of Labour Market Policy and Evaluation, S. 594–619.

Mosley, Hugh; Kruppe, Thomas (1996b): Short-time work in structural adjustment – European experience. In: European Journal of Industrial Relations, Heft 2, Nr. 2, S. 131–151.

OECD (2010): OECD Employment Outlook 2010. Moving beyond the Jobs Crisis, Paris: OECD Publishing.

Oi, Walter Y. (1962): Labour as a Quasi-Fixed Factor of Production. In: Journal of Political Economy, Heft 70, S. 538–555.

Okun, Arthur M. (1981): Prices and Quantities: A Macroeconomic Analysis. Washington: The Brookings Institution.

Rebien, Martina; Kettner, Anja (2011): Zur Konzessionsbereitschaft von arbeitslosen Bewerbern und Beschäftigten aus der betrieblichen Perspektive. In: WSI-Mitteilungen, Jg. 64, Heft 5, S. 218–225.

Reinhart, Carmen M.; Rogoff, Kenneth S. (2009): The Aftermath of Financial Crises. In: American Economic Review, Heft 99, Nr. 2, S. 466–472.

Rothe, Thomas (2009): Arbeitsmarktentwicklung im Konjunkturverlauf: Nicht zuletzt eine Frage der Einstellungen, IAB-Kurzbericht Nr. 13.

Sachverständigenrat zur Begutachtung der gesamtwirtschaftlichen Entwicklung (2009): Jahresgutachten 2008/2009: Die Finanzkrise meistern – Wachstumskräfte stärken, Wiesbaden.

Scharfe, Simone (2010): Der Einfluss doppelter Abiturjahrgänge auf die Entwicklung der Studienanfängerquote. In: Wirtschaft und Statistik, Nr. 6, S. 552–559.

Schaz, Philipp; Spitznagel, Eugen (2010): Makroökonomische Dynamik von Arbeitsmärkten - ein Vergleich interner und externer Flexibilitäten in den USA und in Deutschland. In: WSI-Mitteilungen, Jg. 63, Heft 12, S. 626–635.

Scheufele, Rolf (2009): Im Fokus: Konjunkturprogramme und ihre Wirkung – Eine Simulation mit dem makroökonometrischen Modell des IWH. In: Wirtschaft im Wandel, Nr. 1, S. 4–7.

Schlömer, Nadine; Kay, Rosemarie (2010): Belegschaften als Initiatoren von Betriebsratsgründungen. Die Haltung von Belegschaften zur Gründung von Betriebsräten in kleinen und mittleren Unternehmen. Abschlussbericht, Bonn.

Scholz, Theresa; Sprenger, Christian; Bender, Stefan (2011): Kurzarbeit in Nürnberg – Beruflicher Zwischenstopp oder Abstellgleis?, IAB-Kurzbericht Nr. 15.

Schroeder, Wolfgang; Weinert, Rainer (1999): Anmerkungen zum Wandel industrieller Beziehungen in Deutschland. Kontrollierte oder unkontrollierte Dezentralisierung. In: Zeitschrift für Politikwissenschaft, 9. Jg., Heft 4, S. 1295–1317.

Schwengler, Barbara; Loibl, Veronika (2010): Aufschwung und Krise wirken regional unterschiedlich, IAB-Kurzbericht Nr. 1.

Schwengler, Barbara; Hecht, Veronika (2011): Regionale Arbeitsmärkte in der Wirtschaftskrise. In: Informationen zur Raumentwicklung, Nr. 2, S. 121–133.

Spilimbergo, Antonio; Symansky, Steve; Blanchard, Olivier; Cottarelli, Carlo (2008): Fiscal Policy for the Crisis. In: IMF Staff Position Note, Nr. 1.

Statistisches Bundesamt (2009): Niedrigeinkommen und Erwerbstätigkeit, Wiesbaden.

Taylor, Jim (1982): The Theory and Measurement of Labour Hoarding. In: Applied Economics. Heft 14, S. 591–601.

Taylor, John B. (2011): An Empirical Analysis of the Revival of Fiscal Activism in the 2000s. In: Journal of Economic Literature, Vol. 49, Heft 3, S. 686–702.

Wanger, Susanne (2011): Ungenutzte Potenziale in der Teilzeit – Viele Frauen würden gerne länger arbeiten, IAB-Kurzbericht Nr. 9.

Williamson, Oliver E.; Wachter, Michael; Harris, Jeffrey (1975): Understanding the Employment Relation: The Analysis of Idiosyncratic Exchange. In: The Bell Journal of Economics, Heft 6, S. 250–278.

Wingerter, Christian (2009): Der Wandel der Erwerbsformen und seine Bedeutung für die Einkommenssituation Erwerbstätiger. In: Wirtschaft und Statistik, Heft 11, S. 1080–1098.

Zapf, Ines; Brehmer, Wolfram (2010): Flexibilität in der Wirtschaftskrise. Arbeitszeitkonten haben sich bewährt, IAB-Kurzbericht Nr. 22.

Zapf, Ines; Herzog-Stein, Alexander (2011): Betriebliche Einsatzmuster von Arbeitszeitkonten während der Großen Rezession. In: WSI-Mitteilungen, Jg. 64, Heft 2, S. 60–68.

Teil I

Kapitel B

Chronik der Arbeitsmarktpolitik 2009–2011

Judith Bendel-Claus
Ulrike Kress

Inhaltsübersicht Kapitel B
Chronik der Arbeitsmarktpolitik 2009–2011

Judith Bendel-Claus und Ulrike Kress

1 Einleitung

Dieses Kapitel rekapituliert in einem kompakten, chronologischen Überblick zweieinhalb Jahre arbeitsmarkt- und beschäftigungspolitische Gesetzgebung von Anfang 2009 bis Mitte 2011. Stichpunktartig werden die wesentlichen Inhalte der einzelnen Gesetze aufgelistet, knapp die Regelungsinhalte beschrieben und teilweise ergänzt durch Einschätzungen des IAB.

Dieser Überblick ermöglicht zum einen eine Rückschau auf die arbeitsmarkt- und beschäftigungspolitischen Maßnahmen der Bundesregierung zur Abmilderung der Folgen der schweren Rezession, die in den Jahren 2008 und 2009 die gesamte Weltwirtschaft erfasst hatte. Zugleich wirft er einen Blick auf durch zwei Verfassungsgerichtsurteile notwendig gewordene gesetzliche Änderungen bei den passiven arbeitsmarktpolitischen Leistungen (Regelbedarfe in den Sozialgesetzbüchern II und XII) und in der Organisation der Trägerschaft der Grundsicherung für Arbeitsuchende. Nicht zuletzt wird durch die Zusammenstellung deutlich, welche Regelungen die Bundesregierung zur Haushaltskonsolidierung, zum Erhalt der Fachkräftebasis und zur Sicherung von Arbeitnehmerrechten in Deutschland auf den Weg gebracht hat.

Das Instrument der Kurzarbeit dominierte im Krisenjahr 2009 das arbeitsmarktpolitische Handeln. Mit dem ersten Konjunkturpaket der Bundesregierung wurde die Bezugsdauer für Kurzarbeit verlängert, um eingearbeitetes Personal länger zu halten, und die Möglichkeit geschaffen, Qualifizierungsmaßnahmen für Bezieher von Kurzarbeitergeld zu fördern. Die Sonderregelungen zur Kurzarbeit wurden in zwei weiteren Gesetzen modifiziert (Konjunkturpaket 2, Beschäftigungschancengesetz) und trotz Konjunkturerholung bis März 2012 verlängert.

Mit dem Gesetz zur Neuausrichtung der arbeitsmarktpolitischen Instrumente setzte die Bundesregierung Anfang 2009 das 2005 begonnene Reformkonzept fort und straffte den Instrumentenkasten unter dem Gesichtspunkt der Wirksamkeit und Wirtschaftlichkeit. Ziel war es, den ganzheitlichen, rechtsübergreifenden Ansatz in der Arbeitsmarktpolitik zu stärken. Auf der Grundlage von Evaluationsergebnissen wurden erfolgreiche Instrumente verlängert, als ineffizient eingeschätzte abgeschafft. Der Fokus lag hierbei auf der Stärkung der Arbeitsvermittlung und auf Maßnahmen für Personengruppen, die auf dem Arbeitsmarkt als besonders gefährdet gelten. Dazu zählen Maßnahmen für Ältere (Verlängerung der Entgeltsicherung für Ältere) und für junge Menschen (Rechtsanspruch auf Förderung eines nachträglichen Hauptschulabschlusses). Die Instrumente wurden auch deswegen verlängert, um diese im Jahr 2011 umfassend evaluieren zu können.[1]

Aufgrund eines im Dezember 2007 ergangenen Verfassungsgerichtsurteils musste zum Ende 2010 eine Neuregelung für die gemeinsame Leistungserbringung durch Bundesagentur für Arbeit und Kommunen in der Grundsicherung für Arbeitsuchende gefunden werden. Durch Grundgesetzänderung wurde ein Fortbestand der Arbeitsgemeinschaften, jetzt Gemeinsame Einrichtungen genannt, gewährleistet. Weiterhin können sich – nunmehr unbefristet – Kommunen für die eigenständige Aufgabenwahrnehmung entscheiden.

Das im Februar 2010 erfolgte Urteil des Bundesverfassungsgerichts zu den Regelleistungen nach SGB II und SGB XII zwang die Bundesregierung, ein transparentes und sachgerechtes Verfahren

---

1 Das daraus resultierende „Gesetz zur Verbesserung der Eingliederungschancen am Arbeitsmarkt" trat in großen Teilen am 01.04.2012 in Kraft.

zur Bemessung der Regelbedarfe und eine Härtefallregelung zur Sicherstellung besonderer Bedarfe gesetzlich festzulegen. Neu ist auch, dass die Bedarfe für Bildung und Teilhabe am sozialen und kulturellen Leben in der Gemeinschaft bei Kindern, Jugendlichen und jungen Erwachsenen gesondert berücksichtigt werden müssen („Bildungspaket").

Den neuen, leicht erhöhten Regelsätzen stehen Veränderungen in der Leistungserbringung für Grundsicherungsempfänger gegenüber, wie der Wegfall des Härten abfangenden, befristeten Zuschlags für zuvor Arbeitslosengeld-I-Bezieher, der Wegfall der Rentenversicherungspflicht für Arbeitslosengeld-II-Empfänger (und damit Wegfall der Zahlung der Beiträge durch die Träger der Grundsicherung) und die Berücksichtigung des Elterngeldes in voller Höhe als Einkommen bei Bezug von Leistungen nach SGB II oder SGB XII („Sparpaket" im Haushaltsbegleitgesetz 2011).

Als Anreiz zur Schaffung von sozialversicherungspflichtigen Beschäftigungsverhältnissen wurden wie schon in den Vorjahren die Beitragsätze zur Arbeitslosenversicherung gesenkt. Um die Sozialversicherungssysteme in der Krise zu stabilisieren, wurde das Darlehen des Bundes an die Bundesagentur für Arbeit für das Jahr 2010 in einen Zuschuss umgewandelt.

Politischer Handlungsbedarf erwuchs auch aus akuten beziehungsweise erwarteten Engpässen bei Fachkräften. Mit dem Arbeitsmigrationssteuerungsgesetz wird die Zuwanderung Hochqualifizierter erleichtert,[2] aber auch das inländische Erwerbspersonenpotenzial soll durch die Berufsausbildung und Beschäftigung geduldeter Ausländer besser genutzt werden. Die im zweiten Konjunkturpaket angelegte Förderung der Umschulung zu Alten- und Krankenpflegern zielt ebenfalls auf die Beseitigung eines drohenden Fachkräftemangels.

Weitere Gesetzesänderungen betrafen die Schutzrechte der Arbeitnehmer. Meist handelt es sich um die Anpassung bestehender Regelungen zur Flexibilisierung des Arbeitsmarktes. Denn in der Praxis hatten sich Probleme gezeigt, weil die bestehenden Regelungen sozial destabilisierend wirkten oder nicht sachgemäß genutzt werden. So soll das Gesetz zur Verhinderung von Missbrauch der Arbeitnehmerüberlassung verhindern, dass Unternehmen Stammbeschäftigte entlassen, um sie zu schlechteren Konditionen in einem Zeitarbeitsverhältnis erneut zu beschäftigen (Drehtüreffekt der Leiharbeit). Eine Unterbietung von Löhnen im Rahmen grenzüberschreitender Beschäftigung, die Verbreitung nicht existenzsichernder Löhne im Inland und die Zunahme von Branchen ohne Tarifbindung waren Auslöser für verschiedene Regelungen zur tarifpartnerschaftlichen Verständigung über Mindestlöhne bzw. zu deren Festsetzung durch das Bundesministerium für Arbeit und Soziales oder die Bundesregierung (Arbeitnehmer-Entsendegesetz und Mindestarbeitsbedingungengesetz). Dem Abbau von Umsetzungsdefiziten im Bereich der Arbeitnehmerrechte dient das Flexi-II-Gesetz zur Verbesserung der Rahmenbedingungen für die Absicherung flexibler Arbeitszeitregelungen. Wertguthaben auf Zeitwertkonten erfahren eine Werterhaltungsgarantie für den Nominalwert, werden besser gegen Insolvenz geschützt und können beim Arbeitgeberwechsel begrenzt mitgenommen bzw. auf die Rentenversicherung übertragen werden.

Im Folgenden werden die einzelnen Gesetze in chronologischer Reihenfolge nach dem Zeitpunkt ihres Inkrafttretens dargestellt.

---

2 Mit ähnlicher Zielrichtung ist auch das am 01.04.2012 in Kraft getretene Gesetz zur Verbesserung der Feststellung und Anerkennung im Ausland erworbener Berufsqualifikationen ausgestattet.

Aktuelle Hinweise auf arbeitsmarktpolitische Initiativen und Gesetze bietet das arbeitsmarktpolitische Informationssystem im IAB-Web. Die chronologisch angelegten Volltextinformationen mit Kurzauszügen aus Positionspapieren und Maßnahmenbeschreibungen werden ergänzt um eine thematische Linksammlung und einen täglich aktualisierten elektronischen Pressespiegel.
www.iab.de/arbeitsmarktpolitik

2 Maßnahmenpaket „Beschäftigungssicherung durch Wachstumsstärkung" (Konjunkturpaket 1) mit Gesetz zur Umsetzung steuerrechtlicher Regelungen des Maßnahmenpakets „Beschäftigungssicherung durch Wachstumsstärkung" und „Sicherheitsnetz für Beschäftigte"

Inkrafttreten des Gesetzes zur Umsetzung steuerrechtlicher Regelungen des Maßnahmenpakets am 01.01.2009

Inkrafttreten der Verwaltungsvereinbarung zur Qualifizierung von Kurzarbeitergeldbeziehern am 01.01.2009

Wesentlicher Inhalt des Gesetzes und der übrigen Maßnahmen:

- Steuerliche Maßnahmen zur Belebung der Konjunktur: verbesserte Kreditvergabe und Abschreibungsmöglichkeiten, Investitionsförderungen, Absetzbarkeit von Handwerksleistungen, befristete Kfz-Steuerbefreiung
- Arbeitsmarktpolitische Maßnahmen: Verlängerung der Bezugsdauer von Kurzarbeitergeld und Förderung von Qualifizierungsmaßnahmen für Bezieher von Kurzarbeitergeld, flächendeckender Ausbau des Sonderprogramms für ältere und geringqualifizierte Arbeitnehmerinnen und Arbeitnehmer (WeGebAU), zusätzliche Vermittlerstellen in den Agenturen für Arbeit

Vor dem Hintergrund der weltweiten Wirtschafts- und Finanzkrise von 2008 hat die Bundesregierung Ende 2008 das Konjunkturpaket 1 zur Sicherung von Wachstum und Beschäftigung aufgelegt. Es umfasst ein Volumen von insgesamt 12 Mrd. Euro: Dabei sind 2,7 Mrd. für Investitionen, 1,4 Mrd. zur Entlastung privater Haushalte, 6,9 Mrd. zur Entlastung der Unternehmen und 0,8 Mrd. für Maßnahmen der Bundesagentur für Arbeit (BA) vorgesehen.

Das Konjunkturpaket 1 besteht aus dem „Gesetz zur Umsetzung steuerrechtlicher Regelungen" vom 21.12.2008 und dem am 17.12.2008 von der Bundesregierung beschlossenen Paket „Sicherheitsnetz für Beschäftigte". Die steuerrechtlichen Maßnahmen dienen der Belebung der Binnennachfrage und der konjunkturellen Stabilisierung. Befristete Steuerentlastungen wie die verbesserte Absetzbarkeit von Handwerksleistungen und die zweijährige Kfz-Steuerbefreiung für PKW mit geringem CO_2-Ausstoß sollen Unternehmen und private Haushalte entlasten. Verbesserte Abschreibungsmöglichkeiten sollen die Unternehmen entlasten. Die Kreditversorgung der Wirtschaft soll durch den Finanzmarktstabilisierungsfonds gesichert werden. In den Bereichen Gebäudesanierung, Verkehrsinvestition und Infrastrukturförderung von strukturschwachen Gemeinden sowie im Rahmen der Gemeinschaftsaufgabe „Verbesserung der regionalen Wirtschaftsstruktur" sollen Investitionen gefördert werden.

Während diese Maßnahmen nur indirekt zur Beschäftigungssicherung beitragen, zielt das zweite Maßnahmenpaket „Sicherheitsnetz für Beschäftigte" mit arbeitsmarktpolitischen Maßnahmen direkt auf die Sicherung von Arbeitsplätzen und die Weiterbeschäftigung von Arbeitnehmern durch Weiterqualifizierung und Vermittlung. Am 17.12.2008 hat die Bundesregierung eine Verwaltungsvereinbarung mit der BA abgeschlossen, die sich auf eine neue zum 01.01.2009 erlassene Förderrichtlinie des Bundesministerium für Arbeit und Soziales (BMAS) zum Einsatz von Mitteln aus dem Europäischen Sozialfonds (ESF) bezieht. Danach wird die maximale Bezugsdauer für Kurzarbeitergeld – zunächst für ein Jahr befristet – um sechs auf 18 Monate verlängert. Kurzarbeit kann mit Unterstützungsgeldern des ESF auch für eine Weiterqualifizierung von Arbeitnehmerinnen und Arbeitnehmern genutzt werden, die Kurzarbeitergeld oder Saison-Kurzarbeitergeld beziehen. Vormals galt diese Regelung nur für Bezieher von Transferkurzarbeitergeld.

Mit einer weiteren von der BA umzusetzenden Maßnahme wird angekündigt, das Sonderprogramm für ältere und geringqualifizierte Arbeitnehmerinnen und Arbeitnehmer (WeGebAU) flächendeckend auszubauen. Auch hier sollen Entlassungen durch berufsbegleitende Weiterbildung verhindert werden. Schließlich sollen 1.000 zusätzliche Vermittlerstellen in den Agenturen für Arbeit mit der sogenannten Job-to-Job-Vermittlung dazu beitragen, dass Arbeitnehmer noch in der Kündigungsphase in neue Beschäftigungsverhältnisse vermittelt werden können. Ziel ist es, die betroffenen Arbeitnehmer möglichst nahtlos in neue Beschäftigungen zu integrieren.

Parlamentaria und andere rechtliche Regelungen

Gesetz zur Umsetzung steuerrechtlicher Regelungen des Maßnahmenpakets „Beschäftigungssicherung durch Wachstumsstärkung" vom 21. Dezember 2008 (Bundesgesetzblatt Teil I Nr. 64, S. 2896).

Richtlinie des BMAS für aus Mitteln des Europäischen Sozialfonds (ESF) mitfinanzierte Qualifizierungsangebote für Bezieherinnen und Bezieher von Kurzarbeitergeld vom 18. Dezember 2008, Bundesanzeiger Nr. 197 vom 30. Dezember 2008, S. 4748.

Verwaltungsvereinbarung zwischen der Bundesregierung und der Bundesagentur für Arbeit für aus Mitteln des Europäischen Sozialfonds (ESF) mitfinanzierte Qualifizierungsangebote für Bezieherinnen und Bezieher von Kurzarbeitergeld.

Verordnung über die Bezugsfrist für das Kurzarbeitergeld vom 26.11.2008. In: Bundesgesetzblatt Teil I Nr. 55 vom 8. Dezember 2008, S. 2332.

3 Gesetz zur Neuausrichtung der arbeitsmarktpolitischen Instrumente

Inkrafttreten am 01.01.2009

Wesentliche arbeitsmarktpolitische Inhalte:
- Einführung eines Vermittlungsbudgets
- Beauftragung von Trägern mit Maßnahmen zur Aktivierung und beruflichen Eingliederung
- Regelungen zum Profiling und zur Eingliederungsvereinbarung
- Einführung eines „Experimentiertopfes"
- Rechtsanspruch zur Förderung eines nachträglichen Erwerbs des Hauptschulabschlusses
- Verlängerung der Erprobungsfrist für arbeitsmarktpolitische Maßnahmen für Ältere
- Regelung zum Einsatz der Instrumente zur Arbeitsförderung nach SGB III auch im SGB II
- Einführung der Freien Förderung

Das Gesetz zur Neuausrichtung der arbeitsmarktpolitischen Instrumente setzt das 2005 im Koalitionsvertrag zwischen CDU, CSU und SPD vereinbarte Reformkonzept am Arbeitsmarkt fort. Auf der Grundlage von Wirksamkeitsanalysen soll die aktive Arbeitsmarktpolitik neu ausgerichtet werden. Die Weiterentwicklung und Reduzierung unwirksamer oder sogar kontraproduktiver Arbeitsmarktinstrumente soll zu effizientem und effektivem Einsatz der Mittel der Beitrags- und Steuerzahler in der Arbeitsförderung des Bundes führen. Das Gesetz sieht zur Umsetzung der Grundsätze der Arbeitsförderung die Vereinbarung von Rahmenzielen zwischen dem Bundesministerium für Arbeit und Soziales und der Bundesagentur für Arbeit vor, die spätestens zu Beginn einer Legislaturperiode überprüft werden.

Schwerpunkte des Gesetzes sind die Stärkung der Arbeitsvermittlung, die Weiterentwicklung wirksamer Arbeitsmarktinstrumente, die Abschaffung ineffizienter Arbeitsmarktinstrumente, die Neuordnung und Modifizierung der Leistungen zur Eingliederung nach dem SGB II.

Die Änderungen betreffen sowohl Bestimmungen des SGB III als auch des SGB II.

Um eine einzelfallbezogene, flexible Förderung der Anbahnung bzw. Aufnahme einer sozialversicherungspflichtigen Beschäftigung zu ermöglichen, wird ein Vermittlungsbudget (§ 45 SGB III) eingeführt. Ausbildungsuchende, von Arbeitslosigkeit bedrohte Arbeitsuchende und Arbeitslose sollen so stärker ihrem individuellen Bedarf entsprechend aus dem Budget ihrer Agentur für Arbeit gefördert werden können. Das Budget ersetzt eine Vielzahl von Einzelregelungen der aktiven Arbeitsförderung (insbesondere Leistungen zur Unterstützung der Beratung und Vermittlung sowie alle Mobilitätshilfen). Es soll dem Vermittler oder Fallmanager mehr Handlungsspielraum geben, um sich auf die Beseitigung der Vermittlungshemmnisse und die Integration in Beschäftigung zu konzentrieren.

Die Einführung der Maßnahmen zur Aktivierung und beruflichen Eingliederung (§ 46 SGB III) soll es den Fachkräften in den Arbeitsagenturen und Grundsicherungsstellen ermöglichen, flexibler als bisher private Dritte bei der Vermittlung und Betreuung ihrer Kunden einzuschalten. Die neue Maßnahme bündelt bereits bestehende Elemente entsprechender Instrumente (Beauftragung Dritter mit der Vermittlung nach § 37 SGB III, Personal-Service-Agenturen nach § 37c SGB III, Trainingsmaßnahmen nach §§ 48 ff. SGB III, Beauftragung von Trägern mit Eingliederungsmaßnahmen nach § 421i SGB III sowie Aktivierungshilfen nach § 241 Absatz 3a SGB III). Ihr Ziel ist es, die berufliche Eingliederung durch Heranführung an den Ausbildungs- und Arbeitsmarkt, Feststellung, Verringerung oder Beseitigung von Vermittlungshemmnissen, Vermittlung in eine versicherungspflichtige Beschäftigung, Heranführung an eine selbständige Tätigkeit oder Stabilisierung einer Beschäftigungsaufnahme zu unterstützen.

§ 37 SGB II sieht vor, dass die Agentur für Arbeit unverzüglich nach der Ausbildungsuchendmeldung oder Arbeitsuchendmeldung zusammen mit dem Ausbildungsuchenden oder Arbeitsuchenden eine Potenzialanalyse zu erstellen hat, die dessen für die Vermittlung erforderlichen beruflichen und persönlichen Merkmale, seine beruflichen Fähigkeiten und seine Eignung festhält. In einer Eingliederungsvereinbarung, die die Agentur für Arbeit zusammen mit dem Ausbildungsuchenden oder Arbeitsuchenden trifft, werden das Eingliederungsziel, die Vermittlungsbemühungen der Agentur und die Eigenbemühungen des Kunden sowie die vorgesehenen Leistungen festgelegt.

Um neue arbeitsmarktpolitische Handlungsansätze zu erschließen, stellt ein „Experimentiertopf" begrenzt Mittel für die Erprobung innovativer Maßnahmen zur Verfügung (§ 421h SGB III). Die Umsetzung und die Wirkung dieser Modellprojekte sind zu beobachten und auszuwerten. Die Regelung ist bis 31.12.2013 befristet.

Zur Verbesserung der beruflichen Eingliederungschancen wird mit dem Gesetz ein Rechtsanspruch auf Förderung der Vorbereitung des nachträglichen Erwerbs des Hauptschulabschlusses für Auszubildende ohne Schulabschluss im Rahmen einer berufsvorbereitenden Bildungsmaßnahme eingeführt (§ 61a SGB III). Dies gilt auch für erwachsene Arbeitnehmer, die den Zugang zur Förderung über den Bildungsgutschein erhalten.

Neu gefasst wurden die Vorschriften zur Förderung benachteiligter Jugendlicher beim Übergang in die Berufsausbildung (§§ 240 ff. SGB III). Im Falle eines Ausbildungsabbruchs sind die Träger nun verpflichtet, dem Jugendlichen erfolgreich absolvierte Teilqualifizierungen zu bescheinigen. Teilnehmer an ausbildungsbegleitenden Hilfen können bis zur Aufnahme einer Anschlussausbildung in der Maßnahme bleiben.

Als unwirksam eingeschätzte und wenig genutzte Instrumente wurden abgeschafft. Dies sind u. a. der

Einstellungszuschuss bei Neugründungen von Unternehmen aus Arbeitslosigkeit, die Förderung der beruflichen Weiterbildung durch Einsatz eines Arbeitslosen als Vertretung im Wege der sogenannten „Job-Rotation", die Regelungen zur institutionellen Förderung der beruflichen Aus- und Weiterbildung aus Mitteln der Arbeitslosenversicherung, die Zuschüsse zur Ausbildungsvergütung bei Teilnahme an ausbildungsbegleitenden Hilfen und beschäftigungsbegleitenden Eingliederungshilfen.

Hingegen wurde die Erprobungsfrist der arbeitsmarktpolitischen Maßnahmen „Eingliederungszuschuss" und „Entgeltsicherung für ältere Arbeitnehmer" bis Ende 2010 verlängert (§§ 421f und 421j SGB III).

Mit dem Gesetz soll ein ganzheitlicher, rechtsübergreifender Ansatz in der Arbeitsmarktpolitik gestärkt werden. Die meisten Leistungen und Maßnahmen der aktiven Arbeitsförderung nach dem Dritten Buch Sozialgesetzbuch können auch weiterhin für erwerbsfähige Hilfebedürftige eingesetzt werden.

Der § 16 SGB II „Leistungen zur Eingliederung" wurde durch Aufspaltung präzisiert. Im § 16a–e werden die kommunale Eingliederungsleistung, das Einstiegsgeld, Arbeitsgelegenheiten, die Förderung von Selbständigkeit aus Arbeitslosigkeit und der Beschäftigungszuschuss für Arbeitgeber geregelt. Das Instrument der Arbeitsbeschaffungsmaßnahme (ABM) wurde für den Rechtskreis SGB II abgeschafft.

Mit der Neuregelung werden die „sonstigen weiteren Leistungen" aus § 16 SGB II Absatz 2 abgeschafft und unter anderem durch § 16f „Freie Förderung" ersetzt. Mit ihr wird den Agenturen für Arbeit gestattet, 10 Prozent der auf sie entfallenden Eingliederungsmittel für Leistungen zur Eingliederung in Arbeit für freie Förderung einzusetzen. Hiermit können Maßnahmen unterstützt werden, die lokale Gegebenheiten stärker berücksichtigen oder innovative Projekte stärken. Bei Leistungen an Arbeitgeber unterliegen sie jedoch der Vorgabe, Wettbewerbsverfälschungen zu vermeiden. Maßnahmeinhalte dürfen nicht kombiniert oder modularisiert werden und die Maßnahmen dürfen gesetzliche Leistungen nicht umgehen oder aufstocken.

Erwerbsfähige Hilfebedürftige mit Migrationshintergrund, die nicht über eine für Erwerbstätigkeit ausreichende Kenntnis der deutschen Sprache verfügen, werden mit dem Gesetz zur Teilnahme an einem Sprachkurs des Bundesamtes für Migration und Flüchtlinge (BAMF) verpflichtet.

IAB-Stellungnahme

„Für eine Bewertung des Gesetzentwurfs ist zu beurteilen, ob die Neuregelungen dazu beitragen, die Ziele des SGB II und SGB III bei grundsätzlich knappen Mitteln besser als bisher zu erreichen, und ob es Alternativen zu den Änderungen gibt. Die Neuregelungen entziehen sich zum Teil einer wissenschaftlichen Bewertung. Das betrifft beispielsweise die geplante Formulierung von Rahmenzielen zwischen BMAS und BA, bei der Output-Ziele im Vordergrund stehen sollen. Ob sich Effektivität und Effizienz der Arbeitsförderung hierdurch verbessern, lässt sich wissenschaftlich nicht prognostizieren. Allerdings wäre es aus Sicht der Wissenschaft wünschenswert, nicht ausschließlich kurzfristige Performanzziele und -indikatoren zu formulieren. Diese sind zwar leicht messbar, stehen aber kaum im Zusammenhang mit kausalen Wirkungen der Arbeitsmarktpolitik. Ein weiteres zentrales Element sind Neuregelungen, durch die einige Instrumente a) für die Vermittler flexibler und leichter handhabbar und b) für Arbeitslose und Arbeitsuchende leichter verständlich werden sollen. Mit dem Vermittlungsbudget nach § 45 SGB III und Maßnahmen zur Aktivierung und beruflichen Eingliederung nach § 46 SGB III ist im Rechtskreis des SGB III grundsätzlich eine flexiblere und passgenauere Gestaltung einiger Leistungen für Arbeitslose möglich. Dies gilt aber nicht im gleichen Maße für erwerbsfähige Hilfebedürftige im Rechtskreis SGB II. Für sie treten verschiedene gesetzliche Neuregelungen in Kraft, die die bisherige sehr flexib-

le Leistungserbringung durch die sonstigen weiteren Leistungen nach § 16 Absatz 2 SGB II ablösen. Damit wird der gesetzliche Rahmen für die Erbringung solcher Leistungen zwar insgesamt klarer gefasst. Ob mit der Neugestaltung eine bessere Wirkung im Sinne einer besseren Eingliederung in Arbeit oder einer verbesserten sozialen Integration erzielbar ist, kann aber nicht a priori beurteilt werden. Abgeschafft werden durch die Neuregelung insbesondere wenig genutzte Instrumente; andere Instrumente wurden mit dem Ziel der Flexibilisierung zusammengefasst. Wie aufgezeigt wurde [vgl. IAB-Stellungnahme 2008, S. 28, Anm. d. Verf.], hätte hier aber das Potenzial für weitere Vereinfachungen bestanden. Was die Veränderungen im Bereich der Aus- und Weiterbildungsförderung angeht, ist die Konzentration auf Bildungsgutscheine kritisch zu sehen, da gerade bildungsferne Gruppen durch das Instrument überfordert sein könnten. Auch bei einer Vorbereitung auf das Nachholen des Hauptschulabschlusses im Rahmen von berufsvorbereitenden Bildungsmaßnahmen sind die spezifischen Ausgangsbedingungen der potenziellen Teilnehmer zu bedenken. Schließlich weisen Evaluationsergebnisse des IAB darauf hin, dass viele arbeitsmarktpolitische Instrumente des SGB III auch im Rechtskreis des SGB II wirkungsvoll eingesetzt werden. Es wäre zudem grundsätzlich denkbar, Instrumente der öffentlich geförderten Beschäftigung, die sich eher an Langzeitarbeitslose richten sollten und zum Erhalt von Beschäftigungsfähigkeit dienen sollen (wie die Arbeitsbeschaffungsmaßnahmen und Arbeitsgelegenheiten in der Entgeltvariante), zu einem in beiden Rechtskreisen geltenden Instrument zusammenzuführen. Dazu müsste ein Rahmen gesetzt werden, innerhalb dessen eine unterschiedliche Anwendung des Instruments für Arbeitslose im Rechtskreis des SGB III und erwerbsfähige Hilfebedürftige im Rechtskreis des SGB II erfolgen kann. Zusätzlich zu den arbeitsmarktpolitischen Instrumenten im engeren Sinne, die vorrangig auf eine Integration in den ersten Arbeitsmarkt zielen, sind im Rechtskreis SGB II weitere Förder- und Unterstützungsmöglichkeiten für besonders arbeitsmarktferne Personen erforderlich. Die Wirksamkeit

mit Blick auf die für diese Gruppe häufig im Vordergrund stehenden Ziele der sozialen Stabilisierung und der Beschäftigungsfähigkeit muss auch bei diesen Instrumenten genau beobachtet werden."
(IAB-Stellungnahme 2008, S. 30 f.)

Parlamentaria

Institut für Arbeitsmarkt- und Berufsforschung: Stellungnahme zur öffentlichen Anhörung von Sachverständigen am 24. November 2008. In: Deutscher Bundestag, Ausschuss für Arbeit und Soziales. Ausschussdrucksache 16(11)1196 vom 19. November 2008 (enthalten in Dr. 16(11)1187 vom 21. November 2008), S. 25–32.

Gesetz zur Neuausrichtung der arbeitsmarktpolitischen Instrumente vom 21.12.2008. In: Bundesgesetzblatt Teil I Nr. 64 vom 29.12.2008, S. 2917 ff.

Gesetzentwurf der Bundesregierung. Bundestagsdrucksache 16/10810 vom 08.11.2008.

4 Gesetz zur Einführung Unterstützter Beschäftigung für Menschen mit Behinderungen

Inkrafttreten am 01.01.2009

Wesentlicher Inhalt des Gesetzes:
- Förderung von Leistungen zur individuellen betrieblichen Qualifizierung von Behinderten direkt am Arbeitsplatz und zur Berufsbegleitung

Mit diesem Gesetz wird das in den USA entwickelte und im deutschsprachigen Raum seit den neunziger Jahren in zahlreichen Modellprojekten erprobte Konzept der Unterstützten Beschäftigung gesetzlich verankert. Unterstützte Beschäftigung nach § 38a SGB IX soll behinderten Menschen im Grenzbereich zur Werkstattbedürftigkeit eine angemessene, geeignete und dauerhafte sozialversicherungspflichtige Beschäftigung auf dem ersten Arbeitsmarkt ermöglichen.

Nach dem Grundsatz „erst platzieren, dann qualifizieren" umfasst Unterstützte Beschäftigung eine individuelle betriebliche Qualifizierung und bei Bedarf eine Berufsbegleitung.

Zielgruppe sind behinderte Menschen mit Potenzial für eine Beschäftigung auf dem allgemeinen Arbeitsmarkt. Das sind insbesondere lernbehinderte Menschen im Grenzbereich zur geistigen Behinderung, geistig behinderte Menschen im Grenzbereich zur Lernbehinderung und behinderte Menschen mit nachhaltigen psychischen Störungen und/oder Verhaltensauffälligkeiten, bei denen eine Integration in sozialversicherungspflichtige Beschäftigung durch Leistungen zur Berufsvorbereitung und Berufsausbildung bzw. Weiterbildung nicht möglich erscheint. Auch ohne formale Abschlüsse sollen sie unter Berücksichtigung ihrer eigenen Berufswünsche die Möglichkeit haben, einer ihnen angemessenen Arbeit nachzugehen.

Das neue Instrument erkennt das Potenzial dieser Menschen an, denen Teilhabe am Arbeitsleben bislang nur durch Eingliederung in Werkstätten für behinderte Menschen offen stand. Andererseits soll durch die neue Gesetzgebung die Arbeit in Behindertenwerkstätten ausschließlich Menschen vorbehalten sein, die aufgrund ihrer Behinderungsart nur dort am Arbeitsleben teilhaben können.

Die Maßnahme Unterstützte Beschäftigung ist unterteilt in zwei Phasen: individuelle betriebliche Qualifizierung und bedarfsabhängige Berufsbegleitung. Vor Durchführung der Maßnahme werden Fähigkeiten, Kenntnisse, Wünsche und der Unterstützungsbedarf der Person ermittelt. In einer Orientierungsphase wird in einem oder mehreren Qualifizierungsplätzen der am besten geeignete Platz ermittelt, der eine berufliche Perspektive bietet. In der nachfolgenden Qualifizierungsphase erfolgt eine auf das Potenzial des Teilnehmers und an der betrieblichen Praxis ausgerichtete individuelle qualifizierende Unterweisung durch einen Job-Coach. Der Gesetzgeber betont ausdrücklich, dass die Qualifizierung neben der Vermittlung von beruflichen und berufsübergreifenden Kenntnissen auch Maßnahmen zur Weiterentwicklung der Persönlichkeit und der Förderung von Schlüsselqualifikationen umfasst.

Die Förderhöchstdauer der Qualifizierung beträgt zwei Jahre und kann um zwölf Monate verlängert werden, wenn hinreichend gewährleistet ist, dass eine weitere Qualifizierung zur Aufnahme einer sozialversicherungspflichtigen Beschäftigung führt.

Nach Begründung eines regulären Arbeitsverhältnisses erhalten behinderte Menschen bei Bedarf eine Berufsbegleitung, die das Arbeitsverhältnis stabilisieren und im Krisenfall frühzeitig intervenieren soll. Ein Qualifizierungstrainer (dies kann ein Sozialpädagoge, Ergotherapeut oder Psychologe sein) kann für bis zu fünf Teilnehmer zuständig sein. Diese Berufsbegleitung kann solange und soweit erfolgen, wie sie wegen Art und Schwere der Behinderung zur Sicherung des Beschäftigungsverhältnisses erforderlich ist. Für die Berufsbegleitung sind die Integrationsämter zuständig.

Parlamentaria

Gesetz zur Einführung Unterstützter Beschäftigung vom 22.12.2008. In: Bundesgesetzblatt Teil I Nr. 64 vom 29.12.2008, S. 2959 ff.

Gesetzentwurf der Bundesregierung. Bundestagsdrucksache 16/10487 vom 07.10.2008.

Zusammenstellung der schriftlichen Stellungnahmen zur öffentlichen Anhörung von Sachverständigen in Berlin am 05.11.2008. Ausschussdrucksache 16(11)1118 vom 31.10.2008.

5 Gesetz zur arbeitsmarktadäquaten Steuerung der Zuwanderung Hochqualifizierter (Arbeitsmigrationssteuerungsgesetz)

Inkrafttreten am 01.01.2009

Mit dem Arbeitsmigrationssteuerungsgesetz (AMSG) werden Teile des am 16. Juli 2008 vom Bundeskabinett verabschiedeten „Aktionsprogramms der Bundesregierung – Beitrag der Arbeitsmigration zur Sicherung der Fachkräftebasis in Deutschland" umgesetzt. Nach der Gesetzesbegründung soll Deutschlands Position im internationalen Wettbewerb um hochqualifizierte Fachkräfte gestärkt werden. Durch Schaffung und Erweiterung aufenthaltsrechtlicher Perspektiven soll der Zuzug und Verbleib von Fachkräften gefördert werden.

Wesentliche Inhalte des Gesetzes:
- Senkung der Mindesteinkommensgrenze für die Erteilung einer unbefristeten Niederlassungserlaubnis an Hochqualifizierte
- Reduzierung der geforderten Investitionssumme für selbständige Ausländer
- Vorzeitige Aufhebung der Zuwanderungsrestriktionen für Hochschulabsolventen aus den neuen Mitgliedsstaaten der EU
- Öffnung des Arbeitsmarktes für Akademiker aus Drittstaaten (mit Vorrangprüfung) und deren Familienangehörige
- Befristete Aufenthaltserlaubnis für qualifizierte Geduldete unter bestimmten Bedingungen

Die Umsetzung des Arbeitsmigrationssteuerungsgesetzes erfolgt durch Änderungen im Aufenthaltsgesetz (AufenthG), aber auch im Zuwanderungsgesetz (ZuwandG), dem Bundesausbildungsförderungsgesetz (BAföG) und dem Sozialgesetzbuch III (SGB III) sowie in der Aufenthaltsverordnung und der Verordnung zur Durchführung des Gesetzes über das Ausländerzentralregister. Hochqualifizierte ausländische Fachkräfte erhalten nach der Neuregelung eine dauerhafte Niederlassungserlaubnis, wenn ihr jährliches Einkommen mindestens der Beitragsbemessungsgrenze in der allgemeinen Rentenversicherung (63.600 Euro im Jahr 2009) entspricht. Für Ausländer, die eine Aufenthaltserlaubnis zur Ausübung einer selbständigen Tätigkeit erhalten wollen, wird die geforderte Investitionssumme von 500 Tsd. auf 250 Tsd. Euro reduziert. Der Arbeitsmarktzugang für Akademiker aus den neuen EU-Mitgliedstaaten wird durch den Verzicht auf die Vorrangprüfung geöffnet. Bei der Vorrangprüfung wird zunächst ermittelt, ob für die konkrete Beschäftigung keine bevorrechtigten inländischen Arbeitsuchenden zur Verfügung stehen. Erleichtert wird der Arbeitsmarktzugang für Akademiker aus Drittstaaten (mit Vorrangprüfung) und deren Familienangehörige. Dabei werden Absolventen deutscher Auslandsschulen bevorzugt. Bei dieser Gruppe entfällt die Vorrangprüfung für die Ausübung einer der beruflichen Qualifikation entsprechenden Beschäftigung, wenn eine im Inland erworbene berufsqualifizierende Ausbildung oder ein einem deutschen Hochschulabschluss vergleichbarer akademischer Abschluss vorliegt.

Im parlamentarischen Prozess wurden insbesondere durch den Bundesrat eine Reihe zusätzlicher bzw. modifizierender Regelungen zur Diskussion und Abstimmung gestellt, darunter ein Punktesystem zur Steuerung der Zuwanderung und eine stärkere Absenkung der Mindesteinkommensgrenze für den Erhalt der Niederlassungserlaubnis für Hochqualifizierte.

Auf die bessere Nutzung inländischer Potenziale zielt eine weitere Regelung im Arbeitsmigrationssteuerungsgesetz, die sich auf Berufsausbildung und Beschäftigung geduldeter Ausländer bezieht. Nach § 18a AufenthG können Geduldete, die erfolgreich in Deutschland eine Berufsausbildung oder ein Studium absolviert haben, eine befristete Aufenthaltserlaubnis erhalten. Dies gilt auch für geduldete Hochschulabsolventen, deren Studienabschluss in Deutschland anerkannt ist und die zwei Jahre lang durchgängig in einem ihrer Qualifikation entsprechenden Beruf gearbeitet haben. Auch geduldete Fachkräfte, die drei Jahre lang durchgängig in einer Beschäftigung tätig waren, welche eine qualifizierte Berufsausbildung voraussetzt, können einen Aufenthaltsstatus erhalten. Nach vierjährigem Aufenthalt haben Geduldete Anspruch auf individuelle Ausbildungsförderung durch das Bundesausbildungsförderungsgesetz. Während einer betrieblich durchgeführten beruflichen Ausbildung sowie einer berufsvorbereitenden Bildungsmaßnahme wird Berufsausbildungsbeihilfe nach SGB III geleistet.

Parlamentaria

Entwurf eines Gesetzes zur arbeitsmarktadäquaten Steuerung der Zuwanderung Hochqualifizierter und zur Änderung weiterer aufenthaltsrechtlicher Regelungen (Arbeitsmigrationssteuerungsgesetz). Gesetzentwurf der Bundesregierung. In: Bundestagsdrucksache 16/10288 vom 22.09.2008, 16 S.

Gesetz zur arbeitsmarktadäquaten Steuerung der Zuwanderung Hochqualifizierter und zur Änderung weiterer aufenthaltsrechtlicher Regelungen (Arbeitsmigrationssteuerungsgesetz – AMSG) vom 20.12.2008. In: Bundesgesetzblatt Teil I Nr. 63, S. 2846.

6 Gesetz zur Verbesserung der Rahmenbedingungen für die Absicherung flexibler Arbeitszeitregelungen und zur Änderung anderer Gesetze (Flexi-II-Gesetz)

Inkrafttreten am 01.01.2009

Das sogenannte Flexi-II-Gesetz soll Defizite der 1998 neu geschaffenen Regelung zur Ansammlung von Wertguthaben auf Langzeitkonten (Flexi-I-Gesetz) beseitigen. Danach kann angespartes Arbeitsentgelt (inkl. Einkommensteuer und Sozialversicherungsbeiträge) zu einem späteren Zeitpunkt zur kurz-, mittel- oder längerfristigen Freistellung von der Arbeit eingesetzt werden. Hierzu gibt es auf tariflicher, betrieblicher oder individueller Ebene Vereinbarungen zur individuellen Lebenszeitgestaltung. In der Praxis hatten sich Probleme bei der Abgrenzung von Zeitwertkonten zu anderen Formen flexibler Arbeitszeitgestaltung (Arbeitszeitkonten zur flexiblen Gestaltung der Arbeitszeit), beim Werterhalt, beim Insolvenzschutz und beim Arbeitgeberwechsel ergeben.

> **Wesentliche Inhalte des Gesetzes:**
> - Weiterentwicklung der Rahmenbedingungen für Zeitwertkonten
> - Präzisierte Definition für die Verwendung von Wertguthaben und Abgrenzung zu Kurz- und Gleitzeitkonten
> - Werterhaltungsgarantie und verbesserter Insolvenzschutz
> - Einführung einer eingeschränkten Portabilität von Wertguthaben auf einen neuen Arbeitgeber bzw. die Deutsche Rentenversicherung Bund

Mit dem Flexi-II-Gesetz wurde die Verwendung von Wertguthaben gesetzlich definiert. Beschäftigte können mit den Langzeitkonten die unterschiedlichsten Freistellungen im Erwerbsverlauf organisieren. Darunter fallen zum Beispiel Qualifizierung und Weiterbildung, Kinderbetreuung und Pflege,

der Übergang in die Altersrente, das Aufstocken von Teilzeitentgelt oder ein „Sabbatical". Im Rahmen der gesetzlichen Freistellungszwecke Eltern- oder Pflegezeit können die angesparten Guthaben auch ohne das Einverständnis des Arbeitgebers in Anspruch genommen werden. Eine klare Trennlinie wird auch zur betrieblichen Altersversorgung gezogen, auf die Zeitwertkonten mit dem Flexi-II-Gesetz nicht mehr beitragsfrei übertragen werden können.

Zur Sicherung der Wertguthaben wird die Kapitalanlage in Aktien oder Aktienfonds auf maximal 20 Prozent zum Zeitpunkt der Anlage begrenzt. Eine Werterhaltungsgarantie sichert den Nominalwert und umfasst auch den Arbeitgeberanteil am Sozialversicherungsbeitrag ohne Beschränkung durch die Beitragsbemessungsgrenze. Der Erhalt des Realwerts etwa auf dem üblichen Niveau von Tariferhöhungen ist damit nicht garantiert. Ein verbesserter Insolvenzschutz sorgt für die Sicherung der angesparten Wertguthaben. Diese Insolvenzsicherung prüft die Deutsche Rentenversicherung Bund regelmäßig.

Unter dem Stichwort der „Portabilität" wird eine begrenzte Mitnahmemöglichkeit von Langzeitkonten geregelt. Arbeitnehmer haben demnach einen Anspruch auf Übertragung ihres Wertguthabens auf einen neuen Arbeitgeber. Es kann beim Ausscheiden aus einem Unternehmen auch der Deutschen Rentenversicherung Bund übertragen werden, wenn es zum Übertragungszeitpunkt mindestens 15.120 Euro (in den alten Bundesländern) bzw. 12.810 Euro (in den neuen Bundesländern) beträgt. Eine weitere Neuregelung betrifft geringfügig Beschäftigte, die nun ebenfalls ein Wertguthaben aufbauen dürfen, um im Rahmen ihrer Teilzeitbeschäftigung Freistellungsphasen in Anspruch nehmen zu können.

IAB-Stellungnahme

„Der vorgelegte Gesetzesentwurf strebt in den Punkten 1–3 eine Verbesserung des Schutzes von Wertguthaben auf Langzeitkonten an. Grundsätzlich ist die vorgeschlagene Gesetzesänderung als wohldurchdachte Präzisierung, Verbesserung und

Erweiterung des bestehenden Schutzes, insbesondere des nunmehr sanktionsbewehrten Zwanges zum Insolvenzschutz anzusehen und zu begrüßen. Doch gilt es, noch auf einige mögliche Probleme und **Inkonsistenzen** hinzuweisen.

1. Die Neufassung § 7b SGB IV hat die sinnvolle Absicht, den Tatbestand des Wertguthabens von anderen kontengestützten Flexibilisierungsmaßnahmen im Betrieb abzugrenzen. Der Absatz 2 schließt insofern die Flexibilisierung der (täglichen, wöchentlichen, jährlichen) Arbeitszeiten aus den möglichen Zielen einer Vereinbarung zum Wertguthaben aus. Andererseits ist in der Praxis festzustellen, dass gerade die Erwirtschaftung von Wertguthaben typischerweise auch durch Ansparen von Arbeitszeit in Langzeitkonten zustande kommt (worauf Absatz 3 auch Bezug nimmt). Doch dies setzt in der Regel auch einen entsprechenden betrieblichen Kapazitätsbedarf voraus. Auslastungsspitzen führen in Betrieben häufig zu einer Füllung der Kurzfristkonten. Wenn diese Guthaben dann nicht abgebaut werden, können sie per Vereinbarung in ein Langzeitkonto übertragen werden. Die Einrichtung von Langzeitkonten liegt daher durchaus im Flexibilisierungsinteresse von Betrieben, einerseits Arbeitszeitspitzen zu ermöglichen, dabei andererseits auch ergänzende Verfahren zum Umgang mit den so entstehenden Guthaben zu entwickeln, die das Tagesgeschäft weniger beeinträchtigen als z. B. der übliche tageweise Freizeitausgleich. Überdies ist die Bereithaltung von Langzeitkonten, die auch für ein vorgezogenes Erwerbsende genutzt werden können, ein Instrument für den betrieblichen sozialfriedlichen Personalabbau – und damit eine Flexibilisierungsmaßnahme für die Lebensarbeitszeit. Für die grundsätzlich sinnvolle Abgrenzung vom flexiblen Alltagsgeschäft reicht jedoch die Führung des Langzeitkontos als Wert-, nicht als Zeitkonto und die Zweckbestimmung einer längeren Arbeitsfreistellung. Es muss jedoch sichergestellt sein, dass das Wertguthaben auch sicher und planbar für die vereinbarten Zwecke (z. B. Familienphasen, vorgezogenes Erwerbsende) eingesetzt werden

kann. Vor allem müsste ein arbeitgeberseitig angeordneter oder gewünschter Guthaben**abbau** aus möglichen Vereinbarungen ausgeschlossen werden.

2. Ungeregelt ist auch im vorliegenden Gesetzesentwurf, ob während einer Phase der Freistellung oder Arbeitszeitreduktion, bei der das Wertguthaben in Anspruch genommen wird, das Eingehen eines anderen Beschäftigungsverhältnisses oder einer selbständigen Tätigkeit zulässig ist. Aus arbeitsmarktpolitischer Perspektive wäre dies sinnvoll, da Sucharbeitslosigkeit vermieden werden könnte. Im Übrigen ist die Leistung des Arbeitnehmers ja im Regelfall bereits erfolgt, nur die Gegenleistung des Arbeitgebers steht aus, so dass keine arbeitsvertragliche Leistungspflicht des Arbeitnehmers mehr besteht.

3. Es gibt zumindest keine expliziten Regelungen dazu, ob und wie eine Beteiligung der Arbeitnehmer an dem Ertrag bei der Verwaltung des Wertguthabens zwingend ist. Schließt die ‚treuhänderische Führung‘ des Kontos durch den Arbeitgeber oder die Deutsche Rentenversicherung Bund eine Weitergabe evtl. Verzinsungen ein?"

(Promberger 2008, S. 16 f.)

Parlamentaria

Entwurf eines Gesetzes zur Verbesserung der Rahmenbedingungen für die Absicherung flexibler Arbeitszeitregelungen. Gesetzentwurf der Bundesregierung. In: Bundestagsdrucksache 16/10289 vom 22.09.2008.

Gesetz zur Verbesserung der Rahmenbedingungen für die Absicherung flexibler Arbeitszeitregelungen und zur Änderung anderer Gesetze vom 21.12.2008. In: Bundesgesetzblatt Teil I Nr. 64 vom 29.12.2008, S. 2940 ff.

Promberger, Markus (2008): Stellungnahme zur öffentlichen Anhörung von Sachverständigen am 5. November 2008 in Berlin zum Gesetzentwurf der Bundesregierung Entwurf eines Gesetzes zur Verbesserung der Rahmenbedingungen für die Absicherung flexibler Arbeitszeitregelungen (Drucksache 16/10289). In: Deutscher Bundestag, Ausschuss für Arbeit und Soziales. Ausschussdrucksache, Dr. 16(11)1153 vom 31. Oktober 2008 (enthalten in Dr. 16(11)1119 vom 4. November 2008), S. 15–18.

7 Achtes Gesetz zur Änderung des Dritten Buches Sozialgesetzbuch und anderer Gesetze/Beitragssatzverordnung 2009

Inkrafttreten am 01.01.2009

Mit der Änderung des SGB III wird der Beitragssatz zur Arbeitslosenversicherung bis auf Weiteres um 0,3 Prozentpunkte auf 3,0 Prozent gesenkt. Durch die Beitragssatzverordnung 2009 erfolgt darüber hinaus eine bis 30.06.2010 befristete Absenkung auf 2,8 Prozent. Mit den Beitragssenkungen sollen die Beitragszahler entlastet und Anreize zur Schaffung sozialversicherungspflichtiger Beschäftigung gesetzt werden. Defizite im Haushalt der Bundesagentur für Arbeit sollen durch Mittel aus der Rücklage ausgeglichen werden. Ein Beitragssatz von 3,0 Prozent soll nach den Prognosen der Bundesregierung zur wirtschaftlichen Entwicklung mittelfristig einen ausgeglichenen Haushalt der Bundesagentur für Arbeit gewährleisten. Bereits in den vorangegangenen Jahren war der Beitragssatz von 6,5 auf 4,2 (2007) und auf 3,3 Prozent (2008) gesenkt worden (vgl. Handbuch Arbeitsmarkt 2009).

Parlamentaria

Gesetzentwurf der Bundesregierung vom 16.10.2008, Bundestagsdrucksache 751/08.

Achtes Gesetz zur Änderung des Dritten Buches Sozialgesetzbuch und anderer Gesetze vom 20.12.2008, Bundesgesetzblatt Teil I Nr. 63 vom 24.12.2008, S. 2860 f.

Verordnung über die Erhebung von Beiträgen zur Arbeitsförderung nach einem niedrigeren Beitragssatz (Beitragssatzverordnung 2009).

IAB-Literatur

Möller, Joachim; Walwei, Ulrich (Hg.) (2009): Handbuch Arbeitsmarkt 2009, IAB-Bibliothek 314.

8 Gesetz zur Sicherung von Beschäftigung und Stabilität in Deutschland (Konjunkturpaket 2)

Inkrafttreten am 02.03.2009

Mit dem Gesetz zur Sicherung von Beschäftigung und Stabilität in Deutschland wird das am 14. Januar 2009 von der Bundesregierung beschlossene zweite Konjunkturpaket „Pakt für Beschäftigung und Stabilität in Deutschland zur Sicherung der Arbeitsplätze, Stärkung der Wachstumskräfte und Modernisierung des Landes" in weiten Teilen umgesetzt.[3] Die Bundesregierung setzt darin ihre mit dem ersten „kleinen" Konjunkturpaket begonnene Politik zur Stärkung der Wachstumskräfte und Stabilisierung von Beschäftigung fort.

Wesentliche beschäftigungspolitische Inhalte:
- Neugestaltung der Kurzarbeit (Leistungsdauer, Qualifizierung, Erstattung der Sozialversicherungsbeiträge)
- Qualifizierung von Älteren und (gering-) qualifizierten Beschäftigten (Ausweitung WeGebAU-Programm) und Leiharbeitnehmern
- Förderung von Umschulungen zum Alten- und Krankenpfleger
- Schaffung von 5 Tsd. zusätzlichen Vermittlerstellen
- Stabilisierung des Beitragssatzes zur Arbeitslosenversicherung bei 2,8 Prozent

Das Konjunkturpaket 2 ist mit knapp 50 Mrd. Euro wesentlich umfangreicher als das Vorläuferpaket (zwölf Mrd. Euro). Mit der Senkung von Steuern und Abgaben, einem Kredit- und Bürgschaftsprogramm sowie der Förderung von Investitionen sollen die Auswirkungen der Wirtschafts- und Finanzkrise von

---

3 Weitere Regelungen betreffen die Einführung einer „Schuldenbremse" im Grundgesetz, die Neuregelung der Kraftfahrzeugsteuer und das Nachtragshaushaltsgesetz 2009.

2008/2009 gemildert und die wirtschaftlichen Perspektiven verbessert werden. Darunter fallen u. a. Investitionen der öffentlichen Hand in den Bereichen Bildung, Soziales und Infrastruktur, die Senkung der KFZ-Steuer, die sogenannte Abwrackprämie für PKW, Vergünstigungen im Bereich familien- und kindbezogener Leistungen sowie Einkommensteuersenkungen. Im Folgenden werden nur die Maßnahmen behandelt, die unmittelbar der Beschäftigungssicherung bzw. der Weiterqualifizierung dienen. Weitere Maßnahmen – wie die Senkung des Eingangssteuersatzes der Einkommensteuer, der Kinderbonus und ein zusätzlicher Kinderregelsatz – dienen der Entlastung der privaten Haushalte und der Stützung von Einkommen und Konsum.

Die beschäftigungspolitischen Maßnahmen des zweiten Konjunkturpakets sollen Betrieben mit massiven Auftragseinbrüchen helfen, durch eine verbesserte Förderung der Kurzarbeit Fachkräfte zu halten und zu qualifizieren. Wenn Beschäftigung nicht gesichert werden kann, sollen durch Weiterbildung, Umschulung und schnellere Vermittlung Perspektiven in anderen Betrieben und Wirtschaftsbereichen aufgebaut werden.

Kurzarbeit

Bei der Kurzarbeit werden den Arbeitgebern in den Jahren 2009 und 2010 die Sozialversicherungsbeiträge durch die Bundesagentur für Arbeit hälftig erstattet. Die Inanspruchnahme wird durch mehrere Regelungen erleichtert. Durch Aussetzen der „Drittel-Erfordernis" nach § 421t Absatz 2 Nr. 1 SGB III liegt ein Anspruch auch dann vor, wenn weniger als ein Drittel der in dem Betrieb beschäftigten Arbeitnehmer von einem Entgeltausfall von jeweils mehr als 10 Prozent ihres monatlichen Bruttoarbeitsentgelts betroffen sind. Außerdem wird auf den Negativvortrag von Arbeitszeitkonten (Aufbau von Minusstunden) verzichtet. Bei der Berechnung der Nettoentgeltdifferenz bleiben ab Januar 2008 durchgeführte vorübergehende Änderungen der vertraglich vereinbarten Arbeitszeit außer Betracht, wenn sie auf kollektivrechtlichen Beschäftigungssicherungsvereinbarungen beruhen. Schließlich müssen Leiharbeitsverhältnisse und befriste Beschäftigte nicht mehr gekündigt werden, um Kurzarbeit in Anspruch nehmen zu können.

Die Kosten der Qualifizierung von Beschäftigten in Kurzarbeit werden von der Bundesagentur für Arbeit bezuschusst. Qualifiziert der Arbeitgeber seine Arbeitnehmerinnen und Arbeitnehmer während der Zeit der Kurzarbeit, werden dem Arbeitgeber in den Jahren 2009 und 2010 die vollen Sozialversicherungsbeiträge erstattet.

Der Geschäftsbereich Dokumentation bietet ein InfoSpezial zum Thema „Kurzarbeit" mit wissenschaftlichen und praxisorientierten Informationen, Veröffentlichungen, Forschungsprojekten und Positionspapieren.
www.iab.de/infoplattform/kurzarbeit

IAB-Stellungnahme

„Mit den im Entwurf zum § 421t SGB III vorgesehenen Regelungen soll die Inanspruchnahme von Kurzarbeit (einschließlich Saison-Kurzarbeit) nun – zeitlich befristet bis Ende 2010 – wieder erleichtert werden. Angesichts der außerordentlich schwierigen wirtschaftlichen Situation und der negativen Aussichten für den Arbeitsmarkt ist dies nachvollziehbar. Das Aussetzen des Drittel-Erfordernisses, der Verzicht auf Minusstunden als Voraussetzung für die Nutzung sowie die Neuregelung der Bemessung des Kurzarbeitergeldes bei vorherigen kollektivvertraglichen Maßnahmen der Beschäftigungssicherung können die Inanspruchnahme von Kurzarbeit erleichtern. Dies gilt auch für die vorgesehene hälftige Erstattung der Sozialversicherungsbeiträge. Mitnahmeeffekte können bei diesen temporären Neuregelungen allerdings nicht ausgeschlossen werden. So ist anzunehmen, dass ein Teil der Betriebe auch ohne die zusätzlichen Anreize Kurzarbeit in Anspruch nehmen würde. Bei anderen Betrieben könnte anstelle von Kurzarbeit für kollektivvertragliche Arbeitszeitverkürzungen zur Beschäftigungssicherung optiert werden, sofern solche vereinbart wurden oder worden wären. Mit

Blick auf die derzeitige Sondersituation wird man solche Mitnahmeeffekte aber in Kauf nehmen müssen, da man sich von den Regelungen ein Abbremsen des Beschäftigungsabbaus versprechen kann. Insbesondere Betriebe mit erheblichen wirtschaftlichen Schwierigkeiten erhalten mit der Erstattung eines Teils der Sozialversicherungsbeiträge einen zusätzlichen Anreiz zur Einführung von Kurzarbeit als Alternative zu Entlassungen. Dies betrifft auch die Möglichkeit von Kurzarbeit bei Leiharbeitnehmern. (...) Neben den Anreizen für eine generell höhere Inanspruchnahme setzt die Bundesregierung durch die volle Erstattung der Sozialversicherungsbeiträge bei Qualifizierungsmaßnahmen während der Kurzarbeit ein weiteres Signal. Grundsätzlich ist es positiv zu bewerten, dass Betriebe und Beschäftigte dazu bewogen werden sollen, die Phase der Kurzarbeit zur Qualifizierung zu nutzen. Ob von der Regelung merkliche Effekte ausgehen werden, bleibt jedoch abzuwarten. (...) Wünschenswert wäre, dass die erworbenen Qualifikationen zertifiziert werden und möglichst am allgemeinen Arbeitsmarkt verwertbar sind." (Bellmann u. a. 2009, S. 8)

Förderung der beruflichen Weiterbildung beschäftigter Arbeitnehmerinnen und Arbeitnehmer/WeGebAU

Die Förderung der beruflichen Weiterbildung beschäftigter Arbeitnehmerinnen und Arbeitnehmer war bis dato begrenzt auf von Arbeitslosigkeit bedrohte Beschäftigte, Beschäftigte ohne Berufsabschluss (§ 77 SGB III) und ältere Beschäftigte in kleinen und mittleren Unternehmen (§ 417 SGB III). Sie wird nunmehr auf alle Arbeitnehmerinnen und Arbeitnehmer erweitert, deren Berufsausbildung und letzte Weiterbildung schon längere Zeit zurückliegt. Damit wird auch der Anwendungsbereich des Programms der Bundesagentur für Arbeit zur „Weiterbildung Gering qualifizierter und beschäftigter Älterer in Unternehmen (WeGebAU)" erweitert.

IAB-Stellungnahme

„Deutschland liegt, was die betriebliche Weiterbildung angeht, im internationalen Vergleich im Mittelfeld. Eine besonders geringe Weiterbildungsbeteiligung weisen auf der Betriebsebene kleine und mittlere Betriebe sowie auf der Personenebene gering Qualifizierte, Einkommensschwache, Ältere und teilzeitbeschäftigte Frauen mit betreuungsbedürftigen Kindern auf.

Auf der Personenebene deuten die vorliegenden Befunde darauf hin, dass eine kontinuierliche Weiterbildungsbeteiligung wichtig ist – nicht zuletzt zu dem Zweck, dass das Lernen nicht verlernt wird. Dies gilt für Personen mit abgeschlossener Berufsausbildung genauso wie für ungelernte Arbeitnehmer. Um die Chancen für eine kontinuierliche Weiterbildung zu erhöhen, erscheint eine Unterstützung von Personen, die längere Zeit nicht gelernt haben, sinnvoll. Die Ausweitung des WeGebAU-Programms weist also in die richtige Richtung. Mit Blick auf die Inanspruchnahme ist jedoch zu beachten, dass der zusätzlich erreichbare Personenkreis dadurch eingeschränkt wird, dass Personen mit Berufsabschluss auch bisher als gering qualifiziert gelten, wenn sie seit mehr als vier Jahren eine un- oder angelernte Tätigkeit ausüben und nicht mehr in ihrem Ausbildungsberuf arbeiten.

Auf der Seite der Betriebe können die Neuregelungen die Inanspruchnahme des Programms sowohl über die Öffnung des WeGebAU-Programms für Personen mit einer höheren Qualifikation als auch über die Aufhebung der Betriebsgrößengrenze im Zusammenhang mit § 417 (1) SGB III erhöhen. Dies gilt in der jetzigen Phase besonders, da die Opportunitätskosten der Weiterbildung in konjunkturell schwierigen Zeiten geringer sind, die direkten Weiterbildungskosten hier aber stärker ins Gewicht fallen. Zwar weisen Betriebe mit mehr als 250 Mitarbeitern nach den Ergebnissen des IAB-Betriebspanels schon zu 95 Prozent Weiterbildungsaktivitäten auf, aber auch bei diesen Betrieben kann sich der Fokus des WeGebAU-Programms auf ältere, gering qualifizierte oder „weiterbildungsferne" Personen bemerkbar machen.

Schließlich ist derzeit nicht absehbar, in welchem Verhältnis die Förderung im Rahmen von WeGebAU zu ungeförderten Weiterbildungsmaßnahmen in den Betrieben steht. Intendiert wäre, dass das Programm zusätzliche Qualifizierungen initiiert. Tatsächlich könnte es allerdings auch zu individuellen und betrieblichen Mitnahmeeffekten kommen – Beschäftigte und Betriebe könnten sich ohnehin geplante Weiterbildungsmaßnahmen durch die Arbeitsagentur finanzieren lassen. Betriebliche Mitnahmeeffekte sollten aber immerhin dadurch begrenzt sein, dass die Bildungsinhalte betriebsübergreifend auszugestalten sind.

Die Erfahrungen mit der Neuregelung sollten genau beobachtet werden, um diese mit Blick auf die weitere Ausgestaltung des WeGebAU-Programms nach Ablauf der befristeten Neuregelungen Ende 2010 zu nutzen." (Bellmann u. a. 2009, S. 10 f.)

Maßnahmen zur Qualifizierung im Rahmen der Leiharbeit

Die berufliche Weiterbildung von Leiharbeitnehmerinnen und Leiharbeitnehmern wird gefördert, wenn sie von dem Zeitarbeitsunternehmen wieder eingestellt werden, für das sie zuletzt tätig waren.

IAB-Stellungnahme

„Leiharbeitnehmer sind unterproportional an betrieblicher Weiterbildung beteiligt. (...) Die Ergebnisse einer Befragung von Zeitarbeitsunternehmen (...) zeigen zudem, dass Weiterbildung aus Sicht der meisten Zeitarbeitsunternehmen keine oder eher eine geringe Rolle spielt. (...) Formelle, kursförmig organisierte Weiterbildungsveranstaltungen sind demnach für Leiharbeitnehmer nur von geringer Bedeutung. Etwas anders stellt sich die Situation im Hinblick auf das informelle Lernen dar, das im Prozess der Arbeit stattfindet. Einer Untersuchung (...) zufolge schätzen die meisten Zeitarbeitnehmer den Lerngewinn im Rahmen ihrer Tätigkeit als relativ hoch ein. Besondere Lerneffekte werden dabei im Hinblick auf Kompetenzen wie flexible Einarbeitung oder Anpassungsfähigkeit gesehen, aber weniger im Bereich der fachlichen Expertise. Berücksichtigt man neben der formellen Weiterbildung auch das informelle Lernen, so dürfte sich die Wei-

terbildungsposition der Leiharbeitnehmer geringfügig besser darstellen als es die Statistiken vermuten lassen. (...)

Die Einbeziehung der Zeitarbeit in das erweiterte Programm WeGebAU ist nachvollziehbar, weil in der Leiharbeit in besonderem Maße Personen mit geringer Qualifikation beschäftigt sind. Zudem werden in der Zeitarbeit besonders viele Personen rekrutiert, die vormals keiner Erwerbsarbeit nachgingen. So war in 2007 nur ein Drittel der eingestellten Leiharbeitnehmer vorher beschäftigt und hatte damit zuletzt keinen Zugang zu einer betriebsnahen Weiterbildung.

Die Förderung der beruflichen Weiterbildung wieder eingestellter Leiharbeitnehmerinnen und Leiharbeitnehmer soll als Rekrutierungsanreiz für Zeitarbeitsunternehmen fungieren und den Verleihern die Möglichkeit geben, im Vorfeld des Personaleinsatzes eine passende Qualifizierung für ihre Belegschaft vorzunehmen. Den Zeitarbeitsunternehmen erlaubt diese Regelung so etwas wie einen „Recall" bewährter Kräfte, für die zuletzt kein Einsatz mehr zu finden war.

Zwar macht die Möglichkeit einer geförderten Weiterbildung eine Wiedereinstellung tendenziell attraktiver und könnte die Arbeitsmarktchancen der Leiharbeitnehmer erhöhen. Allerdings sollte man sich bei der Höhe der Inanspruchnahme keinen zu großen Hoffnungen hingeben. Hierfür lassen sich unterschiedliche Gründe anführen:

Die Nutzung wird weiterhin stark von den wirtschaftlichen Erwartungen der Zeitarbeitsfirmen abhängen. Solange keine gesicherte Auftragslage für die Zeitarbeit gegeben ist, dürfte das Instrument wenig Anklang finden. Es wird erst dann interessanter, wenn sich Wirtschaft und Arbeitsmarkt erkennbar erholen.

Die Arbeitnehmerüberlassung stellt als flexible Erwerbsform besondere Anforderungen an die Verfügbarkeit der Leiharbeitnehmerinnen und

Leiharbeitnehmer. Etwa die Hälfte der Arbeitsverträge endet laut Arbeitnehmerüberlassungsstatistik innerhalb von drei Monaten. Investitionen in Humankapital kommen in einem solch kurzatmigen Umfeld keine große Bedeutung bei. Wenn Weiterbildung erfolgt, werden die Maßnahmen in der Regel einen sehr kurzen Zeithorizont haben. Diese Weiterbildungsmaßnahmen können jedoch nur eine geringe Komplexität aufweisen und werden damit nur in eingeschränktem Umfang Fähigkeiten und Fertigkeiten vermitteln. Arbeitswillige Personen mit solchen Qualifikationen sollten jedoch gerade in Zeiten hoher Arbeitslosigkeit relativ problemlos am Arbeitsmarkt rekrutierbar sein. Die Bezuschussung von Qualifizierungskosten im Falle eines „Recalls" von ehemaligen Leiharbeitnehmerinnen und Leiharbeitern stellt damit nur dann einen Anreiz zur Wiedereinstellung dar, wenn der Verleiher nicht anderweitig adäquat qualifiziertes Personal rekrutieren kann.

Schließlich spielt auch die Weiterbildungsbereitschaft der Leiharbeitnehmer und Leiharbeitnehmerinnen eine wichtige Rolle. Im Bereich der Arbeitnehmerüberlassung sind einfache Tätigkeiten weiter verbreitet als in anderen Branchen. Die Weiterbildungsbereitschaft von Geringqualifizierten ist aber tendenziell geringer ausgeprägt als bei höher Qualifizierten. Der Weiterbildungserfolg ist deshalb im Bereich der Leiharbeit mit größerer Unsicherheit behaftet als in anderen Branchen. Auch dies mag die Bereitschaft von Verleihern reduzieren, in die Qualifikation ihrer Leiharbeitskräfte zu investieren." (Bellmann u. a. 2009, S. 11 f.)

Umschulungen zu Alten- und Krankenpflegern

Die Bundesagentur für Arbeit (BA) finanziert in den Jahren 2009 und 2010 die neu geförderten Umschulungen zu Alten- und Krankenpflegern vollständig.

IAB-Stellungnahme

„Nach Untersuchungen des IAB aus dem Jahr 2005 zählen von der Bundesagentur für Arbeit geförderte Ausbildungen im Pflegebereich gemessen an den

Eingliederungschancen der Teilnehmer zu den erfolgreichen Fortbildungsmaßnahmen (...). Dies gilt vor allem dann, wenn die Ausbildung im Altenpflegebereich erfolgte und auch durchgehalten wurde. Bei den Analysen war besonders augenfällig, dass gerade Personen profitierten, die bisher noch gar keinen Ausbildungsabschluss erworben hatten und deswegen als gering qualifiziert gelten konnten. Insofern erscheint es nicht nur wegen des drohenden Fachkräftemangels in diesem Bereich sinnvoll, die Umschulungsanstrengungen hier zu verstärken. Auch für die geförderten Arbeitslosen könnten sich dadurch neue Beschäftigungschancen erschließen. Bei der Umsetzung der Förderung wäre gleichwohl darauf zu achten, dass zum einen nicht an den (regionalen) Bedarfen vorbei ausgebildet bzw. umgeschult wird. Zum anderen sollte an erster Stelle bei der Entscheidung über eine Förderung die persönliche Eignung des potenziellen Teilnehmers stehen. Diese sollte bei personennahen Dienstleistungen noch stärker im Vordergrund stehen als es generell erforderlich ist." (Bellmann u. a. 2009, S. 12)

Zusätzliche Vermittlerstellen

Die personellen Ressourcen der BA werden im Rahmen eines Nachtragshaushalts verstärkt. 5 Tsd. zusätzliche Stellen sollen etatisiert werden und für Vermittlung, Betreuung und Leistungsgewährung in den Arbeitsagenturen und Jobcentern zur Verfügung stehen.

IAB-Stellungnahme

„Erste Zwischenergebnisse der wissenschaftlichen Evaluation zeigen: Dienststellen mit erhöhten Vermittlerzahlen konnten im Durchschnitt den Integrationsgrad stärker verbessern und die Zahl der SGB-III-Kunden sowie die durchschnittliche Dauer der Arbeitslosigkeit stärker reduzieren als Dienststellen mit herkömmlichen Vermittlerzahlen. Die positiven Effekte ließen sich vor allem für Neuzugänge in Arbeitslosigkeit feststellen, deren durchschnittliche Arbeitslosigkeitsdauer in Dienststellen mit Erhöhung der Vermittlerzahl signifikant kürzer ausfiel. Hier ist allerdings anzumerken, dass sich die Ergebnisse auf einen Zeitraum beziehen, der von einer

eher positiven Entwicklung auf dem Arbeitsmarkt gekennzeichnet war, sowie überwiegend auf Dienststellen in Regionen mit guter bis durchschnittlicher Arbeitsmarktlage." (Bellmann u. a. 2009, S. 13)

Beitragssatz zur Arbeitsförderung

Der Beitragssatz zur Arbeitslosenversicherung wird über den 30. Juni 2010 hinaus bis Ende des Jahres 2010 stabil bei 2,8 Prozent gehalten. Die Rückzahlung von Darlehen des Bundes an die BA wird bis zum Schluss des folgenden Haushaltsjahres gestundet, falls die BA zum Schluss des laufenden Jahres nicht zurückzahlen kann.

Kinderbonus

Alle Kindergeldberechtigten erhalten für das Jahr 2009 einmalig 100 Euro je Kind (Kinderbonus). Der nach § 66 Absatz 1 Satz 2 des Einkommensteuergesetzes und § 6 Absatz 3 des Bundeskindergeldgesetzes zu zahlende Einmalbetrag ist bei Sozialleistungen, deren Zahlung von anderen Einkommen abhängig ist, gem. Art. 5 nicht als Einkommen zu berücksichtigen. Der Einmalbetrag mindert die Unterhaltsleistung nach dem Unterhaltsvorschussgesetz nicht.

Erhöhung der Regelsätze für Kinder in der Grundsicherung für Arbeitsuchende und der Sozialhilfe

Die Regelsätze für 6- bis 13-Jährige werden von 60 auf 70 Prozent der maßgebenden Regelleistung in der Zeit vom 1. Juli 2009 bis zum 31. Dezember 2011 erhöht. Damit wird in der Grundsicherung für Arbeitsuchende nach SGB II und der Sozialhilfe nach SGB XII eine dritte Altersstufe eingeführt.

Parlamentaria und IAB-Stellungnahme

Entwurf eines Gesetzes zur Sicherung von Beschäftigung und Stabilität in Deutschland. Bundestagsdrucksache 16/11740 vom 27.01.2009.

Gesetz zur Sicherung von Beschäftigung und Stabilität in Deutschland vom 02.03.2009, Bundesgesetzblatt Teil I Nr. 11 vom 05.03.2009, S. 416 ff.

Bellmann, Lutz; Crimmann, Andreas; Deeke, Axel; Dietz, Martin; Koch, Susanne; Krug, Gerhard; Kruppe, Thomas; Leber, Ute; Lott, Margit; Spitznagel, Eugen; Stephan, Gesine; Walwei, Ulrich (2009): Stellungnahme zur öffentlichen Anhörung von Sachverständigen am 9. Februar 2009 zu dem Gesetzentwurf der Fraktion der CDU/CSU und SPD „Entwurf eines Gesetzes zur Sicherung von Beschäftigung und Stabilität in Deutschland" (Drucksache 16/11740). In: Deutscher Bundestag, Ausschuss für Arbeit und Soziales. Ausschussdrucksache, Dr. 6(11)1290 vom 05.02.2009 (enthalten in Dr. 16(11)1291 vom 09.02.2009), S. 7–13.

IAB-Literatur

Feil, Michael; Gartner, Hermann (2009): Konjunkturprogramme gegen die Krise: Auf zum TÜV. In: IAB-Forum, Spezial, S. 32–37.

9 Gesetz über zwingende Arbeitsbedingungen für grenzüberschreitend entsandte und für regelmäßig im Inland beschäftigte Arbeitnehmer und Arbeitnehmerinnen (Arbeitnehmer-Entsendegesetz)

Inkrafttreten am 24.04.2009

Vor dem Hintergrund einer breiten gesellschaftlichen Debatte um Beschäftigungschancen für Geringqualifizierte im Niedriglohnbereich einerseits und existenzsichernde Löhne andererseits haben sich die gesetzgebenden Institutionen auf eine Neufassung des Arbeitnehmer-Entsendegesetzes (AEntG) verständigt. „Ziele des Gesetzes sind die Schaffung und Durchsetzung angemessener Mindestarbeitsbedingungen für grenzüberschreitend entsandte und für regelmäßig im Inland beschäftigte Arbeitnehmer und Arbeitnehmerinnen sowie die Gewährleistung fairer und funktionierender Wettbewerbsbedingungen. Dadurch sollen zugleich sozialversicherungspflichtige Beschäftigung erhalten und die Ordnungs- und Befriedungsfunktion der Tarifautonomie gewahrt werden." (Bundestagsdrucksache 16/10486, S. 1)

> Wesentlicher Inhalt des Gesetzes:
> ■ Neufassung des Arbeitnehmer-Entsendegesetzes
> ■ Weiterentwicklung des Verfahrens zur Einführung von branchenspezifischen Mindestlöhnen
> ■ Einbeziehung weiterer Branchen in den Geltungsbereich des Entsendegesetzes

Tarifvertragsparteien aus Branchen, die in den Anwendungsbereich des Arbeitnehmer-Entsendegesetzes fallen, können gemeinsam beantragen, dass die von ihnen geschlossenen Tarifverträge für alle Beschäftigte ihrer Branche gelten. Durch eine Allgemeinverbindlicherklärung nach dem Tarifvertragsgesetz (TVG) oder seitens Rechtsverordnung durch das Bundesministerium für Arbeit und Sozia-

les (BMAS) nach § 7 AEntG können die von den Tarifvertragsparteien ausgehandelten Mindestarbeitsbedingungen (Löhne, Urlaub, Arbeits- und Gesundheitsschutz, Bedingungen der Arbeitnehmerüberlassung, Gleichbehandlung von Männern und Frauen, u. a.) für die jeweiligen Brachen als bindend erklärt werden. Sie gelten dann für alle in Deutschland tätigen Arbeitnehmerinnen und Arbeitnehmer der jeweiligen Branche, unabhängig davon, ob der Arbeitgeber seinen Sitz im In- oder Ausland hat. Die Allgemeinverbindlichkeit für alle – also auch die tarifungebundenen – inländischen Unternehmen ist Voraussetzung für die Bindung ausländischer Arbeitgeber, die Beschäftigte nach Deutschland entsenden. Damit wird das Arbeitnehmer-Entsendegesetz in Einklang mit dem Diskriminierungsverbot der Europäischen Union für Dienstleistungserbringer aus anderen EU-Ländern gebracht.

Das Verfahren zum Erlass von Rechtsverordnungen wurde mit der Neufassung des Entsendegesetzes um detaillierte Regelungen für den Verordnungsgeber (das BMAS) ergänzt. Dies betrifft insbesondere die Entscheidung im Fall konkurrierender Tarifverträge, bei der nun die Repräsentativität der jeweiligen Verträge berücksichtigt werden muss. Dabei ist abzustellen auf die Anzahl der in den Geltungsbereich des Tarifvertrags fallenden Gewerkschaftsmitglieder sowie die Anzahl der von den tarifgebundenen Arbeitgebern beschäftigten Arbeitnehmer.

Bisher erstreckte sich der Geltungsbereich des Arbeitnehmer-Entsendegesetzes auf das Bauhaupt- und -nebengewerbe, die Gebäudereinigung und Briefdienstleistungen. Mit der Neuregelung werden weitere sechs Branchen aufgenommen: Sicherheitsdienstleistungen, Bergbauspezialarbeiten auf Steinkohlebergwerken, Wäschereidienstleistungen im Objektkundengeschäft, Abfallwirtschaft (einschließlich Straßenreinigung und Winterdienst) sowie Aus- und Weiterbildungsdienstleistungen nach SGB II oder SGB III und die Pflegebranche (Altenpflege und ambulante Krankenpflege). Für die Pflegebranche wurden aufgrund der Sonderregelungen im kirchlichen Bereich besondere Regelungen getroffen. Die Mindestarbeitsbedingungen werden nicht tarifvertraglich vereinbart, sondern von einer Kommission vorgeschlagen. Voraussetzung für die Aufnahme in das Arbeitnehmer-Entsendegesetz für die jeweiligen Branchen war eine Tarifbindung von mindestens 50 Prozent, die dann gegeben ist, wenn die an Tarifverträge für diese Branche gebundenen Arbeitgeber mindestens 50 Prozent der in den Geltungsbereich dieser Tarifverträge fallenden Arbeitnehmer und Arbeitnehmerinnen beschäftigen.

Parlamentaria

Bundesregierung (2008): Entwurf eines Gesetzes über zwingende Arbeitsbedingungen für grenzüberschreitend entsandte und für regelmäßig im Inland beschäftigte Arbeitnehmer und Arbeitnehmerinnen (Arbeitnehmer-Entsendegesetz – AEntG), Bundestagsdrucksache 16/10486 vom 07.10.2008.

Gesetz über zwingende Arbeitsbedingungen für grenzüberschreitend entsandte und für regelmäßig im Inland beschäftigte Arbeitnehmer und Arbeitnehmerinnen (Arbeitnehmer-Entsendegesetz) vom 20.04.2009, Bundesgesetzblatt Teil I Nr. 20 vom 23.04.2009, S. 799 ff.

10 Erstes Gesetz zur Änderung des Gesetzes über die Festsetzung von Mindestarbeitsbedingungen

Inkrafttreten am 24.04.2009

Für Branchen mit einer Tarifbindung von unter 50 Prozent wurden Verfahren zur Festlegung von Mindestarbeitsbedingungen und damit insbesondere von allgemeingültigen Mindestlöhnen analog zum Arbeitnehmer-Entsendegesetz im Gesetz über die Festsetzung von Mindestarbeitsbedingungen geregelt. Die Zunahme von Wirtschaftszweigen ohne Tarifvertrag bzw. mit geringer Tarifbindung für Arbeitnehmer und Arbeitgeber wurde von der Bundesregierung als problematisch erachtet. Für diese Branchen sollte ein Verfahren entwickelt werden, das auch dort angemessene Arbeitsbedingungen sicherstellt. Daher wurde das Mindestarbeitsbedingungengesetz aus den 1950er Jahren aufgegriffen und reformiert. Das Gesetz wurde bisher noch nicht angewendet.

Wesentlicher Inhalt des Gesetzes:
- Überarbeitung des Mindestarbeitsbedingungengesetzes zur Festlegung von Mindestlöhnen in Branchen mit geringer Tarifbindung

Das Mindestarbeitsbedingungengesetz von 1952 wurde aktualisiert, da es auf die sozialen und wirtschaftlichen Verhältnisse der Nachkriegszeit zugeschnitten war, sich die Tariflandschaft erheblich gewandelt hat und die Zahl der Wirtschaftszweige zugenommen hat, in denen die Tarifbindung erheblich zurückgegangen ist. Das Gesetz dient künftig als Grundlage für die Festlegung von Mindestarbeitsentgelten in Wirtschaftszweigen, in denen es entweder keine Tarifverträge gibt oder nur noch eine Minderheit von Arbeitnehmern und Arbeitnehmerinnen tarifgebunden beschäftigt ist. Zugleich wird die bisher mögliche Festsetzung „sonstiger Arbeitsbedingungen" ausgeschlossen, da sie Gegenstand anderer arbeitsrechtlicher Gesetze (z. B. des

Arbeitszeitgesetzes) sind. Der vom Bundesministerium für Arbeit und Soziales eingerichtete Hauptausschuss schlägt die Branchen mit „sozialen Verwerfungen" vor, in denen Mindestarbeitsentgelte eingeführt oder verändert werden sollten. Ein Fachausschuss der jeweiligen Branche erarbeitet und beschließt einen Vorschlag für Mindestarbeitsentgelte. Die Festsetzung der Mindestlöhne erfolgt durch Rechtsverordnung der Bundesregierung auf Vorschlag des Bundesministeriums für Arbeit und Soziales.

Parlamentaria

Bundesregierung (2008): Entwurf eines Ersten Gesetzes zur Änderung des Gesetzes über die Festsetzung von Mindestarbeitsbedingungen, Bundestagsdrucksache 16/10485 vom 07.10.2008.

Erstes Gesetz zur Änderung des Gesetzes über die Festsetzung von Mindestarbeitsbedingungen vom 22.04.2009, Bundesgesetzblatt Teil I Nr. 21 vom 27.04.2009, S. 818 ff.

11 Gesetz zur Änderung des Vierten Buches Sozialgesetzbuch, zur Errichtung einer Versorgungsausgleichskasse und zur Änderung anderer Gesetze

Inkrafttreten am 22.07.2009

Wesentliche beschäftigungspolitische Inhalte:
■ Erstattung der Sozialversicherungsbeiträge bei Kurzarbeit zu 100 Prozent ab dem siebten Monat
■ Erstattung der Sozialversicherungsbeiträge zu 100 Prozent bei Qualifizierung in Kurzarbeit für den jeweiligen Kalendermonat
■ Verbesserung der sozialen Sicherung von kurz befristet Beschäftigten
■ Ausbildungsbonus bei Insolvenz

Aufgrund der scharfen Rezession infolge der weltweiten Wirtschaftskrise beschloss die Bundesregierung, aufbauend auf dem Gesetz zur Sicherung von Beschäftigung und Stabilität in Deutschland („Konjunkturpaket 2"), zusätzliche stabilisierende Maßnahmen für den Arbeitsmarkt.

Durch einen Änderungsantrag der Bundesregierung vom Mai 2009 wurden im Entwurf eines Dritten Gesetzes zur Änderung des Vierten Buches Sozialgesetzbuch und anderer Gesetze wichtige Vorhaben zur Steigerung der Attraktivität von Kurzarbeit, zur verbesserten sozialen Sicherung von kurz befristet Beschäftigten und zur Ausweitung des Ausbildungsbonus gesetzlich verankert. Das im parlamentarischen Prozess umbenannte „Gesetz zur Änderung des Vierten Buches Sozialgesetzbuch, zur Errichtung einer Versorgungsausgleichskasse und anderer Gesetze" wurde am 19. Juni 2009 im Bundestag beschlossen und trat in wesentlichen Teilen im Juli 2009 in Kraft.

Zur Unterstützung von Arbeitgebern, die trotz länger anhaltender Arbeitsausfälle mithilfe des konjunkturellen Kurzarbeitergeldes Beschäftigungsverhältnisse erhalten, erstattet die Bundesagentur für Arbeit seit Juli 2009 befristet bis Dezember 2010 die Sozialversicherungsbeiträge für ab 1. Januar 2009 durchgeführte Kurzarbeit ab dem siebten Kalendermonat des Bezugs vollständig ("Kurzarbeitergeld plus"). Nimmt ein vom Arbeitsausfall betroffener Arbeitnehmer an einer beruflichen Qualifizierungsmaßnahme teil, werden die Arbeitgeberbeiträge zur Sozialversicherung für den jeweiligen Kalendermonat in voller Höhe erstattet. Durch die sogenannte "Konzernklausel" konnten bei Unternehmen mit mehreren Betriebsstätten einzelne Standorte ab dem ersten Monat eine vollständige Erstattung bekommen, wenn mindestens eine andere Konzerneinheit schon sechs Monate kurzarbeitete.

Mit der Regelung wird auch die soziale Sicherung von Arbeitnehmerinnen und Arbeitnehmern verbessert, die berufsbedingt überwiegend nur auf kurze Zeit befristete Beschäftigungen ausüben (Kulturschaffende, Saisonkräfte). Durch häufige Wechsel von kurzen Arbeits- und Arbeitslosigkeitsphasen erfüllten sie bislang selten die Vorversicherungszeit für einen Anspruch auf Arbeitslosengeld von mindestens zwölf Monaten innerhalb der zweijährigen Rahmenfrist. Für Arbeitnehmer, die innerhalb dieser Frist überwiegend Beschäftigungszeiten von maximal sechs Wochen nachweisen, gilt nun die Sonderregelung einer verminderten Anwartschaftszeit von sechs Monaten. Außerdem darf das Jahresentgelt die maßgebliche Bezugsgröße (§ 18 Absatz 2 SGB IV) nicht überschreiten, da laut Gesetzesbegründung eine Privilegierung dieser Personengruppe gegenüber der Versichertengemeinschaft nicht zu rechtfertigen sei. Die Dauer des Anspruchs auf Arbeitslosengeld entspricht dem für alle Versicherten geltenden Verhältnis zwischen Versicherungszeit und Anspruchsdauer von zwei zu eins. So entsteht beispielsweise nach sechs Monaten Versicherungszeit ein Anspruch auf drei Monate Arbeitslosengeld.

Mit der Einführung des Ausbildungsbonus im Jahr 2008, einem Zuschuss für Arbeitgeber, die besonders förderungsbedürftige Jugendliche ausbilden (§ 421r SGB III), wurde auch die Förderung von so-

genannten Insolvenz-Auszubildenden möglich. Betriebe erhalten eine finanzielle Förderung, wenn sie Auszubildende übernehmen, deren Ausbildungsvertrag aufgrund von Insolvenz, Stilllegung oder Schließung des Betriebes aufgelöst wurde. Durch das Gesetz zur Änderung des Vierten Buches Sozialgesetzbuch, zur Errichtung einer Versorgungsausgleichskasse und anderer Gesetze vom 15. Juli 2009 wurden sowohl die Fördervoraussetzungen für Betriebe als auch für Auszubildende gelockert. Seitdem müssen beim Jugendlichen keine besonderen Vermittlungserschwernisse mehr vorliegen und die Betriebe müssen den Ausbildungsplatz für den Insolvenz-Auszubildenden nicht mehr zusätzlich schaffen (§ 421r Absatz 8a SGB III).

IAB-Stellungnahme

"Mit den Regelungen des § 421t SGB III wurde im Jahr 2009 die Inanspruchnahme von konjunktureller Kurzarbeit und Saison-Kurzarbeit – zeitlich befristet bis Ende 2010 – wieder erleichtert. Die rechtlichen Änderungen erfolgten vor dem Hintergrund der außerordentlich schwierigen wirtschaftlichen Situation und der negativen Aussichten für den Arbeitsmarkt. Es wurden die finanziellen Anreize verstärkt (Erstattung von Arbeitgeberbeiträgen zur Sozialversicherung), die Hürden zur Inanspruchnahme niedriger gelegt (Aussetzen der Drittel-Erfordernis; Minusstunden keine Voraussetzung; keine Auswirkungen von Beschäftigungssicherungsvereinbarungen) sowie der potenzielle Nutzerkreis ausgeweitet (Übertragung der Regelung von Konjunktur-KuG auf Saison-KuG sowie Kurzarbeit bei Leiharbeitnehmern). Durch die volle Erstattung der Sozialversicherungsbeiträge vom ersten Tag an wurden zusätzlich Anreize zur Qualifizierung der Kurzarbeiter gesetzt." (IAB-Stellungnahme 02/2010, S. 6)

"Eine Verlängerung der Erstattung von Sozialbeiträgen für Kurzarbeiter bis Ende 2011 würde die bestehende Regelung zur erleichterten Inanspruchnahme von Kurzarbeitergeld erhalten. Insbesondere kleinere Betriebe könnten davon profitieren, da sich abzeichnet, dass diese zunehmend Unterstützung mit dem Kurzarbeitergeld benötigen. Auch bei vol-

ler Erstattung von Sozialbeiträgen für Kurzarbeiter verbleiben den Betrieben Remanenzkosten, die weiterhin möglichen Mitnahmeeffekten und dem Risiko von Strukturverhärtungen entgegenwirken. Allerdings sollte die zum 01.07.2009 eingeführte Privilegierung von Mehrbetriebsunternehmen bei der vollen Erstattung der Sozialversicherungsbeiträge gestrichen werden.

Eine Verlängerung der maximalen Bezugsfrist des konjunkturellen Kurzarbeitergeldes auf 36 Monate zum jetzigen Zeitpunkt könnte als Signal für eine mittelfristig gewährte Subvention missverstanden werden und das Risiko von Strukturverhärtungen eher erhöhen. Auch mit der Frist von 24 Monaten oder heute 18 Monaten dürften die meisten Betriebe ausreichend Zeit haben, ihren voraussichtlich vorübergehenden Arbeitsausfall mit Kurzarbeit zu überbrücken, zumal sie den zeitlichen Horizont der Kurzarbeit durch Unterbrechungen mit temporärer Vollarbeit flexibel und ohne bürokratische Hemmnisse ausweiten können.

Eine weitere Unterstützung von Qualifizierungsmaßnahmen während Kurzarbeit (und auch von Beschäftigten ohne Kurzarbeit nach § 417 SGB III) erscheint sinnvoll. Dabei sollte die Förderung gering qualifizierter Kurzarbeiter nach § 77 Absatz 2 SGB III vereinfacht werden. Daneben wäre eine Fortsetzung der bisher nur für 2009 und 2010 gültigen ESF-Richtlinie begrüßenswert. Auch die Fortsetzung der vollen Erstattung der Sozialversicherungsbeiträge ab dem ersten Monat für den Fall, dass berücksichtigungsfähige Qualifizierungsmaßnahmen durchgeführt werden, wäre weiterhin ratsam." (IAB-Stellungnahme 02/2010, S. 9)

Parlamentaria

Gesetz zur Änderung des Vierten Buches Sozialgesetzbuch zur Errichtung einer Versorgungsausgleichskasse und anderer Gesetze vom 15.07.2009. In: Bundesgesetzblatt Teil I Nr. 42 vom 21.07.2009, S. 1939.

Erste Verordnung zur Änderung der Verordnung über die Bezugsfrist für das Kurzarbeitergeld. In: Bundesgesetzblatt Teil I Nr. 29 vom 04.06.2009, S. 1223.

Zusammenstellung der schriftlichen Stellungnahmen zur öffentlichen Anhörung von Sachverständigen in Berlin am 19. April 2010, Ausschussdrucksache 17(11)109 vom 16.04.2010.

Gesetzentwurf der Bundesregierung, Bundestagsdrucksache 16/12596 vom 08.04.2009.

Beschlussempfehlung und Bericht des Ausschusses für Arbeit und Soziales, Bundestagsdrucksache 16/13424 vom 17.06.2009.

IAB-Literatur

Deeke, Axel; Spitznagel, Eugen (2010): Beschäftigung mit Kurzarbeiterregelung weiter stabilisieren. Öffentliche Anhörung von Sachverständigen vor dem Ausschuss für Arbeit und Soziales des Deutschen Bundestags am 19. April 2010. IAB-Stellungnahme 02/2010.

12 Sechstes Gesetz zur Änderung des Zweiten Buches Sozialgesetzbuch

Inkrafttreten am 01.01.2010

Wesentlicher Inhalt des Gesetzes:
- Festlegung der Beteiligung des Bundes an den Ausgaben der kommunalen Träger für Unterkunft und Heizung für Empfänger der Grundsicherung für Arbeit für das Jahr 2010 auf bundesdurchschnittlich 23,6 Prozent

Das Sechste Gesetz zur Änderung des Zweiten Buches Sozialgesetzbuch legt die Beteiligung des Bundes an den Unterkunfts- und Heizkosten für Empfänger der Grundsicherung für Arbeit für das Jahr 2010 auf bundesdurchschnittlich 23,6 Prozent fest. Im Jahr 2010 betragen die Sätze im Land Baden-Württemberg 27,0 vom Hundert, im Land Rheinland-Pfalz 33,0 vom Hundert und in den übrigen Ländern 23,0 vom Hundert.

Der Bund beteiligt sich nach § 46 Absatz 5 des Zweiten Buches Sozialgesetzbuch (SGB II) zweckgebunden an den Leistungen für Unterkunft und Heizung für Arbeitslosengeld-II-Empfänger, die die Kommunen nach § 22 SGB II erbringen. Das Entlastungsziel beträgt 2,5 Mrd. Euro jährlich. Seit 2007 ist gesetzlich geregelt, dass die Höhe der Bundesbeteiligung anzupassen ist, wenn sich die Zahl der Bedarfsgemeinschaften im Jahresdurchschnitt um mehr als 0,5 Prozent verändert hat. Da sich die Zahl der Bedarfsgemeinschaften im maßgebenden Zeitraum von Juli 2008 bis Juli 2009 um 3,4 Prozent verringert hat, sinkt die Bundesbeteiligung um 2,4 Prozentpunkte auf 23,6 Prozent.

Die gesetzliche Festlegung der Anpassungsformel auf der Grundlage der Zahl der Bedarfsgemeinschaften ist ein Streitpunkt zwischen Bund und Ländern beziehungsweise Kommunen. Die Mehrheit der Sachverständigen bei der öffentlichen Anhörung im Ausschuss für Arbeit und Soziales im Deutschen Bundestag am 22.11.2009 bezweifelte, dass die der Berechnung der Beteiligungsquote zugrunde liegende Anpassungsformel geeignet ist, die Kommunen angemessen von ihren Kosten der Arbeitslosigkeit zu entlasten. Sowohl die Heranziehung von retrospektiven Vergleichszahlen über die Anzahl der Bedarfsgemeinschaften aus dem zurückliegenden Jahr als auch die Bezugsgröße „Zahl der Bedarfsgemeinschaft" wurde als nicht sachgerecht kritisiert und eine Anpassung der Berechnungsformel an die tatsächlichen Ausgaben für Unterkunft und Heizung gefordert. In seiner Stellungnahme vom 18.11.2009 moniert der Bundesrat, dass die vorgesehene Höhe der Bundesbeteiligung nicht auskömmlich sei, um eine ausreichende Entlastung der Kommunen zu erzielen. Die Bundesregierung dagegen argumentiert, die Anpassungsformel setze bewusst an der Zahl der Bedarfsgemeinschaft an, weil diese Zahl durch die Arbeitsmarktpolitik und die Arbeitsmarktentwicklung beeinflusst werde. Steuerung und Finanzierung der Kosten der Unterkunft und Heizung seien jedoch Aufgabe der Kommunen. Die finanziellen Anreize, die Angemessenheit der Kosten für Heizung und Unterkunft zu prüfen, müssten bei den Kommunen verbleiben. Am 18.12.2009 hat der Bundesrat das nicht zustimmungspflichtige Gesetz mit dem Ziel einer grundlegenden Überarbeitung in den Vermittlungsausschuss überwiesen. Über den Gesetzentwurf ist bislang keine Einigung zwischen Bundestag und Bundesrat erzielt worden. Das Gesetz wurde am 04.12.2009 vom Deutschen Bundestag verabschiedet und trat am 01.01.2010 in Kraft.

Parlamentaria

Sechstes Gesetz zur Änderung des Zweiten Buches Sozialgesetzbuch vom 09.12.2010. In: Bundesgesetzblatt Teil I Nr. 63 vom 14.12.2011, S. 1933.

Zusammenstellung der schriftlichen Stellungnahmen zur öffentlichen Anhörung von Sachverständigen im Ausschuss für Arbeit und Soziales am 30.11.2009 in Berlin, Ausschussdrucksache 17(11)13 vom 30.11.2009.

Gesetzentwurf der Bundesregierung mit Stellungnahme des Bundesrates und Gegenäußerung der Bundesregierung, Bundesratsdrucksache 17/41 vom 18.11.2009.

13 Gesetz zur Beschleunigung des Wirtschaftswachstums (Wachstumsbeschleunigungsgesetz)

Inkrafttreten am 01.01.2010

Das Gesetz zur Beschleunigung des Wirtschaftswachstums (Wachstumsbeschleunigungsgesetz) soll über Steuerentlastungen für Familien und Unternehmen Wachstumsimpulse für die Wirtschaft setzen. Es hat einen Umfang von 6,1 Mrd. Euro im Jahr 2010 und jährlich 8,5 Mrd. Euro in den Folgejahren. Als sogenanntes drittes Konjunkturpaket schließt es an die vorangegangenen Gesetze zur Beschleunigung des Wirtschaftswachstums an.

Wesentliche Inhalte:

- Erhöhung der Kinderfreibeträge und des Kindergeldes
- Steuerrechtliche Änderungen bei der Erbschafts- und Unternehmensteuer
- Reduzierter Mehrwertsteuersatz für Hotelübernachtungen
- Förderung von Biokraftstoffen und erhöhte Einspeisevergütung für Strom aus erneuerbaren Energien

Ab dem Jahr 2010 werden die Steuerfreibeträge für jedes Kind von insgesamt 6.024 Euro auf insgesamt 7.008 Euro angehoben. Mit dieser steuerlichen Entlastung von Familien will die Bundesregierung die Aufwendungen für die Betreuung und Erziehung oder Ausbildung von Kindern berücksichtigen. Die Anhebung der Steuerfreibeträge für das sächliche Existenzminimum des Kindes und für den Betreuungs-, Erziehungs- oder Ausbildungsbedarf ist erforderlich wegen der Regelsatzerhöhung für 6- bis 13-jährige Kinder durch das „Gesetz zur Sicherung von Beschäftigung und Stabilität in Deutschland" (vgl. Kapitel 8), da der sozialhilferechtliche Mindest(sach)bedarf die Maßgröße für den Freibetrag ist. Speziell zur Förderung von Familien mit niedrigen und mittleren Einkommen wird das Kindergeld um 20 Euro erhöht.

Weitere Steuererleichterungen in Form von Steuersenkungen und verbesserten Abschreibungsmöglichkeiten sollen kleine und mittlere Unternehmen stärken und zum Erhalt von Arbeitsplätzen beitragen. Der Mehrwertsteuersatz auf Übernachtungen in Hotels, Gasthöfen und Pensionen wird von 19 auf 7 Prozent gesenkt. Über den Ausbau der erneuerbaren Energien soll die Technologieführerschaft Deutschlands gefördert werden. Dazu wird die Vergütung für die Stromeinspeisung aus erneuerbaren Energien erhöht.

Parlamentaria

Gesetzentwurf der Bundesregierung vom 09.11.2009, Bundestagsdrucksache 17/15.

Gesetz zur Beschleunigung des Wirtschaftswachstums (Wachstumsbeschleunigungsgesetz) vom 22.12.2009, Bundesgesetzblatt Teil I Nr. 81 vom 30.12.2009, S. 3950 ff.

14 Härtefallregelung für Leistungsempfänger der Grundsicherung für Arbeitsuchende

Inkrafttreten am 03.06.2010

Das am 09.02.2010 vom Bundesverfassungsgericht gefällte Urteil zu den Regelleistungen nach SGB II verpflichtet den Gesetzgeber, bis spätestens zum 31. Dezember 2010 eine Regelung im SGB II zu schaffen, die sicherstellt, dass bei Leistungsempfängern auch ein „unabweisbarer, laufender, nicht nur einmaliger besonderer Bedarf" gedeckt wird, der bis dahin im SGB II nicht ausnahmslos erfasst war. Zur Deckung der Lücke in der bisherigen Gesetzgebung wurde unter Berücksichtigung enger Tatbestandsvoraussetzungen der neue Absatz 6 in den § 21 SGB II eingeführt.

Die sogenannte „Härtefallregelung" fügte die Bundesregierung per Änderungsantrag zum „Gesetzentwurf zur Abschaffung des Finanzplanungsrates" hinzu. Das Gesetz wurde am 02.06.2010 verkündet und trat am darauffolgenden Tag in Kraft.

Laut Bundesverfassungsgerichtsurteil kann ein pauschaler Regelleistungsbetrag nach seiner Konzeption nur den durchschnittlichen Bedarf decken. Das Grundgesetz gebietet aber, auch einen besonderen Bedarf zu decken, wenn es im Einzelfall für ein menschenwürdiges Existenzminimum erforderlich ist. Ein Anspruch auf Deckung eines regelmäßigen Sonderbedarfs entsteht allerdings erst, wenn dieser so erheblich ist, dass die Gesamtsumme der dem Hilfebedürftigen gewährten Leistungen – einschließlich der Leistungen Dritter und unter Berücksichtigung von Einsparmöglichkeiten des Hilfebedürftigen – das menschenwürdige Existenzminimum nicht mehr gewährleistet.

Der Gesetzgeber übernahm die Tatbestandsvoraussetzungen wörtlich aus dem Urteil. Vor Gewährung der besonderen Leistungen ist daher zu prüfen, ob der Mehrbedarf nicht durch gewährte Leistungen anderer Träger als der Träger der Grundsicherung nach SGB II, Zuwendungen Dritter oder Einsparmöglichkeiten der Hilfebedürftigen gedeckt werden kann.

Anwendungsfälle der Härtefallregelung können laut Gesetzesbegründung zum Beispiel dauerhaft benötigte Hygienemittel bei bestimmten Erkrankungen, Putz- und Haushaltshilfen für körperlich stark beeinträchtigte Personen oder Kosten zur Wahrnehmung des Umgangsrechts bei getrennt lebenden Eltern sein. Die Gesetzesbegründung formuliert auch Negativbeispiele wie Schulbedarf, Bekleidung/Schuhe in Über- oder Untergrößen, Brille, Zahnersatz und orthopädische Schuhe.

Parlamentaria

Gesetz zur Abschaffung des Finanzplanungsrates und zur Übertragung der fortzuführenden Aufgaben auf den Stabilitätsrat sowie zur Änderung weiterer Gesetze vom 27.05.2010. In: Bundesgesetzblatt Teil I Nr. 26 vom 02.06.2010, S. 671.

Beschlussempfehlung und Bericht des Haushaltsausschusses zu dem Gesetzentwurf der Bundesregierung (Drucksache 17/983), Bundestagsdrucksache 17/1465 vom 21.04.2010.

15 Sozialversicherungs-Stabilisierungsgesetz

Inkrafttreten am 17.04.2010

Ausgewählte wesentliche Inhalte des Gesetzes:
- Umwandlung des bisher vorgesehenen Darlehens der Bundesregierung für die Bundesagentur für Arbeit für das Haushaltsjahr 2010 in einen Zuschuss
- Erhöhung der Freibeträge für Altersvorsorgevermögen in der Grundsicherung für Arbeitsuchende von 250 auf 750 Euro pro Lebensjahr

Das Sozialversicherungs-Stabilisierungsgesetz sollte vor allem die negativen Folgewirkungen der Ende 2009/Anfang 2010 anhaltenden Finanz- und Wirtschaftskrise für die Sozialversicherungssysteme und die Leistungsbezieher in der Grundsicherung für Arbeitsuchende abmildern.

Da die Krise zu Einnahmeausfällen und steigenden Ausgaben bei der Bundesagentur für Arbeit geführt hatte, wurde einmalig die sonst als Darlehen des Bundes gewährte Liquiditätshilfe für 2010 in einen Zuschuss von rund 16 Mrd. ohne Rückzahlungsverpflichtung umgewandelt. Arbeitnehmer- und Arbeitgeberbeiträge zur Sozialversicherung mussten deshalb nicht erhöht werden.

Die Maßnahmen der Bundesregierung zur Abmilderung der konjunkturellen Krise auf dem Arbeitsmarkt waren vor allem darauf angelegt, Beschäftigung (durch Förderung der Kurzarbeit) zu sichern. Doch auch im Falle des Arbeitsplatzverlustes sollten Betroffene besser geschützt sein. Wer während seiner Erwerbstätigkeit nachhaltig privat für das Alter vorgesorgt hat, sollte nicht während einer verhältnismäßig kurzen Zeit der Erwerbslosigkeit auf sein Vorsorgevermögen zurückgreifen müssen. Daher wurde das Schonvermögen, das zur Bemessung des Arbeitslosengeld-II-Anspruchs herangezogen wird, im Bereich der Altersvorsorge von 250 auf 750 Euro

pro Lebensjahr erhöht. Voraussetzung ist, dass das Ersparte unwiderruflich der Altersvorsorge dient und erst mit Eintritt in den Ruhestand zur Verfügung steht.

Parlamentaria

Gesetz zur Stabilisierung der Finanzlage der Sozialversicherungssysteme und zur Einführung eines Sonderprogramms mit Maßnahmen für Milchviehhalter sowie zur Änderung anderer Gesetze (SozVersStabG) vom 14.04.2010. In: Bundesgesetzblatt Teil I Nr. 16 vom 16.04.2010, S. 410.

Gesetzentwurf der Bundesregierung, Bundestagsdrucksache 17/507 vom 25.01.2010.

16 Gesetz für bessere Beschäftigungschancen am Arbeitsmarkt (Beschäftigungschancengesetz)

Inkrafttreten am 01.01.2011

Ausgewählte wesentliche Inhalte des Gesetzes:
- Verlängerung der krisenbedingten Sonderregelungen für Kurzarbeit und Kurzarbeitergeld
- Neue Fördervoraussetzung für Transfermaßnahmen: frühzeitige Beratung der Betriebsparteien durch die Agenturen für Arbeit
- Entfristung der freiwilligen Arbeitslosenversicherung für Auslandsbeschäftigte und Arbeitslose, die eine Existenz gründen
- Verlängerung einzelner Instrumente der Arbeitsförderung für ältere Arbeitnehmer
  - Förderung der Weiterbildung beschäftigter älterer Arbeitnehmer
  - Eingliederungszuschuss für Arbeitgeber bei Einstellung Älterer
  - Entgeltsicherung für Ältere
- Verlängerung einzelner Instrumente der Arbeitsförderung für jüngere Arbeitnehmer
  - Erweiterte Berufsorientierung
  - Ausbildungsbonus bei Insolvenz
- Versicherungsfreiheit von Bürgerarbeit
- Verlängerung der Erprobungszeit für den Vermittlungsgutschein bis Ende 2011

Das Beschäftigungschancengesetz enthält verschiedene Regelungen, die angesichts der erwarteten wirtschaftlichen Erholung Beschäftigung sichern beziehungsweise schaffen sollen.

Kurzarbeit hat den deutschen Arbeitsmarkt in der Krise stabilisiert. Um die Betriebe, bei denen die wirtschaftliche Erholung noch nicht trägt, beim Erhalt ihrer Belegschaft zu unterstützen, werden die mit dem Gesetz zur Änderung des Vierten Buches Sozialgesetzbuch, zur Errichtung einer Versorgungsausgleichskasse und anderer Gesetze eingeführten Sonderregelungen für Kurzarbeit bis Ende März 2012 verlängert. Dies sind die 50-prozentige Erstattung der Sozialversicherungsbeiträge bei Kurzarbeit in den ersten sechs Monaten des Leistungsbezugs sowie die 100-prozentige Erstattung für Zeiten der Qualifizierung während der Kurzarbeit und ab dem siebten Monat des Leistungsbezugs. Auch werden Kurzarbeitergeld nach § 169 und Saison-Kurzarbeitergeld nach § 175 bis zum 31. März 2012 nach den gleichen Maßgaben geleistet. Abgeschafft wurde die Privilegierung von Unternehmen mit mehreren Standorten: Die volle Erstattung der Sozialversicherungsbeiträge bei Kurzarbeit in allen Betrieben eines Arbeitgebers, wenn in mindestens einem Betrieb des Arbeitgebers sechs Monate lang Kurzarbeit durchgeführt wurde, ist nicht mehr möglich.

Auch für Leiharbeiter wurden die krisenbedingten Sonderregelungen für Kurzarbeit verlängert. Kurzarbeitergeld nach SGB III kann bis Ende März 2012 gewährt werden. Damit wird auch für Verleihunternehmen die Möglichkeit erhalten, Leiharbeitnehmer und Leiharbeitnehmerinnen im Arbeitsverhältnis zu halten.

IAB-Stellungnahme

„Vor dem Hintergrund der weiter oben beschriebenen Beschäftigungsrisiken wird Kurzarbeit sicher auch 2010 einen Beitrag zur Stabilisierung der Beschäftigung leisten. Im ersten Quartal 2010 befanden sich 781.000 Beschäftigte in Kurzarbeit. Im Jahresdurchschnitt wird in der mittleren – auch aktualisierten – Variante der Vorausschau des IAB mit rund 700.000 Kurzarbeitern gerechnet. Das Potenzial für sonstige Verkürzungen der Arbeitszeit dürfte weitgehend ausgeschöpft sein – es sei denn, die Tarifpartner erschließen neue Möglichkeiten wie temporäre Verkürzungen der tariflichen Arbeitszeit.

Eine Verlängerung der Erstattung von Sozialbeiträgen für Kurzarbeiter bis 31. März 2012 würde die bestehende Regelung zur erleichterten Inanspruchnahme von Kurzarbeitergeld erhalten. Insbesondere kleinere Betriebe könnten davon profitieren, da sich abzeichnet, dass diese zunehmend Unterstützung mit dem Kurzarbeitergeld benötigen. Auch bei voller Erstattung von Sozialbeiträgen für Kurzarbeiter verbleiben den Betrieben Remanenzkosten, die weiterhin möglichen Mitnahmeeffekten und dem Risiko von Strukturverhärtungen entgegenwirken.

Nachvollziehbar ist, dass die zum 1. Juli 2009 eingeführte Privilegierung von Mehrbetriebsunternehmen bei der vollen Erstattung der Sozialversicherungsbeiträge nun gestrichen werden soll. Damit gelten auch diesbezüglich für alle Unternehmen unabhängig von der Zahl ihrer Standorte die gleichen Bedingungen.

Eine weitere Unterstützung von Qualifizierungsmaßnahmen während Kurzarbeit (und auch von Beschäftigten ohne Kurzarbeit nach § 417 SGB III) erscheint sinnvoll. Dabei sollte die Förderung gering qualifizierter Kurzarbeiter nach § 77 Absatz 2 SGB III vereinfacht werden. Daneben wäre eine Fortsetzung der bisher nur für 2009 und 2010 gültigen ESF-Richtlinie begrüßenswert. Auch die Fortsetzung der vollen Erstattung der Sozialversicherungsbeiträge ab dem ersten Monat für den Fall, dass berücksichtigungsfähige Qualifizierungsmaßnahmen durchgeführt werden, ist weiterhin ratsam. (IAB-Stellungnahme 04/2010, S. 10)

Transfermaßnahmen sind alle Maßnahmen zur Eingliederung von Arbeitnehmern in den Arbeitsmarkt, an deren Finanzierung sich Arbeitgeber beteiligen. Darunter fallen beispielsweise Profiling, Bewerbertraining und Transferkurzarbeitergeld. Mit dem Beschäftigungschancengesetz können diese Maßnahmen nur noch gefördert werden, wenn eine Beratung der von Personalanpassungen betroffenen Arbeitgeber und Arbeitnehmer durch die Agentur für Arbeit erfolgt ist. Dadurch soll sichergestellt werden, dass die Beteiligten frühzeitig über Maßnahmen informiert werden, die den Betroffenen den Weg in eine neue Beschäftigung ebnen sollen.

IAB-Stellungnahme

„Die vorgeschlagenen Neuregelungen können die Qualität und Effizienz der Transferleistungen nach den §§ 216a und 216b SGB III steigern. Dafür sprechen die Erfahrungen der Praxis wie auch Forschungsergebnisse. Darüber hinaus scheinen sie auch für eine bisher nicht mögliche Erfolgskontrolle nutzbar." (IAB-Stellungnahme 04/2010, S. 5)

Mit dem Dritten Gesetz für moderne Dienstleistungen am Arbeitsmarkt vom 23.12.2003 wurde bestimmten Personenkreisen die Möglichkeit eingeräumt, ein Versicherungspflichtverhältnis auf Antrag in der Arbeitslosenversicherung zu begründen. Die Möglichkeit der freiwilligen Weiterversicherung war bis Ende 2010 befristet worden. Auslandsbeschäftigte, zuvor arbeitslose Existenzgründer und Pflegepersonen erhalten die Möglichkeit nun unbefristet.

Der bisher befristete Einsatz von drei arbeitsmarktpolitischen Maßnahmen für Ältere wird mit diesem Gesetz um ein Jahr verlängert, auch um die vollständige Überprüfung aller arbeitsmarktpolitischer Maßnahmen im Jahr 2011 zu ermöglichen.

Bei Bedarf kann daher die Bundesagentur für Arbeit bis Ende 2012 älteren Arbeitnehmern in kleinen und mittleren Unternehmen eine geförderte berufliche Weiterbildung (§ 417 SGB III) anbieten.

Arbeitgeber können zur Eingliederung von Arbeitnehmern, die das 50. Lebensjahr vollendet haben, auch weiterhin unter bestimmten Voraussetzungen Zuschüsse zu den Arbeitsentgelten (Eingliederungszuschuss EGZ § 421f SGB III) erhalten, wenn das nach Arbeitslosigkeit, beruflicher Weiterbildung oder öffentlich geförderter Beschäftigung aufgenommene Beschäftigungsverhältnis für mindestens ein Jahr begründet wird.

Ebenso können ältere Arbeitnehmerinnen und Arbeitnehmer als Entgeltsicherung (§ 421j SGB III) einen Zuschuss zu ihren Bezügen erhalten, wenn sie mit dem Ziel der (Re-)Integration in Arbeit eine niedrig entlohnte Stelle annehmen.

IAB-Stellungnahme

„Die Förderung der Weiterbildung älterer und geringqualifizierter Personen in Beschäftigung erscheint nach aktuellem Forschungsstand – auch unabhängig von der zu erwartenden wirtschaftlichen Erholung – empfehlenswert. Die Verlängerung der Anwendbarkeit der Regeln für die zur Verfügung stehenden Instrumente ist deshalb nachvollziehbar." (IAB-Stellungnahme 04/2010, S. 7)

„Forschungsbefunde legen nahe, dass Eingliederungszuschüsse (EGZ) grundsätzlich das Potenzial besitzen, ältere Arbeitslose erfolgreich in den Arbeitsmarkt zu integrieren. Zu dem im Jahr 2007 eingeführten EGZ für Ältere liegen zwar derzeit noch keine Evaluationsergebnisse vor. Mit Blick auf die besonderen Probleme, denen gerade ältere Arbeitslose in einer möglicherweise drohenden Phase eines wenig beschäftigungswirksamen Wachstums gegenüber stehen, erscheint eine Verlängerung derzeit trotzdem gerechtfertigt." (IAB-Stellungnahme 04/2010, S. 10)

„Die Entgeltsicherung setzt an einem spezifischen Anreizproblem an, das sich bei älteren Arbeitslosen in besonderer Weise stellt. Eine Fortführung des Instrumentes erscheint daher genau so sinnvoll wie der erklärte Wille der Bundesregierung, Erfahrungen mit dem Instrument systematisch auszuwerten." (IAB-Stellungnahme 04/2010, S. 11)

Abweichend von § 33 Berufsorientierung können mit Inkrafttreten des Gesetzes bis zum 31. Dezember 2013 Berufsorientierungsmaßnahmen über einen Zeitraum von vier Wochen hinaus und außerhalb der unterrichtsfreien Zeit durchgeführt werden (§ 421q SGB III).

Mit dem Ausbildungsbonus, der die Schaffung von zusätzlichen Ausbildungsplätzen für förderungsbedürftige Altbewerber zum Ziel hat, darf nun verlängert bis 2013 auch ein Ausbildungsverhältnis gefördert werden, das von Insolvenz, Stilllegung oder Schließung bedroht ist. Das erleichtert es Jugendlichen, deren Ausbildungsplatz gefährdet ist, ihre Lehre in einem anderen Betrieb fortzusetzen.

IAB-Stellungnahme

„Die Verlängerung der erweiterten vertieften Berufsorientierung ist aus Forschungssicht sinnvoll, auch um noch mehr Informationen über ihre Wirkungen zu generieren. Es laufen bereits einzelne Evaluationsvorhaben – weitere sind in Vorbereitung.

Eine Verlängerung der befristeten Möglichkeit, bei Insolvenz, Stilllegung oder Schließung des ausbildenden Betriebs einen Ausbildungsbonus für das die Ausbildung fortführende Ausbildungsverhältnis zu gewähren, erscheint auch im Lichte der wirtschaftlichen Lage sinnvoll." (IAB-Stellungnahme 04/2010, S. 11)

Mit dem Gesetz wird geregelt, dass Beschäftigungen im Rahmen des bis Ende 2014 laufenden Modellprojekts „Bürgerarbeit" nicht der Versicherungspflicht zur Arbeitslosenversicherung unterliegen.

Mit dem Gesetz wird auch der Anspruch von Arbeitnehmern auf einen Vermittlungsgutschein um ein Jahr verlängert. Die Ausgabe eines Vermittlungsgutscheins setzt nun nur noch eine Arbeitslosigkeit von sechs Wochen (zuvor acht Wochen) voraus. Ein vom Arbeitnehmer eingeschalteter Vermittler, der den Arbeitnehmer in eine versicherungspflichtige Beschäftigung mit einer Arbeitszeit von mindestens 15 Stunden wöchentlich vermittelt hat, erhält eine Vergütung seiner Leistung von der Agentur für Arbeit. Mit der Verlängerung des Erprobungszeitraums um ein Jahr kann der Vermittlungsgutschein in die für 2011 vorhergesehene Überprüfung aller arbeitsmarktpolitischer Instrumente einbezogen werden.

Parlamentaria

Gesetz für bessere Beschäftigungschancen am Arbeitsmarkt (Beschäftigungschancengesetz) vom 24.10.2010. In: Bundesgesetzblatt Teil I Nr. 52 vom 27.10.2010, S. 1417 ff.

Gesetzentwurf der Bundesregierung, Bundestagsdrucksache 17/1945 vom 07.06.2010.

Beschlussfassung und Bericht des Ausschusses für Arbeit und Soziales, Bundestagsdrucksache 17/2454 vom 07.07.2010.

Zusammenstellung der schriftlichen Stellungnahmen zur öffentlichen Anhörung von Sachverständigen in Berlin am 5. Juli 2010, Ausschussdrucksache 17(11)231 vom 01.07.2010.

IAB-Literatur

Deeke, Axel; Dietz, Martin; Koch, Susanne; Kupka, Peter; Krug, Gerhard; Kruppe, Thomas; Spitznagel, Eugen; Stephan, Gesine; Stops, Michael; Walwei, Ulrich; Wießner, Frank (2010): Beschäftigungschancen verbessern – Arbeitsplätze sichern, Anpassungen zulassen. Öffentliche Anhörung von Sachverständigen vor dem Ausschuss für Arbeit und Soziales des Deutschen Bundestags am 5. Juli 2010. IAB-Stellungnahme 04/2010.

17 Gesetz zur Weiterentwicklung der Organisation in der Grundsicherung für Arbeitsuchende

Inkrafttreten am 01.01.2011

Wesentliche Inhalte des Gesetzes:
- Fortführung der gemeinsamen Aufgabenwahrnehmung durch Bundesagentur für Arbeit und Kommunen im Bereich der Grundsicherung für Arbeit
- Fortführung der bisherigen und Zulassung weiterer kommunaler Träger (Optionskommunen)
- Verlängerung der Übergangsfrist für Leistungsträger in getrennter Aufgabenwahrnehmung bis Ende 2011
- Verpflichtung der örtlichen Träger der Grundsicherung für Arbeitsuchende zur Teilnahme an einem Leistungsvergleich

Das Bundesverfassungsgericht hat in seinem Urteil vom 20.12.2007 entschieden, dass die gemeinsame Leistungserbringung durch Bundesagentur für Arbeit und Kommunen in der Grundsicherung für Arbeitsuchende als Mischverwaltung nicht mit dem Grundgesetz vereinbar ist. Es forderte den Gesetzgeber daher auf, bis Ende 2010 eine verfassungsgemäße Regelung zu finden.

Zudem lief Ende 2010 die im Rahmen einer Experimentierklausel auf sechs Jahre befristete Zulassung von 69 Kommunen als eigenständige Leistungsträger der Grundsicherung für Arbeitsuchende aus. Der Gesetzgeber musste also auch hier eine Anschlussregelung formulieren.

Die am 27.07.2010 in Kraft getretene Einfügung des Art. 91e GG schuf die Grundlage für eine Fortsetzung der Zusammenarbeit von Bund und Ländern bzw. Gemeinden auf dem Gebiet der Grundsicherung für Arbeitsuchende. Damit wurde der Fortbestand der Arbeitsgemeinschaften (ARGEn), jetzt gemeinsame Einrichtungen genannt, gewährleistet.

Das Gesetz setzt den in einer interfraktionellen Arbeitsgruppe erzielten Konsens für eine Organisation der Grundsicherung für Arbeitsuchende aus einer Hand um.

69 Kommunen wurden im Rahmen der Experimentierklausel als eigenständige Leistungsträger der Grundsicherung für Arbeitsuchende befristet bis Ende 2011 zugelassen. Das Gesetz ermöglicht diesen Trägern, ihre Aufgaben zeitlich unbefristet fortzusetzen, und erlaubt die Zulassung weiterer kommunaler Träger. Es soll jedoch ein Regel-Ausnahme-Verhältnis gelten: Mindestens drei Viertel der Grundsicherungsstellen sollen gemeinsame Einrichtungen und bis zu einem Viertel Optionskommunen sein.

Die getrennte Aufgabenwahrnehmung, bei der Kommune und Agentur für Arbeit ihren Aufgabenbereich im Rahmen der gesetzlichen Regelungen getrennt voneinander verantworten, wird es nach einer Übergangsfrist bis Ende 2011 nicht mehr geben. Die Träger mit getrennter Aufgabenwahrnehmung werden ab Januar 2012 in zugelassene kommunale Träger oder gemeinsame Einrichtungen überführt.

Sowohl die gemeinsamen Einrichtungen als auch die zugelassenen kommunalen Träger nach § 6a führen die Bezeichnung Jobcenter (§ 6d SGB II). Die bislang bestehende Aufgabenteilung zwischen den Arbeitsagenturen und kommunalen Trägern bleibt unverändert. Die Regelleistungen zum Lebensunterhalt und Leistungen zur Eingliederung in Arbeit werden von der Bundesagentur für Arbeit, die sozialflankierenden Leistungen und die Leistungen für Unterkunft und Heizung von den Kommunen erbracht.

Änderungen erfolgten aber bei der Organisation der Einrichtungen. § 44c SGB II sieht vor, dass jede gemeinsame Einrichtung eine Trägerversammlung hat, in der die Agentur für Arbeit und der kommunale Träger jeweils die Hälfte der Vertreterinnen und Vertreter stellen. Die Trägerversammlung entscheidet über organisatorische, personalwirtschaftliche,

personalrechtliche und personalvertretungsrechtliche Angelegenheiten der gemeinsamen Einrichtung. Sie bestimmt den Geschäftsführer der gemeinsamen Einrichtung sowie den Beauftragten für Chancengleichheit, berät zu gemeinsamen Betreuungsschlüsseln und trifft Entscheidungen über das örtliche Arbeitsmarkt- und Integrationsprogramm der Grundsicherung für Arbeitsuchende. Der Geschäftsführer erhält weitreichende dienst-, personal- und arbeitsrechtliche Kompetenzen.

Bei jeder gemeinsamen Einrichtung nach § 44b wird ein örtlicher Beirat gebildet. Der Beirat berät die Einrichtung bei der Auswahl und Gestaltung der Eingliederungsinstrumente und -maßnahmen.

Um die Funktionsfähigkeit der Grundsicherung über eine ausreichende Ausstattung mit Fachpersonal zu gewährleisten, werden dem in den Einrichtungen tätigen Personal die Aufgaben für die Dauer von fünf Jahren zugewiesen. Zur Besserstellung des Personals sieht das Gesetz auch die Erstellung von Grundsätzen zur Personalentwicklung, die Einrichtung einer Personalvertretung sowie eines Gleichstellungsbeauftragten vor.

Das Verfahren der Neuzulassung weiterer kommunaler Träger als alleinige Träger der Grundsicherung für Arbeitsuchende regelt eine am 23.08.2010 in Kraft getretene Verordnung (Kommunalträger-Eignungsfeststellungsverordnung KtEfV). In ihr sind die Zulassungs- und Eignungskriterien festgelegt. Kommunen konnten zum 01.01.2012 als alleinige Träger zugelassen werden, wenn sie bis Ende 2010 einen Antrag gestellt haben, zu 90 Prozent das Personal der Bundesagentur für Arbeit übernehmen, das bisher in der Arbeitsgemeinschaft beschäftigt war, und die Eignungskriterien erfüllen. Hierfür mussten den zuständigen Länderbehörden Konzepte vorliegen, die die organisatorische Leistungsfähigkeit des Trägers und die Qualifizierung des Personals belegen. Außerdem sind Nachweise vorzulegen, mit welchem Konzept und mit welchem Erfolg der Träger sich arbeitsmarktpolitisch engagiert hat und wie dieses Engagement zukünftig aussehen wird. Zum ersten

Januar 2012 werden 41 neue Optionskommunen dazukommen.

Nach § 48a SGB II erhebt das Bundesministerium für Arbeit und Soziales (BMAS) Kennzahlen zur Feststellung der Leistungsfähigkeit der SGB-II-Träger. Eine am 23.08.2010 in Kraft getretene Verordnung zur Feststellung der Kennzahlen legt das Verfahren des Kennzahlenvergleichs fest, das zu Transparenz und konstruktivem Wettbewerb führen soll. Auf Grundlage der Kennzahlen sollen Zielvereinbarungen zwischen BMAS, zuständigen Landesbehörden und SGB-II-Trägern getroffen werden. Die Zahlen liefern Aussagen zur Verringerung der Hilfebedürftigkeit, der Verbesserung der Integration in Erwerbstätigkeit und der Vermeidung des langfristigen Leistungsbezugs. Sie werden monatlich veröffentlicht. Ein Bund-Länder-Ausschuss soll die Durchführung des Kennzahlenvergleichs durch Überprüfung der Aussagekraft und Weiterentwicklung der Kennzahlen begleiten.

Parlamentaria

Gesetz zur Weiterentwicklung der Organisation der Grundsicherung für Arbeitsuchende vom 03.08.2010. In: Bundesgesetzblatt Teil I Nr. 41 vom 10.08.2010, S. 1112 ff.

Grundgesetz Artikel 91e.

Gesetzentwurf der Bundesregierung, Bundestagsdrucksache 17/1940 vom 07.06.2010.

Zusammenstellung der Stellungnahmen zur öffentlichen Anhörung von Sachverständigen in Berlin am 7. Juni 2010, Ausschussdrucksache 17(11)169 vom 03.06.2010.

Verordnung über das Verfahren zur Feststellung der Eignung als zugelassener kommunaler Träger der Grundsicherung für Arbeitsuchende (Kommunalträger-Eignungsfeststellungsverordnung – KtEfV) vom 12.08.2010. In: Bundesgesetzblatt Teil I Nr. 42 vom 13.08.2010, S. 1155.

Verordnung zur Feststellung der Kennzahlen nach § 48a des Zweiten Buches Sozialgesetzbuch vom 12.08.2010. In: Bundesgesetzblatt Teil I Nr. 42 vom 13.08.2010, S. 1152.

18 Haushaltsbegleitgesetz 2011

Inkrafttreten am 01.01.2011

Wesentliche ausgewählte Inhalte:
- Wegfall des befristeten Zuschlags für Empfänger der Grundsicherung für Arbeitsuchende
- Wegfall der Versicherungspflicht zur gesetzlichen Rentenversicherung für Empfänger der Grundsicherung für Arbeitsuchende
- Änderungen beim Elterngeld
- Wegfall der Heizkostenzuschüsse beim Wohngeld

Nach Abklingen der schweren Finanz- und Wirtschaftskrise beschloss die Bundesregierung im Juni 2010 ein Paket von Maßnahmen zur Konsolidierung des Bundeshaushalts. Mit dem Haushaltsbegleitgesetz 2011 wurden diejenigen Maßnahmen des Sparpakets umgesetzt, die einer fachgesetzlichen Regelung bedurften. Soweit sie den Sozialetat betreffen, werden sie im Folgenden beschrieben.

Die Grundsicherung für Arbeitsuchende sah in § 24 SGB II „Abweichende Erbringung von Leistungen" auch einen auf zwei Jahre befristeten Zuschlag für Personen vor, die zuvor das höhere Arbeitslosengeld bezogen hatten. Dieser sollte den betreffenden Personen den Übergang zum niedrigeren Arbeitslosengeld II erleichtern. Der Zuschlag wurde mit dem Haushaltsbegleitgesetz gestrichen.

Mit dem Gesetz entfällt die Versicherungspflicht der Bezieher von Arbeitslosengeld II zur gesetzlichen Rentenversicherung. Entsprechend zahlen die Träger der Grundsicherung für Arbeitsuchende keine Rentenbeiträge für Arbeitslosengeld-II-Empfänger. Künftig wird die Zeit des Bezugs von Arbeitslosengeld II als Anrechnungszeit berücksichtigt, die allerdings unbewertet ist, d. h. es ergibt sich daraus unmittelbar keine Erhöhung der Rente. Mit dem Wegfall der Pflichtbeitragszeiten prognostiziert die Bundesregierung in ihrer Gesetzesbegründung eine

Minderung der monatlichen Rentenzahlung von bis zu 2,09 Euro pro Jahr des Bezugs von Arbeitslosengeld II.

Neben einer allgemeinen Absenkung des Elterngeldes ab einem zu berücksichtigenden Einkommen von 1.200 Euro von 67 auf 65 Prozent, sieht das Gesetz die Aufhebung der Anrechnungsfreiheit des Elterngeldes bei Bezug von Leistungen nach dem SGB II, SGB XII und dem Bundeskindergeldgesetz vor. Elterngeld wird bei der Berechnung der Leistungshöhe nun in vollem Umfang als Einkommen berücksichtigt.

Der seit Anfang 2009 an Wohngeldempfänger gezahlte Heizkostenzuschuss wird wieder gestrichen. Laut Gesetzesbegründung sind seit Mitte 2008 die Energiepreise gesunken. Im Sinne der Haushaltskonsolidierung sei daher eine Rückführung auf das früher geltende Recht angemessen.

Parlamentaria

Haushaltsbegleitgesetz 2011. In: Bundesgesetzblatt Teil I Nr. 63 vom 14.12.2010, S. 1885 ff.

Gesetzentwurf der Bundesregierung, Bundestagsdrucksache 17/3030 vom 27.09.2010.

Beschlussempfehlung des Haushaltsausschusses, Bundestagsdrucksache vom 26.10.2010.

Bundesregierung: Die Grundpfeiler unserer Zukunft stärken, Eckpunktepapier vom 07.06.2010 http://www.bmas.de/SharedDocs/Downloads/DE/sparpaket-eckpunktepapier.pdf?__blob=publicationFile (letzter Abruf 10.07.2012).

19 Siebtes Gesetz zur Änderung des Zweiten Buches Sozialgesetzbuch

Inkrafttreten am 01.01.2011

Wesentlicher Inhalt des Gesetzes:
- Beteiligung des Bundes an den Ausgaben der kommunalen Träger für Unterkunft und Heizung von Grundsicherungsempfängern in Höhe von 25,1 Prozent

Das Siebte Gesetz zur Änderung des Zweiten Buches Sozialgesetzbuch legt die Beteiligung des Bundes an den Unterkunfts- und Heizkosten für Empfänger der Grundsicherung für Arbeit für das Jahr 2011 auf bundesdurchschnittlich 25,1 Prozent fest.

Im Jahr 2011 betragen die Sätze im Land Baden-Württemberg 28,5 vom Hundert, im Land Rheinland-Pfalz 34,5 vom Hundert und in den übrigen Ländern 24,5 vom Hundert.

Aufgrund der gesetzlich festgelegten Anpassungsformel berechnet sich die Bundesbeteiligung an den Kosten für Heizung und Unterkunft in Abhängigkeit von der Anzahl der Bedarfsgemeinschaften. Im Vergleich zum Vorjahreszeitraum hat sich die Zahl der Bedarfsgemeinschaften von Juli 2009 bis Juni 2010 um 2,2 Prozent erhöht. Dementsprechend steigt die Bundesbeteiligung um 1,5 Prozentpunkte.

Bei der öffentlichen Anhörung von Sachverständigen am 22.11.2010 zum Entwurf eines Gesetzes zur Ermittlung von Regelbedarfen im SGB II wurde von kommunaler Seite argumentiert, dass die an den tatsächlichen Ausgaben gemessene Bundesbeteiligungsquote die gesetzlich festgelegte um über zehn Prozentpunkte übersteigen müsse. Die Orientierung ausschließlich an der Zahl der Bedarfsgemeinschaften habe in den vergangenen Jahren zu einer permanenten Steigerung der Ausgaben geführt.

Wie schon im Verfahren zum Sechsten Gesetz zur Änderung des Zweiten Buches Sozialgesetzbuch hat der Bundesrat am 17.12.2010 zu dem vom Deutschen Bundestag am 3. Dezember 2010 verabschiedeten Gesetz den Vermittlungsausschuss mit dem Ziel angerufen, das Gesetz grundlegend zu überarbeiten. Laut Bundesrat bildet der seit 2008 festgeschriebene Anpassungsmechanismus zum einen nicht die tatsächliche aktuelle Kostenentwicklung ab, zum anderen werden retrospektiv zeitlich zurückliegende Daten einbezogen. Er fordert daher weiterhin die Ausrichtung der Anpassungsformel an den tatsächlichen Unterkunftskosten.

Die Bundesregierung argumentiert in ihrer Gegenäußerung vom 10.11.2010, sie könne sich der Forderung des Bundesrates nicht anschließen. Das in § 46 SGB II ursprünglich vorgesehene Verfahren, die Höhe der Bundesbeteiligung auf der Grundlage einer jährlichen Be- und Entlastungsrechnung für die Kommunen anzupassen, habe sich als nicht zweckmäßig erwiesen. Der Ende 2006 zwischen Bund und Ländern gefundene und seit 2008 unbefristet geltende Kompromiss, die Zahl der Bedarfsgemeinschaften als Bezugsgröße für die Höhe der Bundesbeteiligung zugrunde zu legen, stelle hingegen die Entlastung der Kommunen sicher.

Das Gesetz wurde am 03.12.2010 im Bundestag verabschiedet und trat am 01.01.2011 in Kraft.

Parlamentaria

Siebtes Gesetz zur Änderung des Zweiten Buches Sozialgesetzbuch (7. SGBIIÄndG) vom 21.03.2011. In: Bundesgesetzblatt Teil I Nr. 12 vom 29.03.2011, S. 452.

Bericht des Ausschusses für Arbeit und Soziales zu dem Gesetzentwurf der Bundesregierung, Bundestagsdrucksache 17/4094 vom 09.12.2010.

Gesetzentwurf der Bundesregierung, Bundestagsdrucksache 17/3631 vom 08.11.2010.

20 Gesetz zur Ermittlung von Regelbedarfen und zur Änderung des Zweiten und Zwölften Buches Sozialgesetzbuch

Inkrafttreten am 01.04.2011,
teilweise rückwirkend zum 01.01.2011

Wichtige ausgewählte Inhalte des Gesetzes:
- Ermittlung von Regelbedarfen durch das Regelbedarfs-Ermittlungsgesetz
- Neuregelung der Leistungen zur Sicherung des Lebensunterhalts (Alg II, Mehrbedarfe)
- Neuregelung der Hilfen zum Lebensunterhalt (Unterkunft und Heizung)
- Neustrukturierung der Freibeträge bei Erwerbstätigkeit
- Leistungen zur Bildung und Teilhabe
- Modifizierungen der Sanktionen im SGB II

Mit dem Gesetz reagiert der Gesetzgeber auf das Urteil des Bundesverfassungsgerichts vom 09.02.2010, demzufolge die Festlegung der Regelsätze für SGB II und SGB XII nicht den verfassungsrechtlichen Anspruch auf ein transparentes und sachgerechtes Verfahren zur Gewährleistung eines menschenwürdigen Existenzminimums erfüllt. Die Regelsätze waren neu zu bemessen, eine Härtefallregelung für Leistungen zur Sicherstellung besonderer Bedarfe vorzusehen, und der besondere Bedarf von Kindern und Jugendlichen zu berücksichtigen.

Das am 24.03.2011 als Artikel 1 im „Gesetz zur Ermittlung von Regelbedarfen und zur Änderung des Zweiten und Zwölften Buches Sozialgesetzbuch" verkündete „Gesetz zur Ermittlung der Regelbedarfe nach § 28 des Zwölften Buches Sozialgesetzbuch (Regelbedarfs-Ermittlungsgesetz)" legt auf der Grundlage von Sonderauswertungen der Einkommens- und Verbrauchsstichprobe (EVS) 2008 Berechnungsweise und Höhe der Regelbedarfe fest. Bei der Ermittlung der Lebenshaltungskosten für das sozio-kulturelle Existenzminimum werden zunächst Personen aus der Referenzgruppe ausgeschlossen, die Leistungen nach SGB II bzw. SGB XII beziehen. Danach werden als Referenzhaushalte für die Ermittlung der Regelbedarfe von Einpersonenhaushalten die unteren 15 Prozent (zuvor 20 Prozent) der nach ihrem Nettoeinkommen geschichteten Haushalte, von den Familienhaushalten die unteren 20 Prozent berücksichtigt.

Ausgaben für Alkohol und Tabak, Nutzung und Wartung eines PKWs oder Motorrads sowie Urlaubsreisen sind nicht mehr regelbedarfsrelevant. Neu berücksichtigt werden dagegen die Praxisgebühr und Ausgaben für einen Internetanschluss.

Der monatliche Regelsatz für eine alleinstehende oder alleinerziehende Person wird auf 364 Euro (Anhebung um fünf Euro) festgelegt. 328 Euro erhalten Leistungsberechtigte, die verheiratet oder als Lebenspartner gemeinsam einen Haushalt führen. Erwachsene, die keinen eigenen Haushalt führen, z. B. Menschen mit Behinderung im Haushalt ihrer Eltern, erhalten in der neu geschaffenen Regelbedarfsstufe 3 nur noch 80 Prozent des Regelbedarfs (zuvor 100 Prozent). Obwohl der Bedarf von Kindern nach der EVS niedriger berechnet wurde, bleibt es bei den in drei Altersstufen gestaffelten Kinderregelsätzen.

Das Bundesverfassungsgericht hatte auch die jährliche Anpassung der Regelleistung entsprechend der Entwicklung des aktuellen Rentenwerts in der gesetzlichen Rentenversicherung kritisiert. Die Fortschreibung der Regelbedarfsstufen erfolgt nun, allerdings zeitversetzt, nach einem Mischindex aus der Preisentwicklung für regelbedarfsrelevante Güter und Dienstleistungen und der Entwicklung der Nettolöhne und -gehälter je beschäftigten Arbeitnehmer nach der Volkswirtschaftlichen Gesamtrechnung.

Zum 01.01.2012 wird der Regelbedarf zusätzlich um drei Euro erhöht.

Das Gesetz erkennt einen Mehraufwand von einem Euro je Schultag für die gemeinschaftliche Verpflegung von Schülern und Kindern in einer Kindertagesstätte an.

Das Gesetz verpflichtet das Bundesministerium für Arbeit und Soziales unter Mitwirkung von Sachverständigen und des Statistischen Bundesamtes bis Mitte 2013 einen Bericht über die Weiterentwicklung der Regelbedarfsermittlung vorzulegen, in dem Vorschläge zur Abgrenzung der Referenzhaushalte und zur Festlegung der Regelbedarfe für Kinder und Jugendliche und für Erwachsene in Mehrpersonenhaushalten zu erarbeiten sind. Diese Punkte waren im Vermittlungsausschuss strittig.

Der Geschäftsbereich Dokumentation bietet ein InfoSpezial zum Thema „Der Regelsatz in der Grundsicherung für Arbeitsuchende" mit wissenschaftlichen und praxisorientierten Informationen, Veröffentlichungen, Forschungsprojekten und Positionspapieren.
www.iab.de/infoplattform/regelsatz

IAB-Stellungnahme

*„Mit dem Entwurf eines Gesetzes zur Ermittlung von Regelbedarfen kommt der Gesetzgeber der Aufforderung des Bundesverfassungsgerichts (BVerfG) nach, die Regelsätze verfassungskonform neu zu bemessen. (...) Losgelöst von der Frage, ob die vorgesehene Regelleistung bedarfsdeckend ist und ihre Bestimmung verfassungskonform erfolgte, zeigt sich, dass die Regelsatzanpassung die Anreize zur Aufnahme einer Beschäftigung im Niedriglohnbereich nicht nennenswert verschlechtert. (...) Ein umstrittener Punkt bei der Bestimmung der sogenannten Referenzgruppe ist die (Nicht-)Berücksichtigung von Haushalten in verdeckter bzw. verschämter Armut (...) Das Bundesverfassungsgericht hat dem Gesetzgeber aufgegeben, „bei der Auswertung künftiger Einkommens- und Verbrauchsstichproben (EVS) darauf zu achten, dass Haushalte, deren Nettoeinkommen unter dem Niveau der Leistungen nach dem Sozialgesetzbuch Zweites Buch und dem Sozialgesetzbuch Zwölftes Buch inklusive der Leistungen für Unterkunft und Heizung liegt, aus der Referenzgruppe ausgeschieden werden."
(BVerfG, 1 BvL 1/09 vom 09.02.2010, Absatz 169). Eine Schätzung der Nichtinanspruchnahme von*

Anspruchsberechtigten ist aus wissenschaftlicher Sicht möglich. In der EVS könnten also verdeckt arme Haushalte identifiziert und für die weiteren Berechnungen ausgeschlossen werden. Naturgemäß sind solche Schätzungen mit Unsicherheit behaftet. Es erscheint aber nicht überzeugend, entsprechende empirische Verfahren deshalb a priori auszuschließen.

Grundsätzlich und losgelöst von der Frage der Verfassungsmäßigkeit der Berücksichtigung verdeckt armer Haushalte bei den Berechnungen des Statistikmodells muss sich die Politik entscheiden, ob sie das Grundsicherungsniveau auch am Lebensstandard von Haushalten mit einem Einkommen unterhalb des bisherigen Grundsicherungsniveaus bemessen möchte. Die (Nicht-)Berücksichtigung von verdeckt armen Haushalten führt tendenziell zu (höheren) niedrigeren Verbrauchsausgaben der Referenzgruppe und schließlich zu (höheren) niedrigeren Regelsätzen, sowie zu einer (höheren) niedrigeren Belastung der öffentlichen Haushalte. Damit ist die Höhe des Regelsatzes im aktuellen Berechnungsmodell auch abhängig von der (erfolgreichen) Bekämpfung verdeckter Armut. Des Weiteren ist zu beachten, dass aus ökonomischen Gründen sowie Gerechtigkeitsüberlegungen ein hinreichend hoher Einkommensabstand zu nichtanspruchsberechtigten Haushalten mit niedrigen Erwerbseinkommen wünschenswert ist.

Einen für alle gleichen, objektiven Regelbedarf gibt es nicht. Entsprechend kann die Ermittlung des soziokulturellen Existenzminimums nicht wertfrei durch ein rein statistisches Verfahren erfolgen. Letztlich muss der Regelsatz gesellschaftlich definiert und ausgehandelt werden." (IAB-Stellungnahme 07/2010, S. 5 ff.)

Im Gesetz zur Ermittlung von Regelbedarfen und zur Änderung des Zweiten und Zwölften Buches Sozialgesetzbuch werden vormals „Hilfebedürftige" nun „Leistungsberechtigte" genannt. § 1 übernimmt aus dem SGB XII, dass die Grundsicherung für Arbeitsuchende es Leistungsberechtigten ermöglichen

soll, ein Leben zu führen, das der Würde des Menschen entspricht, wie es das Bundesverfassungsgericht in seinem Urteil gefordert hat.

Als Regelbedarfe zur Sicherung des Lebensunterhalts gelten weiterhin Ernährung, Kleidung, Körperpflege, Hausrat, Haushaltsenergie – ohne die auf die Heizung und Erzeugung von Warmwasser entfallenden Anteile – sowie persönliche Bedürfnisse des täglichen Lebens. Neu ist der Passus, dass die Leistungsberechtigten eigenverantwortlich über die Verwendung der Leistungen entscheiden und dabei das Eintreten unregelmäßig anfallender Bedarfe zu berücksichtigen haben.

Als Mehrbedarfe werden neben der Erstausstattung für die Wohnung einschließlich Haushaltsgeräten, der Erstausstattung für Bekleidung und Erstausstattungen bei Schwangerschaft und Geburt nun auch die Anschaffung und Reparaturen von orthopädischen Schuhen, Reparaturen von therapeutischen Geräten und Ausrüstungen sowie die Miete von therapeutischen Geräten anerkannt.

Die Kosten für Unterkunft und Heizung werden weiterhin in Höhe der tatsächlichen Aufwendungen anerkannt, soweit sie angemessen sind. Durch den neu geschaffenen § 22a können die Länder nun die Kreise und kreisfreien Städte ermächtigen, durch Satzung zu bestimmen, in welcher Höhe Aufwendungen für Unterkunft und Heizung in ihrem Gebiet angemessen sind oder Pauschalbeträge für Unterkunft- und Heizkosten in ihrem Gebiet festzulegen.

Ziel des Gesetzes war es, die Anreize zur Aufnahme einer voll sozialversicherungspflichtigen Beschäftigung für Haushalte mit Arbeitslosengeld-II-Bezug zu erhöhen. Zu diesem Zweck wurden mit Wirkung vom 01.04.2011 (für bewilligte Fälle ab 01.07.2011) die Erwerbstätigen-Freibeträge neu gestaltet. Die ersten 100 Euro Hinzuverdienst bleiben weiterhin anrechnungsfrei. Von einem Bruttomonatseinkommen zwischen 100 Euro und 1.000 Euro werden nun 20 Prozent freigestellt. Darüber gilt weiterhin ein Selbstbehalt von 10 Prozent. Dies bedeutet eine Besserstellung im Bereich zwischen 800 Euro und 1.000 Euro, in dem zuvor 10 Prozent freigestellt waren.

IAB-Stellungnahme

„Der Gesetzentwurf sieht vor, Anreize zur An- nahme einer voll sozialversicherungspflichtigen Beschäftigung für Haushalte mit Arbeitslosen- geld-II-Bezug zu erhöhen, indem die Erwerbstä- tigen-Freibeträge im SGB II neugestaltet werden. (...) Simulationsrechnungen des IAB (Bruckmei- er et al. 2010) zeigen, dass von der Reform weder starke Effekte auf das Erwerbsverhalten und die Kosten der Grundsicherung noch auf die Anzahl der von SGB-II-Leistungen abhängigen Haushal- te zu erwarten sind. (...) Der Gesetzentwurf strebt eine Verbesserung der Anreize zur Aufnahme einer voll sozialversicherungspflichtigen Beschäftigung für Haushalte mit SGB-II-Bezug an. Sie bewegt sich nach Analysen des IAB im nicht messbaren Bereich und wird demnach verfehlt. (...) Letztlich hängt die politische Entscheidung über die kon- krete Ausgestaltung der Hinzuverdienstregeln da- von ab, welchen Zielen Vorrang eingeräumt wird: dem Teilhabeziel einer Arbeitsaufnahme (Partizi- pationseffekt) auch mit geringer Erwerbsbeteili- gung, einer Ausweitung des Arbeitsangebots über mehr Wochenstunden (Arbeitsvolumeneffekt) oder dem Ziel, die Sozialausgaben zu begrenzen. Der Gesetzgeber sieht sich hier mit konkurrieren- den Zielen konfrontiert. Eine klare Empfehlung aus wissenschaftlicher Sicht kann daher nicht abge- geben werden (vergleiche Bruckmeier et al. 2010)."

(IAB-Stellungnahme 07/2010, S. 7 f.)

In § 28 SGB II wird geregelt, welche Leistungen für Bildung und Teilhabe für Kinder, Jugendliche und junge Erwachsene unter 25 Jahren zusätzlich zum Regelbedarf auf Antrag erbracht werden können. Kosten für mehrtägige Klassenfahrten, Nachhilfe, persönlichen Schulbedarf, Mitgliedsbeiträge in den Bereichen Sport, Spiel, Kultur und Geselligkeit, Mu- sikunterricht und Teilnahme an Freizeiten können übernommen werden. Antragsteller erhalten in der Regel einen Gutschein. Es besteht allerdings auch

die Möglichkeit, die Leistungen durch Direktzahlun- gen an die Anbieter zu erbringen.

Die Leistungen für Bildung und Teilhabe können auch für Kinder erbracht werden, die in Haushal- ten leben, deren Mitglieder keinen Anspruch auf Ar- beitslosengeld II haben, jedoch den Kinderzuschlag oder Wohngeld erhalten. Die Abwicklung der Leis- tungen für Bildung und Teilhabe übernehmen die kommunalen Träger.

Der Katalog der Pflichtverletzungen, die sanktioniert werden können, bleibt weitgehend unverändert. Al- lerdings werden die Sanktionstatbestände durch Aufgliederung des § 31 SGB II klarer formuliert. Ergänzt wird, dass neben dem Abbruch auch der Nichtantritt einer Maßnahme als Pflichtverletzung sanktioniert werden kann. Die Weigerung, eine Ein- gliederungsvereinbarung abzuschließen, wurde auf- grund des Vertragsfreiheitsrechts im Grundgesetz als Sanktionstatbestand gestrichen. Die Nichterfül- lung der Pflichten, ob sie nun in einer Eingliederungsver- einbarung oder im sie ersetzenden Verwaltungsakt festgelegt wurden, können zu Absenkung oder Weg- fall des Arbeitslosengeldes II führen. Eine Pflicht- verletzung von erwerbsfähigen Leistungsberechtig- ten ist anzunehmen, wenn sie trotz Belehrung über die Rechtsfolgen (alt) oder deren Kenntnis (neu) ihr Verhalten fortsetzen. Gestrichen wird die Regelung, dass bei wiederholter Pflichtverletzung die Leistun- gen kumulativ gekürzt werden konnten.

Parlamentaria

Gesetz zur Ermittlung von Regelbedarfen und zur Än- derung des Zweiten und Zwölften Buches Sozialgesetz- buch. In: Bundesgesetzblatt Teil I Nr. 12 vom 29.03.2011, S. 453 ff., darin enthalten: Gesetz zur Ermittlung der Re- gelbedarfe nach § 28 des Zwölften Buches Sozialgesetz- buch (Regelbedarfs-Ermittlungsgesetz).

Zusammenstellung der schriftlichen Stellungnahmen der eingeladenen Verbände und Einzelsachverständigen zur öffentlichen Anhörung im Ausschuss für Arbeit und Soziales am 17.05.2010, Ausschussdrucksache 17(11)154 vom 12.05.2011.

Zusammenstellung der schriftlichen Stellungnahmen der eingeladenen Verbände und Einzelsachverständigen zur öffentlichen Anhörung am 22. November 2010, Ausschussdrucksache 17(11)309 vom 16. November 2010.

IAB-Literatur

Bruckmeier, Kerstin; Dietz, Martin; Feil, Michael; Hohmeyer, Katrin; König, Marion; Kupka, Peter; Schels, Brigitte; Walwei, Ulrich; Wiemers, Jürgen (2010): Arbeitsmarktwirkungen sind gering – Reformvorschläge zur Grundsicherung für Arbeitsuchende. Öffentliche Anhörung von Sachverständigen vor dem Ausschuss für Arbeit und Soziales des Deutschen Bundestags am 22.11.2010. IAB-Stellungnahme 07/2010.

Bruckmeier, Kerstin; Feil, Michael; Walwei, Ulrich; Wiemers, Jürgen (2010): Was am Ende übrig bleibt, IAB-Kurzbericht 24/2010.

Dietz, Martin; Koch, Susanne; Rudolph, Helmut; Walwei, Ulrich; Wiemers, Jürgen (2011): Reform der Hinzuverdienstregeln im SGB II. Fiskalische Effekte und Arbeitsmarktwirkungen. In: Sozialer Fortschritt, Jg. 60, H. 1/2, S. 4–15.

Götz, Susanne; Ludwig-Mayerhofer, Wolfgang; Schreyer, Franziska (2010): Sanktionen im SGB II: Unter dem Existenzminimum. IAB-Kurzbericht 10/2010.

Hofmann, Barbara; Koch, Susanne; Kupka, Peter; Rauch, Angela; Schreyer, Franziska; Stops, Michael; Wolff, Joachim; Zahradnik, Franz (2011): Wirkung und Nutzen von Sanktionen in der Grundsicherung – Zur Stärkung der Rechte von Arbeitslosen. Öffentliche Anhörung von Sachverständigen vor dem Ausschuss für Arbeit und Soziales des Deutschen Bundestags am 6. Juni 2011. IAB-Stellungnahme 05/2011.

21 Gesetz zur Verhinderung von Missbrauch der Arbeitnehmerüberlassung und zur Umsetzung der Leiharbeitsrichtlinie

Inkrafttreten am 30.04.2011 der Regelungen zur Verhinderung von Missbrauch der Leiharbeit

Inkrafttreten am 01.12.2011 der Regelungen zur Umsetzung der Leiharbeitsrichtlinie

Die Bundesregierung bezieht sich in ihrem Gesetzentwurf auf in der Praxis bekannt gewordene Fälle des missbräuchlichen Einsatzes der Arbeitnehmerüberlassung. Einige Unternehmen haben Stammbeschäftigte entlassen, um sie zu schlechteren Konditionen in einem Zeitarbeitsverhältnis erneut zu beschäftigen (sogenannter Drehtüreffekt). Zudem wird mit dem Gesetz die Leiharbeitsrichtlinie der Europäischen Union in nationales Recht umgesetzt. Als weiterer Anstoß für das Gesetz gelten die zum 01.05.2011 entfallenen Schranken für die Freizügigkeit der Arbeitnehmer in osteuropäischen EU-Mitgliedsstaaten. Dies eröffnet dort ansässigen Leiharbeitsunternehmen die Möglichkeit, auf der Grundlage ausländischer Zeitarbeitstarifverträge Leiharbeitnehmer in Deutschland zu deutlich schlechteren Arbeits- und Einkommensbedingungen zu beschäftigen.

Wesentliche Inhalte des Gesetzes:
- Anwendungsbereich gilt für wirtschaftlich tätige Unternehmen, unabhängig von der Verfolgung eines Erwerbszwecks
- Drehtürklausel
- Regelungen zur Festsetzung verbindlicher Lohnuntergrenzen auch in verleihfreien Zeiten durch gemeinsamen Vorschlag von Tarifvertragsparteien der Zeitarbeit und Rechtsverordnung des BMAS
- Verpflichtungen des Entleihers:
  - Informationspflicht
  - Gewährung des gleichberechtigten Zugangs von Leiharbeitnehmerinnen und -nehmern zu Gemeinschaftseinrichtungen und -diensten

Mit der Änderung des Arbeitnehmerüberlassungsgesetzes (AÜG) wird in Übereinstimmung mit der EU-Leiharbeitsrichtlinie die Erlaubnispflicht für Leiharbeit ausgeweitet. Der Anwendungsbereich gilt nun für wirtschaftlich tätige Unternehmen, unabhängig davon, ob sie Erwerbszwecke verfolgen oder nicht. Ein Ausnahmetatbestand wird für die nur gelegentliche Arbeitnehmerüberlassung geschaffen. Außerdem wird Arbeitnehmerüberlassung – ohne Nennung von Höchstüberlassungsfristen – als vorübergehend definiert. Zentrales Element der Gesetzänderung ist die Drehtürklausel, die verhindert, dass Stammbeschäftigte entlassen und innerhalb der kommenden sechs Monate als Zeitarbeitskräfte wieder in ihrem ehemaligen Unternehmen oder einem anderen Unternehmen desselben Konzerns zu schlechteren Arbeitsbedingungen eingesetzt werden können.

Die Möglichkeit, Beschäftigte als Leiharbeitnehmer in ihren ehemaligen Unternehmen oder einem anderen Unternehmen desselben Konzerns einzusetzen, besteht auch künftig. Allerdings soll die Schlechterstellung dieser Personen dadurch verhindert werden, dass tarifliche Regelungen, die von dem seit 2002 im Arbeitnehmerüberlassungsgesetz verankerten Gleichstellungsgrundsatz abweichen, in den ersten sechs Monaten nicht angewendet werden können. Der Gleichstellungsgrundsatz besagt, dass Leiharbeitnehmer zu denselben Bedingungen beschäftigt werden müssen wie die Stammarbeitnehmer des entleihenden Unternehmens. Er bezieht sich u. a. auf Arbeitsentgelte, Arbeitszeiten und Urlaubsansprüche (equal pay und equal treatment). Eine in der Praxis nicht angenommene Ausnahmeregelung zur kurzzeitigen Beschäftigung zuvor arbeitsloser Leiharbeiter zum Nettoentgelt in Höhe des letzten Arbeitslosengelds wurde gestrichen.

Ein neuer § 3a im Arbeitnehmerüberlassungsgesetz sieht nun vor, dass das BMAS verbindliche Lohnuntergrenzen bestimmen kann. Zuvor müssen die vorschlagsberechtigten Tarifvertragsparteien bundesweit tarifliche Mindeststundenentgelte im Bereich der Arbeitnehmerüberlassung vereinbart und dem BMAS deren verbindliche Festsetzung als Lohnuntergrenze vorgeschlagen haben. Vorschlagsberechtigt sind Gewerkschaften und Vereinigungen von Arbeitgebern, die zumindest auch für ihre jeweiligen in der Arbeitnehmerüberlassung tätigen Mitglieder zuständig sind. Tarifverträge dürfen nach § 3 AÜG nur noch bis zu dieser Lohnuntergrenze abweichen und die Mindeststundenentgelte nicht unter Berufung auf den Gleichstellungsgrundsatz unterschreiten.

Der zwischen dem Bundesverband Zeitarbeit Personaldienstleistungen (BZA) und dem DGB geschlossene Entgelttarifvertrag sieht ab dem 01.05.2011 für Westdeutschland 7,79 Euro und für Ostdeutschland 6,89 Euro als niedrigsten Stundensatz in der Entgeltgruppe 1 vor. Zum 01.11.2011 und zum 01.01.2012 werden diese Stundensätze auf 7,89 bzw. 8,19 Euro in Westdeutschland und auf 7,01 Euro bzw. 7,50 Euro in Ostdeutschland steigen. Am 01.01.2012 trat die Erste Verordnung über eine Lohnuntergrenze in der Arbeitnehmerüberlassung in Kraft.

Neu eingeführt wurde mit §13a AÜG auch eine Informationspflicht des Entleihers über freie Arbeitsplätze im Entleihunternehmen. §13b AÜG regelt den Zugang des Leiharbeitnehmers zu Gemeinschaftsdiensten und -einrichtungen im Unternehmen, wie Betriebskindergärten, Kantinen oder Beförderungsmitteln.

Parlamentaria

Unterrichtung durch die Bundesregierung: Elfter Bericht der Bundesregierung über Erfahrungen bei der Anwendung des Arbeitnehmerüberlassungsgesetzes. In: Bundestagsdrucksache 17/464.

Entwurf eines Ersten Gesetzes zur Änderung des AÜG, Bundestagsdrucksache 17/4804 vom 17.02.2011.

Richtlinie F 2008/104/EG des europäischen Parlaments und des Rates vom 19.November 2008 über Leiharbeit. In: Amtsblatt der Europäischen Union L 327/9-14.

Erstes Gesetz zur Änderung des Arbeitnehmerüberlassungsgesetzes – Verhinderung von Missbrauch der Arbeitnehmerüberlassung (1. AÜGÄndG). In: Bundesgesetzblatt Teil Nr.18 vom 29.04.2011, S. 642–644.

IAB-Literatur

Crimmann, Andreas; Ziegler, Kerstin; Ellguth, Peter; Kohaut, Susanne; Lehmer, Florian (2009): Forschungsbericht zum Thema „Arbeitnehmerüberlassung". Endbericht zum 29. Mai 2009 (Bundesministerium für Arbeit und Soziales. Forschungsbericht Arbeitsmarkt, 397), Nürnberg, 166 S.

22 Gesetz zur Änderung des Arbeitnehmerüberlassungsgesetzes und des Schwarzarbeitsbekämpfungsgesetzes

Inkrafttreten am 30.07.2011

Mit dem Gesetz werden die durch das Erste Gesetz zur Änderung des Arbeitnehmerüberlassungsgesetzes (AÜG-Änderungsgesetz) getroffenen Regelungen zur Lohnuntergrenze um Kontroll- und Sanktionsvorschriften ergänzt. Dabei werden entsprechende Instrumentarien aus dem Arbeitnehmer-Entsendegesetz in das Arbeitnehmerüberlassungsgesetz übertragen.

> **Wesentlicher Inhalt:**
> - Kontroll- und Sanktionssystem der Arbeitnehmerüberlassung analog zum Arbeitnehmer-Entsendegesetz
> - Abgrenzung der Zuständigkeiten zwischen Bundesagentur für Arbeit und Zollverwaltung

Eine nach den Regelungen des Arbeitnehmerüberlassungsgesetzes festgesetzte Lohnuntergrenze schränkt insbesondere die Möglichkeit ein, aufgrund tarifvertraglicher Regelungen vom Grundsatz der Gleichstellung von Leiharbeitnehmern mit vergleichbaren Stammarbeitnehmern des Entleihbetriebs abzuweichen. Auch für Zeiten ohne Überlassung darf die zwischen Verleiher und Leiharbeitnehmer vereinbarte Vergütung die festgesetzte Lohnuntergrenze nicht unterschreiten. Die Einhaltung der entsprechenden Arbeitgeberpflichten bedarf nach dem Willen des Gesetzgebers einer Sanktionierung und effektiven Kontrolle. Der neu eingeführte Bußgeldrahmen für die Unterschreitung der Mindeststundenentgelte wird auf 500 Tsd. Euro festgelegt.

Mit der Kontrolle werden die Behörden der Zollverwaltung betraut. Die Durchführung des Gesetzes obliegt jedoch wie bisher der Bundesagentur für Arbeit, die insbesondere für die Erteilung und Verlängerung der Erlaubnis zur Arbeitnehmerüberlassung, deren Widerruf und deren Rücknahme zuständig bleibt. Soweit der Zollverwaltung im Zuge der Einführung der Lohnuntergrenze neue Prüfbefugnisse bei der Durchführung des Arbeitnehmerüberlassungsgesetzes übertragen werden, wird diese auch mit der Verfolgung und Ahndung betraut.

Parlamentaria

Gesetzentwurf der Bundesregierung, Bundestagsdrucksache 17/5761 vom 10.05.2011.

Gesetz zur Änderung des Arbeitnehmerüberlassungsgesetzes und des Schwarzarbeitsbekämpfungsgesetzes vom 20.07.2011. In: Bundesgesetzblatt Teil I Nr. 39 vom 29.07.2011, S. 1506.

Teil II

Schwerpunktthemen

Kapitel C:
Übergänge am
Arbeitsmarkt und Qualität
von Beschäftigung

Kapitel D:
Fachkräftebedarf:
Analyse und
Handlungsstrategien

Übergänge am Arbeitsmarkt und Qualität von Beschäftigung

Juliane Achatz
Kerstin Bruckmeier
Tanja Buch
Carola Burkert
Hans Dietrich
Martin Dietz
Alfred Garloff
Stefanie Gundert
Stefan Hell
Christian Hohendanner
Elke J. Jahn
Corinna Kleinert
Lena Koller
Florian Lehmer
Britta Matthes
Annekatrin Niebuhr
Brigitte Schels
Mark Trappmann
Ulrich Walwei
Rüdiger Wapler
Kerstin Ziegler

Inhaltsübersicht Kapitel C
Übergänge am Arbeitsmarkt und Qualität von Beschäftigung

Juliane Achatz, Kerstin Bruckmeier, Tanja Buch, Carola Burkert, Hans Dietrich, Martin Dietz, Alfred Garloff, Stefanie Gundert, Stefan Hell, Christian Hohendanner, Elke J. Jahn, Corinna Kleinert, Lena Koller, Florian Lehmer, Britta Matthes, Annekatrin Niebuhr, Brigitte Schels, Mark Trappmann, Ulrich Walwei, Rüdiger Wapler, Kerstin Ziegler

Das Wichtigste in Kürze

Die zuletzt positive Entwicklung am Arbeitsmarkt hat den Blick der Politik und der Öffentlichkeit von der lange Zeit vorherrschenden Debatte um die Bekämpfung der Massenarbeitslosigkeit zusehends auf die Qualität der Arbeit gelenkt. Im Fokus steht dabei die sich parallel zur günstigeren Arbeitsmarktentwicklung verschärfende Polarisierung der Beschäftigung, etwa in Form der wachsenden Lohnungleichheit zwischen Beschäftigten oder der zunehmenden Bedeutung von Beschäftigungsverhältnissen, die nicht oder nur bedingt den üblichen Standards wie Vollzeittätigkeit, Kündigungsschutz oder Sozialversicherungspflicht unterliegen. Die Qualität von Erwerbstätigkeit lässt sich jedoch nicht nur aus dem Vergleich zwischen verschiedenen Beschäftigungs- und Statusformen abschätzen. Ein weiteres Kriterium ist, inwieweit den Betroffenen der Übergang in eine stabile und existenzsichernde Beschäftigung gelingt. Dies ist Gegenstand des vorliegenden Kapitels.

Um Arbeitslosigkeit frühzeitig und möglichst nachhaltig zu vermeiden, ist die Qualität der Beschäftigung zu Beginn der Erwerbskarriere von entscheidender Bedeutung. Denn in Deutschland werden die Chancen und Risiken im weiteren Erwerbsverlauf stark durch den Einstieg in den Arbeitsmarkt geprägt. Dies gilt selbst für die vermeintlich wettbewerbsfähigere Gruppe der jungen Erwachsenen, die mit einer dualen Ausbildung in den Arbeitsmarkt einsteigen. Die Übernahmechancen hängen in hohem Maße davon ab, ob und inwieweit Betriebe mit ihrer Ausbildungsentscheidung das Ziel verbinden, längerfristig in ihr betriebsspezifisches Humankapital zu investieren. Generell zeigt sich, dass ein Ausbildungsabschluss immer mehr zur Mindestvoraussetzung für ein Normalarbeitsverhältnis wird. Werden Auszubildende nicht übernommen, sind sie zunehmend darauf angewiesen, zunächst einmal in der Zeitarbeit[1] tätig zu werden. Ein beachtlicher Teil dieser Gruppe ist zumindest in den ersten Erwerbsjahren schlechter entlohnt und häufiger arbeitslos als die übrigen Absolventen. Für junge Erwachsene stellt sich zudem die Frage, ob sie in den Jahren nach der Ausbildung auch eine Beschäftigung finden, die dem Niveau und der fachlichen Ausrichtung ihrer Ausbildung entsprechen. Gelingt ein passender Einstieg in den ersten drei Jahren nicht, lässt er sich kaum mehr nachholen. Hochschulabgänger brauchen zwar in der Regel länger als Ausbildungsabsolventen, um eine niveauadäquate Beschäftigung zu finden, sie erreichen sie aber dann in aller Regel. Meister und Techniker haben dagegen längerfristig oft größere Schwierigkeiten, eine adäquate Tätigkeit zu finden.

Flexible Beschäftigungsformen spielen nicht nur beim Erwerbseinstieg von Ausbildungsabgängern eine wichtige Rolle, auch ihr Anteil an der Gesamtbeschäftigung ist in den letzten Jahren gestiegen. Die Chancen der Betroffenen, danach in eine stabilere Beschäftigung zu kommen, sind je nach Beschäftigungsform sehr unterschiedlich. So ist Zeitarbeit lediglich ein „schmaler Steg" in den regulären Arbeitsmarkt. Besser sind die Aussichten für befristete Arbeitnehmer: Legt man die Zahl der auslaufenden Befristungen und der Übernahmen in unbefristete Arbeitsverträge zugrunde, so wurde zuletzt etwa die Hälfte der befristeten Arbeitsverträge in unbefristete Verträge umgewandelt. Insgesamt lässt sich festhalten: Wenn die Alternative zu einer temporären Beschäftigung Arbeitslosigkeit ist, dann können flexible Erwerbsformen durchaus vorteilhaft sein. Arbeitnehmer, denen der Sprung in stabile Beschäftigung nicht gelingt, müssen allerdings im Schnitt deutlich niedrigere Einkommen und eine kürzere Beschäftigungsdauer

---

1 „Arbeitnehmerüberlassung", „Leiharbeitnehmer", „Leiharbeitsverhältnis" und „Verleiher" sind die Begriffe des Gesetzgebers, die Branche selbst spricht von „Zeitarbeit". Hier verwenden wir auf Personenebene den Begriff Leiharbeitnehmer, ansonsten jedoch Leiharbeit, Zeitarbeit und Arbeitnehmerüberlassung synonym.

akzeptieren als Beschäftigte in einem Normalarbeitsverhältnis außerhalb der Zeitarbeitsbranche.

Wie die Bewertung der flexiblen Erwerbsformen generell, ist auch die Einschätzung der Qualität der Beschäftigung von Grundsicherungsbeziehern und Abgängern aus dem Leistungsbezug abhängig von der Perspektive. Auch hier gilt: Beschäftigung kann generell besser zur sozialen Integration und zum Erhalt von beruflichen Kompetenzen beitragen als (Langzeit-)Arbeitslosigkeit. Jedoch bewegt sich dieser Personenkreis meist auf einem niedrigen Lohnniveau, sodass vermutlich ein hohes Rückfallrisiko in den Leistungsbezug besteht. Zudem führen Übergänge aus Beschäftigungslosigkeit in den Arbeitsmarkt nicht notwendigerweise dazu, dass Betroffene auch ihren gesamten Lebensunterhalt aus Erwerbstätigkeit bestreiten können.

Die Arbeitsmarktpolitik kann den Risiken, die mit unstetigen, nicht nachhaltig existenzsichernden Erwerbsbiografien verbunden sind, auf zweierlei Weise entgegenwirken. Zum einen durch präventive Ansätze – Maßnahmen also, die Bildungsarmut und Ausbildungslosigkeit soweit wie möglich vermeiden sowie Hochrisikogruppen in der frühen Erwerbsphase durch intensive Beratung und Coaching bei der Arbeitsmarktintegration unterstützen. Zum anderen sollte Arbeitsmarktpolitik die Aufwärtsmobilität fördern, insbesondere durch eine Stärkung der Wettbewerbs- und Beschäftigungsfähigkeit. Denkbar wären – etwa im Sinne eines sogenannten „after care" – berufsbegleitende Maßnahmen und besondere Vermittlungsbemühungen zugunsten von Personen, die im Niedriglohnsektor verharren oder die in spezifischer Weise von Drehtüreffekten zwischen temporären Erwerbsformen und Arbeitslosigkeit betroffen sind.

1 Einleitung

Die Arbeitsmarktlage hat sich – trotz der schweren Wirtschafts- und Finanzkrise zwischen 2008 und 2009 – in den letzten Jahren spürbar verbessert. Die Erwerbstätigkeit nahm zuletzt deutlich zu, die Arbeitslosigkeit ging kräftig zurück. Diese Aufwärtsdynamik hat den Fokus von der lange Zeit vorherrschenden Debatte um die Bekämpfung der Massenarbeitslosigkeit stärker auf die Qualität der Arbeit und mögliche Maßnahmen zu ihrer Verbesserung gelenkt. National wird die Diskussion um die Qualität der Beschäftigung unter dem Stichwort „gute Arbeit", international unter dem Motto „decent work" geführt. Kritisiert wird dabei die sich parallel zur günstigeren Arbeitsmarktentwicklung verschärfende Polarisierung der Beschäftigung, etwa weil die Lohnungleichheit wächst oder die Bedeutung von Beschäftigungsverhältnissen zunimmt, die nicht oder nur bedingt den üblichen Standards wie Vollzeittätigkeit, Kündigungsschutz oder der Sozialversicherungspflicht unterliegen. Vor diesem Hintergrund zielt auch die Lissabon-Strategie der Europäischen Union zur Schaffung von „mehr und besseren" Arbeitsplätzen in Europa nicht ausschließlich auf Beschäftigungswachstum ab. Vielmehr steht dabei die Qualität der Beschäftigung im Vordergrund: Es sollen vor allem „gute" Arbeitsplätze entstehen.

Politische Forderungen nach guter Arbeit werfen allerdings die Frage auf, wie sich die Qualität von Beschäftigung definieren und bewerten lässt. Dies hängt nicht nur von der Definition geeigneter Qualitätsindikatoren ab, sondern auch von der gewählten Methodik. Welche Eigenschaften machen „gute Arbeit" überhaupt aus? Als Indikatoren für die Qualität der Arbeit können konkrete, objektiv zu beobachtende Merkmale dienen. Auf nationaler und internationaler Ebene wurde eine Vielzahl von Indikatoren[2] definiert, die sich insbesondere auf die folgenden Kerndimensionen erstrecken: Einkommen und Arbeitgeberleistungen; Beschäftigungssicherheit; Lern- und Entwick-lungsmöglichkeiten; Autonomie und Einfluss; Arbeitsanforderungen und -belastungen sowie soziale Beziehungen am Arbeitsplatz. Die Relevanz dieser Faktoren für das körperliche und seelische Wohlbefinden sowie für die individuelle Arbeitszufriedenheit von Erwerbstätigen wurde in Studien nachgewiesen, in denen die subjektive Wahrnehmung von Beschäftigten untersucht wurde.[3]

Die Bewertung der Qualität von Arbeit kann grundsätzlich auf zweierlei Weise erfolgen. Einerseits lässt sie sich aus dem Vorliegen bzw. Fehlen vorab definierter Beschäftigungsmerkmale ableiten. Unter den oben genannten Indikatoren befinden sich Merkmale wie die Höhe der Entlohnung, die Länge und Lage der Arbeitszeit, die vertraglich ver-

---

2 Dazu zählen die von der europäischen Kommission entwickelten „Laeken-Indikatoren" (European Commission 2008) oder ein von den nationalen statistischen Ämtern gemeinsam festgelegter und vom Statistischen Bundesamt verwendeter internationaler Indikatorenrahmen (Körner et al. 2010).

3 Die individuell wahrgenommene Arbeitsqualität und die Arbeitszufriedenheit sind Bestandteil verschiedener großangelegter nationaler und internationaler Surveys. Zu nennen sind hier etwa das Sozio-oekonomische Panel (SOEP) oder das International Social Survey Programme (ISSP). Daneben gibt es spezielle Studien zum Thema. Dazu zählt die Studie „Was ist gute Arbeit?", eine repräsentative Befragung Erwerbstätiger (vgl. Fuchs 2006). Der Studie zufolge prägen hierzulande insbesondere drei Faktoren die Arbeitszufriedenheit von Beschäftigten: Erstens ein hohes Niveau von Entwicklungs-, Einfluss- und Lernmöglichkeiten sowie gute soziale Beziehungen am Arbeitsplatz; zweitens eine nicht zu hohe gesundheitliche Belastung und drittens ein existenzsicherndes und als gerecht empfundenes Einkommen. Auch der sogenannte „DGB-Index Gute Arbeit", der auf einer repräsentativen Erhebung des DGB und seiner Mitgliedsgewerkschaften basiert (vgl. DGB 2010; Trischler/Holler 2011), umfasst die Dimensionen Ressourcen, Belastungen, Sicherheit und Einkommen.

einbarte Dauer des Beschäftigungsverhältnisses oder die Sozialversicherungspflicht. Diese werden häufig herangezogen, um sogenannte Normalarbeitsverhältnisse mit weitreichenden Schutzrechten qualitativ von atypischen Beschäftigungsverhältnissen unterscheiden zu können, die mehr oder weniger stark davon abweichen (Mückenberger 1985; Bosch 1986; Hoffmann/Walwei 1998; Wagner 2000; Keller/Seifert 2007). Eine weitere Möglichkeit, die Qualität der Arbeit zu erfassen, besteht darin, die subjektive Wahrnehmung der Beschäftigten über Befragungen zu erheben. Dabei wird ermittelt, in welchem Maße die Merkmale der Beschäftigung den Bedürfnissen der Beschäftigten entsprechen. Als Indikator für die Arbeitsqualität wird beispielsweise häufig die subjektive Arbeitszufriedenheit herangezogen.

Wissenschaftliche Studien zur Qualität der Arbeit in Deutschland und anderen Ländern kommen zu unterschiedlichen Ergebnissen – was vor allem an der Vielzahl unterschiedlicher zugrunde gelegter Qualitätsdefinitionen und Erhebungsmethoden liegt.[4] So bewertet eine Studie von Holman/McClelland (2011) das Beschäftigungswachstum in Europa zwiespältig: Einerseits zeichneten sich die Beschäftigungsverhältnisse für Hoch- und Höherqualifizierte, die größtenteils im Dienstleistungsbereich neu entstanden sind, durch hohe Beschäftigungssicherheit, Autonomie, flexible Arbeitszeiten und gute Möglichkeiten zur beruflichen Weiterentwicklung aus. Andererseits werde diese Entwicklung überlagert durch einen Zuwachs an qualita-

tiv schlechteren Jobs im Bereich gering qualifizierter Arbeit. In Deutschland ist der jüngste Beschäftigungszuwachs nach der Finanzkrise zu einem Großteil auf befristete Beschäftigung und Zeitarbeit zurückzuführen (Wingerter 2011). Die Bewertung der Qualität dieser temporären Beschäftigungsformen fällt ebenfalls ambivalent aus. Einerseits können Leiharbeit und befristete Beschäftigung Arbeitslosen den Weg in eine stabilere Beschäftigung ebnen (Hohendanner 2010; Lehmer/Ziegler 2010). Andererseits verdienen die dort Beschäftigten im Schnitt deutlich weniger und sind häufiger arbeitslos (Jahn/Pozzoli 2011; Boockmann/Hagen 2006). Die Chancen und Risiken temporärer Beschäftigung werden auch von den Beschäftigten so wahrgenommen.[5] Angesichts der hierzulande seit Mitte der 90er Jahre zunehmenden Einkommensungleichheit und dem stark gewachsenen Niedriglohnsektor (OECD 2008; Kalina/Weinkopf 2009) ist die Entwicklung der Beschäftigungsqualität in Deutschland eher kritisch zu beurteilen. Zudem nimmt die Arbeitszufriedenheit tendenziell ab (Bohulskyy et al. 2011), was u. a. auf hohe Beschäftigungsunsicherheit und sinkende Reallöhne zurückgeführt wird.

Studien zu Arbeitsqualität und Arbeitszufriedenheit verweisen auf die Bedeutung von Erwerbsarbeit für die Sicherung der Existenz und die Teilhabe am kulturellen und sozialen Leben. Die Lebensqualität und die Lebenszufriedenheit von Menschen werden allerdings nicht ausschließlich über Erwerbsarbeit definiert. Bei der Frage nach der geeigneten Referenz für die Bewertung der Qualität

---

4   So lautet beispielsweise das Fazit aus der Erhebung „DGB-Index Gute Arbeit" für 2010: Unter Berücksichtigung von individuellen und arbeitsplatzbezogenen Ressourcen, Belastungen, Sicherheit und Einkommen könne man lediglich bei einem Sechstel der Beschäftigten von „guter Arbeit" sprechen. Die Autoren der INQA-Studie resümieren: Mit Blick auf Einkommen, Belastungs- und Ressourcenniveau seien nur bei 3 % der abhängig beschäftigten Arbeitnehmer die Kriterien für gute Arbeit erfüllt.

---

5   Die Aufnahme einer befristeten Stelle aus Arbeitslosigkeit heraus kann zu einer Verbesserung des seelischen Wohlbefindens führen (Strandh 2000). Überdies fühlen sich befristet Beschäftigte und Leiharbeiter auch stärker in die Gesellschaft integriert als Arbeitslose (Gundert/Hohendanner 2011). Andererseits fällt ihr soziales Zugehörigkeitsempfinden aber schwächer aus als bei unbefristet Beschäftigten.

von Arbeit sollte daher auch in den Blick genommen werden, dass die faktische Alternative zu prekärer Beschäftigung nicht nur reguläre Beschäftigung ist, sondern nicht selten Arbeitslosigkeit. Da (Langzeit-)Arbeitslosigkeit für die Betroffenen materielle und soziale Risiken birgt, stellt die Arbeitsmarktintegration möglichst vieler Erwerbspersonen noch immer ein wichtiges arbeitsmarktpolitisches Ziel dar. Eine zu starke Fokussierung auf „gute" Arbeit könnte den Zugang zum Arbeitsmarkt für Personen mit Vermittlungshemmnissen erschweren.[6]

Ein weiteres Kriterium für die Qualität verschiedener Erwerbsformen ist die Frage, ob die Betroffenen längerfristig in atypischer Beschäftigung verbleiben müssen oder eine realistische Perspektive haben, nach einer gewissen Zeit in ein Normalarbeitsverhältnis zu wechseln. Denn aus atypischer Beschäftigung kann im Zeitablauf eine Standard-Erwerbsform werden, Personen können den Niedriglohnsektor zugunsten höher entlohnter Tätigkeiten verlassen und auch Arbeitslosigkeit kann durch die Aufnahme einer Erwerbstätigkeit beendet werden. Hier dokumentieren Studien beispielsweise, dass das soziale Zugehörigkeitsgefühl von Arbeitslosen wächst, wenn sie den Sprung in den Arbeitsmarkt schaffen (vgl. Gundert/Hohendanner 2011). Umgekehrt kann es durch die mit atypischer Beschäftigung häufig verbundene Instabilität zu negativ wahrgenommenen Entwicklungen kommen, wie dem Verlust des Arbeitsplatzes beziehungsweise zu Status- oder Einkommenseinbußen.

Dass Bewegungen am Arbeitsmarkt, also Übergänge zwischen Beschäftigungsverhältnissen oder zwischen Statusformen wie Erwerbstätigkeit und Arbeitslosigkeit, außerordentlich häufig stattfinden, belegen Daten der Statistik der Bundesagentur für Arbeit (BA),[7] Ergebnisse des IAB-Betriebspanels[8] und Zahlen des Statistischen Bundesamts[9]:

■ Statistiken der BA zeigen, dass im Jahr 2010 jeden Monat im Durchschnitt 15,4 Prozent der von der Versicherung betreuten Arbeitslosen (überwiegend Arbeitslosengeldempfänger) und 4,0 Prozent der arbeitslosen Grundsicherungsempfänger in eine nicht subventionierte Beschäftigung einmündeten.

■ Dem durchschnittlichen Bestand an sozialversicherungspflichtig Beschäftigten im Jahr 2010 von 27,76 Mio. standen laut Statistik der BA 7,47 Mio. begonnene und 6,93 Mio. beendete Beschäftigungsverhältnisse gegenüber, was einer Fluktuationsrate (Labour-Turnover-Rate)[10] von knapp 29 Prozent entspricht.

■ In ausgewählten Segmenten fällt der Labour Turnover nach den Statistiken der BA sogar noch höher aus. In der Zeitarbeitsbranche waren 2010 durchschnittlich 0,84 Mio. Personen tätig. Neu begründet wurden in diesem Wirtschaftszweig 1,13 Mio. Beschäftigungsverhältnisse, beendet wurden 1,09 Mio. Der Fluktuationskoeffizient lag damit bei 131 Prozent.

■ Laut IAB-Betriebspanel waren mit 46 Prozent fast die Hälfte aller im Jahr 2010 erfolgten Neueinstellungen befristet. Von den auslaufenden Befristungen wurden 52 Prozent der Beschäftigten zunächst einmal übernommen; 48 Prozent der Verträge liefen aus.

6　Dies ist auch deshalb ein Problem, weil Untersuchungen zeigen, dass sich Arbeitslosigkeit selbst im Vergleich zu weniger attraktiver Beschäftigung (z. B. einer atypischen Erwerbsform oder einer Niedriglohntätigkeit) besonders negativ auf subjektive Zufriedenheit und soziales Integrationsempfinden auswirkt (vgl. Koch/Stephan/Walwei 2005; Gundert/Hohendanner 2011).

7　Quelle für die Angaben in den ersten drei Spiegelstrichen.

8　Quelle für die Angaben im vierten Spiegelstrich.

9　Quelle für die Angaben im letzten Spiegelstrich.

10　Die Labour-Turnover-Rate ist der Quotient aus der halbierten Summe von begonnenen und beendeten Beschäftigungsverhältnissen (Zähler) und dem Bestand an Beschäftigungsverhältnissen in Prozent.

■ Im Jahr 2009 beendeten nach den Zahlen des Statistischen Bundesamtes 314 Tsd. Studierende ihr Hochschul- bzw. Fachhochschulstudium, 654 Tsd. junge Menschen ihre berufliche Ausbildung.[11] Somit standen dem Arbeitsmarkt fast eine Mio. junge Absolventen mit neu erworbener Qualifikation zur Verfügung.

Die folgenden drei Abschnitte widmen sich diesen Arbeitsmarktbewegungen und Übergängen. Sie sind für die Betroffen mit Chancen und Risiken verbunden.

Der erste Hauptabschnitt behandelt Übergänge aus Ausbildung oder Studium in Beschäftigung. Dies ist für die Qualität der Arbeit deshalb von besonderer Bedeutung, weil Forschungsbefunden zufolge die frühe Phase des Erwerbsverlaufs die Chancen und Risiken des weiteren Erwerbsverlaufs besonders stark prägen. Der Abschnitt präsentiert Befunde zur Bedeutung der Qualität einer Ausbildung für die weitere Erwerbskarriere, zu den Übergängen von betrieblicher Ausbildung und Leiharbeit, zur Verbreitung atypischer Beschäftigungsverhältnisse im frühen Erwerbsverlauf sowie zur Frage, wie schnell junge Erwachsene nach einer Ausbildung in eine fachlich und vom Bildungsniveau her angemessene Beschäftigung einmünden.

Der zweite Hauptabschnitt stellt die Übergänge von „temporärer" Beschäftigung in „stabilere" Beschäftigung in den Mittelpunkt. Unter „temporärer" Beschäftigung werden hier befristete Beschäftigung und Leiharbeit verstanden. Untersucht werden also Übergänge von befristeter in unbefristete Beschäftigung sowie von Leiharbeit in Tätigkeiten außerhalb der Zeitarbeitsbranche. Mit Blick auf die Befristungen soll sowohl der Anteil der Befristungen bei neu eingestellten

Beschäftigten als auch der Anteil derjenigen, die danach in ein unbefristetes Arbeitsverhältnis übernommen werden, analysiert werden. Beim Thema Leiharbeit stehen die Lohnunterschiede zu einer Beschäftigung außerhalb der Branche sowie die Brückenfunktion in eine Beschäftigung außerhalb der Zeitarbeitsbranche im Vordergrund.

Der Fokus des dritten und letzten Hauptabschnitts liegt auf den Übergängen aus der Arbeitslosigkeit, also aus dem Arbeitslosengeldbezug oder der Grundsicherung, in Beschäftigung. Dabei wird zunächst der Frage nachgegangen, welche Faktoren – etwa der Bildungsabschluss – die Abgangswahrscheinlichkeit für Arbeitslose in sozialversicherungspflichtige Beschäftigung beeinflussen. Ein besonderes Augenmerk liegt im Folgenden auf Personen, die Leistungen aus der Grundsicherung nach dem SGB II beziehen und daher in der Tendenz ungünstige (Wieder-)Beschäftigungschancen haben. Dabei konzentriert sich die Analyse auf die Qualität der Beschäftigung nach Abgang aus dem Leistungsbezug, die besondere Situation junger ALG-II-Bezieher sowie auf die Bedingungen für eine Aufwärtsmobilität erwerbstätiger Hilfebedürftiger. Die Beschäftigungsqualität wird hier insbesondere anhand der Dimensionen Beschäftigungssicherheit und Verdienst untersucht.

---

11 Absolventen der dualen Ausbildung sowie von Berufsfachschulen, Fachschulen, Fachakademien und Schulen des Gesundheitswesens.

2 Der Einstieg in den Arbeitsmarkt und die ersten Erwerbsjahre

Der Qualität der Arbeit kommt in der frühen Phase des Erwerbsverlaufs besondere Bedeutung zu. Denn wie empirische Forschung immer wieder gezeigt hat, prägt in Deutschland der Einstieg in das Erwerbsleben die Chancen und Risiken im weiteren Erwerbsverlauf (Blossfeld 1987; Konietzka 1999; Solga/Konietzka 2000; Wachter/Bender 2006; Schmillen/Möller 2012). Dies gilt umso mehr, als der berufliche Einstieg junger Erwachsener nach ihrer Ausbildung oder ihrem Studium sehr stark von der aktuellen Konjunkturlage und von den Flexibilisierungsanforderungen der Betriebe abhängt. So sind einige Formen atypischer Beschäftigung, insbesondere befristete Beschäftigung und Leiharbeit, beim Übergang von der Ausbildung in den Arbeitsmarkt und in den ersten Erwerbsjahren weiter verbreitet sind als in späteren Erwerbsphasen (Lauterbach/Sacher 2001). Umgekehrt haben sich auch die Ansprüche der Arbeitnehmer/innen an die Erwerbsarbeit selbst verändert, besonders in der Einstiegsphase. Dies gilt vor allem für Teilzeitarbeit, die meist von Frauen nach der Familiengründung ausgeübt wird (Vogel 2009).

Die Frage nach der Qualität von Beschäftigung stellt sich in Deutschland allerdings nicht erst mit dem ersten Eintritt in den Arbeitsmarkt. Denn für viele junge Menschen entscheidet sich schon Vieles mit der betrieblichen Ausbildung. Welche Folgen die Qualität der dualen Ausbildung für den Erwerbseinstieg hat, wird in Abschnitt 2.1 dargestellt. In Abschnitt 2.2 wird allgemein skizziert, wie stark unterschiedliche Formen atypischer Beschäftigung im frühen Erwerbsverlauf verbreitet sind, wie sich diese in der vergangenen Dekade entwickelt haben und welche Gruppen davon besonders betroffen sind. Ein noch relativ kleines Segment atypischer Beschäftigung, das jedoch in den letzten Jahren an Bedeutung gewonnen hat, ist die Leiharbeit. Abschnitt 2.3 widmet sich der Frage, welche Faktoren Übergänge aus betrieblicher Ausbildung in diese Beschäftigungsform begünstigen. Zudem

werden die Folgen eines Einstiegs via Leiharbeit für den weiteren Erwerbsverlauf dargestellt. Schließlich misst sich die Qualität einer Beschäftigung nicht nur an Arbeitszeit, Befristung und Lohn, sondern auch daran, ob Fähigkeiten und Fertigkeiten, die in der Ausbildung erlernt wurden, anschließend auch im Beruf eingesetzt werden können. Dieser Frage wird in Abschnitt 2.4 nachgegangen. Zunächst wird dargestellt, wie schnell junge Erwachsene nach der Ausbildung in ein Beschäftigungsverhältnis eintreten, welches berufsfachlich und vom Bildungsniveau her ihrer Ausbildung entspricht.

2.1 Die Bedeutung betrieblicher Ausbildungsmotive für den Übergang in Beschäftigung

Die betriebliche Berufsausbildung ist nach wie vor die am häufigsten gewählte Form einer beruflichen Ausbildung vor anderen Formen wie der schulischen oder universitären Ausbildung. Gleichzeitig unterscheiden sich die Beschäftigungsperspektiven von betrieblichen Ausbildungsabsolventen erheblich von denen Ungelernter, da letztere in viel stärkerem Maß von Arbeitslosigkeit betroffen sind (IAB 2011, zum Zusammenhang von Qualifikation und Arbeitslosigkeit siehe auch Abschnitt 4.1). Zwei Drittel der Absolventen einer dualen Ausbildung beginnen eine erste Erwerbstätigkeit im Ausbildungsbetrieb oder in einem anderen Betrieb unmittelbar nach ihrer Ausbildung. Rund die Hälfte der Absolventen betrieblicher Ausbildungsgänge nimmt ihre erste Beschäftigung unmittelbar nach der Ausbildung oder nach einer Unterbrechung im Ausbildungsbetrieb auf (BMBF 2007: 207 f.; Hillmert 2001; Konietzka 2002).

Dabei ist zu berücksichtigen, dass eine vorübergehende Weiterbeschäftigung des Auszubildenden im Ausbildungsbetrieb vielfach tarifvertraglich oder über Betriebsvereinbarungen geregelt ist (Bispinck/Dorsch-Schweizer/Kirsch 2002). Diese Regelungen ermöglichen den Ausbildungsabsolventen eine erste Phase der Erwerbstätigkeit. Statistisch führen sie jedoch dazu, dass die Übernahmequoten durch den Ausbildungsbetrieb tendenziell überschätzt werden.

Umgekehrt ist aber auch zu berücksichtigen, dass Auszubildende in größeren Firmen vielfach nicht vom Ausbildungsbetrieb selbst übernommen werden, sondern ihre erste Anstellung in anderen Betriebseinheiten des gleichen Unternehmens erfolgt. Analysen auf Basis von Sozialversicherungsdaten, die Betriebe über lokale Betriebsnummern identifizieren, unterschätzen betriebliche Übernahmequoten deshalb oftmals. Bei Betriebsbefragungen kann dieser Effekt berücksichtigt werden. Dementsprechend kommt das IAB-Betriebspanel mit 58 Prozent (BIBB 2011: 197) zu leicht höheren Übernahmequoten als Studien, die auf Sozialversicherungsdaten zurückgreifen. Unter Berücksichtigung dieser Verzerrungen kommt die überwiegende Mehrzahl der vorliegenden Studien zu weitgehend vergleichbaren Befunden.

Im Folgenden werden zunächst die Erwerbsübergänge am Beispiel junger Erwachsener näher betrachtet, die ihre Ausbildung im Jahr 2001 in Betrieben der westdeutschen Privatwirtschaft abgeschlossen haben. Anschließend wird die Stabilität dieser Befunde für den Zeitraum von 1977 bis 2002 überprüft, um festzustellen, inwieweit die Übernahmequoten im Zeitverlauf variieren.

Für die Abgangskohorte aus Ausbildung 2001 kann auf Basis der Daten der Integrierten Erwerbsbiografien (IEB) gezeigt werden, dass – neben individuellen, regionalen und betriebsstrukturellen Effekten – die betriebliche Einsatzlogik von Ausbildung einen erheblichen Anteil des beobachtbaren Übergangsgeschehens erklärt (Dietrich 2008), da Betriebe mit der Bereitstellung von Ausbildungskapazitäten unterschiedliche Investitionskalküle verknüpfen. In der Literatur wird zwischen einem produktionsorientierten und einem investitionsorientierten Ausbildungsmotiv unterschieden (Stevens 1994).

Die Annahme eines *produktionsorientierten* Ausbildungsmotivs stellt im Wesentlichen auf den produktiven Beitrag der Auszubildenden während der Ausbildungszeit ab, der mindestens den betrieblichen Kosten der Ausbildung entspricht oder die-se sogar übersteigt. Dementsprechend spielen beim Zustandekommen eines Ausbildungsverhältnisses künftige Erträge, die bei einer Weiterbeschäftigung der Ausgebildeten anfallen könnten, keine Rolle.

Im Falle eines *investitionsorientierten* Ausbildungsmotivs geht der Betrieb davon aus, dass der produktive Beitrag der Auszubildenden niedriger ist als die betrieblichen Kosten der Ausbildung, also durch die Ausbildung Nettokosten für den Betrieb entstehen. Deshalb spielt bereits für das Zustandekommen eines Ausbildungsverhältnisses ein längerfristiger Verbleib des Auszubildenden im Betrieb im Anschluss an die Ausbildung eine entscheidende Rolle. Der Betrieb verspricht sich dadurch – im Gegensatz zur Rekrutierung externer Fachkräfte – komparative Vorteile (Acemoglu/Pischke 1998). Bei *investitionsorientierten* Ausbildungsverhältnissen kann deshalb eine erhöhte Übernahmewahrscheinlichkeit unterstellt werden. Bei *produktionsorientierten* Ausbildungsverhältnissen sind dagegen verstärkt Übergänge in andere Betriebe, aber auch in Arbeitslosigkeit oder Maßnahmen zu erwarten (zur Methodik vgl. ausführlicher Dietrich 2008).

Empirisch sind die erwarteten Übergangsmuster zu beobachten[12] – sowohl für die Zeit unmittelbar nach der Ausbildung als auch für den Zeitraum der darauffolgenden zwei Jahre. Im Vergleich zu Absolventen einer investitionsorientierten Ausbildung[13] werden junge Erwachsene, deren Ausbildung dem produktionsorientierten Ausbildungsmotiv zugeordnet wird, seltener vom Ausbildungsbetrieb übernommen. Sie sind häufiger in anderen Betrie-

---

12 Dabei wurde für Merkmale der Ausbildungsabsolventen wie Schulbildung oder Nationalität sowie für betriebsstrukturelle Merkmale und die regionalen Verortung des Ausbildungsbetriebs kontrolliert.

13 Empirisch wurden das produktionsorientierte sowie das investitionsorientierte Ausbildungsregime über die Nettokosten betrieblicher Ausbildung identifiziert (siehe Dietrich 2008). Dabei wurde auf Kosteninformationen aus der BIBB-Studie „Kosten und Nutzen der betrieblichen Ausbildung" (Beicht et al. 2004) zurückgegriffen.

ben beschäftigt, arbeitslos gemeldet oder temporär nicht am Arbeitsmarkt aktiv (Abbildung C1).

Diese institutionellen Unterschiede der betrieblichen Ausbildung können durch die individuelle Performanz der Auszubildenden nur bedingt kompensiert werden (Dietrich 2008). Gleichwohl kommt individuellen Faktoren wie dem allgemeinbildenden Schulabschluss (Dietrich/Abraham 2005) oder dem Migrationshintergrund (Damelang/Haas 2006; Burkert/Seibert 2007) ein eigenständiger Erklärungsbeitrag zu. Ebenso sind die regionalen Arbeitsmarktbedingungen zu berücksichtigen (Haas 2002; Seibert 2007b). So haben betrieblich Ausgebildete in strukturschwächeren Regionen größere Schwierigkeiten, Zugang zum Arbeitsmarkt zu finden. Zudem sind auch eigenständige betriebsstrukturelle Effekte (Betriebsgröße, Branche, Lohnstruktur) zu beobachten.

Die Befunde zum Investitionskalkül von Ausbildungsbildungsbetrieben lassen sich als deutliche

Hinweise auf eine Binnendifferenzierung von Ausbildungsgängen im Dualen System interpretieren. Für den weiteren Erwerbsverlauf ist es demzufolge nicht unerheblich, in welchem Betrieb bzw. unter welchem betrieblichen Ausbildungsmotiv eine duale Ausbildung absolviert wird. Auch der Einfluss regionaler oder konjunktureller Faktoren auf den Übergangserfolg kommt je nach betrieblichem Ausbildungsmotiv unterschiedlich stark zum Tragen. So wirken sich der konjunkturelle Verlauf oder die regionale Arbeitsmarktsituation stärker auf den Übergangserfolg von Absolventen einer Ausbildung aus, bei der das produktionsorientierte Motiv dominiert.

Analysiert man den Übergang von Ausbildung in Beschäftigung im Längsschnitt für den Zeitraum 1977 bis 2002 auf Basis der IAB-Beschäftigtenstichprobe (IABS), so zeigt sich zunächst, dass die Übernahmequote in der westdeutschen Privatwirtschaft in den frühen 1980er Jahren um etwa zehn Prozentpunkte zurückging und sich seitdem mit konjunkturbedingten Schwankungen um die 50 Prozent-Marke herum bewegt. Männliche Auszubildende weisen dabei durchschnittlich eine um rund zehn Prozentpunkte höhere Wahrscheinlichkeit auf, direkt vom Ausbildungsbetrieb übernommen zu werden, als weibliche Auszubildende (Abbildung C2). Umgekehrt finden Frauen häufiger als Männer direkt im Anschluss an die Ausbildung in einem neuen Betrieb Beschäftigung. Der geschlechtsspezifische Befund erweist sich auch bei Kontrolle beobachtbarer Drittvariablen (wie Betriebsgröße, Branche, Beruf) als robust.

Auch hier bestätigt sich der Zusammenhang von Ausbildungsmotiv und individueller Übergangswahrscheinlichkeit in Beschäftigung. Das investitionsorientierte Ausbildungsmotiv reduziert gegenüber dem produktionsorientierten deutlich das Risiko, nicht direkt vom Ausbildungsbetrieb übernommen zu werden und damit eventuell erst nach einer Suchzeit in einem neuen Betrieb Beschäftigung zu finden. Wird analysiert, welche Faktoren die Suchzeit zwischen Ausbildungsende und erster Beschäftigung beeinflussen, dann zeigt sich, dass das investitionsorientierte Ausbildungsmotiv

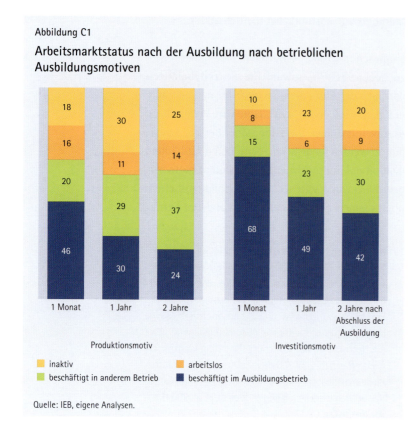

Abbildung C1

Arbeitsmarktstatus nach der Ausbildung nach betrieblichen Ausbildungsmotiven

Quelle: IEB, eigene Analysen.

Abbildung C2

Übergang nach Ausbildung im Zeitvergleich nach Geschlecht

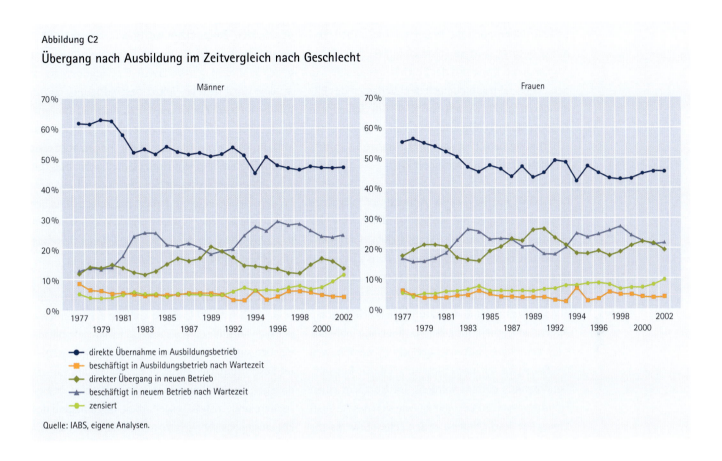

Quelle: IABS, eigene Analysen.

die Wahrscheinlichkeit, eine Beschäftigung aufzunehmen, um rund 20 Prozent erhöht. Dies entspricht dem höheren Anteil direkter Übernahmen bzw. kurzer Suchzeiten nach Ausbildungsende. Für das produktionsorientierte Ausbildungsmotiv lässt sich zudem ein stärkerer Einfluss der Konjunktur auf die Suchdauer erkennen. Im Allgemeinen steigt die Suchdauer in Phasen des konjunkturellen Abschwungs und verkürzt sich im Aufschwung.

Insgesamt zeigen die Analysen, dass es für den Einstieg in das Erwerbsleben nach einer betrieblichen Ausbildung nicht nur wichtig ist, welche Qualifikationen die Absolventen mitbringen und wie die Arbeitsmarktlage in der Region ist, sondern auch, in welchem Betrieb die Ausbildung durchgeführt wurde. Ausbildungsabsolventen aus Betrieben, die längerfristig in sie investiert haben, haben weitaus bessere Übergangschancen als Ausbildungsabsolventen aus Betrieben, für die die Produktivität während der Ausbildung im Vordergrund stand.

2.2 Atypische Beschäftigung im frühen Erwerbsverlauf

Während die Mehrheit der jungen Erwachsenen ihr Erwerbsleben schon mit einer betrieblichen Ausbildung beginnt, steigen andere erst nach der Schule, der Ausbildung oder nach dem Studium in den Arbeitsmarkt ein. Gerade diese neuen Arbeitnehmer sind zumindest zunächst besonders häufig atypisch beschäftigt, da sie in aller Regel weniger durch Arbeitsrecht oder Tarifvertrag geschützt sind als ältere Beschäftigte mit einer längeren Betriebszugehörigkeit. In den letzten Jahrzehnten haben verschiedene Formen atypischer Beschäftigung – Teilzeitarbeit, befristete Beschäftigung, geringfügige Beschäftigung und Leiharbeit – in Deutschland deutlich an Boden gewonnen, während das sogenannte Normalarbeitsverhältnis, also unbefristete sozialversicherungspflichtige Vollzeitbeschäftigung mit einem Einkommen jenseits des Niedriglohnbereichs, an Bedeutung verloren hat (Keller/Seifert 2007; Abschnitt 2.1). Ob die Zunahme atypischer

Beschäftigung auch die Neueinsteiger am Arbeitsmarkt betrifft, wird im Folgenden diskutiert. Dabei wird analysiert, wie sich der Beschäftigungsstatus in den ersten zehn Jahren nach dem Verlassen des Bildungssystems entwickelt, wie stark unterschiedliche Gruppen junger Arbeitnehmer von atypischer Beschäftigung betroffen sind und inwieweit sich dies im letzten Jahrzehnt verändert hat.

Deskriptive Analysen dieser Art sind auf belastbare Repräsentativdaten mit großen Fallzahlen angewiesen. Der Mikrozensus des Statistischen Bundesamtes erfüllt diese Voraussetzungen. Damit ist es allerdings nur möglich, bestimmte Formen atypischer Beschäftigung zu untersuchen: befristete Beschäftigung, Teilzeitarbeit und geringfügige Beschäftigung. Außerdem können mit diesen Daten keine individuellen Erwerbsverläufe nachgezeichnet werden, weil die Befragten nur nach ihrem derzeitigen Beschäftigungsstatus gefragt werden. Um trotzdem einen Eindruck davon zu bekommen, wie sich das Ausmaß atypischer Beschäftigung in den ersten Erwerbsjahren verändert, wurde ein „Pseudo-Panel" auf Basis der Angabe über den Zeitpunkt des höchsten Ausbildungsabschlusses (bzw. bei Ungelernten des höchsten Schulabschlusses) gebildet.[14] Im Anschluss daran wurde danach unterschieden, wie viel Zeit seit dem Jahr des Ausbildungsabschlusses vergangen ist.[15]

2.2.1 Zunahme atypischer Beschäftigung bei jungen Erwachsenen

Zunächst soll die Verbreitung atypischer Erwerbsformen in den Jahren nach der Ausbildung betrachtet werden. Abbildung C3 zeigt unterschiedliche Formen abhängiger Beschäftigung bei jungen Erwerbstätigen mit zunehmendem Abstand von ihrer Ausbildung für die Jahre 2000 und 2008. Generell hat das sogenannte Normalarbeitsverhältnis zwischen

den beiden Zeitpunkten an Boden verloren. 2008 gelang es etwa der Hälfte der Erwerbseinsteiger im ersten Jahr nach dem Verlassen des Bildungssystems, in eine unbefristete Vollzeitbeschäftigung einzumünden, im Jahr 2000 waren es noch 60 Prozent. Zehn Jahre nach ihrem Erwerbseinstieg arbeiteten im Jahr 2000 etwa 80 Prozent der jungen abhängig Beschäftigten in einem Normalarbeitsverhältnis, im Jahr 2008 waren es dagegen nur noch 72 Prozent. Weitere Analysen (ohne Abbildung) zeigen, dass der Zuwachs atypischer Erwerbsformen kein Spezifikum des Jahres 2008 ist, denn auch 2005 waren sie schon weiter verbreitet als im Jahr 2000.

Befristete Beschäftigung kommt beim Erwerbseinstieg zunächst recht häufig vor. Danach nimmt sie deutlich ab, und sechs bis zehn Jahre nach dem Ersteinstieg sind nur noch wenige Arbeitnehmer befristet beschäftigt. Geringfügige Beschäftigung variiert dagegen kaum über die Zeit. Teilzeitarbeit, insbesondere unbefristete Teilzeitarbeit, ist zu Beginn des Erwerbslebens sehr selten, nimmt dann aber kontinuierlich zu. Insgesamt steigt damit der Anteil junger Beschäftigter in einem Normalarbeitsverhältnis (unbefristete Vollzeittätigkeiten) mit der Zahl der Erwerbsjahre.

Im Vergleich der Jahre 2000 und 2008 zeigt sich bei Ausbildungsabsolventen in der frühen Erwerbsphase ein Zuwachs bei den drei hier betrachteten atypischen Erwerbsformen, insbesondere von Teilzeitarbeit und geringfügiger Beschäftigung. Die Verlaufsmuster über die ersten zehn Erwerbsjahre nach Ausbildung oder Bildung haben sich dabei jedoch nicht geändert. Besonders stark ist die atypische Beschäftigung zwischen 2000 und 2005 gewachsen (ohne Abbildung). Dieser Anstieg kam nicht dadurch zustande, dass mehr junge Menschen in den Arbeitsmarkt integriert wurden. Im hier untersuchten Zeitraum stieg die Erwerbsbeteiligung junger Erwachsener nicht an, sondern nahm wegen der schwachen Arbeitsmarktentwicklung in der ersten Hälfte der Nuller Jahre ab, insbesondere im Rekordarbeitslosigkeitsjahr 2005. Obwohl sich die Arbeitsmarktlage danach deutlich besserte, gingen

---

14 Das heißt, in den Analysen wurde danach unterschieden, wie viele Jahre der höchste Ausbildungs- bzw. Schulabschluss bei den einbezogenen Personen zurückliegt.

15 Alle hier dargestellten Analysen beziehen sich auf abhängig Beschäftigte.

Abbildung C3

Beschäftigungsformen in den ersten zehn Jahren nach dem Verlassen des Bildungssystems, 2000 und 2008 (in %)

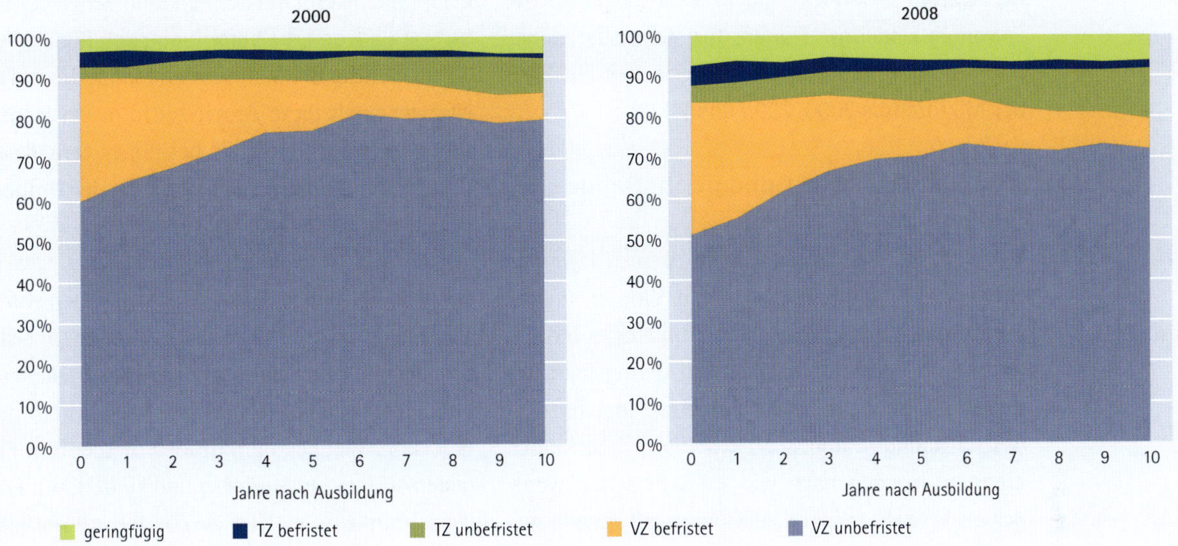

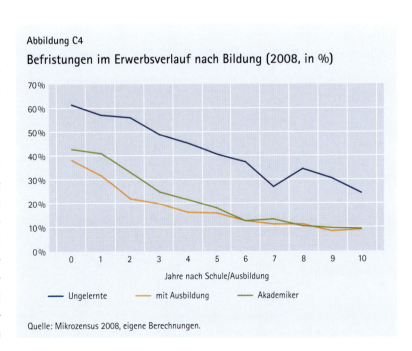

Quelle: Mikrozensus 2000, 2008, eigene Berechnungen.

die atypischen Beschäftigungsformen im Jahr 2008 nicht zurück; sie stiegen allerdings bei den Jungen kaum noch an.

2.2.2 Befristete Beschäftigung

Die Wahrscheinlichkeit, die Erwerbskarriere mit einer befristeten Beschäftigung zu starten, ist zwar insgesamt hoch, aber dennoch nicht für alle Gruppen junger Erwachsener gleich: Multivariate Analysen zeigen, dass dieses Risiko für junge Erwachsene in den neuen Bundesländern höher ist als für ihre Altersgenossen in den alten Ländern, und für Frauen mit Kindern und Singles höher als für kinderlose Frauen und Männer sowie junge Erwachsene mit Partnern (logistische Regressionen auf Basis des Mikrozensus 2000, 2005 und 2008). Noch bedeutsamer ist aber das Bildungsniveau: Junge Erwachsene ohne Ausbildungsabschluss werden sehr viel häufiger nur befristet eingestellt als junge Erwachsene mit einer beruflichen Ausbildung (Abbildung C4). Bei Akademikern kommt befristete Beschäftigung dagegen nur in den ersten Erwerbsjahren häufiger vor; später sind Befristungen ähnlich selten wie bei Beschäftigten mit einer Berufsausbildung. Im ersten Jahr nach dem Verlassen

des Bildungssystems sind über 60 Prozent der Ungelernten befristet beschäftigt, zehn Jahre später sind es noch etwa 25 Prozent. Bei Beschäftigten mit Ausbildungs- oder Hochschulabschluss sind es anfangs um die 40 Prozent und zehn Jahre später lediglich 10 Prozent.

Abbildung C4

Befristungen im Erwerbsverlauf nach Bildung (2008, in %)

Quelle: Mikrozensus 2008, eigene Berechnungen.

Zwischen 2000 und 2008 ist das Ausmaß befristeter Beschäftigung von 16 auf 21 Prozent gestiegen. Multivariate Analysen zeigen, dass die Zuwächse vorrangig kinderlose Frauen, vor allem aber Ungelernte betreffen (logistische Regressionen auf Basis des Mikrozensus 2000, 2005 und 2008).

2.2.3 Teilzeitarbeit und geringfügige Beschäftigung

Teilzeitarbeit und geringfügige Beschäftigungen werden vorrangig von Frauen mit Kindern ausgeübt: 2008 waren 43 Prozent der Mütter in Teilzeit, weitere 19 Prozent ausschließlich geringfügig beschäftigt, also ohne zusätzliche Voll- oder Teilzeitbeschäftigung. Männer, ob mit oder ohne Kinder, arbeiten dagegen nach wie vor sehr selten weniger als Vollzeit. Im Jahr 2008 waren es gerade mal 8 Prozent. Bei Frauen ohne Kinder kommen diese Erwerbsformen etwas häufiger als bei Männern vor: 2008 arbeiteten 12 Prozent von ihnen in Teilzeit, 6 Prozent waren geringfügig beschäftigt.

Zwischen Beschäftigten in Teilzeitarbeit und solchen mit geringfügigen Jobs bestehen nicht nur Geschlechterdifferenzen, sondern auch deutliche Bildungsunterschiede (vgl. Tabelle C1). Grundsätzlich kommt geringfügige Arbeit bei Ungelernten am häufigsten vor, deutlich seltener bei jungen Erwerbstätigen mit Ausbildung und noch seltener bei Akademikern. Bei der herkömmlichen Teilzeitarbeit ist dagegen die Verteilung nach Bildung weniger eindeutig. Bei Männern und kinderlosen Frauen ist zwar auch diese Arbeitszeitform bei Ungelernten stärker verbreitet als bei höher Qualifizierten, bei Müttern kommt sie hingegen in der Gruppe der Hochqualifizierten am häufigsten vor.

Beide atypischen Arbeitszeitformen haben von 2000 auf 2005 massiv an Bedeutung gewonnen; bis 2008 sind sie nur noch geringfügig gewachsen. Teilzeitbeschäftigung ist am stärksten bei Müttern gestiegen, ausschließlich geringfügige Beschäftigung dagegen stärker bei Männern und kinderlosen Frauen. Noch deutlicher klaffen die Zuwächse zwischen den Bildungsgruppen auseinander: Teilzeitarbeit und geringfügige Beschäftigung sind bei jungen Arbeitnehmern ohne Ausbildung deutlich stärker gestiegen als bei den höher Qualifizierten. Im Jahr 2000 arbeiteten noch 91 Prozent der ungelernten Männer, 71 Prozent der ungelernten Frauen ohne Kinder und 42 Prozent der ungelernten Mütter in Vollzeit. Im Jahr 2008 waren es nur noch 71 Prozent der Männer, die Hälfte der kinderlosen Frauen und ein Fünftel der Mütter.

Tabelle C1

Arbeitszeit nach Bildung, Geschlecht und Kindern im frühen Erwerbsverlauf (in %)

		Vollzeit			Nur Teilzeit			Nur Geringfügig		
		2000	2005	2008	2000	2005	2008	2000	2005	2008
Männer	Ungelernte	91	76	71	6	9	12	4	16	17
	mit Ausbildung	98	96	95	1	2	3	1	2	2
	Akademiker	96	95	94	4	4	5	1	1	2
	Gesamt	96	93	92	3	4	4	1	3	4
Frauen ohne Kinder	Ungelernte	71	61	50	18	16	21	11	23	29
	mit Ausbildung	92	87	86	6	10	11	2	3	3
	Akademiker	86	86	87	13	12	11	2	2	3
	Gesamt	88	84	82	9	11	12	3	5	6
Frauen mit Kindern	Ungelernte	42	25	21	27	32	33	31	44	46
	mit Ausbildung	56	39	37	29	38	42	15	23	21
	Akademiker	57	42	46	38	50	48	6	9	6
	Gesamt	54	38	38	31	41	43	15	21	19

Quelle: Mikrozensus 2000, 2005, 2008, eigene Berechnungen.

Zusammenfassend lässt sich an dieser Stelle festhalten, dass in den ersten Erwerbsjahren atypische Beschäftigung seit geraumer Zeit auf dem Vormarsch ist. Dies gilt vor allem für Teilzeitarbeit und geringfügige Beschäftigung, aber auch für befristete Beschäftigung. Die Muster im frühen Erwerbsverlauf sind dabei weitgehend konstant geblieben: Befristungen treten häufig im ersten Job auf und kommen mit zunehmender Erwerbsdauer weitaus seltener vor. Teilzeitarbeit und geringfügige Beschäftigung haben ein weniger ausgeprägtes Verlaufsmuster. Sie werden sehr häufig von Müttern ausgeübt. In individuellen Erwerbsverläufen von Frauen treten nach der Geburt von Kindern häufig Wechsel von Vollzeit- auf Teilzeitbeschäftigung auf, meist verbunden durch Erwerbsunterbrechungen (Ziefle 2004). Zudem zeigt sich, dass atypische Beschäftigung verstärkt und zunehmend bei Geringqualifizierten vorkommt. Damit hat sich die Polarisierung zwischen niedrig und hoch qualifizierten jungen Erwachsenen in den letzten Jahren verschärft – nicht nur mit Blick auf das Arbeitslosigkeitsrisiko, sondern auch hinsichtlich der Beschäftigungsformen. Ein Ausbildungsabschluss wird dabei immer mehr zum Mindeststandard für ein Normalarbeitsverhältnis.

2.3 Hürden beim Erwerbseinstieg: Von der Berufsausbildung in die Leiharbeit

Im vorherigen Abschnitt wurde gezeigt, dass einige Formen atypischer Beschäftigung auch in den ersten Erwerbsjahren an Bedeutung gewinnen. Davon sind junge Menschen insbesondere dann betroffen, wenn sie keinen beruflichen Ausbildungsabschluss vorweisen können (Konietzka 1999; Solga/Konietzka 2000; Lauterbach/Sacher 2001). Dasselbe gilt beispielsweise auch für Auszubildende, die nicht vom Ausbildungsbetrieb übernommen werden und damit den Betrieb wechseln müssen (Seibert 2007a; Seibert/Kleinert 2009).

Mobilität zwischen Betrieben kann auch via Zeitarbeit erfolgen, die in den letzten Jahren rapide gewachsen ist (vgl. Abschnitt 3.2). Ein charakteristisches Merkmal der Leiharbeiter ist ihr niedriges Durchschnittsalter: Während fast 40 Prozent der Leiharbeiter jünger als 30 Jahre alt sind, liegt der entsprechende Anteil in der Gesamtbeschäftigung bei lediglich 20 Prozent (Buch/Niebuhr 2008). In der Altersgruppe unter 30 Jahren beträgt der Anteil der Leiharbeiter an allen sozialversicherungpflichtig Beschäftigten (ohne Auszubildende) 5,7 Prozent, in der Altersgruppe ab 30 Jahren 2,1 Prozent. Betrachtet man die Neueinstellungen im Jahr 2010, bleiben die altersspezifischen Unterschiede bestehen: Bei den unter 30-Jährigen waren 18,1 Prozent der begonnenen Beschäftigungsverhältnisse Leiharbeitsverhältnisse, bei den ab 30-Jährigen dagegen nur 13,2 Prozent.

Angesichts des dynamischen Wachstums der Branche und ihrer Altersstruktur ist anzunehmen, dass Zeitarbeit auch an der zweiten Schwelle, dem Übergang von der Ausbildung in den Arbeitsmarkt, eine immer wichtigere Rolle spielt. Damit stellt sich die Frage, welche Gruppen unter den Auszubildenden über ein Leiharbeitsverhältnis den Einstieg in den Arbeitsmarkt finden, und ob sich diese in ihrer weiteren Erwerbsbiografie von den übrigen Ausbildungsabsolventen unterscheiden.

Zur Untersuchung dieser Fragen bedarf es eines Datensatzes, der neben Angaben über individuelle Merkmale der Ausbildungsabsolventen auch ausbildungs- und erwerbsbiografische Informationen enthält. Mit dem „Ausbildungspanel Saarland" steht ein solcher Datensatz zur Verfügung. Es liefert Informationen über rund 14.200 Personen, die in den Jahren 1999 bis 2005 ihre Ausbildung im Saarland erfolgreich abgeschlossen haben.

Obgleich das Panel nur ein Bundesland abbildet, kann unterstellt werden, dass die Befunde zumindest auch für das übrige westdeutsche Bundesgebiet Gültigkeit haben: Aufgrund des Strukturwandels spielt die traditionell starke Montanindustrie auch im Saarland keine bedeutende Rolle mehr, die dortige Wirtschaftsstruktur hat sich dem westdeutschen Bundesdurchschnitt angenähert (Trippl/Otto 2009). Dies gilt auch für die Struktur der Ausbildungsberufe. Zudem ist der Anteil jüngerer Beschäftigter in Leiharbeit vergleichbar – bei den unter 30-Jährigen liegt er in beiden Landesteilen bei 40 Prozent. Die Ergebnisse dürften daher über das Saarland hinaus aussagekräftig sein.

Tabelle C2

Probit-Schätzungen – Determinanten der Wahrscheinlichkeit einer Leiharbeitsphase an der zweiten Schwelle (marginale Effekte in Prozentpunkten)

	Koeff.	t
Schulabschluss *(Referenz: Hauptschulabschluss)*		
ohne Schulabschluss	0,72	(1,35)
sonstiger Schulabschluss	0,56	(1,50)
Realschule	−0,83 **	(3,94)
Abitur/Fachhochschulreife	−1,57 **	(4,82)
Note theoretische Berufsabschlussprüfung	0,90 **	(6,74)
Geschlecht *(Referenz: Männer)*	−0,28	(1,02)
Staatsangehörigkeit *(Referenz: Deutsch)*		
Italienisch	0,40	(0,65)
Türkisch	3,06 **	(3,04)
sonstige Staatsangehörigkeit	1,51	(1,83)
Ausbildungsberuf *(Referenz: Bank- u. Versich.kaufl.)*		
Kraftfahrzeugmechaniker/in	3,96 *	(2,17)
Elektroniker/in Energie- und Gebäudetechnik	6,62 **	(2,88)
Maler/in und Lackierer/in	5,26 *	(2,48)
Tischler/in	5,76 **	(2,65)
Metallbauer/in	4,48 *	(2,21)
Kaufmann/Kauffrau für Bürokommunikation	7,97 **	(3,29)
Gas- und Wasserinstallateur/in	5,34 *	(2,29)
Zentralheizungs-/Lüftungsbauer/in	2,47	(1,40)
Bäcker/in	1,82	(1,09)
Bürofachberufe	2,49	(1,82)
Friseur/in	−0,81	(0,89)
Verkaufsberufe	0,65	(0,51)
Elektroanlagenmonteur/in	4,77 *	(2,16)
übrige Berufe	1,68	(1,51)
Betriebsgröße Ausbildungsbetrieb		
Beschäftigtenzahl (je 1.000)	−0,55 **	(4,95)
Anzahl der Beobachtungen	14.212	
Log likelihood	−1.749,0	
Pseudo R²	0,18	

Anmerkungen: Wahrscheinlichkeit einer kumulierten Leiharbeitsphase ≥ 3 Monate an der 2. Schwelle. t-Statistiken in Klammern basieren auf heteroskedastie-konsistenten Standardfehlern.
Signifikanzniveaus: ** 1 %, * 5 %.

Quelle: Ausbildungspanel Saarland, eigene Berechnungen.

2.3.1 Rolle der Leiharbeit an der Schwelle zwischen Ausbildung und Arbeitsmarkt[16]

Zeitarbeit nach der Berufsausbildung – der sogenannten zweiten Schwelle – ist inzwischen ein relativ verbreitetes Phänomen. Im Durchschnitt der Jahre 1999 bis 2005 waren 3,5 Prozent der Absolventen nach ihrer Ausbildung in einem mindestens dreimonatigen Leiharbeitsverhältnis tätig. Der Anteil ist seit Ende der 1990er Jahre (1999: 1,7 %) kontinuierlich und kräftig auf 14,6 Prozent im Jahr 2005 gewachsen.

Dabei stellt sich die Frage, welche Faktoren die Wahrscheinlichkeit einer Leiharbeitsphase nach der Berufsausbildung beeinflussen. Aufschluss darüber liefert eine multivariate Analyse auf Basis eines geschätzten Probit-Modells (vgl. Tabelle C2). Danach weisen die verschiedenen Absolventengruppen sehr unterschiedliche Wahrscheinlichkeiten auf, an der zweiten Schwelle als Leiharbeiter tätig zu sein. Insbesondere bei niedrig qualifizierten Erwerbseinsteigern erfolgt der Zugang zum Arbeitsmarkt vergleichsweise häufig über die Zeitarbeit. Im Durchschnitt der Jahre 1999 bis 2005 waren rund 9 Prozent der Absolventen ohne Schulabschluss und 5,5 Prozent der Absolventen mit Hauptschulabschluss in einem mindestens dreimonatigen Leiharbeitsverhältnis (im Durchschnitt aller Absolventen: 3,5 %). Ausbildungsabsolventen ohne Schulabschluss weisen gegenüber Hauptschulabsolventen keine signifikant erhöhte Wahrscheinlichkeit auf, in Leiharbeit einzumünden. Höhere Schulabschlüsse reduzieren den Übergang via Zeitarbeit an der zweiten Schwelle dagegen deutlich. Dabei nimmt die Stärke des Effekts mit der Qualität des Schulabschlusses zu. Auch in Bezug auf die Note der Berufsabschlussprüfung zeigen sich erhebliche Unterschiede: Je schlechter die Note ausfällt, desto höher die Wahrscheinlichkeit, zunächst in der Zeitarbeit einzumünden. Fällt der Abschluss um eine Note schlechter aus als die Durchschnittsnote (3,05), steigt sie um fast einen Prozentpunkt.

---

16 Für eine ausführliche Darstellung vgl. Buch et al. (2010).

Auch die Größe des Ausbildungsbetriebes hat einen maßgeblichen Einfluss – Absolventen großer Ausbildungsbetriebe münden seltener in die Zeitarbeitsbranche ein. Vom Geschlecht gehen dagegen keine signifikanten Effekte aus – wenn man für andere Faktoren kontrolliert. Dieses Ergebnis ist bemerkenswert, weil der Anteil der Leiharbeitnehmer unter den Männern mit 4,3 Prozent deutlich höher ist als unter den Frauen (1,9 %). Jedoch ist der Unterschied nicht auf das Geschlecht selbst zurückzuführen, sondern auf andere, damit zusammenhängende Faktoren. Ein ähnliches Phänomen zeigt sich für die Nationalität: Obwohl junge Ausländer deutlich häufiger an der zweiten Schwelle in die Leiharbeit münden als Deutsche, zeigt sich im Vergleich zu letzteren nur für türkische Absolventen eine signifikant höhere Wahrscheinlichkeit.

Der höhere Leiharbeitsanteil bei Männern und Ausländern nach der Ausbildung könnte auf die im Durchschnitt schlechteren Schulabschlüsse und Abschlussnoten zurückzuführen sein. Auch die selektive Berufswahl bzw. -zuweisung dieser Personengruppen könnte dies erklären. So kommen Absolventen bestimmter Ausbildungsberufe – vor allem aus dem handwerklichen und gewerblichen Bereich – überdurchschnittlich häufig in Leiharbeit, auch wenn man für andere Einflussfaktoren kontrolliert. Und gerade in diesen Berufen absolvieren überproportional viele Männer und Personen mit Migrationshintergrund eine duale Ausbildung.

2.3.2 Konsequenzen der Leiharbeit für den weiteren Erwerbsverlauf

Die weitere Erwerbsbiografie von Ausbildungsabsolventen, die eine Tätigkeit in der Zeitarbeitsbranche aufnehmen, unterscheidet sich deutlich von der jener Absolventen, die einen solchen Weg nicht gegangen sind. So liegt der Median des Tagesentgelts in der Gruppe der Absolventen mit Leiharbeitserfahrung sowohl drei als auch fünf Jahre nach ihrem Erwerbseintritt um rund 17 Prozent unter dem der übrigen Absolventen (vgl. Tabelle C3). Zudem sind die Absolventen, die an der zweiten Schwelle als Leiharbeiter tätig waren, in

den ersten drei Jahren nach ihrem Abschluss mit 196 Tagen fast doppelt so häufig arbeitslos wie die übrigen Absolventen. Auch fünf Jahre nach dem Berufsabschluss bleiben die Differenzen bestehen. Schließlich zeigt sich, dass die Leiharbeit für viele der Absolventen auch mittelfristig offenbar nicht als Brücke in ein stabiles Beschäftigungsverhältnis außerhalb der Zeitarbeitsbranche genutzt werden kann: Im dritten Jahr nach ihrem Ausbildungsabschluss waren rund 47 Prozent der Betroffenen noch mindestens einmal in Leiharbeit beschäftigt, im fünften Jahr nach der Abschlussprüfung immer noch über 36 Prozent. Unter den übrigen Absolventen lag der entsprechende Anteil dagegen bei weniger als 5 Prozent.

Gegenüber einem Beschäftigungsverhältnis außerhalb der Branche dürfte Zeitarbeit unter sonst gleichen Bedingungen zunächst einmal als die wohl schlechtere Alternative für den Einzelnen anzusehen sein. Gleichwohl besteht die Möglichkeit, dass sie für Ausbildungsabsolventen mit ungünstigen Startchancen als Brücke in das Erwerbssystem fungiert. Entscheidend ist in diesem Zusammenhang, in welche Richtung die Weichen für die weitere Erwerbsbiografie durch eine Phase der Leih-

Tabelle C3

Charakteristika des weiteren Erwerbsverlaufs von Personen mit und ohne Leiharbeitsphase an der Schwelle zwischen Ausbildung und Beschäftigung

	Ohne Leiharbeitsphase	Mit Leiharbeitsphase
Durchschnittliches Tagesentgelt in Euro im		
3. Jahr nach Berufsabschluss	66,3	54,9
5. Jahr nach Berufsabschluss	73,5	61,0
Kumulierte Tage in Arbeitslosigkeit		
3 Jahre nach Berufsabschluss	103	196
5 Jahre nach Berufsabschluss	124	199
Anteil der Absolventen mit Leiharbeitsphase(n) im		
3. Jahr nach Berufsabschluss	4,0	46,7
5. Jahr nach Berufsabschluss	4,8	36,3

Quelle: Ausbildungspanel Saarland, eigene Berechnungen.

arbeit an der zweiten Schwelle gestellt werden. Unsere Befunde zum weiteren Erwerbsverlauf der Ausbildungsabsolventen deuten darauf hin, dass ein signifikanter Teil der von Leiharbeit Betroffenen zumindest in den ersten Jahren ihres Erwerbslebens mit schlechteren Bedingungen konfrontiert ist als die übrigen Absolventen. Daraus ist allerdings nicht abzuleiten, dass eine Leiharbeitsphase an der zweiten Schwelle selbst dafür ursächlich ist. Vielmehr ist davon auszugehen, dass sich vor allem die niedrigere Produktivität dieser Gruppe – worauf deren Schulabschlüsse und Abschlussnoten der dualen Berufsausbildung hindeuten – in der weiteren Erwerbsbiografie niederschlägt.

2.4 Erwerbseinstiege und adäquate Beschäftigung

Bei der Qualität des Erwerbseinstiegs stellt sich nicht nur die Frage nach der Passung zwischen dem Ausbildungs-/Bildungsabschluss und der ausgeübten Tätigkeit in den ersten Erwerbsjahren. Diese kann aus zwei Perspektiven betrachtet werden: Zum einen lässt sich fragen, ob das für die ausgeübte Tätigkeit erforderliche Qualifikationsniveau mit der abgeschlossenen Ausbildung übereinstimmt. Man spricht hierbei von Niveauadäquanz oder vertikaler Adäquanz. Dabei können Beschäftigte einer niveauadäquaten, einer über- oder einer unterqualifizierten Beschäftigung nachgehen.[17] Zum anderen lassen sich die ausgeübten Tätigkeiten danach unterscheiden, ob sie innerhalb oder außerhalb des fachlichen Gebietes des Ausbildungsberufs oder Studienfaches angesiedelt sind. Diese Dimension wird Fachadäquanz oder horizontale Adäquanz genannt.

Bisherige Analysen zum Erwerbseinstieg haben zumeist die Niveauadäquanz in den Blick genommen (Büchel/Mertens 2004; Pollmann-Schult/Büchel 2002; Hartog 2000; Büchel/Weißhuhn 1997), seltener die Fachadäquanz (Trappe 2006; Fitzenberger/Spitz 2004; Solga/Konietzka 2000, 1999). Das größte Hindernis bestand bislang darin, dass in den verfügbaren Daten in der Regel Ausbildungsberufe und ausgeübte Tätigkeiten anhand einer Klassifizierung codiert waren, die nicht nur veraltet war, sondern auch zentrale Arbeitsplatzdimensionen (Tätigkeit, Qualifikation, Position) vermischte, uneinheitlich differenzierte und uneindeutig zuordnete (Paulus/Schweitzer/Wiemer 2010: 4). Die anhand einer solchen Klassifizierung erzeugten empirischen Befunde sind aus diesen Gründen angreifbar.

Mit der neu entwickelten Klassifikation der Berufe 2010 (kurz KldB 2010) sollten diese genannten Defizite behoben sein, denn sie stellt eine theoretisch und empirisch fundierte Neusystematisierung von beruflichen Tätigkeiten dar, die nach einheitlichen Strukturprinzipien aufgebaut ist. Sie ermöglicht darüber hinaus, aus einem Vergleich ihrer Kennziffern unmittelbar auf Niveau- und Fachadäquanz zu schließen.

Anhand von Daten der IAB-Studie „Arbeiten und Lernen im Wandel" ALWA (Antoni et al. 2010) wird im Folgenden die Adäquanz der Beschäftigung der westdeutschen Geburtsjahrgänge 1956 bis 1988 in den ersten zehn Jahren nach Ausbildungsabschluss untersucht. Dabei gilt eine Tätigkeit als fachadäquat, wenn der Dreisteller der KldB 2010 des Ausbildungsabschlusses und der ausgeübten Erwerbstätigkeit identisch ist.[18] Als niveauadäquat gilt eine Tätigkeit,

---

17 Unter einer überqualifizierten Beschäftigung versteht man eine Tätigkeit, bei der eine Person die Qualifikationsanforderungen des Arbeitsplatzes übertrifft, z. B. wenn ein Facharbeiter eine Position als Angelernter einnimmt. Eine unterqualifizierte Beschäftigung meint, dass eine Person eine Tätigkeit mit einem Qualifikationsniveau ausübt, für das ihr Ausbildungszertifikat (noch) nicht ausreicht, z. B. ein Facharbeiter übernimmt eine Position als Meister.

18 Fachadäquat heißt, dass die Kenntnisse und Fertigkeiten, die eine berufliche Tätigkeit auszeichnen, sehr ähnlich sind wie die Kenntnisse und Fertigkeiten, die in der (Hochschul-)Ausbildung vermittelt werden. So sind z. B. gelernte Bäcker oder Bäckermeister fachadäquat beschäftigt, wenn sie als berufliche Tätigkeit Bäcker oder Konditor angegeben haben. Dagegen sind sie fachinadäquat beschäftigt, wenn sie als Koch oder Backwarenverkäufer arbeiten.

wenn die fünfte Stelle von Ausbildungsabschluss und Erwerbstätigkeit übereinstimmt (Tabelle C4).[19]

In den ALWA-Daten wurden alle Bildungsaktivitäten und Erwerbstätigkeiten, die die Befragten in ihrem bisherigen Leben ausgeübt hatten, monatsgenau erfasst. Dies erlaubt eine Rekonstruktion der gesamten Ausbildungs- und Erwerbsverläufe. In den folgenden Analysen wird die Übergangsdauer seit Abschluss der höchsten Ausbildung untersucht.[20] Dabei werden nur Beschäftigungen von mehr als sechs Monaten Dauer und einem Mindestumfang von 18 Wochenstunden berücksichtigt. Denn erst bei einer längerfristigen Beschäftigung, die einen gewissen zeitlichen Rahmen umfasst, kann von einem erfolgreichen Erwerbseinstieg gesprochen werden. Übt eine Person mehrere solcher Beschäftigungsverhältnisse parallel aus, wird als niveau- und/oder fachadäquat akzeptiert, wenn lediglich eine der jeweils ausgeübten Tätigkeiten mit dem höchsten Ausbildungsabschluss übereinstimmt. Zusätzlich werden, um vergleichbare Ergebnisse zu erzielen, nur jene Personen in die Analyse einbezogen, deren höchster Ausbildungsabschluss mindestens zehn Jahre zurückliegt. Insgesamt erfüllen 4.453 Teilnehmer an der ALWA-Erhebung diese Bedingungen.

---

19 Niveauadäquat ist eine berufliche Tätigkeit, wenn ihre Komplexität dem Qualifikationsniveau des höchsten Ausbildungszertifikates entspricht. Auf der fünften Gliederungsebene der KldB 2010 werden vier Komplexitätsgrade unterschieden, die je einem Qualifikationsniveau zugeordnet werden können (KldB 2011): *Helfer- und Anlerntätigkeiten* setzen i.d.R. keinen formalen beruflichen Bildungsabschluss voraus, *fachlich ausgerichtete Tätigkeiten* den Abschluss einer zwei- bis dreijährigen Berufsausbildung, *komplexe Spezialistentätigkeiten* eine Meister- oder Technikerausbildung und *hoch komplexe Tätigkeiten* eine Hochschulausbildung.

20 Eine Analyse, die beim ersten Ausbildungsabschluss beginnt, würde die Übergangsdauer systematisch überschätzen, weil eine unerhebliche Anzahl von Personen nach dem Abschluss der Erstausbildung eine weitere Ausbildung absolviert (Jacob 2004).

Tabelle C4

Niveauadäquanz und Fachadäquanz zwischen Ausbildung und ausgeübten Tätigkeiten

		Fachadäquanz: Dreisteller KldB 2010 der ausgeübten Tätigkeit und der Ausbildung ist	
		... identisch	... nicht identisch
Niveauadäquanz: Die 5. Stelle der KldB 2010 der ausgeübten Tätigkeit ist	... höher als die der Ausbildung	fachadäquat, unterqualifiziert z. B. Tischlergeselle arbeitet als Tischlermeister	fachinadäquat, unterqualifiziert z. B. Tischlergeselle arbeitet als Kaufmännischer Geschäftsführer
	... identisch mit der Ausbildung	fachadäquat, niveauadäquat z. B. Tischlergeselle arbeitet als Tischlergeselle	fachinadäquat, niveauadäquat z. B. Tischlergeselle arbeitet als Schlossergeselle
	... kleiner als die der Ausbildung	fachadäquat, überqualifiziert z. B. Tischlergeselle arbeitet als Tischlerhelfer	fachinadäquat, überqualifiziert z. B. Tischlergeselle arbeitet als Bäckerhelfer

2.4.1 Ausbildungsadäquanz im Überblick

Um einen ersten Eindruck vom Erwerbseinstieg der hier untersuchten Personen zu erhalten, sollen zunächst die Anteile adäquater und inadäquater Beschäftigungen in den ersten zehn Jahren nach Ausbildungsabschluss betrachtet werden (Abbildung C5).

Dabei zeigt sich, dass die größte Gruppe der Beschäftigten sowohl fach- als auch niveauadäquat beschäftigt ist. In den ersten zehn Erwerbsjahren sinkt dieser Anteil von etwa 45 Prozent auf 30 Prozent. Das bedeutet, dass der Ausbildungsberuf eine wichtige Rolle bei der Besetzung von Arbeitsplätzen spielt.

Insgesamt sind in den ersten zehn Jahren nach Ausbildungsabschluss etwa 60 Prozent der Ausbildungsabsolventen in einer niveauadäquaten Beschäftigung beschäftigt.[21] Anscheinend ermöglicht

---

21 Hier werden keine Adäquanzwerte von mehr als 80 % erreicht (wie z. B. bei Büchel/Weißhuhn 1997, 1998). Der Grund liegt vor allem darin, dass hier auch nicht erwerbstätige Absolventen berücksichtigt werden.

Abbildung C5

Adäquanz der Beschäftigungen bis 10 Jahre nach Ausbildungsabschluss

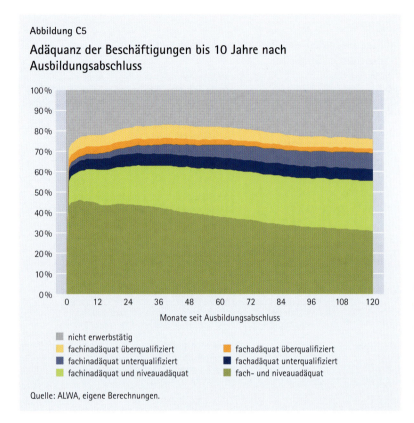

Monate seit Ausbildungsabschluss

- ▢ nicht erwerbstätig
- ▢ fachinadäquat überqualifiziert
- ▢ fachinadäquat unterqualifiziert
- ▢ fachinadäquat und niveauadäquat
- ▢ fachadäquat überqualifiziert
- ▢ fachadäquat unterqualifiziert
- ▢ fach- und niveauadäquat

Quelle: ALWA, eigene Berechnungen.

eine berufliche Ausbildung nicht nur eine qualifizierte Beschäftigung im erlernten Ausbildungsberuf, sondern auch in fachinadäquaten Berufen auf gleichem Qualifikationsniveau, sofern zumindest ein gewisser Teil der in der Ausbildung erworbenen beruflichen Kenntnisse und Fertigkeiten auch auf andere Berufe transferierbar ist (Fitzenberger/ Spitz 2004).

Der Anteil der unter- und überqualifiziert Beschäftigten ist relativ klein, was belegt, dass in Deutschland Arbeitsplätze nur sehr selten mit Personen besetzt werden, die keine entsprechende formale Qualifikation vorweisen können. Dennoch ist dieser Anteil nicht vernachlässigbar, was die Frage nach der individuellen Verwertbarkeit von erworbenen beruflichen Qualifikationen aufwirft.

2.4.2 Individuelle Übergangsmuster

Die Entwicklung der Anteile fach- und/oder niveauadäquater Beschäftigung lässt zwar Aussagen über allgemeine Trends zu, nicht aber über die dahinter-

liegende Dynamik des Erwerbseinstiegs. Deswegen gehen die folgenden Analysen der Frage nach, wie lange es dauert, bis ein Absolvent eine stabile Beschäftigung, eine stabile niveauadäquate Beschäftigung und eine stabile fachadäquate Beschäftigung aufnimmt. Die Ergebnisse dieser Analysen werden anhand sogenannter Überlebensfunktionen dargestellt, die den individuellen Erwerbseinstiegsprozess beschreiben.

70 Prozent der Berufsausbildungsabsolventen nehmen unmittelbar nach Abschluss eine *stabile* Beschäftigung auf. Bei den Absolventen einer Meister-/Technikerausbildung sind es etwa 60 Prozent, bei den Hochschulabsolventen etwas mehr als die Hälfte (vgl. erste Grafik in Abbildung C6). Allerdings münden nicht alle Absolventen, die unmittelbar eine stabile Beschäftigung finden, auch in eine *stabile niveauadäquate* Beschäftigung ein (vgl. zweite Grafik in Abbildung C6): 65 Prozent der Berufsausbildungsabsolventen, 40 Prozent der Hochschulabsolventen und nur 23 Prozent der Absolventen einer Meister- oder Technikerausbildung sind direkt nach ihrem Ausbildungsabschluss in einer beruflichen Position beschäftigt, die ihrer Qualifikation entspricht. Der Anteil der Absolventen, der direkt eine *stabile fachadäquate* Beschäftigung findet, ist in allen Gruppen am kleinsten (vgl. dritte Grafik in Abbildung C6): Während 60 Prozent der Berufsausbildungsabsolventen direkt nach dem Ausbildungsabschluss eine stabile, fachadäquate Beschäftigung aufnehmen, liegt dieser Anteil bei den Meistern und Technikern knapp über 30 Prozent, bei den Hochschulabsolventen knapp unter 30 Prozent.[22]

---

22 Bei der Interpretation der Fachadäquanz ist jedoch zu berücksichtigen, dass duale Ausbildungen sowie Meister- und Technikerabschlüsse beruflich enger gefasst sind als viele Hochschulberufe. Das berufliche Spektrum, das einem BWL-Absolventen offensteht, ist deutlich weiter als das eines gelernten Bäckers, ohne dass damit Probleme bei der fachlichen Passung verbunden sein müssen. Daher ist das Qualitätsmerkmal Fachadäquanz nur eingeschränkt zwischen den unterschiedlichen Qualifikationsgruppen vergleichbar.

Abbildung C6

Erwerbseinstieg nach Qualitätsmerkmalen

Dauer des Übergangs seit Ausbildungsabschluss bis zur Aufnahme einer ...

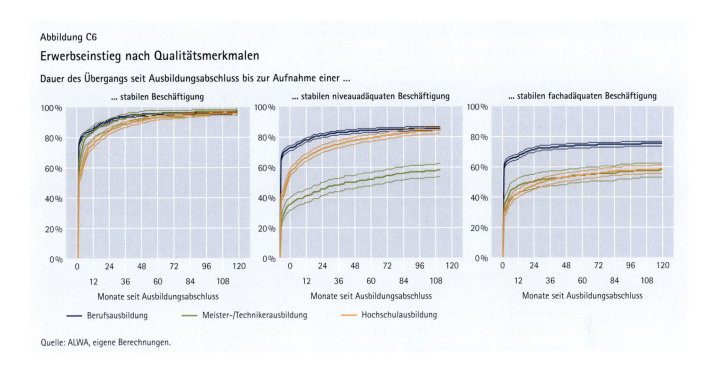

Quelle: ALWA, eigene Berechnungen.

Dass Meister und Techniker ihren anfänglichen Rückstand gegenüber Ausbildungsabsolventen vergleichsweise schnell aufholen können, erkennt man anhand der sich mit der Zeit zunehmend überschneidenden Kurven in der ersten Grafik. Hochschulabsolventen brauchen hingegen länger, um eine stabile Beschäftigung zu finden, können diesen Rückstand aber ebenfalls im Laufe der Zeit aufholen.

Ähnlich sieht der Kurvenverlauf dieser Gruppe bei der niveauadäquaten Beschäftigung aus. Hochschulabsolventen brauchen demnach nicht nur deutlich länger als Berufsausbildungsabsolventen, bis sie überhaupt eine Beschäftigung aufnehmen, sondern vergleichsweise noch länger, um eine ihrer Qualifikation entsprechende berufliche Position zu finden. Dabei zeigen die Konfidenzintervalle – die dünnen gleichfarbigen Linien entlang der jeweiligen Überlebensfunktion –, dass diese Unterschiede bis etwa sechs Jahre nach Ausbildungsabschluss signifikant bleiben. Offenbar haben jedoch vor allem Meister und Techniker große Schwierigkeiten, eine niveauadäquate Beschäftigung zu finden. Zehn Jahre nach Ausbildungsabschluss haben etwa 85 Prozent der Berufsausbildungs- und der

Hochschulabsolventen, aber nur etwa 60 Prozent der Meister und Techniker angegeben, eine berufliche Position einzunehmen, die ihrer Qualifikation entspricht.[23]

Die Kurven in der dritten Grafik sind relativ flach und verlaufen in allen Qualifikationsgruppen weitgehend parallel. Das bedeutet, dass der unmittelbare Einstieg in eine fachadäquate Beschäftigung in aller Regel die Voraussetzung dafür ist, dass auch zu einem späteren Zeitpunkt eine fachadäquate Beschäftigung ausgeübt wird. Der Grund dafür ist, dass die Verwertungschancen berufsspezifischer Kenntnisse und Fertigkeiten im Zeitverlauf deutlich abnehmen. Dieses Muster gilt im Prinzip für alle Qualifikationsgruppen.

Vergleicht man die Übergänge in eine niveauadäquate und diejenigen in eine fachadäquate Be-

---

23 Ob dies allerdings ein belastbarer Befund ist, müssen weiterführende Analysen zeigen. Möglich ist auch, dass in persönlichen Befragungen wie ALWA Wechsel von einer Facharbeiter- auf eine Meisterposition unterberichtet sind, weil sich die grobe Berufsbezeichnung dabei nicht ändert.

schäftigung, fällt auf, dass Hochschulabsolventen zwar ihren Rückstand bei der Aufnahme einer niveauadäquaten Beschäftigung gegenüber den Berufsausbildungsabsolventen wettmachen können, nicht jedoch bei der Aufnahme einer fachadäquaten Beschäftigung. Hochschulabsolventen arbeiten demnach im Laufe der Zeit zunehmend häufig in Positionen, die ihrem Qualifikationsniveau entsprechen, aber fachlich nichts oder nur wenig mit ihrem Studienfach zu tun haben. Dagegen verlaufen die Kurven für die Meister und Techniker in beiden Grafiken nahezu parallel. Das belegt, dass der Erwerbseinstieg der Meister und Techniker sehr stark berufsfachlich geprägt ist.

Zusammenfassend lässt sich sagen, dass in den ersten zehn Jahren nach Ausbildungsabschluss ein großer Teil der westdeutschen Absolventen adäquat beschäftigt ist. Dennoch ist ein beachtlicher Anteil unter- oder überqualifiziert beschäftigt. Dies zeugt von Abstimmungs- und Verwertungsproblemen auf dem Arbeitsmarkt. Dabei sind Berufsausbildungsabsolventen mehrheitlich in jenem Tätigkeitsfeld niveauadäquat beschäftigt, in dem sie auch eine Ausbildung absolviert haben. In Deutschland führt eine Berufsausbildung also für den größten Teil der Absolventen zu einem schnellen, häufig unmittelbaren Einstieg in eine adäquate Beschäftigung. Hochschulabsolventen brauchen nach ihrem Abschluss länger, um eine Beschäftigung zu finden und noch länger, um eine niveauadäquate Beschäftigung aufzunehmen. Beim Erwerbseinstieg von Akademikern ergeben sich also noch Spielräume, um einen besseren Match auf dem Arbeitsmarkt zu realisieren. Die größten Verwertungsprobleme zeigen sich bei den Meistern und Technikern. Inwiefern diese tatsächlich bestehen und worauf diese zurückzuführen sind, müssen weiterführende Analysen zeigen.

Anhang zu den Datengrundlagen

Datenbasis für die Bedeutung betrieblicher Ausbildungsmotive

Hier wurden zwei Datensätze benutzt: Zunächst wurde der Übergang aus betrieblicher Ausbildung in Beschäftigung für die Auszubildenden geschätzt, die 2001 ihre Ausbildung beendet haben. Dies geschah auf Basis der *Integrierten Erwerbsbiografien (IEB)* des IAB. Diese enthalten tagesgenaue erwerbsbiografische Informationen von Personen, für die in den Registerdaten der Bundesagentur für Arbeit Meldungen zu Beschäftigung, Leistungsbezug, Maßnahmeteilnahme oder Arbeitsuche vorliegen. Teilweise liegen diese Informationen seit 1990 vor, teilweise erst seit 2000. Im zweiten Schritt wurde die Analyse der Übergangsdauer für einen längeren Zeitraum wiederholt. Dies geschah auf Basis der *IAB-Beschäftigtenstichprobe 1975–2004 (IABS)*. Auch dieser Datensatz enthält tagesgenaue erwerbsbiografische Daten, allerdings nur zu sozialversicherungspflichtigen Beschäftigungen und zu Zeiten des Bezugs von Arbeitslosengeld, Arbeitslosenhilfe oder Unterhaltsgeld, und nur für eine Stichprobe von zwei Prozent der sozialversicherungspflichtig Beschäftigten. Dafür ist der abgebildete Zeitraum deutlich länger; somit eignet sich dieser Datensatz besonders gut für Zeitvergleiche. Für die hier vorgenommene Analyse wurden nur Personen aus Westdeutschland (ohne Berlin) betrachtet, die im Zeitraum von 1977 bis 2002 eine betriebliche Ausbildung abgeschlossen haben. Um die betrieblichen Ausbildungsmotive zu identifizieren, wurden den Ausbildungsbetrieben in diesen Datensätzen Kosteninformationen aus der BIBB-Studie *„Kosten und Nutzen der betrieblichen Ausbildung"* zugespielt.

Datenbasis für atypische Beschäftigung im frühen Erwerbsverlauf

Welches Ausmaß atypische Beschäftigung in den ersten Erwerbsjahren hat, wird mithilfe von Daten des *Mikrozensus* des Statistischen Bundesamtes untersucht, der amtlichen Repräsentativitätsstatistik über die Bevölkerung und den Arbeitsmarkt in Deutschland. Diese Befragung wird in jedem Jahr in der Regel mündlich durchgeführt. Da eine extrem hohe Zahl von Personen teilnimmt (1 % aller Haushalte in Deutschland) und zu den meisten Angaben Auskunftspflicht besteht, erlaubt der Mikrozensus auch repräsentative Aussagen über kleine Gruppen und seltene Erwerbsformen. Für die Analyse atypischer Beschäftigung im frühen Erwerbsverlauf wurde ein „Pseudo-Panel" gebildet, d. h. die einbezogenen Personen wurden danach unterschieden, wie viele Jahre der höchste Ausbildungsabschluss bzw. bei Ungelernten der höchste Schulabschluss zurücklag. Für die Jahre 2000, 2005 und 2008 wurden nur Personen betrachtet, die maximal zehn Jahre vor dem Jahr des Interviews das Bildungssystem verlassen haben.

Datenbasis für Übergänge von der Berufsausbildung in die Leiharbeit

Übergänge von der betrieblichen Ausbildung in Leiharbeitsverhältnisse und die weiteren Erwerbsbiografien dieser Personen wurden auf Basis des *„Ausbildungspanels Saarland"* untersucht. Dieser Datensatz liefert Informationen zu rund 14.200 Personen, die in den Jahren 1999 bis 2005 ihre duale Ausbildung im Saarland erfolgreich abgeschlossen haben. Das „Ausbildungspanel Saarland" wurde aus den Integrierten Erwerbsbiografien (IEB) des IAB (siehe weiter oben in diesem Kasten) und aus Informationen der regionalen Kammern des Saarlandes generiert. Mit Daten der Industrie- und Handelskammer (IHK) und der Handwerkskammer (HWK) des Saarlandes wurden die IEB um Bildungsvariablen ergänzt, die relevant für den Erwerbseinstieg und -verlauf sind. Dabei handelt es sich um Informationen zum erreichten Schulabschluss sowie zu den Noten der theoretischen und praktischen Berufsabschlussprüfung. Letztere liegen aufgrund der spezifischen Prüfungsordnungen gesondert für handwerkliche und industrielle Fertigungsberufe vor. Schließlich sind im Datensatz auch Informationen über Größe und Wirtschaftszweig des Ausbildungsbetriebes enthalten.

Datenbasis für Erwerbseinstiege und adäquate Beschäftigung

Als Datenbasis für die Analyse der Adäquanz der Beschäftigung im frühen Erwerbsverlauf dient die IAB-Studie *„Arbeiten und Lernen im Wandel"* *(ALWA)*. Bei dieser Befragung wurden detaillierte Informationen zu den Lebensverläufen Erwachsener im erwerbsintensiven Alter erhoben. Die Stichprobe besteht aus 10.400 in Deutschland lebenden Personen der Geburtsjahrgänge 1956 bis 1988. Bei diesen Personen wurden von August 2007 bis April 2008 computergestützte telefonische Interviews durchgeführt. Die ALWA-Daten enthalten detaillierte, monatsgenaue Informationen über die Bildungs- und Erwerbsverläufe, die Wohnort-, Partner- und Kindergeschichte des Samples bis zum Interviewzeitpunkt. Für die Analyse der Ausbildungsadäquanz wurden nur die Beschäftigungsverhältnisse von westdeutschen Studienteilnehmern in den ersten zehn Jahren nach dem Abschluss der Ausbildung bzw. des Studiums betrachtet.

3 Befristete Beschäftigung und Leiharbeit: Zwischen Flexibilitätspuffer und Brücke in reguläre Beschäftigung

In den letzten Jahren zeigt sich ein Trend, dessen arbeitsmarkt- und gesellschaftspolitische Bewertung äußerst umstritten ist. Flexible Beschäftigungsformen gewinnen immer mehr an Bedeutung, die im Regelfall ungünstigere Bedingungen bieten als herkömmliche Arbeitsverhältnisse. Zwei Beschäftigungsformen, die den deutschen Arbeitsmarkt zunehmend prägen, stehen im Fokus des nachfolgenden Abschnitts: Leiharbeit und befristete Arbeitsverträge. Beiden Formen kam in den letzten Jahren des konjunkturellen Ab- und Aufschwungs eine besondere Bedeutung zu. So wurde das Beschäftigungswachstum zwischen 2009 und 2010[24] überwiegend von Zuwächsen bei Leiharbeit (38 %) und befristeten Arbeitsverträgen (57 %) getragen (Wingerter 2011).[25]

Die arbeitsmarktpolitische Beurteilung der beiden Beschäftigungsformen ergibt sich unter anderem aus den Arbeitsbedingungen, die mit diesen Beschäftigungsverhältnissen verbunden sind, insbesondere was deren Vertragsdauer und die Lohnhöhe anbelangt. Eine weitere zentrale arbeitsmarktpolitische Frage ist, ob und inwieweit Leiharbeit und befristete Arbeitsverträge Übergänge in stabile Beschäftigung erleichtern oder ob sie für einen zunehmenden Teil der Erwerbsbevölkerung das Risiko eines unsteten oder gar prekären Erwerbsverlaufs erhöhen. Der nachfolgende Abschnitt liefert auf Basis aktueller deskriptiver Befunde Anhaltspunkte dafür, dass Leiharbeit und Befristungen in Teilen als Brücke in den regulären Arbeitsmarkt fungieren können.

3.1 Befristete Arbeitsverträge

In wirtschaftlich guten Zeiten sind befristete Arbeitsverträge nicht selten ein Sprungbrett in unbefristete Beschäftigung. Gleichwohl liegt ihre primäre Funktion darin, den Flexibilitätsspielraum der Betriebe zu erhöhen. Arbeitnehmer haben an einer befristeten Beschäftigung dagegen deutlich weniger Interesse als an einer unbefristeten Beschäftigung, da sie in der Regel mit erheblichen Unsicherheiten für deren Lebensplanung verbunden ist. Der Anteil der befristeten Arbeitnehmer, die keine Dauerstellung wünschen, lag der europäischen Arbeitskräfteerhebung 2010 zufolge in Deutschland lediglich bei 3 Prozent. Zudem liegt der Lohnabstand zu den unbefristet Beschäftigten ähnlich wie bei den Leiharbeitnehmern[26] je nach Untersuchung zwischen knapp zehn und gut 20 Prozent (Gash/McGinnity 2007; Gebel 2009; Giesecke 2009).

3.1.1 Betrieblicher Einsatz

Für Arbeitgeber haben befristete Arbeitsverträge vor allem den Vorteil, dass sie nach Fristablauf (Entlassungs-)Kosten vermeiden können, die durch den allgemeinen oder tarifvertraglich erweiterten Kündigungsschutz entstehen könnten. Die befristete Einstellung von Arbeitskräften kann aus betrieblicher Perspektive in einer Reihe von Situationen sinnvoll sein: Neben wirtschaftlicher Unsicherheit sind zentrale Motive die Schaffung einer flexiblen Randbelegschaft bei guter Auftragslage, die Deckung eines zeitlich begrenzten Bedarfs etwa für Saison- oder Projektarbeiten sowie die Vertretung des Stammpersonals in Erziehungszeiten oder bei längeren Krankheiten.

---

24 Die zentrale Rolle der Leiharbeit für den Beschäftigungsaufbau zeigt sich allerdings nur in der besonderen Situation nach der Krise 2009 und ist nicht auf andere Perioden übertragbar. Nach Zahlen des Frühindikatorenreports der Bundesagentur für Arbeit (Juli 2011) betrug der Anteil der Zeitarbeit am Beschäftigungswachstum von Juni 2010 auf Mai 2011 nur mehr 19 %.

25 Die Zahlen lassen sich allerdings nicht addieren, da sich Befristungen und Zeitarbeit teilweise überlappen. Leiharbeitsverhältnisse können sowohl befristet als auch unbefristet abgeschlossen werden. 27 % der Leiharbeiter hatten 2010 einen befristeten Vertrag (Wingerter 2011).

26 In der Leiharbeit liegen die Lohnunterschiede bei 15 und 20 % (Jahn 2010; Dütsch 2011; Jahn/Pozzoli 2011).

Abbildung C7

Entwicklung von Leiharbeit und Befristungen, 1996 bis 2010

Anteile an allen sozialversicherungspflichtigen Beschäftigungsverhältnissen in Prozent

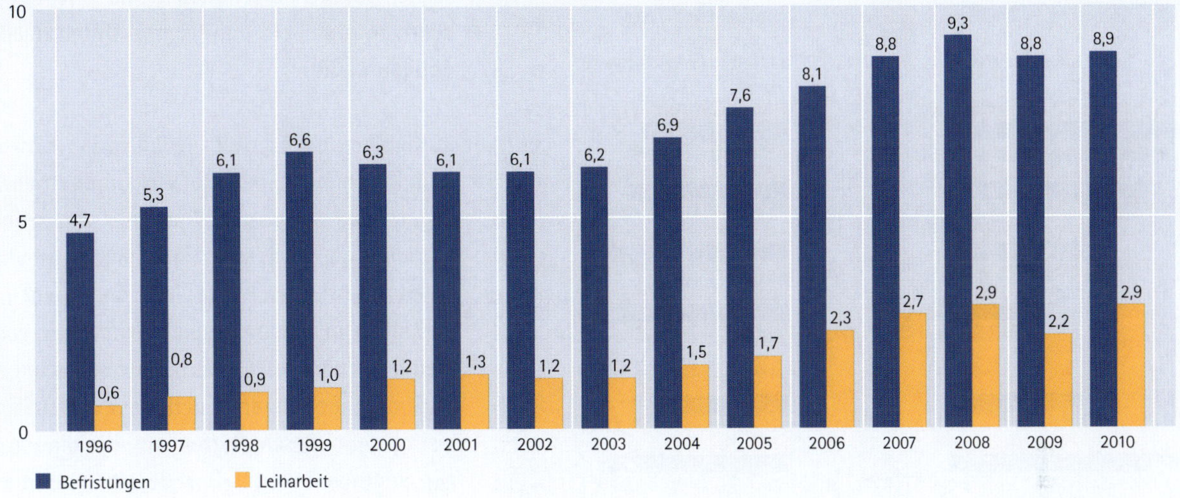

Quelle: Befristungen: IAB-Betriebspanel 1996–2010, Leiharbeit: Arbeitnehmerüberlassungsstatistik und Beschäftigtenstatistik der Bundesagentur für Arbeit.

Zudem sind befristete Verträge das personalpolitische Pendant zu zeitlich befristeten Haushaltsmitteln im sozialen und öffentlichen Sektor. Doch Befristungen sind nicht nur ein Instrument, um die betriebliche Flexibilität zu erhöhen. Sie dienen häufig auch dazu, die gesetzliche Probezeit von sechs Monaten zu verlängern, wenn sich der Arbeitgeber auch danach noch nicht sicher sein sollte, ob der Bewerber, den er eingestellt hat, wirklich geeignet ist. Aus diesem Grund erweisen sich befristete Arbeitsverträge gerade bei wirtschaftlicher Prosperität häufig als Brücke in unbefristete Beschäftigung (Hohendanner 2010). Umgekehrt befürchten befristet eingestellte Arbeitnehmer gerade in wirtschaftlich schwierigen Zeiten, dass ihr Arbeitsvertrag nicht verlängert wird (Giesecke/Wotschack 2009; Hohendanner 2010).

Daten des IAB-Betriebspanels geben Aufschluss darüber, in welchen Betrieben und Branchen Einstellungen auf Basis von zeitlich befristeten Arbeitsverträgen vorgenommen werden, welche Motive auf betrieblicher Seite eine Rolle spielen, über welchen Zeitraum befristete Arbeitsverträge abgeschlossen werden und wo die attraktiveren Arbeitgeber

zu finden sind, die befristet Beschäftigte in eine Daueranstellung übernehmen.

Zwischen 1996 und 2010 stieg der Anteil befristeter Arbeitsverhältnisse an der betrieblichen Gesamtbeschäftigung von unter 5 auf etwa 9 Prozent (vgl. Abbildung C7). In absoluten Zahlen bedeutet dies, dass weit über zwei Mio. Arbeitskräfte befristet beschäftigt sind. Befristungen nehmen damit den dritten Rang in der Reihe der atypischen Beschäftigungsformen ein – nach Teilzeitarbeit und geringfügiger Beschäftigung. Sie spielen damit eine weitaus größere Rolle als Leiharbeit oder Praktika. In Ostdeutschland lag der Anteil befristeter Arbeitsverhältnisse im Jahr 2010 bei 11 Prozent, in Westdeutschland bei 8 Prozent.

Diese Zahlen erwecken zunächst den Eindruck, dass Befristungen kein Massenphänomen sind. Ein Blick auf die Entwicklung des Anteils befristeter Verträge an allen Neueinstellungen zeigt jedoch, dass sie in der betrieblichen Personalpolitik eine weitaus größere Rolle spielen: Zwischen 2001 und 2010 ist der Anteil der befristeten Neueinstellungen von 32 auf 46 Prozent angestiegen.

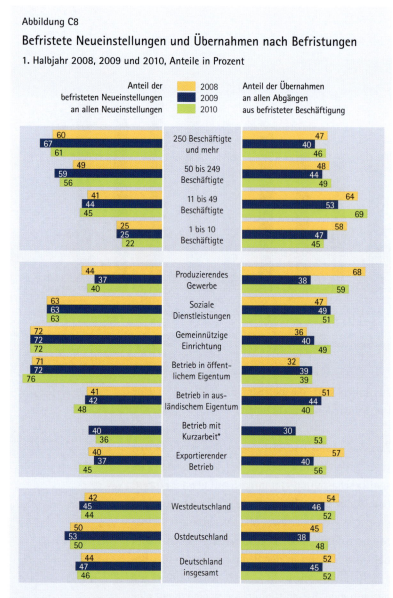

Abbildung C8

Befristete Neueinstellungen und Übernahmen nach Befristungen

1. Halbjahr 2008, 2009 und 2010, Anteile in Prozent

Anteil der befristeten Neueinstellungen an allen Neueinstellungen — 2008, 2009, 2010 — Anteil der Übernahmen an allen Abgängen aus befristeter Beschäftigung

	befristete Neueinstellungen (2008 / 2009 / 2010)	Übernahmen (2008 / 2009 / 2010)
250 Beschäftigte und mehr	60 / 67 / 61	47 / 40 / 46
50 bis 249 Beschäftigte	49 / 59 / 56	48 / 44 / 49
11 bis 49 Beschäftigte	41 / 44 / 45	64 / 53 / 69
1 bis 10 Beschäftigte	25 / 25 / 22	58 / 47 / 45
Produzierendes Gewerbe	44 / 37 / 40	68 / 38 / 59
Soziale Dienstleistungen	63 / 63 / 63	47 / 49 / 51
Gemeinnützige Einrichtung	72 / 72 / 72	36 / 40 / 49
Betrieb in öffentlichem Eigentum	71 / 72 / 76	32 / 39 / 39
Betrieb in ausländischem Eigentum	41 / 42 / 48	51 / 44 / 40
Betrieb mit Kurzarbeit*	40 / 36	30 / 53
Exportierender Betrieb	40 / 37 / 45	57 / 40 / 56
Westdeutschland	42 / 45 / 44	54 / 46 / 52
Ostdeutschland	50 / 53 / 50	45 / 38 / 48
Deutschland insgesamt	44 / 47 / 46	52 / 45 / 52

* Informationen für 2008 liegen nicht vor.

Anmerkungen: Im IAB-Betriebspanel werden nur Übernahmen im selben Betrieb erfasst. Übergänge aus einem befristeten in ein unbefristetes Beschäftigungsverhältnis bei einem anderen Arbeitgeber können mit den Daten des IAB-Betriebspanels nicht beobachtet werden.

Die Summe aller Abgänge aus befristeter Beschäftigung setzt sich aus der Summe aller auslaufenden befristeten Verträge und aller Übernahmen zusammen.

Veränderungen zwischen den Branchen können aufgrund einer Änderung der Branchenklassifikation zwischen 2008 und 2009 nur bedingt interpretiert werden.

Quelle: IAB-Betriebspanel 2009, hochgerechnete Werte.

Auch wenn befristete Verträge grundsätzlich auf dem Vormarsch sind, werden sie keineswegs von allen Betrieben in gleichem Umfang genutzt. Zudem unterscheiden sich die Chancen auf eine Übernahme deutlich. Sowohl der Anteil der befristeten Neu-einstellungen als auch die Übernahmequoten variieren je nach Wirtschaftszweig und Betriebsgröße deutlich. Auch zwischen Ost- und Westdeutschland sowie zwischen öffentlichen und privaten Unternehmen bestehen signifikante Unterschiede (vgl. Abbildung C8).

In Kleinbetrieben erfolgt lediglich ein Fünftel aller Neueinstellungen befristet; in Großbetrieben hingegen etwa 60 Prozent. Nur einer von zehn Groß-betrieben ab 250 Beschäftigten verzichtet völlig auf befristete Arbeitsverträge; in Kleinbetrieben ist das Verhältnis genau umgekehrt: Nur einer von zehn Kleinbetrieben setzt überhaupt Befristungen ein. Dies mag auch daran liegen, dass in Betrieben mit bis zu zehn Beschäftigten der Kündigungsschutz nur eingeschränkt gilt. Dort bestehen geringere An-reize, befristete Verträge abzuschließen, da auch bei der Beendigung unbefristeter Arbeitsverträge vergleichsweise geringe Entlassungskosten anfal-len (würden). Unsicherheit und Unkenntnis der ge-setzlichen Bestimmungen stellen zudem gerade bei Kleinbetrieben eine Hürde für den Einsatz befris-teter Verträge dar. Da 80 Prozent aller Betriebe in Deutschland Kleinbetriebe mit weniger als zehn Ar-beitnehmern sind, ist es nicht verwunderlich, dass knapp 85 Prozent aller Betriebe keine befristeten Verträge abschließen.

In öffentlichen Einrichtungen sowie im Bereich sozialer Dienstleistungen – dazu zählen die Bran-chen Gesundheit und Sozialwesen, Erziehung, Un-terricht und gemeinnützige Organisationen – sind befristete Einstellungen der Regelfall (vgl. Abbil-dung C8 und Tabelle C5). In den anderen Branchen hingegen überwiegen weiterhin die unbefriste-ten Neueinstellungen. Gerade in den produktions-orientierten Branchen, die dem internationalen Wettbewerb besonders stark ausgesetzt sind, spie-len Befristungen eine vergleichsweise geringe Rol-le. Eine direkte Verbindung zwischen einer Zu-nahme des internationalen Wettbewerbs und den damit einhergehenden Flexibilitätserfordernissen der Betriebe und dem Anstieg befristeter Beschäf-tigungsverhältnisse ist insoweit nicht erkennbar.

Tabelle C5

Branchenspezifische Maße der betrieblichen Befristungspraxis 2008, 2009 und 2010

	Einstellungsquote	Abgangsquote	ÜQ1	AQ1	ÜQ2	VQ	AQ2	Anteil der ...		Verteilung der ...			Index Verteilung Befristungen/SVB
								Betriebe mit Befristungen	Befristungen an SVB	Befristungen	SVB	Betriebe insgesamt	
2008													
Land- und Forstwirtschaft	61	38	15	85				13,2	12,4	1,5	1,1	3,3	1,3
Bergbau und Energie	34	13	51	49				27,3	3,8	0,5	1,1	0,4	0,4
Nahrung und Genuss	61	27	45	55				18,9	9,2	2,5	2,5	1,7	1,0
Verbrauchsgüter	34	8	64	36				12,2	4,8	1,4	2,8	2,1	0,5
Produktionsgüter	50	12	73	27				22,8	6,0	3,8	5,8	2,0	0,6
Investitions- und Gebrauchsgüter	43	13	67	33				20,9	5,0	7,6	14,2	4,8	0,5
Baugewerbe	23	4	70	30				8,2	3,3	2,0	5,6	10,5	0,4
Handel und Reparatur	30	9	66	34				13,2	5,4	8,5	14,6	21,3	0,6
Verkehr und Nachrichten	37	12	60	40				15,0	7,3	4,6	5,8	5,0	0,8
Kredit- und Versicherungsgewerbe	34	14	50	50				9,2	2,4	0,9	3,5	2,7	0,3
Gastgewerbe	46	8	63	37				19,2	18,2	5,7	2,9	7,0	2,0
Erziehung und Unterricht	81	43	26	74				40,3	21,6	7,7	3,3	2,6	2,3
Gesundheits- und Sozialwesen	57	19	62	38				22,2	14,1	18,7	12,4	10,7	1,5
Unternehmensnahe Dienstleistungen	38	19	44	56				12,8	13,9	20,6	13,8	17,1	1,5
Sonstige Dienstleistungen	47	18	42	58				14,9	14,1	4,1	2,7	5,1	1,5
Organisationen ohne Erwerbscharakter	67	49	17	83				25,2	20,2	3,5	1,6	2,2	2,2
Öffentliche Verwaltung	66	28	39	61				43,9	9,8	6,5	6,1	1,5	1,1
Insgesamt	44	17	52	48				16,2	9,3	100	100	100	1,0
2009													
Land- und Forstwirtschaft	57	39	16	84	13	21	67	15,0	15,2	1,4	0,8	2,5	1,7
Bergbau/Energie/Wasser/Abfall	49	17	35	65	25	27	47	20,4	4,7	1,0	1,9	0,8	0,5
Nahrung und Genuss	69	29	41	59	29	30	41	17,3	8,4	2,4	2,5	1,6	1,0
Verbrauchsgüter	33	15	43	57	30	29	41	12,2	3,1	0,7	2,0	1,5	0,3
Produktionsgüter	44	21	43	57	29	32	39	29,5	4,6	2,6	5,0	1,3	0,5
Investitions- und Gebrauchsgüter	35	18	35	65	27	24	49	16,4	3,4	5,6	14,5	5,3	0,4
Baugewerbe	25	7	59	41	38	36	27	8,7	3,3	2,2	5,9	10,7	0,4
Handel und Reparatur von Kfz	42	12	56	44	37	34	29	12,5	5,9	9,8	14,5	21,1	0,7
Verkehr und Lagerei	37	17	53	47	35	33	32	14,3	7,0	4,2	5,3	4,2	0,8
Information und Kommunikation	19	13	43	57	27	39	35	10,0	3,9	1,3	2,8	2,7	0,4
Gastgewerbe	44	9	62	38	43	30	27	14,2	14,7	4,8	2,9	7,0	1,7
Finanz- und Versicherungsdienstleistungen	34	13	49	51	32	35	33	10,5	2,6	1,1	3,8	2,8	0,3
Wirtschaftliche, wissenschaftliche und freiberufliche Dienstleistungen	45	21	33	67	22	32	46	11,9	15,3	21,2	12,2	16,7	1,7
Erziehung und Unterricht	74	42	28	72	14	50	37	41,9	21,9	8,1	3,3	2,7	2,5
Gesundheits- und Sozialwesen	58	18	59	41	40	32	27	22,0	15,3	22,3	12,8	10,4	1,7
Sonstige Dienstleistungen	44	11	57	43	28	51	21	10,7	9,8	2,2	2,0	5,0	1,1
Organisationen ohne Erwerbscharakter	79	49	18	82	13	30	57	22,4	18,3	3,3	1,6	2,2	2,1
Öffentliche Verwaltung	68	20	58	42	37	36	27	44,0	8,3	5,8	6,2	1,5	0,9
Insgesamt	47	18	45	55	30	33	37	15,1	8,8	100	100	100	1,0
2010													
Branchen													
Land- und Forstwirtschaft	74	50	9	91	8	15	77	13,6	12,4	1,1	0,8	2,5	1,4
Bergbau/Energie/Wasser/Abfall	50	12	65	35	50	22	27	24,3	5,3	1,1	1,9	0,8	0,6
Nahrung und Genuss	60	28	40	60	28	32	41	15,5	7,3	2,0	2,4	1,6	0,8
Verbrauchsgüter	43	6	74	26	43	43	15	15,3	3,8	0,8	1,8	1,4	0,4
Produktionsgüter	61	10	71	29	49	32	20	29,4	4,5	2,4	4,8	1,2	0,5

Fortsetzung Tabelle C5

	Einstellungsquote	Abgangsquote	ÜQ1	AQ1	ÜQ2	VQ	AQ2	Anteil der ...		Verteilung der ...			Index Verteilung Befristungen/SVB
								Betriebe mit Befristungen	Befristungen an SVB	Befristungen	SVB	Betriebe insgesamt	
Investitions- und Gebrauchsgüter	41	10	57	43	37	35	28	18,2	3,2	5,1	14,0	5,2	0,4
Baugewerbe	25	5	65	35	46	29	25	8,1	3,5	2,3	5,9	10,7	0,4
Großhandel/KFZ-Handel und -Reparatur	32	8	68	32	52	23	24	11,5	4,0	3,3	7,3	8,5	0,5
Einzelhandel	38	15	57	43	38	34	28	14,4	7,1	5,9	7,4	12,5	0,8
Verkehr und Lagerei	42	14	57	43	39	32	29	17,5	6,6	3,7	5,0	4,1	0,7
Information und Kommunikation	22	8	59	41	37	38	25	10,2	5,2	1,6	2,6	2,7	0,6
Gastgewerbe	46	8	57	43	32	45	24	17,0	16,6	5,2	2,8	7,1	1,9
Finanz- und Versicherungsdienstleistungen	34	7	70	30	61	12	26	10,1	2,6	1,1	3,7	3,0	0,3
Wirtschaftliche, wissenschaftliche und freiberufliche Dienstleistngen	42	17	43	57	28	36	36	12,4	15,0	22,3	13,2	16,8	1,7
Erziehung und Unterricht	69	35	29	71	13	53	33	41,1	21,5	8,9	3,7	2,8	2,4
Gesundheits- und Sozialwesen	57	21	61	39	40	35	25	23,3	14,0	20,0	12,7	10,4	1,6
Sonstige Dienstleistungen	47	20	34	66	26	25	50	11,1	10,0	2,3	2,0	5,1	1,1
Organisationen ohne Erwerbscharakter	69	42	35	65	23	35	42	27,3	17,9	3,5	1,7	2,2	2,0
Öffentliche Verwaltung	72	21	40	60	23	42	35	48,4	10,4	7,4	6,4	1,5	1,2
Betriebsgrößen (Anzahl sozialversicherungspflichtig Beschäftigter)													
1–4	19	4	52	48	33	36	30	6,2	6,0	6,0	9,0	62,6	0,7
5–9	29	11	50	50	37	27	37	16,4	6,4	6,2	8,5	17,4	0,7
10–19	39	8	67	33	39	41	20	32,5	6,8	7,5	9,8	9,5	0,8
20–49	48	14	62	38	41	35	25	47,9	8,6	14,0	14,5	6,2	1,0
50–99	58	20	51	49	32	37	31	66,1	10,9	14,9	12,1	2,3	1,2
100–199	52	20	51	49	32	38	31	78,1	10,6	14,1	11,8	1,2	1,2
200–499	64	27	44	56	28	36	36	88,6	11,7	18,4	13,9	0,6	1,3
500–999	66	24	46	54	34	26	40	92,4	9,1	8,3	8,1	0,2	1,0
1.000–4.999	67	24	45	55	30	34	37	93,9	7,8	8,1	9,2	0,1	0,9
5.000+	60	21	38	62	16	58	26	91,5	7,1	2,5	3,1	0,00	0,8
Insgesamt	46	16	52	48	33	36	31	16,0	8,9	100,0	100,0	100,0	1,0

ÜQ1: Übernahmen/(Übernahmen + Beendigungen befristeter Verträge)
AQ1: Beendigungen/(Übernahmen + Beendigungen befristeter Verträge)

2009 wurden im IAB-Betriebspanel erstmals Verlängerungen von befristeten Arbeitsverträgen erfasst. Daher können ab 2009 alternative Übernahmequoten unter Berücksichtigung der Verlängerungen berechnet werden. Aufgrund der Umstellung der amtlichen Branchenklassifikation zwischen 2008 und 2009 sind Vergleiche innerhalb von Branchen zwischen 2008 und 2009 oder 2010 nur eingeschränkt möglich.

ÜQ2: Übernahmen/(Übernahmen + Beendigungen + Verlängerungen befristeter Verträge)
AQ2: Beendigungen/(Übernahmen + Beendigungen + Verlängerungen befristeter Verträge)
VQ: Verlängerungen/(Übernahmen + Beendigungen + Verlängerungen befristeter Verträge)

Index Verteilung Befristungen/SVB: Werte über 1 bedeuten eine überproportionale Nutzung befristeter Verträge.

Einstellungsquote: Befristete Einstellungen/alle Einstellungen; Abgangsquote: Beendigung befristeter Beschäftigungsverhältnisse/alle Abgänge; SVB = sozialversicherungspflichtig Beschäftigte

Quelle: IAB-Betriebspanel.

3.1.2 Einflussfaktoren und Motive der betrieblichen Nutzung

Auch wenn der Anteil befristeter Arbeitsverhältnisse tendenziell zunimmt, variiert er zu einem gewissen Grad mit der konjunkturellen Entwicklung. So hat er sich im Zuge des wirtschaftlichen Einbruchs zwischen Juni 2008 und Juni 2009 von 9,3 Prozent auf 8,8 Prozent verringert (vgl. Abbildung C7). Im nachfolgenden Aufschwung zwischen Juni 2009 und Juni 2010 zeigt sich wiederum ein leichter Anstieg um 0,1 Prozentpunkte auf 8,9 Prozent. Dies deutet darauf hin, dass Betriebe im Aufschwung eine Flexibilitätsreserve aufbauen, die im Abschwung bei Bedarf wieder abgebaut wird.[27]

Allerdings sind die zyklischen Schwankungen der befristeten Beschäftigungsverhältnisse geringer als bei der Leiharbeit. Denn befristete Beschäftigung ist vor allem in Branchen verbreitet, die relativ unabhängig von der Konjunktur sind, insbesondere im öffentlichen Dienst und in nicht-erwerbsorientierten Organisationen (Non-Profit-Sektor). Aber auch bei den unternehmensorientierten, wissenschaftlichen und freiberuflichen Dienstleistungen, im Gastgewerbe sowie in der Landwirtschaft ist befristete Beschäftigung relativ verbreitet (vgl. Tabelle C5, letzte Spalte „Index": Werte über 1). Etwa 40 Prozent aller befristet Beschäftigten arbeiten im Bereich der sozialen Dienstleistungen, weitere 22 Prozent sind in den unternehmensorientierten, wissenschaftlichen und freiberuflichen Dienstleistungen tätig. Im Produktionssektor und den übrigen Branchen spielen Befristungen hingegen traditionell eine untergeordnete Rolle (vgl. Tabelle C5, letzte Spalte „Index": Werte über 1). Angesichts des kräftigen konjunkturellen Abschwungs wäre zu erwarten gewesen, dass der Anteil der befristeten Einstellungen deutlich zulegt. Überraschenderweise war dieser Anteil aber gerade in den Betrieben, die wegen der Krise Kurzarbeit anmelden mussten, in der ersten Jahreshälfte 2009 unterdurchschnittlich (vgl. Tabelle C5, Abbildung C8).

---

27 Das deutliche Wachstum befristeter Verträge nach 2003 könnte über die ab 2005 einsetzende konjunkturelle Erholung hinaus auch auf die Lockerung des Befristungsrechts zurückzuführen sein. Seit Januar 2004 sind Befristungen ohne sachlichen Grund in den ersten vier Jahren nach Gründung eines Unternehmens bis zur Dauer von vier Jahren möglich. Zudem wurde die Altersgrenze für Befristungen ohne Einschränkungen von 58 auf 52 Jahre gesenkt. Ein Indiz für die Wirkung der Lockerung des Befristungsrechts ist, dass der Anteil sachgrundloser Befristungen an allen Befristungen zwischen den Jahren 2001 und 2004 von 41 auf 48 % angestiegen ist. Das zeigen die Ergebnisse des IAB-Betriebspanels, aktuellere Zahlen liegen hierzu nicht vor.

Die personalpolitische Präferenz der Betriebe für unbefristete Verträge zeigt sich ferner darin, dass auch viele Betriebe, die befristet Beschäftigte einsetzen, letztlich eine Festanstellung anstreben. Im IAB-Betriebspanel 2009 wurden die Personalverantwortlichen in den Unternehmen erstmals danach befragt, aus welchen Gründen sie befristete Verträge abschließen (vgl. Abbildung C9). 24 Prozent nannten als wichtigsten Einzelgrund die Beurteilung der Eignung für eine Festanstellung. Betrachtet man allerdings die genannten Motive in der Gesamtschau, so zeigt sich: Die Betriebe erhoffen sich von befristeten Neueinstellungen vor allem ein Mehr an Flexibilität. Denn über zwei Drittel der Betriebe nennen Faktoren, die ein hohes Maß an personalpolitischer Flexibilität erfordern. Befristungen werden demnach abgeschlossen aufgrund von wirtschaftlicher Unsicherheit, bei zeitlich begrenzten Vertretungen, bei saisonalen bzw. einmaligen Aufträgen oder einer zeitlich begrenzten Finanzierung von Stellen über Projekt- oder Haushaltsmittel. Nur wenige Betriebe gaben an, dass die Leistungsbereitschaft und Motivation von befristet Beschäftigten höher sei. In den von der Krise betroffenen Branchen des Produktionssektors, in exportierenden Betrieben und Betrieben mit Kurzarbeit überwiegt bei einem Einsatz befristeter Verträge das Motiv der wirtschaftlichen Unsicherheit. Der konjunkturelle Abschwung dürfte dazu geführt haben, dass Befristungen, die ursprünglich als Eignungstest gedacht waren, als Flexibilitätspuffer genutzt wurden. Der Anteil derjenigen, die von den Betrieben übernommen wurden, sank insgesamt von 52 auf 45 Prozent. Insbesondere im Produzierenden Gewerbe und in exportierenden Betrieben sind die Übernahmen deutlich eingebrochen (vgl. Abbildung C8). Die Übernahmequoten haben sich krisenbedingt an das traditionell niedrigere Niveau im Bereich sozialer Dienstleistungen angeglichen. Im konjunkturellen Aufschwung zwischen 2009 und 2010 sind die Übernahmen wieder auf das Niveau von 2008 angestiegen (vgl. Abbildung C8).

Umgekehrt hat sich die Übernahmequote in überwiegend öffentlichen und gemeinnützigen Einrichtungen des Sozialsektors seit 2008 noch leicht

Abbildung C9

Wichtigster Grund für den Einsatz befristeter Verträge

1. Halbjahr 2009, Anteile in Prozent

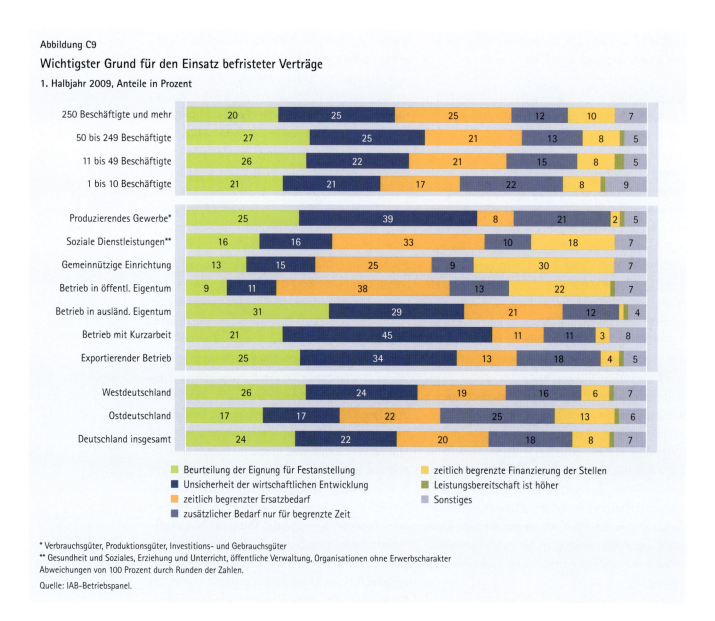

	Beurteilung der Eignung für Festanstellung		zeitlich begrenzte Finanzierung der Stellen
	Unsicherheit der wirtschaftlichen Entwicklung		Leistungsbereitschaft ist höher
	zeitlich begrenzter Ersatzbedarf		Sonstiges
	zusätzlicher Bedarf nur für begrenzte Zeit		

* Verbrauchsgüter, Produktionsgüter, Investitions- und Gebrauchsgüter
** Gesundheit und Soziales, Erziehung und Unterricht, öffentliche Verwaltung, Organisationen ohne Erwerbscharakter
Abweichungen von 100 Prozent durch Runden der Zahlen.

Quelle: IAB-Betriebspanel.

erhöht. Die gleichwohl relativ geringen Entfristungsquoten lassen sich damit erklären, dass Arbeitgeber in diesen Sektoren seltener eine unbefristete Anstellung beabsichtigen. Da etwa 70 Prozent aller Beschäftigten im Bereich der sozialen Dienstleistungen Frauen sind, ist der Bedarf an Vertretungen bei Schwangerschaft und Erziehungszeiten höher als in anderen Branchen. Insofern geht die zunehmende Beschäftigung von Frauen zum Teil mit einem Anstieg befristeter Vertretungen einher. Dies funktioniert in der Regel dort am besten, wo keine längeren Einarbeitszeiten erforderlich sind oder eine flexible Randbelegschaft mit betriebsspezifi-

schem Wissen vorgehalten wird, die bei Bedarf (re-)aktiviert wird (Liebig/Hense 2007). Darüber hinaus sind in diesem Zusammenhang zeitlich begrenzte Projekt- und Haushaltsmittel von zentraler Bedeutung. Insbesondere in wissenschaftlichen Einrichtungen (Universitäten, Forschungsinstitute, Universitätskliniken), in denen Haushaltsmittel häufig nur auf Zeit vergeben werden, ein Großteil der Arbeit in Form von Projekten organisiert ist und die Stellen vielfach der Qualifizierung dienen, sind unbefristete Verträge unterhalb der Professorenebene die Ausnahme. Drei Viertel der über 100.000 wissenschaftlichen Mitarbeiter an deutschen Hochschulen sind

Tabelle C6

Befristete Verträge nach Beschäftigungsdauer im 1. Halbjahr 2009

	Bis 6 Monate	Länger als 6 Monate bis 1 Jahr	Länger als 1 Jahr bis 2 Jahre	Länger als 2 Jahre
250 Beschäftigte und mehr	17	44	34	5
50 bis 249 Beschäftigte	19	54	25	3
11 bis 49 Beschäftigte	28	48	20	5
1 bis 10 Beschäftigte	37	41	16	5
Land- und Forstwirtschaft	65	29	5	1
Produzierendes Gewerbe	39	44	14	3
Produktionsbezogene Dienstleistungen	34	45	15	6
Distributive Dienstleistungen	31	48	19	2
Personenbezogene Dienstleistungen	47	40	11	1
Soziale Dienstleistungen	14	48	29	8
Gemeinnützige Einrichtung	12	50	28	10
Öffentliches Eigentum	18	41	30	11
Ausländisches Eigentum	20	56	22	1
Kurzarbeit	33	45	20	2
Exportierender Betrieb	29	50	19	2
Westdeutschland	30	45	20	5
Ostdeutschland	33	48	16	3
Gesamt	30	46	19	5

Quelle: IAB-Betriebspanel 2009, hochgerechnete Werte.

befristet beschäftigt und fast die Hälfte von ihnen hat eine Teilzeitstelle (Banscherus et al. 2009). Diese Befristungspraxis wird dadurch erleichtert, dass im Wissenschaftszeitvertragsgesetz das Verbot von Kettenbefristungen de facto teilweise ausgehebelt ist. Während Wissenschaftlerinnen und Wissenschaftler nach dem früheren Hochschulrahmengesetz ohne besonderen Grund maximal zwölf Jahre (in der Medizin bis zu 15 Jahren) befristet beschäftigt werden konnten, sind für wissenschaftliche und nichtwissenschaftliche Mitarbeiter, die aus Drittmitteln finanziert werden, nunmehr auch über diesen Zeitraum hinaus befristete Arbeitsverträge möglich.

Die geringe Bedeutung befristeter Verträge als Eignungstest (vgl. Abbildung C9) und der zum Teil höhere Anteil an Verlängerungen von befristeten Verträgen (vgl. Tabelle C5) in den überwiegend öffentlichen und gemeinnützigen Bereichen Erziehung und Unterricht, Gesundheit und Soziales

zeigen, dass diese Betriebe ihren langfristigen Arbeitskräftebedarf auch über eine flexible Randbelegschaft sicherstellen. Die Entfristungsquote in öffentlichen und gemeinnützigen Einrichtungen war im Jahr 2009 etwa gleich hoch wie in Betrieben, die Kurzarbeit angemeldet haben. Gleichwohl deutet sich 2010 eine neue Entwicklung an. Im Bereich „Gesundheit und Soziales" zeigt sich ein inzwischen überproportional hoher Anteil an Übernahmen in unbefristete Beschäftigung (vgl. Tabelle C5).

Arbeitgeber setzen vor allem auf befristete Arbeitsverträge mit einer relativ kurzen Dauer. In 76 Prozent der Betriebe laufen befristete Arbeitsverträge zumeist nicht länger als ein Jahr. Verträge, die länger als zwei Jahre dauern, sind die Ausnahme. Bei Verträgen, die über weniger als sechs Monate laufen, ist davon auszugehen, dass damit vor allem ein kurzfristiger Bedarf gedeckt werden soll, da die Zeit unterhalb der bei unbefristeten Einstellungen üblichen Probezeit liegt. Vor allem in der Landwirtschaft, den personenbezogenen Dienstleistungen und in Kleinbetrieben sind Verträge mit kurzer Frist recht verbreitet. Längere Befristungen über ein oder zwei Jahre finden sich vor allem bei den sozialen Dienstleistungen und in Großbetrieben. Dort dürfte der Eignungstest eine untergeordnete Rolle spielen. Befristet Beschäftigte fungieren hier häufiger als flexible Randbelegschaften, die von zeitlich befristeten Projekt- und Haushaltsmitteln abhängig sind. Übernahmen sind in einer solchen Konstellation eher selten.

3.1.3 Befristungen: Flexibilitätspuffer versus Brücke in unbefristete Beschäftigung

In der Finanz- und Wirtschaftskrise ist der Anteil befristeter Arbeitsverträge zwar gesunken, aber weniger stark als bei der Leiharbeit. Mit der wirtschaftlichen Erholung im Jahr 2010 kam es lediglich zu einem moderaten Anstieg. Ein Grund ist, dass Befristungen in den konjunkturabhängigen Branchen traditionell eine untergeordnete Rolle spielen. Zudem ist davon auszugehen, dass diejenigen Einstellungen, auf die Betriebe auch in der Krise nicht verzichten können, die Arbeitskräfte in den Kernbereichen der Unternehmen betreffen und daher häufiger unbefristet erfolgen. Hinzu kommt: Auch wenn die weitere wirtschaftliche Entwicklung mit großen Unsicherheiten behaftet ist, sind Befristungen nicht immer das Mittel der Wahl, da der Befristungszeitraum vor Abschluss des Vertrags festgelegt werden muss. Für viele Betriebe dürften auch die Entlassungskosten, die durch den allgemeinen Kündigungsschutz entstehen, kein gravierendes Problem sein. Andernfalls wären die Befristungsquoten in Deutschland vermutlich weitaus höher. Ungeachtet der öffentlichen Wahrnehmung, dass die Arbeitswelt zusehends flexibler wird, haben viele Firmen ein Interesse an unbefristeten Beschäftigungsverhältnissen. Die Gründe dafür sind naheliegend: Wenn Betriebe in Ausbildung, Qualifikation und Weiterbildung investieren, ist es betriebswirtschaftlich sinnvoll, die längerfristigen Erträge aus diesen Investitionen abzuschöpfen. Arbeitnehmer, die länger im Betrieb tätig sind,

verfügen darüber hinaus über wertvolle betriebsspezifische oder berufliche Erfahrungen. Aus diesem Grunde antizipieren die Arbeitgeber einen etwaigen Mangel an Fachkräften, der angesichts des demografischen Wandels und steigender Qualifikationsanforderungen auftreten könnte, und versuchen, ihre Beschäftigten zu halten. Unbefristete Verträge schaffen zudem ein höheres Maß an Vertrauen zwischen Arbeitgebern und Arbeitnehmern und können so dazu beitragen, opportunistisches Verhalten der Arbeitnehmer zu begrenzen. In öffentlichen und sozialen Einrichtungen kommt befristeten Arbeitsverhältnissen insgesamt eine größere Bedeutung zu, denn sie fungieren dort in wesentlich stärkerem Maße als Flexibilitätspuffer. Der Konsolidierungszwang in Bund, Ländern und Kommunen verstärkt den Flexibilisierungsdruck nochmals deutlich. Die Kehrseite der Flexibilität durch Befristungen besteht aber auch für die Arbeitgeber in diesem Sektor in höheren Fluktuations-, Einarbeitungs- und Weiterbildungskosten sowie in der Gefahr illoyalen Verhaltens der befristet Beschäftigten. Unsicherheit – sei es über die wirtschaftliche Entwicklung, die Verlängerung von Projektmitteln oder über die Eignung von Bewerbern – scheint jedenfalls ein zentrales Motiv der Betriebe für die Befristung von Arbeitsverträgen zu sein. Diese Unsicherheit wird an die Beschäftigten weitergegeben, deren Lebensplanung wird im Vergleich zu unbefristeten Tätigkeiten erschwert. Damit zeigt sich die Ambivalenz befristeter Verträge für die Arbeitnehmer: In manchen Fällen sind befristete Arbeitsverträge Teil unstetiger, mitunter prekärer Erwerbsverläufe, in anderen Fällen bilden sie eine Brücke in unbefristete Beschäftigung.

Abbildung C10

Entwicklung der Arbeitnehmerüberlassung (Monatswerte absolut) und des Bruttoinlandprodukts (Quartalswerte in Prozent)

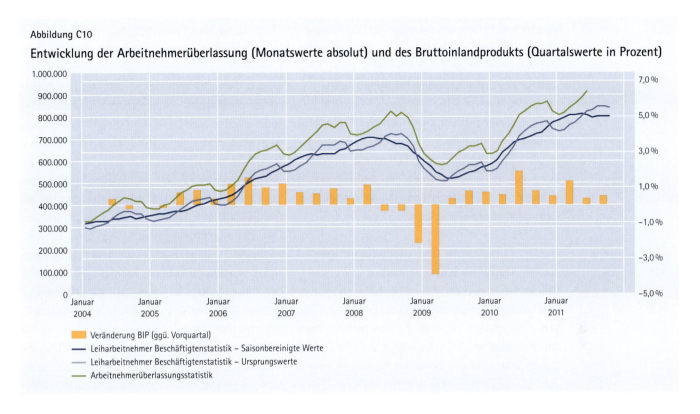

Veränderung BIP (ggü. Vorquartal)

Leiharbeitnehmer Beschäftigtenstatistik – Saisonbereinigte Werte

Leiharbeitnehmer Beschäftigtenstatistik – Ursprungswerte

Arbeitnehmerüberlassungsstatistik

3.2 Leiharbeit

Seit der grundlegenden Reform des Arbeitnehmerüberlassungsrechts, die zum 1. Januar 2004 in Kraft trat,[28] gewann die Arbeitnehmerüberlassung sowohl für Entleihbetriebe als auch für die Zeitarbeitsbranche an Attraktivität. Die Zeitarbeit verdankt ihr Wachstum seit 2004 allerdings nicht nur der Liberalisierung im Zuge der Hartz-Reformen, sondern ist auch von der konjunkturellen Entwicklung getrieben (vgl. Abbildung C10). Ausgehend von 326.000 Leiharbeitnehmern im Januar 2004 hatte sich der monatliche Bestand bis Oktober 2006 bereits mehr als verdoppelt. Mit 823.000 Leiharbeitnehmern wurde im Juli 2008 ein vorübergehender Höchststand erreicht. Während sich anschließend der Einbruch des Bruttoinlandsprodukts als Folge der globalen Wirtschaftskrise insgesamt nur moderat auf Erwerbstätigkeit und Arbeitslosigkeit auswirkte, brach die Beschäftigung in der Arbeitnehmerüberlassung in der schweren Rezession massiv ein. Sie schrumpfte bis April 2009 auf 580.000 Personen.[29] Damit beendete die Krise zunächst einmal den Boom in der Zeitarbeit. Seither hat sich die Branche mit der besseren Konjunktur wieder erholt und zuletzt das Vorkrisenniveau sogar übertrof-

---

28 Wesentliche Kernpunkte waren dabei: (i) Die Beschränkung der Überlassungshöchstdauer auf maximal 24 Monate entfällt. (ii) Das besondere Befristungsverbot entfällt, es gelten jedoch die allgemeinen Befristungsvorschriften des Teilzeit- und Befristungsgesetzes. Zuvor durfte der Arbeitsvertrag ohne sachlichen Grund nur einmal befristet werden. (iii) Das Synchronisationsverbot der Dauer des Verleihs und des Arbeitsvertrages wird aufgehoben. Während davor nur beim erstmaligen Einsatz die Verleihdauer der Dauer des Arbeitsverhältnisses entsprechen durfte, kann nun die Vertragsdauer auch prinzipiell mit der Einsatzdauer zusammenfallen. (iv) Das Wiedereinstellungsverbot von vormals im gleichen Verleihbetrieb beschäftigten Leiharbeitnehmern gilt nicht mehr. Während zuletzt einmal von dieser Regelung abgewichen werden durfte, können nun Verleiher beliebig oft mit den gleichen Arbeitskräften Arbeitsverträge abschließen.

---

29 Alle angegebenen Werte aus der Arbeitnehmerüberlassungsstatistik (ANÜSTAT), saisonbereinigter Rückgang bezieht sich auf die Beschäftigungsstatistik (vgl. Infokasten).

fen. Im Juni 2010 waren mehr als 900.000 Personen als Leiharbeitnehmer tätig. Neben dem generellen Aufwärtstrend ist also eine besonders starke Konjunktursensitivität der Leiharbeit festzustellen.

Die folgenden Ausführungen behandeln zunächst Fragen der Entlohnung und der Beschäftigungsdauer in der Arbeitnehmerüberlassung. Anschließend soll der Frage nachgegangen werden, ob und inwieweit die Leiharbeit den Übergang in stabile Beschäftigung erleichtert.

3.2.1 Lohnniveau und Beschäftigungsdauer von Leiharbeitnehmern

Leiharbeiter verdienen im Durchschnitt deutlich weniger als Beschäftigte außerhalb der Zeitarbeitsbranche. Ein einfacher Vergleich der durchschnittlichen Bruttoverdienste führt allerdings in die Irre: Erstens finden sich unter den Leiharbeitern sehr viel mehr niedrig Qualifizierte als in anderen Branchen. Zweitens ist es möglich, dass Arbeitnehmer, die die gleiche

Tätigkeit ausüben, unterschiedlich produktiv sind, etwa dann, wenn Stammmitarbeiter über eine längere Berufserfahrung, eine höhere Motivation, eine längere Betriebszugehörigkeit oder mehr betriebsspezifisches Humankapital verfügen. Dass diese Faktoren einen starken Einfluss auf die Lohnhöhe haben, ist in der Literatur hinreichend belegt (Jahn 2010).

Diese Unterschiede betreffen einerseits die beobachtbaren, also statistisch erfassten Merkmale wie Alter, Geschlecht, Ausbildung und Erwerbsbiografie. Da diese Informationen in den Daten enthalten sind, können die Lohndifferenzen um diese Faktoren korrigiert werden. Andererseits kann es aber auch Unterschiede geben, die nicht systematisch erhoben wurden. Wissenschaftler sprechen hier von „unbeobachteter Heterogenität". So finden sich etwa in den administrativen Daten keine Informationen über die Motivation, die Fähigkeit und die Bereitschaft der jeweiligen Person, eine längere Bindung mit einem Arbeitgeber einzugehen, oder über chronische Erkrankungen. Auch der Einfluss solcher Faktoren auf die Lohnhöhe kann herausgerechnet werden, sofern sich entsprechende Unterschiede im Zeitverlauf nicht ändern. Allerdings ist davon auszugehen, dass diese nicht beobachtbaren Eigenschaften nicht nur einen Einfluss darauf haben, welche Personen in Zeitarbeit kommen, sondern auch auf deren Entlohnung.

Auch wenn man die erwähnten Unterschiede zwischen Arbeitnehmern innerhalb und außerhalb der Zeitarbeitsbranche bei der Ermittlung der Lohndifferenzen berücksichtigt, verdienen Leiharbeiter im

Tabelle C7

Korrigierte Lohnunterschiede zwischen Beschäftigten innerhalb und außerhalb der Zeitarbeitsbranche in Prozent, 2000 bis 2008

	Deutschland Gesamt	West	Ost
Insgesamt	−18	−19	−15
Ausländer	−18	−19	−16
Männer	−18	−20	−14
Frauen	−18	−18	−16

Quelle: IAB, Integrierte Erwerbsbiografien. Die Analyse beschränkt sich auf vollzeitbeschäftigte Arbeitnehmer im Alter zwischen 18 und 60 Jahren. Die Datengrundlage und das Vorgehen sind genauer in (Jahn/Pozzoli 2011) beschrieben.

Tabelle C8

Beschäftigungsdauer von Zeitarbeitnehmern in Prozent, 2000 bis 2008

	Kürzer als 3 Monate	3–6 Monate	6–12 Monate	Länger als 12 Monate
Insgesamt	50	19	15	16
Ausländer	53	18	14	15
Männer	50	19	14	16
Frauen	49	20	15	16

Quelle: IAB, Integrierte Erwerbsbiografien. Die Analyse beschränkt sich auf vollzeitbeschäftigte Arbeitnehmer im Alter zwischen 18 und 60 Jahren. Die Datengrundlage und das Vorgehen sind genauer in Jahn (2011) beschrieben. Bei der Interpretation ist zu berücksichtigen, dass rechtszensierte Fälle in die Berechnung mit eingehen. Es handelt sich dementsprechend um die nicht abgeschlossene Beschäftigungsdauer.

Schnitt immer noch weniger als ihre Kollegen in anderen Branchen (vgl. Tabelle C7). Während die nicht korrigierten Lohndifferentiale bei etwa 40 Prozent liegen, schrumpft der Lohnrückstand nach Berücksichtigung der beobachtbaren und nicht beobachtbaren Eigenschaften um etwa die Hälfte. Demnach verdienten Leiharbeiter zwischen 2000 und 2008 im Schnitt noch rund 18 Prozent weniger als Arbeitnehmer, die nicht in dieser Branche tätig sind. Allerdings gibt es erhebliche regionale Unterschiede. Während westdeutsche Leiharbeiter einen Lohnabschlag von 19 Prozent hinnehmen müssen, beträgt er für ostdeutsche Leiharbeiter 15 Prozent.

Für viele Arbeitnehmer bemisst sich die Qualität einer Beschäftigung nicht nur an deren Entlohnung, sondern auch an deren Dauer.

Für die Mehrheit der Leiharbeitnehmer ist die Beschäftigung in der Zeitarbeitsfirma nur von kurzer Dauer (vgl. Tabelle C8). Etwa die Hälfte aller Leiharbeiter war weniger als drei Monate bei ihrer Zeitarbeitsfirma beschäftigt, weitere 20 Prozent waren zwischen drei und sechs Monaten beschäftigt. Nur knapp ein Sechstel aller Zeitarbeiter findet einen Job in der Zeitarbeitsbranche, der länger als ein Jahr dauert.

3.2.2 Zur Brückenfunktion der Leiharbeit

In der öffentlichen Debatte um die Leiharbeit wird oft argumentiert, dass sie Arbeitslosen die Chance biete, auf dem Arbeitsmarkt wieder Fuß zu fassen. Daten, die zumindest teilweise darüber Aufschluss geben könnten, lassen sich der Arbeitnehmerüberlassungsstatistik (ANÜSTAT) entnehmen, die ausweist, welchen Status neu zugegangene Leiharbeitnehmer vorher hatten. Dabei zeigt sich: Etwa zwei Drittel aller Neuzugänge bei einer Zeitarbeitsagentur waren unmittelbar vorher nicht beschäftigt. Nicht selten wird dies bereits als Indiz für eine Brückenfunktion gewertet. Da die ANÜSTAT aber nur Aufschluss darüber gibt, welchen Erwerbsstatus Leiharbeitnehmer vor der Aufnahme ihrer Tätigkeit inne hatten, nicht aber, ob sie anschließend weiter beschäftigt sind, ist diese Schlussfolgerung vorschnell.

Außerdem ist in diesem Zusammenhang zu berücksichtigen, dass im Zeitarbeitssektor eine hohe Fluktuation herrscht. Im Jahr 2010 standen insgesamt knapp 1,13 Mio. neu begonnener Leiharbeitsverhältnisse rund 1,09 Mio. beendete gegenüber. Damit kommen mehr Personen mit Leiharbeit in Berührung, als der durchschnittliche Bestand von 775.703 Leiharbeitnehmern vermuten lässt. Zusammen mit der beobachteten relativ kurzen Beschäftigungsdauer in der Zeitarbeitsbranche (siehe auch Antoni/Jahn 2009; Crimmann et al. 2009), stellt sich hier deshalb im besonderen Maße die Frage nach der Stetigkeit der Erwerbsverläufe.

Daher betrachten wir im Folgenden über die bloße Momentaufnahme hinaus längere Erwerbsverläufe und unterscheiden, welche Phasen von Beschäftigung – innerhalb und außerhalb der Leiharbeit – sowie von Arbeitslosigkeit jeweils ein Jahr vor und nach einem Leiharbeitsvertrag von Bedeutung sind. An dieser Stelle gehen wir zugunsten einer besseren Darstellung nicht detailliert auf eine Vielzahl von Statusformen ein, sondern konzentrieren uns in erster Linie auf die drei Hauptkategorien „Nicht-Leiharbeit", „Leiharbeit" oder „Arbeitslosigkeit" (vgl. Infokasten). Darüber hinaus betrachten wir die Übergänge vor und nach Leiharbeit in verschiedenen Jahren, da die Vermutung nahe liegt, dass bei günstiger konjktureller Entwicklung die Übergänge in Beschäftigung leichter fallen. Tatsächlich zeigt sich, dass bei einer besseren wirtschaftlichen Lage Arbeitslose Leiharbeit eher als Brücke in Beschäftigung nutzen können. Insgesamt zeigen die deskriptiven Auswertungen, dass für ehemals Arbeitslose mittels Leiharbeit keine breite Brücke, sondern wohl eher ein schmaler Steg aus der Arbeitslosigkeit in Beschäftigung außerhalb der Branche führt.

Abbildung C11 zeigt, welchen Status die Leiharbeitnehmer der Jahre 2006, 2007 bzw. 2008[30] jeweils

---

30 Während die Jahre 2006 und 2007 einen konjkturellen Aufschwung markieren, ist das Jahr 2008 durch die einbrechende Konjunktur gekennzeichnet (Abbildung C10).

Abbildung C11

Leiharbeitnehmer in den Jahren 2006 bis 2008 und deren Erwerbsstatus im Einjahreszeitraum vor und nach ihrem Einsatz in der Leiharbeit

Anteile in Prozent

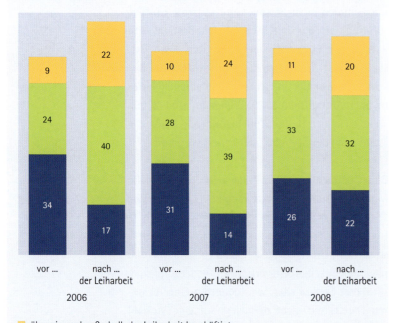

■ überwiegend außerhalb der Leiharbeit beschäftigt
■ überwiegend in Leiharbeit beschäftigt
■ überwiegend arbeitslos gemeldet

Anmerkung: Überwiegend = kumuliert mindestens 182 Tage im Einjahreszeitraum.

Differenz zu 100 % sind Leiharbeitnehmer mit unstetigen Erwerbsverläufen, die keiner der drei Hauptkategorien zugeordnet werden können.

Quelle: Integrierte Erwerbsbiografien (IEB).

Woher kamen die Leiharbeiter und wohin gingen sie in den Folgejahren 2007 und 2008? Mit 10 Prozent außerhalb des Zeitarbeitssektors Beschäftigten, 28 Prozent bereits innerhalb der Branche Tätigen und 31 Prozent vorher Arbeitslosen zeigt sich für die Leiharbeitnehmer im Jahr 2007 für den Zeitraum vorher ein sehr ähnliches Bild wie für 2006. Dagegen waren von den Leiharbeitnehmern im Jahr 2008 weniger Personen vorher arbeitslos (26 %) und mehr bereits in der Branche tätig (33 %), während sich für alle dargestellten Jahre keine Unterschiede bei vorher außerhalb der Zeitarbeitsbranche Beschäftigten zeigen.

Vergleicht man die jeweiligen Gruppengrößen im Anschluss an die Leiharbeitstätigkeit, zeigt sich, dass 2006 und 2007 mit 40 bzw. 39 Prozent ein relativ hoher Anteil in der Leiharbeit verharrte, und dieser Anteil im Jahr 2008 auf 32 Prozent zurückging. Erwähnenswert ist außerdem, dass am ehesten Leiharbeiter im Jahr 2007 in der Lage waren, anschließend eine Beschäftigung außerhalb der Branche zu finden.

Da für alle drei betrachteten Jahre per Saldo anschließend insgesamt mehr Personen in Beschäftigung standen und weniger arbeitslos waren, ergeben sich erste Hinweise auf positive Effekte einer vorübergehenden Leiharbeitsbeschäftigung.

Möchte man nun einen möglichen Brückeneffekt der Leiharbeit identifizieren, muss der Arbeitsmarktstatus nach Leiharbeit in Abhängigkeit vom vorherigen Status betrachtet werden. Bei dieser Untersuchung stehen die vormals Arbeitslosen und deren weiterer Werdegang im Fokus. Es stellt sich also die Frage, was aus den Arbeitslosen im Anschluss an die Leiharbeit wird und ob sie den Sprung in ein Normalarbeitsverhältnis schaffen.

Wie eingangs definiert, gelten hier alle jene als vormals arbeitslos, wenn sie innerhalb eines Jahres überwiegend – also in Summe mindestens 182 Tage – arbeitslos registriert waren. Wie in Abbildung C11 bereits dargestellt, erfüllt ein Drittel aller von uns betrachteten Leiharbeitnehmer für das Jahr 2006 diese Bedingung. Die Kreisdiagramme in

vorher und nachher aufwiesen. Vor ihrer Tätigkeit in der Zeitarbeitsbranche im Jahr 2006 waren etwa 9 Prozent aller betrachteten Leiharbeitnehmer überwiegend außerhalb, und 24 Prozent bereits überwiegend in der Zeitarbeitsbranche tätig (vgl. Abbildung C11). Nach der Leiharbeit im Jahr 2006 erhöhten sich für die betrachteten Personen die Anteile der Nicht-Leiharbeitnehmer auf 22 Prozent, die der weiterhin als Leiharbeitnehmer Tätigen auf 40 Prozent. Zudem stellt sich bei dieser Gesamtbetrachtung heraus, dass vor der Leiharbeit 34 Prozent überwiegend arbeitslos gemeldet waren, während im Anschluss mit 17 Prozent nur noch halb so viele den größten Teil des Jahres arbeitslos waren.

Abbildung C12 schlüsseln die anschließenden Übergänge dieser Arbeitslosen in die drei Hauptkategorien Nicht-Leiharbeit, Leiharbeit und Arbeitslosigkeit auf. Ferner weisen einige Leiharbeitnehmer sehr unstetige Erwerbsbiografien auf. Sie bilden eine eigene Kategorie, weil sie nicht die Mindestanforderung für eine der drei definierten Hauptkategorien erfüllen.

Von den ehemals arbeitslosen Leiharbeitnehmern 2006 sind 30 Prozent im Anschluss wiederum überwiegend arbeitslos gemeldet. Jeder Dritte verbleibt in der Leiharbeit und etwa 17 Prozent schaffen es danach in Beschäftigung außerhalb der Zeitarbeitsbranche. Fasst man den erfolgreichen Übergang enger und lässt im Folgejahr überhapt keine weitere Leiharbeitsbeschäftigung zu, gelingt es 10 Prozent, eine Beschäftigung jenseits der Leiharbeit zu finden und diese dabei komplett hinter sich zu lassen. Ein Fünftel erfüllt nicht die Mindestanforderung von 182 Tagen und ist damit keiner der drei Hauptkategorien zuordenbar.

Vor der Leiharbeit waren im Jahr 2007 31 Prozent arbeitslos. Für 2007 ergaben sich für den Verbleib in Zeitarbeitsbeschäftigung und den Übergang in Nicht-Leiharbeitsbeschäftigung keine Änderungen, allerdings fielen mit 24 Prozent deutlich weniger in die Arbeitslosigkeit zurück. Im Gegenzug erhöhte sich der Anteil in der „Restgruppe", d. h. mehr Personen können keiner der definierten Hauptgruppen zugeschlagen werden. Für Leiharbeiter im Jahr 2008 verschlechterten sich die Chancen im Folgejahr deutlich: Nur 14 Prozent waren anschließend außerhalb der Arbeitnehmerüberlassung beschäftigt, wobei der Anteil nach der engeren Definition mit 10 Prozent stabil blieb. Zudem verharrte nur mehr jeder Fünfte in der Zeitarbeit und jeder Dritte war anschließend wiederum arbeitslos.

Ausgehend von den drei betrachteten Jahren lassen sich also tatsächlich tendenzielle Unterschiede hinsichtlich der Übergangschancen feststellen. Der wichtigste Grund hierfür ist in der konjunkturellen Entwicklung zu sehen: die betrachteten Übergänge von ehemals Arbeitslosen nach ihrem Leihar-

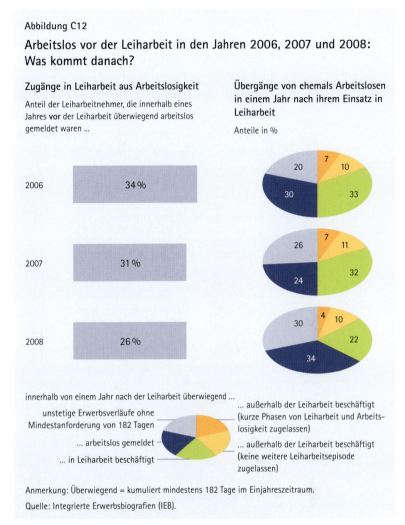

Abbildung C12

Arbeitslos vor der Leiharbeit in den Jahren 2006, 2007 und 2008: Was kommt danach?

Zugänge in Leiharbeit aus Arbeitslosigkeit

Anteil der Leiharbeitnehmer, die innerhalb eines Jahres **vor** der Leiharbeit überwiegend arbeitslos gemeldet waren ...

2006 34 %

2007 31 %

2008 26 %

Übergänge von ehemals Arbeitslosen in einem Jahr nach ihrem Einsatz in Leiharbeit

Anteile in %

innerhalb von einem Jahr nach der Leiharbeit überwiegend ...

unstetige Erwerbsverläufe ohne Mindestanforderung von 182 Tagen

... arbeitslos gemeldet

... in Leiharbeit beschäftigt

... außerhalb der Leiharbeit beschäftigt (kurze Phasen von Leiharbeit und Arbeitslosigkeit zugelassen)

... außerhalb der Leiharbeit beschäftigt (keine weitere Leiharbeitsepisode zugelassen)

Anmerkung: Überwiegend = kumuliert mindestens 182 Tage im Einjahreszeitraum.
Quelle: Integrierte Erwerbsbiografien (IEB).

beitseinsatz im Jahr 2006 sowie 2007 fallen in eine günstigere Phase der wirtschaftlichen Entwicklung. Im Gegensatz dazu sinkt mit dem Konjunktureinbruch die Zahl der benötigten Leiharbeitnehmer. In der Folge verschlechtern sich die Chancen auf eine Beschäftigung außerhalb der Zeitarbeit ebenso wie die Chancen auf Verbleib in der Zeitarbeit selbst. In den Jahren 2006 und 2007, die einen konjunkturellen Aufschwung markieren, verblieb rund ein Drittel in der Leiharbeit. Dies ist ein Hinweis, dass es „Leiharbeitskarrieren" gibt, die sich verstetigen können. Zudem zeigen die Ergebnisse für 2008, dass mit einbrechender Konjunktur vermehrt unstetige Erwerbsbiografien entstehen. So wiesen im Jahr 2008 30 Prozent der vormaligen Leiharbeitnehmer im Anschluss so unstetige Phasen auf, dass sie keiner der drei Hauptgruppen zugeordnet werden konnten.

Insgesamt zeigt sich: Übergänge in eine Beschäftigung außerhalb der Zeitarbeitsbranche finden nur begrenzt statt. Allerdings ist Leiharbeit im Vergleich zu Arbeitslosigkeit immer noch die bessere Alternative. Denn auch Zeitarbeit ist eine reguläre sozialversicherungspflichtige Beschäftigung. Zudem verbessert Leiharbeit tendenziell die Chancen auf eine spätere Beschäftigung außerhalb der Branche (Lehmer/Ziegler 2010).

Anhang zu den Datengrundlagen

Datenbasis für die Entwicklung der befristeten Arbeitsverträge

Als Datenbasis für die Erfassung befristeter Verträge wird das IAB-Betriebspanel herangezogen. Das IAB-Betriebspanel ist eine repräsentative Befragung von rund 16.000 Betrieben aller Betriebsgrößen und Wirtschaftszweige. Grundgesamtheit sind Betriebe mit mindestens einem sozialversicherungspflichtig Beschäftigten. Die Befragung existiert seit 1993 in den alten und seit 1996 in den neuen Bundesländern und wird jährlich durchgeführt. Das IAB-Betriebspanel stellt als umfassender Längsschnittdatensatz die Grundlage für die Erforschung der Nachfrageseite des Arbeitsmarktes dar. In persönlich-mündlichen Interviews werden u. a. Informationen zur Beschäftigungsstruktur und -entwicklung erhoben. Die Anzahl befristeter Arbeitsverträge bezieht sich jeweils auf den 30. Juni des Befragungsjahres. Befristete Einstellungen, Übernahmen und Verlängerungen beziehen sich jeweils auf das erste Halbjahr des Befragungsjahres.

Datenbasis für die Entwicklung in der Zeitarbeitsbranche

Für die Entwicklung des Leiharbeitnehmerbestandes wird zum einen die Arbeitnehmerüberlassungsstatistik (ANÜSTAT) als Datengrundlage herangezogen. Alle Betriebe mit einer Erlaubnis zur Arbeitnehmerüberlassung – also auch diejenigen, deren Betriebszweck nicht ausschließlich oder überwiegend der Arbeitnehmerüberlassung gilt – sind gemäß § 8 Arbeitnehmerüberlassungsgesetz verpflichtet, zweimal jährlich mittels zweier Vordrucke den Regionaldirektionen der Bundesagentur für Arbeit (BA) statistische Meldungen über Leiharbeitnehmer zu erstatten. Berichtszeitraum ist vom 1. Januar bis 30. Juni bzw. vom 1. Juli bis 31. Dezember eines Jahres. Das Stammpersonal der Verleihfirmen, beispielsweise deren Personaldisponenten, ist in diesen Statistiken nicht enthalten. Damit spiegelt die ANÜSTAT das tatsächliche Beschäftigungsvolumen der Leiharbeit wider (Bundesagentur für Arbeit 2009).

Die Informationen aus der ANÜSTAT liegen mit einer Zeitverzögerung von circa sechs bis acht Monaten vor. Um trotzdem den Zeithorizont so aktuell wie möglich zu halten, werden bei der Darstellung der Entwicklung zusätzlich (vorläufige) Daten mit einer Wartezeit von zwei Monaten, die auf sechs Monate hochgerechnet werden, herangezogen. Diese Daten stammen aus dem Analytikreport der Statistik der BA (Bundesagentur für Arbeit 2010) und basieren auf dem Meldeverfahren zur Sozialversicherung. In dieser Datenquelle werden alle sozialversicherungspflichtig Beschäftigten (Arbeiter, Angestellte und Auszubildende) über den Wirtschaftszweig des Arbeitgebers (Wirtschaftszweigklassifikation WZ03 74502) identifiziert. Somit sind hier also auch die Stammarbeitskräfte beim Verleiher enthalten, die Mischbetriebe – die eigentlich einen anderen Hauptzweck verfolgen – dagegen nicht. Die Abweichungen in Abbildung C10 beruhen auf dieser unterschiedlichen Erhebung: Im

Vergleich zur ANÜSTAT kommt es also sowohl zu einer Unter- als auch Übererfassung.

Die ANÜSTAT unterscheidet danach, ob jemand unmittelbar vorher bereits bei einer anderen Zeitarbeitsagentur oder auch anderweitig, also außerhalb der Branche beschäftigt war. Außerdem differenziert sie für die direkt vorher Nicht-Beschäftigten, ob die letzte Beschäftigung länger als ein Jahr oder bis zu einem Jahr zurückliegt oder ob die betreffende Person noch nie beschäftigt war. Informationen über den Erwerbsstatus von Personen nach ihrer Leiharbeitstätigkeit sind in der ANÜSTAT nicht enthalten.

Zudem schränken zwei statistische Gründe die Aussagefähigkeit der Daten ein: Zum einen fallen in der ANÜSTAT all jene, die schon vorher bei derselben Zeitarbeitsagentur beschäftigt waren, aufgrund der Erhebungsmethodik aus der Statistik heraus. Das heißt, Personen mit mehreren Beschäftigungsverhältnissen bei ein und derselben Zeitarbeitsagentur werden nicht erfasst. Zum anderen wird nur der Status unmittelbar vor Aufnahme des Leiharbeitsverhältnisses abgefragt. Der Status, den ein Leiharbeitnehmer quasi am Tag vor Eintritt in eine Leiharbeitsbeschäftigung inne hatte, spiegelt mitunter nicht wider, welchen Status die jeweilige Person über einen längeren Zeitraum vor Eintritt in die Zeitarbeitsagentur inne hatte. Somit gilt hier beispielsweise eine Person, die über Jahre hinweg beschäftigt war und vor dem Eintritt in die Leiharbeit nur eine Lücke von wenigen Tagen aufweist, als „bis zu einem Jahr nicht beschäftigt". Dagegen wird ein Langzeitarbeitsloser, der nur für wenige Tage direkt vorher beschäftigt war, als „unmittelbar vorher beschäftigt" ausgewiesen. Auswertungen mittels der ANÜSTAT können daher keine belastbare Antwort auf die Frage geben, inwieweit die bisherige Erwerbsbiografie eine Rolle spielt, und ob vormals Arbeitslose einen nachhaltigen Sprung in den Arbeitsmarkt schaffen.

Datenbasis für die Analyse der Übergänge und methodische Erläuterungen

Die deskriptive Darstellung der Übergänge beruht auf den Daten der Integrierten Erwerbsbiografien (IEB) des IAB in der Version 09.00.00. Bei den Übergängen werden alle sozialversicherungspflichtig Beschäftigten ohne besondere Merkmale, die in den Jahren 2006, 2007 und 2008 jeweils mindestens ein Beschäftigungsverhältnis bei einem Arbeitnehmerüberlassungsbetrieb hatten, betrachtet. Ausgehend von der jeweils ersten Leiharbeitsbeschäftigung im entsprechenden Jahr untersuchen wir für jede Person den Beschäftigungsstatus in den Zeiträumen ein Jahr vor Beginn und nach Ende der Leiharbeitsbeschäftigung.

Dabei wird grundsätzlich eine Einteilung in zwölf Gruppen getroffen, um zwischen Phasen von Nicht-Leiharbeitsverhältnissen, Leiharbeitsbeschäftigung und Arbeitslosigkeit sowie sich daraus ergebenden Kombinationen differenzieren zu können. Um die Darstellung zu erleichtern, werden die zwölf Subgruppen zu drei Hauptgruppen (Leiharbeitsbeschäftigung, Nicht-Leiharbeitsbeschäftigung und Arbeitslosigkeit) und einer „Restgruppe" verdichtet. Ausschlaggebend für die Zuordnung zu einer dieser Hauptgruppen ist der überwiegende Status, d.h. ob für eine Person eine entsprechende Meldung für mindestens 182 Tage vorliegt. Dabei kann es sich auch um mehrere Beschäftigungsverhältnisse handeln, entscheidend ist hier die kumulierte Dauer. Auf die „Restgruppe" entfallen alle Personen, die die Mindestanforderung von 182 Tagen für keine Hauptkategorie erfüllen. Da die Erwerbsverläufe von Leiharbeitnehmern generell sehr unstetig sind, ist diese „Restgruppe" relativ groß. Darin enthalten sind auch Auszubildende sowie diejenigen Personen, für die keine, sehr kurze oder unplausible Meldungen vorliegen.

4 Übergänge aus Arbeitslosigkeit in Beschäftigung

Die Beteiligung am Erwerbsleben ist nicht nur eine zentrale Voraussetzung für die materielle Sicherung des Lebensunterhalts, sondern auch für die soziale Einbindung und die gesellschaftliche Statuszuweisung der Betroffenen und der von ihnen abhängigen Familienmitglieder. Arbeitslosigkeit ist deshalb für viele Betroffene ein kritischer Lebenseinschnitt. Je länger sie andauert, desto schwieriger wird es in der Regel, im Arbeitsmarkt erneut Fuß zu fassen. Die Übergänge von Arbeitslosen in Erwerbsarbeit und ihre Platzierungschancen im Erwerbssystem sind Kernthemen der Arbeitsmarktforschung am IAB. Der folgende Abschnitt präsentiert aktuelle Befunde aus einschlägigen Forschungsarbeiten zu diesem Themenspektrum.

Zu Beginn richtet sich das Augenmerk auf die Wiedereintrittschancen von Arbeitslosen in den Arbeitsmarkt, wobei insbesondere der Einfluss des Bildungsniveaus auf die Erwerbschancen der Betroffenen analysiert wird (Abschnitt 4.1). Zu diesem Zweck werden die Übergänge aus der Arbeitslosigkeit in sozialversicherungspflichtige Beschäftigung analysiert. Die weiteren Abschnitte konzentrieren sich speziell auf Übergänge von Personen mit überwiegend schlechten Arbeitsmarktchancen. Hier stehen Personen im Mittelpunkt, die Leistungen aus der Grundsicherung für Arbeitsuchende nach dem SGB II beziehen (Abschnitt 4.2). In Abschnitt 4.3 wird die Erwerbssituation jener Leistungsempfänger beschrieben, die eine Erwerbstätigkeit aufgenommen und das System der Grundsicherung wieder verlassen haben. Anschließend wird am Beispiel von jüngeren Arbeitslosengeld-II-Empfängern (ALG II) untersucht, welche Faktoren die Wahrscheinlichkeit beeinflussen, eine Beschäftigung aufzunehmen, und welche dazu beitragen, auch den Leistungsbezug zu beenden. Wie sich die Qualität von Beschäftigungsverhältnissen nach einer Phase des Leistungsbezugs verändern kann, ist Gegenstand des Abschnitts 4.4. Dazu werden Beschäftigungsverhältnisse, die ALG-II-Empfänger vor der Hilfebedürftigkeit inne hatten, mit jenen verglichen, die sie nach Beginn des Leistungsbezugs aufgenommen haben. Abschließend werden Bezieher von Arbeitslosengeld II betrachtet, die Grundsicherungsleistungen mit Erwerbseinkommen kombinieren (Aufstocker) (Abschnitt 4.5). Insbesondere wird dargestellt, wie sich der Umfang der Arbeitszeit und des Leistungsbezugs im Jahresabstand verändern.

Je nach Fragestellung werden sowohl Registerdaten der Bundesagentur für Arbeit als auch Befragungsdaten als Datengrundlage verwendet. Diese Datensätze sind in der Rubrik „Datenkasten" beschrieben.

4.1 Zum Stellenwert von Bildung

Die Arbeitsmarktlage hat sich in Deutschland in den letzten Jahren deutlich verbessert. Dennoch sind nach wie vor viele Menschen auf Jobsuche. Im Jahresdurchschnitt 2011 waren noch rund drei Mio. Personen arbeitslos gemeldet. Berücksichtigt man zusätzlich noch Personen in arbeitsmarktpolitischen Maßnahmen, dann steigt die Zahl auf rund vier Mio.[31] Im Folgenden soll die Frage behandelt werden, welche Faktoren die Chancen, aus Arbeitslosigkeit bzw. aus arbeitsmarktpolitischen Maßnahmen in ungeförderte Beschäftigung zu wechseln, verbessern beziehungsweise mindern. Die Ergebnisse der zugrunde liegenden empirischen Analyse[32] sind in Tabelle C9 zusammengefasst.

Der Einfluss der Bildung auf die individuellen Chancen, die Arbeitslosigkeit zu verlassen, ist bereits in unterschiedlichen Studien über Wirkungen aktiver Arbeitsmarktpolitik untersucht worden (vgl. Bernhard u. a. 2009; Arntz 2007; Albrecht/Van den Berg/Vroman 2005; Kettunen 1997). Deren Ergebnisse sind teilweise widersprüchlich. So kommt Arntz (2007) zum Ergebnis, dass Bildung keinen großen Einfluss auf die Übergangswahrscheinlichkeit hat. Die hier vorgestellten Schätzungen ergänzen bishe-

---

31 Siehe Statistik der Bundesagentur für Arbeit (2011: 52, Definition „Unterbeschäftigung im engeren Sinne").

rige Befunde zum Übergang aus *faktischer* Arbeitslosigkeit in ungeförderte Beschäftigung. So ist die niedrigere Arbeitslosigkeit von Hochqualifizierten nicht nur darauf zurückzuführen, dass diese seltener arbeitslos werden, sondern auch darauf, dass sie schneller wieder einen Job finden, wenn sie einmal arbeitslos geworden sind.

Auch Maßnahmen der Bundesagentur für Arbeit (BA) können den Bildungsstand und die Beschäftigungsfähigkeit der Geförderten erhalten und verbessern. Insbesondere in Weiterbildungsmaßnahmen werden explizit berufsfachliche Kenntnisse vermittelt. Auch eine öffentlich geförderte Beschäftigung (Arbeitsbeschaffungsmaßnahmen) kann im Prinzip dazu beitragen, berufliches Know-how zu erhalten. Die hier vorliegenden Ergebnisse zeigen allerdings, dass eine Teilnahme an Arbeitsbeschaffungsmaßnahmen (ABM/SAM) bei Männern die Übergangswahrscheinlichkeit sogar mindert – unabhängig davon, ob der Übergang während oder nach der Teilnahme stattfindet. Bei Frauen ist der negative

---

32 Der Zusammenhang zwischen möglichen Einflussfaktoren und der Übergangswahrscheinlichkeit aus faktischer Arbeitslosigkeit in ungeförderte Beschäftigung wird mithilfe einer Cox-Verweildaueranalyse untersucht. Bei der Erklärung der Übergangswahrscheinlichkeit spielt die bisher in Arbeitslosigkeit verbrachte Zeit eine wesentliche Rolle. Weitere Variablen sind potenziell ebenfalls von Bedeutung: Beispielsweise können sowohl makroökonomische Variablen (wie die regionale Arbeitslosenquote) als auch individuelle Charakteristika (wie die Schulbildung oder die berufliche Bildung) die Übergangswahrscheinlichkeit beeinflussen. Aufgrund der besseren Übersichtlichkeit wird hier nur auf die potenziellen Einflussgrößen Bildung und die Teilnahme an bestimmten arbeitsmarktpolitischen Maßnahmen näher eingegangen. Datengrundlage sind die Integrierten Erwerbsbiografien (IEB), wobei Personen betrachtet werden, die zwischen Januar 2000 und Dezember 2004 faktisch arbeitslos wurden. Die Erwerbsverläufe der betreffenden Personen können dann bis Ende Dezember 2008 beobachtet werden. Der Grund für die Beschränkung auf Zugänge vor 2005 liegt in der fehlenden Verfügbarkeit von Bildungsinformationen nach dem 01.01.2005.

Tabelle C9

Übergangswahrscheinlichkeiten aus faktischer Arbeitslosigkeit in ungeförderte Beschäftigung

Variable	Hazard Ratios	
	Männer	Frauen
Schulbildung *(Referenzgruppe: kein Schulabschluss)*		
Hauptschule	1,030	0,953
Mittlere Reife	1,089 ***	1,052
Hochschulreife	1,135 ***	1,189 ***
unbekannte Schulbildung	1,610 ***	1,599 **
Berufliche Bildung *(Referenzgruppe: ohne Berufsausbildung)*		
mit Berufsausbildung	1,338 ***	1,227 ***
mit Studium	1,494 ***	1,380 ***
Teilnahme in Maßnahme *(Referenzgruppe: keine Maßnahme)*		
ABM/SAM	0,081 ***	0,095 ***
Förderung der beruflichen Weiterbildung ≥ 6 Monate	0,178 ***	0,185 ***
Förderung der beruflichen Weiterbildung < 6 Monate	0,632 ***	0,872
Trainingsmaßnahmen	1,621 ***	1,469 ***
Eingliederungszuschuss	10,570 ***	14,870 ***
sonstige Maßnahme	0,275 ***	0,400 ***
Maßnahme abgeschlossen, aber weiterhin faktisch arbeitslos *(Referenzgruppe: keine abgeschlossene Maßnahme)*		
abgeschlossene ABM/SAM	0,885 *	0,965
abgeschlossene Förderung der beruflichen Weiterbildung ≥ 6 Monate	1,783 ***	1,610 ***
abgeschlossene Förderung der beruflichen Weiterbildung < 6 Monate	1,553 ***	1,402 ***
abgeschlossene Trainingsmaßnahmen	1,381 ***	1,352 ***
abgeschlossener Eingliederungszuschuss	1,667 ***	1,519 **
abgeschlossene sonstige Maßnahme	1,156 ***	1,096
Anzahl Beobachtungen	129.950	70.652
Cox-Snell Residuen	0,5929	0,5613

ABM/SAM: Arbeitsbeschaffungsmaßnahmen/Strukturanpassungsmaßnahmen

Hinweis: ***; **; * bezeichnen statistische Signifikanz auf einem Niveau von 1 %; 5 %; 10 %.

Interpretationshilfe: Die ausgewiesenen Werte sind sogenannte „Hazard Ratios". Sie werden interpretiert als das Verhältnis der Wahrscheinlichkeit eines Überganges, wenn die Variable den Wert $x+1$ annimmt, gegenüber der Wahrscheinlichkeit eines Überganges, wenn die Variable den Wert x annimmt. Dabei nehmen alle anderen Variablen einen durchschnittlichen Wert an. Bei einer Variable mit nur zwei Ausprägungen ist es das Verhältnis der Übergangswahrscheinlichkeiten für die beiden möglichen Kategorien (z. B. „Schulbildung" relativ zu „keine Schulbildung"). Ein Wert über Eins gibt eine höhere Übergangswahrscheinlichkeit als in der Referenzgruppe an (und somit ein schnelleres Verlassen der faktischen Arbeitslosigkeit), ein Wert unter Eins ein entsprechend schlechteres Abschneiden. So wechseln Männer, die ein Studium abgeschlossen haben, mit einer 49,4 Prozent höheren Wahrscheinlichkeit aus Arbeitslosigkeit in ungeförderte Beschäftigung als Männer ohne Berufsausbildung. Ob ein Hazard Ratio statistisch belastbar ist, wird durch das Signifikanzniveau angezeigt.

Quelle: IEB; eigene Berechnungen.

Effekt nur während der Teilnahme festzustellen. Damit sind die Beschäftigungschancen der Teilnehmer sogar schlechter als bei denjenigen, die nicht an einer solchen Maßnahme teilnehmen.[33]

Auch für Teilnehmer an Maßnahmen, die der Förderung der beruflichen Weiterbildung dienen, sind die Chancen auf Arbeitsaufnahme *während* der Maßnahme schlechter. Dies könnte auch daran liegen, dass die Teilnehmer dann weniger Zeit und Interesse haben, eine Arbeitsstelle zu suchen, als Menschen, die keine Maßnahme absolvieren (sogenannter „Einbindungseffekt"). Im Unterschied zu ABM/SAM kehrt sich aber der Effekt *nach* Abschluss der Maßnahme um: Die Chancen der *ehemaligen* Teilnehmer, eine ungeförderte Beschäftigung aufzunehmen, sind tendenziell besser als bei Personen, die keine solche berufliche Weiterbildung absolviert haben. Ähnliches gilt für die heterogene Kategorie der sonstigen Maßnahmen.

Der starke positive Effekt von Eingliederungszuschüssen (EGZ) ist ein deutliches Indiz dafür, dass viele Nutznießer des EGZ direkt nach der Nachbeschäftigungsfrist[34] in dem Betrieb bleiben, der die geförderten Personen eingestellt hat. Doch selbst wenn sie danach wieder arbeitslos werden (vorletzte Ergebniszeile in Tabelle C9), gehen damit bessere Übergangschancen einher als bei anderen Gruppen.

Insgesamt zeigt die Analyse der Übergangswahrscheinlichkeiten aus Arbeitslosigkeit oder Maß-

nahmenteilnahme in ungeförderte Beschäftigung die hohe Bedeutung der Bildungsausstattung für den Erwerbsverlauf. Sowohl für Frauen als auch für Männer steigt die Chance auf eine Beschäftigungsaufnahme mit deren Qualifikationsniveau. Dies gilt nicht nur für Schul- oder Berufsabschlüsse, die vor Eintritt ins oder am Anfang des Erwerbslebens erworben werden, sondern ebenfalls für den Bildungserwerb durch Maßnahmen im späteren Erwerbsverlauf. Aufgrund unbeobachteter Charakteristika kann das Ergebnis sowohl darauf zurückgehen, dass erworbene Qualifikationen im Sinne der Humankapitaltheorie (vgl. Becker 1964) die Arbeitsmarktchancen verbessern, oder aber darauf, dass die im Hinblick auf den Arbeitsmarkterfolg besten Arbeitnehmer sich im Sinne der Signalling Theorie (vgl. Spence 1973) die höchsten Qualifikationen aneignen. Auf der Basis der dargestellten Befunde kann für die meisten arbeitsmarktpolitischen Maßnahmen ein positiver Zusammenhang zwischen Teilnahme und Übergangswahrscheinlichkeit festgestellt werden. Auch wenn die Ergebnisse nicht in einem kausalen Sinne interpretiert werden dürfen, signalisieren sie zumindest die Möglichkeit, dass die untersuchten Maßnahmen positive Effekte gehabt haben könnten. Gerade wegen dieser Unsicherheiten ist es wichtig, die Eingliederungschancen von Maßnahmeteilnehmern kontinuierlich zu evaluieren.

4.2 Die Erwerbssituation von Abgängern aus dem ALG-II-Bezug

Angesichts der hohen Barrieren für den Arbeitsmarkteinstieg von Grundsicherungsbeziehern stellt sich die Frage, in welchem Umfang es diesen gelingt, eine gesicherte Erwerbsposition zu erreichen (vgl. Achatz/Trappmann 2011). Diese Frage soll anhand ausgewählter Indikatoren zur Beschäftigungsqualität nach Verlassen des Leistungsbezugs beantwortet werden. Dabei geht es um Merkmale von atypischen Beschäftigungsverhältnissen (Befristung, Zeitarbeit, reguläre Teilzeit) und um Angaben zum Lohnniveau der ausgeübten Tätigkeit. Als Datengrundlage dienen die ersten drei Wellen der

---

33 Allerdings muss einschränkend hinzugefügt werden, dass eventuell wichtige Einflussfaktoren unberücksichtigt bleiben müssen, weil sie nur für die Vermittler beobachtbar, aber nicht in den Daten enthalten sind. In diesem Fall ist eine kausale Interpretation unzulässig. Allerdings ist diese negative Korrelation auch in Studien, die auf anderen Methoden basieren, nachgewiesen worden (siehe beispielsweise die Zusammenfassung in Bernhard et al. 2009).

34 In der vorliegenden Analyse wird die vorgeschriebene Nachbeschäftigungsfrist beim Eingliederungszuschuss (EGZ) als weitere Zeit in faktischer Arbeitslosigkeit betrachtet.

IAB-Panelerhebung „Arbeitsmarkt und Soziale Sicherung" (PASS). Die Analysestichprobe besteht aus erwerbstätigen Abgängern aus dem ALG-II-Bezug, die mehr als einen Mini-Job ausüben und die nicht im Rahmen einer betrieblichen Ausbildung beschäftigt sind. Davon haben etwa zwei Drittel eine neue Beschäftigung aufgenommen. Ein Drittel hat dieselbe Tätigkeit bereits im Vorjahr ausgeübt und konnte den Leistungsbezug bspw. durch eine höhere Arbeitszeit oder durch ein zusätzliches Einkommen in der Bedarfsgemeinschaft beenden.[35]

4.2.1 Qualität der neuen Arbeitsverhältnisse

Zur Beurteilung der Qualität von Beschäftigungsverhältnissen wird häufig das von Mückenberger (1985) geprägte Konzept des „Normalarbeitsverhältnisses" herangezogen. Wie im einleitenden Abschnitt bereits erläutert, bezeichnet dieses Konzept eine dauerhafte Vollzeitbeschäftigung mit vergleichsweise weitreichenden Schutzrechten. Dieses Erwerbsmodell prägt nach wie vor die gesellschaftlichen Vorstellungen von „guter" und sozial „abgesicherter" Arbeit, wenngleich davon abweichende Beschäftigungsformen wie Teilzeitarbeit zunehmend an Bedeutung gewonnen haben. Zieht man die oben genannten Merkmale atypischer Beschäftigungsverhältnisse als Abgrenzungskriterien heran, so ist in der Wohnbevölkerung immer noch die große Mehrheit der Erwerbstätigen (auf der Grundlage von PASS sind dies 68 %) in einem Normalarbeitsverhältnis beschäftigt. Beschäftigungsformen mit nur geringem Stundenumfang, befristete Verträge oder Tätigkeiten in der Zeitarbeit gelten demgegenüber oft als unsichere Formen der Beschäftigung (Kraemer 2008). Mit Ausnahme von Mini-Jobs sind diese Beschäftigungsformen zwar in die sozialen Sicherungssysteme integriert und sie können Hilfebeziehern mit qualifikationsbedingten Arbeitsmarktnachteilen eine Chance bieten, im Arbeitsmarkt überhaupt Fuß zu fassen. Niedrig Gebil-

deten und beruflich gering Qualifizierten eröffnen diese Jobs jedoch kaum Chancen auf einen kontinuierlichen Erwerbsverlauf (zusammenfassend Lengfeld/Kleiner 2009). Risiken für Teilzeitbeschäftigte entstehen eher durch Sicherungslücken in der Arbeitslosen- und Rentenversicherung.

Im Folgenden sollen die Erwerbseinstiege von Abgängern aus der Grundsicherung systematisch mit den Erwerbseinstiegen in der Wohnbevölkerung verglichen werden. Nach Auswertungen des PASS waren 36 Prozent aller Personen in neuer beruflicher Tätigkeit – also bezogen auf die gesamte Wohnbevölkerung – in den Jahren 2007 und 2008 befristet.[36] Allerdings war ein Viertel davon zum Befragungszeitpunkt (jeweils im darauffolgenden Jahr) bereits entfristet. Bei Personen mit niedriger beruflicher Qualifikation – die überproportional häufig ALG II beziehen – beträgt der Befristungsanteil zunächst 42 Prozent, wovon bis zum Folgejahr nur etwa jeder Sechste entfristet wurde. Unter den Abgängern aus der Grundsicherung lag der Befristungsanteil bei etwa 47 Prozent – wobei jeder Fünfte spätestens im Jahr darauf entfristet wurde. Damit beträgt der Anteil derjenigen, die zunächst in befristeter Beschäftigung verbleiben, bei den Abgängern aus der Grundsicherung rund 36 Prozent, bei den Geringqualifizierten etwa 34 Prozent und bei allen Neueingestellten nur circa 26 Prozent.

Im Vergleich zu einer befristeten Beschäftigung nehmen erwerbstätige Abgänger aus dem Leistungsbezug wesentlich seltener eine Beschäftigung in Zeitarbeit auf. Mit einem Anteil von 9 Prozent ist deren Zeitarbeitsquote geringfügig höher

---

35 Eine nach Abgangsursachen differenzierte Analyse kann hier aufgrund der niedrigen Fallzahlen nicht durchgeführt werden.

36 Anders als beim IAB-Betriebspanel beziehen sich die PASS-Daten nicht auf arbeitsvertragliche Neueinstellungen, sondern auf berufliche Tätigkeitswechsel, die auch beim bisherigen Arbeitgeber stattfinden können. Damit werden z. B. auch innerbetriebliche Tätigkeitswechsel im Rahmen eines unbefristeten Beschäftigungsverhältnisses erfasst. Dies erklärt abweichende Angaben über den Anteil von befristet Beschäftigten in Abschnitt 3.

Tabelle C10

Merkmale der Beschäftigungsverhältnisse von Abgängern aus der Grundsicherung, gewichtete Anteilswerte und Konfidenzintervalle in Prozent

Merkmal (Stichprobe, Fallzahl)	% ja Gesamt	% ja Frauen	% ja Männer	% ja West	% ja Ost
Befristung (abhängig Beschäftigte, n = 604)	36 [24;49]	38 [24;53]	34 [22;49]	28 [20;36]	43 [25;63]
Zeitarbeit (Arbeiter/Angestellte, n = 598)	9 [6;15]	4 [2;12]	13 [7;21]	14 [9;22]	5 [2;11]
Vollzeit ab 35 Std./Woche (alle Erwerbstätigen, n = 672)	77 [71;83]	62*** [48;74]	89*** [81;94]	77 [71;83]	78 [66;86]
Normalarbeitsverhältnis (unbefristet, Vollzeit, keine Zeitarbeit, n = 598)	45 [34;56]	37* [23;53]	51* [39;63]	45 [36;54]	46 [28;65]

*p<=.1, **p<=.05, ***p<=.01.

Die Konfidenzintervalle sind in [ ] ausgewiesen. Sie geben die Bandbreite an, die den unbekannten Wert in der Grundgesamtheit mit einer Wahrscheinlichkeit von 95 % enthält.

Quelle: PASS, zweite und dritte Welle; eigene Berechnungen.

als die aller Arbeitnehmer, die 2007 und 2008 eine neue Beschäftigung begonnen haben (7 %). Allerdings zeigen Koller und Rudolph (2011) mit administrativen Daten auch, dass Leistungsempfänger im Jahr 2008 zwar überproportional häufig eine sozialversicherungspflichtige Beschäftigung in der Zeitarbeit aufgenommen haben. Jedoch erzielt nicht einmal jeder Zweite damit auch ein Einkommen, das über der Bedürftigkeitsschwelle liegt.

Personen, die den Leistungsbezug über den Arbeitsmarkt beenden, sind in der großen Mehrheit der Fälle (77 %) in Vollzeit mit mindestens 35 Wochenstunden beschäftigt. Bei den Teilzeitbeschäftigten geht ein großer Anteil einer Tätigkeit im Umfang von 30 bis 34 Wochenstunden nach. Hingegen reicht die Aufnahme einer Teilzeitbeschäftigung mit geringerer Stundenzahl oder einer geringfügigen Beschäftigung in der Regel nicht aus, um daraus den Lebensunterhalt zu bestreiten, sodass die betreffenden Personen vielfach weiterhin aufstockendes ALG II erhalten (u. a. Dietz et al. 2009).

Zudem zeigt die Analyse, dass etwas weniger als die Hälfte (45 %) der Abgänger aus der Grundsicherung in ein Normalarbeitsverhältnis im eingangs definierten Sinne einmündet (vgl. Tabelle C10).[37] Doch auch in der Wohnbevölkerung insgesamt trifft dies nur auf 49 Prozent derjenigen Beschäftigten zu, die ihre Tätigkeit erst im Vorjahr aufgenommen hatten. Die unsicheren Beschäftigungsperspektiven von ehemaligen Leistungsbeziehern sind somit auch der zunehmenden Verbreitung von atypischen Beschäftigungen insgesamt geschuldet (vgl. Abschnitt 3 zu Befristung und Zeitarbeit). Im Hinblick auf die Chancen der Abgänger, in ein Normalarbeitsverhältnis einzumünden, bestehen kaum Unterschiede zwischen Ost- und Westdeutschland. Der Anteil derjenigen, die zunächst in der Leiharbeit eine Beschäftigung finden, ist in Ostdeutschland niedriger als in Westdeutschland. Bei den Befristungen verhält es sich umgekehrt. Letzteres ist möglicherweise auf die stärkere Verbreitung von geförderten Beschäftigungsverhältnissen in den neuen Bundesländern zurückzuführen. Allerdings sind die Unterschiede in dieser Analyse nicht statistisch signifikant.

Im Geschlechtervergleich ist festzustellen, dass Männer eher ein Normalarbeitsverhältnis erreichen als Frauen, da diese signifikant häufiger eine Teilzeitbeschäftigung ausüben. Wie in der Gesamtbevölkerung wählen insbesondere Mütter diese Erwerbsform, um neben der Erwerbstätigkeit Zeit für die Kindererziehung zu haben. Wie Studien zu gleichstellungspolitischen Implikationen des SGB II gezeigt haben, werden solche geschlechtstypischen Erwerbsarrangements in der Praxis der Grundsicherungsträger eher noch stabilisiert als aufgeweicht (Jaehrling 2010; Worthmann 2010).

---

37 Die hier berichteten Ergebnisse aus den ersten drei Befragungswellen von PASS beruhen noch auf begrenzten Fallzahlen. Mit den nachfolgenden Erhebungswellen werden die Ergebnisse nochmals repliziert, um die Genauigkeit der Aussagen zu erhöhen. Dies legt auch die durchweg hohe Spannbreite der Konfidenzintervalle nahe.

4.2.2 Löhne nach Wiedereinstieg

Die Qualität von Beschäftigungsverhältnissen bemisst sich nicht zuletzt am Lohn, der damit erzielt werden kann.

Ein beträchtlicher Teil der Personen, die den Grundsicherungsbezug durch Erwerbstätigkeit beenden, arbeitet zu sehr geringen Bruttolöhnen: Etwa ein Drittel verdient weniger als 7,50 Euro pro Stunde. Der Medianlohn der Abgänger – also der Lohn, unter und über dem jeweils die Hälfte der Abgänger liegt – beträgt in Ostdeutschland 7,84 Euro und in Westdeutschland 8,74 Euro. Vergleicht man diese Werte mit der Niedriglohnschwelle (nach OECD-Definition zwei Drittel des Medianlohns der Bevölkerung), wird nochmals deutlich, dass die neuen Arbeitsverhältnisse überwiegend im Niedriglohnsektor angesiedelt sind.[38] Die Löhne von Frauen und Männern wie auch die Löhne in Normalarbeits-

verhältnissen und davon abweichenden Beschäftigungsformen unterscheiden sich kaum.[39] Besonders geringe Löhne erzielen allerdings die unter 25-Jährigen, deren Medianlohn um 6,90 Euro liegt.

Die Aufnahme einer Beschäftigung, die die Abhängigkeit von staatlichen Transferzahlungen beendet, kann einen positiven Wendepunkt im Leben der Betroffenen markieren. Gleichzeitig gewinnt man aus der kurzen Skizze der Erwerbssituation von Abgängern aus dem Grundsicherungsbezug den Eindruck, dass die Ausstiegsprozesse oft mit großen Unsicherheiten behaftet sind. Nicht einmal jeder Zweite, der den Bezug über eine sozialversicherungspflichtige Erwerbstätigkeit verlässt, ist im darauffolgenden Jahr in einem Normalarbeitsverhältnis beschäftigt. Auch die geringen Löhne spiegeln den schwierigen Stand der ehemaligen Grundsicherungsempfänger auf dem

Tabelle C11

Stundenlohn (gruppiert) von Abgängern aus dem ALG–II–Bezug, ohne Auszubildende (n = 568)

	% Gesamt	% West	% Ost	% Frauen	% Männer	% Nav	% Kein Nav
Unter 5 Euro	11 [6;17]	7 [4;13]	12 [5;26]	10 [3;31]	11 [6;20]	12 [4;30]	7 [3;15]
5 bis unter 7,50 Euro	24 [18;32]	19 [12;27]	29 [19;42]	28 [21;37]	21 [14;31]	29 [19;40]	23 [13;37]
7,50 bis unter 10 Euro	39 [28;51]	44 [35;53]	35 [18;58]	33 [19;51]	43 [32;56]	38 [25;54]	44 [28;62]
10 bis unter 12,50 Euro	13 [9;20]	15 [10;21]	12 [6;25]	18 [9;33]	10 [6;16]	12 [6;21]	11 [7;18]
12,50 bis unter 15 Euro	6 [3;10]	7 [4;12]	4 [1;12]	5 [2;10]	6 [3;12]	3 [1;5]	8 [4;17]
15 Euro und mehr	7 [4;14]	8 [5;12]	7 [2;22]	6 [3;14]	8 [3;20]	7 [2;26]	6 [3;10]
Median (in Euro)	8,45	8,75	7,84	8,54	8,28	8,05	8,62

Nav = Normalarbeitsverhältnis; Konfidenzintervalle sind in [ ] ausgewiesen.

Quelle: PASS, zweite und dritte Welle; eigene Berechnungen.

---

38 Nach eigenen Berechnungen mit PASS liegt die Niedriglohnschwelle 2008/2009 bei einem Stundenlohn von 9,86 € im Westen und 7,50 € im Osten. Kalina und Weinkopf (2009) kommen auf Basis des SOEP für 2008 zu etwas geringeren Niedriglohnschwellen von 9,50 € (West) und 6,87 € (Ost). Sie zählen dabei allerdings auch Mini-Jobber mit, die in dieser Analyse nicht enthalten sind.

39 Hier werden nur Personen betrachtet, die die Grundsicherung verlassen haben. Da Teilzeitstellen mit geringen Stundenlöhnen in der Regel hierzu nicht ausreichen, sind in der betrachteten Gruppe relativ gut bezahlte Teilzeitstellen überproportional enthalten. Das kann eine Ursache dafür sein, dass nur geringe Unterschiede zwischen unbefristeten Vollzeitarbeitsverhältnissen und allen anderen Arbeitsverhältnissen bestehen.

Arbeitsmarkt wider. Für eine umfassende Beurteilung der Qualität der Beschäftigung bedarf es allerdings ergänzender Analysen zur subjektiven Bewertung der Erwerbssituation durch die Betroffenen selbst.

4.3 Wege von jungen Erwachsenen aus dem Arbeitslosengeld-II-Bezug

Der Abschluss einer Berufsausbildung und der Erwerbseinstieg sind für junge Erwachsene wichtige Schritte in die finanzielle und soziale Eigenständigkeit. Verzögert sich die Eingliederung, so besteht die Gefahr, dass sich die jungen Menschen ganz vom Arbeitsmarkt zurückziehen und sich in der Mindestsicherung einrichten. Junge Arbeitslosengeld-II-Bezieher stehen deshalb oft im Mittelpunkt arbeitsmarktpolitischer Integrationsbemühungen. Es gilt, die Ausbildungs- und Erwerbsintegration zu beschleunigen und den Leistungsbezug so kurz wie möglich zu halten. Doch inwieweit führt eine Beschäftigung oder eine betriebliche Ausbildung tatsächlich auch aus dem Leistungsbezug heraus? Um eine Antwort auf diese Frage zu geben, sollen im Folgenden die Abgangschancen junger Erwachsener aus dem ALG-II-Bezug analysiert werden. Dabei wird eine Zugangsstichprobe von 1.171 jungen Erwachsenen zwischen 18 und 29 Jahren betrachtet, deren ALG-II-Bezug im Januar 2005 begonnen hat und die im Vormonat weder Arbeits-

losen- noch Sozialhilfe erhalten haben. Datenbasis ist eine Verknüpfung der Befragung „Lebenssituation und soziale Sicherung 2005 (LSS 2005)" (Meßmann et al. 2008) mit administrativen Daten der BA. In die Analyse gehen alle ALG-II-Episoden von Januar 2005 bis Dezember 2007 ein. Aufgrund von wiederholten Bezugsphasen liegen insgesamt 1.783 Episoden[40] vor.

Nur 19 Prozent der Episoden enden mit der Aufnahme einer betrieblichen Ausbildung oder Beschäftigung (vgl. Tabelle C12). In der hier betrachteten Altersgruppe der 18- bis 29-Jährigen kommt es in der Hälfte aller Fälle zu Veränderungen in der Bedarfsgemeinschaft – wie Wiederbeschäftigung der Eltern oder des Partners –, die zum Ende des Leistungsbezugs führen. Weitere 30 Prozent der ALG-II-Bezugsepisoden dauerten zum Ende des Beobachtungszeitraumes im Dezember 2007 noch an.

Ob der Beginn einer Beschäftigung oder Ausbildung den ALG-II-Bezug tatsächlich beendet, hängt von der Art der Beschäftigung oder betrieblichen Ausbildung ab (Schels 2012; siehe auch Schels 2009). Ein arbeits- bzw. ausbildungsmarktvermittelter Abgang der jungen Erwachsenen aus dem ALG-II-Bezug gelingt in den meisten Fällen über die Aufnahme einer sozialversicherungspflichtigen Beschäftigung (70 %). Zusätzliche 18 Prozent der Abgänger beginnen eine geringfügige Tätigkeit, weitere 12 Prozent eine betriebliche Ausbildung.

Der ALG-II-Bezug von jungen Erwachsenen kann also entweder beendet werden, indem diese eine Beschäftigung oder betriebliche Ausbildung aufnehmen und damit ein existenzsicherndes Einkommen für die Bedarfsgemeinschaft erzielen (1) oder weil sie aus anderen Gründen nicht mehr auf diese Leistungen angewiesen sind (2). Im Folgenden soll der Frage nachgegangen werden, welche Faktoren die Wahr-

Tabelle C12

Abgänge aus dem Arbeitslosengeld-II-Bezug, 2005 bis 2007, 18- bis 29-jährige Arbeitslosengeld-II-Bezieher (Anteile in Prozent)

	Gesamt
Abgang durch Integration in eine Erwerbstätigkeit oder betriebliche Ausbildung	19,4
Abgang aus anderen Gründen	50,2
kein Abgang, Episoden dauerten Ende 2007 an	30,4
Gesamt	100,0

Quelle: Eigene Berechnungen und Darstellung (LSS 2005, IEB, LHG, BEH; Eintrittskohorte Januar 2005 in Arbeitslosengeld-II-Bezug), gewichtete Angaben, n = 1.783 ALG-II-Episoden im Beobachtungszeitraum.

---

40 Der Begriff ALG-II-Episode entspricht einer einzelnen durchgängigen Bezugsphase von ALG II.

scheinlichkeit[41] erhöhen oder senken, dass einer dieser beiden Gründe eintritt. Betrachtet werden unter anderem die Qualifikationen der jungen Erwachsenen, ihre bisherige Erwerbserfahrung, ihre Haushaltskonstellation und ihr Geschlecht. Zudem wird überprüft, ob die Übergangswahrscheinlichkeiten der jungen ALG-II-Empfänger von Januar 2005 bei wiederholtem Transferbezug zurückgehen. Zu diesem Zweck wird sowohl wiederholter ALG-II-Bezug berücksichtigt als auch dafür kontrolliert, ob sie bereits einmal langzeitarbeitslos mit Arbeitslosenhilfebezug waren oder noch 2004 Sozialhilfe erhalten haben. Tabelle C13 beinhaltet die Ergebnisse der Schätzung.

Es sind vor allem die Qualifikation der jungen ALG-II-Bezieher, ihre Erwerbserfahrung und ihre familiäre Situation, die einen starken Einfluss darauf haben, ob der Leistungsbezug durch eine betriebliche Ausbildung beziehungsweise durch Erwerbstätigkeit beendet wird (vgl. Tabelle C13). Junge Erwachsene mit Abitur und/oder einer abgeschlossenen Berufsausbildung können den ALG-II-Bezug mit höherer Wahrscheinlichkeit über den Arbeitsmarkt verlassen als Gleichaltrige ohne Abschlüsse. Sie verfügen zudem auch über bessere Abgangschancen aus dem Leistungsbezug aus anderen Gründen. Längerer Bezug von ALG II dürfte den eingeschränkten Möglichkeiten von Geringqualifizierten am Arbeitsmarkt geschuldet sein, die zudem auch in der Bedarfsgemeinschaft kaum über finanzielle Ressourcen verfügen.

Jungen Erwachsenen mit Partner und Kindern sowie Alleinerziehenden gelingt es seltener als Alleinlebenden, den ALG-II-Bezug durch eine Beschäftigung oder Ausbildung oder auch aus anderen Gründen zu beenden. Junge Familien im Grundsicherungsbezug haben also offensichtlich Probleme, ein existenzsicherndes Einkommen für die gesamte Bedarfsgemeinschaft zu erzielen. Zudem zeigt sich, dass sowohl junge Männer als auch Frauen mit Part-

---

Tabelle C13

Einflussfaktoren für die Abgangswahrscheinlichkeiten 18- bis 29-Jähriger aus dem ALG-II-Bezug (zeitdiskretes Hazardratenmodell mit abhängigen konkurrierenden Zielzuständen)

	Abgang aus dem ALG II	
	... durch Beschäftigung oder betriebliche Ausbildung (1)	... aus anderen Gründen (2)
Schulbildung *(Ref.: max. Hauptschulabschluss)*		
Mittlere Reife	0,170	0,212 *
Abitur	0,728 **	0,611 ***
Berufsausbildung *(Ref.: ohne Abschluss)*	0,847 ***	0,009
Erwerbsbiografie		
Erwerbsepisoden	0,439 ***	0,055 +
(Erwerbsepisoden)²	−0,015 ***	−0,001
Arbeitslosigkeitsepisoden	−0,107	0,011
(Arbeitslosigkeitsepisoden)²	0,002	−0,006
Haushaltssituation *(Ref.: alleinlebend)*		
mit Partner	−0,039	−0,052
Alleinerziehend	−1,164 **	−0,949 ***
mit Partner und Kind(ern)	−0,488 +	−0,340 +
mit Eltern	−0,014	−0,227
Geschlecht *(Ref.: männlich)*	0,100	0,042
Interaktionseffekte		
Frau x mit Partner	−0,235	0,146
Frau x mit Partner und Kind(ern)	−0,737 +	0,242
Frau x mit Eltern	−0,381	−0,268
Sozialhilfebezug 2004 *(Ref.: nein)*	0,275	0,262 +
Arbeitslosenhilfebezug vor 2005 *(Ref.: nein)*	−0,477 +	0,105
Zahl der bisherigen ALG-II-Episoden	0,040	0,068
Sohi-Bezug 2004 x Zahl der ALG-II-Episoden	−0,447 +	0,092
Alhi-Bezug vor 2005 x Zahl der ALG-II-Episoden	0,199	0,013
Personen/Episoden/Personenmonate	1.171/1.783/28.428	
Ereignisse	355	880
Pseudo R²	0,091	

Ref = Referenzkategorie, Sohi = Sozialhilfe; Alhi = Arbeitslosenhilfe; ALG II = Arbeitslosengeld II
Hinweis: ***; **; *; + bezeichnen statistische Signifikanz auf einem Niveau von 0,1 %; 1 %; 5 %; 10 %.

Interpretationshilfe: Das Vorzeichen eines Koeffizienten[#] zeigt an, ob die jungen Erwachsenen eine verzögerte oder beschleunigte Übergangsneigung im Vergleich zur Referenzkategorie haben. Zum Beispiel zeigt ein negativer Koeffizient der Übergangswahrscheinlichkeit von Personen mit Partner und Kind(ern) in den Zielzustand (1) an, dass ihnen im Vergleich zur Referenzgruppe der Alleinlebenden erst nach längerer Zeit ein Abgang aus dem ALG-II-Bezug in Beschäftigung oder betriebliche Ausbildung gelingt. Aus dem positiven Koeffizienten für junge Erwachsene mit Abitur ist dagegen abzulesen, dass sie im Vergleich zu jenen mit maximal Hauptschulabschluss rascher in Beschäftigung oder Ausbildung eintreten, mit dem Risiko des Abgangs in den Leistungsbezug verbleiben.

[#] Im Unterschied zu der Schätzung in Abschnitt 2.1 sind hier Koeffizienten dargestellt, da eine Berechnung von Übergangswahrscheinlichkeiten in Form von Hazard Ratios bei Interaktionseffekten nicht möglich ist.

Quelle: Eigene Berechnungen; eigene Darstellung (LSS 2005, Prozessdaten; Eintrittskohorte Januar 2005 in Arbeitslosengeld-II-Bezug), kontrolliert für Erwerbsstatus im Vormonat, Haushaltsäquivalenzeinkommen, Alter, Migrationshintergrund, regionale Arbeitslosenquote, periodenspezifische Effekte.

---

41 Es wird ein zeitdiskretes Random-Effekt-Übergangsratenmodell für konkurrierende Zielzustände geschätzt (für Details siehe Schels 2012).

ner und Kindern signifikant seltener als Alleinstehende den ALG-II-Bezug verlassen, indem sie eine Ausbildung oder Beschäftigung aufnehmen. Vor allem jungen Müttern gelingt kaum ein arbeits- oder ausbildungsmarktvermittelter Übergang aus dem ALG-II-Bezug, ihre relativen Übergangschancen entsprechen etwa den Übergangschancen von Alleinerziehenden.

Mittelfristig finden sich im Beobachtungszeitraum von drei Jahren keine deutlichen Hinweise, dass sich die jungen Leistungsempfänger im wiederholten ALG-II-Bezug vom Arbeits- oder Ausbildungsmarkt zurückziehen. Erst längerfristige Erfahrungen im Transferbezug, die hier vor dem Beobachtungszeitraum liegen, prägen die Übergangschancen in eine Ausbildung oder existenzsichernde Beschäftigung. So sind die Erwerbschancen für die 18- bis 29-Jährigen schon zu Beginn des Beobachtungszeitraums deutlich geringer, wenn sie bereits einmal langzeitarbeitslos und daher im Bezug von Arbeitslosenhilfe waren. Zum anderen beenden die jungen Grundsicherungsempfänger, die den Lebensunterhalt auch schon 2004 aus Sozialhilfe bestritten haben, einen wiederholten ALG-II-Bezug zunehmend langsamer durch Aufnahme einer Beschäftigung oder betrieblichen Ausbildung.

4.4 Qualität der Beschäftigung vor und nach dem ALG-II-Bezug

ALG-II-Empfänger sind gesetzlich verpflichtet, jede Art von Arbeit anzunehmen – auch wenn sie deutlich schlechter bezahlt ist als die vorangegangene. Zudem gibt es seit der gesetzlichen Neuregelung in 2005 keinerlei Berufs- und Qualifikationsschutz mehr. Dies wirft die Frage auf, ob sich die Qualität der Beschäftigungsverhältnisse nach Leistungsbeginn im Vergleich zur vorherigen Beschäftigung zumindest tendenziell verschlechtert hat. Um dies zu beantworten, wird im Folgenden anhand von administrativen Daten der BA untersucht, inwieweit sich Arbeitszeiten und Löhne der Betroffenen nach einem Leistungsbezug verändert haben. Von den ALG-II-Empfängern, die zwischen Februar und Dezember 2005 Leistungen

bezogen haben (insgesamt 1,8 Mio.), werden diejenigen betrachtet, die sowohl vor als auch nach Beginn des Leistungsbezugs sozialversicherungspflichtig oder geringfügig beschäftigt waren – unabhängig davon, ob sie zusätzlich zu ihrem Erwerbseinkommen weiterhin Leistungen aus dem SGB II erhalten haben oder nicht.[42]

Vor Beginn des Leistungsbezugs waren in Westdeutschland 61 Prozent der betrachteten Personen vollzeitbeschäftigt, rund 13 Prozent hatten eine Teilzeitbeschäftigung und ein gutes Viertel war geringfügig beschäftigt. Nach Beginn des Leistungsbezugs waren nur mehr 52 Prozent vollzeitbeschäftigt und über ein Drittel geringfügig tätig (Tabelle C14). Ein ähnliches Bild zeigt sich in Ostdeutschland, allerdings mit einem geringeren Anteil an Vollzeitbeschäftigten vor Leistungsbeginn.

Betrachtet man die individuellen Übergänge, so zeigt sich, dass von denjenigen, die vor dem ALG-II-Bezug zuletzt vollzeitbeschäftigt waren, in Westdeutschland 64 Prozent und in Ostdeutschland nur 61 Prozent wieder eine derartige Beschäftigung aufgenommen haben. Jeweils ein Viertel wechselte in eine geringfügige Beschäftigung. Es ist zu vermuten, dass Personen, die vollzeitbeschäftigt waren, wieder eine derartige Beschäftigung anstreben, um ihren Lebensstandard zu halten, sofern keine anderen Gründe wie z. B. Betreuungspflichten, dagegen sprechen. Aus dieser Perspektive betrachtet, musste über ein Drittel der Leistungsbezieher eine Statusverschlechterung hinnehmen. Umgekehrt konnte in West- und Ostdeutschland über ein Drittel der vorher Teilzeit- oder geringfügig Beschäftigten nach dem Leistungsbeginn eine Vollzeitbeschäftigung aufnehmen.

---

42 Personen, die sich in beruflicher Ausbildung befanden oder zwischen Ost- und Westdeutschland gependelt bzw. gewandert sind, werden aus der Analyse ausgeschlossen, weil die individuelle Lohnentwicklung von den unterschiedlichen Lohnniveaus in beiden Landesteilen überlagert sein könnte. Insgesamt können von rund 567.000 Personen Übergänge zwischen der letzten Beschäftigung vor und der ersten Beschäftigung nach dem Leistungsbeginn untersucht werden.

Tabelle C14

Statusmobilität vormaliger ALG-II-Bezieher (Anteile in %)

Beschäftigungsverhältnis vor Beginn des Leistungsbezugs	Beschäftigungsverhältnis nach Beginn des Leistungsbezugs (Anteil in %)					
	Vollzeit-beschäftigt	Teilzeit-beschäftigt	Geringfügig beschäftigt	Insgesamt	Anzahl in Tsd.	Anteil insgesamt
Westdeutschland						
Vollzeitbeschäftigt	63,9	8,6	27,5	100	239	60,7
Teilzeitbeschäftigt	34,3	28,7	37,0	100	52	13,1
Geringfügig beschäftigt	34,7	12,5	52,7	100	103	26,2
Insgesamt	52,4	12,3	35,4	100		100
Anzahl in Tsd.	206	48	139		393	
Ostdeutschland						
Vollzeitbeschäftigt	60,8	11,1	28,0	100	102	58,4
Teilzeitbeschäftigt	36,6	30,7	32,7	100	29	16,7
Geringfügig beschäftigt	37,9	13,7	48,4	100	43	24,9
Insgesamt	51,1	15,0	33,9	100		100
Anzahl in Tsd.	89	26	59		174	
Männer						
Vollzeitbeschäftigt	69,3	6,3	24,4	100	240	70,9
Teilzeitbeschäftigt	50,5	18,4	31,1	100	29	8,6
Geringfügig beschäftigt	49,1	9,1	41,8	100	69	20,5
Insgesamt	63,6	7,9	28,5	100		100
Anzahl in Tsd.	215	27	96		338	
Frauen						
Vollzeitbeschäftigt	47,9	16,6	35,5	100	101	43,9
Teilzeitbeschäftigt	26,4	35,7	37,9	100	51	22,4
Geringfügig beschäftigt	23,6	16,3	60,1	100	77	33,6
Insgesamt	34,9	20,8	44,3	100		100
Anzahl in Tsd.	80	48	102		229	

Quelle: Stichprobe aus den Integrierten Erwerbsbiografien (IEB) auf Basis des Administrativen Panels (AdminP); Auswertung auf Basis der 255 vollständigen Kreise; hochgerechnet auf BA-Eckwert; eigene Berechnungen.

Unterschiede zeigen sich auch zwischen den Geschlechtern: Während Männer sowohl vor Leistungsbeginn als auch bei Wiederbeschäftigung am häufigsten vollzeitbeschäftigt waren, waren dies nur 44 Prozent der Frauen vor Leistungsbeginn, danach sogar nur 35 Prozent.[43] Gut 44 Prozent der Frauen waren bei einem Wiedereintritt in den Arbeitsmarkt geringfügig beschäftigt. Diese Verschiebung hin zu Teilzeit- und geringfügigen Beschäftigungsverhältnissen zeigt sich auch bei den individuellen Übergängen. So nahm nicht einmal die Hälfte der vorher vollzeitbeschäftigten Frauen nach Leistungsbeginn wieder eine Vollzeitbeschäftigung auf.

Die Aufnahme einer Beschäftigung mit geringerer Arbeitszeit als vorher könnte ein Hinweis darauf sein, dass Leistungsbezieher unter dem Druck der im SGB II verankerten Suchpflichten gehandelt haben. Möglich ist aber auch, dass sie keine andere Stelle gefunden haben. Allerdings kann die Reduzierung der Arbeitszeit auch gewollt sein, weil sich beispielsweise die Rahmenbedingungen wie Kinderbetreuungszeiten geändert haben. Auch werden hier nur die ersten Beschäftigungsverhältnisse nach Beginn des Leistungsbezugs betrachtet. Daher kann

---

43 Wobei die Unterschiede zwischen West- und Ostdeutschland bestehen bleiben.

keine Aussage getroffen werden, ob die Arbeitszeit dauerhaft verringert wird oder ob später weitere Wechsel in der Arbeitszeit folgen. Aktuelle Ergebnisse von Koller und Rudolph (2011) deuten zumindest in Teilen auf einen dynamischen Prozess hin. Demnach ging bei 15 Prozent der 2008 von ALG-II-Empfängern neu begonnenen Beschäftigungsverhältnisse eine geringfügige Beschäftigung unmittelbar voraus.

Ein noch deutlicheres Merkmal für die Änderung der Qualität einer Beschäftigung sind Lohnabschläge. Aufgrund der Verschärfung der Zumutbarkeitsregeln, den Sanktionen bei Ablehnung zumutbarer Arbeit sowie der Entwertung arbeitsmarktrelevanter Fertigkeiten und Fähigkeiten im Zeitablauf wäre im Prinzip zu erwarten, dass Leistungsempfänger bei Wiederbeschäftigung einen geringeren Lohn als vorher erhalten (vgl. u. a. Fitzenberger/Wilke 2009; Zwick 2008; Bender et al. 2002 sowie Burda/Mertens 2001). Ein Vergleich der Bruttomonatslöhne von Vollzeitbeschäftigten vor und nach Leistungsbeginn zeigt zwar, dass in Westdeutschland knapp 43 Prozent der (vormaligen) ALG-II-Empfänger bei Wiederbeschäftigung reale Lohnsenkungen von mindestens 5 Prozent zu verzeichnen hatten (vgl. Koller 2011a). Gleichzeitig konnten jedoch auch 45 Prozent Reallohnsteigerungen von mindestens 5 Prozent erzielen. In Ostdeutschland lag der Anteil der Personen, die weniger als zuvor verdienten, mit knapp 39 Prozent etwas niedriger als in Westdeutschland. Rund 46 Prozent konnten ihren Lohn erhöhen. Allerdings hing die Richtung der Veränderung stark von der vorherigen Lohnhöhe ab. Je niedriger der Bruttomonatslohn vor dem Leistungsbeginn war, umso häufiger gab es Lohnsteigerungen; je höher der vorherige Lohn war, umso häufiger kam es später zu Lohneinbußen von mehr als 5 Prozent.

Weitere Analysen zur Lohnmobilität von alleinstehenden ALG-II-Beziehern bestätigen diese Befunde: Vor und nach Leistungsbeginn vollzeitbeschäftigte Singles, die Lohnabschläge hinnehmen mussten, hatten vorher im Durchschnitt nicht nur einen hö-

heren Lohn als Singles, deren Lohn sich kaum verändert hatte oder die ihren Lohn sogar erhöhen konnten. Singles, die Lohneinbußen zu verzeichnen hatten, waren auch besser qualifiziert und vor Beginn des ALG-II-Bezugs länger arbeitslos (vgl. Koller 2011b).

Insgesamt zeigt sich: Gemessen an der Qualität der vorherigen Beschäftigung gibt es unter den ALG-II-Beziehern, die eine sozialversicherungspflichtige Beschäftigung aufgenommen haben, gleichermaßen Gewinner und Verlierer. Allerdings scheinen sich Auf- und Abstiege auf bestimmte Gruppen von ALG-II-Beziehern zu konzentrieren. Auch werden die beiden Gruppen von Leistungsempfängern, welche die größten Veränderungen beim Erwerbseinkommen zu verzeichnen hatten, bei dieser Analyse nicht berücksichtigt. So hatten zum einen diejenigen, die keine erneute Beschäftigung aufgenommen haben, die größten Verluste beim Erwerbseinkommen. Zum anderen konnten jene, die vor dem ALG-II-Bezug nicht erwerbstätig waren und eine Beschäftigung aufgenommen haben, die höchsten Zugewinne verbuchen.

4.5 Working Poor: Zur Mobilität erwerbstätiger Hilfebedürftiger

Der abschließende Abschnitt befasst sich mit sogenannten „Aufstockern" – Personen also, die gleichzeitig Einkommen aus Erwerbstätigkeit und ALG II beziehen. Die Gründe sind vielfältig: Menschen mit geringer Qualifikation erreichen auch bei Vollzeitbeschäftigung häufig nur ein Erwerbseinkommen, das unterhalb des sozialstaatlich definierten Existenzminimums liegt. Allerdings ist nur ein kleiner Teil der vollzeitbeschäftigten Aufstocker allein wegen geringer Stundenlöhne bedürftig. Auch bei Vollzeitbeschäftigten mit höheren Löhnen kann es vorkommen, dass das Einkommen zur Existenzsicherung nicht ausreicht, bspw. wenn große Familien zu versorgen sind.

Im Jahresdurchschnitt 2010 gab es knapp 1,4 Mio. Aufstocker – etwa jeder vierte erwerbsfähige Leistungsbezieher war abhängig beschäftigt. Hinter dem in den letzten Jahren relativ stabilen Bestand verbirgt sich eine deutlich höhere Zahl an Ein- und Austritten (Bruckmeier/Graf/Rudolph 2010).

Neben der Größe der Bedarfsgemeinschaft und niedrigen Stundenlöhnen liegt es vor allem an den geringen Arbeitszeiten, dass es Aufstockern nicht gelingt, den Leistungsbezug zu beenden (Dietz/Müller/Trappmann 2009). Viele Aufstocker üben nur eine Teilzeitbeschäftigung aus, die aufgrund des geringen Arbeitszeitumfangs nicht bedarfsdeckend ist. Eine Erhöhung der Arbeitszeit scheitert häufig an gesundheitlichen Einschränkungen oder fehlenden Kinderbetreuungsmöglichkeiten.

Eine Ausweitung der Arbeitszeit bedeutet also nicht nur eine stärkere Arbeitsmarktintegration, sondern mindert auch die Abhängigkeit vom Leistungsbezug. Im Folgenden wird untersucht, inwieweit Aufstocker im Zeitraum zwischen 2007 und 2009 ihr Arbeitsvolumen angepasst haben und ob dies ihren Erwerbsstatus sowie ihre Abhängigkeit vom Leistungsbezug verändert hat.[44] Dabei wird unterschieden zwischen geringfügiger Beschäftigung (Mini-Jobs), Teil- und Vollzeitbeschäftigung sowie zwischen Aufstockern, Erwerbstätigen ohne Leistungsbezug sowie Leistungsbeziehern ohne Erwerbstätigkeit.

Um Übergänge im Erwerbsstatus mit Angaben zum Arbeitsvolumen zu verknüpfen, stehen die ersten drei Wellen von PASS zur Verfügung. Tabelle C15 enthält Informationen zu den Übergängen von 2007 auf 2008 sowie von 2008 auf 2009 von 15- bis 64-Jährigen, die im jeweiligen Ausgangsjahr Aufstocker waren. Die Grundgesamtheit der abhängig beschäftigten Aufstocker zum Zeitpunkt t (2007

---

44 Allerdings lässt sich anhand der hier vorgenommenen Auswertungen nicht nachweisen, ob die Ausweitung der Arbeitszeit kausal für das Verlassen des Leistungsbezugs ist. So können zusätzlich auch Lohnerhöhungen, Veränderungen in der Struktur der Bedarfsgemeinschaft oder der Erwerbstätigkeit anderer Personen in der Bedarfsgemeinschaft eine Rolle spielen.

Tabelle C15

Erwerbsstatus abhängig beschäftigter Aufstocker zum Zeitpunkt t (2007/2008) (ohne Auszubildende) im darauffolgenden Jahr t+1 (2008/2009) in Prozent

	Abhängig beschäftigte Aufstocker im Ausgangsjahr (t)		
	Mini-Job	Teilzeit	Vollzeit
Anteil Aufstocker im Ausgangsjahr (t)	59	15	25
Status im Folgejahr (t+1)			
Aufstocker	53	76	37
darunter			
Mini-Job	43	13	2
Teilzeit	7	59	3
Vollzeit	3	4	32
Erwerbstätige Abgänger	15	15	41
darunter			
Mini-Job	5	0,3	0,1
Teilzeit	2	10	0,4
Vollzeit	8	5	40
Nur ALG-II-Bezug	27	6	18
Sonstige	5	3	5
Summe	100	100	100

Hinweis: Personen in Ausbildung und Selbständige wurden bei der Analyse ausgeschlossen.

Quelle: PASS, Wellen 1 bis 3, Prozentangaben basieren auf hochgerechneten Werten (N = 1.395); eigene Berechnungen.

---

oder 2008) setzt sich aus 59 Prozent Mini-Jobbern, 15 Prozent Teilzeitbeschäftigten sowie 25 Prozent in einer Vollzeittätigkeit zusammen. Geringfügig Beschäftigte stellten in den Jahren 2007 und 2008 mit knapp 60 Prozent den größten Anteil der Aufstocker (vgl. Tabelle C15). Über die Hälfte der aufstockenden Mini-Jobber (53 %) zählte auch ein Jahr später zu den erwerbstätigen Hilfebedürftigen. Der mit Abstand größte Teil (43 %) war auch im Folgejahr in einem Mini-Job tätig. Über ein Viertel der aufstockenden Mini-Jobber bezog ein Jahr später ALG II ohne erwerbstätig zu sein, während nur 15 Prozent aus dem Leistungsbezug abgingen und erwerbstätig waren.

Ein ähnliches Bild zeigt sich bei den teilzeitbeschäftigten Aufstockern. Von diesen übten auch im Folgejahr drei Viertel eine aufstockende Teilzeitbeschäftigung aus. Nur 15 Prozent gelang der Ausstieg aus dem Leistungsbezug, 5 Prozent waren im Folgejahr in einer Vollzeit-, 10 Prozent in einer Teilzeitbeschäftigung. Dabei ist zu vermuten, dass die Ausweitung der Arbeitszeit eine gewisse Rolle spielt. Nur 6 Prozent der teilzeitbeschäftigten Aufstocker sind ein Jahr später ohne Beschäftigung im ALG-II-Bezug.

Vollzeitbeschäftigten Aufstockern gelingt der Ausstieg aus dem Leistungsbezug am häufigsten (41 %). Hier spielen sicher der stärkere Erwerbsumfang und die dadurch erreichte Arbeitsmarktintegration eine wichtige Rolle. Eine Lohnerhöhung kann ausreichen, um das Einkommen über die Bedürftigkeitsschwelle zu heben. Aber auch hier kann die Bedarfsgemeinschaft eine Rolle spielen. So kann ein zusätzliches Einkommen in der Bedarfsgemeinschaft dazu beitragen, die Einkommenslücke zu schließen und die Bedürftigkeit zu überwinden. 37 Prozent bleiben Aufstocker, die meisten weiterhin mit einer Vollzeitbeschäftigung, 18 Prozent sind ein Jahr später ohne Erwerbstätigkeit im Leistungsbezug.

Insgesamt unterscheiden sich die Übergänge von Aufstockern sehr stark in Abhängigkeit von der Arbeitszeit. Im Gegensatz zu vollzeitbeschäftigten Aufstockern verbleiben teilzeitbeschäftigte Aufstocker häufiger in ihrem Status. Bei ihnen sind auch kaum Übergänge in den Leistungsbezug ohne Erwerbstätigkeit zu beobachten. Dies könnte darauf hindeuten, dass die Integrationsfähigkeit bei diesem Personenkreis zwar hoch ist, aber bestimmte Gründe einer Ausweitung der Arbeitszeit entgegenstehen. Hier können bspw. fehlende Kinderbetreuungsmöglichkeiten oder die Pflege von Angehörigen eine Rolle spielen. Erwartungsgemäß ist bei Aufstockern mit Mini-Job das Risiko am größten, ein Jahr später ohne Erwerbstätigkeit zu sein, da sie die schwächste Arbeitsmarktintegration der hier betrachteten Erwerbsformen aufweisen. Das Ergebnis deckt sich zudem mit den Befunden, die auf eine geringe Integrationswirkung von Mini-Jobs schließen lassen (RWI et al. 2005).

Anhang zu den Datengrundlagen

IAB-Panelerhebung
„Arbeitsmarkt und Soziale Sicherung" (PASS)
Das Panel „Arbeitsmarkt und Soziale Sicherung" (PASS) ist eine jährlich stattfindende Haushaltsbefragung, die 2006/2007 erstmals durchgeführt wurde. In der dritten Erhebungswelle (2008/2009) konnten über 13.400 Personen ab dem 15. Lebensjahr in über 9.500 Haushalten befragt werden. Die Stichprobe besteht aus zwei Teilstichproben, einer Stichprobe von Personen in Haushalten mit Arbeitslosengeld-II-Bezug und einer Stichprobe von Personen in Haushalten der Wohnbevölkerung in Deutschland.

Die Analysestichprobe für die Studie zur Erwerbssituation von Abgängern aus dem Leistungsbezug besteht aus allen Beziehern von Arbeitslosengeld II aus den ersten beiden Wellen, die in der jeweiligen Folgewelle keine Leistungen mehr in Anspruch genommen haben. Schüler und Auszubildende wurden hier nicht berücksichtigt.

Die Analysestichprobe für die Untersuchung der Erwerbsübergänge der Working Poor bezieht sich auf 15- bis 64-Jährige, die zum Zeitpunkt t (2007/2008) erwerbstätig waren und gleichzeitig Arbeitslosengeld II bezogen haben. Im Folgejahr t+1 (2008/2009) wurden für diesen Personenkreis Status und Veränderungen im Arbeitsvolumen wieder erfasst.

IAB-Registerdaten
„Integrierte Erwerbsbiografien" (IEB)
Die Integrierten Erwerbsbiografien (IEB) enthalten tagesgenaue erwerbsbiografische Informationen über Personen, für die in den Registerdaten der Bundesagentur für Arbeit Meldungen zu Beschäftigung, Leistungsempfang, Maßnahmeteilnahmen oder Arbeitsuche vorliegen.

Für die Analyse zum Stellenwert von Bildung für Übergänge aus Arbeitslosigkeit werden nur Personen mit deutscher Staatsangehörigkeit (ohne Eingebürgerte und [Spät-]Aussiedler) betrachtet, die zwischen Januar 2000 und Dezember 2004 faktisch arbeitslos wurden. Übergänge können bis Ende Dezember 2008 beobachtet werden.

IAB-Registerdaten
„Administratives Panel (AdminP) und Integrierte Erwerbsbiografien (IEB)"

Das Administrative Panel (AdminP) des IAB organisiert in einer 10 %-Stichprobe Registerdaten der Bundesagentur für Arbeit zum SGB-II-Leistungsbezug von Bedarfsgemeinschaften und ihren Mitgliedern für Längsschnittanalysen. Es liegen Daten bis zum Juli 2009 vor. Der Leistungsbezug jeder Person wird im AdminP monatsweise identifiziert, unabhängig von der Art (Lebensunterhalt, Kosten der Unterkunft, Zuschläge) oder der Anzahl der Anspruchstage im Kalendermonat. Wechsel aus der Stichprobe in Bedarfsgemeinschaften, die nicht im AdminP enthalten sind, werden bei der Analyse nicht berücksichtigt.

Für die Analysen zur Veränderung der Qualität der Beschäftigungsverhältnisse wurden die Angaben aus dem AdminP durch Angaben zu Beschäftigungszeiten der erwerbsfähigen Hilfebedürftigen ergänzt. Datenbasis hierfür ist die IEB, die Informationen zu den Ab- und Jahresmeldungen aller sozialversicherungspflichtig und geringfügig Beschäftigten enthält. Für diese Auswertung lagen Daten bis Dezember 2008 vor.

IAB-Befragung „Lebenssituation und soziale Sicherung 2005" (LSS 2005) in Kombination mit Registerdaten

Die Befragung „Lebenssituation und soziale Sicherung 2005" (LSS 2005) wurde zwischen November 2005 und März 2006 durchgeführt. Es wurden insgesamt 20.832 Personen befragt, die von der Einführung von Arbeitslosengeld II

betroffen waren. Die Analysestichprobe für die Studie zu Wegen von jungen Erwachsenen aus dem Leistungsbezug besteht aus der in diesem Datenbestand enthaltenen Eintrittskohorte von 18- bis 29-Jährigen (1.171 Personen), die im Januar 2005 in den Bezug von Arbeitslosengeld II eingetreten sind und im Vormonat keine Grundsicherungsleistung aus der ehemaligen Arbeitslosenhilfe oder Sozialhilfe erhalten haben. Dieser Datenbestand wurde um Informationen über Ausbildungs- und Beschäftigungsverhältnisse, über den Bezug von Arbeitslosengeld II und über die Haushaltssituation aus den Registerdaten der Bundesagentur für Arbeit ergänzt (Integrierte Erwerbsbiografien (IEB), Leistungshistorik Grundsicherung (LHG), Beschäftigten-Historik (BeH)).

5 Fazit

In diesem Hauptkapitel (Kapitel C) wurden Übergänge in Beschäftigung und deren Bedeutung für die Qualität der Arbeit in den Blick genommen. Letztere kann aus verschiedenen Perspektiven heraus und über verschiedene Dimensionen hinweg betrachtet werden. Dabei geht es nicht nur um objektiv messbare Indikatoren wie Beschäftigungsstabilität und Einkommen, sondern auch um die subjektive Wahrnehmung der Beschäftigten etwa bezüglich deren individueller Arbeitszufriedenheit.

Für die Beschäftigten dürfte aber nicht nur die aktuell wahrgenommene Qualität einer Beschäftigung von Bedeutung sein, sondern die damit verbundenen Chancen, in eine qualitative höhere Beschäftigung zu wechseln. Daher wurden spezifische Übergänge am Arbeitsmarkt betrachtet – Übergänge aus dem Ausbildungssystem und aus Arbeitslosigkeit in sozialversicherungspflichtige Beschäftigung sowie Übergänge aus temporären Beschäftigungsformen in eine stabilere Beschäftigung.

Um Arbeitslosigkeit frühzeitig und nachhaltig zu verhindern, ist eine möglichst „gute" Arbeit zu Beginn der Erwerbskarriere besonders wichtig, denn in Deutschland stehen und fallen die Chancen und Risiken im weiteren Erwerbsverlauf wesentlich mit dem ersten Einstieg ins Erwerbsleben. Allerdings hängen die Arbeitsmarktchancen gerade junger Erwerbseinsteiger auch sehr stark von der aktuellen konjunkturellen Lage und den gestiegenen Flexibilitätsanforderungen der Betriebe ab. Dies gilt auch für die vermeintlich bevorzugte Gruppe der jungen Erwachsenen, die mit einer dualen Ausbildung in den Arbeitsmarkt einsteigen. Die Übernahmechancen hängen stark von den Motiven des Ausbildungsbetriebs ab. Steht die unmittelbare Produktivität des Auszubildenden im Vordergrund, dann ist eine Übernahme unwahrscheinlicher, als wenn Betriebe damit längerfristig in betriebsspezifisches Humankapital investieren. Die Beschäftigungsaussichten nach einer investitionsorientierten Ausbildung sind zudem weniger abhängig von konjunkturellen Veränderungen und regionalen Disparitäten.

Auszubildende, die nicht übernommen werden, nehmen immer häufiger eine Beschäftigung in der Zeitarbeit auf. Besonders stark davon betroffen sind Absolventen mit niedrigeren Schulabschlüssen oder schwächeren Abschlussnoten. Diese Gruppe konzentriert sich zudem oft auf bestimmte Ausbildungsberufe, die ihrerseits schlechtere Erwerbschancen eröffnen. Ein beachtlicher Teil derjenigen, die mit einem Leiharbeitsverhältnis in den Arbeitsmarkt eingestiegen sind, verdient zumindest in den ersten Erwerbsjahren weniger als die übrigen Absolventen. Zudem ist ihr Risiko, arbeitslos zu werden, höher.

Auch Teilzeitarbeit, geringfügige Beschäftigung und Befristungen sind gerade in den ersten Erwerbsjahren auf dem Vormarsch. Befristungen werden häufig im ersten Job eingesetzt, verlieren aber mit zunehmender Erwerbsdauer an Bedeutung. Teilzeitarbeit und geringfügige Beschäftigungen werden sehr häufig von Müttern ausgeübt. Beide Formen atypischer Beschäftigung sind vorwiegend und in zunehmendem Maße bei Geringqualifizierten zu finden. Ein Ausbildungsabschluss wird also immer mehr zur Mindestvoraussetzung für ein Normalarbeitsverhältnis.

Schließlich stellt sich für junge Erwachsene die Frage, ob sie in den Jahren nach der Ausbildung auch ausbildungsadäquat (hinsichtlich des Niveaus und der fachlichen Ausrichtung) beschäftigt sind. Für die Mehrzahl kann dies mit „ja" beantwortet werden. Gelingt ein solcher Einstieg in den ersten drei Jahren nicht, lässt er sich allerdings kaum mehr nachholen. So brauchen Hochschulabgänger zwar länger als Ausbildungsabsolventen, um eine niveauadäquate Beschäftigung zu finden, sie erreichen sie aber dann in aller Regel auch. Meister und Techniker tun sich dagegen auch längerfristig schwerer, eine passende Tätigkeit zu finden.

Flexible Beschäftigungsformen spielen nicht nur beim Erwerbseinstieg von Ausbildungsabgängern eine wichtige Rolle, auch ihr Anteil an der Gesamtbeschäftigung ist in den letzten Jahren gestiegen. Vor allem die Arbeitnehmerüberlassung und die befristete Beschäftigung haben in Deutschland seit Mitte der 90er Jahre stetig zugenommen. So ist etwa der Anteil der Leiharbeitnehmer an allen sozialversicherungspflichtig Beschäftigten zwischen 1996 und 2010 von 0,6 auf 2,9 Prozent gestiegen. Im gleichen Zeitraum nahm der Anteil der befristet Beschäftigten von 4,7 auf 8,9 Prozent zu. Beide Beschäftigungsformen können jedoch auch in Kombination auftreten: So haben etwa 27 Prozent der Leiharbeiter einen befristeten Arbeitsvertrag (Wingerter 2011).

Beide Erwerbsformen sind im Schnitt nur von relativ kurzer Dauer. Rund 61 Prozent aller befristeten Beschäftigungsverhältnisse bestehen weniger als ein Jahr. In der Zeitarbeit sind sogar 84 Prozent der Arbeitnehmer unter zwölf Monate bei ihrem Arbeitgeber beschäftigt. Zugleich werden Zeitarbeiter und befristet Beschäftigte für die höhere Flexibilität, die ihnen abverlangt wird, und für das erhöhte Arbeitslosigkeitsrisiko, das mit diesen Erwerbsformen einhergeht, nicht anderweitig kompensiert. Leiharbeitnehmer wie befristet Beschäftigte müssen gegenüber Arbeitnehmern mit ansonsten vergleichbaren Merkmalen einen Lohnabschlag von bis zu 20 Prozent hinnehmen.

Zwar zeigen sich bei der Zeitarbeit gewisse „Sprungbretteffekte"; sie hat sich aber lediglich als „schmaler Steg" in reguläre Beschäftigung erwiesen. Für befristete Arbeitnehmer hingegen sind die Aussichten besser: Betrachtet man die auslaufenden Befristungen und Übernahmen in unbefristete Arbeitsverträge, werden etwa die Hälfte der Arbeitsverträge in unbefristete Verträge umgewandelt.

Insgesamt lässt sich festhalten: Ist die Alternative zu einer temporären Beschäftigung Arbeitslosigkeit, dann sind flexible Erwerbsformen durchaus vorteilhaft. Arbeitnehmer, denen der Sprung aus einer temporären in eine stabile Beschäftigung nicht gelingt, müssen allerdings niedrigere Einkommen und kürzere Beschäftigungszeiten akzeptieren als Beschäftigte mit einem Normalarbeitsverhältnis.

Wie die Bewertung der flexiblen Erwerbsformen generell, ist auch die Einschätzung der Qualität der Beschäftigung von Grundsicherungsbeziehern und von Abgängern aus dem Leistungsbezug abhängig von der Perspektive. Auch hier gilt: Beschäftigung kann generell besser zur sozialen Integration und zum Erhalt von beruflichen Kompetenzen beitragen als (Langzeit-)Arbeitslosigkeit. Allerdings führen Übergänge aus Beschäftigungslosigkeit in Erwerbsarbeit nicht notwendigerweise dazu, dass Betroffene auch ihren gesamten Lebensunterhalt aus Erwerbsarbeit bestreiten können. Heterogene Erwerbsformen und häufige Statuswechsel prägen die Erwerbsverläufe dieser Teilgruppe. Zwar gelingt es vergleichsweise vielen, ihren Lohn im Vergleich zur vorherigen Beschäftigung moderat zu steigern. Und den Abgängern aus dem Leistungsbezug glückt nicht selten der Einstieg in ein Normalarbeitsverhältnis. Gleichwohl verharrt dieser Personenkreis zumeist auf einem niedrigen Lohnniveau, sodass häufig die Gefahr eines Rückfalls in den Leistungsbezug besteht.

Ansatzpunkte für die Arbeitsmarktpolitik ergeben sich vor allem aus der Tatsache, dass Übergänge auf der individuellen Ebene mit Chancen und Risiken verbunden sind, die sich mit geeigneten Maßnahmen günstig beeinflussen lassen. Dieses Hauptkapitel beleuchtet spezifische Übergangssituationen, wie den Einstieg in den Arbeitsmarkt nach Ausbildung oder Hochschulabschluss, den Abgang aus Arbeitslosigkeit in Beschäftigung und die Rolle temporärer Erwerbsformen als Brücke in stabilere Formen der Beschäftigung. Dabei wurden die Faktoren identifiziert, welche die Chancen auf eine stetige, nachhaltig existenzsichernde Erwerbsbiografie mindern. Zu nennen sind hier insbesondere die Bildungsarmut, die Wahl des Ausbildungsberufs und des Ausbildungsbetriebs, Phasen der Arbeitslosigkeit sowie atypische Erwerbsformen. Den damit verbundenen Risiken könnte in zweierlei Hinsicht entgegengewirkt werden. Zum einen durch präventive Ansätze, Maßnahmen also, die Bildungsarmut und Ausbildungslosigkeit soweit wie möglich vermeiden und die Arbeitsmarktintegration von Hochrisikogruppen in der frühen Erwerbsphase durch intensive Beratung und gezieltes Coaching unterstützen. Zum anderen geht es darum, die Aufwärtsmobilität der Betroffenen zu fördern, indem deren Wettbewerbs- und Beschäftigungsfähigkeit gestärkt wird. Denkbar wären – etwa im Sinne eines sogenannten „after care" in der Arbeitsmarktpolitik – berufsbegleitende Maßnahmen (ähnlich WeGebAU) und besondere Vermittlungsbemühungen zugunsten von Personen, die im Niedriglohnsektor verharren oder die besonders häufig zwischen temporärer Beschäftigung und Arbeitslosigkeit hin und her wechseln.

Literatur

Acemoglu, Daron; Pischke, Jörn-Steffen (1998): Why Do Firms Train? Theory and Evidence. In: The Quarterly Journal of Economics, 13. Jg., S. 79–119.

Achatz, Juliane; Trappmann, Mark (2011): Arbeitsmarktvermittelte Abgänge aus der Grundsicherung – der Einfluss von personen- und haushaltsgebundenen Barrieren, IAB-Discussion Paper, Nr. 2, Nürnberg.

Albrecht, James; Van den Berg, Gerard J.; Vroman, Susan (2005): The Knowledge Lift: The Swedish Adult Education Program That Aimed to Eliminate Low Worker Skill Levels, Discussion Paper No. 1503, February 2005, Bonn.

Antoni, Manfred; Jahn, Elke J. (2009): Do changes in regulation affect employment duration in temporary help agencies? In: Industrial and Labor Relations Review 62 (2), S. 226–251.

Antoni, Manfred; Drasch, Katrin; Kleinert, Corinna; Matthes, Britta; Ruland, Michael; Trahms, Annette (2010): Arbeiten und Lernen im Wandel. Teil I: Überblick über die Studie, FDZ-Methodenreport, Nr. 5, Nürnberg.

Arntz, Melanie (2007): The Geographic Mobility of Heterogeneous Labour in Germany, Dissertation, Technische Universität Darmstadt, Darmstadt.

Banscherus, Ulf; Dörre, Klaus; Neis, Matthias; Wolter, Andrä (2009): Arbeitsplatz Hochschule. Zum Wandel von Arbeit und Beschäftigung in der „unternehmerischen Universität", WiSo-Diskurs, Bonn, Friedrich-Ebert-Stiftung.

Becker, Gary S. (1964): Human Capital: A Theoretical and Empirical Analysis, with Special Reference to Education, Chicago, University of Chicago Press.

Beicht, Ursula; Herget, Hermann; Walden, Günter (2004): Kosten und Nutzen der betrieblichen Berufsausbildung in Deutschland, Berichte zur beruflichen Bildung, Heft 264, BiBB: Bonn.

Bellmann, Lutz; Fischer, Gabriele; Hohendanner, Christian (2009): Betriebliche Dynamik und Flexibilität auf dem deutschen Arbeitsmarkt. In: Möller, Joachim; Walwei, Ulrich (Hrsg.): Handbuch Arbeitsmarkt 2009, Bielefeld: Bertelsmann, IAB-Bibliothek, Nr. 314, S. 359–401.

Bender, Stefan; Dustmann, Christian; Margolis, David; Meghir, Costas (2002): Worker Displacement in France and Germany. In: P. J. Kuhn (Hrsg.): Losing work, moving on: international perspectives on worker displacement, Kalamanzoo, S. 375–470.

Bernhard, Sarah; Hohmeyer, Katrin; Jozwiak, Eva; Koch, Susanne; Kruppe, Thomas; Stephan, Gesine; Wolff, Joachim (2009): Aktive Arbeitsmarktpolitik in Deutschland und ihre Wirkungen. In: Möller, Joachim; Walwei, Ulrich (Hrsg.): Handbuch Arbeitsmarkt 2009, Bielefeld: Bertelsmann, IAB-Bibliothek, Nr. 314, S. 149–201.

BIBB (2011): Datenreport zum Berufsbildungsbericht 2011 (http://datenreport.bibb.de/Datenreport_2011.pdf), Bonn: BIBB.

Bispinck, Reinhard; Dorsch-Schweizer, Marlies; Kirsch, Johannes (2002): Tarifliche Ausbildungsförderung begrenzt erfolgreich – eine empirische Wirkungsanalyse. In: WSI-Mitteilungen, Heft 4/2011, S. 213–219.

Blossfeld, Hans-Peter (1987): Entry into the Labor Market and Occupational Career in the Federal Republic: A Comparison with American Studies. In: International Journal of Sociology, 17. Jg., S. 86–115.

BMBF (Hrsg.) (2007): Berufsbildungsbericht 2007, Bonn/Berlin.

Bohulskyy, Yan; Erlinghagen, Marcel; Scheller, Friedrich (2011): Arbeitszufriedenheit in Deutschland sinkt langfristig, IAQ-Report 2011-03: Universität Duisburg-Essen.

Boockmann, Bernhard; Hagen, Tobias (2006): Befristete Beschäftigungsverhältnisse. Brücken in den Arbeitsmarkt oder Instrumente der Segmentierung? Baden-Baden: Nomos.

Bosch, Gerhard (1986): Hat das Normalarbeitsverhältnis eine Zukunft? In: WSI-Mitteilungen 86 (3), S. 163–176.

Brück-Klingberg, Andrea; Burkert, Carola; Garloff, Alfred; Seibert, Holger; Wapler, Rüdiger (2011): Does higher education help immigrants find a job? A survival analysis, IAB-Discussion Paper, Nr. 6, Nürnberg.

Bruckmeier, Kerstin; Graf, Tobias; Rudolph, Helmut (2010): Working Poor: Arm oder bedürftig? Umfang und Dauer von Erwerbstätigkeit bei Leistungsbezug in der SGB-II-Grundsicherung. In: Wirtschafts- und Sozialstatistisches Archiv, AStA, Jg. 4, H. 3, S. 201–222.

Buch, Tanja; Burkert, Carola; Hell, Stefan; Niebuhr, Annekatrin (2010): Zeitarbeit als Erwerbseinstieg nach einer dualen Ausbildung. In: Zeitschrift für Soziologie, 39. Jg., Heft 6, S. 449–471.

Buch, Tanja; Niebuhr, Annekatrin (2008): Zeitarbeit in Hamburg. Aktuelle Entwicklungstendenzen und Strukturen, IAB-Regional Berichte und Analysen, IAB Nord 06/2008.

Büchel, Felix; Mertens, Antje (2004): Overeducation, Undereducation, and the Theory of Career Mobility. In: Applied Economics, 36. Jg., Nr. 8, S. 803–816.

Büchel, Felix; Weißhuhn, Gernot (1998): Ausbildungsinadäquate Beschäftigung der Absolventen des Bildungssystems 2. Fortsetzung der Berichterstattung zu Struktur und Entwicklung unterwertiger Beschäftigung in West- und Ostdeutschland (1993–1995), Berlin: Duncker & Humblot.

Büchel, Felix; Weißhuhn, Gernot (1997): Ausbildungsinadäquate Beschäftigung der Absolventen des Bildungssystems. Berichterstattung zu Struktur und Entwicklung unterwertiger Beschäftigung in West- und Ostdeutschland, Berlin: Duncker & Humblot.

Bundesagentur für Arbeit (2011): Frühindikatoren für den Arbeitsmarkt, Juli 2011. Online: http:\\www.pub.arbeitsagentur.de\hst\services\statistik\000200\html\analytik\fruehindikatoren-analytikreport_2011-07.pdf (12.09.2011).

Bundesagentur für Arbeit (2010): Frühindikatoren für den Arbeitsmarkt, Mai 2010. Online: http:\\www.pub.arbeitsagentur.de\hst\services\statistik\000200\html\analytik\fruehindikatoren-analytikreport_2010-05.pdf (08.08.2011).

Bundesagentur für Arbeit (2009): Beschäftigungsstatistik, Arbeitnehmerüberlassung, Berichtszeitraum 1. Halbjahr 2009. Online: http://www.pub.arbeitsagentur.de/hst/services/statistik/200906/iiia6/aueg/auegd.pdf (08.08.2011).

Burda, Michael; Mertens, Antje (2001): Estimation wage losses of displaced workers in Germany. In: Labour Economics, 8, S. 15–41.

Burkert, Carola; Seibert, Holger (2007): Labour Market Outcomes after Vocational Training in Germany – Equal Opportunities for Migrants and Natives, IAB-Discussion Paper, Nr. 31, Nürnberg.

Crimmann, Andreas; Ziegler, Kerstin; Ellguth, Peter; Kohaut, Susanne; Lehmer, Florian (2009): Forschungsbericht zum Thema ‚Arbeitnehmerüberlassung' (Research Report on Temporary Agency Work), Nuremberg, Institute for Employment Research.

Damelang, Andreas; Haas, Anette (2006): Arbeitsmarkteinstieg nach dualer Ausbildung – Migranten und Deutsche im Vergleich, IAB-Forschungsbericht, Nr. 17, Nürnberg.

DGB (2010): DGB-Index Gute Arbeit – Der Report 2010. Wie die Beschäftigten die Arbeitswelt in Deutschland beurteilen, Berlin, Herausgeber: DGB-Index Gute Arbeit GmbH.

Dietrich, Hans (2008): Institutional Effects of Apprenticeship Training on Employment Success in Germany. http://www.stanford.edu/group/scspi/pdfs/rc28/conference_2008/p271.pdf.

Dietrich, Hans; Abraham, Martin (2005): Eintritt in den Arbeitsmarkt. In: Abraham, Martin; Hinz, Thomas (Hrsg.): Arbeitsmarktsoziologie. Probleme, Theorien, empirische Befunde, Wiesbaden: VS Verlag für Sozialwissenschaften, S. 69–98.

Dietz, Martin; Müller, Gerrit; Trappmann, Mark (2009): Bedarfsgemeinschaften im SGB II: Warum Aufstocker trotz Arbeit bedürftig bleiben, IAB-Kurzbericht, Nr. 2, Nürnberg.

Dütsch, Matthias (2011): Wie prekär ist Zeitarbeit? Eine Analyse mit dem Matching-Ansatz. In: Zeitschrift für ArbeitsmarktForschung 43 (4), S. 299–318.

European Commission (2008): Measuring the quality of employment in the EU. In: European Commission (Ed.): Employment in Europe 2008 (pp. 147–173), Luxemburg: European Communities.

Fitzenberger, Bernd; Spitz, Alexandra (2004): Die Anatomie des Berufswechsels: Eine empirische Bestandsaufnahme auf Basis der BIBB/IAB-Daten 1998/1999. In: Franz, Wolfgang; Ramser, Hans Jürgen; Stadler, Manfred: Bildung (Wirtschaftswissenschaftliches Seminar Ottobeuren, Bd. 33). Tübingen: Mohr Siebeck, S. 29–55.

Fitzenberger, Bernd; Wilke, Ralf A. (2009): Unemployment Durations in West Germany Before and After the Reform of the Unemployment Compensation System during the 1980s, German Economic Review, 11, S. 336–366.

Fuchs, Tatjana (2006): Was ist gute Arbeit? Anforderungen aus der Sicht von Erwerbstätigen. Konzeption und Auswertung einer repräsentativen Untersuchung, Initiative Neue Qualität der Arbeit, INQUA-Bericht, 19, Dortmund, 2. Aufl.

Gash, Vanessa; McGinnity, Frances (2007): Fixed-term contracts – the new European inequality? Comparing men and women in West Germany and France. In: Socio-Economic Review 5 (3), S. 467–496.

Gebel, Michael (2009): Fixed-term contracts at labour market entry in West Germany. Implications for job search and first job quality. In: European Sociological Review 25 (6), S. 661–675.

Giesecke, Johannes (2009): Socio-economic Risks of Atypical Employment Relationships: Evidence from the German Labour Market. In: European Sociological Review 25 (6), S. 629–646.

Giesecke, Johannes; Wotschack, Philip (2009): Flexibilisierung in Zeiten der Krise: Verlierer sind junge und gering qualifizierte Beschäftigte, WZBrief Arbeit 1, S. 1–7.

Gundert, Stefanie; Hohendanner, Christian (2011): Leiharbeit und befristete Beschäftigung: Soziale Teilhabe ist eine Frage von stabilen Jobs, IAB-Kurzbericht, Nr. 4, Nürnberg.

Haas, Anette (2002): Arbeitsplatzmobilität nach Abschluss einer dualen Berufsausbildung. Befunde aus der IAB-Historikdatei 1992 bis 1997, IAB-Werkstattbericht, Nr. 3, Nürnberg.

Hartog, Joop (2000): Over-education and Earnings: Where Are We, Where Should We Go? In: Economics of Education Review, 19. Jg., S. 131–147.

Hillmert, Steffen (2001): Ausbildungssysteme und Arbeitsmarkt. Lebensverläufe in Großbritannien und Deutschland im Kohortenvergleich, Wiesbaden: Westdeutscher Verlag.

Hoffmann, Edeltraut; Walwei, Ulrich (1998): Normalarbeitsverhältnis: ein Auslaufmodell? In: Mitteilungen zur Arbeitsmarkt- und Berufsforschung 31 (3), S. 409–425.

Hohendanner, Christian (2010): Befristete Arbeitsverträge zwischen Auf- und Abschwung: Unsichere Zeiten, unsichere Verträge?, IAB-Kurzbericht, Nr. 14, Nürnberg.

Holman, David; McClelland, Charlotte (2011): Job Quality in Growing and Declining Economic Sectors of the EU. In: European Commission (Ed.): walqing working paper 2011.3.

IAB (2011): Jeder fünfte Geringqualifizierte ist arbeitslos, IAB-aktuell vom 10.02.2011, Nürnberg.

Jacob, Marita (2004): Mehrfachausbildung in Deutschland: Karriere, Collage, Kompensation?, Wiesbaden: VS Verlag für Sozialwissenschaften.

Jaehrling, Karen (2010): Alte Routinen, neue Stützen. Zur Stabilisierung von Geschlechterasymmetrien im SGB II. In: Jaehrling, Karen; Rudolph, Clarissa (Hrsg.): Grundsicherung und Geschlecht. Gleichstellungspolitische Befunde zu den Wirkungen von „Hartz IV", Münster: Westfälisches Dampfboot, S. 39–56.

Jahn, Elke J. (2011): Entlohnung in der Zeitarbeit: Auch auf die Mischung kommt es an. In: IAB-Forum, Nr. 1, S. 40–49.

Jahn, Elke J. (2010): Reassessing the pay gap for temps in Germany. In: Jahrbücher für Nationalökonomie und Statistik 230 (2), S. 208–233.

Jahn, Elke J.; Pozzoli, Dario (2011): Does the sector experience affect the pay gap for temporary agency workers?, IZA Discussion Paper 5837, Bonn.

Kalina, Thorsten; Weinkopf, Claudia (2009): Niedriglohnbeschäftigung 2007 weiter gestiegen – zunehmende Bedeutung von Niedrigstlöhnen, IAQ-Report 2009-05: Universität Duisburg-Essen.

Keller, Berndt; Seifert, Hartmut (2007): Atypische Beschäftigungsverhältnisse. Flexibilität, soziale Sicherheit und Prekarität. In: B. Keller & H. Seifert (Hrsg.): Atypische Beschäftigung – Flexibilisierung und soziale Risiken, Berlin: edition sigma, S. 11–26.

Kettunen, Juha (1997): Education and unemployment duration. In: Economics of Education Review, Volume 16, Issue 2, S. 163–170.

KldB (2011): Klassifikation der Berufe 2010 (KdlB 2010). Band 1 und 2, Nürnberg: Bundesagentur für Arbeit (http://statistik.arbeitsagentur.de/Navigation/Statistik/Grundlagen/Klassifikation-der-Berufe/KldB2010).

Koch, Susanne; Stephan, Gesine; Walwei, Ulrich (2005): Workfare: Möglichkeiten und Grenzen. In: Zeitschrift für ArbeitsmarktForschung, Jg. 38, H. 2/3, S.419–440.

Körner, Thomas; Puch, Katharina; Wingerter, Christian (2010): Qualität der Arbeit – ein international vereinbarter Indikatorenrahmen. In: Statistisches Bundesamt (Ed.): Wirtschaft und Statistik 9/2010 (S. 827–845), Wiesbaden.

Koller, Lena (2011a): Hartz IV und der Niedriglohnsektor – Für viele bleibt das Stück vom Kuchen gleich. In: IAB-Forum, Nr. 1, S. 34–39.

Koller, Lena (2011b): Lohnmobilität alleinstehender SGB-II-Leistungsempfänger, IAB-Discussion Paper, Nr. 5, Nürnberg.

Koller, Lena; Rudolph, Helmut (2011): Arbeitsaufnahmen von SGB-II-Leistungsempfängern: Viele Jobs von kurzer Dauer, IAB-Kurzbericht, Nr. 14, Nürnberg.

Konietzka, Dirk (1999): Die Verberuflichung von Marktchancen. Die Bedeutung des Ausbildungsberufs für die Platzierung im Arbeitsmarkt, Zeitschrift für Soziologie, 28. Jg., Heft 5, S. 379–400.

Konietzka, Dirk (2002): Die soziale Differenzierung der Übergangsmuster in den Beruf. Die zweite Schwelle im Vergleich der Berufseinstiegskohorten 1976–1995. In: Kölner Zeitschrift für Soziologie und Sozialpsychologie, 54. Jg., S. 645–673.

Kraemer, Klaus (2008): Prekarität – was ist das? In: Arbeit, 17. Jg., S. 77–90.

Lauterbach, Wolfgang; Sacher, Matthias (2001): Erwerbseinstieg und erste Erwerbsjahre. In: Kölner Zeitschrift für Soziologie und Sozialpsychologie, 53. Jg., Heft 2, S. 258–282.

Lehmer, Florian; Ziegler, Kerstin (2010): Brückenfunktion der Leiharbeit. Zumindest ein schmaler Steg, IAB-Kurzbericht, Nr. 13, Nürnberg.

Lengfeld, Holger; Kleiner, Tuuli-Marja (2009): Flexible Beschäftigung und soziale Ungleichheit – eine Synthese des Stands der Forschung. In: Arbeit, 18. Jg., S. 46–62.

Liebig, Stefan; Hense, Andrea (2007): Die zeitweise Verlagerung von Arbeitskräften in die Arbeitslosigkeit: Eine „neue" personalpolitische Flexibilisierungsstrategie? In: Zeitschrift für ArbeitsmarktForschung 4 (40), S. 399–417.

Meßmann, Susanne; Bender, Stefan; Rudolph, Helmut; Hirseland, Andreas; Bruckmeier, Kerstin; Wübbeke, Christina; Dundler, Agnes; Städele, Daniela; Schels, Brigitte (2008): Lebenssituation und Soziale Sicherung 2005 (LSS 2005). IAB-Querschnittsbefragung SGB II, FDZ-Datenreport, Nr. 4, Nürnberg.

Mückenberger, Ulrich (1985): Die Krise des Normalarbeitsverhältnisses – hat das Arbeitsrecht noch Zukunft? In: Zeitschrift für Sozialreform 31 (7), S. 415–475.

OECD (2008): Growing Unequal? Income Distribution and Poverty in OECD Countries. Retrieved from doi: http://www.oecd.org/dataoecd/45/25/41525346.pdf.

Olsen, Karen M.; Kalleberg, Arne L.; Nesheim, Torstein (2010): Perceived job quality in the United States, Great Britain, Norway and West Germany, 1989-2005. In: European Journal of Industrial Relations, 16. Jg., Heft 3, S. 221–240.

Paulus, Wiebke; Schweitzer, Ruth; Wiemer, Silke (2010): Klassifikation der Berufe 2010. Entwicklung und Ergebnis (Methodenbericht der Statistik der BA), Nürnberg: Bundesagentur für Arbeit.

Pollmann-Schult, Matthias; Büchel, Felix (2002): Ausbildungsinadäquate Erwerbstätigkeit: eine berufliche Sackgasse? Eine Analyse für jüngere Nicht-Akademiker in Westdeutschland. In: Mitteilungen aus der Arbeitsmarkt- und Berufsforschung, 35. Jg., Heft 3, S. 371–384.

RWI; ISG; IWH; GISA; Burda, Michael (2005): Evaluation der Maßnahmen zur Umsetzung der Vorschläge der Hartz-Kommission, Arbeitspaket 1, Modul 1f: Verbesserung der beschäftigungspolitischen Rahmenbedingungen und der Makrowirkungen der aktiven Arbeitsmarktpolitik.

Schels, Brigitte (2009): Job entry and the ways out of benefit receipt of young adults in Germany, IAB-Discussion Paper, Nr. 16, Nürnberg.

Schels, Brigitte (2012): Arbeitslosengeld-II-Bezug im Übergang in das Erwerbsleben. Lebenslagen, Beschäftigungs- und Ausbildungsbeteiligung von jungen Erwachsenen am Existenzminimum, Wiesbaden: VS Verlag für Sozialwissenschaften (im Erscheinen).

Schmillen, Achim; Möller, Joachim (2012): Distribution and determinants of lifetime unemployment. In: Labour Economics, Vol. 19, No. 1, S. 33–47.

Seibert, Holger (2007a): Berufswechsel in Deutschland: Wenn der Schuster nicht bei seinem Leisten bleibt, IAB-Kurzbericht, Nr. 1, Nürnberg.

Seibert, Holger (2007b): Frühe Flexibilisierung? Regionale Mobilität nach der Lehrausbildung in Deutschland zwischen 1977 und 2004, IAB-Discussion Paper, Nr. 9, Nürnberg.

Seibert, Holger; Kleinert, Corinna (2009): Duale Berufsausbildung: Ungelöste Probleme trotz Entspannung, IAB-Kurzbericht, Nr. 10, Nürnberg.

Solga, Heike; Konietzka, Dirk (1999): Occupational Matching and Social Stratification: Theoretical Insights and Empirical Observations Taken from a German-German Comparison. In: European Sociological Review, 15. Jg., S. 25–47.

Solga, Heike; Konietzka, Dirk (2000): Das Berufsprinzip des deutschen Arbeitsmarktes: Ein geschlechtsneutraler Allokationsmechanismus? In: Schweizerische Zeitschrift für Soziologie, 26. Jg., Heft 1, S. 111–147.

Spence, Michael (1973): Job market signaling. In: Quarterly Journal of Economics, 87, 3, S. 355–374.

Statistik der Bundesagentur für Arbeit (2011): Analytikreport der Statistik. Arbeitsmarkt in Deutschland. Zeitreihen bis 2010, Nürnberg.

Stevens, Margaret (1994): An Investment Model for the Supply of Training by Employers. In: The Economic Journal, 104. Jg., Heft 424, S. 556–570.

Strandh, Mattias (2000): Different exit routes from unemployment and their impact on mental well-being: the role of the economic situation and the predictability of the life course. In: Work, Employment and Society, 14 (3), 459–479.

Trappe, Heike (2006): Berufliche Segregation im Kontext: Über einige Folgen geschlechtstypischer Berufsentscheidungen in Ost- und Westdeutschland. In: Kölner Zeitschrift für Soziologie und Sozialpsychologie, 58. Jg., Heft 1, S. 50–78.

Trippl, Michaela; Otto, Anne (2009): How to turn the fate of old industrial areas: a comparison of cluster-based renewal processes in Styria and the Saarland. In: Environment and Planning A, Vol. 41, S. 1217–1233.

Trischler, Falko; Holler, Markus (2011): Die Befragung zum DGB-Index „Gute Arbeit" als Datenbasis für die arbeitswissenschaftliche Forschung? Ein Vergleich mit der BIBB/BAuA-Erwerbstätigenbefragung 2005/06. In: Arbeit, 20 (2), S. 94–111.

Vogel, Claudia (2009): Teilzeitbeschäftigung: Ausmaß und Bestimmungsgründe der Erwerbsübergänge von Frauen. In: Zeitschrift für ArbeitsmarktForschung, Jg. 42, H. 2, S. 170–181.

Wachter, Till von; Bender, Stefan (2006): In the Right Place at the Wrong Time: The Role of Firms and Luck in Young Workers' Careers. In: The American Economic Review, Vol. 96, No. 5, S. 1679–1705.

Wagner, Alexandra (2000): Krise des „Normalarbeitsverhältnisses"? Über eine konfuse Debatte und ihre politische Instrumentalisierung. In: C. Schäfer (Hrsg.): Geringere Löhne – mehr Beschäftigung? Niedriglohnpolitik, Hamburg: VSA, S. 200–246.

Wingerter, Christian (2011): Employment increase in 2010 largely due to temporary work, Press Release (Vol. 270), Wiesbaden: Federal Statistical Office 2011-07-19.

Worthmann, Georg (2010): Erwerbsintegration von Frauen im SGB II. Kurzfristige Strategien statt Gleichstellung. In: Jaehrling, Karen; Rudolph, Clarissa (Hrsg.): Grundsicherung und Geschlecht. Gleichstellungspolitische Befunde zu den Wirkungen von „Hartz IV", Münster: Westfälisches Dampfboot, S. 102–116.

Ziefle, Andrea (2004): Die individuellen Kosten des Erziehungsurlaubs. In: Kölner Zeitschrift für Soziologie und Sozialpsychologie, 56. Jg., Heft 2, S. 213–231.

Zwick, Thomas (2008): Earnings Losses After Nonemployment Increases With Age. In: ZEW Discussion Paper, Nr. 41, Mannheim.

Teil II

Kapitel D

Fachkräftebedarf:
Analyse und Handlungsstrategien

Herbert Brücker

Bernhard Christoph

Martin Dietz

Johann Fuchs

Stefan Fuchs

Anette Haas

Markus Hummel

Daniel Jahn

Corinna Kleinert

Thomas Kruppe

Alexander Kubis

Ute Leber

Anne Müller

Christoph Osiander

Hans-Jörg Schmerer

Jochen Stabler

Doris Söhnlein

Jens Stegmaier

Eugen Spitznagel

Ulrich Walwei

Susanne Wanger

Rüdiger Wapler

Brigitte Weber

Enzo Weber

Gerd Zika

Inhaltsübersicht Kapitel D
Fachkräftebedarf: Analyse und Handlungsstrategien

Herbert Brücker, Bernhard Christoph, Martin Dietz, Johann Fuchs, Stefan Fuchs, Anette Haas, Markus Hummel, Daniel Jahn, Corinna Kleinert, Thomas Kruppe, Alexander Kubis, Ute Leber, Anne Müller, Christoph Osiander, Hans-Jörg Schmerer, Jochen Stabler, Doris Söhnlein, Jens Stegmaier, Eugen Spitznagel, Ulrich Walwei, Susanne Wanger, Rüdiger Wapler, Brigitte Weber, Enzo Weber, Gerd Zika

Das Wichtigste in Kürze

In diesem Kapitel wird untersucht, welche Folgen der wirtschaftliche Aufschwung in den Jahren 2010 und 2011 und der künftige Rückgang des Erwerbspersonenpotenzials für den Fachkräftebedarf in Deutschland hatte bzw. haben wird. Dabei wird zwischen dem Phänomen des ‚Mismatch' – Engpässen bei der Rekrutierung von Arbeitskräften bei gleichzeitiger Arbeitslosigkeit – und dem langfristigen, demografisch bedingten Rückgang des Erwerbspersonenpotenzials unterschieden.

Gegenwärtig kann in Deutschland nicht von einer ‚Fachkräftelücke' in dem Sinne gesprochen werden, dass die gesamtwirtschaftliche Arbeitsnachfrage das Angebot an qualifizierten Arbeitskräften übersteigt; die Unterbeschäftigung liegt weit über der Zahl der offenen Stellen. Allerdings bestehen erhebliche Engpässe bei der Rekrutierung von Fachkräften in bestimmten Berufsfeldern. Dies spiegelt sich auch in der Qualifikationsstruktur wider: Während unter Hochschulabsolventen nahezu Vollbeschäftigung herrscht, übertrifft die Zahl der Arbeitslosen unter den Absolventen einer beruflichen Ausbildung und vor allem der Personen ohne abgeschlossene Berufsausbildung die Zahl der offenen Stellen bei Weitem. Regionale Rekrutierungsengpässe bestehen in Teilen von Süd- und Westdeutschland. Diese Engpässe sind Folge des konjunkturellen Aufschwungs und der steigenden Auslastung des Produktionspotenzials in Deutschland – nicht jedoch des demografischen Wandels: Das Erwerbspersonenpotenzial hat vielmehr durch die demografische Entwicklung und die steigende Erwerbsbeteiligung im Jahr 2010 seinen vorläufigen historischen Höhepunkt in Deutschland erreicht, auch wenn bereits eine Verschiebung in der Altersstruktur der Erwerbspersonen zu erkennen ist. In den kommenden Dekaden wird der demografische Wandel indes zu einem deutlichen Rückgang des Erwerbspersonenpotenzials führen. Dessen Ausmaß hängt jedoch von zahlreichen kompensierenden Faktoren wie der Erwerbsbeteiligung von Frauen, der Entwicklung der Lebensarbeitszeit und der Zuwanderung ab. Unter realistischen Annahmen für diese Größen wird das Erwerbspersonenpotenzial bis 2025 um 5 bis 10 Prozent, bis 2050 um ein Fünftel bis ein Drittel sinken.

Auf diesen Rückgang werden nicht nur der Arbeitsmarkt, sondern auch die Kapital- und Gütermärkte reagieren. Die Folgen dieses Rückgangs für die Arbeitsnachfrage der Unternehmen hängen deshalb von komplexen Anpassungsreaktionen ab. So könnte die Kapitalausstattung je Erwerbstätigen konstant bleiben und das Produktionspotenzial proportional zum Erwerbspersonenpotenzial sinken, wenn sich Investoren und Sparer an den Rückgang des Arbeitsangebots vollständig anpassen. In diesem Fall würde das Produktionspotenzial in Deutschland gleichläufig zum Erwerbspersonenpotenzial sinken. Ob dies tatsächlich geschieht, hängt unter anderem von der Finanzierung der Rentensysteme und der internationalen Mobilität von Kapital ab. Auf jeden Fall ist es auf längere Sicht höchst unwahrscheinlich, dass die Arbeitsnachfrage als Reaktion auf einen starken Rückgang des Arbeitsangebots nicht ebenfalls schrumpft. Zudem wird die Struktur des Arbeitsangebots die künftige Arbeitsmarktentwicklung erheblich beeinflussen: So steigt mit dem Trend zur Höherqualifizierung das Arbeitsangebot in den flexiblen Segmenten des Arbeitsmarktes mit geringer Arbeitslosigkeit. Andererseits mindern die steigenden Belastungen des Faktors Arbeit durch die umlagefinanzierten Sozialsysteme die Arbeitsanreize insbesondere für geringer Qualifizierte.

Insgesamt legen unsere Simulationen nahe, dass die Unterbeschäftigung von heute etwa 4 Mio. bis zum Jahr 2025 auf 1,4 Mio. Personen sinken wird. Trotz des starken Rückgangs wird es also auch in Zukunft Unterbeschäftigung geben. Somit kann keine Rede davon sein, dass die Arbeitsnachfrage das Arbeitsangebot generell übersteigen wird. Es kann jedoch zu einem ‚Mismatch' bei bestimmten Qualifikationen und Berufen kommen. Sofern sich die gegenwärtigen Trends fortsetzen, würden sich der Anstieg der Arbeitsnachfrage und des Arbeitsangebots bei den Hochschulabsolventen die Waage halten, während es bei den Absolventen mit beruflicher Bildung zu Nachfrageüberschüssen kommen könnte. Bei Gruppen ohne abgeschlossene Berufsausbildung wird das Arbeitsangebot auch künftig die Nachfrage überschreiten. In diesem Segment ist weiterhin mit Arbeitslosigkeit zu rechnen. Diese Aussagen deuten auf künftige Ungleichgewichte zwischen Nachfrage und Angebot im Arbeitsmarkt hin. Sie sind nicht als Prognosen zu verstehen, weil es sowohl auf der Nachfrage- als auch der Angebotsseite zu Anpassungsprozessen kommen kann.

Mit dem demografisch bedingten Rückgang des Arbeitsangebots muss eine immer kleinere Gruppe von Erwerbstätigen eine immer größere Gruppe von Ruheständlern sowie die Schuldenlasten der öffentlichen Haushalte finanzieren. Je weniger das Erwerbspersonenpotenzial schrumpft, desto leichter sind deshalb die Lasten des demografischen Wandels zu bewältigen. In diesem Kapitel wurden daher verschiedene Strategien untersucht, das Erwerbspotenzial auszudehnen und produktiver einzusetzen. Dabei zeigt sich, dass beides – die Mobilisierung inländischer Potenziale *und* die verstärkte Zuwanderung von Fachkräften – notwendig ist, um den Rückgang des Erwerbspotenzials spürbar abzufedern. Dabei könnte eine hohe Zuwanderung einen größeren Beitrag leisten als die Mobilisierung inländischer Potenziale.

Unter den inländischen Potenzialen ist die Steigerung der Erwerbstätigkeit von Frauen, vor allem eine Ausweitung der Wochenarbeitszeiten, quantitativ am bedeutendsten. Auch eine Erhöhung der Erwerbsbeteiligung Älterer, die Verlängerung der Lebensarbeitszeiten und die Verringerung der Arbeitslosigkeit kann die Zahl der Erwerbstätigen erheblich steigern. Vermehrte Investitionen in Bildung, Ausbildung und Weiterbildung spielen in all diesen Bereichen eine zentrale Rolle, weil die Erwerbsbeteiligung in allen Gruppen mit dem Bildungsniveau zunimmt. Zudem sind flächendeckende Kinder- und Altenbetreuungsangebote unerlässlich, um Eltern im Allgemeinen und Frauen im Besonderen dabei zu unterstützen, nach Erwerbsunterbrechungen wieder am Arbeitsmarkt Fuß zu fassen.

Mit einem Anstieg der Nettozuwanderung auf 200.000 Personen p.a. ließe sich der Rückgang des Erwerbspersonenpotenzials erheblich abmildern. Eine Nettozuwanderung in diesen Größenordnungen entspricht dem historischen Durchschnitt in Deutschland und ist angesichts hoher und langanhaltender Einkommensdifferenzen in Europa und seinen Anrainerregionen sowie eines globalen Anstiegs der Wanderungsbereitschaft auch langfristig durchaus möglich. Dies setzt jedoch eine Reform der Einwanderungspolitik gegenüber Angehörigen von Drittstaaten voraus. Über eine Steuerung der Zuwanderung nach Humankapitalkriterien wie Bildung, Beruf und Alter ließen sich nicht nur der Umfang der Zuwanderung erhöhen, sondern auch die Integration in Arbeitsmarkt und Gesellschaft erleichtern.

Dies ist auch deswegen notwendig, weil in Deutschland Menschen mit Migrationshintergrund vergleichsweise schlecht in Arbeitsmarkt und Gesellschaft integriert sind. Deren Arbeitslosenquote ist rund doppelt so hoch wie die der einheimischen Bevölkerung. Dies ist zum Teil Unterschieden in Bildung und Berufserfahrung geschuldet. Aber auch bei gleicher Bildung und gleicher Berufserfahrung sind Migranten deutlich häufiger arbeitslos und schlechter entlohnt als die einheimische Bevölkerung. Die Ursachen reichen von Defiziten in der Sprachkompetenz, über die unzureichende Anerkennung von im Ausland erworbenen Bildungsabschlüssen bis hin zur Diskriminierung von Menschen mit Migrationshintergrund. Von einer verbesserten Integration dieser Menschen wird es deshalb wesentlich abhängen, inwieweit es Deutschland gelingt, dem Rückgang des Erwerbspersonenpotenzials entgegenzuwirken.

1   Einführung

Die Schlagworte vom „steigenden Fachkräftebedarf" beziehungsweise „Fachkräftemangel" markieren einen Paradigmenwechsel in der arbeitsmarktpolitischen Diskussion. Seit dem ersten Ölpreisschock von 1973 stand die steigende, sich immer mehr verfestigende Arbeitslosigkeit im Mittelpunkt der Arbeitsmarktforschung und der Arbeitsmarktpolitik. So wurde in den 1980er Jahren von vielen Wirtschafts- und Sozialwissenschaftlern das „Ende der Arbeitsgesellschaft" diagnostiziert und prognostiziert.[1] Heute wissen wir: Das Ende der Arbeitsgesellschaft ist nicht eingetreten. Zwar haben einige OECD-Länder, darunter auch Deutschland, die Wochenarbeitszeiten kräftig reduziert. Zugleich ist aber die Zahl der Erwerbstätigen in den letzten dreißig Jahren OECD-weit erheblich gestiegen. Im gleichen Zeitraum sank die Arbeitslosigkeit bis zum Ausbruch der jüngsten Finanz- und Wirtschaftskrise deutlich. In Deutschland ging die Zahl der Arbeitslosen von über 5 Mio. im Frühjahr 2005 auf unter 3 Mio. im Sommer 2011 zurück. Damit wurde das niedrigste Niveau seit der deutschen Vereinigung erreicht, auch wenn das Ziel der Vollbeschäftigung noch immer in weiter Ferne liegt. Gleichzeitig vermelden die Unternehmen rund 1 Mio. offene Stellen.

Angesichts der günstigen Arbeitsmarktentwicklung in den letzten Jahren und des demografischen Wandels wird heute in Deutschland umgekehrt diskutiert, ob der Gesellschaft künftig die Arbeitskräfte ausgehen.

Viele Kommentatoren führen die sinkende Arbeitslosigkeit in den letzten Jahren und die zunehmenden Engpässe bei der Besetzung offener Stellen darauf zurück, dass das Arbeitsangebot im Zuge des demografischen Wandels schrumpft. Diese Schlussfolgerung ist empirisch schwer zu halten: Zum Ende der letzten Dekade hat das Erwerbspersonenpotenzial, also die Zahl der Personen, die dem Arbeitsmarkt zur Verfügung stehen, seinen historischen Höhepunkt erreicht. Das ergibt sich aus der demografischen Struktur der Bevölkerung – die Generation der „Baby-Boomer" ist noch im erwerbsfähigen Alter – und der steigenden Erwerbsbeteiligung von Frauen. Der demografische Wandel zeigt sich bislang erst in der Alterung des Erwerbspersonenpotenzials. Engpässe zeichnen sich deshalb allenfalls in spezifischen Arbeitsmarktsegmenten – etwa auf den Ausbildungsmärkten – ab. Ein Rückgang des gesamtwirtschaftlichen Arbeitsangebots ist derzeit noch nicht spürbar.

Dies alles heißt aber nicht, dass der demografische Wandel den Arbeitsmarkt in den kommenden Jahren nicht erheblich beeinflussen wird. Das Erwerbspersonenpotenzial würde in Deutschland – ohne Wanderungen und bei konstanter Erwerbsbeteiligung – bis zum Jahr 2020 um knapp 10 Prozent, bis zum Jahr 2050 um knapp 40 Prozent abnehmen. So stark wird der Rückgang indes nicht ausfallen, denn Zuwanderung und wachsende Erwerbsbeteiligung wirken den demografischen Effekten entgegen. Gleichwohl wird das Arbeitsangebot auch dann deutlich schrumpfen, was Politik, Wirtschaft und Gesellschaft in den kommenden Dekaden vor große Herausforderungen stellt.

In diesem Kapitel werden der Fachkräftebedarf und die Folgen des rückläufigen Arbeitsangebots für den Arbeitsmarkt untersucht. Dabei wird zwischen den kurzfristigen Folgen des konjunkturellen Aufschwungs und des Rückgangs der strukturellen Arbeitslosigkeit einerseits, und dem langfristigen, demografisch bedingten Rückgang des Arbeitsangebots unterschieden. Fachkräfte werden hier in einem weiteren Sinne als Arbeitskräfte definiert, die über eine abgeschlossene Berufsausbildung, Hochschulabschlüsse oder andere

---

1   Vgl. zum Beispiel die Beiträge auf dem 21. Bamberger Soziologentag „Krise der Arbeitsgesellschaft" 1982 (Matthes 1983).

Bildungsabschlüsse verfügen, die sie für die Ausübung eines Berufes qualifizieren.

Aus wirtschaftswissenschaftlicher Sicht ist ein Fachkräftemangel im Sinne eines dauerhaften Überschusses der Arbeitsnachfrage über das Arbeitsangebot schwer vorstellbar. Bei funktionsfähigen Arbeitsmärkten dürfte der Lohn-Preismechanismus, aber auch die Anpassung der Kapital- und Gütermärkte einen dauerhaften Überschuss der Arbeitsnachfrage über das Arbeitsangebot verhindern. Allerdings kann es trotz Arbeitslosigkeit zu zahlreichen temporären Engpässen bei der Besetzung offener Stellen kommen – in spezifischen Berufen, Branchen und Regionen. Die Arbeitsmarktforschung spricht hier in Anlehnung an die Studien der Nobelpreisträger Dale Mortensen und Christopher Pissarides von „Mismatch", der Tatsache also, dass Arbeitsangebot und Arbeitsnachfrage nicht zusammenpassen. Durch Arbeitslosigkeit und weil Teile des Produktionspotenzials nicht ausgelastet werden können verursacht Mismatch hohe volkswirtschaftliche Kosten, auch wenn sich diese nicht ohne Weiteres quantifizieren lassen. Mismatch wird es immer geben, auch wenn Arbeitsvermittlung und Arbeitsmarktpolitik das Ausmaß begrenzen können. Im Konjunkturaufschwung steigt die „Spannung" im Arbeitsmarkt, d. h. es wird für die Unternehmen immer schwieriger, offene Stellen zu besetzen. Umgekehrt sinken im Konjunkturabschwung die Chancen von Arbeitslosen, eine passende offene Stelle zu finden.

In Abschnitt 2 wird untersucht, wie sich das Phänomen des Mismatch in Deutschland aktuell darstellt. Gestützt auf das IAB-Betriebspanel und die IAB-Erhebung zum Gesamtwirtschaftlichen Stellenangebot analysieren wir zunächst, wie sich die Arbeitsnachfrage, die offenen Stellen und andere Indikatoren für die Spannung im Arbeitsmarkt im konjunkturellen Verlauf entwickelt haben (2.1 und 2.2). Im Anschluss daran untersuchen wir den Fachkräftebedarf nach spezifischen Berufen und Qualifikationen (2.3) und die Entwicklung der Arbeitslosigkeit nach Qualifikationen (2.4). Angesichts des bereits heute sichtbaren Rückgangs des Arbeitsangebots bei den jungen Kohorten wird danach die Entwicklung im Ausbildungsmarkt skizziert (2.5). Schließlich untersuchen wir das Phänomen des Mismatch auf regionaler Ebene (2.6). Abschnitt 2.7 zieht ein Zwischenfazit.

Der dritte Teil dieses Kapitels hat den langfristigen Rückgang des Arbeitsangebots im Zuge des demografischen Wandels und die Folgen für den Arbeitsmarkt zum Gegenstand (Abschnitt 3). Den Ausgangspunkt der Analyse bildet eine langfristige Projektion des Erwerbspersonenpotenzials, die verschiedene Annahmen über die Entwicklung der Erwerbsbeteiligung, die Verlängerung der Lebensarbeitszeit und die Migration berücksichtigt. In verschiedenen Szenarien werden die möglichen Entwicklungen dargestellt (3.1). Wegen des stark schrumpfenden Erwerbspersonenpotenzials prognostizieren viele populärwissenschaftliche Studien einen strukturellen „Fachkräftemangel" – im Sinne eines dauerhaften Überschusses der Arbeitsnachfrage über das Arbeitsangebot. Tatsächlich ist jedoch damit zu rechnen, dass sich die Kapitalmärkte, die Gütermärkte und natürlich auch die Arbeitsmärkte an den Rückgang des Arbeitsangebots anpassen, etwa durch einen abnehmenden Kapitalstock oder steigende Löhne. Dies ist das Ergebnis komplexer volkswirtschaftlicher Prozesse, beispielsweise des veränderten Sparverhaltens der Bevölkerung im demografischen Wandel. In Abschnitt 3.2 wird diskutiert, über welche Kanäle und Mechanismen sich die Volkswirtschaft an den Rückgang des Arbeitsangebots anpassen kann. Der nachfolgende Abschnitt (3.3) quantifiziert auf Grundlage eines makroökonomischen Modells die möglichen Folgen für die gesamtwirtschaftliche Entwicklung und die Wirtschaftsstrukturen in Deutschland. Darauf aufbauend werden mögliche Veränderungen der Arbeitsnachfrage und des Arbeitsangebots nach Berufsgruppen untersucht.

Der vierte Teil widmet sich möglichen Strategien und Handlungsoptionen zur Stärkung des Fachkräftepotenzials. Zunächst wird skizziert, welchen quantitativen Beitrag die Mobilisierung inländischer Potenziale beziehungsweise die Migration leisten können, um den Rückgang des Arbeitskräfteangebots zu begrenzen. Dabei werden insbesondere die quantitativen Auswirkungen einer steigenden Erwerbstätigkeit von Frauen (4.1), der Verlängerung der Arbeitszeiten von Frauen (4.2) und einer zunehmenden Erwerbsbeteiligung Älterer (4.3) ermittelt. Ein zentrales Fachkräftepotenzial ist die Mobilisierung von Erwerbslosen (4.4). Darauf aufbauend wird diskutiert, wie sich die Qualifikation von potenziellen Fachkräften verbessern lässt (4.5). Neben einer allgemeinen Analyse wird hier auch auf Optionen für die betriebliche Weiterbildung eingegangen (4.6). Auf der Basis jüngerer Erkenntnisse der Arbeitsmarktforschung geht der nächste Abschnitt der Frage nach, welchen Beitrag die aktive Arbeitsmarktpolitik leisten kann. Rein quantitativ ist die Migration der stärkste Hebel zur Vergrößerung des Fachkräftepotenzials. Daher wird eingehend erörtert, wie sich durch eine gezielte Steuerung der Zuwanderung zusätzliche Fachkräfte gewinnen lassen (4.7). Die ökonomischen Auswirkungen der Zuwanderung hängen maßgeblich von der erfolgreichen Integration der Zuwanderer ab. Der folgende Abschnitt untersucht deshalb, welche Probleme bei der Arbeitsmarktintegration von Migranten auftreten und wie sich die Integrationschancen verbessern lassen (4.8). In der breiten Öffentlichkeit wird die Zuwanderung von Arbeitskräften oft kritisch diskutiert. Denn viele Menschen befürchten, dass Zuwanderer einheimische Arbeitskräfte verdrängen. Aus diesem Grunduntersucht der letzte Abschnitt die Auswirkungen der Zuwanderung auf Beschäftigung und Löhne in Deutschland (4.9 und 4.10).

Abschließend werden die wichtigsten Ergebnisse des Kapitels zusammengefasst und Schlussfolgerungen für die Arbeitsmarkt-, Bildungs- und Einwanderungspolitik gezogen (Abschnitt 5).

2 Fachkräftebedarf und Mismatch: Eine Bestandsaufnahme

Der deutsche Arbeitsmarkt zeichnete sich in den vergangenen Jahren, sieht man von dem Krisenjahr 2009 ab, durch eine steigende Arbeitsnachfrage und eine sinkende, aber weiterhin hohe Arbeitslosigkeit aus. Dabei unterscheidet sich das Verhältnis von offenen Stellen zu arbeitslosen Jobsuchern je nach Qualifikation, Beruf, Branche und Region erheblich. In diesem Abschnitt wird zunächst anhand verschiedener Indikatoren untersucht, wie sich die generelle Anspannung im Arbeitsmarkt in den vergangenen Jahren entwickelt hat – gemessen am Verhältnis von offenen Stellen zu Jobsuchern. In einem zweiten Schritt wird dieses Verhältnis differenziert nach Berufen, Qualifikationen und Regionen dargestellt. Dabei stützt sich unsere Analyse auf verschiedene Datenquellen. Die offizielle Statistik der Bundesagentur für Arbeit kann erste Hinweise für die Spannung am Arbeitsmarkt und den Mismatch liefern, sie ist auch sehr aktuell. Da aber nur ein Teil der offenen Stellen bei den Arbeitsagenturen gemeldet wird, sind für genauere Analysen Befragungen der Unternehmen notwendig. Das IAB verfügt über zwei einschlägige selbst erhobene Datenquellen: Das Betriebspanel[2] und die Erhebung des Gesamtwirtschaftlichen Stellenangebots (EGS).[3]

---

2 Das IAB-Betriebspanel ist eine jährliche repräsentative Befragung von knapp 16.000 Betrieben, die zahlreiche Fragen zur Entwicklung der Beschäftigung, Qualifikation, beruflichem Status, zur Rekrutierung von Arbeitskräften usw. enthält. Die Befragung wird seit 1993 jeweils von Ende Juni bis Anfang Oktober durchgeführt. Vgl. Fischer et al. (2009).

3 Die IAB-Erhebung des Gesamtwirtschaftlichen Stellenangebots (EGS) misst den Arbeitskräftebedarf in Deutschland nach Wirtschaftszweigen, Betriebsgrößen, Qualifikationsanforderungen und Berufen in West- und Ostdeutschland. Die EGS stützt sich auf eine repräsentative Zufallsstichprobe, die aus einer Grundgesamtheit von 75.000 Unternehmen mit mindestens einem sozialversicherungspflichtig Beschäftigten gezogen wird. Die EGS wird seit 1989 zum vierten Quartal und seit 2006 vierteljährlich durchgeführt. Vgl. Kettner et al. (2011).

2.1 Die gesamtwirtschaftliche Entwicklung von Beschäftigung, offenen Stellen und Arbeitslosigkeit

Die Beschäftigungsentwicklung

Die Beschäftigung in den deutschen Betrieben schwankt im Zeitverlauf erheblich. Die Beschäftigung ist insbesondere im Osten Deutschlands zu Beginn der 2000er Jahre zunächst deutlich gesunken, seit Mitte der 2000er Jahre aber wieder kräftig gestiegen.[4] Einen zwischenzeitlichen Höhepunkt erreichte die Beschäftigung im Jahr 2008. Nachdem sie im Krisenjahr 2009 stagnierte, nahm sie im Jahr 2010 wieder zu und lag mit knapp 35 Mio. deutlich über dem Niveau des Jahres 2005 (32 Mio.). Im genannten Zeitraum hat sich nicht nur die Zahl der Beschäftigten insgesamt erhöht, sondern auch die Anzahl der sozialversicherungspflichtig Beschäftigten. Seit Mitte der 2000er Jahre ist der Anteil der sozialversicherungspflichtigen Beschäftigung an der Gesamtbeschäftigung mit etwa 80 Prozent weitgehend konstant.

Dabei geht der überwiegende Teil der Beschäftigten einer qualifizierten Tätigkeit nach, also einer Tätigkeit, die mindestens eine abgeschlossene Berufsausbildung voraussetzt. Nach Angaben des IAB-Betriebspanels übten im Jahr 2010 etwas über 24 Mio. Beschäftigte – das entspricht knapp 80 Prozent der hier betrachteten Beschäftigten[5] – eine qualifizierte Tätigkeit aus. Weiter differenziert: 15 Prozent

---

4 Die Anzahl der Beschäftigten im IAB-Betriebspanel liegt deutlich unter den Angaben zu den Erwerbstätigen der Volkswirtschaftlichen Gesamtrechnung, da im IAB-Betriebspanel Selbständige, die keine sozialversicherungspflichtig Beschäftigten angestellt haben, ein Teil der geringfügig Beschäftigten (z. B. in privaten Haushalten) sowie ein Teil der Beamten (Dienststellen ohne sozialversicherungspflichtig Beschäftigte) nicht erfasst werden.

5 Die Gruppen der Auszubildenden, der Beamtenanwärter/innen, der tätigen Inhaber/innen, Vorstände und Geschäftsführer/innen wurden bei der Darstellung der Qualifikationsstruktur der Beschäftigung aus inhaltlichen Gründen ausgeschlossen.

gingen einer Tätigkeit nach, die einen Fachhochschul- oder Universitätsabschluss erfordert, und 63 Prozent einer Tätigkeit, die eine abgeschlossene Berufsausbildung verlangt. Seit dem Jahr 2006 ist die Zahl der Beschäftigten, die qualifizierten Tätigkeiten nachgehen, leicht gewachsen, bei den einfachen Tätigkeiten ist im gleichen Zeitraum praktisch keine Veränderung auszumachen. Diesen Ergebnissen zufolge besteht schon heute eine hohe und kontinuierlich steigende Nachfrage nach qualifizierten Fachkräften (Abbildung D1).

Die Entwicklung des gesamtwirtschaftlichen Stellenangebots

Als Indikator für die nicht befriedigte gesamtwirtschaftliche Nachfrage nach Arbeitskräften kann die Zahl der offenen Stellen herangezogen werden. Abbildung D2 stellt deren Entwicklung seit dem ersten Quartal 2006 auf Grundlage der EGS dar: Dem deutlichen Zuwachs bis 2007 und dem Verharren auf relativ hohem Niveau bis ins Jahr 2008 folgte Anfang 2009 ein deutlicher Rückgang der offenen Stellen durch den krisenbedingten Einbruch der gesamtwirtschaftlichen Produktion. Im Laufe des Jahres 2010 erholte sich die Arbeitskräftenachfrage und damit auch die Zahl der offenen Stellen deutlich.

Im ersten Quartal 2011 überschritt die Zahl der offenen Stellen erneut die Millionenschwelle, gefolgt von einem moderaten Rückgang im zweiten und dritten Quartal. Eine ähnliche Entwicklung zeigt sich bei den sofort zu besetzenden Stellen (Vakanzen). Auch deren Zahl ist im konjunkturellen Aufschwung – ähnlich wie in früheren wirtschaftlichen Boomphasen – deutlich angestiegen. Seit dem vierten Quartal 2010 liegt sie relativ stabil bei 700.000.

Für rund 60 Prozent der sofort zu besetzenden Stellen war im vierten Quartal 2010 ein Ausbildungs- oder Fachschulabschluss erforderlich. Die Zahl der Vakanzen für Ungelernte bzw. für Personen mit einem (Fach-)Hochschulabschluss nahm jeweils einen Anteil von rund 20 Prozent ein. Der Anteil der sogenannten Fachkräfte an den offenen Stellen fällt

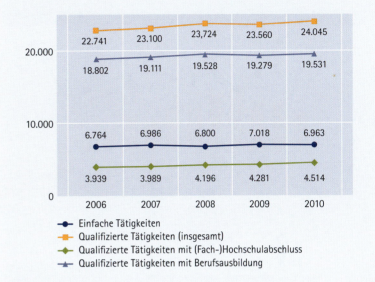

Abbildung D1

Entwicklung der Beschäftigung nach Qualifikationsniveau der Tätigkeit in Deutschland, 2006 bis 2010 (in 1.000 Personen)

- Einfache Tätigkeiten
- Qualifizierte Tätigkeiten (insgesamt)
- Qualifizierte Tätigkeiten mit (Fach-)Hochschulabschluss
- Qualifizierte Tätigkeiten mit Berufsausbildung

Basis: Alle Beschäftigte ohne Auszubildende und tätige Inhaber, Vorstände etc.
Quelle: IAB-Betriebspanel.

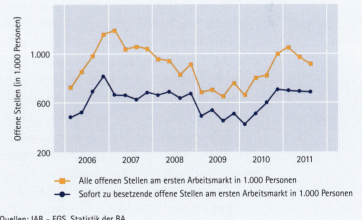

Abbildung D2

Zahl der offenen Stellen am ersten Arbeitsmarkt, 1. Quartal 2006 bis 3. Quartal 2011

- Alle offenen Stellen am ersten Arbeitsmarkt in 1.000 Personen
- Sofort zu besetzende offene Stellen am ersten Arbeitsmarkt in 1.000 Personen

Quellen: IAB – EGS, Statistik der BA.

damit nach der EGS noch etwas höher als nach der Erhebung des Betriebspanels aus (s. o.).

Die Spannung am Arbeitsmarkt bemisst sich nicht an der Zahl der offenen Stellen, sondern daran, ob der Arbeitsnachfrage ein entsprechendes Angebot

Abbildung D3

Verhältnis von Arbeitslosen zu sofort zu besetzenden Stellen[a] und BIP-Veränderung[b], 1. Quartal 2006 bis 3. Quartal 2011

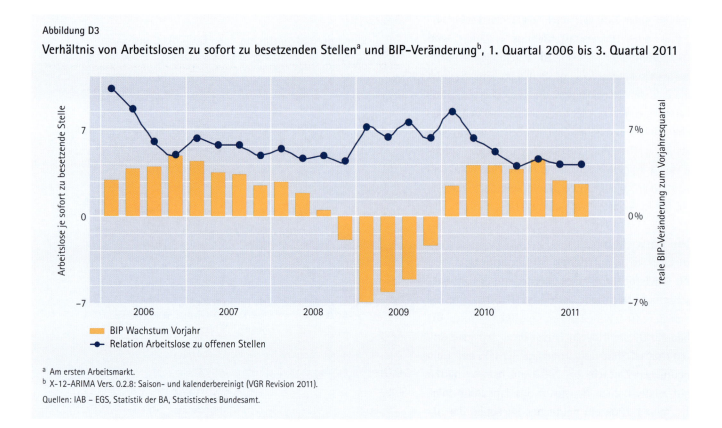

BIP Wachstum Vorjahr

Relation Arbeitslose zu offenen Stellen

[a] Am ersten Arbeitsmarkt.
[b] X-12-ARIMA Vers. 0.2.8: Saison- und kalenderbereinigt (VGR Revision 2011).

Quellen: IAB – EGS, Statistik der BA, Statistisches Bundesamt.

gegenübersteht. Setzt man die Zahl der sofort zu besetzenden Stellen zur Zahl der Arbeitslosen ins Verhältnis, so lässt sich zumindest grob abschätzen, inwieweit die akute betriebliche Arbeitsnachfrage durch kurzfristig verfügbare Arbeitskräfte gedeckt werden kann. Dieses Verhältnis verändert sich im Konjunkturverlauf: Im Aufschwung werden mehr Arbeitskräfte nachgefragt, die Arbeitslosigkeit sinkt, sodass jeder offenen Stelle weniger Arbeitsuchende gegenüberstehen. Dies zeigt sich auch für den Zeitraum seit 2006, in dem das Verhältnis von Arbeitslosen zu offenen Stellen zurückging – unterbrochen nur durch die Wirtschaftskrise 2008/2009. Mit der wirtschaftlichen Erholung im Jahr 2010 sank das Verhältnis von Arbeitslosen zu offenen Stellen erneut. Entfielen im Jahr 2006 noch auf jede offene Stelle rund acht Arbeitslose, so ist dieses Verhältnis im zweiten Quartal 2011 auf rund vier gefallen (vgl. Abbildung D3). Damit besteht in vielen Arbeitsmarktsegmenten weiterhin ein erhebliches Überangebot an Arbeitskräften. Von einem generellen Arbeitskräftemangel kann keine Rede sein.

2.2 Engpässe bei der Besetzung offener Stellen

Aus einer nach wie vor hohen Relation von Arbeitslosen zu offenen Stellen lässt sich jedoch nicht schließen, dass es keine Engpässe bei der Besetzung offener Stellen gibt. Dafür ist der Arbeitsmarkt mit Blick auf Qualifikationen, Berufe, Branchen und Regionen viel zu heterogen. Im folgenden Abschnitt werden daher Indikatoren vorgestellt, die eine genauere Analyse bestehender Rekrutierungsprobleme erlauben.

Ein erster Indikator für einen potenziellen Arbeitskräfte- oder Fachkräfteengpass ist der Anteil der schwer zu besetzenden Stellen. Damit sind Stellen gemeint, deren Besetzung aus betrieblicher Sicht länger dauert als üblich oder als ursprünglich geplant. Nach der EGS zeigt sich im vierten Quartal 2010 ein starker Anstieg des Anteils der schwer zu besetzenden Stellen. Er lag mit rund 30 Prozent fast doppelt so hoch wie im Vorjahresquartal. Aber auch in der Zeit vor der Finanzkrise, als die deutsche Wirtschaft bereits stark Beschäftigung aufbaute, war der Anteilswert auf einem deutlich niedrigeren Niveau. Der erhöhte Anteil lässt sich vor allem auf einen starken Zuwachs der schwer zu besetzenden Stellen zurückführen, während sich die Zahl der sofort zu besetzenden Stellen im Vergleich zum Vorjahr nur geringfügig erhöht hat.[6] An dieser Entwicklung lässt sich ablesen, dass der Rekrutierungsprozess im vergangenen Jahr durchaus schwieriger geworden ist.

Während sich der Anteil der schwer zu besetzenden Stellen auf noch nicht abgeschlossene Stellenbesetzungen bezieht, bietet die EGS auch Informationen darüber, welche Betriebe im Rückblick von Schwierigkeiten bei der Personalrekrutierung berichten (vgl. Abbildung D4). Dieser Anteil ist in den Jahren vor der Wirtschaftskrise angestiegen und lag 2010 mit knapp 30 Prozent wieder etwas über dem Wert aus dem Jahr 2007. Auch hier lässt sich erkennen, dass der Arbeitsmarkt im Aufschwung enger wird.

Zu einem ähnlichen Ergebnis kommen die auf die Zukunft gerichteten Fragen des IAB-Betriebspanels. Das IAB-Betriebspanel legte den Betrieben zuletzt im Jahr 2010 eine Liste mit Problemen bei der Personalentwicklung vor, die sie in der nahen Zukunft, d. h. innerhalb der nächsten zwei Jahre, erwarten. Diese Liste umfasst Schwierigkeiten bei der Rekrutierung von Fachkräften auf dem externen Arbeitsmarkt, Personalmangel, Überalterung der Belegschaften und einen hohen Qualifizierungsbedarf. Insgesamt nannten im Jahr 2010 rund 40 Prozent aller Betriebe eines oder mehrere der aufgeführten Probleme. Im Umkehrschluss bedeutet dies jedoch auch, dass rund 60 Prozent der Betriebe keine besonderen Personalschwierigkeiten für die nahe Zukunft erwarten.

Als mit Abstand häufigstes Problem nannten die Betriebe die Rekrutierung von Fachkräften. So gab etwa ein Viertel aller deutschen Betriebe an,

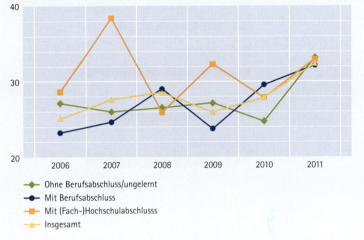

Abbildung D4

Stellenbesetzungsschwierigkeiten als Anteil an allen Neueinstellungen nach formalem Qualifikationsniveau, jeweils 4. Quartal 2006 bis 2010 (in Prozent)

- Ohne Berufsabschluss/ungelernt
- Mit Berufsabschluss
- Mit (Fach-)Hochschulabschlusss
- Insgesamt

Quelle: IAB – EGS.

Schwierigkeiten bei der Suche nach Fachkräften zu erwarten. An zweiter und dritter Stelle wurden der hohe Qualifizierungsbedarf und ein genereller Personalmangel als Probleme identifiziert. Insgesamt fällt auf, dass vor allem jene Probleme, die mit Personalengpässen und einem qualifikatorischen Mismatch zu tun haben, die Betriebe umtreiben. Dass diese Sorge – ungeachtet der Wirtschafts- und Finanzkrise – nicht nur vorübergehender Natur ist, lässt sich daran ersehen, dass im Zeitverlauf immer mehr Betriebe von Rekrutierungsschwierigkeiten berichten.

Unterscheidet man nach Qualifikationsniveau, so zeigt die EGS, dass Besetzungsschwierigkeiten überdurchschnittlich häufig auftreten, wenn Personen mit Ausbildungs- oder Fachschulabschluss sowie mit Fachhochschul- und Universitätsabschluss gesucht werden.

Als häufigste Gründe für Schwierigkeiten bei der Stellenbesetzung werden eine unzureichende berufliche Qualifikation sowie eine zu geringe Anzahl an Bewerbern genannt. Dies gilt insbesondere für Stellen, die einen Berufs- oder (Fach-)Hochschulabschluss erfordern (Abbildung D5). Inwieweit dies an

---

6   Dabei ist allerdings zu beachten, dass bei der Erhebung der schwer zu besetzenden Stellen ab dem vierten Quartal 2010 keine geförderte Beschäftigung mehr berücksichtigt wird.

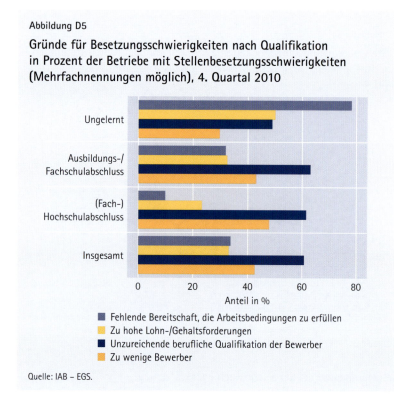

Abbildung D5

Gründe für Besetzungsschwierigkeiten nach Qualifikation in Prozent der Betriebe mit Stellenbesetzungsschwierigkeiten (Mehrfachnennungen möglich), 4. Quartal 2010

Ungelernt

Ausbildungs-/ Fachschulabschluss

(Fach-) Hochschulabschluss

Insgesamt

Anteil in %

■ Fehlende Bereitschaft, die Arbeitsbedingungen zu erfüllen
■ Zu hohe Lohn-/Gehaltsforderungen
■ Unzureichende berufliche Qualifikation der Bewerber
■ Zu wenige Bewerber

Quelle: IAB – EGS.

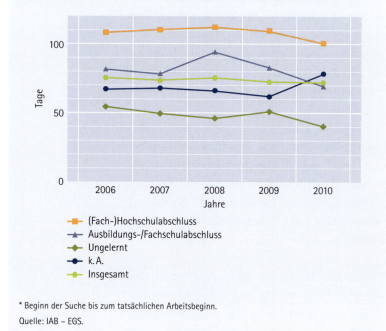

Abbildung D6

Besetzungsdauer* bei erfolgreicher Neueinstellung in Tagen nach Qualifikation der Stelle, 4. Quartal 2006 bis 4. Quartal 2010

Tage

Jahre

—■— (Fach-)Hochschulabschluss
—▲— Ausbildungs-/Fachschulabschluss
—◆— Ungelernt
—●— k. A.
—●— Insgesamt

* Beginn der Suche bis zum tatsächlichen Arbeitsbeginn.
Quelle: IAB – EGS.

gestiegenen oder sich verändernden Anforderungen der Betriebe liegt, oder daran, dass die Kenntnisse und Fertigkeiten der Bewerber abgenommen haben, lässt sich jedoch nicht beantworten. In jedem Fall deutet dies auf einen Mismatch zwischen geforderten und angebotenen Qualifikationen hin. Dagegen monieren die Betriebe bei Personen ohne Berufsabschluss vor allem deren fehlende Bereitschaft, die Arbeits- und Lohnbedingungen zu akzeptieren. Dies dürfte auch damit zusammenhängen, dass Tätigkeiten für Ungelernte häufiger im Niedriglohnsegment angesiedelt sind.

Schwierigkeiten bei der Stellenbesetzung können sich auch in längeren Such- und Besetzungszeiten widerspiegeln. Bei erfolgreichen Suchprozessen lag die durchschnittliche Besetzungsdauer (Beginn der Suche bis zum tatsächlichen Arbeitsbeginn) im vierten Quartal 2010 bei 72 Tagen und erwies sich damit über die letzten Jahre hinweg als recht stabil (Abbildung D6). Dies gilt mehr oder minder für alle Qualifikationsgruppen, sodass sich hier keine Anzeichen für zunehmende Rekrutierungsprobleme finden lassen. Allerdings müssen bei Stellen mit hohen Anforderungen doppelt so lange Besetzungszeiten eingeplant werden.

Doch nicht alle Suchprozesse führen zum Erfolg: Im Jahr 2010 mussten 14 Prozent der Betriebe eine Personalsuche erfolglos abbrechen. Dies betraf gut 517.000 Stellen. Dem stehen 4,7 Mio. erfolgreiche Neueinstellungen gegenüber. Die Relation von Suchabbrüchen zu erfolgreichen Neueinstellungen ist seit 2008 – dem Jahr der erstmaligen Erhebung dieser Frage – von 15,6 auf 10,9 im Jahr 2010 gefallen. Suchabbrüche haben also relativ an Bedeutung verloren. In knapp drei Viertel der Fälle, bei denen die Personalsuche abgebrochen wurde, ging es um Stellen, die von Personen mit abgeschlossener Berufsausbildung oder Fachschulabschluss besetzt werden sollten. In jeweils etwa 13 Prozent der Fälle wurde eine Person mit Fachhochschul- oder Universitätsabschluss beziehungsweise ohne berufliche Ausbildung gesucht. Stellen blieben also besonders im mittleren Qualifikationssegment unbesetzt.

Tabelle D1

Betriebliche Reaktionen auf Fälle erfolglos abgebrochener Personalsuche nach Qualifikation in Prozent (Mehrfachnennungen möglich), 4. Quartal 2010

Gesuchtes Qualifikationsniveau	Ungelernt	Ausbildungs-/ Fachschulabschluss	(Fach-) Hochschul- abschluss	Insgesamt
auf Aufträge verzichtet	*	42,5	36,2	41,2
Aufgaben von anderen Mitarbeitern durch Überstunden etc. erledigt	23,7	39,7	39,7	37,5
Aufgaben von anderen Mitarbeitern innerhalb der normalen Arbeitszeit erledigt	33,3	34,0	31,4	33,7
Technische/organisatorische Änderungen vorgenommen	*	24,2	31,6	23,4
Leiharbeit wird in Anspruch genommen	*	20,1	15,1	18,5
die Stelle wurde intern besetzt	*	6,0	5,0	7,3
durch veränderte Marktsituation kein Bedarf mehr	*	6,9	*	6,4

* Keine ausreichenden Fallzahlen.

Quelle: IAB – EGS.

Wenn eine Personalsuche erfolglos abgebrochen wird, muss nicht automatisch auf Aufträge verzichtet werden. Dies ist nur in gut 40 Prozent der Suchabbrüche der Fall (Tabelle D1).[7] In vielen Fällen gelingt es, die Besetzungsprobleme durch innerbetriebliche Flexibilität zu lösen. So werden die Aufgaben vom restlichen Personal erledigt oder es werden technische oder organisatorische Umstrukturierungen vorgenommen. Schließlich bietet die Zeitarbeit als Instrument der externen Flexibilität eine immer häufiger genutzte Möglichkeit, kurzfristig auf Engpässe zu reagieren.

Die von den Betrieben berichteten Ausweichstrategien bestätigen den ebenfalls aus Umfragen gewonnen Befund, dass die ihnen genannten wirtschaftlichen Aktivitätshemmnisse nur zu einem geringen Teil im Mangel an geeigneten Fachkräften bestehen. Im vierten Quartal 2010 gaben gut 36 Prozent der deutschen Betriebe an, durch externe Faktoren in der Ausschöpfung ihrer wirtschaftlichen Möglichkeiten eingeschränkt zu sein. Zumeist wurden Aktivitätshemmnisse mit zu wenigen Aufträgen oder zu geringen Umsätzen begründet (23,6 % aller Betriebe). Ein Mangel an geeigneten Arbeitskräften wurde dagegen von nur 8,2 Prozent aller Betriebe genannt. Dieser Wert liegt zwar etwas über dem Anteil im Jahr 2008, bietet aber kaum Anhaltspunkte für wachsende Rekrutierungsprobleme.

2.3 Offene Stellen und Rekrutierungs- engpässe nach Berufen

Der deutsche Arbeitsmarkt ist stärker als in vielen anderen Ländern durch das System der dualen Berufsausbildung geprägt. Es ist deshalb sinnvoll, die Entwicklung der Arbeitsnachfrage und der offenen Stellen auch nach Berufen zu differenzieren. Tabelle D2 weist die 15 Berufe aus, für die die Betriebe am häufigsten offene Stellen zu besetzen haben.[8]

---

7 Auch dies muss jedoch nicht bedeuten, dass hierdurch ein volkswirtschaftlicher Schaden entsteht, denn der Auftrag kann durch einen anderen Betrieb ausgeführt werden.

8 Dabei wurde die Klassifikation der Berufe von 1992 (KldB92) auf der Ebene von Dreistellern verwendet. Für die Bezeichnungen der Berufe wird dabei immer der gebräuchlichere Begriff verwendet (z. B. Ingenieur oder Krankenschwester). Bei den eindeutig männlichen oder weiblichen Berufsbezeichnungen sind immer auch die im Beruf Tätigen des anderen Geschlechts gemeint.

Tabelle D2

Rangliste der sofort zu besetzenden Stellen nach Berufen[a], 4. Quartal 2010

Rang		Sofort zu besetzende Stellen in Tsd.
	Gesamt:	709
1	Lager-, Transportarbeiter	44
2	Berufskraftfahrer u. Ä.	32
3	Ingenieure ohne nähere Fachrichtung, REFA-Ingenieure, sonstige Ingenieure	28
4	Bürofachkräfte, Industriekaufleute, Rechtsanwalts- und Notargehilfen[b]	27
5	Elektriker ohne nähere Angabe, Elektroinstallateure, Energieelektroniker (Anlagen-, Betriebstechniker)	25
6	Erzieher, Sozialarbeiter, Sozialpädagogen, sonstige soziale Berufe[c]	24
7	Versicherungsfachleute (ohne gesetzliche Sozialversicherung)	19
8	Altenpfleger	18
9	Bankfachleute	17
10	Restaurantfachleute, Stewardessen	16
11	Andere Vertreter, Handlungsreisende, Handelsvertreter, Vertriebsbeauftragte	15
12	Techniker/innen ohne nähere Fachrichtung, REFA-Techniker, sonstige Techniker	14
13	Krankenpfleger, Hebammen/Entbindungspfleger	13
14	Köche	12
15	Sprechstundenhelfer	12

[a] Dreisteller, nach der Berufsklassifikation von 1992 (KldB92).

[b] Bürofachkräfte, kaufmännische Angestellte ohne nähere Angabe, Büro- und kaufmännische Sachbearbeiter, anderweitig nicht genannt + Industriekaufleute, technische Kaufleute, Betriebswirte (ohne Diplom), anderweitig nicht genannt + Rechtsanwalts- und Notargehilfen.

[c] Erzieher, Sozialarbeiter, Sozialpädagogen + Heilpädagogen + Familienpfleger, Dorfhelfer + Heilerziehungspfleger + sonstige soziale Berufe.

Quelle: IAB – EGS.

Berufskraftfahrer, Bürofachkräfte, Elektriker/Elektroinstallateure, Köche und Ingenieure gehören schon seit Jahren zu den Berufen mit den meisten sofort zu besetzenden Stellen. Dagegen haben sozialpflegerische Berufe (Erzieher, Sozialpädagogen und Altenpfleger) sowie krankenpflegerische Berufe erst in der jüngeren Vergangenheit an Bedeutung gewonnen.

Auch auf der beruflichen Ebene gilt, dass ein hoher Bedarf noch keinen Engpass oder gar einen Mangel anzeigt. Um einen Eindruck von der Arbeitsmarktanspannung auf den Teilarbeitsmärkten zu erhalten, werden den sofort zu besetzenden Stellen die Arbeitslosen gegenübergestellt.

Abbildung D7 bildet die entsprechenden Relationen ab.[9]

In den meisten Berufsgruppen übersteigt die Zahl der Arbeitslosen die Zahl der offenen Stellen. Rein zahlenmäßig hätten die offenen Stellen in allen Berufsfeldern – bis auf die Gruppe der Ingenieure, Chemiker, Physiker und Mathematiker (Teilgruppe der MINT-Berufe[10]), Elektro- und Gesundheitsberufe – durch Arbeitslose besetzt werden können. Dies

---

9 Dabei wurde die Einsteller-Ebene der Berufsklassifikation von 1992 verwendet.

10 MINT-Berufe: Berufe in den Bereichen Mathematik, Informatik, Naturwissenschaften und Technik.

Abbildung D7

Relation von Arbeitslosen und sofort zu besetzenden offenen Stellen nach Berufsfeldern* im 4. Quartal 2010

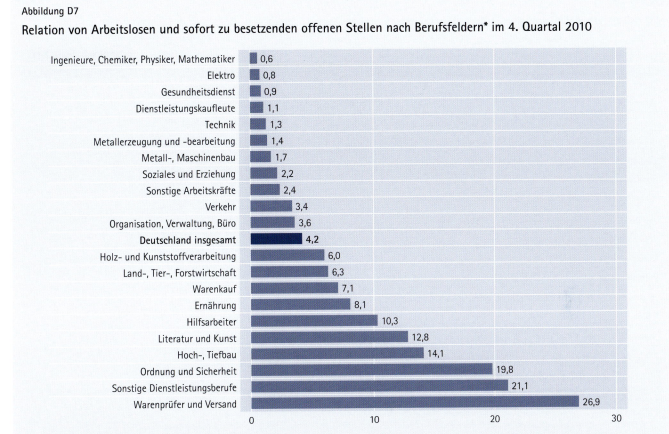

* Aufgrund mangelnder Fallzahlen können keine Relationen für folgende Berufsfelder ausgewiesen werden: Bergbau, Steinbearbeitung und Baustoffherstellung, Keramik, Glas, Chemie, Kunststoff, Metall, Papier und Druck, Holzbearbeitung, Holz- und Flechtwaren, Montage, Textil- und Bekleidung, Lederherstellung, Leder- und Fellverarbeitung, Ausbauberufe, Polsterer, Malen und Lackieren, Maschinisten.

Quelle: IAB – EGS, Statistik der BA.

ist natürlich hypothetisch. Regionale, qualifikatorische, betriebliche und persönliche Unterschiede sowie Informations- und Suchkosten werden immer dazu führen, dass nicht alle Vakanzen besetzt werden können – auch wenn die Zahl der Arbeitslosen die Zahl der offenen Stellen übersteigt. Zudem berücksichtigen gut 10 Prozent der Betriebe bei der Mitarbeitersuche keine Bewerbungen von Arbeitslosen.

Da der Vorteil der Vollständigkeit mit einer geringeren Differenziertheit erkauft wird, betrachten wir in Tabelle D3 das Verhältnis zwischen Arbeitslosen und sofort zu besetzenden Stellen noch einmal für ausgewählte Berufsgruppen. Dabei lassen sich wiederum Berufe mit einem Überangebot an Arbeitslosen von solchen unterscheiden, bei denen sich selbst

dann nicht alle offenen Stellen durch Arbeitslose besetzen ließen, wenn man von uneingeschränkter regionaler Flexibilität der Arbeitsuchenden und perfekter Passung der Qualifikationsprofile ausginge. Dies gilt beispielsweise für die „Ingenieure ohne nähere Fachrichtung", die Versicherungsfachleute oder die Krankenpfleger und Hebammen.

Es zeigt sich, dass bei ausgewählten Ingenieuren, Technikern, Versicherungsfachleuten, Krankenpflegern, Datenverarbeitungsfachleuten, Softwareentwicklern und Informatikern Relationen von eins oder deutlich darunter vorliegen. In den meisten dieser Berufe kann man von einer dauerhaften Übernachfrage sprechen. Eine Ausnahme bilden die IT-Berufe; hier sind im Konjunkturverlauf erhebliche Schwankungen der Nachfrage zu beobachten.

Tabelle D3

Verhältnis von Arbeitslosen[a] zu sofort zu besetzenden Stellen nach ausgewählten Berufen[b], 4. Quartal 2010

	Verhältnis Arbeitslose zu offenen Stellen
Ingenieure ohne nähere Fachrichtung, REFA-Ingenieure, sonstige Ingenieure	0,25
Ärzte	0,28
Versicherungsfachleute (nicht gesetzliche Sozialversicherung)	0,28
Techniker ohne nähere Fachrichtung, REFA-Techniker, sonstige Techniker	0,31
Krankenpfleger, Hebammen/Entbindungspfleger	0,50
Elektroingenieure	0,54
Elektriker ohne nähere Angabe, Elektroinstallateure, Energieelektroniker (Anlagen-, Betriebstechnik)	0,69
Datenverarbeitungsfachleute, Softwareentwickler, Informatiker[c]	0,99
Maschinenbautechniker, Elektrotechniker[d]	1,72
Erzieher, Sozialarbeiter, Sozialpädagogen, sonstige soziale Berufe[e]	1,74
Altenpfleger	2,20
Bürofachkräfte, Industriekaufleute, Rechtsanwalts- und Notargehilfen[f]	5,60
Köche	9,49
Verkäufer[g]	14,36

[a] Ohne zugelassene kommunale Träger.
[b] Dreisteller, Klassifikation der Berufe von 1992 (KldB92).
[c] Datenverarbeitungsfachleute, Informatiker ohne nähere Angabe + Softwareentwickler + DV-Organisatoren und verwandte Berufe + DV-Beratungs- und Vertriebsfachleute + Rechenzentrums- und DV-Benutzerservice-Fachleute + sonstige Datenverarbeitungsfachleute, Informatiker.
[d] Techniker des Maschinen-, Apparate- und Fahrzeugbaues + Elektrotechniker.
[e] Erzieher, Sozialarbeiter, Sozialpädagogen + Heilpädagogen + Familienpfleger, Dorfhelfer + Heilerziehungspfleger + sonstige soziale Berufe.
[f] Bürofachkräfte, kaufmännische Angestellte ohne nähere Angabe, Büro- und kaufmännische Sachbearbeiter, anderweitig nicht genannt + Industriekaufleute, technische Kaufleute, Betriebswirte (ohne Diplom), anderweitig nicht genannt. + Rechtsanwalts- und Notargehilfen.
[g] Verkäufer ohne nähere Angabe + Nahrungs-, Genußmittelverkäufer + sonstige Fachverkäufer.
Quelle: IAB – EGS, Statistik der BA.

2.4 Arbeitsangebotsüberschüsse nach Qualifikation

Auch wenn in vielen Bereichen des Arbeitsmarktes Rekrutierungsengpässe mit einer hohen Zahl offener Stellen und langen Vakanzzeiten zu beobachten sind, so sind Arbeitslosigkeit und Unterbeschäftigung in Deutschland insgesamt immer noch hoch. Die Höhe der Arbeitslosigkeit ist in den einzelnen Arbeitsmarktsegmenten sehr unterschiedlich. Dies zeigen auch die qualifikationsspezifischen Arbeitslosenquoten (vgl. Abbildung D8): Demnach waren zwischen 1975 und 2009 weniger als 5 Prozent der Hoch- oder Fachhochschulabsolventen arbeitslos, zuletzt sogar nur 2,5 Prozent. Von allen zivilen Erwerbspersonen ohne Berufsabschluss waren 1975 im früheren Bundesgebiet nur etwa 5 Prozent arbeitslos; im Jahr 2009 waren es im Bundesdurch-schnitt hingegen 22 Prozent, in Ostdeutschland sogar 34 Prozent. Zwar kam der Konjunkturaufschwung vor und nach der Finanzkrise auch den Geringqualifizierten zugute, allerdings verfügen sie im Vergleich noch immer über schlechtere Arbeitsmarktchancen. Auch unter Berücksichtigung weiterer Faktoren wie Region, Geschlecht oder Alter zeigt sich: Stets liegen die Arbeitslosenquoten der Geringqualifizierten deutlich über denen der Qualifizierten – und erst recht über dem Niveau der Akademiker. In allen Altersgruppen tragen Personen ohne Berufsabschluss ein vielfach höheres Arbeitslosigkeitsrisiko als Personen mit Berufs- oder Hochschulabschluss. Dabei handelt es sich keinesfalls um ein Randphänomen: Im Jahr 2005 hatten von allen Erwerbstätigen (ohne Auszubildende) 19 Prozent keine abgeschlossene Berufsausbildung, unter den

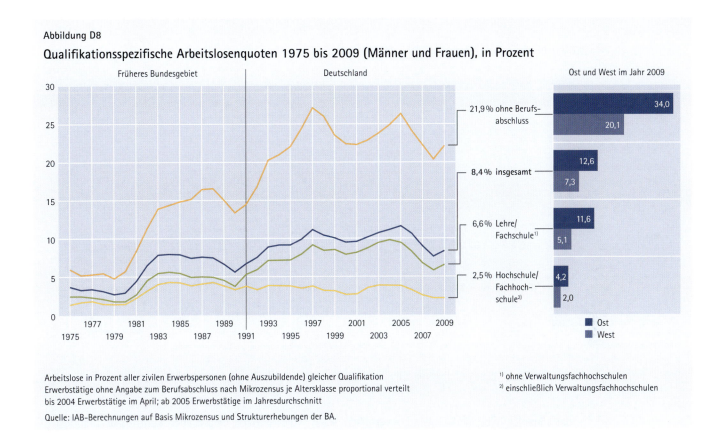

Abbildung D8

Qualifikationsspezifische Arbeitslosenquoten 1975 bis 2009 (Männer und Frauen), in Prozent

Arbeitslose in Prozent aller zivilen Erwerbspersonen (ohne Auszubildende) gleicher Qualifikation
Erwerbstätige ohne Angabe zum Berufsabschluss nach Mikrozensus je Altersklasse proportional verteilt
bis 2004 Erwerbstätige im April; ab 2005 Erwerbstätige im Jahresdurchschnitt

Quelle: IAB-Berechnungen auf Basis Mikrozensus und Strukturerhebungen der BA.

[1] ohne Verwaltungsfachhochschulen
[2] einschließlich Verwaltungsfachhochschulen

Arbeitslosen waren es sogar 39 Prozent (Lott 2010). Insgesamt ist festzuhalten, dass das Risiko der Arbeitslosigkeit mit der Höhe der Qualifikation sinkt.

2.5 Der Ausbildungsmarkt

Der demografische Wandel hat bislang den Umfang des Arbeitsangebots nicht spürbar reduziert, hinterlässt aber bereits erste Spuren in der Altersstruktur der Erwerbspersonen. Diese Verschiebung spiegelt sich vor allem in einem Rückgang des Arbeitsangebots bei den jüngeren Kohorten wider. Künftige Trends auf dem Arbeitsmarkt lassen sich deshalb – zumindest für einen Teil der Beschäftigten und Betriebe – schon heute auf dem betrieblichen Ausbildungsmarkt ablesen. Dies gilt einerseits für das quantitative Verhältnis von Bewerbern und angebotenen Ausbildungsstellen, andererseits für die qualitative Abstimmung zwischen den von den Ausbildungsbetrieben geforderten Qualifikationen und dem Qualifikationsprofil der Schulabgänger (Seibert/Kleinert 2009; Kleinert/Jacob 2012).

Der Ausbildungsmarkt in Deutschland war über lange Zeit hinweg durch einen Mangel an Ausbildungsstellen gekennzeichnet. Die Zahl der Jugendlichen und jungen Erwachsenen, die einen Ausbildungsplatz suchten, war deutlich höher als die Zahl der von den Betrieben angebotenen Stellen (Abbildung D9).[11] Etliche Bewerber mussten auf alternative Angebote ausweichen, insbesondere auf berufsvorbereitende Maßnahmen, die nicht zu einem anerkannten beruflichen Abschluss führten (Autorengruppe Bildungsberichterstattung 2010: 96). Wenn diese beendet waren, machte sich das Gros dieser Gruppe wieder auf Ausbildungssuche, was bis vor ein paar Jahren zu stetig steigenden Zahlen sogenannter „Altbewerber" führte – Ausbildungsplatzbewerbern, die nicht im aktuellen Jahr, sondern bereits früher

---

11 In Abbildung D9 sind nur die Bereiche von Angebot und Nachfrage dargestellt, die institutionell erfasst sind. Daneben kann es erfolglose Bewerber und unbesetzt gebliebene Stellen geben, die nicht bei der Bundesagentur für Arbeit gemeldet sind.

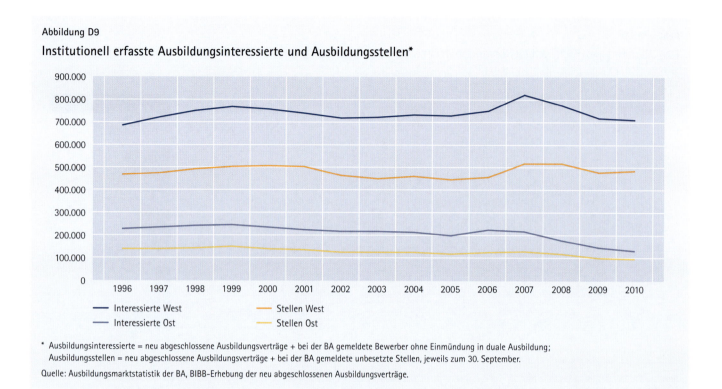

Abbildung D9

Institutionell erfasste Ausbildungsinteressierte und Ausbildungsstellen*

Legende:
- Interessierte West
- Interessierte Ost
- Stellen West
- Stellen Ost

* Ausbildungsinteressierte = neu abgeschlossene Ausbildungsverträge + bei der BA gemeldete Bewerber ohne Einmündung in duale Ausbildung;
  Ausbildungsstellen = neu abgeschlossene Ausbildungsverträge + bei der BA gemeldete unbesetzte Stellen, jeweils zum 30. September.

Quelle: Ausbildungsmarktstatistik der BA, BIBB-Erhebung der neu abgeschlossenen Ausbildungsverträge.

das allgemeinbildende Schulsystem verließen. Auch wenn sie einen Ausbildungsplatz fanden, konnten viele junge Menschen nicht in ihre Wunschberufe und Wunschbetriebe gehen. Diejenigen, denen dies glückte, nahmen dafür oft weite Wege und Umzüge in Kauf, weil verfügbare Ausbildungsstellen regional sehr unterschiedlich verteilt waren (Heineck et al. 2011: 3).

Seit 2008 scheint sich hier jedoch eine Trendwende abzuzeichnen: Dank schrumpfender Schulabgängerkohorten entspannte sich der Ausbildungsmarkt zusehends, vor allem in den neuen Bundesländern – obwohl die Betriebe nicht mehr Ausbildungsstellen anboten als in den Jahren zuvor. 2010 erreichte die Quote erfolgreich platzierter Ausbildungsinteressierter ihren höchsten Stand seit Mitte der 1990er Jahre. Im Westen lag sie bei 66 Prozent, im Osten sogar bei 69 Prozent.

Wenn in den nächsten Jahren die doppelten Abiturjahrgänge an den Universitäten oder in Ausbildung sind, wird sich der Ausbildungsmarkt zahlenmäßig weiter entspannen (Abbildung D10) – vorausgesetzt,

die Betriebe bieten auch künftig Ausbildungsplätze in bisherigem Umfang an. Dies wiederum hängt vom Konjunkturverlauf, aber auch von der Anpassung der Unternehmen an die sinkenden Bewerberzahlen ab. Entlastend wirkt auch die wieder anziehende Bildungsexpansion im allgemeinbildenden Schulsystem: Die Zahl der Absolventen mit Hochschulreife wird – wie schon in den letzten Jahren – bis etwa 2016 weiter zunehmen. Schulabgänger ohne Abschluss, mit Hauptschulabschluss und mit mittleren Abschlüssen – die Gruppen, die Ausbildungen im dualen Bildungssystem besonders stark nachfragen – werden dagegen weiter schrumpfen.

Trotz des deutlichen Rückgangs der Bewerberzahlen kann derzeit noch keine Rede von einem demografisch bedingten Mangel an Auszubildenden sein. So gab es auch im Ausbildungsjahr 2009/10 nur wenige Ausbildungsstellen, die unbesetzt blieben (im Westen 4 %, im Osten 5 %), selbst wenn nach Auskunft der Betriebe die Stellen teilweise schwieriger zu besetzen waren als in den Jahren zuvor. Da sowohl die angebotenen Berufe als auch die Ausbildungsbetriebe im dualen System sehr heterogen

Abbildung D10

Vergangene und voraussichtliche Entwicklung der Abgängerzahlen aus allgemeinen Schulen nach Abschlussart

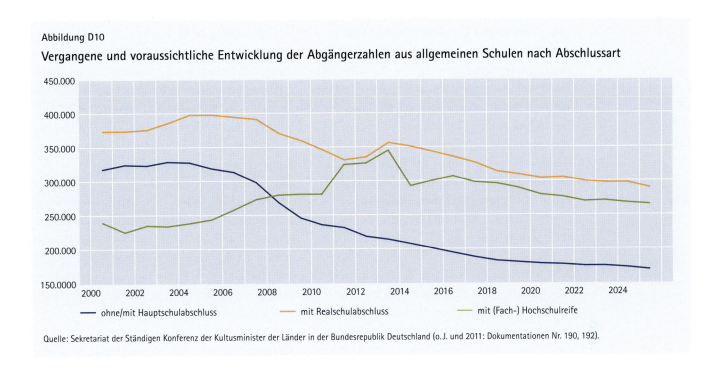

Quelle: Sekretariat der Ständigen Konferenz der Kultusminister der Länder in der Bundesrepublik Deutschland (o.J. und 2011: Dokumentationen Nr. 190, 192).

sind, was Arbeitsbedingungen, Arbeitsplatzsicherheit sowie Lohnniveau und Karrieremöglichkeiten im Anschluss an die Ausbildung angeht, sind künftig stärkere Probleme in den wenig attraktiven Ausbildungssektoren zu erwarten. Das Gleiche gilt für Regionen, in denen die Schulabgängerzahlen besonders stark zurückgehen. Die dortigen Betriebe werden Schwierigkeiten haben, Jugendliche aus anderen Regionen zu gewinnen. So blieben bereits im letzten Jahr in der vom Tourismus geprägten Region Stralsund in Mecklenburg-Vorpommern 22 Prozent aller angebotenen Ausbildungsstellen unbesetzt; im Hotel- und Gaststättengewerbe betraf das sogar jede zweite Stelle (BIBB 2011: 24).

Umgekehrt gingen auch im Jahr 2010 wieder viele junge Interessenten bei ihrer Ausbildungssuche leer aus – in den alten Ländern 33 Prozent, in den neuen 31 Prozent. Davon sind vor allem Jugendliche aus sozial benachteiligten Elternhäusern und Stadtvierteln sowie männliche Jugendliche mit Migrationshintergrund betroffen (Diehl et al. 2009; Beicht/Granato 2010; Wagner 2005; Reißig et al. 2008). Als größtes Hindernis erweist sich die Bildungsausstattung der Schulabgänger, also Abschlussart und Abschlussnoten (Solga 2004,

2005; Wagner 2005). Kleinert und Jacob (2012) zeigen, dass sich die Übergangschancen von Hauptschulabsolventen seit Mitte der 1970er Jahre auch jenseits von konjunktur- und demografiebedingten Engpässen – und unter Berücksichtigung der Zusammensetzung ihrer Schülerschaft – absolut und relativ verschlechtert haben. Seit Mitte der 1990er Jahre ist dieser Trend auch für Absolventen mit mittleren Abschlüssen zu beobachten. Diese Schulformen haben somit auf dem Ausbildungsmarkt an Wert verloren, da die Anforderungen der Betriebe an Auszubildende durch technologischen und berufsstrukturellen Wandel langfristig gestiegen sind.

Künftig dürfte es also auch dann einen Mismatch auf dem Ausbildungsmarkt geben, wenn rechnerisch genügend Ausbildungsplätze für alle Bewerber zur Verfügung stehen. Es wird damit auch weiterhin Schulabgänger geben, die keinen dualen Ausbildungsplatz bekommen, weil sie die Anforderungen nicht erfüllen. Gleichzeitig wird die Zahl der Betriebe steigen, die ihre offenen Stellen nicht besetzen können, weil diese in den betreffenden Regionen, Qualifikationen und Berufen nicht auf ein entsprechendes Angebot zurückgreifen können.

2.6 Regionaler Fachkräftebedarf und Arbeitslosigkeit

Das Phänomen des Fachkräftebedarfs und des Mismatch kann nicht nur auf qualifikatorischer und beruflicher Ebene, sondern auch auf regionaler Ebene beobachtet werden. Deutschland ist durch erhebliche regionale Disparitäten in Niveau und Wachstum des Bruttoinlandsprodukts, der Beschäftigung und der Arbeitslosigkeit charakterisiert. Die Spannung im Arbeitsmarkt, und insbesondere das Verhältnis von offenen Stellen zum Pool der Arbeitsuchenden, stellten sich deshalb regional sehr unterschiedlich dar.

Als Annäherung an das Ausmaß des regionalen Fachkräftebedarfs vor, während und nach der Finanzkrise kann das Verhältnis von Arbeitslosen zu den bei der Bundesagentur für Arbeit (BA) gemeldeten offenen Stellen betrachtet werden.[12] Dieses Verhältnis bilden die Karten in den Abbildungen D11 bis D14 für die Jahre 2008 bis 2011 ab. Stichtag ist jeweils der Juni jedes Jahres. Für die Darstellung ausgewählt wurden nur solche Berufe, die in der Diskussion um die Knappheit von Fachkräften besonders häufig genannt werden: Metallerzeugung und -bearbeitung, Schlosser und Mechaniker, Elektriker, Montierer und Metallberufe, Ingenieure, Chemiker, Physiker sowie Techniker und die sogenannten technischen Sonderfachkräfte. Es handelt sich jeweils um die von Arbeitgebern bei der BA *gemeldeten* Arbeitsstellen und es geht jeweils um *ungeförderte Beschäftigung*. Diese Art der Darstellung vernachlässigt zwar, dass Unternehmen nicht alle offenen Stellen an die BA weitergeben, die Zahl *tatsächlich vorhandener* offener Stellen mithin deutlich höher zu veranschlagen ist.[13]

---

12 Quelle: Statistik der Bundesagentur für Arbeit (ASTplus, Gesamtübersicht gemeldete Stellen). Die folgenden Berufsklassen sind für die ausgewählten Berufe relevant: 19–24, 25–30, 31–32, 60–63. Einzelne Kreise wurden zwecks Vergleichbarkeit (06/2008 bis 06/2011) und unterschiedlichen Gebietsständen aggregiert.

13 Dem Meldeverhalten von Unternehmen kann man sich auf der Basis von Unternehmensbefragungen annähern. So berichtet etwa der VDI aus einer Befragung im Jahr 2009, dass nur jede siebte Ingenieurstelle der BA gemeldet wird (Erdmann/Koppel 2009).

Umgekehrt kann die Meldung offener Stellen bei der BA gerade in den hier ausgewählten qualifizierten Berufen im Verarbeitenden Gewerbe, die vor der Finanzkrise besonders stark nachgefragt wurden, als Anzeichen für Stellenbesetzungsprobleme interpretiert werden, wobei zu berücksichtigen ist, dass die tatsächliche Arbeitsnachfrage höher ist als die Zahl der gemeldeten Stellen suggeriert.

So sind auch die Abbildungen D11 bis D14 zu lesen: Je dunkler die Einfärbung der Karte, desto weniger Arbeitslose standen in den ausgewählten Berufen den bei der BA gemeldeten offenen Stellen gegenüber. Die Einteilung in der Legende jeder Karte ist dabei von Jahr zu Jahr verschieden und grenzt ungefähr gleich stark besetzte Quantile ab.

Abbildung D11 weist für den Juni 2008 im Süden der Republik und in Teilen Nordrhein-Westfalens, Niedersachsens und in Rheinland-Pfalz sowie Hamburg dunkle und sehr dunkle Einfärbungen aus. Das heißt, dass gerade in jenen Regionen (83 Kreise), in denen der Anteil des Verarbeitenden Gewerbes traditionell hoch ist, für eine gemeldete offene Stelle weniger als zwei Arbeitslose zur Verfügung standen (1:1,5). Geht man davon aus, dass zur erfolgreichen Besetzung einer offenen Stelle ein entsprechendes Angebot die Grundlage ist, konnte in den betroffenen Regionen demnach durchaus von Fachkräfteknappheit in den ausgewählten Berufen die Rede sein.

Abbildung D12 bildet die Situation ein Jahr später im Juni 2009 ab. Bei einer ähnlichen Verteilung des Farbmusters stehen braune und dunkle gelbe Flecken im Krisenjahr nun allerdings für ein Angebot von über fünf Arbeitslosen auf jede gemeldete offene Stelle. Schon ein Jahr später, im Juni 2010 (Abbildung D13), hat sich die Situation wieder so weit erholt, dass in einigen Regionen der Zustand von vor der Finanzkrise erreicht wurde. Vergleicht man schließlich die in Abbildung D11 dargestellte Situation im Juni 2008 mit der Situation im Juni 2011 (Abbildung D14), dann zeigt sich mit Blick auf die hier ausgewählten Berufe, dass das Vorkrisenniveau einer regionalen Fachkräfteknappheit nicht nur

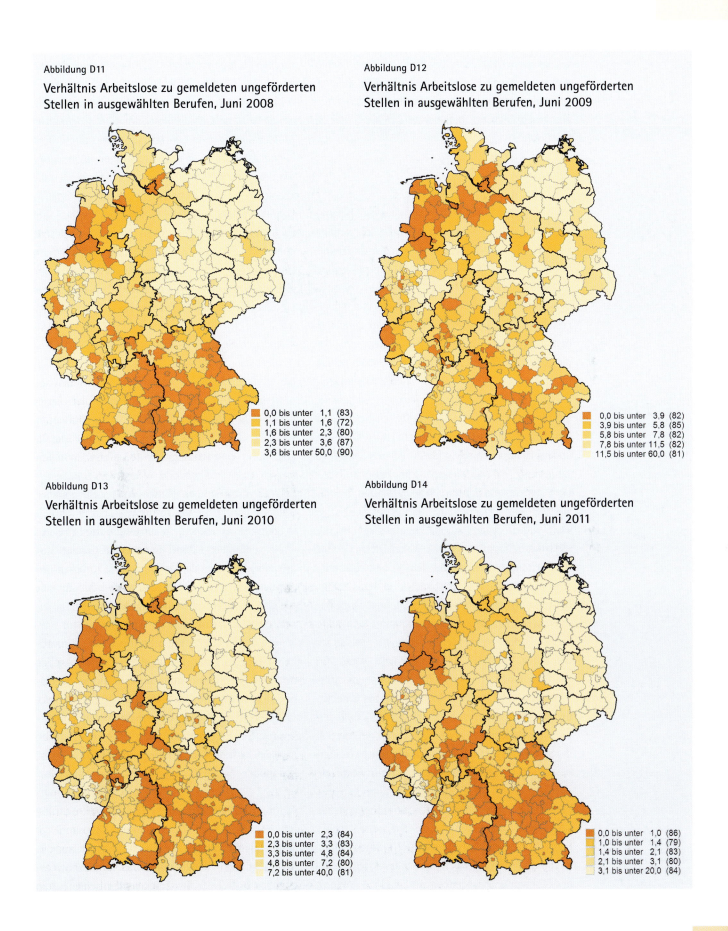

Abbildung D11

Verhältnis Arbeitslose zu gemeldeten ungeförderten Stellen in ausgewählten Berufen, Juni 2008

0,0 bis unter 1,1 (83)
1,1 bis unter 1,6 (72)
1,6 bis unter 2,3 (80)
2,3 bis unter 3,6 (87)
3,6 bis unter 50,0 (90)

Abbildung D12

Verhältnis Arbeitslose zu gemeldeten ungeförderten Stellen in ausgewählten Berufen, Juni 2009

0,0 bis unter 3,9 (82)
3,9 bis unter 5,8 (85)
5,8 bis unter 7,8 (82)
7,8 bis unter 11,5 (82)
11,5 bis unter 60,0 (81)

Abbildung D13

Verhältnis Arbeitslose zu gemeldeten ungeförderten Stellen in ausgewählten Berufen, Juni 2010

0,0 bis unter 2,3 (84)
2,3 bis unter 3,3 (83)
3,3 bis unter 4,8 (84)
4,8 bis unter 7,2 (80)
7,2 bis unter 40,0 (81)

Abbildung D14

Verhältnis Arbeitslose zu gemeldeten ungeförderten Stellen in ausgewählten Berufen, Juni 2011

0,0 bis unter 1,0 (86)
1,0 bis unter 1,4 (79)
1,4 bis unter 2,1 (83)
2,1 bis unter 3,1 (80)
3,1 bis unter 20,0 (84)

wieder erreicht ist, sondern sich in einigen Regionen noch verschärft hat: In 86 Kreisen der Bundesrepublik stand maximal noch eine Arbeitslose bzw. ein Arbeitsloser pro gemeldeter offener Stelle zur Verfügung.

2.7 Fazit

In diesem Abschnitt wurden verschiedene Befunde zur Spannung und zum Mismatch auf dem Arbeitsmarkt aus gesamtwirtschaftlicher, qualifikatorischer, beruflicher und regionaler Perspektive präsentiert. Gemeinsam ist diesen Befunden, dass von einem allgemeinen Fachkräftemangel im Sinne eines generellen Überschusses der Arbeitsnachfrage der Unternehmen über das Angebot an qualifizierten Kräften nicht gesprochen werden kann. Auch nach der Erholung von der Finanz- und Wirtschaftskrise ist die Zahl der Arbeitsuchenden immer noch sehr viel größer als die Zahl der offenen Stellen. So zeigt die IAB-Erhebung des Gesamtwirtschaftlichen Stellenangebots, dass sich die Zahl der offenen Stellen zur Jahresmitte 2011 auf knapp 1 Mio. Personen belief. Dem stehen rund 2,9 Mio. Arbeitslose und gut eine weitere Mio. Personen in arbeitsmarktpolitischen Maßnahmen gegenüber, die ebenfalls als unterbeschäftigt betrachtet werden müssen. Dieses Verhältnis schwankt erheblich mit dem Konjunkturzyklus, wie die Daten des Betriebspanels und der Erhebung des Gesamtwirtschaftlichen Stellenangebots zeigen. Auch wenn für Deutschland insgesamt kein allgemeiner Fachkräftemangel zu beobachten ist, so zeigen die vorliegenden Daten, dass nicht wenige Betriebe dennoch erhebliche Probleme haben, offene Stellen zu besetzen. So können nach den Erhebungen des Betriebspanels die Betriebe rund 20 Prozent ihrer zusätzlichen Arbeitsnachfrage – definiert als die Summe aus erfolgten und gewünschten Stellenbesetzungen – nicht decken. Rund ein Viertel der Betriebe erwarten für die kommenden Jahre erhebliche Probleme bei der Rekrutierung von Personal. Nach der Erhebung des Gesamtwirtschaftlichen Stellenangebots haben die Unternehmen bei knapp 30 Prozent der offenen Stellen Probleme bei der Besetzung. Es ist jedoch zunächst ein konjunk-

turelles Phänomen, dass Stellenbesetzungsprozesse in wirtschaftlichen Aufschwüngen mit steigender Arbeitskräftenachfrage schwieriger werden. Eine generelle Verschärfung dieses konjunkturbedingten Musters lässt sich in den vergangenen Jahren nicht beobachten. Dies gilt auch, wenn man nach Qualifikationsanforderungen differenziert. So steigen die Probleme der Personalrekrutierung mit der Qualifikation der Beschäftigten: Sowohl Universitäts- und Fachhochschulabsolventen als auch Personen mit abgeschlossener Berufs- oder Fachschulausbildung sind deutlich schwieriger zu rekrutieren als ungelernte Arbeitskräfte. Dieses Muster ist ebenfalls über die Zeit recht konstant geblieben.

Auch nach Berufen stellt sich das Bild sehr differenziert dar: So übersteigt die Zahl offener Stellen die Zahl der Arbeitslosen bei den MINT-, Elektro- und Gesundheitsberufen deutlich. Auch bei Erziehern und Sozialarbeitern, Dienstleistungskaufleuten, Technikern und verschiedenen Berufen der Metallerzeugung- und -bearbeitung sowie im Maschinenbau ist das Verhältnis von offenen Stellen zu Arbeitslosen relativ hoch. Hinter diesen Zahlen stehen unterschiedliche Trends. Zum einen sind strukturelle Engpässe zu nennen, die entweder, wie bei vielen – aber nicht allen – MINT-Berufen auf geringe Studierendenzahlen in der Vergangenheit zurückzuführen sind, oder wie im Gesundheitssektor auf eine spezifische Marktkonstellation, die offenbar zu einer nicht markträumenden Entlohnung für viele Gesundheits- und Pflegeberufe führt. Zum anderen gibt es einen konjunkturbedingten Anstieg der Arbeitsnachfrage, der vor allem in den exportorientierten Berufen der Metallverarbeitung, Metallbearbeitung und dem Maschinenbau zu Engpässen führt. Auf gesamtwirtschaftlicher Ebene stehen aber einer offenen Stelle immer noch 4,1 Arbeitslose gegenüber.

Auf dem Ausbildungsmarkt hat sich zwar seit 1998 mit dem demografisch bedingten Rückgang der Schulabgängerzahlen die Lage etwas entspannt. Dennoch fand in den letzten Jahren immer noch ein knappes Drittel der Bewerber keinen betrieblichen

Ausbildungsplatz, während die Zahl der nicht besetzten Ausbildungsstellen mit gut 4 Prozent weiterhin niedrig ist. Mit dem Rückgang der Schulabgänger- und steigenden Abiturientenzahlen wird die Zahl der Ausbildungsplatzbewerber künftig weiter sinken. Allerdings ist in näherer Zukunft weiterhin damit zu rechnen, dass ein erheblicher Teil der Bewerber keinen betrieblichen Ausbildungsplatz findet. Auch dürfte der Mismatch zwischen der Nachfrage nach Auszubildenden und Bewerbern um Ausbildungsplätze steigen.

Ein ähnliches Bild ergibt sich beim Blick auf regionale Rekrutierungsengpässe: In ausgewählten Berufen mit einer hohen zusätzlichen Arbeitsnachfrage – Berufe der Metallverarbeitung und -bearbeitung, Technikern, Chemikern, Physikern und Ingenieuren – stand bereits vor der Finanzkrise im Jahr 2008 in mehr als 80 Kreisen einer offenen Stelle nur rund ein Arbeitsloser gegenüber. Nach der Finanzkrise, im Sommer 2011, hat sich das Verhältnis sogar noch verschärft. In den süddeutschen Ballungsräumen, aber auch in einigen Regionen Nordrhein-Westfalens, in denen exportstarke Industrien angesiedelt sind, können offene Stellen in den o. g. Berufen nicht aus dem lokalen Arbeitsangebot besetzt werden.

Insgesamt ist also der deutsche Arbeitsmarkt nicht durch einen Fachkräftemangel im Sinne eines gesamtwirtschaftlichen Überschusses der Arbeitsnachfrage über das Arbeitsangebot gekennzeichnet. Allerdings treten je nach Qualifikation, Beruf und Region Engpässe bei der Besetzung offener Stellen auf. Mit dem Konjunkturaufschwung in Deutschland haben sich diese Engpässe auf einzelnen Teilarbeitsmärkten deutlich verschärft.

3 Der langfristige Rückgang des Arbeitsangebots und mögliche Folgen

Im vorherigen Abschnitt wurden die aktuellen Probleme bei der Rekrutierung von Fachkräften beschrieben. Sieht man von einzelnen Bereichen wie dem Ausbildungsmarkt ab, spiegelt sich darin noch nicht der langfristig zu erwartende Rückgang des Arbeitsangebots im Zuge des demografischen Wandels wider, sondern eher konjunkturell bedingte Engpässe. Ganz im Gegenteil: Im Jahr 2010 erreichte das Erwerbspersonenpotenzial in Deutschland seinen historischen Höhepunkt – die geburtenstarken Jahrgänge sind noch im Arbeitsmarkt, die Erwerbsbeteiligung von Frauen ist weiter gestiegen. In den kommenden Dekaden wird das Erwerbspersonenpotenzial jedoch deutlich zurückgehen.

Der Umfang dieses Rückgangs hängt jedoch davon ab, wie sich die Zuwanderung und die Erwerbsbeteiligung von Frauen und anderen Gruppen entwickeln. In diesem Abschnitt wird zunächst untersucht, wie sich die Zuwanderung und die steigende Erwerbsbeteiligung von Frauen und Älteren auf das künftige Erwerbspersonenpotenzial auswirken werden. Im Anschluss wird analysiert, welche Folgen sich daraus für den Arbeitsmarkt als Ganzes und für einzelne Sektoren ergeben – auch mit Blick auf möglicherweise auftretende Engpässe bei bestimmten Qualifikationen und Berufsgruppen.

3.1 Projektion des Erwerbspersonenpotenzials bis 2050

Das Erwerbspersonenpotenzial ist die Summe aus Erwerbstätigen, Erwerbslosen sowie der stillen Reserve und bildet damit nahezu die Obergrenze des Angebots an Arbeitskräften. Dieses potenzielle Arbeitskräfteangebot bestimmt sich rechnerisch aus der Bevölkerung im erwerbsfähigen Alter und deren Erwerbsbeteiligung.

In Abbildung D15 sind verschiedenen Szenarien zur Entwicklung des Erwerbspersonenpotenzials mit un-

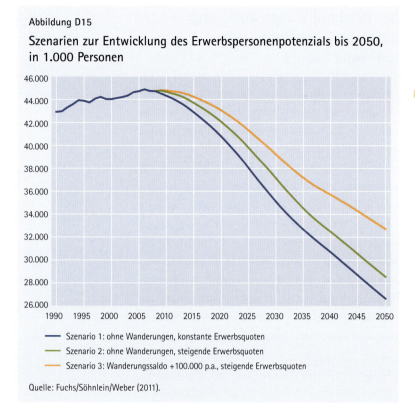

Abbildung D15

Szenarien zur Entwicklung des Erwerbspersonenpotenzials bis 2050, in 1.000 Personen

— Szenario 1: ohne Wanderungen, konstante Erwerbsquoten
— Szenario 2: ohne Wanderungen, steigende Erwerbsquoten
— Szenario 3: Wanderungssaldo +100.000 p.a., steigende Erwerbsquoten

Quelle: Fuchs/Söhnlein/Weber (2011).

terschiedlichen Annahmen zur künftigen Erwerbsbeteiligung und zum Wanderungsgeschehen dargestellt.[14] Basisjahr der Projektion ist das Jahr 2008 mit einem Erwerbspersonenpotenzial von 44,75 Mio. Personen.

■ **Szenario 1 (keine Zuwanderung, konstante Erwerbsquoten):** Blendet man das Wanderungsgeschehen aus und unterstellt konstante Erwerbsquoten, dann beeinflusst ausschließlich die demografische Entwicklung das Erwerbspersonenpotenzial. Dieses würde unter dieser Annahme schon in den kommenden Jahren schrumpfen: bis 2020 auf unter 40 Mio. Personen, bis 2025 auf 38 Mio. Im Jahr 2050 zählten demnach weniger als 26,7 Mio. Menschen zum Erwerbspersonenpotenzial.[15] Diese Projektion ist nicht als wahr-

scheinliches Szenario zu verstehen, sondern als Vergleichsszenario („Benchmark"), um den Einfluss von Veränderungen der Erwerbsbeteiligung und des Wanderungsgeschehens zu illustrieren.

■ **Szenario 2 (keine Zuwanderung, steigende Erwerbsquoten):** Auch bei diesem Szenario wird davon ausgegangen, dass es keine Zuwanderungen nach sowie keine Abwanderungen aus Deutschland gibt. Gegenüber Szenario 1 werden jedoch steigende Erwerbsquoten angenommen (vgl. hierzu ausführlich die Abschnitte 4.1 und 4.2). Demnach nehmen vor allem die altersspezifischen Erwerbsquoten von Frauen und Älteren („Rente mit 67") zu. Die Erwerbsquoten lägen damit im Jahr 2050 sowohl bei den Frauen als auch bei den Männern knapp über den Quoten, die zum Beispiel von der Europäischen Kommission für Dänemark projiziert werden (Carone 2005). Durch den Anstieg der Erwerbsbeteiligung fällt der Rückgang des Erwerbspersonenpotenzials etwas schwächer aus als im ersten Szenario. Bis 2025 sinkt das Erwerbspersonenpotenzial unter diesen Annahmen auf 39,8 Mio., bis 2050 auf knapp 28,6 Mio. Personen.

■ **Szenario 3 (Nettozuwanderung von 100.000 p.a., steigende Erwerbsquoten):** Wenn steigende Erwerbsquoten sowie eine Nettozuwanderung von 100.000 Personen pro Jahr angenommen werden, würde das Erwerbspersonenpotenzial in den kommenden Jahren nur wenig sinken. Erst im Jahr 2017 fiele es unter 44 Mio. Personen. Die unterstellte konstante jährliche Zuwanderung kann den demografischen Effekt jedoch immer weniger kompensieren. Im Jahr 2025 zählten laut Szenario 3 nur noch 41,3 Mio. Personen zum Arbeitskräfteangebot, also rund 3,4 Mio. weniger als im Jahr 2008. Für das Jahr 2050 ergäbe sich ein Erwerbspersonenpotenzial von 32,7 Mio. Personen.

Der demografische Effekt dominiert
Die Entwicklung des Erwerbspersonenpotenzials lässt sich also in die drei Einflussfaktoren *Demografie*, *Verhalten* (Erwerbsbeteiligung) und *Migration* zerlegen (Fuchs 2009). Aufgrund der recht

---

14 Für eine detailliertere Beschreibung der Szenarien siehe Fuchs/Söhnlein/Weber (2011).

15 Zu den demografischen Projektionsannahmen siehe auch Fuchs/Söhnlein (2005). Die Projektion wurde inzwischen auf das Basisjahr 2008 umgestellt und aktualisiert.

stabilen und demnach gut prognostizierbaren demografischen Komponente (Geburten, Sterblichkeit und Alterung) würde das Arbeitskräftepotenzial von 2008 bis 2050 isoliert betrachtet um 18,1 Mio. Personen oder um gut 40 Prozent sinken. Aus einer steigenden Erwerbsbeteiligung resultiert bis 2050 ein zusätzliches Potenzial von bis zu 1,9 Mio. Erwerbspersonen – das entspricht 4,2 Prozent des Erwerbspersonenpotenzials aus dem Jahr 2008. Damit wirkt der Verhaltenseffekt dem demografischen Effekt nur wenig entgegen, obwohl unter den Annahmen unseres Szenarios beispielsweise in der Gruppe der 30- bis 49-jährigen Frauen die Erwerbsquote um fast sieben Prozentpunkte auf gut 93 Prozent im Jahr 2050 steigen würde.

Ins Gewicht fällt, dass die geburtenstärksten Jahrgänge – deren Erwerbsquoten im Projektionszeitraum aufgrund der Anhebung des Rentenalters teilweise erheblich zunehmen dürften – nach 2030 aus dem Erwerbsleben ausscheiden. Dies schwächt danach den positiven Einfluss einer steigenden Erwerbsbeteiligung auf das Erwerbspersonenpotenzial ab.

Die Migrationskomponente hängt vom angenommenen Wanderungssaldo ab: Bei einem jährlichen Saldo von 100.000 Personen (Szenario 3) baut sich bis 2050 ein Effekt von knapp 4,2 Mio. potenziellen zusätzlichen Erwerbspersonen auf. Das entspräche 9,4 Prozent des Erwerbspersonenpotenzials in unserem Basisjahr 2008. Auch bei einem ausgeglichenen Wanderungssaldo – d.h. wenn Jahr für Jahr die Zahl der Zuzüge nach Deutschland der Zahl der Fortzüge aus Deutschland entspräche – ergäbe sich bis zum Jahr 2050 immer noch ein positiver Wanderungseffekt von 1,5 Mio. Personen. Denn die zuziehenden Personen sind im Schnitt jünger als die fortziehenden.[16] Bei einer Nettozuwanderung

---

16 Fast drei Viertel der Zuzüge im Jahr 2009 waren jünger als 40 Jahre, während dies nur zwei Drittel der Fortzüge waren. Seit 2004 war der Wanderungssaldo bei den Personen ab 35 Jahren in jedem Jahr negativ und nur bei den Jüngeren positiv.

von 200.000 Personen p.a. würde das Arbeitskräftepotenzial bis zum Jahr 2050 nur auf 36,5 Mio. Personen sinken, womit sich ein Migrationseffekt von nicht ganz 8 Mio. Personen (knapp 18 % des Erwerbspersonenpotenzials von 2008) errechnet.

Auf dem Ausgangsniveau von 2008 bliebe das Erwerbspersonenpotenzial dauerhaft erst bei einer jährlichen Nettozuwanderung von mindestens 400.000 Personen. Ein jährlicher Wanderungssaldo in dieser Größenordnung über mehrere Dekaden ist jedoch nicht wahrscheinlich, wenn man realistische Annahmen über die Einwanderungspolitik, die demografische Struktur potenzieller Herkunftsländer und die wirtschaftliche Entwicklung in Deutschland und den Herkunftsländern zugrunde legt. Der Wanderungssaldo ist in den letzten Jahren deutlich gesunken, er war in den Jahren 2008 und 2009 sogar negativ. Im Zuge der wirtschaftlichen Erholung von der Finanzkrise und der im europäischen Vergleich sehr günstigen Arbeitsmarktentwicklung in Deutschland wurde 2010 wieder ein positiver Wanderungssaldo von 128.000 Personen erreicht. Falls sich die Bedingungen auf dem deutschen Arbeitsmarkt auch in den kommenden Jahren deutlich günstiger als in den anderen Staaten der EU entwickeln, könnte die Zuwanderung in den kommenden Jahren noch spürbar steigen – begünstigt auch durch die Öffnung des deutschen Arbeitsmarkts für Arbeitskräfte aus den neuen Mitgliedsstaaten der EU zum 1. Mai 2011 (vgl. auch Abschnitt 4.7). Varianten mit jährlichen Wanderungssalden von 100.000 und 200.000 Personen tragen dieser Einschätzung Rechnung. Angesichts der demografischen Entwicklung in den Herkunftsländern und der Konvergenz der Pro-Kopf-Einkommen in Europa ist es jedoch wenig wahrscheinlich, dass der Wanderungssaldo dauerhaft den historischen Durchschnittswert (1960 bis 2010) von 200.000 Personen p.a. übersteigen wird.

Das Erwerbspersonenpotenzial altert

Der demografische Wandel beeinflusst nicht nur den Umfang, sondern natürlich auch die Altersstruktur des Erwerbspersonenpotenzials. Vereinfacht dargestellt setzt sich in Deutschland die Bevölkerung im erwerbsfähigen Alter aus den geburtenstarken Jahrgängen (geboren zwischen 1950 und 1971) und den geburtenschwachen Jahrgängen (geboren nach 1971) zusammen, wobei die Jahreszahlen nur eine grobe Orientierung darstellen.

Mit der Bevölkerung insgesamt altert auch das Erwerbspersonenpotenzial. Erst wenn etwa ab 2030 die Generation der „Baby-Boomer" aus dem Erwerbsleben ausscheidet, stabilisiert sich die Altersstruktur. Aber weder eine steigende Erwerbsbeteiligung (z. B. durch die „Rente mit 67") noch eine höhere Nettozuwanderung (mit vielen jüngeren Migranten) können diesen Prozess aufhalten. Abbildung D16 stellt die Veränderungen der Altersstruktur des Erwerbspersonenpotenzials für das Szenario 3 dar – also für den Fall einer jährlichen Nettozuwanderung von 100.000 Personen und steigenden Erwerbsquoten.

Nach diesem Szenario wird die Zahl der Erwerbspersonen jüngeren und mittleren Alters deutlich

abnehmen. So waren 2008 noch 9,8 Mio. Erwerbspersonen jünger als 30 Jahre. Selbst bei einem Wanderungssaldo von 100.000 Personen sind es im Jahr 2025 weniger als 8 Mio. und 2050 nur noch etwas mehr als 6 Mio. Damit sinkt der Anteil der 15- bis 29-Jährigen am gesamten Erwerbspersonenpotenzial von fast 22 Prozent im Jahr 2008 auf unter 19 Prozent im Jahr 2050.

Die 30- bis unter 50-Jährigen stellten 2008 mit über 50 Prozent (22,6 Mio.) noch die absolute Mehrheit des Erwerbspersonenpotenzials. Das Altern der Baby-Boom-Jahrgänge verändert die relative Bedeutung dieser Gruppe, weil diese zahlenmäßig großen Kohorten in die nächsthöhere Altersklasse wandern. Erst später scheiden sie ganz aus dem Erwerbsleben aus. Längerfristig pendelt sich der Anteil der 30- bis unter 50-Jährigen am gesamten Erwerbspersonenpotenzial bei etwa 45 Prozent ein. Im Jahr 2050 umfasst das Potenzial dieser mittleren Altersgruppe nur noch 14,7 Mio. Erwerbspersonen.

Dagegen steigt die Zahl der Älteren zeitweise kräftig. Ausgehend von 11,4 Mio. im Jahr 2008 erreicht das Potenzial der 50- bis 64-Jährigen 2020 mit fast 14,8 Mio. seinen höchsten Wert. Der anschließende Rückgang ist bereits eine Folge der Alterung der „Baby-Boomer"-Generation. Bis 2050 sinkt die Zahl der Erwerbspersonen in dieser Altersgruppe auf unter 11 Mio. Ihr Anteil liegt dann bei einem Drittel des Erwerbspersonenpotenzials.

Aufgrund der „Rente mit 67" gewinnen auch die noch älteren Arbeitskräfte an Bedeutung. Von den 65- bis 74-Jährigen zählten 2008 weniger als 900.000 zum Erwerbspersonenpotenzial. Wenn 2030 der geburtenstärkste Nachkriegsjahrgang (geboren 1964) das 65. Lebensjahr erreicht, umfasst das Arbeitskräfteangebot dieser Altersgruppe beinahe 1,4 Mio. Personen. Ihr Anteil ist mit 3,5 Prozent (2008: 2 %) aber weiterhin von geringer Bedeutung. Bis 2050 sinkt die Gruppenstärke wieder auf unter 1 Mio. Personen.

Insgesamt zeigt sich also, dass auch unter optimistischen Annahmen zur Erwerbsbeteiligung und

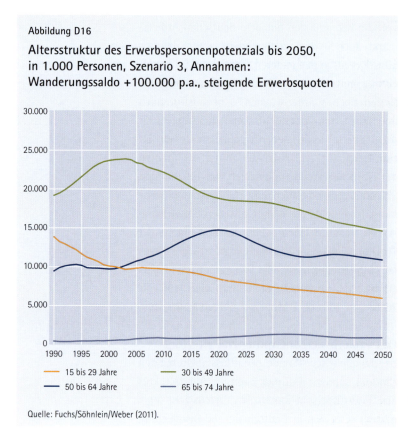

Abbildung D16

Altersstruktur des Erwerbspersonenpotenzials bis 2050, in 1.000 Personen, Szenario 3, Annahmen: Wanderungssaldo +100.000 p.a., steigende Erwerbsquoten

- 15 bis 29 Jahre
- 30 bis 49 Jahre
- 50 bis 64 Jahre
- 65 bis 74 Jahre

Quelle: Fuchs/Söhnlein/Weber (2011).

zur Zuwanderung das Erwerbspersonenpotenzial in Deutschland spätestens ab dem Jahr 2025 deutlich schrumpft. Die Altersstruktur der Erwerbspersonen wird sich bereits früher, mit der Alterung der geburtenstarken Jahrgänge der sogenannten „Baby-Boomer"-Generation, deutlich verschieben.

3.2 Die Folgen des Rückgangs des Arbeitsangebots: Theoretische Überlegungen

Deutschland steht also vor einem anhaltenden, sich beschleunigenden Bevölkerungsrückgang, auch wenn sich heute aufgrund der Ungewissheit über die Migration noch nicht prognostizieren lässt, wie stark dieser Rückgang ausfallen wird. Er wirkt sich in Verbindung mit der Alterung der Bevölkerung unmittelbar auf das Erwerbspersonenpotenzial und damit auf das Arbeitsangebot aus. Die Abnahme des Erwerbspersonenpotenzials ist ein neuartiges Phänomen in der deutschen Wirtschaftsgeschichte, denn in der Vergangenheit stieg das Arbeitsangebot mehr oder weniger stetig. Eine Ausnahme bildet der Rückgang der Bevölkerung in Ostdeutschland seit 1989. Angesichts der dortigen Transformations- und Strukturkrise lassen sich jedoch daraus kaum analytische Schlussfolgerungen für die künftige Entwicklung in Deutschland ziehen. Es bedarf deshalb theoretischer und konzeptioneller Überlegungen, um die künftigen Folgen der demografisch bedingten Abnahme des Arbeitsangebots einzuschätzen.

Der Irrtum einer gegebenen Arbeitsnachfrage

Einige populäre Studien erwarten, dass der demografisch bedingte Rückgang des Arbeitsangebots künftig zu einer strukturellen Fachkräftelücke im Sinne eines dauerhaften Überschusses der Arbeitsnachfrage über das Arbeitsangebot führen wird. So prognostiziert eine McKinsey-Studie (2011) 2 Mio. fehlende Fachkräfte bis zum Jahr 2020 und das Basler Prognos-Institut rechnet bis zum Jahr 2030 mit einer Fachkräftelücke von 5,2 Mio. Personen (Prognos 2008). Diese Studien beruhen explizit oder implizit auf der Annahme, dass bei einem rückläufigen Arbeitsangebot alle anderen volkswirtschaftlichen Größen mehr oder weniger konstant bleiben, sich also die Akteure am Arbeitsmarkt nicht auf den Rückgang des Erwerbspersonenpotenzials einstellen werden. In der Literatur wird diese Annahme auch als „lump of labour fallacy" bezeichnet (vgl. z. B. Lührmann/Weiss 2010), der Irrtum also, dass die Arbeitsnachfrage und die zu leistende Arbeitsmenge gegeben sind. Tatsächlich ist jedoch davon auszugehen, dass der Lohn-Preis-Mechanismus komplexe Anpassungsreaktionen auf den Güter-, Kapital- und Arbeitsmärkten auslösen wird.

Dies hat zur Folge, dass ein aus demografischen Gründen schrumpfendes Arbeitsangebot letztlich auch zu einer rückläufigen Arbeitsnachfrage führt. Zu berücksichtigen ist auch, dass der demografische Wandel das Konsum- und Sparverhalten der Bevölkerung beeinflussen wird. Aus dem Rückgang des Arbeitsangebots kann deshalb nicht einfach geschlossen werden, dass künftig eine dauerhafte strukturelle Fachkräftelücke entstehen wird.

Die Anpassung des Kapitalstocks

Um zu einer Einschätzung zu gelangen, wie sich der Rückgang des Arbeitsangebots auf die deutsche Volkswirtschaft auswirken wird, lohnt es sich, die einzelnen Mechanismen näher zu untersuchen. Betrachten wir zunächst den Kapitalmarkt. Bei einem schrumpfenden Arbeitsangebot würde das Verhältnis von Kapital zu Arbeit steigen und damit die reale Verzinsung des Kapitals fallen – wenn man einen fixen Kapitalstock unterstellt. Nun ist der Kapitalstock aber nicht fix, sondern hängt von den Spar- und Investitionsentscheidungen der Bevölkerung und der Unternehmen ab. Unter der hypothetischen Annahme, dass der demografische Wandel die Sparneigung der Bevölkerung nicht beeinflusst, würden die Unternehmen weniger investieren, wenn die Kapitalrenditen fallen – so lange bis sich das alte Verhältnis von Kapital zu Arbeit wieder herstellt. In diesem Falle blieben auch die Kapitalrenditen und die Löhne konstant. In Volkswirtschaften mit offenen Finanzmärkten könnte die Verlagerung von Kapital durch Direkt- und Portfolioinvestitionen (also v. a. Anlagen in Wertpapieren) in Länder, die nicht oder weniger stark vom demografischen Wandel betroffen sind, diesen Prozess noch beschleunigen.

Zudem manifestiert sich der demografische Wandel nicht als plötzlicher Schock. Daher reichen schon moderate, sukzessive Anpassungen der Investitionen aus, damit produktivitätsbereinigt das Verhältnis von Kapital zu Arbeit konstant bleibt.

Die Hypothese, dass auch starke Veränderungen des Arbeitsangebots das Verhältnis von Kapital zu Arbeit unverändert lassen, wird durch starke empirische Befunde gestützt. Es gehört zu den wenigen belastbaren Erkenntnissen der empirischen Wirtschaftsforschung, dass die sogenannte „Capital-Output-Ratio", also das Verhältnis von Kapital zu gesamtwirtschaftlicher Produktion, langfristig konstant bleibt. Das bedeutet, dass, bereinigt um den technischen Fortschritt, die Kapitalintensität der Produktion konstant bleibt. Die Zu- oder Abnahme des Arbeitsangebots beeinflusst folglich die Kapitalintensität der Produktion langfristig nicht. Dieses empirische Faktum wurde bereits 1960er Jahren von Nicholas Kaldor (1961) beschrieben und ist seitdem für die meisten OECD-Länder in zahllosen empirischen Studien immer wieder bestätigt worden. Auch deuten die vorliegenden empirischen Erkenntnisse darauf hin, dass das Verhältnis von Kapital zu gesamtwirtschaftlicher Produktion sich sehr schnell an Arbeitsangebotsschocks anpasst – in der Regel binnen weniger Jahre (vgl. für die USA Ottaviano/Peri 2006, für Deutschland Brücker/Jahn 2008).

Bislang liegt diese Evidenz allerdings nur für eine Zunahme oder ein gleich bleibendes Arbeitsangebot vor, für eine Abnahme gibt es noch keine historischen Präzedenzfälle. Es sprechen jedoch einige theoretische Argumente dafür, dass sich im Zuge des demografischen Wandels auch die Spar- und Investitionsneigung der wirtschaftlichen Akteure verändern werden, sodass sich auch das Verhältnis von

Kapital zu gesamtwirtschaftlicher Produktion ändern kann. Diese Argumente stützen sich weniger auf den absoluten Rückgang des Arbeitsangebots, sondern auf die Veränderung der Altersstruktur der Bevölkerung.

Es ist ein bekanntes und empirisch gesichertes Faktum, dass die erwerbstätige Bevölkerung deutlich mehr spart als die nichterwerbstätige Bevölkerung. Durch die niedrigen Geburtenraten seit den 1970er Jahren und den Anstieg des Lebensalters wird das Verhältnis der nichterwerbstätigen zur erwerbstätigen Bevölkerung deutlich steigen. Damit sinken die aggregierte Ersparnis und die Sparquote pro Kopf der Bevölkerung. Es wird also ein größerer Anteil des Volkseinkommens für den Konsum verwendet, sodass unter sonst gleichen Bedingungen der aggregierte Kapitalstock schrumpft. Ob die Sparquote pro Erwerbstätigen steigt oder fällt, hängt von der Lebensarbeitszeit und der Finanzierung der Renten ab: Die Ersparnis je Erwerbstätigen dürfte zunehmen, je länger der erwartete Zeitraum ist, für den vorgesorgt werden muss, und je höher der Anteil der kapitalgedeckten Altersvorsorge ist (vgl. Börsch-Supan 2011). Umgekehrt können die stärkeren Belastungen durch umlagefinanzierte Sozialversicherungssysteme auch zu einer niedrigeren Ersparnis und damit zu einem fallenden Verhältnis von Kapital zu gesamtwirtschaftlicher Produktion führen. Die genaue Entwicklung hängt also von vielfältigen Faktoren und politischen Entscheidungen ab, sodass dazu noch keine Aussagen getroffen werden können.

Es ist mithin sehr wahrscheinlich, dass der Kapitalstock pro Kopf der Bevölkerung und damit die gesamtwirtschaftliche Produktion pro Kopf abnehmen werden. Allerdings ist es durchaus möglich, dass der Kapitalstock in Relation zur *erwerbstätigen* Bevölkerung – und damit das Verhältnis von Kapital zu Output – durch den demografischen Wandel zunimmt. In diesem Falle würden die Löhne steigen, die Kapitalrenditen fallen (vgl. z. B. Börsch-Supan et al. 2006; Krueger/Ludwig 2006).

Die internationale Mobilität des Kapitals wird die Anpassung des Kapitalstocks an den Rückgang des Arbeitsangebots noch verstärken. Deutschland ist stärker als die meisten anderen entwickelten Volkswirtschaften von einem schrumpfenden Arbeitsangebot betroffen. Ohne Kapitalmobilität würden die Kapitelrenditen hier deshalb schneller als in anderen Volkswirtschaften fallen. Die internationale Kapitalmobilität wird jedoch die Kapitalrenditen risikobereinigt weitgehend ausgleichen, sodass bei einem überdurchschnittlichen Rückgang des Arbeitsangebots Kapital ins Ausland abfließt. Es ist deshalb zu erwarten, dass die Folgen des demografischen Wandels in Volkswirtschaften wie den USA, die aufgrund vergleichsweise positiver Bevölkerungsentwicklung unterdurchschnittlich von dem demografischen Wandel betroffen sind, durch den Zufluss von Kapital spürbar gedämpft werden, während sie sich umgekehrt in Deutschland verstärkt bemerkbar machen dürften (vgl. z. B. die Simulationen in Krueger/Ludwig 2006).

Insgesamt dürfte sich also der Kapitalstock zumindest teilweise an das rückläufige Arbeitsangebot anpassen. Folglich werden nicht nur das Arbeitsangebot, sondern auch der Kapitalstock und die Arbeitsnachfrage abnehmen. Bei vollkommener Anpassung blieben auf aggregierter Ebene die Löhne und Kapitalrenditen konstant. Es kann allerdings auch nicht ausgeschlossen werden, dass das Verhältnis von Kapital zu gesamtwirtschaftlicher Produktion und damit die Kapitalausstattung je Erwerbstätigen zunehmen wird, sodass auch Arbeitsnachfrage und Löhne steigen werden.

Die Entwicklung der Arbeitsproduktivität

Mit Blick auf die Entwicklung der Arbeitsproduktivität werden in der Öffentlichkeit zwei unterschiedliche Hypothesen diskutiert: Zum einen wird behauptet, dass mit der Alterung der Erwerbstätigen auch deren Arbeitsproduktivität abnimmt, was die Folgen des demografischen Wandels verschärfen würde. Zum anderen wird die Hypothese vertreten, dass durch steigende Investitionen in Humankapital, also durch Investitionen in Aus- und Weiterbildung, sowie durch den technischen Fortschritt der Rückgang des Erwerbspersonenpotenzials kompensiert werden kann. Auch könnte bei einer Verknappung des Faktors Arbeit diese Ressource effizienter eingesetzt werden. Für beide Hypothesen gibt es keine stichhaltige empirische Evidenz. Es spricht viel dafür, dass mit der Lebenserwartung auch die Leistungsfähigkeit der Älteren steigt, sodass ein heute 50-Jähriger ebenso leistungsfähig ist wie ein 40-Jähriger im Jahre 1970 (Schwentker/Vaupel 2011). Zudem belegen empirische Untersuchungen: Die mit dem Lebensalter abnehmende Reaktionsgeschwindigkeit kann durch Erfahrungswissen kompensiert werden. Wie eine Studie von Börsch-Supan (2011) zeigt, machen ältere Arbeitnehmer selbst bei körperlichen Arbeiten weniger Fehler als jüngere. Unterschiedlich ist jedoch die Art der Fehler: Älteren Arbeitnehmer unterlaufen zwar häufiger kleinere Fehler als jüngeren, aber sehr viel seltener gravierende Fehler, sodass die Fehleranfälligkeit insgesamt geringer ist. Es gibt also keine empirischen Belege dafür, dass die durchschnittliche Arbeitsproduktivität mit der Alterung der Erwerbspersonen abnimmt.

Umgekehrt beobachten wir jedoch auch keinen Anstieg des Produktivitätswachstums, der die Verringerung des Erwerbspersonenpotenzials kompensieren könnte. Im Gegenteil, die vorliegenden Befunde deuten darauf hin, dass die Wachstumsrate der gesamten Faktorproduktivität in Deutschland – und damit auch die der Arbeitsproduktivität – eher fallen als steigen wird: So belief sich das Wachstum der Arbeitsproduktivität in Deutschland nach den Berechnungen der OECD in den 1990er Jahren noch auf durchschnittlich 2,4 Prozent pro Jahr, und von 2000 bis 2007 – also in der Periode vor der Finanzkrise – nur noch auf 1,9 Prozent (OECD 2011).

Im Zuge der Finanzkrise ist das Wachstum der Arbeitsproduktivität nochmals gesunken. Ein ähnlicher Trend lässt sich für das Wachstum der gesamten Faktorproduktivität ausmachen. Der langfristige

Rückgang des Produktivitätswachstums kann u. a. auf den Strukturwandel zugunsten von Dienstleistungssektoren mit einem geringen Produktivitätswachstum zurückgeführt werden. Mit der Alterung der Gesellschaft dürfte sich dieser Strukturwandel eher noch beschleunigen, etwa durch die steigende Nachfrage nach Pflege- und Haushaltsdienstleistungen. Der Rückgang des Erwerbspersonenkapitals dürfte daher wohl nicht durch einen Produktivitätsanstieg kompensiert werden.

Die Anpassung der Arbeitsmärkte und Arbeitslosigkeit

Neben den Kapital- und Gütermärkten werden sich auch die Arbeitsmärkte an den Rückgang des Arbeitsangebots anpassen. Die Vorstellung eines dauerhaften Überschusses der Nachfrage nach gegenüber dem Angebot an Arbeit ist schon allein deswegen nicht sehr plausibel, weil sich veränderte Angebots- und Nachfragebedingungen auch in veränderten Löhnen niederschlagen werden. Viele Beobachter erwarten, dass die demografisch bedingte Verknappung des aggregierten Arbeitsangebots zu steigenden Löhnen und fallender Arbeitslosigkeit, eventuell sogar zu Vollbeschäftigung, führen wird. Wie im vergangenen Abschnitt gezeigt wurde, hängt dies davon ab, ob und in welchem Umfang sich die Kapitalausstattung an den Rückgang des Arbeitsangebots anpassen wird. Aus gesamtwirtschaftlicher Perspektive werden die Löhne nur dann steigen und die Arbeitslosigkeit nur dann zurückgehen, wenn das Verhältnis von Kapital zu Output und damit die Kapitalausstattung je Erwerbstätigen zunehmen.

Eine solche gesamtwirtschaftliche Betrachtung vernachlässigt jedoch die gewichtigen Struktureffekte des demografischen Wandels. In den nächsten Dekaden werden das Qualifikationsniveau und Alter der Erwerbspersonen im Durchschnitt deutlich steigen. Damit wächst das Arbeitsangebot in den Segmenten, die unterdurchschnittlich von Arbeitslosigkeit betroffen sind. Insbesondere die Arbeitsmarktsegmente mit vielen höher Qualifizierten zeichnen sich durch flexiblere Löhne und geringere Arbeitslosig-

keit aus. Diese Strukturverschiebung des Arbeitsangebots könnte die Arbeitslosigkeit in Deutschland in den kommenden Dekaden spürbar senken. Es ist auch wahrscheinlich, dass mit der Alterung der Bevölkerung die Nachfrage nach Dienstleistungen steigt, die nur ein vergleichsweise geringes Qualifikationsniveau erfordern. Dies dürfte die Arbeitslosigkeit von Gruppen senken, die im Moment überdurchschnittlich stark von Erwerbslosigkeit betroffen sind. Beide Effekte können auch die gesamtwirtschaftliche Arbeitslosenquote spürbar senken.

Allerdings gibt es auch demografisch bedingte Trends, die den Arbeitsmarkt eher belasten: Die Belastung des Faktors Arbeit durch die umlagefinanzierten Renten- und Krankenversicherungssysteme wird mit der Alterung der Bevölkerung deutlich steigen. Dies wiederum würde bei einem gleichbleibenden Niveau der Lohnersatzleistungen die Erwerbsanreize insbesondere für die geringer qualifizierten Gruppen im Arbeitsmarkt reduzieren, wodurch wiederum deren Arbeitslosigkeit steigen könnte. Der Umfang dieser Effekte hängt natürlich stark davon ab, wie die Sozialversicherungssysteme künftig gestaltet werden (vgl. z. B. die Simulationen in Börsch-Supan 2011).

Insgesamt sprechen also viele Argumente dafür, dass die Arbeitslosigkeit in Deutschland im Zuge des demografischen Wandels durchaus erheblich fallen kann – sofern die Institutionen des Arbeitsmarktes und der Sozialversicherungssysteme dies unterstützen. Dieser Rückgang der Arbeitslosigkeit dürfte sich weniger durch den Rückgang des aggregierten Arbeitsangebots, als vielmehr durch Strukturverschiebungen in Arbeitsangebot und Arbeitsnachfrage ergeben.

3.3 Eine Quantifizierung der gesamtwirtschaftlichen und sektoralen Effekte

Die gesamtwirtschaftlichen und sektoralen Effekte des Rückgangs des Arbeitsangebots hängen von einer Vielzahl von Faktoren ab: Der Anpassung der

Kapitalmärkte; der Veränderung der Sparneigung der Individuen, die wiederum durch das Steuer- und Sozialabgabensystem beeinflusst wird; der Verschiebung der Nachfragestrukturen; und natürlich auch den Veränderungen in der Qualifikation und der Altersstruktur des Arbeitsangebots. Schließlich beeinflusst auch die internationale Verflechtung der Kapital- und Gütermärkte die wirtschaftlichen Effekte des demografischen Wandels in Deutschland.

Diese Fülle an Wirkungen und Wechselwirkungen kann naturgemäß nur zum Teil in einem ökonomischen Modell abgebildet werden. Das IAB-INFORGE-Modell, auf das sich die im Folgenden präsentierten Projektionen zu den Wirkungen des demografischen Wandels stützen, berücksichtigt insbesondere die sektoralen Wirkungen einer Abnahme des Arbeitsangebots. Es unterscheidet 43 Verwendungsarten des privaten Konsums und ist deshalb besonders gut geeignet, um die sektoralen Wirkungen des rückläufigen Erwerbspersonenpotenzials abzubilden. Darüber hinaus berücksichtigt das Modell die internationale Verflechtung der Gütermärkte (vgl. Infokasten).

Die hier vorgelegte Projektion der Erwerbstätigen bezieht sich auf den Zeitraum bis 2025. Dabei wurde unterstellt, dass das Erwerbspersonenpotenzial gegenüber dem Jahr 2010 um rund 3,7 Mio. Personen zurückgehen wird, das entspricht einem Rückgang von gut 8 Prozent. Ein solches Szenario ergibt sich, wenn man realistischer Weise annimmt, dass die Erwerbsbeteiligung steigt und der Wanderungssaldo bei rund 100.000 Personen p.a. liegt. Ferner wurden ein Anstieg der Arbeitszeiten, ein moderates Lohnwachstum und ein Anstieg der Aus- und Einfuhren unterstellt (vgl. Infokasten). Bei den hier vorgelegten Projektionen handelt es sich um ein Szenario, das sich einerseits aus den zugrunde liegenden Annahmen, andererseits aus den im Modell enthaltenen empirisch geschätzten Verhaltensparametern ergibt. Selbstverständlich können sich bei anderen Annahmen andere plausible Szenarien ergeben.

Beschreibung des IAB-INFORGE-Modells und Annahmen des Szenarios

Das IAB-INFORGE-Modell ist ein nach Produktionsbereichen und Gütergruppen tief disaggregiertes ökonometrisches Prognose- und Simulationsmodell für Deutschland, das von der Gesellschaft für Wirtschaftliche Strukturforschung (GWS mbH) entwickelt wurde. Seine besondere Leistungsfähigkeit beruht auf der Integration in einen internationalen Modellverbund. Das Modell beruht auf den Konstruktionsprinzipien „bottom-up" und „vollständige Integration". „Bottom-up" besagt, dass die einzelnen Sektoren der Volkswirtschaft sehr detailliert (jeweils etwa 600 Variablen für 59 Sektoren) modelliert und die gesamtwirtschaftlichen Variablen durch Aggregation im Modellzusammenhang gebildet werden. Damit gelingt sowohl eine lückenlose Darstellung der einzelnen Sektoren im gesamtwirtschaftlichen Zusammenhang und in der intersektoralen Verflechtung als auch eine Erklärung gesamtwirtschaftlicher Zusammenhänge, die die Volkswirtschaft als Summe ihrer Branchen begreift. „Vollständige Integration" meint eine Modellstruktur mit der Abbildung der interindustriellen Verflechtung und einer Erklärung der Einkommensverwendung der privaten Haushalte aus der Einkommensentstehung in den einzelnen Sektoren. Die weltwirtschaftliche Entwicklung sowie die Beziehungen Deutschlands mit der Weltwirtschaft werden durch das Modell GINFORS abgebildet, in dessen Zentrum das bilaterale Handelsmodell steht. Für 25 Gütergruppen und für den Handel mit Dienstleistungen stehen bilaterale Handelsmatrizen für die OECD-Länder und weitere zehn wichtige Handelspartner der OECD zur Verfügung. Der ökonomische Kern des Modells besteht aus dem Makromodell und dem Input-Output-Modell. Das IAB-INFORGE-Modell weist einen hohen Endogenisierungsgrad auf. Die etwa 200 exogenen Variablen sind vor allem Variablen der Fiskalpolitik, also beispielsweise die Steuersätze. Am Arbeitsmarkt ist mit dem Erwerbspersonenpotenzial das Arbeitsangebot exogen. Von den außenwirtschaftlichen Variablen sind allein die Wechselkurse für die Währungen der Länder exogen. Sämtliche anderen Variablen über weltwirtschaftliche Entwicklungen, die zur Bestimmung der deutschen Exporte notwendig sind, werden endogen im internationalen System bestimmt. Eine deutliche Verbesserung gegenüber der Vorgängerversion ist, dass die Arbeitsnachfrage durch die im IAB erstellte Arbeitszeitrechnung für die Volkswirtschaftliche Gesamtrechnung auf eine Arbeitsvolumenrechnung umgestellt und die „Zerlegung in Köpfe" erst anschließend durchgeführt wird. Neu ist auch, dass die Abgänge der Kapitalstöcke aus der Entwicklung der Bestände heraus erklärt werden. Dies ermöglicht die Trennung der sektoralen Bruttoinvestitionen in Nettoinvestitionen und Abgänge.

Annahmen der Erwerbstätigenprojektion des IAB

- Rückgang der Bevölkerung in Deutschland bis 2025 um knapp 3,0 Mio., Abnahme des Erwerbspersonenpotenzials bis 2025 um rund 2,2 Mio. Personen.
- Nach dem starken Einbruch der durchschnittlichen Jahresarbeitszeit im Jahr 2009 stetige Zunahme bis 2025 auf das Niveau von 2008.
- Moderate Lohnsteigerungen unterhalb des Anstiegs der nominalen Arbeitsproduktivität bis 2015. Bis 2020 Lohnsteigerungen in Höhe des nominalen Produktivitätswachstums, danach geringfügig oberhalb.
- Bis 2011 Anstieg des Gesamtbeitragssatzes zur Sozialversicherung um 2,8 Prozentpunkte, danach kontinuierlicher Rückgang bis 2025 auf 39 Prozent.

- Keine zusätzlichen Ausgabenkürzungen bzw. Steuererhöhungen zur Konsolidierung der öffentlichen Haushalte. Unter Status-quo-Bedingungen würde der Staatshaushalt demnach – entgegen der vereinbarten Schuldenbremse – erst ab 2020 Überschüsse erwirtschaften.
- Bis 2020 jährliches durchschnittliches Wachstum der Exporte um 4¼ Prozent, danach um 3¾ Prozent, die Importe nehmen jährlich um rund 3½ Prozent zu.

Die gesamtwirtschaftliche Entwicklung

Nach den Annahmen des IAB-INFORGE-Modells würde das Bruttoinlandsprodukt (BIP) bis 2025 real um 1,7 Prozent p.a. wachsen, pro Kopf um 1,9 Prozent. Das Modell unterstellt, dass der private Verbrauch und der Staatsverbrauch unterdurchschnittlich wachsen werden, sodass sich Ersparnis und Investitionen auf einem anhaltend hohen Niveau bewegen. Unter diesen – aus der Sicht des Arbeitsmarktes – optimistischen Annahmen ergäbe sich eine hohe Arbeitsnachfrage der Unternehmen. Die Unterbeschäftigung in Deutschland würde weiter spürbar abnehmen: Die Zahl der Erwerbstätigen bliebe demnach bis 2025 halbwegs stabil[17] bei knapp 40 Mio. Personen, obwohl das Erwerbspersonenpotenzial im gleichen Zeitraum von 44,7 Mio. Personen auf 41,1 Mio. Personen sinken würde. Entsprechend würde die Zahl der unterbeschäftigten Personen (Arbeitslose, Personen in arbeitsmarktpolitischen Maßnahmen und andere Arbeitsuchende) von 4,9 Mio. Personen im Jahr 2010 auf 1,4 Mio. Personen im Jahr 2025 sinken (vgl. Tabelle D4).

---

17 Im Jahr 2011 lag die Zahl der Erwerbstätigen bei rund 41 Mio. Personen.

Tabelle D4

Gesamtwirtschaftliche Entwicklung – Projektion 2010 bis 2025

Ausgewählte Arbeitsmarktgrößen				
	2010	2015	2020	2025
Erwerbspersonenpotenzial in Mio. Personen	44,7	44,1	42,8	41,1
Erwerbstätige in Mio. Personen	39,8	40,2	40,2	39,7
Arbeitnehmer in Mio. Personen	35,4	35,7	35,7	35,2
Erwerbstätigenquote[a] in %	77,3	81,3	83,6	86,5
Arbeitsvolumen der Arbeitnehmer in Mrd. Std.	46,7	47,2	47,7	47,7
Jahresarbeitszeit der Arbeitnehmer in Std.	1.318	1.321	1.334	1.354
Wirtschaftliche Eckdaten				
	durchschnittliche jährliche Wachstumsraten			
	2010/15	2015/20	2020/25	2010/25
Bruttoinlandsprodukt (BIP), in jeweiligen Preisen	2,2	2,1	2,3	2,2
BIP, preisbereinigt	1,9	1,5	1,7	1,7
BIP, preisbereinigt pro Kopf	2,1	1,8	2,0	1,9
privater Verbrauch preisbereinigt	0,9	0,8	1,0	0,9
Staatsverbrauch preisbereinigt	0,8	0,7	0,7	0,7
Bruttoanlageinvestitionen preisbereinigt	3,5	1,2	2,5	2,4
Export preisbereinigt	4,2	4,1	3,9	4,1
Import preisbereinigt	3,5	3,3	3,6	3,4
Arbeitsproduktivität je Erwerbstätigen[b]	1,7	1,5	2,0	1,7
Arbeitsproduktivität je Arbeitnehmerstunde[c]	1,6	1,3	1,7	1,6
Bruttolohn je Stunde in jeweiligen Preisen	1,9	2,0	2,4	2,1

[a] Erwerbstätige bezogen auf die 20- bis unter 65-jährige Bevölkerung.
[b] Preisbereinigtes BIP bezogen auf die Zahl der Erwerbstätigen.
[c] Preisbereinigtes BIP bezogen auf das Arbeitsvolumen der Arbeitnehmer.

Quelle: IAB-INFORGE-Modell, eigene Berechnungen.

Potenzielle Arbeitsmarktengpässe und Arbeitsangebotsüberschüsse

Die hohe Zahl von 39,7 Mio. Erwerbstätigen im Jahr 2025 in Tabelle D4 dürfte eher die obere Grenze der möglichen Entwicklungen darstellen. Sie beruht nicht nur auf der Annahme anhaltend hoher oder sogar steigender Spar- und Investitionsquoten, sondern unterstellt auch, dass sich das Arbeitsangebot in den verschiedenen Berufen, Sektoren und Regionen der Volkswirtschaft an die Veränderungen der Arbeitsnachfrage anpassen wird. Mit dem Rückgang des Arbeitsangebots kann sich jedoch die Spannung im Arbeitsmarkt zwischen der Arbeitsnachfrage nach spezifischen Qualifikationen und Berufen in bestimmten Sektoren und Regionen verstärken.

Es kann also nur ein Teil der Arbeitsnachfrage befriedigt werden, sodass die Zahl der Erwerbstätigen gegenüber der Projektion fällt.

Der Frage, wie sich Arbeitsmarktengpässe und „Mismatch" nach Qualifikationen und Berufsfeldern[18] langfristig entwickeln, ist das IAB in einem Gemeinschaftsprojekt mit dem Bundesinstitut für Berufsbildung (BIBB) nachgegangen (www.qube-projekt.de).

---

18 Berufsfelder, Berufshaupt- und -oberfelder sind Aggregationen von Berufsordnungen und Berufsgruppen der amtlichen Klassifizierung der Berufe des Statistischen Bundesamtes von 1992, die das BIBB nach beruflicher Verwandtschaft gebildet hat (Tiemann et al. 2008).

Dabei wurden Projektionen für die Entwicklung des Arbeitsangebots und der Arbeitsnachfrage bis zum Jahr 2025 basierend auf einer Fortschreibung vergangener Trends erstellt. Um die tatsächlichen Arbeitsmarktengpässe und -überschüsse zu identifizieren, wäre ein Modellrahmen notwendig, in der Arbeitsangebot- und Arbeitsnachfrage interagieren und die jeweiligen Lohn- und Preisreaktionen auf den Güter-, Arbeits- und Kapitalmärkten berücksichtigt werden. Ein solcher Modellrahmen liegt in dem notwendigen Detailierungsgrad unseres Wissens noch nicht vor – er ist angesichts der Vielzahl der Qualifikations- und Berufsgruppen auch schwerlich zu erstellen. Hier wurden stattdessen die Trends bei Arbeitsangebot und Arbeitsnachfrage für die einzelnen Qualifikations- und Berufsfeldgruppen fortgeschrieben, und dann die Ergebnisse der Einzelprojektionen gegenübergestellt (saldiert). Durch diese Gegenüberstellung der Angebots- und Nachfrageprojektionen können Arbeitsmarktsegmente identifiziert werden, auf denen es – bei unverändertem Verhalten – zu Engpässen oder zu Arbeitskräfteüberschüssen käme. Dort müssten also Anpassungsprozesse stattfinden, um Angebot und Nachfrage am Arbeitsmarkt auszugleichen. Solche Anpassungen werden ohne Zweifel stattfinden, etwa durch veränderte Bildungs- und Berufsentscheidungen der Individuen und durch die Veränderung des Güterangebots oder indem Arbeit im Produktionsprozess substituiert wird – entweder durch Kapital, oder dadurch, dass die Arbeit nunmehr von Beschäftigten mit anderen Qualifikationsprofilen erbracht wird. Schließlich kann die Anpassung sich auch dadurch vollziehen, dass sich Löhne und Preise auf den Gütermärkten ändern. Deswegen dürfen diese Modellrechnungen nicht so interpretiert werden, dass es im Jahr 2025 unweigerlich zu Arbeitsmarktengpässen oder Arbeitsangebotsüberschüssen kommen wird. Vielmehr liefern sie Informationen darüber, in welchen Segmenten Anpassungsprozesse notwendig bzw. wahrscheinlich sind, die drohenden Arbeitsmarktungleichgewichten entgegenwirken.

Entwicklung der Arbeitsnachfrage

Kurzfristig ist der Arbeitskräftebedarf im Wesentlichen konjunkturell bedingt, wobei sich die konjunkturelle Entwicklung durchaus unterschiedlich auf die Nachfrage nach einzelnen Qualifikationen und Berufen auswirken kann. Langfristig wird die Arbeitsnachfrage durch den sektoralen Strukturwandel, und innerhalb der Sektoren durch den Wandel der Nachfrage nach Qualifikationen und Berufen bestimmt. Legt man die Projektion des sektoralen Strukturwandels durch das IAB-INFORGE-Modell zugrunde und schreibt die langfristigen Trends bei der sektorspezifischen Nachfrage nach Qualifikationen und Berufen fort, so lässt sich die Entwicklung der Arbeitsnachfrage nach Qualifikationen und Berufen bis 2025 prognostizieren (vgl. Fuchs/Zika 2010).

Die Differenzierung des künftigen Arbeitskräftebedarfs nach höchstem beruflichem Ausbildungsabschluss zeigt eine wachsende Nachfrage nach höher qualifizierten Arbeitskräften (vgl. Tabelle D5). So steigt der Bedarf an Personen mit Fachhochschul- und Hochschulausbildung weiter an. Dieser Beschäftigungszuwachs beruht auf der sektoralen Entwicklung, auf dem Trend zu immer anspruchsvolleren Berufen innerhalb der Wirtschaftszweige und darauf, dass auch das Anforderungsniveau innerhalb der Berufsfelder stetig zunimmt.

Der Bedarf an Fachkräften mit Abschluss einer betrieblichen Lehre bzw. Berufsfachschule bleibt annähernd konstant. Somit bleiben die duale Berufsausbildung bzw. die entsprechenden schulischen Alternativen die wichtigste Ausbildungsform in Deutschland. Zwar fällt der Anteil der mittleren Qualifikationsebene an der gesamten Arbeitsnachfrage – denn sowohl die Wirtschaftszweigstrukturen selbst als auch die Berufsfeldstrukturen innerhalb der Wirtschaftszweige verändern sich. Allerdings werden diese Verluste durch den Qualifikationseffekt ausgeglichen: Innerhalb der einzelnen Berufe werden mehr Arbeitsplätze mit Personen, die über einen beruflichen Ausbildungsabschluss verfügen, besetzt werden.

Tabelle D5

Arbeitskräftebedarf nach Qualifikationsstufen, 2010 bis 2025, in Mio. Erwerbstätigen

Erwerbstätige in Mio. Personen	2010	2015	2020	2025	durchschnittliche, jährliche Wachstumsraten			
					2010/2015	2015/2020	2020/2025	2010/2025
ohne beruflichen Ausbildungsabschluss	5,7	5,6	5,5	5,3	−0,4	−0,5	−0,7	−0,6
Abschluss einer betr. Lehre bzw. Berufsfachschule	21,3	21,5	21,6	21,3	0,2	0,1	−0,2	0,0
Abschluss einer Meister- bzw. Technikerprüfung	3,8	3,8	3,7	3,6	−0,2	−0,4	−0,7	−0,4
mit Fachhochschul- und Hochschulabschluss und Promotion	6,4	6,6	6,7	6,8	0,6	0,4	0,1	0,3
in Schule und Ausbildung	2,5	2,7	2,7	2,7	0,9	0,5	0,1	0,5
Insgesamt	39,8	40,2	40,2	39,7	0,2	0,0	−0,3	0,0

Quelle: Hummel et al. (2010).

Der Bedarf nach Arbeitskräften ohne abgeschlossene Berufsausbildung wird weiter sinken. Weiterführende Analysen nach Tätigkeitsfeldern zeigten, dass der Rückgang der Nachfrage nach Arbeitskräften ohne Berufsabschluss fast gänzlich auf die wachsende Bedeutung anspruchsvoller Tätigkeiten innerhalb der Berufsfelder zurückzuführen ist, die der technische Wandel mit sich bringt. Dies bedeutet andererseits, dass durch das langfristige strukturelle Wachstum des Dienstleistungssektors die Nachfrage nach gering Qualifizierten nicht sinkt. Ganz im Gegenteil steigt die Arbeitsnachfrage in diesem Arbeitsmarktsegment.

Die Projektion des Arbeitskräftebedarfs nach Berufsfeldern lässt ebenfalls darauf schließen, dass sich die seit Langem zu beobachtenden Entwicklungen fortsetzen (vgl. Tabelle D6). Die Nachfrage nach produktionsbezogenen Berufen geht deutlich zurück. Dagegen steigt absolut gesehen die Nachfrage nach Erwerbstätigen in den primären Dienstleistungsberufen. Diese umfassen „Berufe im Warenhandel und Vertrieb", „Verkehrs-, Lager-, Transport-, Sicherheits- und Wachberufe", „Gastronomie- und Reinigungsberufe" sowie „Büro- und kaufmännische Dienstleistungsberufe".

Innerhalb der sekundären Dienstleistungsberufe dürfte die Nachfrage in nahezu allen Berufshauptfeldern zunehmen. Einzig die „Lehrberufe" fallen aus dem Rahmen. Während bei allen anderen Berufshauptfeldern der sekundären Dienstleistungsberufe die organisatorischen beziehungsweise strukturellen Änderungen im Produktionsprozess den Bedarf steigen lassen, sinkt die Nachfrage nach den „Lehrberufen" durch den Rückgang der jungen Kohorten. Auch der allgemeine Trend zur Höherqualifizierung im Zuge des wirtschaftlichen Strukturwandels kann diesen Effekt nur zum Teil ausgleichen.

Insgesamt betrachtet steigt also die Arbeitsnachfrage in den Arbeitsmarktsegmenten mit anspruchsvolleren Tätigkeiten und Berufen weiter. Der massive Anstieg der Nachfrage in den Gastronomie- und Reinigungsberufen zeugt darüber hinaus von der weiter wachsenden Bedeutung von Freizeit- und Wellness-Angeboten aber auch von Haushaltsdienstleistungen.

Tabelle D6

Arbeitskräftebedarf nach Berufshauptfeldern, 2010 bis 2025, in Mio. Erwerbstätigen

Erwerbstätige in Mio. Personen	2010	2015	2020	2025	durchschnittliche, jährliche Wachstumsraten			
					2010/ 2015	2015/ 2020	2020/ 2025	2010/ 2025
Rohstoffe gewinnende Berufe	0,9	0,8	0,8	0,7	–1,0	–1,1	–1,3	–1,1
Be-, verarbeitende und instandsetz. Berufe	5,2	5,0	4,8	4,6	–0,8	–0,8	–1,0	–0,9
Masch. und Anl. steuernde und wart. Berufe	1,8	1,8	1,7	1,7	–0,4	–0,5	–0,8	–0,6
Berufe im Warenhandel, Vertrieb	4,2	4,2	4,2	4,1	0,0	–0,2	–0,5	–0,2
Verkehrs-, Lager-, Transp., Sicherh.-, Wachberufe	3,6	3,6	3,5	3,4	–0,2	–0,3	–0,5	–0,3
Gastronomie- und Reinigungsberufe	4,3	4,6	4,8	4,9	1,2	1,0	0,6	1,0
Büro-, kaufm. Dienstleistungsberufe	6,6	6,5	6,4	6,2	–0,2	–0,4	–0,6	–0,4
Technisch-naturwissenschaftliche Berufe	3,2	3,3	3,3	3,3	0,6	0,1	–0,2	0,2
Rechts-, Man.- und wirtschaftswiss. Berufe	1,9	2,0	2,0	2,1	0,9	0,6	0,4	0,6
Künstl., Medien-, geistes- u. sozialwiss. Berufe	1,2	1,3	1,4	1,4	1,4	0,9	0,6	1,0
Gesundheits- und Sozialb., Körperpfleger	4,7	5,0	5,2	5,3	1,1	0,8	0,4	0,7
Lehrberufe	1,5	1,5	1,4	1,4	0,0	–0,3	–0,5	–0,3
Insgesamt	39,1	39,5	39,6	39,1	0,2	0,0	–0,3	0,0

Quelle: Hummel et al. (2010).

Entwicklung des Arbeitskräfteangebots

Die Entwicklung des Arbeitsangebots muss mit der Entwicklung der Nachfrage keineswegs übereinstimmen. Aufgrund langfristiger Trends dürfte das Arbeitsangebot in Hinblick auf Qualifikation und Beruf vielmehr erheblich von der Arbeitsnachfrage abweichen.

Bei der Darstellung der Arbeitsangebotsseite nach Qualifikationen und Berufsfeldern musste allerdings vom Erwerbspersonenpotenzial nach dem IAB-Konzept abgewichen werden und die Stille Reserve unberücksichtigt bleiben – für die Stille Reserve gibt es keine Angaben über Qualifikationen und Berufe. Stattdessen wird im Folgenden jeweils auf die Erwerbspersonen (Erwerbstätige und Erwerbslose) abgestellt. Da die Stille Reserve in der Projektion nicht berücksichtigt wird, dürften die tatsächlich auftretenden Arbeitsmarktengpässe bis zum Jahr 2025 etwas kleiner ausfallen als hier prognostiziert.

Abbildung D17 stellt die kumulativen Zu- und Abgänge sowie den Bestand an Erwerbspersonen für die größte Qualifikationsgruppe im deutschen Arbeitsmarkt dar, die Personen mit abgeschlossener Berufsausbildung. Demnach dürfte das Arbeitsangebot in dieser Gruppe besonders stark zurückgehen. Mit zunehmendem Abstand zum Basisjahr fällt das Neuangebot an inländischen Erwerbspersonen und Zuwanderern immer weiter hinter die Zahl der ausscheidenden Erwerbspersonen zurück. Die Zahl der Personen mit einer abgeschlossen Berufsausbildung wird demnach bis 2025 um fast 3½ Mio. Personen schrumpfen. Gleiches gilt – wenn auch auf niedrigerem Niveau – für Personen ohne abgeschlossene Berufsausbildung.

Im akademischen Bereich hingegen steigt das Arbeitsangebot spürbar (vgl. Abbildung D18). Hier schlägt sich der nicht zuletzt durch den Bologna-Prozess initiierte verstärkte Zulauf an Universitäten und Fachhochschulen nieder.

Auch die berufsspezifische Entwicklung des Arbeitsangebots verläuft bis 2025 äußerst heterogen. In den produktionsbezogenen Berufen, zu denen Berufshauptfelder wie die „Rohstoffe gewinnenden Berufe", die „be-, verarbeitenden und instandsetzenden Berufe" und die „Maschinen und Anlagen steuernden und wartenden Berufe" gehören, wird das Arbeitsangebot drastisch zurückgehen. Dagegen wird das Arbeitsangebot in den Berufshauptfeldern des sekundären Dienstleistungsbereichs – diese umfassen die „technisch-naturwissenschaftlichen Berufe", die „rechts-, Managementund wirtschaftswissenschaftlichen Berufe", die „künstlerischen, Medien-, geistes- und sozialwissenschaftlichen Berufe", die „Gesundheits- und Sozialberufe, Körperpfleger" sowie die „Lehrberufe" – mit Ausnahme der letztgenannten bis 2025 zunehmen (vgl. Abbildung D19).

Das Neuangebot in den jeweiligen Berufshauptfeldern ergibt sich aus denjenigen Personen, die aus dem Bildungs- und Ausbildungssystem neu in den Arbeitsmarkt eintreten und den Arbeitskräften, die per Saldo nach Deutschland zuwandern. Das Neuangebot unterschreitet insbesondere im Bereich der produktionsbezogenen Berufe deutlich die Zahl der Abgänge. Die sekundären Dienstleistungsberufe profitieren hingegen von einem wachsenden Neuangebot an Erwerbspersonen, insbesondere von Akademikern.

Abbildung D17

Arbeitsangebot von Personen mit einer abgeschlossenen Berufsausbildung (ISCED 3b, 4) von 2005 bis 2025 sowie kumulierte Neuzugänge und Abgänge, in 1.000 Erwerbspersonen

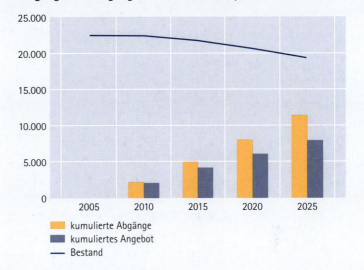

Quelle: Kalinowski/Quinke (2010), eigene Darstellung.

Abbildung D18

Arbeitsangebot von Personen mit einem akademischen Abschluss (ISCED 5a, 6) von 2005 bis 2025 sowie kumulierte Neuzugänge und Abgänge, in 1.000 Erwerbspersonen

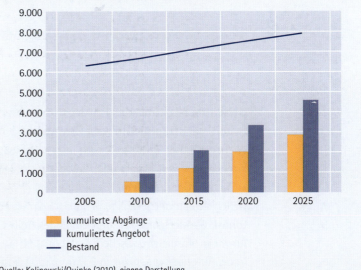

Quelle: Kalinowski/Quinke (2010), eigene Darstellung.

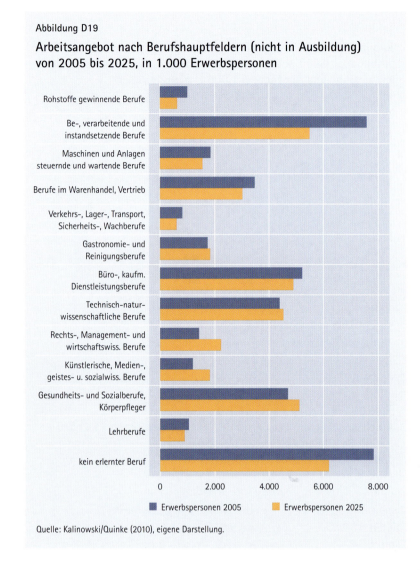

Abbildung D19

Arbeitsangebot nach Berufshauptfeldern (nicht in Ausbildung) von 2005 bis 2025, in 1.000 Erwerbspersonen

Quelle: Kalinowski/Quinke (2010), eigene Darstellung.

Gegenüberstellung der Entwicklung von Arbeitsnachfrage- und Arbeitsangebot

Wie oben ausgeführt stoßen die hier vorgelegten Projektionen zum Bedarf und Angebot an Arbeitskräften an Grenzen. Denn Nachfrager und Anbieter stellen sich auf die jeweiligen Engpässe ein und der Lohn-Preis-Mechanismus sorgt zumindest teilweise für einen Ausgleich zwischen Angebot und Nachfrage. Aufgrund von Such- und Informationskosten ist jedoch mit erheblichen Ungleichgewichten zu rechnen, die sich insbesondere in Schwierigkeiten bei der Besetzung von Stellen niederschlagen dürften. Im folgenden Abschnitt werden die projizierten Entwicklungen auf beiden Marktseiten einander gegenübergestellt. Dies gibt einen ersten Hinweis

auf Ungleichgewichte und den Bedarf an Arbeitsmarktanpassungen in den einzelnen Arbeitsmarktsegmenten.

Abbildung D20 stellt die Projektion der Nachfrage und des Angebots an Arbeitskräften nach Qualifikationsniveaus bis zum Jahr 2025 gegenüber. Dabei zeigt sich: Personen, die über keinen Berufsabschluss verfügen und sich nicht mehr im Ausbildungssystem befinden, dürften es auch künftig schwer haben, eine Beschäftigung zu finden. Zwar gleichen sich hier Arbeitskräfteangebot und -nachfrage an, aber es verbleibt immer noch eine erhebliche Lücke.

Ein umgekehrtes Bild ergibt sich für das mittlere Qualifikationsniveau, also Personen mit abgeschlossener Berufsausbildung. Hier wird das Angebot an Erwerbspersonen spätestens ab Mitte dieses Jahrzehnts deutlich abnehmen. Der Bedarf an Arbeitskräften mit abgeschlossener Berufsausbildung nimmt dagegen in den nächsten Jahren weiter leicht zu. Erst nach 2020 wird auch in diesem Qualifikationsbereich die Nachfrage nach Arbeitskräften im Zuge der allgemeinen Anpassung der Volkswirtschaft an das schrumpfende Erwerbspersonenpotenzial leicht zurückgehen. Diese unterschiedlichen Entwicklungen auf der Angebots- und Nachfrageseite führen dazu, dass unter Status-quo-Bedingungen hier spätestens gegen Ende des Projektionszeitraums die Arbeitsnachfrage nicht mehr zu decken wäre und spürbare Fachkräfteengpässe auftreten würden.

Bei Arbeitskräften mit tertiären Bildungsabschlüssen, also Universitäts- und Fachhochschulabsolventen, Meister und Techniker, ergibt sich dagegen ein Überangebot. Das Problem liegt dabei weniger im steigenden Angebot an Universitäts- und Fachhochschulabsolventen, sondern vielmehr im bislang noch sehr verhaltenen Zuwachs der Arbeitsnachfrage. Sollte das Angebot an Hochqualifizierten tatsächlich so wie hier projiziert zunehmen, würde dies nicht zwangsläufig zu einer hohen Arbeitslosigkeit von Akademikern führen. Wie die Vergangenheit gezeigt hat, dürfte mit dem steigenden Angebot an

Abbildung D20

Arbeitskräftebedarf und –angebot nach Qualifikationsniveau von 2005 bis 2025, in Mio. Personen

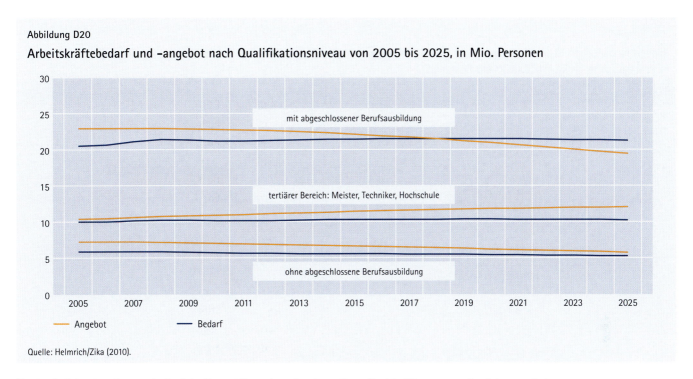

Quelle: Helmrich/Zika (2010).

Hochschulabsolventen auch die Arbeitsnachfrage in diesem Arbeitsmarktsegment zunehmen. Denkbar ist auch, dass ein Teil der Hochschulabsolventen die Lücken in den Arbeitsmarktsegmenten mit mittleren Qualifikationen schließt. In diesem Arbeitsmarktsegment sind verschiedene Anpassungsreaktionen denkbar, etwa die Umstellung von Produktionsprozessen oder Um- und Höherqualifizierung.

Zu einem ähnlichen Ergebnis kommt auch die CEDEFOP (Europäische Zentrum für die Förderung der Berufsbildung) in ihrer aktuellen Projektion für die EU-27-Länder bis zum Jahr 2020 (vgl. CEDEFOP 2012). Sie stellt fest, „... dass das Angebot an höheren Qualifikationen schneller zunehmen wird als die Nachfrage nach ihnen. Aufgrund der schwachen Nachfrage nach Arbeitskräften verschärft sich derzeit die Konkurrenz um die verfügbaren Arbeitsplätze" (vgl. CEDEFOP a.a.O., S. 4). „Für den Zeitraum bis 2020 sagt die Prognose Folgendes voraus: ... der Qualifikationsbedarf wird das Qualifikationsangebot unterschreiten, was kurzfristig zu ein Überqualifikation führen kann." (vgl. CEDEFOP a.a.O., S. 1).

Prognos AG hingegen konstatiert in Ihrer Studie „Arbeitslandschaft 2030", dass schon heute ein hochgradiger Fachkräfteengpass bestehen würde, der sich unter Status-quo in den nächsten Jahren noch verstärken wird. Allerdings wurden in dieser Studie die Erwerbslosen in der Analyse außen vor gelassen: „Das Arbeitsangebot in Deutschland wird in erster Linie durch die Größe und die Zusammensetzung der Bevölkerung sowie deren Bildungs- und Ausbildungsverhalten bestimmt. Hinzu kommt als weiterer Faktor die Erwerbsbeteiligung. Sie drückt aus, welcher Anteil einer bestimmten Bevölkerungsgruppe tatsächlich erwerbstätig ist." (vgl. Prognos 2010: 40). Weiter heißt es: „Die entsprechenden Verhältnisse des Basisjahrs 2004 werden in den nächsten Abschnitten näher dargestellt. Sie werden in den Status-quo-Rechnungen für alle kommenden Perioden konstant gehalten." Damit unterschlägt Prognos in ihrem Arbeitsangebot knapp 4,2 Mio. Personen.

Abbildung D21 zeigt für jedes Berufshauptfeld die Differenz zwischen der Nachfrage und dem Angebot an Fachkräften, d. h. Personen, die mindestens über einen beruflichen Ausbildungsbildungsabschluss verfügen. Nun ist es so, dass schon heute viele Erwerbstätige nicht im erlernten Beruf, sondern in ähnlichen oder anderen Berufen arbeiten.

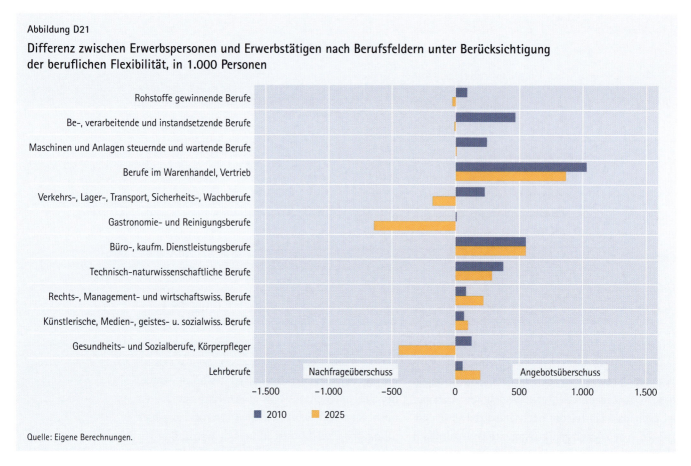

Abbildung D21

Differenz zwischen Erwerbspersonen und Erwerbstätigen nach Berufsfeldern unter Berücksichtigung der beruflichen Flexibilität, in 1.000 Personen

Quelle: Eigene Berechnungen.

Anreiz für einen Wechsel können höhere Beschäftigungs- oder Einkommenschancen, bessere Arbeitsbedingungen und Aufstiegsmöglichkeiten oder die leichtere Vereinbarkeit von Familie und Beruf sein. Dies trägt erheblich zur Flexibilität des deutschen Arbeitsmarktes bei. Dem wurde hier durch die Verwendung der sogenannten Flexibilitätsmatrix des BIBB Rechnung getragen. Diese beschreibt, wer welchen Beruf erlernt hat und welchen Beruf ausübt (vgl. Maier et al. 2010).

Wie die Modellrechnungen zeigen, ergibt sich auch unter Berücksichtigung der beruflichen Flexibilität an vielen Stellen Anpassungsbedarf. Besonders ausgeprägt sind die Engpässe auf der Nachfrageseite in den „Verkehrs-, Lager-, Transport, Sicherheits- und Wachberufen", in den „Gastronomie- und Reinigungsberufen" sowie in den „Gesundheits-, Sozial- und Körperpflegeberufen". Diesen Engpässen auf der Nachfrageseite stehen erhebliche Angebotsüberschüsse im Warenhandel und im Vertrieb

sowie in den „Büro- und kaufmännischen Dienstleistungsberufen" gegenüber. Weitgehend ausgeglichen stellt sich die Entwicklung in den produktionsnahen Berufen dar.

Insgesamt dürfte der demografische Wandel nach diesen Projektionen die Ungleichgewichte zwischen Arbeitsnachfrage und Arbeitsangebot in den einzelnen Arbeitsmarktsegmenten noch verschärfen – wenn es nicht zu entsprechenden Anpassungsreaktionen der Marktteilnehmer kommt. Ob und in welchem Umfang dies geschehen wird, ist eine offene Frage – die sich allein auf Basis dieser Projektionen nicht beantworten lässt.

4 Strategien und Potenziale

Der vorangegangene Abschnitt hat deutlich gemacht, dass das künftige Arbeitsangebot mit Sicherheit erheblich zurückgehen wird. Auch wenn die volkswirtschaftlichen und gesellschaftlichen Folgen dieses Rückgangs aufgrund von Anpassungen der Arbeits-, Kapital- und Gütermärkte kaum exakt bestimmt werden können – mit Blick auf die Volkswirtschaft und die Sozialversicherungssysteme ist es in jedem Fall wünschenswert, diesen Prozess zumindest abzumildern. Teilweise können sich endogen, also durch das Verhalten der Arbeitsanbieter und Arbeitsnachfrager, Reaktionen ergeben, die das Arbeitsangebot langfristig erhöhen. So ist etwa bei steigenden Löhnen mit einer steigenden Erwerbsbeteiligung zu rechnen, auch die Bereitstellung einer Infrastruktur z. B. für die Kinderbetreuung durch die Unternehmen könnte in Zeiten knapper werdender Arbeit das Erwerbspersonenpotenzial erhöhen. Es bedarf aber auch verschiedener politischer Strategien und Maßnahmen, die das Erwerbspersonenpotenzial in quantitativer wie qualitativer Hinsicht steigern. In diesem Abschnitt wird zunächst erörtert, wie sich die inländischen Potenziale mobilisieren lassen. Dabei geht es darum, zum einen das Volumen, zum anderen die Qualifikation und Produktivität des Erwerbspersonenpotenzials zu erhöhen. Zu ersten Gruppe gehören Maßnahmen, welche die Erwerbsbeteiligung (Abschnitt 4.1) und vor allem die Ausweitung der Arbeitszeiten von Frauen fördern (Abschnitt 4.2). Ebenfalls zur ersten Maßnahmengruppe zählen die Mobilisierung des Erwerbspersonenpotenzials von Älteren (Abschnitt 4.3) und der Abbau der Erwerbslosigkeit (Abschnitt 4.4). Zur zweiten Gruppe gehören Investitionen in Bildung und Ausbildung (Abschnitt 4.5) sowie in Weiterbildung der Beschäftigten (Abschnitt 4.6). In quantitativer Hinsicht ist die Mobilisierung der inländischen Potenziale zwar wichtig, spielt jedoch eine deutlich geringere Rolle als die Ausweitung des Erwerbspersonenpotenzials durch weitere Zuwanderung. In Abschnitt 4.7 wird deshalb detailliert untersucht, welche zusätzlichen Fachkräftepotenziale durch Zuwanderung erschlossen werden können. Die Abschnitte 4.8 und 4.9 gehen der Frage nach, wie die Arbeitsmarktintegration der Zuwanderer verbessert werden kann und welche Arbeitsmarktwirkungen von der Zuwanderung zu erwarten sind.

4.1 Erwerbsbeteiligung von Frauen steigern

Eine höhere Erwerbsbeteiligung und eine steigende Arbeitszeit könnten den negativen Einfluss der demografischen Entwicklung auf das Erwerbspersonenpotenzial und das Arbeitsvolumen abschwächen. Ein Blick zurück zeigt, dass auch in der Vergangenheit erhebliche Veränderungen stattgefunden haben: So stieg die Potenzialerwerbsquote[19] der 40- bis 44-jährigen westdeutschen Frauen zwischen 1970 und 1990 von 48 auf 73,5 Prozent. Danach setzte sich dieser – für die mittleren Altersgruppen repräsentative – Anstieg leicht abgeschwächt fort. Im Jahr 2008 erreichte die Erwerbsquote in dieser Altersgruppe 88,6 Prozent.

So geht das IAB in seiner Projektion des Erwerbspersonenpotenzials (Fuchs/Söhnlein/Weber 2011) von einem weiteren Anstieg der Frauenerwerbsquote aus (Abbildung D22). Für die mittleren Altersgruppen wird angenommen, dass die Erwerbsquoten ähnlich wie in der Vergangenheit weiter zunehmen. Bei den 60-Jährigen und Älteren führt die „Rente mit 67" künftig zu deutlich höheren Erwerbsquoten. Allerdings sinken die Erwerbsquoten jüngerer Frauen etwas, da der Anteil derjenigen, die ein Studium aufnehmen wollen, tendenziell weiter steigt.

Trotz des projizierten Anstiegs der altersspezifischen Frauenerwerbsquoten bleiben diese weiterhin unterhalb der Erwerbsquoten gleichaltriger Männer. Bei gleichen Erwerbsquoten von Frauen und Männern wäre das Erwerbspersonenpotenzial der 30- bis

---

19 Die Potenzialerwerbsquote schließt neben den Erwerbstätigen die Erwerbslosen und die Stille Reserve ein. So waren 2008 von den o. g. Frauen rund 81 Prozent erwerbstätig, 5 Prozent erwerbslos und 2,5 Prozent zählten zur Stillen Reserve.

49-jährigen Frauen im Jahr 2008 um knapp 1,5 Mio. Personen höher ausgefallen. Nimmt man zwischen den Geschlechtern identische Erwerbsquoten im Alter von 15 bis 64 Jahren an, ergäbe sich sogar ein Anstieg von etwa 3,2 Mio. Personen. Durch den demografisch bedingten Rückgang der Personen im erwerbsfähigen Alter wird jedoch das zusätzliche Potenzial, das sich durch eine steigende Erwerbsbeteiligung von Frauen ergibt, künftig fallen: Im Jahr 2025 ergäbe sich durch die steigende Erwerbsbeteiligung von Frauen noch ein zusätzliches Potenzial von 2,6 Mio., im Jahr 2050 nur noch von 1,4 Mio. Personen.

Gelänge es, das Potenzial, das sich durch eine höhere Erwerbspartizipation von Frauen ergibt, vollständig zu erschließen, würde der Rückgang des Erwerbspersonenpotenzials also geringer ausfallen als bei konstanter Erwerbsbeteiligung. Allerdings ist dieses „freie" Potenzial nicht ganz vergleichbar mit dem bereits vorhandenen Erwerbspersonenpotenzial.

So sind Ausländerinnen dem Arbeitsmarkt ferner als deutsche Frauen. Beispielsweise lag die Erwerbsquote der 30- bis 49-jährigen Ausländerinnen im Jahr 2008 mit 68 Prozent fast 20 Prozentpunkte unter derjenigen gleichaltriger westdeutscher Frauen. Es gibt keine Anzeichen dafür, dass sich Letzteres nachhaltig ändern wird, denn die Erwerbsquoten von Ausländerinnen sind in den letzten Jahren deutlich weniger gestiegen als die der westdeutschen Frauen insgesamt. Ohne diese Unterschiede zwischen In- und Ausländerinnen wäre das Erwerbspersonenpotenzial – bezogen auf das Jahr 2008 – um 450.000 Personen höher gewesen. Um dieses Potenzial auszuschöpfen, bedarf es also erheblicher Integrationsbemühungen.

Wie Abbildung D22 zeigt, ist die Erwerbsbeteiligung bei den 30- bis 49-jährigen Frauen am höchsten. Nicht alle Erwerbspersonen sind jedoch tatsächlich erwerbstätig. Nach Angaben des Mikrozensus waren 2008[20] gut 8,8 Mio. Frauen zwischen 30 und 49 Jahren berufstätig.[21] Weitere gut 900.000 (7 Prozent) suchten Arbeit. Aber beinahe 18 Prozent dieser Altersgruppe hatten weder einen Arbeitsplatz noch suchten sie einen („sonstige Nichterwerbspersonen"). Nach Schätzungen des IAB zählt von letzteren ein gutes Drittel zur „Stillen Reserve" und dürfte damit relativ arbeitsmarktnah sein. Allerdings sind nicht alle Nichterwerbstätigen im gleichen Umfang erwerbsbereit oder in der Lage, sofort eine Erwerbstätigkeit aufzunehmen. Insbesondere bei den weniger gut qualifizierten Frauen ist die Erwerbsneigung vergleichsweise gering.

Abbildung D22

Altersspezifische Potenzialerwerbsquoten von Frauen, Szenario 3, Annahmen: Wanderungssaldo +100.000 p.a., steigende Erwerbsquoten

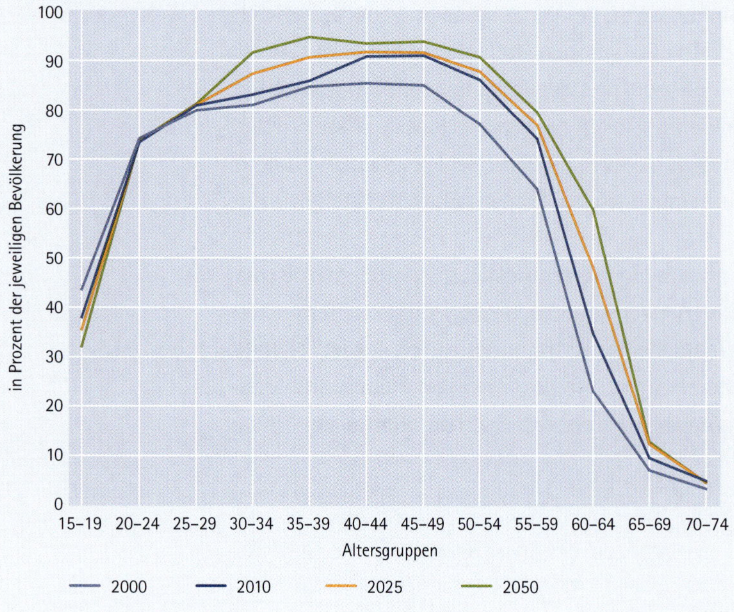

Quelle: Fuchs/Söhnlein/Weber (2011).

20 Im konjunkturell guten Jahr 2008 dürfte der konjunkturbedingte Entmutigungseffekt auf die Erwerbsbeteiligung deutlich kleiner gewesen sein als in schlechteren Jahren, d.h. die Beschäftigungssituation ist sogar vergleichsweise günstig gewesen.

21 Die Gruppe der 30- bis 49-jährigen Frauen wurde hier ausgewählt, weil in den jüngeren Altersjahrgängen die Ausbildung häufig noch nicht abgeschlossen ist, in den höheren Jahrgängen die Frühverrentung eine Rolle spielt (vgl. Abschnitt 4.3).

Tabelle D7

Erwerbsstatus 30- bis 49-jähriger Frauen nach Qualifikation im Jahr 2008

	in 1.000 und in Prozent				Gesamt
	Erwerbstätige	Erwerbslose	Arbeitsuchende Nichterwerbs-personen	Sonstige Nichterwerbs-personen	
ohne Berufsabschluss	1.157 56 %	199 10 %	54 3 %	669 32 %	2.079 100 %
mittlere berufliche Qualifikation (Lehre/Fachschule)	6.210 79 %	416 5 %	73 1 %	1.154 15 %	7.853 100 %
Hochschul-/Fachhochschulabschluss[a]	1.649 84 %	62 3 %	17 1 %	233 12 %	1.961 100 %
Gesamt[b]	9.016 76 %	677 6 %	144 1 %	2.056 17 %	11.893 100 %

[a] Einschließlich Verwaltungshochschulen.
[b] Personen ohne Angabe wurden nicht berücksichtigt.

Quelle: Eigene Berechnungen auf Grundlage von Daten des Mikrozensus 2008.

Generell nimmt die Höhe der Erwerbsbeteiligung mit der Qualifikation zu (Tabelle D7).[22] Nur knapp 1,2 Mio. von nicht ganz 2,1 Mio. Frauen ohne beruflichen Abschluss waren erwerbstätig (56 Prozent). Bei den Männern waren es im Übrigen auch nur 73 Prozent. Günstiger stellt sich die Beschäftigungssituation für Frauen mittlerer Qualifikation dar. Von den insgesamt 7,9 Mio. Frauen mit einem beruflichen Ausbildungsabschluss oder einem Fachschulabschluss arbeiteten 79 Prozent (Männer: 91 %).

Fast 490.000 (6 %) Frauen dieser Gruppe waren auf Arbeitsuche, gut 1,1 Mio. (15 %) klassifizierte der Mikrozensus als Nichterwerbspersonen. Damit liegt ein Erwerbspotenzial von rund 1,6 Mio. qualifizierten Frauen brach. Das Erwerbspotenzial der Hochqualifizierten ist dagegen weitgehend ausgeschöpft. 84 Prozent aller 30- bis unter 49-jährigen Akademikerinnen hatten einen Arbeitsplatz. Lediglich 300.000 Akademikerinnen waren nicht erwerbstätig 2008 (16 %), wovon nur etwa 80.000 aktiv Arbeit suchten.

Zwischen dem 55. und 59. Lebensjahr ziehen sich Frauen bislang verstärkt aus dem Erwerbsleben zurück, insbesondere bei geringer Qualifikation. In der Gruppe ohne einen Berufsabschluss arbeitet weniger als die Hälfte der Frauen in dieser Altersgruppe. Im Gegensatz dazu sind von den 55- bis 59-jährigen Akademikerinnen 79 Prozent berufstätig (vgl. Anhangtabelle D1 sowie Abschnitt 4.3).

Insgesamt ist das Erwerbspersonenpotenzial von Frauen offensichtlich noch nicht ausgeschöpft. Allerdings stößt der Anstieg der Erwerbstätigkeit von Frauen auch an Grenzen: Erstens sind die noch bestehenden Potenziale bei den besser Qualifizierten quantitativ deutlich begrenzt. Zweitens müssten zahlreiche – längst bekannte – Maßnahmen umgesetzt werden, die es Frauen erlauben, Beruf und Familie besser zu vereinbaren. Dazu gehören insbesondere institutionelle Änderungen, die das Zeitmanagement betreffen – etwa die Flexibilisierung von Arbeitszeiten, die Harmonisierung der Arbeitszeiten mit den Öffnungszeiten von Kitas und Ganztagsschulen, Betreuungsangebote bei Krankheit von Kindern usw. Schließlich mindert das im deutschen Steuersystem etablierte Ehegattensplitting die Erwerbsanreize – insbesondere dann, wenn Frauen deutlich weniger verdienen als Männer.

---

22 Für die vom IAB geschätzte Stille Reserve liegen keine Informationen zur beruflichen Qualifikation vor. Sie ist eine Teilgruppe der „sonstigen Nichterwerbspersonen".

Dies könnte die sehr geringe Erwerbsbeteiligung von Frauen mit geringen Qualifikationen erklären. Demgegenüber begünstigen etwa die Steuersysteme in den skandinavischen Ländern und in Frankreich die Erwerbstätigkeit beider Partner. Daher bedarf es grundlegender Reformen des Steuersystems, des Schulwesens und der Kinderbetreuung. Ohne diese Reformen könnte der Rückgang des Erwerbspersonenpotenzials stärker ausfallen als erwartet.

4.2 Arbeitszeit teilzeitbeschäftigter Frauen verlängern

Wie der vorhergehende Abschnitt gezeigt hat, steigt die Erwerbsbeteiligung von Frauen seit einigen Dekaden kontinuierlich an. Aufgrund des gesellschaftlichen Wertewandels gehört es heute für die meisten Frauen zur Lebensplanung, einen Beruf zu erlernen und auszuüben. Daneben werden wirtschaftliche Gründe für eine Erwerbstätigkeit immer wichtiger: Das Scheidungsrisiko ist höher als früher, es gibt immer mehr alleinerziehende Frauen und neue institutionelle Strukturen – z. B. durch die Hartz-IV-Reformen oder die Umgestaltung des Unterhaltsgesetzes. Aus diesen Gründen wird eine eigenständige existenzsichernde Altersvorsorge aus eigenem Erwerbseinkommen für Frauen immer dringlicher.

Auch wenn sich in den vergangenen Jahren immer mehr Frauen am Erwerbsleben beteiligt haben – die gestiegene Zahl der erwerbstätigen Frauen ist nur ein unvollständiger Indikator für deren tatsächliche Teilhabe am Arbeitsmarkt. Denn die Arbeitszeiten von Frauen und Männern klaffen erheblich auseinander. Erst die Beteiligung der Frauen am Arbeitsvolumen – dem Produkt aus Personen und geleisteter Arbeitszeit – ergibt ein umfassendes Bild. In seiner Arbeitszeitrechnung (vgl. Wanger 2011) bezieht das IAB beide Komponenten – also die Personen- und die Arbeitszeitkomponente – gleichermaßen ein. Ergänzt man die Befunde aus der Arbeitszeitrechnung des IAB um Befragungsergebnisse aus dem Soziooekonomischen Panel (SOEP) zu den Arbeitszeitpräferenzen der Beschäftigten, so zeigt sich, dass es bei Frauen in Teilzeit noch beträchtliches Potenzial für eine Ausweitung der Arbeitszeit gibt. Denn bei vielen Frauen stimmen Wunsch und Wirklichkeit nicht überein, sie wollen länger arbeiten. Würden diese Arbeitszeitpotenziale erschlossen, könnte ein Teil des demografisch bedingt rückläufigen Arbeitsangebots kompensiert werden.

Vollzeit- versus Teilzeitbeschäftigung

Bei Frauen und Männern hat sich die Beschäftigung seit der Wiedervereinigung sehr unterschiedlich entwickelt. Während die Zahl der beschäftigten Männer zwischen 1991 und 2010 deutlich abgenommen hat (–8 %), stieg sie bei den Frauen um 16 Prozent. Im gleichen Zeitraum ist die Vollzeitbeschäftigung bei Frauen und Männern gleichermaßen stark um 20 Prozent gesunken.

Bei den Frauen gingen diese Verluste mit starken Zuwächsen bei der Teilzeitbeschäftigung einher. So waren im Jahr 2010 über 9,3 Mio. Frauen teilzeitbeschäftigt, fast doppelt so viele wie im Jahr 1991. Dabei haben die reguläre Teilzeit und die Mini-Jobs gleichermaßen zugenommen. Bei den Männern konnte die Zunahme der Teilzeit die Verluste bei der Vollzeit nicht ausgleichen. Der Anteil der Männer an allen Teilzeitbeschäftigten stieg von 14 Prozent (1991) auf 25 Prozent (2010). Infolge der gegenläufigen Entwicklungen bei Voll- und Teilzeitbeschäftigung ist die Teilzeitquote in den vergangenen 20 Jahren stetig gestiegen. So arbeiteten 52,1 Prozent der weiblichen Beschäftigten im Jahr 2010 in Teilzeit (1991: 30,7 %).

Die „Arbeitszeitlücke" der Frauen

Die durchschnittliche Jahresarbeitszeit ist zwischen 1991 und 2010 bei Frauen und Männern deutlich gesunken. Maßgeblich dafür war die zunehmende Teilzeitarbeit. Die Jahresarbeitszeiten der vollzeitbeschäftigten Frauen und Männer haben sich dagegen in den Jahren 1991 bis 2010 relativ wenig geändert. Vor allem aufgrund der höheren Teilzeitquote arbeiten Frauen im Durchschnitt erheblich kürzer als Männer (Wanger 2011). Das gesamtwirtschaftliche Jahresarbeitsvolumen – also das Produkt aus

Beschäftigtenzahl und durchschnittlicher Jahresarbeitszeit – ist geschrumpft und lag im Jahr 2010 um 7 Prozent unter dem Stand von 1991. Während allerdings das Arbeitsvolumen der Männer um 13,7 Prozent sank, stieg das der Frauen um 4 Prozent. Im Jahr 2010 hatten Frauen einen Anteil von 42,9 Prozent am *Arbeitsvolumen* – das sind 4,5 Prozentpunkte mehr als 1991. Der Frauenanteil an den *Beschäftigten* stieg zwischen 1991 und 2010 um 5,7 Prozentpunkte. Aufgrund ihrer hohen Teilzeitquote trugen Frauen trotz ihres hohen Beschäftigtenanteils von 49,8 Prozent im Jahr 2010 mit 42,9 Prozent nur unterproportional zum gesamtwirtschaftlichen Arbeitsvolumen bei.

Diese Kluft zwischen Beschäftigten- und Arbeitsvolumenanteilen wird als *Arbeitszeitlücke* bezeichnet. Sie betrug 2010 bei den Frauen 6,9 Prozentpunkte und ist seit 1991 um 1,2 Prozentpunkte gewachsen. Sie klafft in allen Altersgruppen und ist bei 30- bis 40-jährigen Frauen – die sich oft in der Familienphase befinden – besonders groß. Hier liegt die Arbeitszeitlücke im Schnitt bei 9,4 Prozentpunkten. Dies hat nur zum Teil mit den Arbeitszeitpräferenzen der Frauen zu tun: So gaben 19 Prozent an, nur deshalb teilzeitbeschäftigt zu sein, weil sie keine Vollzeittätigkeit finden konnten (Statistisches Bundesamt 2010); 1991 lag dieser Anteil erst bei 6 Prozent. Auch in anderen Fällen dürfte die Teilzeitarbeit oft unfreiwillig sein, z. B. wenn eine unzureichende Kinderbetreuung als Grund angegeben wird. Trotz gestiegener Erwerbsbeteiligung von Frauen gibt es offenbar Arbeitszeitpotenziale, die ungenutzt sind.

Arbeitszeitwünsche von Frauen

Neben einer höheren Erwerbsbeteiligung von Frauen und einer Verlängerung der Lebensarbeitszeiten ist die Verlängerung der individuellen Wochenarbeitszeiten der quantitativ wichtigste Faktor für eine Erhöhung des Arbeitsvolumens (Spitznagel 2010). Dabei können viele Beschäftigte ihre Erwerbswünsche nur zum Teil umsetzen – sei es, dass sie ihre Arbeitszeit verkürzen oder verlängern wollen.

Die Ergebnisse des SOEP legen den Schluss nahe, dass die bisherigen Beschäftigten insgesamt mehr arbeiten möchten: Im Schnitt würden sie ihre Arbeitszeit gerne um eine halbe Stunde verlängern. Dabei sind Verkürzungswünsche – die es insbesondere bei Vollzeitbeschäftigten gibt – schon berücksichtigt. Arbeitszeitwünsche könnten im Zeitverlauf zwar schwanken, da neben individuellen Präferenzen auch tarifliche Änderungen oder die konjunkturelle Lage Einfluss haben.

So könnte ein Teil der Angaben im Jahr 2009 durch die teils massiven krisenbedingten Arbeitszeitkürzungen beeinflusst sein, auch wenn Frauen aufgrund ihrer Branchen- und Berufsstrukturen hiervon weniger betroffen waren. Die verschiedenen Wellen der Befragung des SOEP zeigen jedoch, dass die Ergebnisse im Zeitverlauf recht stabil sind, insbesondere zum Umfang der gewünschten Arbeitszeitverlängerung.

Spielraum für eine Verlängerung findet sich naturgemäß am ehesten bei den Teilzeitbeschäftigten. Da vor allem Frauen Teilzeit arbeiten und hier – rein rechnerisch – die größten Potenziale für eine Ausweitung des Arbeitsvolumens liegen, konzentriert sich die folgende Analyse auf die teilzeitbeschäftigten Frauen, die angeben, länger arbeiten zu wollen. Zwar gibt es auch Frauen, die kürzer arbeiten möchten. Indes dürfte es auf lange Sicht immer schwieriger werden, Arbeitszeitverkürzungen gegen die Wünsche der Betroffenen durchzusetzen, da sich die Position vieler Arbeitnehmer auf dem Arbeitsmarkt wegen der künftig zu erwartenden Verknappung des Faktors Arbeit tendenziell verbessern dürfte.

Nach den Befragungen im Rahmen des SOEP würde die Hälfte der Frauen die vereinbarte Arbeitszeit gerne ausweiten. Davon wünschen sich 42 Prozent eine Wochenarbeitszeit von weniger als 30 Stunden, 58 Prozent von mehr als 30 Stunden. Im Schnitt würden regulär teilzeitbeschäftigte Frauen ihre vereinbarte Wochenarbeitszeit gerne um drei, geringfügig beschäftigte Frauen um neun Stunden erhöhen. Würden die Wünsche nach verlängerten

Tabelle D8

Arbeitszeitwünsche von Frauen und Männern im Jahr 2009 nach Erwerbsform

| | Vollzeit | | Teilzeit | | | | insgesamt | |
| | | | regulär | | geringfügig | | | |
	Männer	Frauen	Männer	Frauen	Männer	Frauen	Männer	Frauen
Tatsächliche, vereinbarte und gewünschte Wochenarbeitszeit (WAZ) – in Stunden[a]								
tatsächliche WAZ	44,6	42,1	26,1	25,4	15,5	12,5	42,6	32,2
vereinbarte WAZ	40,4	38,8	24,2	23,1	14,9	11,8	38,7	29,6
gewünschte WAZ	39,8	36,2	32,7	26,1	23,9	20,5	38,8	30,5
Differenz gewünschte – vereinbarte WAZ	-0,6	-2,6	+8,5	+3,0	+9,0	+8,8	+0,1	+0,9
Verkürzungs- und Verlängerungswünsche der Beschäftigten – in Prozent[b]								
um 1,6 oder mehr Stunden verkürzen	30	45	8	14	7	6	28	28
so lassen (+/-1,5 Stunden)	48	44	28	41	35	31	47	41
um 1,6 oder mehr Stunden verlängern	21	11	64	45	58	64	25	30
Realisierte Verlängerungswünsche von teilzeitbeschäftigten Frauen – in Stunden[a]								
realisierte WAZ	38,8		27,1		20,8		32,2	
Differenz realisierte – vereinbarte WAZ			+4,0		+9,0		+2,6	

[a] jeweils Durchschnittswerte.
[b] Abweichung von 100 aufgrund von Rundungen möglich.

Quelle: Wanger (2011).

arbeiten. Dies gilt auch für Frauen in Ostdeutschland sowie generell für Frauen im Alter zwischen 25 und 34 Jahren. Eine längere Wochenarbeitszeit wünschen sich auch eher Frauen mit niedriger beruflicher Qualifikation und niedrigem Haushaltseinkommen. Schließlich ist die Präferenz für eine Ausweitung der Arbeitszeit bei Frauen ohne Partner bzw. ohne kleine Kinder deutlich größer als bei Frauen in einer festen Partnerschaft sowie bei Frauen mit Kindern unter sechs Jahren.

Gingen alle Verlängerungswünsche von teilzeitbeschäftigten Frauen, aber nicht ihre Verkürzungswünsche, in Erfüllung, dann ergäbe sich für alle beschäftigten Frauen eine Wochenarbeitszeit von 32 Stunden (vgl. Tabelle D8). Hochgerechnet entspräche die Differenz zwischen den gewünschten und den realisierten Wochenarbeitszeiten einem zusätzlichen Arbeitsvolumen von 40,5 Mio. Stunden wöchentlich, umgerechnet in Vollzeitäquivalente wären dies ca. 1 Mio. Vollzeitarbeitsplätze.

Davon entfallen – bezogen auf das Arbeitsvolumen – 48,5 Prozent auf die Verlängerungswünsche von regulär teilzeitbeschäftigten Frauen, 51,5 Prozent auf die der ausschließlich geringfügig beschäftigten Frauen. Eine vollständige Realisierung dieses zusätzlichen Arbeitsvolumens ist allerdings rein hypothetisch. Denn es kann nicht ohne Weiteres angenommen werden, dass dieses Arbeitsangebot auf eine entsprechende betriebliche Nachfrage trifft. Hohe Anforderungen der Betriebe hinsichtlich Qualifikation, Beruf etc. sowie regionale Unterschiede verhindern vermutlich, dass das Potenzial ausgeschöpft wird.

Knapp 50 Prozent des zusätzlichen Potenzials speist sich aus höher qualifizierten Frauen und Frauen mit Berufsausbildung. Die andere Hälfte betrifft un- und angelernte Frauen ohne Berufsausbildung. Einem möglichen Mismatch, also einer fehlenden Deckungsgleichheit zwischen Angebot und Nachfrage, müsste deshalb frühzeitig mit bildungspolitischen Maßnahmen entgegengewirkt werden, z. B. durch systematische berufliche Weiterbildung.

Arbeitszeiten realisiert, läge die Arbeitszeit aller regulär teilzeitbeschäftigten Frauen bei 26 Stunden, die der Mini-Jobberinnen bei 21 Wochenstunden – mithin im Bereich der sozialversicherungspflichtigen Teilzeitbeschäftigung (vgl. Tabelle D8). Tabelle D8 zeigt, wie sich tatsächliche, vereinbarte und gewünschte Arbeitszeiten der einzelnen Personengruppen zueinander verhalten und welche Veränderungswünsche sie widerspiegeln. Aufgeführt wird auch, welche Wochenarbeitszeiten sich im Durchschnitt bei den weiblichen Beschäftigten ergäben, wenn nur die von den teilzeitbeschäftigten Frauen gewünschten Verlängerungen realisiert würden.

Dabei wollen nach Schätzungen des IAB insbesondere geringfügig beschäftigte Frauen sowie Frauen, die regelmäßig Überstunden leisten, länger

Auch wenn die Potenziale auf eine entsprechende Nachfrage der Betriebe treffen, können sie nur ausgeschöpft werden, wenn die Rahmenbedingungen auf der Angebotsseite stimmen. Dazu gehören eine flächendeckende Betreuung für Kinder im Krippen- und im Schüleralter sowie eine betriebliche Personalpolitik, welche die Vereinbarkeit von Beruf und Familie erleichtert. Eine längere Arbeitszeit setzt auch voraus, dass sich die Arbeitsteilung in den Familien wandelt: Wenn sich Männer stärker an der Familienarbeit beteiligen, haben ihre Partnerinnen mehr Möglichkeiten, ihre Arbeitszeitwünsche zu verwirklichen. Dies alles bedarf zusätzlicher Personalressourcen, etwa in der Kinderbetreuung, und setzt in vielen Fällen die Bereitschaft der Männer voraus, ihrerseits die Arbeitszeit (vorübergehend) zu reduzieren.

4.3 Erwerbsbeteiligung Älterer stärken

Angesichts der Alterung der Gesellschaft wird es wesentlich darum gehen, das Potenzial der älteren Menschen viel stärker als in der Vergangenheit zu nutzen. Wie oben bereits gezeigt wurde, spricht vieles dafür, dass mit der Zunahme der Lebenserwartung auch Gesundheit und Produktivität länger erhalten bleiben. Zudem zeigen empirische Untersuchungen, dass die Arbeitsproduktivität von älteren Arbeitnehmern keineswegs geringer ist als die der Jüngeren (Abschnitt 3.2).

Der Anstieg der Erwerbsbeteiligung Älterer ist kein neuer Trend. Im Gegenteil, gerade in den vergangenen Jahren ist die Erwerbsbeteiligung der Älteren deutlich angestiegen (Arlt/Dietz/Walwei 2009; Dietz/Walwei 2011).

Hierzu dürften auch Reformen der Renten- und Arbeitsmarktpolitik beigetragen haben (Eichhorst 2011). Die positive Entwicklung lässt sich zunächst an der sozialversicherungspflichtigen Beschäftigung ablesen.[23] Im Jahresdurchschnitt 2010 waren etwa

7,3 Mio. Personen zwischen 50 und 64 Jahren sozialversicherungspflichtig beschäftigt, und damit rund 2,1 Mio. mehr als im Jahr 1998. Um auszuschließen, dass diese Entwicklung allein durch einen Alterungseffekt bei den Beschäftigten zustande kommt, sollen im Folgenden Beschäftigungsquoten betrachtet werden, also der Anteil der sozialversicherungspflichtig Beschäftigten an der Bevölkerung der jeweiligen Altersgruppe. Auch hier zeigt sich eine positive Entwicklung (Abbildung D23). Insbesondere die Quoten der 50- bis 54-Jährigen, zuletzt auch der 55- bis 59-Jährigen nähern sich den Quoten der mittleren Altersgruppen an. Dagegen zeigen sich Arbeitsmarktprobleme besonders deutlich bei der Gruppe der 60- bis 64-Jährigen – hier war im Jahr 2010 nur jeder Vierte sozialversicherungspflichtig beschäftigt. Zudem entfällt ein Großteil der Verbesserung auf eine steigende Erwerbsbeteiligung älterer Frauen: Von 1998 bis 2010 stieg der Anteil der Frauen an allen sozialversicherungspflichtig Beschäftigten zwischen 55 und 64 Jahren um gut acht Prozentpunkte auf 45 Prozent.

Da Übergänge aus Arbeitslosigkeit in Beschäftigung bei Älteren relativ selten vorkommen, ist die Langzeitarbeitslosigkeit in dieser Gruppe relativ hoch. Im Jahr 2010 waren 41 Prozent der älteren Arbeitslosen bereits länger als ein Jahr erwerbslos – der Wert liegt deutlich höher als der Anteil der Langzeitarbeitslosen an allen Arbeitslosen (32 %).

Weil die Beschäftigungssituation der Älteren noch immer nicht zufriedenstellend ist, und das Erwerbspersonenpotenzial in Deutschland nicht nur schrumpfen, sondern auch altern wird (Fuchs/Söhnlein/Weber 2011), stellen Ältere für die Zukunft eine wichtige Ressource dar (vgl. Abschnitt 3.1). Mit der schrittweisen Einführung der Rente mit 67 werden dem Arbeitsmarkt künftig sogar noch mehr Ältere zur Verfügung stehen. Schreibt man die derzeitige Bevölkerungsstruktur bis ins Jahr 2030 fort, so steigt die Zahl der 50- bis 66-Jährigen in dem Szenario ohne Wanderungen um rund 750.000 auf 18,23 Mio.

---

23 Geringfügig Beschäftigte fallen nicht in diese Kategorie.

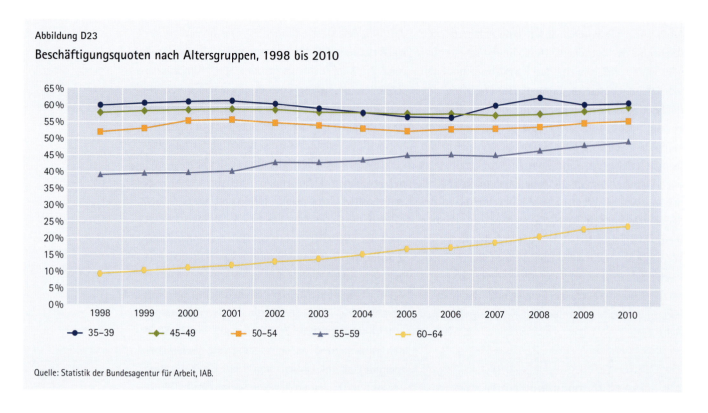

Abbildung D23

Beschäftigungsquoten nach Altersgruppen, 1998 bis 2010

Quelle: Statistik der Bundesagentur für Arbeit, IAB.

Die im Vergleich zu einer Erhöhung des Renteneintrittsalters größeren Arbeitskräftereserven würden sich jedoch ergeben, wenn die Älteren bereits vor Erreichen des 65. Lebensjahrs stärker am Arbeitsmarkt partizipieren. Bezieht man nicht nur die abhängigen, sozialversicherungspflichtig Beschäftigten ein, sondern auch Selbständige und geringfügige Beschäftigte, so betrug die Erwerbstätigenquote der 40- bis 49-Jährigen im Jahr 2009 laut Mikrozensus des Statistischen Bundesamtes 83,5 Prozent. Sie lag damit um 24,5 Prozentpunkte über dem Wert der 50- bis 66-Jährigen liegt.[24] Gelänge es, deren Erwerbstätigenquote auf das Niveau der 40- bis 49-Jährigen zu heben, so läge die Erwerbstätigkeit Älterer im Jahr 2030 um etwa 4,9 Mio. über dem Wert von 2009.

24 Hierbei ist zu beachten, dass der Mikrozensus die geringfügige Beschäftigung deutlich unterschätzt. Bei den 40- bis 49-Jährigen beträgt die Differenz zu den Angaben der Bundesagentur für Arbeit im Jahr 2009 gut 120.000 Personen, bei den 50- bis 64-Jährigen sind es sogar knapp 330.000. Berücksichtigt man dies, so verringert sich die Differenz zwischen den Erwerbstätigenquoten um knapp einen Prozentpunkt.

Ein solch starker Anstieg der Erwerbstätigenquote Älterer kann nur mit erheblichen Anstrengungen erreicht werden. Die Erwerbstätigenquote von Personen zwischen 50 und 59 Jahren mit einer guten formalen Ausbildung – also Personen mit einer abgeschlossenen Berufsausbildung, Berufsfachschule, Meister/Fachschule oder (Fach-)Hochschulabschluss – liegt mit 78,3 Prozent bereits auf einem Niveau, das sich nicht wesentlich von dem anderer Altersgruppen unterscheidet. Bei den gut qualifizierten Älteren wird es vor allem darum gehen, dass die Erwerbstätigkeit auch bis zum gesetzlichen Renteneintrittsalter ausgeübt wird und frühzeitige Übergänge in den Ruhestand die Ausnahme bleiben.

Grundsätzlich liegt in der Altersgruppe der über 60-Jährigen bis zum Jahr 2030 das größte Potenzial brach. Die Erwerbstätigenquote bei den 60- bis 64-Jährigen müsste sich im Vergleich zum Ausgangswert von 38,4 Prozent im Jahr 2009 mehr als verdoppeln. Berücksichtigt man hier zusätzlich qualifikationsspezifische Unterschiede, so verschärft sich das Bild weiter. So ist ein Angleichung der Erwerbsquote in der Untergruppe der rentennahen

Jahrgänge mit geringer formaler Qualifikation an die durchschnittliche Erwerbsquote in Deutschland wenig realistisch: Sie lag 2009 bei 26,3 Prozent. Auch mit Blick auf die tendenziell eher steigenden betrieblichen Qualifikationsanforderungen ist aus heutiger Sicht nicht zu erwarten, dass sich für alle potenziell zur Verfügung stehenden Älteren adäquate Arbeitsplätze finden lassen.

Um bestehende Potenziale auszuschöpfen, bedarf es eines ganzen Strategiebündels. Hierzu gehört zunächst, gesetzliche Rahmenbedingungen zu schaffen, die frühzeitige Übergänge aus dem Erwerbsleben in den Ruhestand erschweren. Damit ein späterer Renteneintritt auch produktiv aus einer adäquaten Beschäftigung erreicht werden kann, sind vor allem präventive Maßnahmen zur Erhöhung der Beschäftigungsfähigkeit nötig, beispielsweise mit Blick auf alter(n)sgerechtes Arbeiten und eine Verbesserung der Work-Life-Balance. Auch müssten Ältere stärker in betriebliche Weiterbildungsaktivitäten einbezogen werden (Bellmann/Leber 2008). Hier sind Beschäftigte, Betriebe, Sozialpartner und der Staat gemeinsam gefordert.

Außerdem müssen arbeitslose Ältere möglichst schnell wieder in Beschäftigung integriert werden, um Langzeitarbeitslosigkeit zu vermeiden. Hierbei sind sowohl Hemmnisse auf der betrieblichen Seite („Altersdiskriminierung") als auch auf der Seite der Älteren zu überwinden, beispielsweise wenn diese nicht bereit sind, Lohnabschläge bei Aufnahme einer neuen Beschäftigung in Kauf zu nehmen (Dietz et al. 2011). Schließlich wäre auch in der Arbeitsmarktpolitik eine stärkere Beteiligung Älterer an Weiterbildungsmaßnahmen wünschenswert.

Damit ist der Faktor Qualifizierung angesprochen. Sowohl die formale Qualifikation zu Beginn des Erwerbslebens als auch die Weiterbildung im weiteren Erwerbsverlauf sind zentrale Voraussetzungen für eine Arbeitsmarktintegration auch im fortgeschrittenen Alter. Die Grundlagen dafür müssen also bereits in jüngeren Jahren gelegt werden.

4.4 Arbeitslose mobilisieren

Neben der Steigerung der Erwerbsbeteiligung von Frauen und Älteren sowie der Ausweitung der Wochen- und Lebensarbeitszeit kann das inländische Arbeitsangebot insbesondere dadurch erweitert werden, dass das bislang unerschlossene Potenzial an Arbeitslosen mobilisiert wird. Von 2,6 Mio. Arbeitslosen verfügten im Jahresdurchschnitt 2010 knapp 1,2 Mio. über keinen Berufsabschluss.[25] Davon ist etwa die Hälfte langzeitarbeitslos oder gilt nach der BA-Statistik aus anderen Gründen als schwer vermittelbar. Gerade unter den ALG-II-Beziehern treten Suchtkrankheiten, Schulden, psychische, gesundheitliche oder familiäre Probleme vermehrt auf. Nicht alle können ohne Weiteres für eine Tätigkeit auf dem ersten Arbeitsmarkt mobilisiert werden. Grundsätzlich verfügt die aktive Arbeitsmarktpolitik über drei Stellschrauben, um Arbeitslose in den ersten Arbeitsmarkt zu integrieren: Erstens können Qualifizierungsmaßnahmen eingesetzt werden, um Fachkräfte selbst auszubilden. Zweitens können Eingliederungszuschüsse für Arbeitgeber Anreize setzen, Personen mit temporären Leistungsminderungen einzustellen. Drittens können Lohnsubventionen an Arbeitslose die Anreize für eine Arbeitsaufnahme stärken.

Mobilisierung von Arbeitslosen durch Qualifizierung und Weiterbildung

Fast alle wissenschaftlichen Wirkungsanalysen der letzten Jahre kommen zu dem Ergebnis, dass berufliche Weiterbildung die Arbeitsmarktchancen von Arbeitslosen verbessert, wobei gerade den längerfristigen Maßnahmen zum Erwerb eines anerkannten Ausbildungsabschlusses die höchsten und nachhaltigsten Wirkungen attestiert werden (Bernhard et al. 2009).

25 Nach Angaben der Statistik der Bundesagentur für Arbeit (DATA Warehouse). Die Daten beschränken sich auf die durch Agenturen und ARGEn betreuten Arbeitslosen ohne Einbezug der zugelassenen kommunalen Träger.

Investitionen im Bildungsbereich – gerade in der aktiven Arbeitsmarktpolitik – dürfen daher keinesfalls vernachlässigt werden. Bildungsförderung – lebensbegleitend, möglichst früh beginnend, mit besonderem Augenmerk auf bildungsferne Schichten – ist langfristig die beste Arbeitsmarkt- und Sozialpolitik. Auch in Zukunft bleibt Qualifikation der beste Schutz gegen Arbeitsmarktrisiken.

Die Förderung beruflicher Weiterbildung soll letztlich dazu beitragen, dass die Unternehmen die benötigten Fachkräfte selbst ausbilden. Laut der Expertenkommission „Finanzierung Lebenslangen Lernens" (2004) sollte sie insbesondere im Rahmen der aktiven Arbeitsmarktpolitik forciert werden, da auf diese Weise auch solche Gruppen erreicht werden können, die ansonsten in der Weiterbildung eher unterrepräsentiert sind (Becker 2004). Seit den Hartz-Reformen erhalten zu fördernde Arbeitslose einen Bildungsgutschein, mit dem sie den von ihnen bevorzugten Bildungsträger selbst auswählen können. Um Fachkräfteengpässen vorzubeugen, hat die BA zudem die „Initiative zur Flankierung des Strukturwandels" (IFlaS) gestartet. Diese hatte zum Ziel, Ungelernten den nachträglichen Erwerb eines anerkannten Berufsabschlusses zu ermöglichen. Die mit dem Berufsabschluss verbundenen Zertifikate haben am Arbeitsmarkt eine wichtige Signalfunktion, indem sie dem Inhaber auch formal bestimmte Kompetenzen attestieren.[26]

Allerdings erweist sich die zielgruppengerechte Zuweisung dieser Maßnahmen aus den folgenden Gründen als schwierig: Kompetenzen sind selbst produktiv. Kompetenzen, die in frühen Lebensphasen erworben wurden, erleichtern den Aufbau weiterer Fähigkeiten zu einem späteren Zeitpunkt. Zudem können bestimmte Kompetenzen ausschließlich oder besonders leicht in bestimmten Lebensphasen

erworben werden. Daher sind Bildungsinvestitionen bei gering Qualifizierten häufig gerade *nicht* diejenigen mit der höchsten Rendite (Cunha et al. 2007). Bei der Zuweisung von Maßnahmen, insbesondere bei längeren und anspruchsvollen Weiterbildungskursen, tritt deswegen ein Zielkonflikt auf: Gut qualifizierte Arbeitslose erhalten oft auch ohne Förderung eine Stelle am ersten Arbeitsmarkt. Weist man in Qualifikationsmaßnahmen aber vor allem Personen zu, für die der erfolgreiche Abschluss der Maßnahme eine große Herausforderung darstellt, so besteht die Gefahr hoher Abbruchquoten und eines ineffizienten Mitteleinsatzes. Analysen von Kruppe (2008, 2009) zeigen, dass sowohl Ausgabe als auch Einlösung von Bildungsgutscheinen selektiv erfolgen. Insbesondere Gruppen mit schlechteren Arbeitsmarktchancen wie gering Qualifizierte lösen den Gutschein seltener ein (Kruppe 2009). Dadurch werden bestehende Segmentierungen im Arbeitsmarkt zementiert (Schömann/Leschke 2004). Künftig sollte die Weiterbildungsbeteiligung gerade von schwer vermittelbaren Personen in den Fällen erhöht werden, wo die Voraussetzungen für einen erfolgreichen Abschluss günstig erscheinen. Hier liegt die Herausforderung für die Arbeitsvermittler darin, zu eruieren, welche Personen aufgrund „externer" Gründe bisher keine Ausbildung begonnen haben, aber über hinreichend Motivation und kognitive Fähigkeiten verfügen, eine solche erfolgreich zu absolvieren. Schließlich halten Betreuungspflichten gegenüber Kindern oder der eigenen Familie viele Arbeitslose davon ab, sich an Weiterbildungsmaßnahmen zu beteiligen (ISG/Lawaetz-Stiftung 2010).

Subventionierung von Beschäftigung durch Eingliederungszuschüsse

Eingliederungszuschüsse sind zeitlich begrenzte Zuschüsse zum Arbeitsentgelt und den Sozialversicherungsbeiträgen an Arbeit*geber*, wenn diese Personen mit Vermittlungshemmnissen einstellen. Das Instrument wird für Empfänger von Arbeitslosengeld I und Arbeitslosengeld II gleichermaßen angewandt und ist eine Ermessensleistung der Arbeitsvermittlung, die nach Einzelfallprüfung gewährt wird. Bei der Hauptvariante, dem Eingliederungszuschuss

---

26 Nach § 77 SGB III kann die BA Personen fördern, bei denen die Weiterbildung „notwendig" ist, um sie in den Arbeitsmarkt einzugliedern bzw. Arbeitslosigkeit zu vermeiden oder wenn kein beruflicher Abschluss vorliegt.

bei Vermittlungshemmnissen dürfen die Zuschüsse 50 Prozent des tariflichen oder ortsüblichen Arbeitsentgelts nicht übersteigen. Die Höchstförderdauer beträgt zwölf Monate. Der Eingliederungszuschuss ist ein quantitativ bedeutsames Instrument: Im Jahr 2010 gab es etwa 135.000 Förderungen.

Wie Bernhard et al. (2008) verdeutlichen, handelt es sich bei dem Instrument um einen Lohnkostenzuschuss mit dem Ziel, temporäre Leistungseinschränkungen bei Arbeitnehmern über eine Reduktion der Lohnkosten finanziell auszugleichen. Außerdem können Arbeitgeber etwaige Informationsunsicherheiten bzw. -defizite im Hinblick auf die Eignung und Produktivität der Geförderten verringern, wenn diese sich in der betrieblichen Praxis bewähren, ohne dabei ein allzu großes finanzielles Risiko einzugehen.

Evaluationsstudien zeigen, dass geförderte Personen substanziell höhere Beschäftigungschancen haben als ungeförderte, die ähnliche Eigenschaften aufweisen. So liegt beispielsweise der Anteil geförderter Arbeitslosengeld-II-Empfänger, denen der Übergang in eine reguläre sozialversicherungspflichtige Beschäftigung 20 Monate nach Förderbeginn gelingt, um bis zu 40 Prozentpunkte höher als bei den ungeförderten Vergleichspersonen (Bernhard et al. 2008).

Neuere Implementationsstudien (Brussig/Schwarzkopf/Stephan 2011) verdeutlichen zudem, dass Eingliederungszuschüsse in den Arbeitsagenturen und Jobcentern gut erprobt sind, häufig eingesetzt und überwiegend positiv beurteilt werden. Die Vielfalt der existierenden Varianten, zum Beispiel für Ältere, wird jedoch kritisch betrachtet – mit Ausnahme des Eingliederungszuschusses für Rehabilitanden und Schwerbehinderte, der als unverzichtbar gilt.

Die Initiative für eine Förderung geht meist von den Betrieben aus. Im Regelfall sind es die Betriebe, die bei einer möglichen Einstellung eine Förderung beantragen. Die Geförderten selbst werden kaum in den Prozess einbezogen. Als komplex stellt sich zudem die Definition der „Minderleistung" am Arbeitsplatz dar. Arbeitsvermittler können diese nur äußerst schwer nach prüfen (Brussig/Schwarzkopf/Stephan 2011). Diese Sachverhalte sind zentral für die Rekrutierung von Fachkräften: Es ist nicht zu erwarten, dass ein Engpass nur mit Instrumenten behoben werden kann, bei denen die Initiative oft von Betrieben ausgeht, die bereits Bewerber im Blick haben.

Da die tatsächlichen Minderleistungen am konkreten Arbeitsplatz kaum nachprüfbar sind, ist im Einzelfall fraglich, inwieweit das Instrument passgenau eingesetzt wird. Daher können auch Mitnahmeeffekte auftreten. Diese lägen dann vor, wenn eine Förderung erfolgt, obwohl die Einstellung eines Arbeitslosen auf eine Stelle unabhängig von der Förderzusage erfolgt wäre. Substitutions- oder Verdrängungseffekte, also das Ersetzen nicht geförderter Arbeitnehmer durch geförderte innerhalb eines Betriebes bzw. Beschäftigungsverluste in Betrieben, die keine Förderung in Anspruch nehmen, sind ebenfalls nicht auszuschließen. Allerdings liegen hierzu bislang keine Forschungsergebnisse vor.

Eine andere Form der Lohnsubventionen ist die Bezuschussung von betrieblichen Trainingsmaßnahmen, die vor der eigentlichen Einstellung durchgeführt werden. Bei diesen eher kurzfristig angelegten Maßnahmen geht es darum, dass innerhalb der Betriebe die Eignung der Bewerber festgestellt und spezifische Kenntnisse vermittelt werden. Während dieser Maßnahmen erhalten die Arbeitslosen keinen Lohn, sondern beziehen weiterhin Lohnersatzleistungen. Auch hier zeigen die vorliegenden Befunde, dass geförderte Personen deutlich häufiger in sozialversicherungspflichtige Beschäftigung einmünden als ungeförderte Personen mit vergleichbaren Eigenschaften.

Lohnsubventionen an Arbeitnehmer

Eine andere Form der Subventionierung von Löhnen sind Transferleistungen, die direkt an Arbeitnehmer gezahlt werden, um deren Arbeitsanreize zu erhöhen. Ein Beispiel für derartige Lohnsubventionen ist die Entgeltsicherung (§ 421j SGB III). Das Instrument wurde zunächst befristet bis Ende 2011 aufgenommen. Ab 1. Januar 2012 findet die Regelung nur noch Anwendung, wenn der Anspruch zuvor entstanden ist. Insbesondere ältere Arbeitnehmer haben es oftmals aufgrund ihrer längeren Betriebszugehörigkeit und eines senioritätsbezogenen Entlohnungssystems schwer, ihr früheres Lohnniveau wieder zu erreichen, wenn sie zwischenzeitlich arbeitslos waren (Bernhard et al. 2007; Dietz et al. 2011). Die Entgeltsicherung gewährt Arbeitslosen ab 50 Jahren deshalb Zuschüsse, wenn eine neue Beschäftigung im Vergleich zu einer früheren schlechter entlohnt wird. Dieser Entgeltsicherungszuschuss beträgt im ersten Förderjahr 50 Prozent und im zweiten Förderjahr 30 Prozent der Nettoentgeltdifferenz. Damit ist die Entgeltsicherung letztlich ein Instrument für ältere Arbeitslose, die zwar prinzipiell vermittelbar wären, deren Lohnerwartungen („Anspruchslohn") aber aufgrund eines relativ hohen Verdienstes in ihrer letzten Beschäftigung über den am Markt zu erzielenden Löhnen liegen.

Evaluationsergebnisse zeigen, dass die Entgeltsicherung nur relativ selten genutzt wird. Außerdem hat die Einführung der Entgeltsicherung – auch aufgrund ihrer geringen Inanspruchnahme – nicht zu einer messbaren Verbesserung der Beschäftigungschancen älterer Arbeitsloser geführt. Das Instrument ist wenig bekannt und wird von den Arbeitsvermittlern kaum aktiv bei der Vermittlung eingesetzt. Bisweilen sind auch widersprüchliche Interpretationen der Förderbedingungen in Arbeitsagenturen zu beobachten (Brussig et al. 2006). Typische Fälle für die Nutzung scheinen beispielsweise leitende Angestellte zu sein, die bei Aufnahme eines neuen Beschäftigungsverhältnisses nach einem Arbeitsplatzverlust substanzielle Einkommenseinbußen hinnehmen müssen. Dies zeigt sich auch an der Höhe der Förderbeträge: Jeweils ein Drittel der Geförderten erhielt einen Zuschuss zwischen 100 und 200 Euro bzw. zwischen 200 und 400 Euro. Insbesondere Zuschüsse in der Größenordnung von 200 bis 400 Euro dürften nur Personen erreichen, die vorher ein hohes Nettoeinkommen erzielt haben. Ursachen für die meist dauerhaften Lohnabschläge bei Arbeitslosen sind Wechsel in andere Branchen und

in oftmals schlechter entlohnende kleinere Betriebe. Dabei erleichterte die Entgeltsicherung nach Angaben der Geförderten in den meisten Fällen die Annahme eines Stellenangebots, war aber in den wenigsten Fällen entscheidend für die Zusage (ZEW/IAB/IAT 2006).

Zusammenfassend ist festzuhalten, dass die Instrumente der aktiven Arbeitsmarktpolitik partiell dazu beitragen können, Arbeitslose zu qualifizieren und wieder in den Arbeitsmarkt zu integrieren. Die vorliegenden Befunde aus der Evaluationsforschung zeigen, dass mit außerbetrieblichen Qualifizierungsmaßnahmen, der Förderung der betrieblichen Weiterbildung, Eingliederungszuschüssen und der Subventionierung kurzfristiger Trainingsmaßnahmen zumindest partiell Erfolge erzielt werden konnten. In der Zukunft wird es darum gehen, diese Instrumente noch zielgerichteter einzusetzen, etwa bei der sorgfältigen Zuweisung von geeigneten Personen in Maßnahmen der beruflichen Weiterbildung. Insgesamt sollte jedoch vor überzogenen Erwartungen gewarnt werden: Bereits in der Vergangenheit hat die Arbeitsmarktpolitik vielfältige Instrumente eingesetzt, um Arbeitslose wieder in den Arbeitsmarkt zu integrieren. Seit dem Jahr 2005 ist die Arbeitslosigkeit stark gesunken und der Anteil der Langzeitarbeitslosen und anderer schwer vermittelbarer Gruppen an der Gesamtzahl der Arbeitslosen spürbar gestiegen. Ein weiterer Abbau der Arbeitslosigkeit wird deshalb künftig eher schwerer werden. Das quantitative Potenzial an Fachkräften, das mit den Mitteln der Arbeitsmarktpolitik mobilisiert werden könnte, bleibt deshalb beschränkt.

4.5 Fachkräftepotenzial durch Bildung und Ausbildung verbreitern

Bei der Entwicklung des Fachkräftepotenzials geht es nicht nur um eine quantitative Erhöhung des Erwerbspersonenpotenzials, sondern auch darum, dessen Qualifikation und Produktivität zu verbessern. Daher sind Investitionen in Bildung und Ausbildung von zentraler Bedeutung.

Die damit verbundenen Kosten werden teilweise von den Individuen und ihren Familien bzw. von den Betrieben, teilweise durch die öffentliche Hand getragen. Nach der Humankapitaltheorie (z. B. Becker 1993) werden Investitionen in die eigene Bildung immer dann getätigt, wenn ein positiver Ertrag erwartet wird, also ein erwartetes höheres Lebenseinkommen die finanziellen Aufwendungen für Ausbildung und entgangenes Einkommen während der Ausbildung übersteigen. Grundsätzlich sollte demnach sowohl für das allgemeine als auch das berufliche Bildungssystem gelten, dass sich die Teilnehmenden auf Basis von Leistungsfähigkeit und entsprechender Selbstselektion sortieren („sorting"). Die zugrunde liegende Annahme vollkommener Information dürfte sich jedoch gerade bei frühen Bildungsentscheidungen als nicht haltbar erweisen. Diese Informationsdefizite führen wiederum dazu, dass Potenziale ungenutzt bleiben.

Darüber hinaus wird dieses „sorting" durch schichtspezifische Bildungsentscheidungen überlagert und die soziale Herkunft innerhalb des Systems reproduziert.[27] Dabei werden zwei Effekte unterschieden (Boudon 1974; Gambetta 1987; Breen/Goldthorpe 1997): Kinder aus höheren Schichten haben bessere Voraussetzungen, den Anforderungen der Schule gerecht zu werden (primärer Herkunftseffekt), während Kinder aus niedrigeren, bildungsferneren Schichten entsprechend schlechtere schulische Leistungen erbringen. Bereits vor dem Eintritt ins Bildungssystem vorhandene Unterschiede spiegeln sich also in herkunftsspezifischen Bildungsergebnissen wider.

Gleichzeitig wirken sekundäre Herkunftseffekte in zweifacher Weise auf Bildungsentscheidungen: Bildungserträge sind nicht gleich, sondern hängen aufgrund zusätzlicher Faktoren von der sozialen Position der Familie ab. So dürfte etwa in höheren Familien die Angst vor Statusverlust oder die soziale Anerkennung von Bildungsleistungen aus-

geprägter sein, was wiederum die Neigung, einen möglichst hohen Bildungsabschluss zu erreichen, verstärken dürfte. Aber auch die unterschiedliche Ausstattung mit finanziellen Ressourcen hat einen Effekt auf Bildungsentscheidungen, beispielsweise die Möglichkeit, bei Bedarf privat finanzierten Nachhilfeunterricht zu erhalten.

Die Kosten individueller Bildungsentscheidungen werden maßgeblich von den öffentlichen Investitionen in die Bildung und Ausbildung beeinflusst. Neben den öffentlichen Investitionen entscheidet auch die Struktur und Durchlässigkeit von Bildungssystemen darüber, inwieweit ein zu frühes Aussortieren verhindert und soziale Herkunftsunterschiede ausgeglichen werden können –und damit das Fachkräftepotenzial erweitert werden kann, das später dem Arbeitsmarkt zur Verfügung steht.

Die öffentlichen Investitionen in Bildung und Ausbildung sind damit ein entscheidender Faktor, um das Fachkräftepotenzial zu entwickeln. Wie Erhebungen der OECD zeigen, variieren diese Investitionen im internationalen Vergleich erheblich. Einer der gebräuchlichsten Indikatoren für öffentliche Bildungsinvestitionen ist der Anteil der Bildungsausgaben[28] am Bruttoinlandsprodukt (BIP). Diese Kennziffer setzt die nationalen Aufwendungen für Bildung in Relation zur wirtschaftlichen Leistungsfähigkeit des jeweiligen Landes. Sie wird häufig auch als Gradmesser für die Wertschätzung interpretiert, die Bildung in einer Gesellschaft genießt. Obwohl sich Deutschland als Wissensgesellschaft versteht, rangiert es nach diesem Indikator schon seit Längerem deutlich hinter den im OECD-Vergleich führenden Staaten. Auch wenn dies teilweise dem verwendeten Indikator geschuldet sein dürfte,[29] so bleibt doch festzuhalten, dass Deutsch-

---

27 Für eine detaillierte Darstellung siehe Dietrich/Kleinert (2006).

28 Die ausgewiesenen Werte schließen sowohl staatliche als auch private Bildungsausgaben (z. B. von Betrieben im Rahmen der beruflichen Ausbildung) mit ein.

29 Die methodischen Probleme der internationalen Vergleichbarkeit nationaler Bildungsausgaben werden weiter unten diskutiert.

Abbildung D24

Vergleich der öffentlichen und privaten Bildungsausgaben als Anteil am BIP insgesamt und nach Bildungsbereich, 2007*

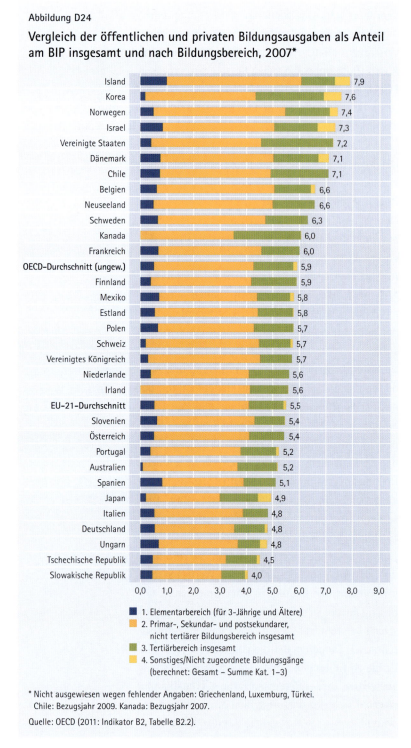

Island	7,9
Korea	7,6
Norwegen	7,4
Israel	7,3
Vereinigte Staaten	7,2
Dänemark	7,1
Chile	7,1
Belgien	6,6
Neuseeland	6,6
Schweden	6,3
Kanada	6,0
Frankreich	6,0
OECD-Durchschnitt (ungew.)	5,9
Finnland	5,9
Mexiko	5,8
Estland	5,8
Polen	5,7
Schweiz	5,7
Vereinigtes Königreich	5,7
Niederlande	5,6
Irland	5,6
EU-21-Durchschnitt	5,5
Slowenien	5,4
Österreich	5,4
Portugal	5,2
Australien	5,2
Spanien	5,1
Japan	4,9
Italien	4,8
Deutschland	4,8
Ungarn	4,8
Tschechische Republik	4,5
Slowakische Republik	4,0

0,0   1,0   2,0   3,0   4,0   5,0   6,0   7,0   8,0   9,0

■ 1. Elementarbereich (für 3-Jährige und Ältere)
■ 2. Primar-, Sekundar- und postsekundarer,
nicht tertiärer Bildungsbereich insgesamt
■ 3. Tertiärbereich insgesamt
■ 4. Sonstiges/Nicht zugeordnete Bildungsgänge
(berechnet: Gesamt – Summe Kat. 1–3)

* Nicht ausgewiesen wegen fehlender Angaben: Griechenland, Luxemburg, Türkei.
Chile: Bezugsjahr 2009. Kanada: Bezugsjahr 2007.

Quelle: OECD (2011: Indikator B2, Tabelle B2.2).

Erhebungen der OECD (2011) bestätigen diesen Befund (Abbildung D24).[30]

Der Anteil der Bildungsausgaben in Deutschland lag 2008 (dem letzten Jahr, für das aktuelle Vergleichszahlen vorlagen) mit 4,8 Prozent am BIP klar im unteren Bereich der OECD- und der EU-Staaten. Wie in den übrigen OECD-Ländern auch, entfällt mit knapp zwei Dritteln des Finanzierungsvolumens der Großteil der Bildungsausgaben in Deutschland auf den primären, sekundären und den sogenannten postsekundären, nicht tertiären Bereich, d. h. auf allgemeinbildende Schulen, die berufliche Erstausbildung sowie weiterführende berufliche Abschlüsse (z. B. Meister- oder Technikerabschlüsse).

Allerdings relativiert sich die ungünstige Position Deutschlands im internationalen Vergleich etwas, wenn man die methodischen Probleme beim internationalen Vergleich von Bildungsausausgaben etwas näher betrachtet (vgl. Barz 2010). Erstens werden die Bildungsausgaben immer auch durch die Bildungsnachfrage determiniert, d. h. die Bildungsausgaben fallen *ceteris paribus* umso höher aus, je größer die Zielpopulation ist, die Bildungsangebote nachfragt. Da die entsprechenden Altersgruppen (bis ca. 30 Jahre) in Deutschland vergleichsweise schwach besetzt sind, fällt die potenzielle Nachfrage nach Bildung in Deutschland auch deutlicher schwächer aus als im OECD-Durchschnitt. Zweitens verzerrt der Bezug auf das BIP die Ergebnisse tendenziell zuungunsten wirtschaftsstarker Länder wie

---

30 Laut OECD (2011: 229) lag der Anteil der Bildungsausgaben in Deutschland im Jahr 1995 noch bei 5,1 Prozent, 2000 bei 4,9 Prozent und im Jahr 2008 bei 4,8 Prozent. Der Rückgang konzentriert sich dabei auf die nicht tertiären Bildungsbereiche, während die Ausgaben für tertiäre Bildung weitgehend konstant blieben (1,1 bis 1,2 Prozent des BIP). Im internationalen Vergleich verschlechtert sich Deutschland dabei auch dadurch, dass die Gesamtausgaben für Bildung im OECD-Durchschnitt im gleichen Zeitraum leicht von 5,6 auf 5,8 Prozent des Bruttoinlandsprodukts angestiegen sind (ebd.).

land in Hinblick auf seine Bildungsausgaben um die Jahrtausendwende lediglich eine mittlere Position innerhalb der OECD-Nationen einnahm (Schmidt 2002) und in den vergangenen Jahren sogar weiter zurückgefallen ist (Schmidt 2008). Die jüngsten der Bundesrepublik Deutschland – vergleicht man die absoluten Ausgabenniveaus, ergibt sich i.d.R. ein günstigeres Bild. Auch im Zeitverlauf können sich bei Verwendung einer solchen Kennziffer kontraintuitive Ergebnisse ergeben. So kann der Indikator trotz steigender Bildungsausgaben fallen, wenn das BIP schneller wächst als die Bildungsausgaben.

Dies spricht dafür, neben den Bildungsausgaben als Anteil am BIP einen weiteren Indikator zu betrachten, der die Bildungsausgaben in Relation zur Zahl der sich tatsächlich im Bildungssystem befindlichen Personen setzt. Danach ergibt sich ein erheblich günstigeres Bild (vgl. Abbildung D25): Zwar gehört Deutschland auch hier nicht zur Spitzengruppe, liegt aber mit jährlichen Bildungsausgaben von ungefähr 9.100 Euro pro Person, die sich Bildung oder Ausbildung befindet, immerhin auf einem ähnlichen Ausgabenniveau wie Australien oder Italien. Dies reicht für einen Platz im Mittelfeld der untersuchten Länder und liegt leicht über dem OECD-Durchschnitt.[31]

Differenziert man nach Bildungsbereichen (vgl. Tabelle D9), so liegen die Bildungsausgaben in Deutschland (pro Kopf der Personen in Bildung und Ausbildung) im Bereich der primären und sekundären Schulbildung unter dem OECD-Durchschnitt, dagegen im postsekundären nicht tertiären Bereich (berufliche Erstausbildung und Meister-,

---

31 Die möglichen Gründe für unterschiedliche Ausgaben sowie die potenziellen Auswirkungen auf die Qualität der Ausbildung lassen sich hier aus Platzgründen nicht im Detail diskutieren. Generell spielen bei der Kostenstruktur mehrere Faktoren wie die Klassengröße, das Gehaltsniveau der Lehrkräfte sowie die von diesen zu gebenden Unterrichtsstunden eine Rolle, die im Zusammenspiel beeinflussen, welche reale Unterrichtsleistung man im jeweiligen Land für den getätigten Ausgabenbetrag tatsächlich erhält. Prägend für Deutschland ist in diesem Zusammenhang insbesondere das im internationalen Vergleich eher hohe Gehaltsniveau der Lehrkräfte. Für eine grundlegende Diskussion dieser Thematik vgl. z. B. Schleicher (2010); zu gesellschaftlichen Ursachen unterschiedlicher Ausgabenniveaus vgl. auch Schmidt (2002) sowie detailliert Wolf (2008).

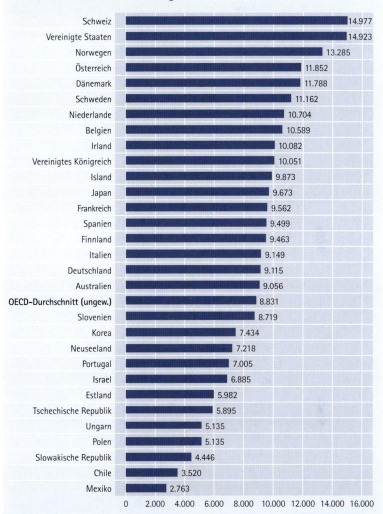

Abbildung D25

Jährliche Ausgaben für Bildungseinrichtungen für alle Leistungsbereiche pro Bildungsteilnehmer, 2008 (ohne Elementarbereich, in US-Dollar, kaufkraftbereinigt)

Schweiz	14.977
Vereinigte Staaten	14.923
Norwegen	13.285
Österreich	11.852
Dänemark	11.788
Schweden	11.162
Niederlande	10.704
Belgien	10.589
Irland	10.082
Vereinigtes Königreich	10.051
Island	9.873
Japan	9.673
Frankreich	9.562
Spanien	9.499
Finnland	9.463
Italien	9.149
Deutschland	9.115
Australien	9.056
OECD-Durchschnitt (ungew.)	8.831
Slowenien	8.719
Korea	7.434
Neuseeland	7.218
Portugal	7.005
Israel	6.885
Estland	5.982
Tschechische Republik	5.895
Ungarn	5.135
Polen	5.135
Slowakische Republik	4.446
Chile	3.520
Mexiko	2.763

0   2.000   4.000   6.000   8.000   10.000   12.000   14.000   16.000

* Nicht ausgewiesen wegen fehlender Angaben: Griechenland, Kanada, Luxemburg, Türkei. Chile: Bezugsjahr 2009.

Quelle: OECD (2011: Indikator B1, Tabelle B1.1a).

Technikerabschlüsse) sowie der tertiären Bildung oberhalb des OECD-Durchschnitts. Im Bereich der sekundären, nicht tertiären Bildung weist die Bundesrepublik nach den Niederlanden und Neuseeland sogar das dritthöchste Ausgabenniveau auf.

Je nachdem, welcher Indikator gewählt wird, kommt man also zu unterschiedlichen Ergebnissen über das relative Gewicht der Bildungsausgaben in Deutsch-

Tabelle D9

Jährliche Ausgaben für Bildungseinrichtungen für alle Leistungsbereiche pro Schüler/Auszubildenden/Studierenden nach Bildungsbereich, 2008 (in US-Dollar, kaufkraftbereinigt)

	Primarbereich	Sekundarbereich	Postsekundarer, nicht tertiärer Bereich	Tertiärer Bereich	Insgesamt
Schweiz	9.063	17.825	NA	21.648	14.977
Vereinigte Staaten	9.982	12.097	KA	29.910	14.923
Norwegen	11.077	13.070	NA	18.942	13.285
Österreich	9.542	11.741	7.354	15.043	11.852
Dänemark	10.080	10.720	NA	17.634	11.788
Schweden	9.080	9.940	6.128	20.014	11.162
Niederlande	7.208	10.950	11.408	17.245	10.704
Belgien	8.528	10.511	NA	15.020	10.589
Irland	7.795	10.868	7.571	16.284	10.082
Vereinigtes Königreich	8.758	9.487	NA	15.310	10.051
Island	10.599	9.007	NA	10.429	9.873
Japan	7.491	9.092	NA	14.890	9.673
Frankreich	6.267	10.231	KA	14.079	9.562
Spanien	7.184	9.792	TNZ	13.366	9.499
Finnland	7.092	8.659	NA	15.402	9.463
Italien	8.671	9.315	KA	9.553	9.149
Deutschland	5.929	8.606	8.495	15.390	9.115
Australien	6.723	9.052	6.769	15.043	9.056
OECD-Durchschnitt (ungew.)	**7.153**	**8.972**	**4.780**	**13.717**	**8.831**
Slovenien	NA	8.555	NA	9.263	8.719
Korea	5.420	7.931	TNZ	9.081	7.434
Neuseeland	5.582	6.994	8.796	10.526	7.218
Portugal	5.234	7.357	KA	10.373	7.005
Israel	5.314	6.429	5.429	12.568	6.885
Estland	5.579	6.371	6.327	KA	5.982
Tschechische Republik	3.799	6.174	1.663	8.318	5.895
Ungarn	4.495	4.658	5.132	7.327	5.135
Polen	4.855	4.525	6.184	7.063	5.135
Slowakische Republik	4.137	3.956	NA	6.560	4.446
Chile	2.707	2.564	TNZ	6.829	3.520
Mexiko	2.246	2.333	TNZ	7.504	2.763

Verwendete Abkürzungen: TNZ: Trifft nicht zu; KA: Keine Angabe; NA: Ausgaben nicht separat ausgewiesen.
Nicht ausgewiesen wegen fehlender Angaben: Griechenland, Kanada, Luxemburg, Türkei.
Chile: Bezugsjahr 2009.
Quelle: OECD (2011: Indikator B1, Tabelle B1.1a).

land. Werden die Bildungsausgaben als Anteil am BIP (als Maß der wirtschaftlichen Leistungsfähigkeit) herangezogen, ergeben sich im internationalen Vergleich nur sehr niedrige Bildungsausgaben, während sich bei der Berechnung der Ausgaben pro Kopf der bildungsrelevanten Altersgruppen Deutschlands ein wesentlich günstigeres Bild ergibt. Aber selbst wenn dieser Indikator verwendet wird, liegt Deutschland zumeist nur im Mittelfeld der OECD-Staaten. Außerdem zeigt sich, dass Deutschland hinsichtlich der Bildungsausgaben insbesondere im Primarbereich (also bei den Grundschulen) besonders schlecht abschneidet. Dort liegen die Ausgaben deutlich unter dem OECD-Durchschnitt.

Dies gefährdet die nachhaltige Entwicklung des Fachkräftepotenzials in Deutschland. Gerade die niedrigen Ausgaben im Bereich der Primarbildung sind insofern problematisch, als der Übergang von der Grundschule in weiterführende Schulen eine zentrale Weichenstellung für die weitere Bildungskarriere darstellt, an der es auch heute noch zu sozialen Selektivitäten im deutschen Bildungssystem kommt (Ditton 2007). Somit können erhebliche Potenziale für die Qualifizierung von Fachkräften später unter Umständen nicht mehr genutzt werden. Höhere Investitionen in diesem Bereich, insbesondere für Kinder mit schwächerem Bildungshintergrund, könnten daher eine durchaus segensreiche Wirkung entfalten.

4.6 Fachkräfteengpässen durch betriebliche Weiterbildung entgegenwirken

Für die qualitative Entwicklung des Fachkräftepotenzials spielt angesichts sich schnell wandelnder Berufs- und Tätigkeitsfelder auch Weiterbildung eine zunehmend wichtige Rolle (vgl. Expertenkommission Finanzierung Lebenslangen Lernens 2004). Dabei gibt es in der betrieblichen Realität eine Vielzahl an Berührungspunkten zwischen der Weiterbildung und anderen Strategien zur Fachkräftesicherung. So trägt Weiterbildung etwa zum Erhalt der Beschäftigungsfähigkeit älterer Arbeitnehmer oder zur Aktivierung von bisher erwerbslosen Personen bei. Auch bei der Einarbeitung neuer Mitarbeiter spielt Weiterbildung eine wichtige Rolle. Umgekehrt steigern Weiterbildungsmöglichkeiten die Attraktivität des Betriebs als Arbeitgeber und machen es für diese leichter, neue Mitarbeiter zu rekrutieren.

Rahmenbedingungen der betrieblichen Weiterbildung

Wenn Unternehmen die benötigten Fachkräfte nicht rekrutieren, sondern ihren entsprechenden Bedarf durch Weiterbildung ihrer Belegschaften decken, entfallen zwar die Rekrutierungskosten, es entstehen aber Ausgaben an anderer Stelle. Die Betriebe müssen also ihre Aufwendungen für Qualifizierung den Kosten gegenüberstellen, die für Personalbeschaffung und -einarbeitung anfallen oder die aus einem höheren Fehlbesetzungs- und Fluktuationsrisiko erwachsen. Während neu eingestellte Mitarbeiter zunächst mit den betrieblichen Abläufen vertraut gemacht werden müssen und sich vielleicht nach einer gewissen Zeit als ungeeignet erweisen, ist der Betrieb über die Fähigkeiten seiner angestammten Mitarbeiter bereits informiert. Grundsätzlich ist jedoch zu beachten, dass Bildungsaktivitäten immer eine gewisse Zeit in Anspruch nehmen. Besteht ein akuter Bedarf an Fachkräften, können sich derartige Bemühungen möglicherweise als zu langwierig erweisen. Schließlich müssen sie einkalkulieren, dass manche Wettbewerber nicht selbst in die Weiterbildung investieren, sondern versuchen, weitergebildete Mitarbeiter von anderen Betrieben abzuwerben.

Betriebliche Weiterbildung in Deutschland

Deutschland weist eine im internationalen Vergleich eher geringe Weiterbildungsbeteiligung auf, was auch auf das starke Gewicht der Erstausbildung zurückzuführen ist. Betriebliche Weiterbildung ist in Deutschland weniger verbreitet als etwa in Skandinavien, insbesondere bei kleineren Betrieben (Autorengruppe Bildungsberichterstattung 2010).

Laut IAB-Betriebspanel beteiligten sich im Jahr 2010 rund 45 Prozent der Betriebe an Weiterbildungsmaßnahmen – sie haben also mindestens einen ihrer Mitarbeiter weitergebildet.[32] Und nur rund jeder vierte Beschäftigte wird derzeit in betriebliche Weiterbildungsmaßnahmen einbezogen.

---

32 Mit betrieblicher Weiterbildung werden vor dem Hintergrund der verwendeten Daten (IAB-Betriebspanel) Weiterbildungsmaßnahmen bezeichnet, die ganz oder anteilig in direkter oder indirekter Form von Betrieben finanziert werden.

Betriebliche Weiterbildung und Fachkräftebedarf

Wie bereits in Abschnitt 2.2 dieses Kapitels ausgeführt, sind Schwierigkeiten bei der Rekrutierung von Fachkräften nach Angaben der Betriebe das mit Abstand häufigste Problem im Bereich der Personalentwicklung.

Bei den Betrieben fällt die Weiterbildungsbeteiligung im Durchschnitt um elf bis 15 Prozentpunkte höher aus als in Betrieben, die keine Rekrutierungsprobleme erwarten. Die Weiterbildungsquoten fallen dagegen in den Betrieben, die über Rekrutie-

rungsprobleme klagen, nur um zwei bis fünf Prozentpunkte höher aus als in der Vergleichsgruppe (vgl. Tabelle D10).

Je häufiger Betriebe in wiederholten Befragungen Schwierigkeiten bei der Rekrutierung von Fachkräften erwarten, desto stärker ist ihr aktuelles Weiterbildungsengagement (vgl. Tabelle D11): Während nur rund 42 Prozent der Betriebe, die gegenwärtig und in der Vergangenheit keine Rekrutierungsschwierigkeiten vermeldet haben, ihre Beschäftigten weiterbilden, tun dies rund zwei Drittel der Betriebe, die dieses Problem in den vergangenen drei Jahren stetig als Problem angegeben haben. Die Weiterbildungsquote ist in diesen Betrieben um sieben Prozentpunkte höher als in Betrieben, die zu keinem Befragungszeitpunkt von Rekrutierungsproblemen berichten.[33]

Tabelle D10

Anteil der weiterbildungsaktiven Betriebe (Beteiligung) und der weitergebildeten Mitarbeiter (Quote) nach Rekrutierungsproblemen in Prozent, Deutschland 2007 bis 2010

	Weiterbildungsbeteiligung		Weiterbildungsquote	
	Keine Rekrutierungsprobleme	Rekrutierungsprobleme	Keine Rekrutierungsprobleme	Rekrutierungsprobleme
2007	44	55	21	23
2008	48	60	24	29
2009	43	56	22	26
2010	43	58	23	28

Hochgerechnete Angaben.

Quelle: IAB-Betriebspanel.

Tabelle D11

Anteil der weiterbildungsaktiven Betriebe (Beteiligung) und der weitergebildeten Mitarbeiter (Quote) nach Anzahl der Nennungen von Fachkräfteproblemen zwischen 2006 und 2010 in Prozent

Summe der positiven Antworten auf die Frage nach Rekrutierungsproblemen	Weiterbildungsbeteiligung	Weiterbildungsquote	Anteil der Betriebe
0	42	22	63
1	52	26	21
2	57	29	10
3	66	29	6

Hochgerechnete Angaben.

Quelle: IAB-Betriebspanel.

4.7 Zuwanderung von Fachkräften erleichtern

Umfang und Struktur der Zuwanderung werden die Entwicklung des Fachkräftepotenzials in Zukunft maßgeblich beeinflussen. Wie in Abschnitt 3.1 gezeigt wurde, könnte der durch die demografische Entwicklung bedingte Rückgang des Erwerbspersonenpotenzials bis zum Jahr 2050 bei einer Nettozuwanderung von 200.000 Personen pro Jahr um rund 8 Mio. Personen, bei einer Nettozuwanderung von 100.000 Personen pro Jahr um 4,2 Mio. Personen reduziert werden. Mit einer Zuwanderung in diesen Größenordnungen sind viele Fra-

---

33 Allerdings können sich die Ergebnisse dieser bivariaten Analysen bei Berücksichtigung zusätzlicher Variablen ändern. So berichten z. B. größere Betriebe häufiger von Rekrutierungsschwierigkeiten. Sie sind zudem auch stärker in der Weiterbildung aktiv. Daher wurden die hier vorgestellten Zusammenhänge anhand von sogenannten Regressionsmodellen geprüft. Danach ist der positive Zusammenhang zwischen Rekrutierungsproblemen und (späteren) Weiterbildungsaktivitäten der Betriebe auch unter Berücksichtigung weiterer betrieblicher Charakteristika statistisch signifikant.

gen verbunden: Können solche Migrationspotenziale überhaupt erreicht werden? Ist bei diesen Größenordnungen eine qualifizierte Zuwanderung, also eine Zuwanderung von Fachkräften, möglich? Können diese Zuwanderer in den Arbeitsmarkt integriert werden? Welche Arbeitsmarktwirkungen ergeben sich aus einer solchen Zuwanderung für einheimische Arbeitskräfte und bereits im Lande lebende Migranten? Die ersten beiden Fragen stehen im Mittelpunkt dieses Abschnittes, die beiden anderen Fragen werden in den folgenden Abschnitten behandelt.

Der Umfang des Migrationspotenzials

Die Zuwanderung nach Deutschland belief sich im langfristigen historischen Durchschnitt, also seit den 1950er Jahren, auf jährlich rund 200.000 Personen. Dabei kam es zu erheblichen Schwankungen, die unter anderem auf politische Großereignisse wie den Fall des Eisernen Vorhangs zurückzuführen sind. So betrug der Wanderungssaldo während der Wirtschaftswunderjahre in Deutschland rund zwei Personen pro Tausend Einwohner, sank nach dem Anwerbestopp 1973 und dem Anstieg der Arbeitslosigkeit

bis Mitte der 1980er Jahre auf null, um schließlich mit dem Zusammenbruch des früheren Ostblocks und den Bürgerkriegen im früheren Jugoslawien in der ersten Hälfte der 1990er Jahre seinen historischen Höhepunkt mit acht Personen per Tausend zu erreichen. Seit der Jahrtausendwende sank das Wanderungssaldo wieder auf unter zwei Personen per Tausend Einwohner, in den Jahren 2008 und 2009 war der Saldo sogar negativ (Abbildung D26).

In den USA und im Durchschnitt der Eurozone stellt sich die Entwicklung anders als in Deutschland dar: Dort schwanken die Nettomigrationsquoten sehr viel stärker in Abhängigkeit von der wirtschaftlichen Entwicklung. Sie sind langfristig, wenn auch mit gewissen Schwankungen, deutlich gestiegen. Vor der globalen Finanz- und Wirtschaftskrise wurde in den USA und im Durchschnitt der Eurozone ein Wanderungssaldo von rund 4,5 Personen per Tausend erreicht, gegen Ende der Dekade ist es auf drei bis vier Personen per Tausend gesunken (Abbildung D26). Rechnete man Deutschland aus der Eurozone heraus, so läge der Wanderungssaldo deutlich über dem der USA.

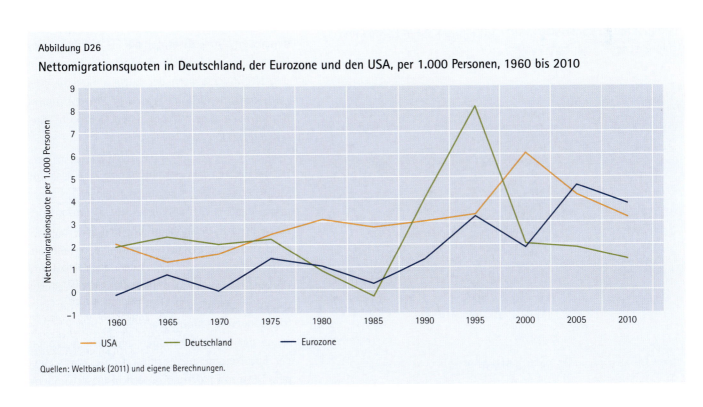

Abbildung D26

Nettomigrationsquoten in Deutschland, der Eurozone und den USA, per 1.000 Personen, 1960 bis 2010

Quellen: Weltbank (2011) und eigene Berechnungen.

Migrationsentscheidungen hängen vom Zusammenspiel verschiedener wirtschaftlicher, sozialer, kultureller, demografischer, geografischer und institutioneller Faktoren ab. In makroökonometrischen Modellen wird die Migration in der Regel durch Unterschiede im Pro-Kopf-Einkommen, verschiedene Arbeitsmarktvariablen, institutionelle Faktoren und mitunter auch mit anderen Faktoren wie Sprache oder der Existenz von Netzwerken erklärt (vgl. Brücker/Schröder 2012; Mayda 2010; Pedersen et al. 2008). Die langfristig steigende globale Zuwanderung in die entwickelten Ländern der OECD ist auf anhaltend hohe Einkommensdifferenzen zu den wichtigsten Herkunftsländern, sinkende Transport- und Kommunikationskosten und eine höhere Wanderungsbereitschaft, insbesondere von qualifizierten und hochqualifizierten Personen, zurückzuführen. Das Gros der Zuwanderung in die USA und die entwickelten Länder Westeuropas speist sich aus den Schwellenländern, die nach Definition der Weltbank im globalen Maßstab ein mittleres Einkommen erreichen. Dies betrifft insbesondere die Migrationsströme aus Mexiko und den mittelame-

rikanischen Staaten in die USA sowie aus Mittel-, Ost- und Südosteuropa sowie aus Nordafrika in die EU. Aus Ländern mit sehr niedrigem Pro-Kopf-Einkommen, etwa den Ländern südlich der Sahara, ist die Zuwanderung dagegen gering. Obwohl die Pro-Kopf-Einkommen der Herkunftsländer sich denen der Zielländer inzwischen ein Stück angenähert haben, ist das Einkommensgefälle nach wie vor sehr hoch: So beläuft sich nach den Angaben der Weltbank (2011) das Pro-Kopf-Einkommen in den neuen Mitgliedsstaaten der EU zu Kaufkraftparitäten, also zu international vergleichbaren Preisen, auf rund 50 Prozent des Niveaus Deutschlands, in der Türkei auf knapp 40 Prozent und in den Nachfolgestaaten der früheren Sowjetunion, in Nordafrika und im Nahen Osten auf rund 30 Prozent (Abbildung D27).

Für Migrationsentscheidungen spielten nicht nur das Einkommensgefälle zu Kaufkraftparitäten, sondern auch Wechselkursdifferenzen eine Rolle, weil ein nicht unerheblicher Teil des Einkommens von den Migranten selbst oder ihren Familienangehörigen in den Heimatländern konsumiert wird. Zu laufenden Wechselkursen ist das Einkommensgefälle noch deutlich höher: So betrug das BIP pro Kopf zu laufenden Wechselkursen im Jahr 2010 in den neuen Mitgliedsstaaten der EU 27 Prozent des Niveaus Deutschlands, in der Türkei 25 Prozent, in den Nachfolgestaaten der Sowjetunion 19 Prozent, im früheren Jugoslawien 17 Prozent und in Nordafrika und dem Nahen Osten 15 Prozent (Abbildung D27).

Die monetären Wanderungsanreize sind also für Menschen aus diesen Regionen erheblich. Es überrascht daher nicht, dass mehr als 80 Prozent der Zuwanderer in Deutschland und den anderen Mitgliedsstaaten der EU aus diesen Regionen stammen.

Um eine Nettozuwanderung von 200.000 Personen p.a. zu erreichen, müsste in Deutschland die Nettozuwanderungsquote gegenwärtig rund 2,5 Personen per Tausend betragen, mit dem Rückgang der Bevölkerung müsste diese Quote etwas steigen. Nettozuwanderungsquoten in dieser Größen-

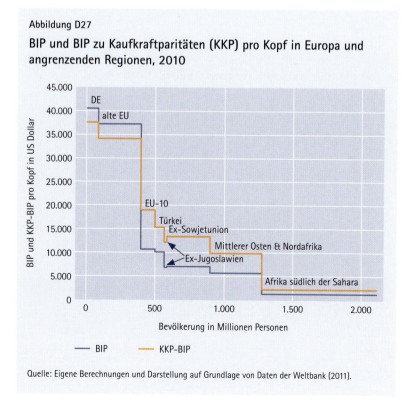

Abbildung D27

BIP und BIP zu Kaufkraftparitäten (KKP) pro Kopf in Europa und angrenzenden Regionen, 2010

Quelle: Eigene Berechnungen und Darstellung auf Grundlage von Daten der Weltbank (2011).

ordnung sind nach Erkenntnissen der Migrationsforschung – wenn man die globalen Trends in den entwickelten Ländern der OECD betrachtet – auch längerfristig durchaus realistisch. Legt man Schätzungen für den Durchschnitt der OECD-Staaten zugrunde, so kann Deutschland mittelfristig eine Nettozuwanderungsquote von 2,5 per Tausend und mehr erreichen. Die zentrale Frage ist, ob und in welchem Umfang sich Deutschland für Zuwanderung aus Ländern außerhalb der EU öffnet.

In den kommenden Dekaden werden sich die fundamentalen wirtschaftlichen und demografischen Faktoren, die die Wanderung beeinflussen, verändern. Zum einen sinken durch die Konvergenz der Pro-Kopf-Einkommen und die Alterung in einem Teil der Herkunftsländer die Wanderungsanreize und die Zahl der Personen, die über eine hohe Wanderungsbereitschaft verfügen. Zum anderen werden die Transport- und Kommunikationskosten weiter sinken und das Bildungsniveau in den Herkunftsländern deutlich steigen. Beides erhöht die Wanderungsbereitschaft, denn diese ist bei gut ausgebildeten Personen drei- bis viermal höher als bei Geringqualifizierten. Insgesamt dürfte davon auszugehen sein, dass Deutschland auch künftig Nettozuwanderungsquoten von 2,5 per Tausend und mehr erreichen kann.

Das Migrationspotenzial aus den neuen Mitgliedsstaaten der EU

Die neuen Mitgliedsstaaten der EU wurden in Deutschland aufgrund ihrer geografischen Nähe lange als wichtige, wenn nicht *die* wichtigste Herkunftsregion der Migration nach Deutschland betrachtet. Tatsächlich war Deutschland vor der EU-Osterweiterung mit großem Abstand das wichtigste Zielland für Zuwanderer aus den neuen Mitgliedsstaaten. Im Jahr 2000 belief sich der Anteil Deutschlands an den in der EU-15 lebenden Migranten aus den neuen mittel- und osteuropäischen Mitgliedsstaaten auf 60 Prozent, unmittelbar vor der Erweiterung betrug er noch 50 Prozent. Mit dem Beitritt der acht mittel- und osteuropäischen Staaten (EU-8)[34] sowie Maltas und Zyperns[35] zum 1. Mai 2004 bzw. Bulgariens und Rumäniens zum 1. Januar 2007 kam es jedoch zu einer Umlenkung der Migrationsströme: Von den 1,5 Mio. Personen, die aus den acht mittel- und osteuropäischen Staaten zwischen 2004 und 2010 in die fünfzehn alten Mitgliedsstaaten der EU (EU-15) gewandert sind, entfielen 950.000 Personen oder gut 60 Prozent auf Großbritannien und Irland, aber nur 180.000 Personen oder rund 12 Prozent auf Deutschland (Baas/Brücker 2011). Dabei dürften neben der schnellen Öffnung der Arbeitsmärkte auch die englische Sprache, die günstige Arbeitsmarktentwicklung und die flexiblen Arbeitsmarktinstitutionen in Großbritannien und Irland eine Rolle gespielt haben. In ähnlicher Weise absorbieren bereits seit Beginn der 2000er Jahre Spanien und Italien einen Großteil der Zuwanderung aus Bulgarien und Rumänien in die EU-15-Staaten. Mit der Finanz- und Wirtschaftskrise sank die Zuwanderung aus den neuen EU-Mitgliedsstaaten zunächst deutlich, hat aber in Großbritannien mit rund 100.000 Personen fast wieder das Niveau vor der Krise erreicht.

Zum 1. Mai 2011 liefen die Übergangsfristen für die Arbeitnehmerfreizügigkeit aus den neuen Mitgliedsstaaten nach Deutschland aus. Ökonometrische Schätzungen sprechen dafür, dass bis dato, gemessen an den Unterschieden in den Pro-Kopf-Einkommen und anderer wirtschaftlicher Variablen, erst rund die Hälfte des theoretisch mobilisierbaren Migrationspotenzials aus den neuen Beitrittsländern in der EU-15 tatsächlich ausgeschöpft wurde (Baas/Brücker 2010). Demnach wäre zunächst eine jährliche Nettozuwanderung aus den EU-8-Staaten in die gesam

---

34 Estland, Lettland, Litauen, Polen, die Slowakei, Slowenien, Tschechien und Ungarn. Für diese Staaten wurden Übergangsfristen für die Arbeitnehmerfreizügigkeit vereinbart, die es den einzelnen Staaten der EU-15 ermöglichen, die Arbeitnehmerfreizügigkeit nach der „2+3+2"-Formel für bis zu sieben Jahre auszusetzen.

35 Mit Malta und Zypern wurden keine Übergangsfristen für die Arbeitnehmerfreizügigkeit vereinbart.

te EU-15 von rund 220.000 Personen zu erwarten, die bis zum Jahr 2020 auf knapp 100.000 Personen zurückgeht, da sich das Potenzial in den Herkunftsländern mit dem Anteil der Bevölkerung, der bereits im Ausland lebt, stetig verringert. Ob und in welchem Umfang es jedoch wieder zu einer Umlenkung der Migrationsströme aus wichtigen Zielländern wie Großbritannien und Irland nach Deutschland kommen würde, war vor dem Auslaufen der Übergangsfristen in Deutschland ungewiss. Dafür, dass die regionale Verteilung der Migrationsströme aus den EU-8- in die EU-15-Staaten auch danach recht stabil bleibt, sprachen und sprechen die bereits etablierten Migrationsnetzwerke, die englische Sprache in wichtigen konkurrierenden Zielländern und die inzwischen sehr niedrigen Reisekosten, die den Vorteil der geografischen Nähe Deutschlands weitgehend ausgleichen. Für eine Umlenkung der Migrationsströme nach Deutschland sprechen dagegen das vergleichsweise hohe Lohnniveau und die im EU-Vergleich sehr günstige Arbeitsmarktentwicklung.

Vor dem 1. Mai 2011 ließen sich die potenziellen Umlenkungseffekte nach Deutschland auch deswe-

gen nicht modellgestützt prognostizieren, weil bis dato keine historischen Präzedenzfälle vorlagen. Im technischen Sinne konnte deshalb keine Prognose der Wanderungsströme nach Deutschland und in andere EU-Staaten erstellt werden.

Das IAB hat stattdessen verschiedene Szenarien für das Migrationspotenzial aus den neuen Mitgliedsstaaten vorgelegt, die die Spannbreite möglicher Entwicklungen abstecken sollten: Dabei wurde in dem Szenario mit niedriger Zuwanderung nur ein geringfügiger Anstieg des Anteils Deutschlands an den Migrationsströmen aus den neuen Mitgliedsstaaten seit der Osterweiterung unterstellt, während im Szenario mit der höchsten angenommen Zuwanderung davon ausgegangen wurde, dass Deutschland wieder wie zu Beginn der 2000er Jahre einen Anteil von 60 Prozent an der Migration aus den Ländern der EU-8 erreicht. In einem mittleren Szenario wurde ein Anteil von 45 Prozent unterstellt. Entsprechend ergab sich eine Spanne für die anfängliche Zuwanderung von 52.000 bis 137.000 Personen p.a. aus den EU-8-Staaten in Deutschland. Bis zum Jahr 2020 würde nach diesen Szenarien die ausländische Bevölkerung aus dieser Region von 600.000 auf knapp 1 Mio. bis 1,5 Mio. Personen wachsen (Abbildung D28, Baas/Brücker 2010, 2011).

Die seit dem 1. Mai 2011 vorliegenden Zahlen sprechen dafür, dass sich die Zuwanderung aus den EU-8-Staaten nach Deutschland in den kommenden Jahren am unteren Rand dieser Projektion bewegen wird. Nach Angaben des Ausländerzentralregisters belief sich die Nettozuwanderung in den ersten neun Monaten des Jahres 2011 auf 37.000 Personen, für das gesamte Jahr 2011 sind 50.000 bis 60.000 Personen zu erwarten. Aus Bulgarien und Rumänien – Länder, für die die Übergangsfristen für die Arbeitnehmerfreizügigkeit noch nicht ausgelaufen sind – ist mit weiteren 30.000 Personen zu rechnen.

Insgesamt dürfte gegenwärtig rund ein Drittel der Nettozuwanderung nach Deutschland aus diesen Staaten kommen und gut zwei Fünftel der Netto-

Abbildung D28

Bestandsentwicklung Migranten 2000 bis 2010 und Migrationspotenzial aus den neuen Mitgliedsstaaten der EU 2011 bis 2020 (Szenarien), Ausländische Bevölkerung aus den EU-8 in Deutschland (Personen in Mio.)

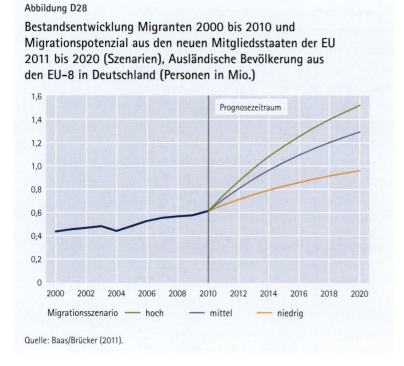

Quelle: Baas/Brücker (2011).

zuwanderung aus allen zehn ost- und mitteleuropäischen Mitgliedsstaaten in die EU auf Deutschland entfallen.

Das Auslaufen der Übergangsfristen für die Arbeitnehmerfreizügigkeit hat also nicht zu einer größeren Umlenkung der Migrationsströme aus den neuen Mitgliedsstaaten nach Deutschland geführt. Offenbar hat die günstige Arbeitsmarktentwicklung in Deutschland die Vorteile anderer Länder – wie die englische Sprache und die flexibleren Arbeitsmarktinstitutionen, die Migranten den Markteintritt erleichtern – nicht ausgleichen können. Auch bereits bestehende Netzwerke von Migranten in den Zielländern dürften eine wichtige Rolle gespielt haben. Dies zeigt: Länder, die frühzeitig ihre Arbeitsmärkte öffnen, haben durch die Verfestigung von Migrationsnetzwerken einen Startvorteil, den andere Länder, die eine vergleichbare Politik erst später einführen, nicht mehr wettmachen können.

Qualifikationsstruktur der Migranten

Migrationspotenziale sind nicht mit Fachkräftepotenzialen gleichzusetzen. Wie bei den Inländern auch, beteiligt sich nur ein Teil der Migranten durch Erwerbsarbeit am Arbeitsmarkt, und nicht alle Migranten verfügen über die Voraussetzungen, um einer qualifizierten oder hochqualifizierten Tätigkeit nachzugehen. Für die Einschätzung des künftigen Fachkräftepotenzials spielen zwei Faktoren eine Rolle: Erstens, wie sich der Pool an qualifizierten Fachkräften in den Herkunftsländern entwickelt. Zweitens, wie die Migranten im Vergleich zur Bevölkerung der Herkunftsländer qualifiziert sind.

Zunächst zum ersten Aspekt. In Europa besteht ein durchaus beträchtliches Gefälle in den Bildungs- und Ausbildungsabschlüssen. Deutschland zeichnet sich innerhalb der EU durch einen sehr hohen Anteil der Erwerbspersonen mit sekundären Bildungsabschlüssen aus, vor allem von Personen mit abgeschlossener Berufsausbildung. Der Anteil von Personen mit tertiären Bildungsabschlüssen, also mit Universitäts- und Hochschulabschlüssen, liegt dagegen nur im EU-Durchschnitt. In den neuen

Mitgliedsstaaten der EU ist der Anteil von Personen mit einem sekundären Bildungs- und Ausbildungsabschluss an den Erwerbspersonen noch deutlich höher als in Deutschland, der Anteil von Erwerbspersonen mit tertiärem Bildungsabschluss geringfügig niedriger. In anderen wichtigen Herkunftsländern wie der Türkei fällt der Anteil von Personen mit sekundären und tertiären Bildungsabschlüssen dagegen deutlich hinter das Niveau in Deutschland zurück (Abbildung D29).

Wichtiger als die Bestandsaufnahme des derzeitigen Pools an qualifizierten Erwerbspersonen ist die Frage nach der künftigen Entwicklung der Qualifikationsstruktur des Erwerbspersonenpotenzials in den Herkunftsländern. Ein guter Indikator hierfür ist der Anteil von Schülern und Studenten in ihrer jeweiligen Altersgruppe, die Bildungseinrichtungen besuchen, an denen sekundäre und tertiäre Bildungsabschlüsse erworben werden können (‚school enrolment rates'). Dabei zeigt sich, dass das Bildungsgefälle zwischen den Ziel- und den Herkunftsregionen der Migration in Europa und seinen Anrainerregionen abnimmt:

In den neuen Mitgliedsstaaten der EU ist der Anteil der Schüler und Studenten, die tertiäre Bildungseinrichtungen besuchen, deutlich höher als im Durchschnitt der EU-27, in den Nachfolgestaaten der Sowjetunion nur unwesentlich geringer. Auch in der Türkei ist die Bildungsbeteiligung in den vergangenen Dekaden erheblich gestiegen, auch wenn das erreichte Niveau noch deutlich unter dem EU-15-Durchschnitt liegt. Ähnliches gilt für den Nahen Osten und Nordafrika (Abbildung D30).

Insgesamt ist das Bildungsgefälle in Europa und den Anrainerregionen, welche die wichtigsten Herkunftsländer der Migration nach Deutschland und die EU bilden, im Vergleich zum Einkommensgefälle nicht sehr hoch. Insbesondere im Fall der neuen Mitgliedsstaaten der EU und der Nachfolgestaaten der Sowjetunion ist die Beteiligung an Bildung und Ausbildung in jungen Kohorten vergleichbar mit oder nur geringfügig niedriger als in Deutsch-

Abbildung D29

Erwerbspersonen nach höchstem Bildungs- und Ausbildungsabschluss, 2010, Anteile in Prozent aller Erwerbspersonen

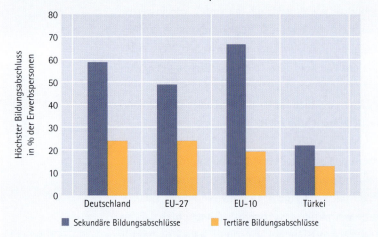

Quelle: Eigene Berechnungen und Darstellung auf Grundlage von Daten der Weltbank (2011).

Abbildung D30

Registrierte Schüler in sekundären und tertiären Bildungseinrichtungen, 2010, Anteil an den jeweiligen Alterskohorten in Prozent

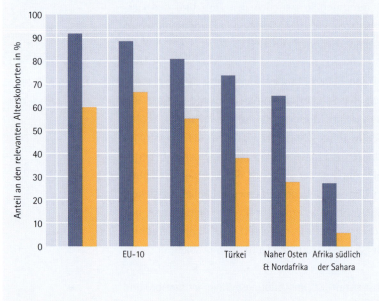

Quelle: Eigene Berechnungen und Darstellung auf Grundlage von Daten der Weltbank (2011).

land, obwohl das Einkommensgefälle beträchtlich ist. Aber auch in anderen Ländern und Regionen wie der Türkei, dem Nahen Osten und Nordafrika steigt das Bildungsniveau.

Alles in allem existiert innerhalb der EU wie in den Anrainerstaaten der EU ein erhebliches Potenzial an qualifizierten Fachkräften, das in den kommenden Jahren angesichts der relativ hohen Bildungsbeteiligung der jungen Jahrgänge noch deutlich steigen wird. Nun sind die Migranten in aller Regel nicht repräsentativ für die Gesamtbevölkerung ihrer Herkunftsländer. Im Durchschnitt der OECD verfügten 35 Prozent der Migranten[36] im Zensusjahr 2000/01 über einen tertiären Bildungsabschluss. Unter den Migranten war der Anteil von Personen mit einem tertiären Bildungsabschluss zu diesem Zeitpunkt 3,4-mal so hoch wie unter den Bevölkerungen der Herkunftsländer. Besonders hoch ist der Anteil von Migranten mit tertiären Bildungsabschlüssen in Kanada (59 Prozent), den USA (43 Prozent) und Australien (41 Prozent), in Ländern also, die die Zuwanderung gezielt an Humankapitalkriterien knüpfen. In Deutschland verfügten dagegen im Zensusjahr 2000/01 nur 22 Prozent der Migranten über einen tertiären Bindungsabschluss (vgl. Brücker/Bertoli/Facchini/Mayda/Peri 2012).

Selbstselektion und selektive Einwanderungspolitik

Die Qualifikationsstruktur der Migranten unterscheidet sich also erheblich von der Bevölkerung der Herkunftsländer. Zugleich unterscheidet sie sich aber auch zwischen den verschiedenen Zielländern, denn in einigen Staaten ist die Migrationsbevölkerung im Schnitt deutlich besser qualifiziert als in anderen. Die Ursachen dafür sind in der Migrationsliteratur breit untersucht worden. Diese Literatur

---

36 Als Migranten werden in international vergleichbaren Studien in der Regel Personen definiert, die im Ausland geboren sind. Im Inland geborene Personen, deren Eltern Migranten sind, werden zur einheimischen Bevölkerung gerechnet. Aufgrund der *ius sanguis* Tradition des deutschen Staatsbürgerrechts liegen derartige Daten für Deutschland nicht vor, erst seit Mitte der letzten Dekade erhebt der Mikrozensus das Merkmal des Migrationshintergrunds. Hier, wie auch in anderen Studien, bezieht sich deshalb der Terminus „Migrant" in Deutschland auf Personen mit ausländischer Staatsbürgerschaft. Dies schränkt die internationale Vergleichbarkeit der deutschen Daten stark ein.

unterscheidet die ‚Selbstselektion' (‚self-selection') oder ‚Selbstauswahl' (‚self-sorting') von der Auswahl durch die Zielländer (‚out-selection', ‚out-sorting'). Die Theorien der Selbstselektion gehen dabei von den folgenden Annahmen aus:

1. Die Migranten sind besser qualifiziert als die Bevölkerungen in den Herkunftsländern, wenn die relative Lohnprämie für Qualifikationen im Zielland höher als im Herkunftsland ist. Falls sie niedriger ist, gilt der umgekehrte Fall.

2. Die Migranten sind verfügen über bessere nicht beobachtbare (sprich: statistisch nicht erfassbare) Fähigkeiten als die Bevölkerungen in den Zielländer, wenn die Einkommensungleichheit in den Zielländern ausgeprägter als in den Herkunftsländern ist (Borjas 1987).

Aus der empirischen Forschung zu diesen Postulaten lassen sich zwei wichtige Befunde ableiten: Zum einen hat die Einwanderungspolitik den stärksten Einfluss auf die Qualifikationsstruktur der Migranten. Migranten in Ländern, mit einer an Qualifikationskriterien ausgerichteten Einwanderungspolitik sind im Schnitt deutlich besser qualifiziert als in Ländern, die auf eine solche Politik verzichten. Zum anderen steigt die Qualifikation der Migranten mit der Lohnprämie für Qualifikation bzw. mit der Einkommensungleichheit in den Zielländern (Brücker/Defoort 2009; Brücker et al. 2012; Grogger/Hanson 2011; Hatton 2010).

Die historischen Erfahrungen in Deutschland bestätigen diese Erkenntnisse. Eine der wichtigsten Ursachen für das im internationalen Vergleich geringe Qualifikationsniveau der Migranten in Deutschland ist die Ausgestaltung der Einwanderungspolitik. Von den 1950er bis in die frühen 1970er Jahre warb Deutschland gezielt Arbeitskräfte an, die manuelle Tätigkeiten ausüben sollten. Nach dem Anwerbestopp von 1973 hat sich diese Qualifikationsstruktur durch Familiennachzug und andere Formen der Zuwanderung, die nicht nach Qualifikationskriterien gesteuert wurde, verfestigt (vgl. Fertig/Schmidt 2001).

Neben der Einwanderungspolitik spielen jedoch auch ökonomische Faktoren eine Rolle. Die Lohnprä-

mie für Bildung und Ausbildung ist in Deutschland im OECD-Vergleich relativ gering, was unter anderem auf die weitgehend staatliche Finanzierung der Schul- und Hochschulbildung zurückzuführen ist. In Ländern mit einer starken privaten Bildungsfinanzierung sind die Lohnprämien für Bildung in der Regel höher. Da die meisten Migranten allenfalls einen Teil ihrer Bildung in den Zielländern erwerben, können sie von den hohen Bildungsrenditen in diesen Ländern profitieren, ohne die vollständigen Kosten für den Erwerb von Bildungsabschlüssen zu tragen. Insofern haben etwa die angelsächsischen Länder mit ihren stark privat finanzierten Bildungssystemen bei der Anwerbung qualifizierter und hochqualifizierter Migranten einen Wettbewerbsvorteil gegenüber den kontinentaleuropäischen Ländern, in denen die Bildungsausgaben überwiegend öffentlich finanziert werden.

Insgesamt ließe sich mit einer Einwanderungspolitik, die die Migrationsbarrieren für qualifizierte und hochqualifizierte Fachkräfte erkennbar senkt, das Qualifikationsniveau der Zuwanderer in Deutschland deutlich verbessern. Es ist aber wenig wahrscheinlich, dass Deutschland ein ähnlich hohes Qualifikationsniveau der Zuwanderer wie Kanada, die USA und Australien erreichen kann: Zum einen verfügen diese Länder über eine lange Tradition hochqualifizierter Zuwanderung, durch die sich Netzwerke hochqualifizierter Migranten etabliert haben, die nicht kurzfristig geschaffen werden können. Zweitens sind die ökonomischen Voraussetzungen für die Anwerbung hochqualifizierter Arbeitskräfte durch die höheren Lohnprämien für Bildung in diesen Ländern günstiger.

Spürbarer Anstieg in der Qualifikation der Neuzuwanderer

Während die Qualifikation der ausländischen Bevölkerung in Deutschland noch deutlich hinter das durchschnittliche Niveau der Migrationsbevölkerung in den OECD-Staaten zurückfällt, zeichnet sich in den letzten Jahren ein überraschend deutlicher Anstieg im Qualifikationsniveau der Neuzuwanderer ab: Nach den Angaben des Mikrozensus hat sich die

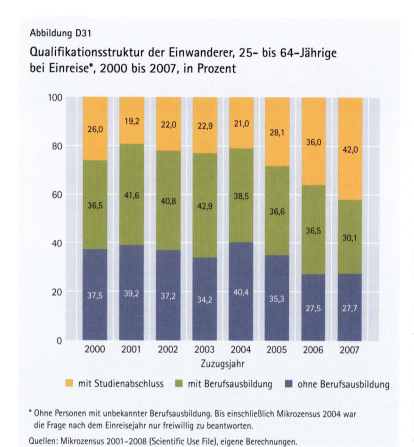

Abbildung D31

Qualifikationsstruktur der Einwanderer, 25- bis 64-Jährige bei Einreise*, 2000 bis 2007, in Prozent

* Ohne Personen mit unbekannter Berufsausbildung. Bis einschließlich Mikrozensus 2004 war die Frage nach dem Einreisejahr nur freiwillig zu beantworten.

Quellen: Mikrozensus 2001–2008 (Scientific Use File), eigene Berechnungen.

Qualifikationsstruktur der zugewanderten Personen erheblich zugunsten qualifizierter Fachkräfte verschoben (Abbildung D31), d. h. zugunsten von Personen, die mindestens über einen beruflichen Bildungsabschluss verfügen.[37] So verfügten 30 Prozent

der im Jahr 2007 eingereisten 25- bis 65-Jährigen über eine abgeschlossene Berufsausbildung, 42 Prozent über einen Universitäts- oder Fachhochschulabschluss.[38]

Diese erhebliche Verbesserung gegenüber der Situation zur Jahrtausendwende ist auf eine Verschiebung in der Struktur der Herkunftsländer zurückzuführen: Entfielen im Jahr 2000 noch mehr als zwei Drittel der Zuwanderung auf Staaten außerhalb der EU, vor allem auf die Türkei und das frühere Jugoslawien, so kommen inzwischen rund die Hälfte der Zuwanderer aus den Mitgliedsstaaten der EU, davon ein erheblicher Teil aus den neuen Mitgliedsländern.

Gerade dort sind die jungen, wanderungsbereiten Jahrgänge sehr gut qualifiziert (s. o.). Daher dürfte sich dieser Trend einer steigenden Qualifikation der Neuzuwanderer mit der Einführung der Arbeitnehmerfreizügigkeit und einer steigenden Zuwanderung aus den alten EU-15-Staaten, die von der Finanzkrise betroffen sind, in den nächsten Jahren fortsetzen. Allerdings ist das Migrationspotenzial aus diesen Ländern beschränkt. Wie oben bereits ausgeführt dürfte sich die Nettozuwanderung aus den neuen Mitgliedsstaaten im Jahr 2011 auf nur 50.000 bis 60.000 Personen belaufen. Es ist fraglich, ob der Trend zu einer immer besseren Qualifikationsstruktur bei den Neuzuwanderern auch mittel- und langfristig anhält. Das wird auch wesentlich von der Einwanderungspolitik abhängen, die Deutschland künftig betreibt.

Schlussfolgerungen für die Einwanderungspolitik

Bislang verfolgt Deutschland keine Einwanderungspolitik, die gezielt auf die Anwerbung qualifizierter und hochqualifizierter Migranten setzt. In Zeiten der Gastarbeiteranwerbung wurden im Gegenteil gezielt Arbeitskräfte für manuelle Tä-

---

37 Aufgrund des Untersuchungsdesigns des Mikrozensus kann die Struktur der 2008 Eingewanderten erst ab Verfügbarkeit des Mikrozensus 2009 analysiert werden. Es werden nur Personen ab einem Alter von 25 Jahren bei der Einreise betrachtet, da davon auszugehen ist, dass die Mehrheit erst ab diesem Alter einen Studienabschluss erwerben kann. Migranten, die nur kurzfristig nach Deutschland einreisen, z. B. um eine Saisonbeschäftigung auszuüben, werden nicht in den Mikrozensus einbezogen. Dies führt zu erheblichen Unterschieden zur Wanderungsstatistik des Ausländerzentralregisters. So sind laut Wanderungsstatistik im Jahr 2007 insgesamt 681.000 Personen nach Deutschland zugezogen, nach den Hochrechnungen des Mikrozensus ergeben sich aber nur 255.000 Zuzüge. Der Anteil der 25- bis 64-Jährigen an allen Zuzügen beträgt rund 55 Prozent.

---

38 Angaben im Mikrozensus sind Selbstauskünfte. Der Umstand, dass sich eine Person z. B. als Akademiker ausweist, bedeutet nicht zwangsläufig, dass ihr Abschluss in Deutschland auch formal anerkannt wurde.

tigkeiten angeworben. Nach dem Anwerbestopp von 1973 wurden Familienzuzug und Migration aus humanitären Gründen zu den wichtigsten Kanälen der Zuwanderung, was indes die Qualifikation der Zuwanderer nicht verbessert hat. Mit dem Fall des Eisernen Vorhangs und den Bürgerkriegen im früheren Jugoslawien stieg die Zahl der Zuwanderer deutlich, eine Auswahl nach Qualifikationskriterien erfolgte weiterhin nicht. Erst mit Einführung der sogenannten Greencard unter der Regierung Schröder sowie der Reform des Zuwanderungsgesetzes im Jahr 2005 und seiner Novellierung 2009 wurden Wege für die Zuwanderung von hochqualifizierten und qualifizierten Zuwanderern geschaffen. Für Hochqualifizierte, die sofort ein Daueraufenthaltsrecht für sich und ihre Familienangehörigen erreichen wollen, sieht das Gesetz gegenwärtig eine Einkommensschwelle in Höhe der Beitragsbemessungsgrenze zur gesetzlichen Rentenversicherung (rund 66.000 Euro) vor. Diese Einkommensschwelle wurde im Rahmen der Anpassung des deutschen Zuwanderungsrechts an die EU-Blue Card-Richtlinie durch den Deutschen Bundestag am 27. April 2012 auf 44.800 Euro abgesenkt, in Berufen mit vielen offenen Stellen wie den Ingenieurberufen auf 34.900 Euro Diese Möglichkeit wurde in der Vergangenheit pro Jahr von nicht mehr als 100 bis 200 Personen genutzt. Andere Zugangsmöglichkeiten für qualifizierte Arbeitskräfte setzen in der Regel eine Vorrangprüfung durch die Bundesagentur für Arbeit voraus. Aber auch sie beschränken sich auf eine vergleichsweise geringe Zahl von 10.000 bis maximal 20.000 Personen jährlich. Bei mindestens 600.000 Zuzügen pro Jahr kann deshalb von einer wirksamen Steuerung der Migration nach Qualifikationskriterien gegenwärtig keine Rede sein.

Eine Reform des Einwanderungsrechts müsste deshalb die Zugangsmöglichkeiten zum deutschen Arbeitsmarkt für Staatsangehörige aus Ländern außerhalb der EU bzw. des Europäischen Wirtschaftsraums (EWR) deutlich verbreitern und deutliche Signale an qualifizierte Zuwanderer senden. Dafür stehen verschiedene Optionen zur Verfügung.

In der Migrationsliteratur werden häufig angebotsorientierte und nachfrageorientierte Systeme der Einwanderungspolitik unterschieden. Erstere setzen mit Kriterien wie Bildung und Ausbildung, Beruf, Alter, Sprachkompetenz u. Ä. am Humankapital der Zuwanderer an. Beispiele sind die Punktesysteme in Australien, Kanada und Neuseeland. Nachfrageorientierte Systeme steuern die Zuwanderung dagegen am kurzfristigen Bedarf am Arbeitsmarkt, der häufig auf Antrag der Unternehmen durch eine Vorrangprüfung der Arbeitsagenturen oder anderer Behörden geprüft wird.

Ein Beispiel sind die H1B-Visa in den USA. In einem Teil der Länder bilden sich Mischsysteme heraus. So wird das Punktesystem in Kanada inzwischen durch eine Positivliste der Berufe stärker an der Arbeitsnachfrage ausgerichtet.

Eine Einwanderungspolitik, die nicht auf kurzfristige Engpässe am Arbeitsmarkt reagiert, sondern auf eine nachhaltige Entwicklung des Erwerbspersonenpotenzials setzt, sollte ihren Schwerpunkt auf die angebotsseitige Steuerung der Zuwanderung legen. Bedarfslagen und Engpässe am Arbeitsmarkt lassen sich langfristig nur schwer prognostizieren, wie das Beispiel der Gastarbeiteranwerbung in Deutschland gezeigt hat. Es geht deshalb darum, vor allem Arbeitskräfte zu gewinnen, von denen erwartet werden kann, dass sie sich gut in den Arbeitsmarkt integrieren und aufgrund ihrer Qualifikation auch das Potenzial haben, sich flexibel an strukturelle Veränderungen anzupassen. Nach dem Stand der Forschung sind dies vor allem Hochschulabsolventen, aber auch Facharbeiter mit guten Qualifikationen. Eine langfristig angelegte Einwanderungspolitik sollte für diese Gruppen die Schwellen für die Zuwanderung senken. Dies kann durch Punktesysteme erreicht werden, aber auch durch Systeme, die sich an realistischen Einkommensschwellen orientieren. Im diesem Fall sollten sich die Einkommensschwellen an den Anfangsgehältern von Hochschulabsolventen orientieren, also etwa 35.000 Euro p.a., um junge qualifizierte Arbeitskräfte zu gewinnen. Nach dem Vorbild anderer Länder könnte der Zugang an das Vorliegen eines Arbeitsvertrags geknüpft werden, der die Kriterien der branchenüblichen Tarifverträge erfüllt. Schließlich könnten Aufenthaltsrechte zunächst befristet erteilt werden, um die Risiken einer Zuwanderung in die Sozialsysteme zu begrenzen. Allerdings sollte nach einer überschaubaren Zeit, etwa drei Jahre, und nach transparenten Kriterien ein Daueraufenthaltsrecht gewährt werden, um die Anreize zu erhöhen, in länderspezifisches Humankapital wie Sprachkompetenz zu investieren.

4.8 Arbeitsmarktintegration von Migranten verbessern

Welches Potenzial an Fachkräften durch Migration mobilisiert werden kann, hängt wesentlich davon ab, wie gut es gelingt, Migranten in den Arbeitsmarkt zu integrieren. Das gilt sowohl für die Neuzuwanderer als auch für die bereits im Lande lebenden Migranten und Personen mit Migrationshintergrund. Die Erfahrungen der Vergangenheit belegen, dass die Arbeitsmarktintegration von Migranten mitunter schwierig ist und dass deren Fachkräftepotenzial bislang nur sehr unzureichend genutzt wurde. Ihre Arbeitslosenquote lag im Jahr 2010 bei 15,7 Prozent – und damit nach wie vor mehr als doppelt so hoch wie die der Deutschen mit 7,0 Prozent.[39] Eine wesentliche Ursache ist die im Durchschnitt geringere berufliche Bildung der Ausländer. Von den im Jahr 2010 arbeitslosen Ausländern hatten 73,7 Prozent keine (anerkannte) abgeschlossene Berufsausbildung, bei den arbeitslosen Deutschen waren es 35,1 Prozent (vgl. BA 2010: 151).

Allerdings verbleiben noch immer erhebliche Unterschiede zwischen Deutschen und Ausländern bzw. Personen mit Migrationshintergrund, selbst wenn letztere über die gleiche formale Bildung verfügen. So betrug im Jahr 2008 die Erwerbslosenquote[40]

von deutschen Akademikern ohne Migrationshintergrund 2,2 Prozent. Bei den (formal) gleich gebildeten Migranten lag die Quote dagegen bei 9,5 Prozent. Geringer sind die Unterschiede bei Personen mit abgeschlossener Berufsausbildung: Hier liegt die Erwerbslosenquote von Deutschen, die hier aufgewachsen sind, bei 6,2 Prozent, für Personen mit Migrationshintergrund bei 9,2 Prozent.

In der Diskussion um den Fachkräftebedarf geht es vor allem um Arbeitskräfte, die über eine abgeschlossene berufliche Ausbildung oder höhere Bildungsabschlüsse wie ein abgeschlossenes Hochschulstudium verfügen. Daher wird hier zunächst untersucht, wie sich die Arbeitsmarktintegration nach Qualifikationsgruppen darstellt und in welchem Umfang das Qualifikationspotenzial der Migranten in Deutschland nicht genutzt wird ("Brain Waste").[41] Für die Arbeitsmarktintegration ist nicht nur das formale Ausbildungsniveau, sondern auch die Frage relevant, welche Berufe und Tätigkeiten die betreffenden Personen ausüben bzw. ausüben können. Deshalb werden abschließend die Berufe und Tätigkeitsprofile skizziert, bei denen Migranten in Deutschland überproportional vertreten sind.

Unzureichende Nutzung des Qualifikationspotenzials ("Brain Waste")

Die Beschäftigungschancen hängen in Deutschland ebenso wie in vielen anderen Ländern sehr stark vom beruflichen Bildungsgrad ab.[42] Gerade bei Migranten tritt jedoch häufig das Phänomen eines "Brain Waste" auf, also einer Beschäftigung in Berufen und Tätigkeiten, die nicht den erworbenen Qualifikationen entsprechen. Abbildung D32 zeigt, wie hoch der Anteil der Erwerbstätigen mit abgeschlossener Berufsausbildung oder Studienabschluss ist, die einer

---

39 Jeweils bezogen auf alle zivile Erwerbspersonen. Vgl. BA (2010: 17).
40 Aufgrund unterschiedlicher Definitionen ist die Erwerbslosenquote nicht direkt mit der Arbeitslosenquote vergleichbar. Meistens liegt die Arbeitslosenquote höher als die Erwerbslosenquote.

41 Datengrundlage ist in diesem Fall der Scientific Use File aus dem Mikrozensus 2008.
42 Vgl. Reinberg/Hummel (2007) und Kapitel C, Abschnitt 4 „Übergänge aus Arbeitslosigkeit in Beschäftigung" in diesem Handbuch.

Abbildung D32

Anteil der Erwerbstätigen mit Berufsausbildung oder Studienabschluss, die eine „qualifizierte" Tätigkeit ausüben, differenziert nach Migrationszugehörigkeit[a, b, c], 2008

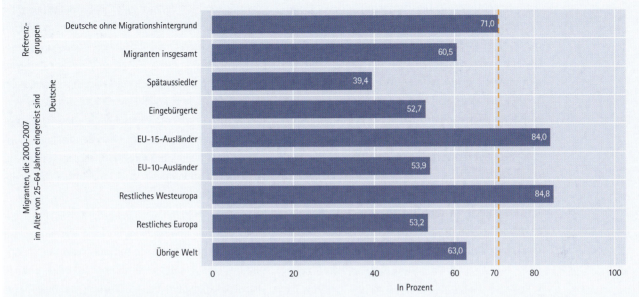

[a] Die Altersangaben beziehen sich bei den Migranten, die zwischen 2000 und 2007 eingereist sind, auf das Alter bei der Einreise und ansonsten auf das Alter zum Zeitpunkt der Befragung im Jahr 2008.
[b] Nur Beschäftigungsverhältnisse, die zwischen 2000 und 2008 anfingen.
[c] 25- bis 65-Jährige.

EU-15: Belgien, Luxemburg, Niederlande, Frankreich, Italien, Österreich, Portugal, Spanien, Griechenland, Irland, Vereinigtes Königreich, Dänemark, Finnland, Schweden.
EU-10: Polen, Estland, Lettland, Litauen, Malta, Zypern, Slowenien, Slowakei, Tschechische Republik, Ungarn.
Restliches Westeuropa: Liechtenstein, Schweiz, Norwegen, Island.

Qualifizierte Tätigkeit: Qualifizierte manuelle Berufe, Techniker, Ingenieure, qualifizierte Dienstleistungsberufe, Semiprofessionen, Professionen, qualifizierte kaufmännische und Verwaltungsberufe, Manager.
Einfache Tätigkeit: Agrarberufe, einfache manuelle Berufe, einfache Dienstleistungsberufe, einfache kaufmännische und Verwaltungsberufe.

Quelle: Mikrozensus 2008 (Scientific Use File), eigene Berechnungen.

„qualifizierten" Erwerbstätigkeit nachgehen.[43] Unter den deutschen (Hoch-)Qualifizierten, die hier aufgewachsen sind, und die zwischen 2000 und 2008 eine Beschäftigung aufgenommen haben, übten im Jahr 2008 71 Prozent eine qualifizierte Beschäftigung aus. Dieser Anteil wird nur von Migranten aus den EU-15-Ländern und dem restlichen Westeuropa übertroffen. Alle anderen Migrantengruppen – insbesondere Spätaussiedler – sind weit seltener qualifiziert beschäftigt, obwohl sie über die entsprechenden beruflichen Qualifikationen verfügen.

43 Die Unterscheidung zwischen einer qualifizierten und einer unqualifizierten Erwerbstätigkeit entspricht dem Vorgehen in Schimpl-Neimanns (2003). Sie baut auf die Arbeiten von Blossfeld (1983, 1985) auf, in der Berufe nach ihren Qualifikationsanforderungen und der Berufstätigkeit gruppiert werden.

Diese Zahlen machen deutlich: Die qualifikationsgerechte Integration der Migranten in den deutschen Arbeitsmarkt gelingt nur unvollkommen. Im Durchschnitt aller Migranten liegt der Anteil derjenigen, die über einen qualifizierten Berufsabschluss verfügen und auch einer qualifizierten Tätigkeit nachgehen, rund zehn Prozentpunkte unter demjenigen der Deutschen ohne Migrationshintergrund. Dem Phänomen des „Brain Waste" kommt damit eine nicht zu unterschätzende Bedeutung zu: Ein erhebliches Fachkräftepotenzial bleibt ungenutzt.

Dies hat wiederum Auswirkungen auf die Struktur der Zuwanderer: Je schlechter es den Zuwanderern gelingt, im deutschen Arbeitsmarkt ihr Humankapital zu nutzen, desto geringer sind die Wanderungsanreize für qualifizierte Fachkräfte.

Dem am 1. April 2012 in Kraft getretenen Gesetz zur Anerkennung im Ausland erworbener Bildungs- und Ausbildungsabschlüsse kommt deshalb eine erhebliche Bedeutung zu. Die Umsetzung dieses Gesetzes hängt jedoch von Anerkennungsverfahren ab, die von Handwerks- und Handelskammern, bei den reglementierten Berufen von den Landesregierungen und von vielen anderen Akteuren durchgeführt werden. Es ist deshalb ein langer Weg bis die notwendigen Änderungen auch in der Praxis umgesetzt werden. Fraglich ist, ob angesichts der hohen Anzahl beteiligter Akteure eine effektive Umsetzung zu erwarten ist.

Unterschiede in der Berufsstruktur

Es gehört zu den gesicherten Befunden der Arbeitsmarktforschung, dass die Berufswahl auch bei gleicher formaler Qualifikation entscheidend Löhne und Beschäftigungschancen über die gesamte Erwerbsbiografie beeinflussen. Die Arbeitsmarktintegration von Migranten hängt deshalb nicht allein von ihrer formalen Qualifikation, sondern auch von den erlernten Berufen ab.

Vergleicht man einzelne Berufsbereiche, so zeigen sich erhebliche Unterschiede zwischen Deutschen und Migranten bzw. Ausländern.[44] Da sich die Berufswahl von Männern und Frauen systematisch unterscheidet, sind die Ergebnisse hier getrennt ausgewiesen. Zudem werden verschiedene Nationalitäten unterschieden, wobei Beschäftigte aus den acht neuen Mitgliedsstaaten der EU (EU-8), für die seit 1. Mai 2011 die Arbeitnehmerfreizügigkeit gilt, von besonderem Interesse sind, weil deren Anteil an der Zuwanderung etwas gestiegen ist.[45]

---

44 Folgende Auswertungen beziehen sich auf die Statistik der sozialversicherungspflichtig Beschäftigten, die Personen nach Nationalität, nicht aber nach Migrationsstatus unterscheidet.

45 Für Akademiker aus den neuen Beitrittsländern wurde bereits 2009 auf eine Vorrangprüfung verzichtet und damit der Zugang zum deutschen Arbeitsmarkt geöffnet.

Sowohl deutsche als auch ausländische Frauen konzentrieren sich stark auf die Dienstleistungsberufe (Abbildung D33a). Während deutsche Frauen überwiegend im Verkauf oder in Büroberufen tätig sind, arbeiten ausländische Frauen eher im Bereich der allgemeinen Dienstleistungen (Reinigungsberufe, Körperpflege usw.). In technischen Berufen sind ausländische Frauen noch stärker unterrepräsentiert als ihre deutschen Kolleginnen (1,8 Prozent im Vergleich zu 2,7 Prozent). Menschen aus den EU-8-Ländern sind überdurchschnittlich in den Fertigungsberufen- und in der Landwirtschaft bzw. im Gartenbau (16 Prozent im Vergleich zu 4 Prozent bei den deutschen Frauen) beschäftigt.

Auch bei den Männern variiert die Verteilung auf die beruflichen Segmente mit der Nationalität (Abbildung D33b). Deutsche Männer arbeiten eher in Dienstleistungsberufen (45 Prozent; inkl. Büroberufe, Handel, Bank und Versicherung) als ihre ausländischen Geschlechtsgenossen, die am häufigsten im Verarbeitenden Gewerbe beschäftigt sind (ca. 51 %). Auffällig ist, dass Migranten vergleichsweise selten in technischen Berufen arbeiten (ca. 5 % vs. 11 % Deutsche). Diese Berufe sind angesichts der gegenwärtig bestehenden Fachkräfteengpässe (etwa bei Facharbeitern in der Metall- und Elektroindustrie) von besonderer Relevanz. Es trifft also sowohl für Männer als auch für Frauen zu, dass Ausländer und Deutsche in verschiedenen beruflichen Segmenten beschäftigt sind (vgl. auch Steinhardt 2011).

Unterschiede in den Tätigkeitsfeldern

Aktuelle Analysen aus der internationalen Migrationsforschung zeigen, dass Zuwanderer und Einheimische auch bei gleicher Qualifikation und Berufserfahrung im Produktionsprozess nur unvollkommen substituierbar sind (vgl. Ottaviano/Peri 2012; Borjas/Grogger/Hanson 2011). Deswegen verdienen Migranten im Schnitt auch dann weniger als Einheimische, wenn sie über die gleiche Bildung und Berufserfahrung verfügen. Dies gilt auch für Deutschland (vgl. Brücker/Jahn 2010, 2011; D'Amuri/Ottaviano/Peri 2010). Dieses Phänomen wird häufig auf sprachliche und kulturelle Differen-

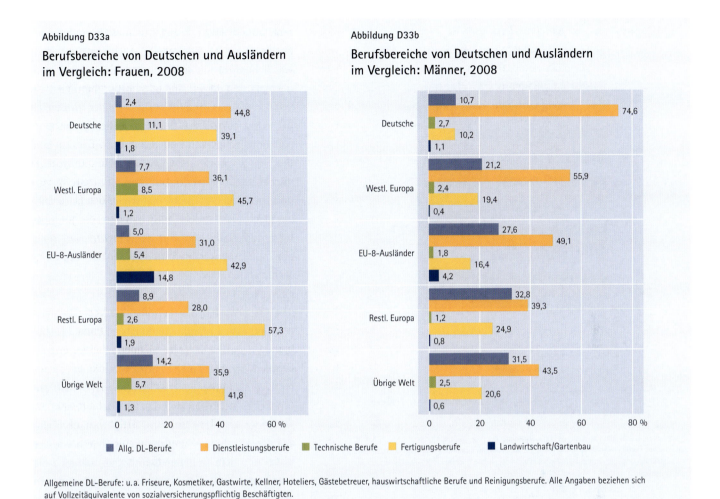

Abbildung D33a

Berufsbereiche von Deutschen und Ausländern im Vergleich: Frauen, 2008

Abbildung D33b

Berufsbereiche von Deutschen und Ausländern im Vergleich: Männer, 2008

■ Allg. DL-Berufe ■ Dienstleistungsberufe ■ Technische Berufe ■ Fertigungsberufe ■ Landwirtschaft/Gartenbau

Allgemeine DL-Berufe: u.a. Friseure, Kosmetiker, Gastwirte, Kellner, Hoteliers, Gästebetreuer, hauswirtschaftliche Berufe und Reinigungsberufe. Alle Angaben beziehen sich auf Vollzeitäquivalente von sozialversicherungspflichtig Beschäftigten.

Quelle: Sonderauswertung der Beschäftigtenstatistik der BA, eigene Berechnungen.

zen, aber auch auf Arbeitsmarktdiskriminierung zurückgeführt. Eine der Ursachen ist aber auch, dass Migranten in anderen Tätigkeitsfeldern arbeiten als Deutsche. Dies zeigt die Klassifizierung der Tätigkeitsprofile von Migranten und Deutschen. Dabei werden die jeweiligen Berufe nach ihren überwiegenden Tätigkeitsanforderungen kategorisiert.[46]

---

46 Die Einteilung in die Tätigkeitsgruppen erfolgt analog zu Gathmann/Schoenberg (2010) anhand der BIBB/IAB-Daten. Ein Beruf ist überwiegend manuell, falls sich die Manuell-Angaben zu größer als 0,5 addieren. Eine Nichtroutinetätigkeit liegt vor, falls beide Non-Routine-Werte zusammen einen Wert von größer als 0,5 ergeben. Ein Beruf wird als interaktionsintensiv klassifiziert, falls sein Interaktionswert über dem (ungewichteten) durchschnittlichen Interaktionswert aller Berufe liegt.

Insbesondere bei Tätigkeiten, die besonders interaktionsintensiv sind und daher hohe Kommunikationsanforderungen stellen, sind wegen möglicher Sprachdefizite Zugangsbarrieren für Ausländer zu erwarten (Peri/Sparber 2009).

Tatsächlich sind die Unterschiede in den Tätigkeitsprofilen erheblich (Abbildung D34). 43 Prozent aller Deutschen sind in Berufen tätig, in denen sie überwiegend manuelle Tätigkeiten verrichten. Für Ausländer liegt der Anteil deutlich über 50 Prozent. Bei Ausländern aus dem restlichen Europa (u.a. Türkei, früheres Jugoslawien) und aus Ländern außerhalb Europas sind es 70 bzw. 60 Prozent. Hingegen sind Ausländer generell in den stark kommunikationsorientierten Berufen deutlich unterrepräsentiert: Während 57 Prozent der Deutschen eine solche Tä-

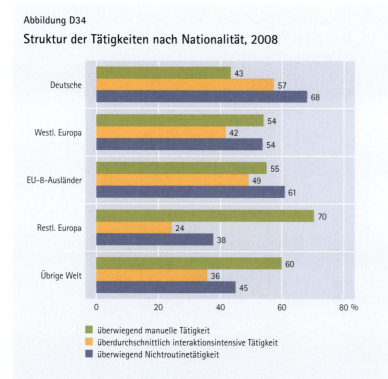

Abbildung D34

Struktur der Tätigkeiten nach Nationalität, 2008

- ■ überwiegend manuelle Tätigkeit
- ■ überdurchschnittlich interaktionsintensive Tätigkeit
- ■ überwiegend Nichtroutinetätigkeit

EU-8-Länder: Polen, Ungarn, Tschechien, Slowenien, Slowakei, Litauen, Lettland, Estland.
Westliches Europa: Italien, Griechenland, Frankreich, Österreich, Portugal, Spanien, Niederlande,
Großbritannien und Nordirland, Belgien, Schweiz, Dänemark, Schweden, Finnland, Irland, Luxemburg,
Norwegen, Island, Vatikanstadt, Andorra, Liechtenstein, San Marino, Monaco.
Restliches Europa: Albanien, Bosnien und Herzegowina, Bulgarien, Jugoslawien, Kroatien, Malta,
Mazedonien, Moldau, Türkei, Ukraine, Rumänien, Russische Föderation, Zypern, Türkischer Teil
Zyperns.
Quellen: Sonderauswertung der Beschäftigtenstatistik, eigene Berechnungen.

ropa nur 38 Prozent, bei den Ausländern aus der übrigen Welt 45 Prozent. Bei Ausländern aus dem westlichen Europa und aus den acht neuen Mitgliedsstaaten der EU sind es 54 bzw. 59 Prozent.

Insgesamt zeigen sich also auf verschiedenen Ebenen erhebliche Probleme der Arbeitsmarktintegration von Migranten bzw. von Personen mit ausländischer Staatsangehörigkeit. Die Ursachen hierfür sind vielfältig. Als problematisch erweist sich insbesondere die Tatsache, dass Migranten in Tätigkeiten unterrepräsentiert sind, die sich durch eine hohe Kommunikationsdichte und einen hohen Anteil von Nichtroutinetätigkeiten auszeichnen, während sie in manuellen Tätigkeiten überrepräsentiert sind. Denn dies lässt erwarten, dass Personen mit Migrationshintergrund bzw. ausländischer Staatsangehörigkeit besonders negativ von der technologischen Entwicklung und dem Strukturwandel hin zu kommunikationsintensiven, nicht manuellen und nicht routinemäßigen Tätigkeiten betroffen sind. Das gilt insbesondere für Ausländer und Personen mit Migrationshintergrund aus den klassischen Einwanderungsländern wie der Türkei und dem früheren Jugoslawien, während die Zuwanderer aus dem westlichen Europa und den neuen Mitgliedsstaaten der EU ein ähnliches Berufs- und Tätigkeitsprofil wie die einheimische Bevölkerung in Deutschland aufweisen.

Diese Befunde deuten darauf hin, dass erhebliche Fachkräftepotenziale durch die mangelnde Arbeitsmarktintegration von Migranten ungenutzt bleiben. Die Integrationspolitik steht damit vor erheblichen, tendenziell wachsenden Aufgaben:

Die Förderung der Sprachkompetenz, die rechtliche und faktische Anerkennung von im Ausland erworbenen allgemeinbildenden und beruflichen Qualifikationen und die Anschlussqualifizierung von Migranten, deren Abschlüsse hier nicht oder nur teilweise anerkannt werden, sollten daher ebenso auf der politischen Agenda stehen wie die Integration der Kinder von bereits im Lande lebenden Migranten in das deutsche Bildungs- und Ausbildungssystem.

tigkeit ausüben, sind es nur 24 Prozent der Ausländer aus dem restlichen Europa und 36 Prozent der Ausländer aus der übrigen Welt. Bei den Ausländern aus dem westlichen Europa (42 Prozent) und den acht neuen Mitgliedsstaaten der EU, für die seit dem 1. Mai die Freizügigkeit gilt (49 Prozent), sind die Anteile zwar deutlich höher, fallen aber immer noch erheblich hinter die der Deutschen zurück. Sprachkompetenz und andere kommunikative Fähigkeiten scheinen also einen erheblichen Einfluss auf die Berufsstruktur der ausländischen Bevölkerung in Deutschland zu haben.

Spiegelbildlich stellt sich die Verteilung bei den Routinetätigkeiten dar: Während 68 Prozent der Deutschen in Berufen arbeiten, bei denen es sich überwiegend nicht um Routinetätigkeiten handelt, waren es bei den Ausländern aus dem restlichen Eu-

4.9 Arbeitsmarkwirkungen der Migration

Neben den Problemen der Integration von Migranten in Arbeitsmarkt und Gesellschaft ist die Befürchtung, Migration könne zu sinkenden Löhnen und steigender Arbeitslosigkeit führen, eine der wichtigsten Ursachen für die restriktive Einwanderungspolitik der vergangenen Dekaden. Angesichts eines nach wie vor hohen Niveaus der Arbeitslosigkeit bestimmen diese Ängste bis heute die Einwanderungspolitik in Deutschland.

Aus theoretischer Perspektive ist es allerdings nicht zwingend, dass ein steigendes Arbeitsangebot zu fallenden Löhnen und, bei unvollkommenen Arbeitsmärkten, zu steigender Arbeitslosigkeit führt. Ähnlich wie bei einem Rückgang des Arbeitsangebots gilt auch bei einer Ausweitung, dass sich die Kapital- und Gütermärkte anpassen, sodass der Arbeitsmarkt nur einen Teil der Lasten trägt (vgl. Abschnitt 3.2). Wenn sich der Kapitalstock an die Ausweitung des Arbeitsangebots anpasst – sei es durch zusätzliche Investitionen aus dem Inland, sei es durch Zufluss internationalen Kapitals – bleibt das aggregierte Lohnniveau unverändert. Ähnliches gilt wenn sich in einer offenen Volkswirtschaft Handel und Produktionsstrukturen an die Ausweitung des Arbeitsangebots anpassen, sodass die Preise auf den Gütermärkten und den Märkten für Kapital und Arbeit unverändert bleiben.

Die Arbeitsmarktwirkungen der Migration sind seit den 1980er Jahren von einer schnell wachsenden empirischen Literatur untersucht worden, die mittlerweile mehrere hundert Studien in den USA und Europa umfasst. Die meisten dieser Studien nutzen die je nach Region unterschiedliche Höhe des Ausländeranteils, um die Lohn- und Beschäftigungseffekte der Migration zu identifizieren. Metastudien, welche die Befunde aus dieser Literatur zusammenfassen, kommen zu dem Ergebnis, dass Migration keine oder nur geringe Auswirkungen auf Löhne und Arbeitslosigkeit hat: So führt eine Zuwanderung von einem Prozent der Erwerbspersonen – das entspräche in Deutschland einer Zuwanderung von mehr als 400.000 Arbeitskräften – zu einem Rückgang der Löhne von weniger als einem Prozent und einem Anstieg der Arbeitslosigkeit von 0,026 Prozentpunkten (Longhi et al. 2005, 2006, 2008).

Diese Literatur sieht sich einer wachsenden Kritik ausgesetzt. Zum einen, weil sie der Endogenität der Migration, d. h. dem Umstand, dass sich Migranten überdurchschnittlich in prosperierenden Regionen mit hohen Löhnen und niedriger Arbeitslosigkeit niederlassen, nicht ausreichend Rechnung trage. Zum anderen, weil regionale Arbeitsmärkte nicht als geschlossene Einheiten zu betrachten seien, sodass sich durch Kapitalverkehr, Handel und die Mobilität einheimischer Arbeitskräfte die Effekte der Zuwanderung über die Regionen verteilen. Beides führe dazu, dass die positiven wie negativen Arbeitsmarktwirkungen der Migration deutlich unterschätzt würden. In Anschluss an diese Kritik hat sich ein neuer Literaturzweig entwickelt, der die Arbeitsmarktwirkungen der Migration durch die Streuung des Ausländeranteils über die Qualifikations- und Berufsgruppen des Arbeitsmarktes identifiziert (Aydemir/Borjas 2006; Borjas 2003; Brücker/Jahn 2010, 2011; D'Amuri/Ottaviano/Peri 2010; Ottaviano/Peri 2012).

Während einige dieser Studien zu dem Ergebnis kommen, dass Migration die Löhne von einheimischen Arbeitskräften spürbar senken kann (Aydemir/Borjas 2006; Borjas 2003), bestätigt der überwiegende Teil auch dieser Literatur, dass die aggregierten Effekte der Migration auf den Arbeitsmarkt gering sind. Dies gilt insbesondere für diejenigen Studien, die die Anpassung des Kapitalstocks an die Ausweitung des Arbeitsangebots berücksichtigen. Das gilt auch für die deutschen Studien (Brücker/Jahn 2011; D'Amuri/Ottaviano/Peri 2010): Die Ausweitung der Erwerbspersonen um ein Prozent ist in diesen Studien langfristig, d. h. nachdem sich der Kapitalstock an die Ausweitung des Arbeitsangebots angepasst hat, für das aggregierte Lohnniveau neutral, während die Arbeitslosigkeit geringfügig um 0,08 Prozent steigt (Brücker/Jahn 2011). Letzteres ist weniger auf Verdrängungseffekte als auf den Umstand zurückzuführen, dass bei unveränderter Qualifikationsstruktur der Migranten die Zuwanderer ein überdurchschnittliches Arbeitslosigkeitsrisiko aufweisen.

Während die Wirkungen der Zuwanderung auf das gesamtwirtschaftliche Lohnniveau und die Arbeitslosigkeit also nahezu neutral sind, sind die Auswirkungen auf einzelne Gruppen im Arbeitsmarkt doch erheblich. Eines der wichtigsten Ergebnisse gerade der deutschen Studien ist, dass einheimische Arbeitskräfte und Zuwanderer auch bei gleicher Qualifikation und Berufserfahrung nur unvollkommene

Substitute im Arbeitsmarkt sind, d. h. nur begrenzt miteinander um Arbeitsplätze konkurrieren (Brücker/Jahn 2010, 2011; vgl. auch D'Amuri/Ottaviano/ Peri 2010). Das hat erhebliche Folgen für die Wirkungen der Zuwanderung: Es sind die bereits im Lande lebenden Migranten, die den Großteil der Anpassungslasten tragen. Die einheimischen Arbeitskräfte hingegen profitieren von Zuwanderung. Interessanterweise gilt dies für alle Qualifikationsgruppen, auch gering qualifizierte einheimische Arbeitskräfte profitieren unterm Strich. Umgekehrt fallen die Löhne der bereits in Deutschland lebenden Migranten deutlich, ihre Arbeitslosigkeit steigt bei weiterer Zuwanderung spürbar (Tabelle D12).

Die Gewinne für die einheimischen Arbeitskräfte und die hohen Verluste für die Migranten sind auf zwei Ursachen zurückzuführen: Zum einen sind die Neuzuwanderer den bereits in Deutschland lebenden Migranten in Hinblick auf Qualifikation und Berufserfahrung ähnlicher als den deutschen Arbeitnehmern. Folglich konkurrieren Migranten untereinander stärker als mit einheimischen Arbeitskräften. Zum anderen konkurrieren sie auch bei gleicher Berufserfahrung und Qualifikation sehr viel weniger mit einheimischen Arbeitskräften als mit bereits im Land lebenden Zuwanderern. Die Ursachen können nicht beobachtbare, also statistisch nicht erfasste, Unterschiede in der Qualifikation, fehlende Sprachkompetenz, kulturelle und ethnische Unterschiede oder einfach Arbeitsmarktdiskriminierung sein. Es handelt sich deshalb im Wesentlichen um ein Integrationsproblem. Eine verbesserte Integration der Migranten in den Arbeitsmarkt wird deren Wettbewerbsfähigkeit mit einheimischen Arbeitskräften erhöhen. Im Ergebnis fallen die Gewinne der Einheimischen aus Immigration und gelungener Integration zwar etwas geringer aus. Dafür würden die im Land lebenden Migranten deutlich besser gestellt, ihre Löhne würden steigen und ihre Arbeitslosigkeit sinken. Gesamtwirtschaftlich würde die Arbeitslosenquote fallen, die Ungleichheit in den Verdiensten und Arbeitslosigkeitsrisiken zwischen Einheimischen und Migranten zurückgehen.

Tabelle D12

Effekte der Zuwanderung auf Löhne und Arbeitslosigkeit nach Nationalität – Simulation bei einem Anstieg des Ausländeranteils an den Erwerbspersonen um einen Prozentpunkt

Veränderung* der Löhne in Prozent und der Arbeitslosenquoten in Prozentpunkten

	kurzfristige Effekte		langfristige Effekte	
	Lohn	Arbeitslosenquote	Lohn	Arbeitslosenquote
Einheimische				
alle	−0,08	0,09	0,11	−0,06
ohne Berufsausbildung	−0,03	0,13	0,12	−0,11
mit Berufsausbildung	−0,10	0,10	0,09	−0,05
Abitur und Berufsausbildung	−0,08	0,07	0,12	−0,04
Hochschulabschluss	0,01	0,00	0,23	−0,08
Ausländer				
alle	−1,11	1,97	−1,09	1,16
ohne Berufsausbildung	−1,62	3,06	−1,76	2,00
mit Berufsausbildung	−0,54	0,94	−0,38	0,39
Abitur und Berufsausbildung	−0,67	1,08	−0,52	0,40
Hochschulabschluss	−2,05	2,50	−2,21	1,44
Alle				
alle	−0,18	0,31	0,00	0,08
ohne Berufsausbildung	−0,50	1,01	−0,43	0,52
mit Berufsausbildung	−0,13	0,16	0,06	−0,02
Abitur und Berufsausbildung	−0,12	0,14	0,08	−0,01
Hochschulabschluss	−0,11	0,15	0,09	0,01

Lesebeispiel: Wenn der Anteil der Migranten an den Erwerbspersonen in Deutschland um einen Prozentpunkt steigt, erhöhen sich die Löhne der einheimischen Hochschulabsolventen langfristig um 0,23 Prozent.

* Die Lohnveränderungen beziehen sich auf die Erwerbstätigen und die Arbeitslosenquoten auf die Erwerbspersonen.

Quelle: Brücker/Jahn (2010, 2011).

4.10 Auswirkungen der Zuwanderung auf den Sozialstaat

Angesichts des Rückgangs des Erwerbspersonenpotenzials und den damit verbundenen Problemen für die Finanzierung der sozialen Sicherungssysteme können sich durch Zuwanderung genaus wie durch die Mobilisierung inländischer Fachkräftepotenziale große Gewinne für den Sozialstaat ergeben. Je höher der Anteil derjenigen, die im Erwerbsleben stehen, desto günstiger ist es für die fiskalische Bilanz der öffentlichen Haushalte. Zudem kann die öffentliche Verschuldung, die gegenwärtig Jahr für Jahr auf immer kleiner werdende künftige Kohorten weitergewälzt wird, sich durch Zuwanderung auf mehr Köpfe verteilen, sodass die Belastung pro Kopf der im Inland lebenden Personen sinkt.

Die Gewinne für die öffentlichen Haushalte durch Zuwanderung sind u. a. mit der Methode der Generationenbilanzierung berechnet worden (Bonin/Raffelhüschen/Walliser 2000; Bonin 2006). Obwohl die ausländische Bevölkerung in Deutschland niedrigere Steuern und Abgaben zahlt und in deutlich höherem Umfang als Inländer Leistungen nach dem SGB III und dem SGB II erhält, leistet sie einen positiven Nettobeitrag zur fiskalischen Bilanz der öffentlichen Haushalte. Dies ist darauf zurückzuführen, dass vor allem die Rentenversicherungen durch positive Nettobeiträge der Migranten profitieren. Hinzu kommt, dass bei Neuzuwanderern zumindest ein Teil der Bildungsausgaben entfällt und sich die Staatsverschuldung auf eine höhere Anzahl von Köpfen verteilt.

Im Jahr 2004 belief sich der Finanzierungsbeitrag der gegenwärtig in Deutschland lebenden Bevölkerung zu den öffentlichen Haushalten, definiert als die Summe aller individuellen Steuern und Abgaben abzüglich aller empfangenen monetären Transfers und geldwerten Bildungsleistungen, auf 2.000 Euro pro Kopf, das entspricht einem jährlichen Nettobeitrag der ausländischen Bevölkerung in Deutschland von 14 Mrd. Euro. Dieser positive Nettobeitrag reflektiert den günstigeren Altersaufbau der ausländischen Bevölkerung. Die Bilanz über den gesamten Lebensverlauf der ausländischen Bevölkerung ergibt einen Gegenwartswert von 11.600 Euro, das entsprach bei 7,2 Mio. Ausländern im Berechnungsjahr 2004 einer Summe von 84 Mrd. Euro (Bonin 2006).

Der Beitrag der ausländischen Bevölkerung würde deutlich steigen, wenn die Qualifikation der ausländischen Bevölkerung in Deutschland höher und ihre Integration in den Arbeitsmarkt besser wäre: Falls die ausländische Bevölkerung den gleichen Finanzierungsbeitrag wie die einheimische Bevölkerung gleichen Alters zu den öffentlichen Finanzen leisten würde, dann würde ihr laufender Finanzierungsbeitrag auf 5.900 Euro pro Kopf steigen, das entspräche im Berechnungsjahr 2004 42 Mrd. statt 14 Mrd. Euro.

Es zeigt sich also, dass durch Zuwanderung erhebliche Nettogewinne für die öffentlichen Finanzen erreicht werden können. Diese Gewinne sind aufgrund der schlechten Integration der ausländischen Bevölkerung in den Arbeitsmarkt und den entsprechenden Transferbezügen noch relativ gering, sie könnten aber bei einer steigenden Qualifikation der ausländischen Bevölkerung und einer entsprechend besseren Arbeitsmarktintegration noch erheblich höher ausfallen.

5   Schlussfolgerungen

Die wohl wichtigste Schlussfolgerung dieses Kapitels besteht darin, dass ein Fachkräftemangel in dem Sinne, dass die Nachfrage nach Fachkräften das Angebot dauerhaft übersteigt, in Deutschland weder gegenwärtig zu beobachten noch unter realistischen Annahmen für die Zukunft zu erwarten ist. Im Jahr 2011 standen rund 1 Mio. offener Stellen rund 4 Mio. Unterbeschäftigte gegenüber. Allerdings sind je nach Beruf, Qualifikation und Region teilweise erhebliche Engpässe bei der Rekrutierung von Fachkräften zu beobachten. Mit dem konjunkturellen Aufschwung in den Jahren 2010 und 2011 hat sich dieser ‚Mismatch' zwischen Arbeitsnachfrage und Arbeitsangebot verstärkt. So sind Engpässe bei der Besetzung offener Stellen insbesondere bei den MINT-Berufen und den Elektro- und Gesundheitsberufen zu beobachten. Auch in vielen technischen Berufen und Berufen des metallverarbeitenden Gewerbes sowie den Sozial- und Erziehungsberufen deutet das Verhältnis von offenen Stellen zu Arbeitslosen auf zunehmende Engpässe bei der Rekrutierung von Fachkräften hin. Diese Engpässe treten besonders häufig in Regionen mit einem hohen Anteil an Beschäftigtem im Verarbeitenden Gewerbe auf, also in den industriellen Ballungsräumen Süd- und Südwestdeutschlands, Nordrhein-Westfalens und dem Rhein-Main-Gebiet.

Diese Spannungen im deutschen Arbeitsmarkt sind noch nicht auf den Rückgang des Arbeitsangebots durch den demografischen Wandel zurückzuführen. Dieser schlägt sich zwar bereits in einer Verschiebung der Altersstruktur der Erwerbspersonen nieder, aber das Erwerbspersonenpotenzial erreicht aufgrund der aktuellen Altersstruktur der Bevölkerung und der steigenden Erwerbsbeteiligung von Frauen derzeit seinen Scheitelpunkt – auch wenn sich die Entwicklung in West- und Ostdeutschland bereits sehr unterschiedlich darstellt. Selbst in dem betrieblichen Markt für Ausbildungsstellen gibt es gegenwärtig immer noch mehr Bewerber als offene Stellen. In den kommenden Dekaden wird das Erwerbspersonenpotenzial jedoch stark zurückgehen:

Je nach Annahme über die Zuwanderung aus dem Ausland, die Erwerbsbeteiligung von Frauen und die Verlängerung der Lebensarbeitszeiten dürfte das Erwerbspersonenpotenzial bis zum Jahr 2025 um 5 bis 10 Prozent und bis zum Jahr 2050 um ein Fünftel bis ein Drittel gegenüber dem heutigen Niveau sinken.

Der Rückgang des Arbeitsangebots wird komplexe Reaktionen auf den Güter-, Kapital- und Arbeitsmärkten auslösen. Viele populärwissenschaftliche Studien vernachlässigen diese Reaktionen. Sie unterstellen, dass die Arbeitsnachfrage davon unberührt bliebe und folglich das Arbeitsangebot langfristig übersteigen würde. Im Gegensatz dazu ist vor allem zu erwarten, dass sich die Kapitalmärkte an den Rückgang des Arbeitsangebots anpassen werden. Je nach Sparverhalten der Bevölkerung könnte die Kapitalausstattung pro Erwerbstätigem langfristig konstant bleiben, sodass mit dem Rückgang des Erwerbspersonenpotenzials auch das Produktionspotenzial proportional sinkt. Ob es dazu kommen wird, hängt von zahlreichen Faktoren wie der internationalen Mobilität von Kapital, der Finanzierung der Renten- und Sozialversicherungssysteme und den damit verbundenen Reaktionen der Sparer und Investoren ab.

Insofern ist es keineswegs zwingend, dass ein sinkendes Erwerbspersonenpotenzial auch dazu führen wird, dass sich das Verhältnis von Arbeitsnachfrage zu Arbeitsangebot grundsätzlich verändert. Das hängt neben der Anpassung des Kapitalstocks auch von den Arbeitsmarktinstitutionen und der Struktur des Arbeitsangebots ab. Für einen Rückgang der Arbeitslosenquoten spricht, dass das Qualifikationsniveau des Erwerbspersonenpotenzials im Zeitverlauf kontinuierlich steigt und damit das Arbeitsangebot überdurchschnittlich in Arbeitsmarktsegmenten zunimmt, in denen Arbeitsnachfrage und Arbeitsmarktflexibilität besonders hoch sind. Andererseits werden die Belastungen des Faktors Arbeit durch die umlagefinanzierten Renten-, Pflege- und Krankenversicherungssysteme steigen, was die Arbeitsanreize insbesondere für geringer qualifizierte und schlecht bezahlte Gruppen im Arbeitsmarkt ceteris paribus schwächt.

Unsere Simulationen zeigen, dass es unter diesen Annahmen per Saldo zu einem Rückgang der Arbeitslosenquoten kommen kann. Demnach wird die Unterbeschäftigung bis zum Jahr 2025 auf 1,4 Mio. Personen sinken, während die Erwerbsbeteiligung im gleichen Zeitraum steigt. Allerdings wird die gesamtwirtschaftliche Arbeitsnachfrage das Arbeitsangebot auch künftig nicht übersteigen. Es ist vielmehr zu erwarten, dass einer steigenden Zahl offener Stellen weiterhin eine zwar deutlich geringere, aber immer noch beträchtliche Zahl von Arbeitslosen und anderen Arbeitsuchenden gegenüberstehen wird. Auch dürfte es weiter zu Mismatch, d. h. zu Fachkräfteengpässen bei gleichzeitiger Arbeitslosigkeit, kommen.

Mit der demografischen Entwicklung und dem technologischen Wandel verschieben sich auch die sektorale Struktur der Volkswirtschaft und damit die Arbeitsnachfrage in einzelnen Branchen und Berufen. Die Arbeitsnachfrage dürfte in den industriellen Bereichen und in der Landwirtschaft weiter sinken und in den meisten Dienstleistungsbereichen steigen. Besonders stark dürfte der Anstieg der Arbeitsnachfrage in den Gesundheits- und Pflegeberufen, aber auch im Hotel- und Gaststättengewerbe ausfallen. Nach Simulationen des IAB wird die Nachfrage nach Universitäts- und Fachhochschulabsolventen steigen, während sie bei Absolventen mit einer dualen Berufsausbildung weitgehend konstant bleiben und bei Personen ohne abgeschlossene Berufsausbildung deutlich sinken wird. Demgegenüber wird das Arbeitsangebot künftig im Bereich der Universitäts- und Fachhochschulausbildung deutlich zunehmen, im Bereich der Erwerbspersonen mit einem dualen Ausbildungsabschluss stark, und im Bereich der Erwerbspersonen ohne beruflichen Bildungsabschuss geringfügig zurückgehen. Diese Befunde deuten darauf hin, dass künftig insbesondere Engpässe bei der Besetzung offener Stellen in den Arbeitsmarktsegmenten mit einer dualen Berufsausbildung auftreten werden, während bei den Gruppen ohne abgeschlossene Berufsausbildung weiterhin ein Überangebot an Arbeitskräften bestehen wird. Allerdings ist auch mit Anpassungsreaktionen bei den Löhnen und beim Erwerb von Bildungs- und Ausbildungsabschlüssen zu rechnen, sodass sich aus der Fortschreibung gegenwärtig bereits erkennbarer Trends allenfalls Hinweise auf einen künftigen Mismatch im Arbeitsmarkt ableiten lassen. Sie sind nicht als Prognosen künftiger ‚Fachkräftelücken' im Arbeitsmarkt zu verstehen.

Der Rückgang des Arbeitsangebots in den kommenden Dekaden hat erhebliche Folgen für Arbeitsmarkt, Gesamtwirtschaft und Wohlfahrt. Am gravierendsten dürften die Folgen für die sozialen Sicherungssysteme sein, weil eine immer kleinere Zahl von Erwerbspersonen eine immer größere Zahl von Personen, die nicht mehr im erwerbsfähigen Alter sind, finanzieren muss.

Dies wirft vor allem Probleme für die überwiegend umlagefinanzierten Renten-, Pflege- und Krankenversicherungssysteme in Deutschland auf. Hinzu kommt, dass mit einer abnehmenden Zahl von Erwerbspersonen die Schuldenlasten der öffentlichen Haushalte auf eine immer kleinere Zahl von Erwerbspersonen verteilt werden, die diese Lasten durch ihre Steuern und Abgaben finanzieren müssen. Die Folgen des demografischen Wandels können deshalb umso eher bewältigt werden, je weniger das Erwerbspersonenpotenzial schrumpft.

Es ist deshalb eine zentrale Zukunftsfrage für unsere Gesellschaft, wie das Erwerbspersonenpotenzial erhöht und besser ausgeschöpft werden kann. Dabei werden in der öffentlichen Diskussion die Mobilisierung inländischer Potenziale und die Zuwanderung von Fachkräften häufig als politische Alternativen verstanden. Die Szenarien zeigen jedoch, dass angesichts der massiven Abnahme des Erwerbspersonenpotenzials beides – die Mobilisierung externer Potenziale durch Zuwanderung *und* eine bessere Mobilisierung der inländischen Potenziale – notwendig sind: So würde in dem hypothetischen Fall, dass es keinerlei Zuwanderung nach Deutschland gäbe und die Erwerbsbeteiligung konstant bliebe, das Erwerbspersonenpotenzial bis zum Jahr 2050 um knapp 40 Prozent sinken. Unter realistischen Annahmen über eine steigende Erwerbsbeteiligung von Frauen und die Einführung der Rente mit 67 könnte dieser Rückgang nur um gut vier Prozentpunkte reduziert werden. Gemeinsam mit einer spürbaren Nettozuwanderung ließe sich der Rückgang des Erwerbspersonenpotenzials jedoch deutlich begrenzen: Bei einer Nettozuwanderung von rund 200.000 Personen p.a. und bei einer steigenden Erwerbsbeteiligung könnte der Rückgang des Erwerbspersonenpotenzials bis zum Jahr 2000 um rund 18 Prozentpunkte, bei einer Nettozuwanderung von 100.000 Personen immerhin um rund 9,4 Prozentpunkte verringert werden.

Frauen bilden eines der wichtigsten inländischen Potenziale, das noch teilweise brachliegt. Zwar ist deren Erwerbsbeteiligung in Deutschland seit den 1970er Jahren stetig gestiegen und liegt inzwischen leicht über dem OECD-Durchschnitt. Allerdings nehmen allein in der Altersgruppe der 30- bis 49-Jährigen 2,1 von 12 Mio. Frauen nicht als Erwerbspersonen am Arbeitsmarkt teil, weitere 0,9 Mio. sind erwerbslos. In der Gruppe der über 50-Jährigen ziehen sich Frauen deutlich stärker als Männer aus dem Erwerbsleben zurück. Insbesondere bei den Frauen mit geringen und mittleren Qualifikationen könnte die Erwerbsbeteiligung noch erheblich gesteigert werden. Ein großes Potenzial liegt auch in einer längeren Arbeitszeit von Frauen: Die Zahl der vollzeiterwerbstätigen Frauen ist in den vergangenen beiden Dekaden stetig gesunken und beläuft sich heute nur noch auf 52 Prozent. Zugleich zeigen Erhebungen des Sozio-oekonomischen Panels, dass unter den teilzeitarbeitenden Frauen ein erheblicher Anteil eine Ausweitung der Wochenarbeitszeiten oder eine Vollzeiterwerbstätigkeit wünscht. Bei einer Realisierung der Arbeitszeitpräferenzen von Frauen ergäbe sich ein zusätzliches Volumen von 40,5 Mio. Wochenarbeitsstunden. Dies entspräche rund 1 Mio. Vollzeitarbeitsplätze.

Da sowohl die Erwerbsbeteiligung als auch die Wochenarbeitszeiten von Frauen mit dem Qualifikationsniveau steigen, sind Bildung und Ausbildung wichtige Hebel zur Erhöhung des Arbeitsangebots von Frauen. Auch gezielte Weiterbildungsmaßnahmen und Qualifizierungsmaßnahmen, die den Wiedereinstieg von Frauen nach beruflichen Unterbrechungen erleichtern, könnten die Erwerbsbeteiligung spürbar erhöhen. Gerade in der sogenannten ‚Stillen Reserve' befinden sich viele Frauen, die wieder in das Erwerbsleben zurückkehren möchten.

Deshalb ist eine flächendeckende Infrastruktur für die Betreuung von Kindern im Krippen-, Vorschul- und Schulalter eine Voraussetzung dafür, dass Frauen ihre Erwerbsbeteiligung und ihre Arbeitszeiten ausweiten können. Wichtig ist zudem eine betriebliche Personalpolitik, die durch familienfreundliche Arbeitsorganisation die Vereinbarkeit von beruflichen und familiären Pflichten erleichtert.

Diese Maßnahmen sind mit erheblichen Kosten verbunden. Länder, die eine deutlich höhere Erwerbsbeteiligung von Frauen erreichen, wenden deshalb auch einen deutlich größeren Anteil des Sozialproduktes für öffentlich finanzierte Schulbildung und Kinderbetreuung auf. Auch werden die Erwerbsanreize von Frauen durch die dortigen Steuersysteme verstärkt, während das deutsche Steuersystem die Erwerbsanreize etwa durch das Ehegattensplitting mindert. Schließlich setzen eine höhere Erwerbsbeteiligung und längere Arbeitszeiten auch voraus, dass sich die Arbeitsteilung innerhalb der Familien wandelt: Wenn sich Männer stärker an der Familienarbeit beteiligen, haben ihre Partnerinnen mehr Möglichkeiten, ihre Arbeitszeitwünsche zu verwirklichen. So zeigen Studien über die Zeitverwendung, dass in den skandinavischen Ländern, in denen beide Partner in der Regel vollzeiterwerbstätig sind, die Familienarbeit deutlich gleichmäßiger zwischen den Geschlechtern aufgeteilt ist.

Auch bei den älteren Arbeitnehmern ist das Erwerbspersonenpotenzial bei Weitem nicht ausgeschöpft: Die Erwerbsbeteiligung der 50- bis 64-Jährigen liegt knapp 25 Prozentpunkte unter derjenigen der 35- bis 39-Jährigen. Bei einer – allerdings unter realistischen Annahmen nicht vollständig zu erreichenden – Angleichung der Erwerbsquoten würde die Zahl der Erwerbspersonen im Jahr 2030 um knapp 5 Mio. über derjenigen des Jahres 2009 liegen. Auch durch die Ausweitung der Lebensarbeitszeit, etwa durch Anhebung des Rentenalters auf 67 Jahre, könnte das Erwerbspersonenpotenzial ausgeweitet werden. Um einen signifikanten Anstieg der Erwerbsbeteiligung Älterer zu erreichen, sind jedoch umfassende Reformen nötig: Auch hier gilt, dass Bildung und Ausbildung, aber auch die Weiterqualifizierung zentral sind, weil gerade bei den besser qualifizierten Gruppen schon heute die Erwerbsbeteiligung Älterer vergleichsweise hoch ist. Auch gilt es, den vorzeitigen Renteneintritt zu erschweren, die Beschäftigungsfähigkeit präventiv zu verbessern und die Wiedereingliederung älterer Arbeitsloser zu forcieren.

Die Wiedereingliederung von Arbeitslosen in Beschäftigung kann ebenfalls erheblich dazu beitragen, die Zahl der Erwerbstätigen zu erhöhen. Auch hier sind Bildung, Ausbildung und Weiterqualifizierung zentrale Instrumente: Rund 45 Prozent der Arbeitslosen verfügen über keine abgeschlossene Berufsausbildung. Die Evaluation arbeitsmarktpolitischer Maßnahmen hat ergeben, dass außerbetriebliche Weiterbildungsmaßnahmen, Förderung betrieblicher Weiterbildung und Eingliederungszuschüsse die Wiedereingliederungschancen signifikant erhöhen. Allerdings ist mit dem Rückgang der Arbeitslosigkeit der Anteil von Langzeitarbeitslosen und anderen schwer vermittelbaren Arbeitslosen gestiegen. Damit ist das Arbeitskräftepotenzial, das mit den Mitteln der Arbeitsmarktpolitik zusätzlich erschlossen werden kann, begrenzt.

Bildung, Ausbildung und Weiterbildung sind nicht nur die zentralen Instrumente, um die Erwerbsbeteiligung und damit das Arbeitsangebot in Deutschland zu steigern, sie tragen auch dazu bei, die Produktivität der Erwerbspersonen und damit das Einkommensniveau zu erhöhen. Der Anteil der Bildungsausgaben am deutschen Bruttoinlandsprodukt liegt jedoch unter dem Durchschnitt der OECD-Staaten.

Dies ist auch darauf zurückführen, dass in Deutschland die jungen Jahrgänge, die sich noch in Bildung und Ausbildung befinden, im internationalen Vergleich unterdurchschnittlich besetzt sind. Die Ausgaben pro Person, die sich im Bildungssystem befindet, liegen deshalb etwa im Durchschnitt der OECD-Länder. Die Ausgaben Deutschlands sind insbesondere in der primären Schulbildung geringer als im OECD-Durchschnitt. Über dem OECD-Durchschnitt liegen die Ausgaben für die berufliche Ausbildung und vergleichbare Ausbildungsgänge.

Auch bei der betrieblichen Weiterbildung liegt Deutschland deutlich unter dem OECD-Durchschnitt. Dies ist angesichts der Altersstruktur der deutschen Erwerbspersonen besonders gravierend, auch wenn das hohe Ausbildungsniveau von Personen mit beruflichen Bildungsabschlüssen Anpassungen an den Strukturwandel erleichtert. Wie Auswertungen des IAB-Betriebspanels zeigen, steigen die Weiterbildungsanstrengungen gerade in denjenigen Betrieben, die über Schwierigkeiten bei der Rekrutierung von Fachkräften klagen. Insofern ist zu erwarten, dass die Weiterbildungsinvestitionen mit dem Rückgang des Erwerbspersonenpotenzials zunehmen werden. Gleichwohl müssen in Deutschland die Investitionen in Bildung, Ausbildung und Weiterbildung forciert werden, wenn Erwerbsbeteiligung und Arbeitsproduktivität über das bisherige Niveau hinaus steigen sollen.

Künftig wird Deutschland wesentlich mehr Zuwanderung brauchen, um den Rückgang des Erwerbspersonenpotenzials zu begrenzen. In der zurückliegenden Dekade sank die Nettozuwanderung nach Deutschland gegen den Trend im westlichen Europa und Nordamerika deutlich unter den historischen Durchschnitt von 200.000 Personen p.a. Würde dieser Durchschnitt wieder erreicht, könnte der demografisch bedingte Rückgang des Erwerbspersonenpotenzials zeitlich verzögert und spürbar abgemildert werden. Angesichts hoher und langanhaltender Einkommensdifferenzen zu den Ländern Ost- und Südosteuropas, zum Nahen Osten und zu Nordafrika ist es durchaus realistisch, dass Deutschland das frühere Niveau an Zuwanderung wieder erreichen oder sogar übertreffen wird. Dies gilt auch, wenn der demografische Wandel in den Herkunftsländern berücksichtigt wird, weil die Wanderungsbereitschaft durch sinkende Transport- und Kommunikationskosten und eine steigende Bildung der Bevölkerung in den Herkunftsländern global steigt. Dies setzt jedoch neben günstigen wirtschaftlichen Rahmenbedingungen in Deutschland eine Reform der Einwanderungspolitik voraus.

Die seit dem Anwerbestopp von 1973 praktizierte Einwanderungspolitik Deutschlands hat nicht nur zu einer Reduzierung der Arbeitsmigration, sondern auch zu einer im internationalen Vergleich geringen Qualifikation der Zuwanderer geführt. Dies ist unter anderem darauf zurückzuführen, dass sich durch Familiennachzug das vergleichsweise niedrige Qualifikationsniveau der Zuwanderer aus den früheren Ländern der Gastarbeiteranwerbung verfestigt und verstärkt hat. Insgesamt ist es Deutschland nicht gelungen, einen ‚Brain Gain' durch Migration zu erreichen. Die Wanderungsbilanz spiegelt vielmehr einen ‚Brain Drain' wider: Per Saldo dürften mehr Deutsche mit Hochschulabschluss im Ausland leben als Ausländer mit Hochschulabschluss in Deutschland.[47] Empirische Forschungen zeigen, dass die Einwanderungspolitik, aber auch die Lohnprämien für Qualifikationen am Arbeitsmarkt einen großen Einfluss auf das Qualifikationsniveau der Migrationsbevölkerung haben. Angesichts vergleichsweise niedriger Lohnprämien für Hochqualifizierte ist es zwar nicht wahrscheinlich, dass Deutschland ein ähnlich hohes Qualifikationsniveau der Zuwanderer wie Australien, Kanada und die USA erreichen kann. Durch eine Reform der Einwanderungspolitik, die gezielt auf die Anwerbung qualifizierter und hochqualifizierter Arbeitskräfte setzt, könnte das Qualifikationsniveau der ausländischen Bevölkerung jedoch deutlich erhöht werden.

Im Sinne einer nachhaltigen Entwicklung des Erwerbspersonenpotenzials sollte Deutschland eine primär angebotsorientierte Einwanderungspolitik verfolgen. Dabei sollten Kriterien wie Bildung und Ausbildung, Alter und Sprachkompetenz bei der Auswahl der Zuwanderer zugrunde gelegt werden. Derartige Kriterien können eine erfolgreiche Integration der Zuwanderer in Arbeitsmarkt und Gesellschaft langfristig fördern. Die Steuerung der Zuwanderung am kurzfristigen Bedarf der Unternehmen kann dagegen dazu führen, dass die Zuwanderer nach kurzer Zeit Opfer des Strukturwandels werden und damit erhöhten Arbeitslosigkeitsrisiken ausgesetzt sind. Die Erfahrungen Deutschlands mit der Gastarbeiteranwerbung sind ein mahnendes Beispiel. Es geht deshalb darum, vor allem Arbeitskräfte zu gewinnen, von denen erwartet werden kann, dass sie sich gut in den Arbeitsmarkt integrieren und aufgrund ihrer Qualifikation auch das Potenzial haben, sich flexibel an strukturelle Veränderungen anzupassen. Nach dem Stand der Forschung sind dies vor allem Hochschulabsolventen, aber auch Facharbeiter mit guten Qualifikationen, etwa in technischen Berufen oder in Gesundheits- und Pflegeberufen. Eine langfristig angelegte Einwanderungspolitik sollte die Zuwanderungshürden für diese Gruppen senken und eine gezielte Anwerbepolitik verfolgen.

Einwanderungspolitik und Integrationspolitik gehen bei der Mobilisierung externer Potenziale Hand in Hand. Je besser die Qualifikation der Zuwanderer, desto leichter ihre Integration in Arbeitsmarkt und Gesellschaft. Umgekehrt gilt, dass die Qualifikation der Zuwanderer steigt, je geringer die Barrieren für die Integration in den Arbeitsmarkt sind und je besser das erworbene Humankapital produktiv im Zielland eingesetzt werden kann.

Ausländer und Personen mit Migrationshintergrund sind in Deutschland im Durchschnitt rund doppelt so häufig arbeitslos wie Einheimische. Zwar kann ein erheblicher Teil der unterschiedlichen Arbeitsmarktrisiken von einheimischen Arbeitskräften und Migranten durch Qualifikation und Berufserfahrung erklärt werden. Aber auch bei gleicher Qualifikation und Berufserfahrung sind die Löhne von Migranten

---

47 Vgl. Brücker et al. (2012).

niedriger und ihre Arbeitsmarktrisiken deutlich höher als die von Einheimischen; dies gilt insbesondere für Hochschulabsolventen. Auch ist unter den Migranten der Anteil derjenigen, die einen qualifikationsadäquaten Beruf ausüben, sehr viel geringer als in der einheimischen Bevölkerung. Ähnliches gilt für die Tätigkeitsfelder: Migranten sind überdurchschnittlich in manuellen Berufen und Berufen mit einem hohen Anteil von Routinetätigkeiten vertreten, während die einheimische Bevölkerung deutlich stärker Berufe mit einer hohen Kommunikationsdichte und komplexeren Anforderungen ausübt. Die Ursachen für diese Phänomene sind vielschichtig: Unterschiede in der Sprachkompetenz, Probleme bei der juristischen und tatsächlichen Anerkennung von im Ausland erworbenen beruflichen Abschlüssen, Unterschiede in den Bildungs- und Ausbildungssystemen, aber auch Arbeitsmarktdiskriminierung spielen eine Rolle.

Daraus ergeben sich hohe Anforderungen an die Einwanderungs- und Integrationspolitik, aber auch an benachbarte Politikfelder wie die Bildungspolitik. Empirischen Untersuchungen zufolge steigt zwar die Sprachkompetenz von Migranten bzw. Menschen mit Migrationshintergrund, sie fällt aber weiterhin häufig hinter das Niveau der einheimischen Bevölkerung zurück. Zusätzliche Investitionen in die Sprachförderung könnten sich deshalb am Arbeitsmarkt in hohem Maße auszahlen. Auch die Umsetzung des jüngst beschlossenen Gesetzes zur Anerkennung beruflicher Abschlüsse könnte die Integration einen erheblichen Schritt voranbringen, sofern sich dieses in der Praxis bewährt. Das deutsche Bildungs- und Ausbildungssystem wirkt nach wie vor sehr selektiv. Es benachteiligt insbesondere Kinder aus Familien mit Migrationshintergrund. Auch hier gilt, dass sich eine gezielte Förderung dieser Kinder wirtschaftlich und sozial auszahlt.

Literatur

Arlt, Andrea; Dietz, Martin; Walwei, Ulrich (2009): Besserung für Ältere am Arbeitsmarkt: Nicht alles ist Konjunktur. IAB-Kurzbericht, Nr. 16, Nürnberg.

Autorengruppe Bildungsberichterstattung (Hrsg.) (2010): Bildung in Deutschland 2010. Ein indikatorengestützter Bericht mit einer Analyse zu Perspektiven des Bildungswesens im demografischen Wandel. Bielefeld: W. Bertelsmann Verlag.

Aydemir, Abdurrahman; George J. Borjas (2006): Cross-country variation in the impact of international migration: Canada, Mexico, and the United States, Journal of the European Economic Association (JEEA), Vol. 5, Nr. 4, 663–708.

Baas, Timo; Brücker, Herbert (2011): Arbeitnehmerfreizügigkeit zum 1. Mai 2011: Mehr Chancen als Risiken für Deutschland. IAB-Kurzbericht, Nr. 10, Nürnberg.

Baas, Timo; Brücker, Herbert (2010): Wirkungen der Zuwanderungen aus den neuen mittel- und osteuropäischen EU-Staaten auf Arbeitsmarkt und Gesamtwirtschaft, WISO Diskurs, Friedrich-Ebert-Stiftung, Bonn.

Barz, Heiner (2010): Bildungsfinanzierung: Aktualität, Grundlagen, Unschärfen. In: Heiner Barz (Hrsg.): Handbuch Bildungsfinanzierung. VS-Verlag: Wiesbaden, S. 15–27.

Becker, Gary S. (1993): Human Capital. 3rd Edition. Chicago, London (University of Chicago Press).

Becker, Gary S.; Landes, Elisabeth M.; Michael, Robert T. (1977): An Economic Analysis of Marital Instability. In: Journal of Political Economy. 85, pp. 1141–1187.

Becker, Rolf (2004): Soziale Ungleichheit von Bildungschancen und Chancengleichheit. In: Becker, Rolf; Lauerbach, Wolfgang (2004): Bildung als Privileg? Erklärungen und Befunde zu den Ursachen der Bildungsungleichheit. VS Verlag für Sozialwissenschaften, Wiesbaden, S. 161–194.

Beicht, Ursula; Granato, Mona (2010): Ausbildungsplatzsuche: Geringere Chancen für junge Frauen und Männer mit Migrationshintergrund. BIBB-REPORT 15/2010, Bonn.

Bellmann, Lutz; Leber, Ute (2008): Weiterbildung für Ältere in KMU. In: Sozialer Fortschritt, (57) 2, 43–48.

Bernhard, Sara; Brussig, Martin; Gartner, Hermann; Stephan, Gesine (2008): Eingliederungszuschüsse für ALG-II-Empfänger: Geförderte haben die besseren Arbeitsmarktchancen. IAB-Kurzbericht, Nr. 12, Nürnberg.

Bernhard, Sarah; Brussig, Martin; Jaenichen, Ursula; Zwick, Thomas (2007): Entgeltsicherung – Ein Kombilohn für Ältere, IAB-Forum, Nr. 1, 68–72.

Bernhard, Sarah; Hohmeyer, Katrin; Jozwiak, Eva; Koch, Susanne; Kruppe, Thomas; Stephan, Gesine; Wolff, Joachim (2009): Aktive Arbeitsmarktpolitik in Deutschland und ihre Wirkungen. In: Joachim Möller und Ulrich Walwei (Hrsg.): Handbuch Arbeitsmarkt 2009, (IAB-Bibliothek, Nr. 314), Bielefeld: Bertelsmann, S. 149–201.

BIBB (2011): Datenreport zum Berufsbildungsbericht 2011, Bonn: Bundesinstitut für Berufsbildung.

Blossfeld, Hans Peter (1985): Bildungsexpansion und Berufschancen. Empirische Analysen zur Lage der Berufsanfänger in der Bundesrepublik. Frankfurt: Campus.

Blossfeld, Hans Peter (1983): Höherqualifizierung und Verdrängung; Konsequenzen der Bildungsexpansion in den siebziger Jahren. In: Haller, Max; Müller, Walter (Ed.): Beschäftigungssystem im gesellschaftlichen Wandel. Frankfurt: Campus, 184–240.

Börsch-Supan, Axel (2011): Ökonomische Auswirkungen des demografischen Wandels. Aus Politik und Zeitgeschichte, Nr. 10-11/2011, 19–26.

Börsch-Supan, Axel; Ludwig, Alexander; Winter, Joachim (2006): Aging, pension reform, and capital flows: A multi-country simulation model, Economica, Vol. 73, 625–658.

Bonin, Holger (2006): Der Finanzierungsbeitrag der Ausländer zu den deutschen Staatsfinanzen: eine Bilanz für 2004. IZA Discussion Paper, No. 2444.

Bonin, Holger; Raffelhüschen, Bernd; Walliser, Jan (2000): Can Immigration Alleviate the Demographic Burden?, Finanzarchiv, Bd. 51 (1), 1–21.

Borjas, George J. (2003): The Labor Demand Curve Is Downward Sloping: Reexamining the Impact of Immigration on the Labor Market. Quarterly Journal of Economics, Vol. 118 (November), 1335–74.

Borjas, George J. (1987): Self-Selection and the Earnings of Immigrants. In: American Economic Review, Vol. 77 (4), S. 531–53.

Borjas, George J.; Grogger, Jeffrey; Hanson, Gordon H. (2011): Substitution Between Immigrants, Natives, and Skill Groups, NBER Working Papers 17461, National Bureau of Economic Research.

Boudon, Raymond (1974): Education, Opportunity and Social Inequality. Changing Prospects in Western Society. New York (Wiley).

Breen, Richard; Goldthorpe, John H. (1997): Explaining Educational Differentials: Towards a Formal Rational Action Theory. In: Rationality and Society, 9, S. 275–305.

Brücker, Herbert; Bertoli, Simone; Facchini, Giovanni; Mayda, Anna Maria; Peri, Giovanni (2012): The Upcoming Battle for Brains: How to Attract Talent in Developed Countries. In: Boeri, Tito; Brücker, Herbert; Docquier, Frédéric; Rapoport, Hillel (Hrsg): Brain Drain and Brain Gain: The Global Competition to Attract High Skilled Migrants, Oxford University Press.

Brücker, Herbert; Defoort, Cécily (2009): Inequality and the Self-Selection of International Migrants: Theory and New Evidence, International Journal of Manpower, Vol. 30, Nr. 7, 742–764.

Brücker, Herbert; Elke J. Jahn (2011): Migration and Wage Setting: Reassessing the Labor Market Effects of Migration, Scandinavian Journal of Economics, Vol. 113, Nr. 2, 286–317.

Brücker, Herbert; Elke J. Jahn (2010): Arbeitsmarktwirkungen der Migration: Einheimische Arbeitskräfte gewinnen durch Zuwanderung, IAB-Kurzbericht, Nr. 26, Nürnberg.

Brücker, Herbert; Elke J. Jahn (2008): Migration and the Wage Curve: A Structural Approach to Measure the Wage and Employment Effects of Migration, IZA Discussion Paper 3423.

Brücker, Herbert; Schröder, Philipp J.H. (2012): International Migration with Heterogeneous Agents: Theory and Evidence from Germany, 1967–2009. World Economy, Vol. 35, No. 2, Februar 2012.

Brussig, Martin; Bernhard, Sarah; Jaenichen, Ursula; Zwick, Thomas (2006): Zielstellung, Förderstrukturen und Effekte der „Entgeltsicherung". Erfahrungen mit einem Kombilohn für ältere Arbeitnehmerinnen und Arbeitnehmer, Zeitschrift für ArbeitsmarktForschung, 40 (3+4), 491–504.

Brussig, Martin; Schwarzkopf, Manuela; Stephan, Gesine (2011): Eingliederungszuschüsse: Bewährtes Instrument mit zu vielen Varianten, IAB-Kurzbericht, Nr. 12, Nürnberg.

Bundesagentur für Arbeit (2010): Amtliche Nachrichten der Bundesagentur für Arbeit, Jg. 58 Sondernummer 2.

Bundesministerium für Arbeit und Soziales (BMAS)/Institut für Arbeitsmarkt- und Berufsforschung (IAB) (2011): Sachstandsbericht der Evaluation der Instrumente. Berlin/Nürnberg.

Carone, Giuseppe (2005): Long-term labour force projections for the 25 EU Member States: A set of data for assessing the economic impact of ageing, Economic Papers (European Economy, European Commission, Directorate-General for Economic and Financial Affairs), No. 235.

CEDEFOP Europäisches Zentrum für die Förderung der Berufsbildung (2012): Qualifikation: eine Herausforderung für Europa. Schleppende Qualifikationsnachfrage begünstigt Qualifikationsungleichgewichte. Kurzbericht, Thessaloniki.

Cunha, Flavio; Heckman, James J. (2007): The Technology of Skill Formation. In: American Economic Review, 97, 31–47.

D`Amuri, Francesco; Ottaviano, Gianmarco I.P.; Peri, Giovanni (2010): The labor market impact of immigration in Western Germany in the 1990s, European Economic Review, 54, 550–570.

Deeke, Axel; Dietrich, Hans; Kruppe, Thomas; Lott, Margit; Rauch, Angela; Stephan, Gesine; Wolff, Joachim (2011): Geförderte Qualifizierungsmaßnahmen in Deutschland: Aktuelle Evaluationsergebnisse im Überblick. In: Sozialer Fortschritt, Jg. 60, Heft 9, S. 196–203.

Diehl, Claudia; Friedrich, Michael; Hall, Anja (2009): Jugendliche ausländischer Herkunft beim Übergang in die Berufsausbildung: Vom Wollen, Können und Dürfen. In: Zeitschrift für Soziologie, 38. Jg., S. 48–67.

Dietrich, Hans; Kleinert, Corinna (2006): Der lange Arm der sozialen Herkunft: Bildungsentscheidungen arbeitsloser Jugendlicher. In: Tully, Claus J. (Hrsg.): Lernen in flexibilisierten Welten. Wie sich das Lernen der Jugend verändert (Jugendforschung), Weinheim u. a.: Juventa, S. 111–130.

Dietz, Martin; Koch, Susanne; Krug, Gerhard; Stephan, Gesine (2011): Die Entgeltsicherung für Ältere: Ein Auslaufmodell? In: WSI-Mitteilungen, Jg. 64, H. 5, S. 226–233.

Dietz, Martin; Walwei, Ulrich (2011): Germany – No Country for Old Workers, Zeitschrift für ArbeitsmarktForschung, Jg. 44, Heft 4, S. 363–376.

Ditton, Hartmut (Hrsg.) (2007): Kompetenzaufbau und Laufbahnen im Schulsystem. Eine Längsschnittuntersuchung an Grundschulen. Münster: Waxmann.

Eichhorst, Werner (2011): The Transition to Retirement. In: German Policy Studies, Vol. 7 (1), S. 107–133.

Erdmann, Vera; Oliver Koppel (2009): Ingenieurmonitor: Fachkräftebedarf und -angebot nach Berufsordnungen und regionalen Arbeitsmärkten – Methodenbericht, URL: http://www.vdi.de/ingenieurmonitor (Stand: 2011-04-28).

Expertenkommission Finanzierung Lebenslangen Lernens (2004): Der Weg in die Zukunft. Schlussbericht, Bielefeld.

Felbermayr, Gabriel; Geis, Wido; Kohler, Wilhelm (2008): Absorbing German Immigration: Wages and Employment, CESifo Working Paper.

Fertig, Michael; Schmidt, Christoph M. (2001): First- and Second Generation Migrants: What Do We Know and What Do People Think?, IZA Discussion Paper 324.

Fischer, Gabriele; Janik, Florian; Müller, Dana; Schmucker, Alexandra (2009): The IAB Establishment Panel – Things Users Should Know. In: Schmoller's Jahrbuch, 129, S. 133-148.

Fuchs, Johann (2009): Demografische Effekte auf das künftige Arbeitsangebot in Deutschland – eine Dekompositionsanalyse, Schmollers Jahrbuch, 129, 4, 571–595.

Fuchs, Johann; Söhnlein, Doris (2005): Vorausschätzung der Erwerbsbevölkerung bis 2050, IAB-Forschungsbericht, Nr. 16, Nürnberg.

Fuchs, Johann; Söhnlein, Doris; Weber, Brigitte (2011): Projektion des Arbeitskräfteangebots bis 2050: Rückgang und Alterung sind nicht mehr aufzuhalten, IAB-Kurzbericht, Nr. 16, Nürnberg.

Fuchs, Johann; Zika, Gerd (2010): Arbeitsmarktbilanz bis 2025. Demografie gibt die Richtung vor, IAB-Kurzbericht, Nr. 12, Nürnberg.

Gambetta, Diego (1987): Were They Pushed or Did They Jump? Individual Decision Mechanisms in Education. Cambridge (Cambridge University Press).

Gathmann, Christina; Schoenberg Uta (2010): How General is Human Capital? A Task-based Approach, Journal of Labour Economics, Vol. 28, 1–50.

Grogger, Jeffrey; Hanson, Gordon H. (2011): Income maximization and the selection and sorting of international migrants, Journal of Development Economics, Vol. 95, 1, 42–57.

Hatton, Timothy J. (2010): The Cliometrics Of International Migration: A Survey. Journal of Economic Surveys, Vol. 24 (5), 941–969.

Heineck, Guido; Kleinert, Corinna; Vosseler, Alexander (2011): Regionale Typisierung: Was Ausbildungsmärkte vergleichbar macht, IAB-Kurzbericht, Nr. 13, Nürnberg.

Helmrich, Robert; Zika, Gerd (Hrsg.) (2010): Beruf und Arbeit in der Zukunft – BIBB-IAB-Modellrechnungen zu den Entwicklungen in den Berufsfeldern und Qualifikationen bis 2025, Bonn.

Hummel, Markus; Thein, Angela; Zika, Gerd (2010): Der Arbeitskräftebedarf nach Wirtschaftszweigen, Berufen und Qualifikationen bis 2025. In: Helmrich, Robert; Zika, Gerd: Beruf und Qualifikation in der Zukunft, Bonn.

Institut für Sozialforschung und Gesellschaftspolitik (ISG)/Johann Daniel Lawaetz-Stiftung (2010): Implementationsstudie zur „Initiative zur Flankierung des Strukturwandels", Köln/Hamburg.

Kaldor, Nicholas (1961): Capital accumulation and economic growth. In: F. Lutz; Hague, D. (Hrsg.): The Theory of Capital, St. Martins, New York.

Kalinowski, Michael; Quinke, Hermann (2010): Projektion des Arbeitskräfteangebots bis 2025 nach Qualifikationsstufen und Berufsfeldern. In: Helmrich, R.; Zika, Gerd (2010): Beruf und Qualifikation in der Zukunft, Bonn.

Kettner, Anja; Heckmann, Markus; Rebien, Martina; Pausch, Stephanie; Szameitat, Jörg (2011): Die IAB-Erhebung des gesamtwirtschaftlichen Stellenangebots: Inhalte, Daten und Methoden. In: Zeitschrift für ArbeitsmarktForschung, Jg. 44, H. 3, S. 245–260.

Kleinert, Corinna; Jacob, Marita (2012): Strukturwandel und Übergangschancen nach der Schule in die berufliche Ausbildung. Übergänge an der ersten Schwelle im Kohortenvergleich. Erscheint in: Solga, Heike; Becker, Rolf (Hrsg.): Soziologische Bildungsforschung. Sonderheft 52/2012 der Kölner Zeitschrift für Soziologie und Sozialpsychologie, Wiesbaden: VS Verlag für Sozialwissenschaften.

Koch, Susanne; Spies, Christiane; Stephan, Gesine; Wolff, Joachim (2011): Kurz vor der Reform: Arbeitsmarktinstrumente auf dem Prüfstand, IAB-Kurzbericht, Nr. 11, Nürnberg.

Krueger, Dirk; Ludwig, Alexander (2006): On the Consequences of Demographic Change for Rates of Returns to Capital, and the Distribution of Wealth and Welfare, Journal of Monetary Economics, Vol. 54 (1), 49–87.

Kruppe, Thomas (2009): Bildungsgutscheine in der aktiven Arbeitsmarktpolitik, Sozialer Fortschritt 58/1, S. 9–19.

Kruppe, Thomas (2008): Selektivität bei der Einlösung von Bildungsgutscheinen, IAB-Discussion Paper, Nr. 17, Nürnberg.

Longhi, Simone; Nijkamp, Peter; Poot, Jacques (2008): Meta-Analysis of Empirical Evidence on the Labor Market Impacts of Immigration, IZA Discussion Paper 3418.

Longhi, Simone; Nijkamp, Peter; Poot, Jacques (2006): The Impact of Immigration on the Empoyment of Natives in Regional Labour Markets: A Meta-Analysis, IZA Discussion Paper 2044, Bonn.

Longhi, Simone; Nijkamp, Peter; Poot, Jacques (2005): A Meta-Analytic Assessment of the Effects of Immigration on Wages, Journal of Economic Surveys, 19 (3), 451–77.

Lott, Margit (2010): Soziodemographische Muster der Qualifikationsstruktur von Erwerbstätigkeit und Unterbeschäftigung, IAB-Forschungsbericht, Nr. 2, Nürnberg, S. 63.

Lührmann, Melanie; Weiss, Matthias (2010): The Effect of Working Time and Labor Force Participation on Unemployment: A New Argument in an Old Debate, Economic Modelling, 27, 67–82.

McKinsey (2011): Wettbewerbsfaktor Fachkräfte, Strategien für Deutschlands Unternehmen, McKinsey Deutschland, Berlin.

Maier, Tobias; Schandock, Manuel; Zopf, Susanne (2010): Flexibilität zwischen erlerntem und ausgeübtem Beruf. In: Helmrich, Robert; Zika, Gerd (2010): Beruf und Qualifikation in der Zukunft, Bonn.

Matthes, Joachim (Hrsg.) (1983): Krise der Arbeitsgesellschaft, Verhandlungen des 21. Deutschen Soziologentages in Bamberg 1982, Frankfurt a.M.

Mayda, Anna Maria (2010): International Migration: a panel data analysis of the determinants of bilateral migration flows, Journal of Population Economics, 23, 1249–1274.

OECD (2011): Education at a Glance 2011: OECD Indicators. Organisation für wirtschaftliche Zusammenarbeit und Entwicklung (OECD): Paris.

OECD (2010): Education at a Glance 2010: OECD Indicators. Organisation für wirtschaftliche Zusammenarbeit und Entwicklung (OECD): Paris.

Ottaviano, Gianmarco; Peri, Giovanni (2012): Rethinking the Effects of Immigration on Wages, Journal of the European Economic Association (JEEA), Vol. 10, No. 152–197.

Ottaviano, Gianmarco; Peri, Giovanni (2006): Rethinking the Effects of Immigration on Wages, NBER Working Paper 12497.

Pedersen, Peder J.; Pytlikova, Mariola; Smith, Nina (2008): Selection and network effects –Migration flows into OECD countries 1990–2000, European Economic Review, Vol. 52 (7), 1160–1186.

Peri, Giovanni; Sparber Chad (2009): Task Specialization, Immigration, and Wages, The American Economic Journal: Applied Economics, 1 (3), 135–169.

Prognos AG (2010): Arbeitslandschaft 2030 – Auswirkungen der Wirtschafts- und Finanzkrise, Prognos AG Basel.

Prognos AG (2008): Zukunftsreport 2008: Moderner Staat. Basel: Prognos AG.

Reinberg, Alexander; Hummel, Markus (2007): Schwierige Fortschreibung: Der Trend bleibt – Geringqualifizierte sind häufiger arbeitslos, IAB-Kurzbericht, Nr. 18, Nürnberg.

Reißig, Birgit; Gaupp, Nora; Lex, Tilly (2008): Hauptschüler auf dem Weg von der Schule in die Arbeitswelt: Das DJI-Übergangspanel, München: DJI Verlag.

Schimpl-Neimanns, Bernhard (2003): Umsetzung der Berufsklassifikation von Blossfeld auf die Mikrozensen 1973–1998, ZUMA-Methodenbericht 2003/10.

Schleicher, Andreas (2010): Bildungsinvestitionen im internationalen Vergleich, S. 355–366.

Schmidt, Manfred G. (2008): Lehren aus dem internationalen Vergleich der Bildungsfinanzierung. dms – der moderne Staat, Zeitschrift für Public Policy, Recht und Management, Heft 2: 255–266.

Schmidt, Manfred G. (2002): Warum Mittelmaß? Deutschlands Bildungsausgaben im internationalen Vergleich, Politische Vierteljahresschrift, Jg. 43, H. 1, 3–19.

Schömann, Klaus; Leschke, Janine (2004): Lebenslanges Lernen und soziale Inklusion. In: Becker, Rolf; Lauerbach, Wolfgang: Bildung als Privileg? Erklärungen und Befunde zu den Ursachen der Bildungsungleichheit. VS Verlag für Sozialwissenschaften, Wiesbaden, S. 353–392.

Schwentker, Björn; Vaupel, James W. (2011): Eine neue Kultur des Wandels, Aus Politik und Zeitgeschichte, Nr. 10-11/2011, 3–10.

Seibert, Holger; Kleinert, Corinna (2009): Duale Berufsausbildung: Ungelöste Probleme trotz Entspannung, IAB-Kurzbericht, Nr. 10, Nürnberg.

Sekretariat der Ständigen Konferenz der Kultusminister der Länder in der Bundesrepublik Deutschland (Hrsg.) (2011): Vorausberechnung der Schüler- und Absolventenzahlen 2010 bis 2025. Statistische Veröffentlichungen der Kultusministerkonferenz Nr. 192. Berlin.

Sekretariat der Ständigen Konferenz der Kultusminister der Länder in der Bundesrepublik Deutschland (Hrsg.) (o.J.): Schüler, Klassen, Lehrer und Absolventen der Schulen 2000 bis 2009. Statistische Veröffentlichungen der Kultusministerkonferenz Nr. 190. Berlin.

Solga, Heike (2005): Ohne Abschluss in die Bildungsgesellschaft. Die Erwerbschancen gering qualifizierter Personen aus ökonomischer und soziologischer Perspektive, Opladen: Verlag Barbara Budrich.

Solga, Heike (2004): Increasing Risks of Stigmatization. Changes in School-to-work Transitions of Less-educated West Germans. In: Yale Journal of Sociology, 4. Jg., S. 99–129.

Spitznagel, Eugen (2010): Ist die Demografie unser Schicksal? Expansive Arbeitszeitpolitik – eine übersehene Option. In: U. Heilemann (Hrsg.): Demografischer Wandel in Deutschland. Duncker & Humboldt, Berlin, S. 55–75.

Statistisches Bundesamt (2010): Mikrozensus. Bevölkerung und Erwerbstätigkeit, Stand und Entwicklung der Erwerbstätigkeit Deutschland 2009. Fachserie 1, Reihe 4.1.1 (Online-Publikation).

Steinhardt, Max F. (2011): The Wage Impact of Immigration in Germany – New Evidence for Skill Groups and Occupations, The BE Journal of Economic Analysis & Policy, 11 (1), Article 31.

Tiemann, Michael; Schade, Hans-Joachim; Helmrich, Robert; Hall, Anja; Braun, Uta; Bott, Peter (2008): Berufsfeldprojektionen des BIBB auf Basis der Klassifikation der Berufe 1992. Wissenschaftliche Diskussionspapiere des Bundesinstituts für Berufsbildung, Heft 105, Bonn.

Wagner, Sandra J. (2005): Jugendliche ohne Berufsausbildung. Eine Längsschnittstudie zum Einfluss von Schule, Herkunft und Geschlecht auf ihre Bildungschancen, Aachen: Shaker.

Wanger, Susanne (2011): Ungenutzte Potenziale in der Teilzeit Viele Frauen würden gerne länger arbeiten, IAB-Kurzbericht, Nr. 9, Nürnberg.

Weltbank (2011): World Development Indicators, Weltbank: Washington D.C.

Wolf, Frieder (2008): Bildungsfinanzierung in Deutschland. VS-Verlag: Wiesbaden.

ZEW, IAB, IAT (2006): Endbericht zum „Modul 1d, Eingliederungszuschüsse und Entgeltsicherung" im Rahmen der Evaluation der Maßnahmen zur Umsetzung der Vorschläge der Hartz-Kommission.

Tabellenanhang

Anhangtabelle D1

Potenzialerwerbsquoten nach Geschlecht und ausgewählten Altersgruppen

	Frauen			Männer		
	15–29	30–49	50–64	15–29	30–49	50–64
1990	73,6	76,4	48,4	80,8	97,7	79,0
2000	66,4	84,0	53,0	74,9	97,9	72,0
2008	65,0	86,6	66,5	71,1	98,4	81,9
2010	65,5	88,2	67,5	71,7	98,5	82,3
2020	65,1	89,4	70,3	71,4	98,7	84,1
2030	64,6	91,3	70,4	70,3	98,7	84,8
2040	64,1	92,7	75,1	69,5	98,7	87,5
2050	64,2	93,4	75,9	69,4	98,7	86,7

Quelle: Eigene Berechnungen.

Abbildungsverzeichnis

Abbildungen Teil I | Kapitel A

Abbildungen Teil II | Kapitel C

Abbildungen Teil II | Kapitel D

Tabellenverzeichnis

Tabellen Teil I | Kapitel A

Tabellen Teil II | Kapitel C

Tabellen Teil II | Kapitel D

Stichwortregister

Teil III

Datenanhang
(CD-Rom und www.iab.de/hb2013)

Inhaltsübersicht Kapitel E und F

Kapitel E:
Zentrale Indikatoren des
deutschen Arbeitsmarktes

Kapitel F:
Deutschland im
internationalen Vergleich

(CD-Rom und www.iab.de/hb2013)
Inhaltsübersicht Kapitel E

Zentrale Indikatoren des deutschen Arbeitsmarktes

Zusammenstellung: Klara Kaufmann, Markus Hummel und Helmut Rudolph

(CD-Rom und www.iab.de/hb2013)
Inhaltsübersicht Kapitel F
Deutschland im internationalen Vergleich

Zusammenstellung: Cornelia Sproß und Parvati Trübswetter

Econometric Analyses

Regional Disparities and Growth in the EU

Economic power, income and employment diverge extensively within the European Union (EU) – both within and between Member States. The reduction of this gradient is the declared political goal at the European and national levels. Although regional economic research has embraced this topic, hardly any reliable findings are available as to the extent of the effect that the eastwards expansion and the economic integration of the EU have had on the development of regional disparities. Moreover, to what extent and why the development of employment at various different levels of qualification is different from region to region is still largely unexplained. Based on a wide collection of data and econometric analyses, Friso Schlitte's book makes an important contribution to closing these gaps in research.

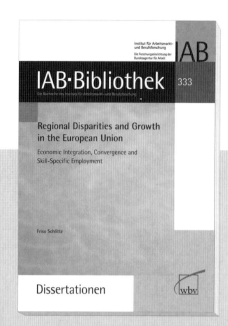

Friso Schlitte

Regional Disparities and Growth in the European Union
Economic Integration, Convergence and Skill-Specific Employment
IAB-Bibliothek, 333
2012, 156 S., 24,90 € (D)
ISBN 978-3-7639-4053-0
ISBN E-Book 978-3-7639-4054-7
Best.-Nr. 300771

wbv.de

W. Bertelsmann Verlag

Bestellung per Telefon **0521 91101-11**   per E-Mail **service@wbv.de**

Economic mobility

Causes of differing extents in international comparison

For a considerable time now, the lack of equality in wage incomes in Germany has been getting clearly worse. Hence it is all the more important to at least guarantee equal opportunities in our society. The level of income – both for social and economic reasons – should be dependent on individual performance and not on one's parents' status. But what shape is equality of opportunity in Germany actually in? Is the income structure here so permeable that people from socially weak families also have a realistic chance of advancement? How high is economic mobility in Germany both between and within generations? And how does Germany do in comparison with other countries? Daniel Schnitzlein examines these questions using new methodological approaches and analyzes the causes of differing extents of economic mobility in international comparison.

Daniel D. Schnitzlein

Inter- and intragenerational economic mobility

Germany in international comparison

IAB-Bibliothek, 332

2012, 136 S., 22,90 € (D)
ISBN 978-3-7639-4051-6
ISBN E-Book 978-3-7639-4052-3
Best.-Nr. 300770

W. Bertelsmann Verlag

Bestellung per Telefon **0521 91101-11**   per E-Mail **service@wbv.de**